U0896565

唐崖土司学术研讨会论文集

湖 北 省 文 物 局
三　峡　大　学 编
唐崖土司城遗址管理处

科 学 出 版 社
北 京

内 容 简 介

唐崖土司城址是土司制度鼎盛时期土司遗存的典型代表，其与湖南老司城遗址、贵州海龙屯遗址共同组成的“中国土司遗址”被国家文物局确定为中国2015年申报世界文化遗产唯一项目。为进一步提升唐崖土司的相关研究水平，给申遗和有效保护与合理利用提供充分的理论和学术支撑，2014年5月31日至6月1日，湖北省文物局、三峡大学联合主办了“唐崖土司学术研讨会”。本书是此次研讨会的论文结集，内容涉及唐崖土司城址和唐崖土司、土司文化等方面。

本书可供考古学、历史学、民族学等领域的研究者阅读、参考。

图书在版编目（CIP）数据

唐崖土司学术研讨会论文集／湖北省文物局，三峡大学，唐崖土司城遗址管理处编. —北京：科学出版社，2014. 9

ISBN 978-7-03-041862-3

Ⅰ. ①唐… Ⅱ. ①湖…②三…③唐… Ⅲ. ①土司-城堡-文化遗址-咸丰县-学术会议-文集②土司制度-研究-咸丰县-学术会议-文集 Ⅳ. ①K878. 34-53 ②D691. 4-53

中国版本图书馆CIP数据核字（2014）第206629号

责任编辑：王光明／责任校对：蒋　萍

责任印制：钱玉芬／封面设计：张　放

科 学 出 版 社 出版

北京东黄城根北街16号

邮政编码：100717

http：//www.sciencep.com

北京通州皇家印刷厂 印刷

科学出版社发行 各地新华书店经销

*

2014年9月第 一 版 开本：787×1092 1/16

2014年9月第一次印刷 印张：30 1/2

字数：723 000

定价：198.00元

（如有印装质量问题，我社负责调换）

编辑委员会

序　一

雷文洁

（湖北省文化厅厅长）

近年来，我们欣喜地看到，土司遗址已抖落历史的尘封，逐渐显露出历史的光辉，透射出历史的光芒。2006年，唐崖土司城址、容美土司遗址被国务院公布为第六批全国重点文物保护单位，2012年被列入中国世界文化遗产预备名单，土司遗址首次进入世界的目光，2013年初，由湖北唐崖土司城址、湖南老司城遗址、贵州海龙屯遗址联合组成的中国土司遗址，被确定为2015年我国唯一申报世界文化遗产项目，开启了土司遗址保护的新纪元，今年将迎接国际专家的考察验收，一步步走来，土司遗址的每一次前进都伴随着艰辛努力和默默奉献。

土司制度是我国传统哲学世界观在处理中央政权与民族地区、边疆地区关系方面的重要体现，深入阐释和解读土司文化，充分研究土司文化精神，对建设中华民族的共同精神家园有着深刻的理论意义和巨大的现实意义。按照国家文物局与湖南、湖北、贵州三省人民政府签订的《关于保护土司遗产的联合协定》有关精神，为进一步加强对唐崖土司的世系、族源、历史沿革、地位影响、与周边土司及卫所的关系等问题的研究，全面提升土司文化研究水平，由湖北省文物局、三峡大学主办，咸丰县人民政府、湖北省文物考古研究所、三峡大学民族学院联合承办的唐崖土司学术研讨会于5月31日至6月1日在湖北咸丰顺利召开，故宫博物院原院长、中国考古学会原理事长、著名考古学家张忠培先生等一大批学术泰斗参加了会议，会议共收到了各地专家学者寄来的论文50余篇。这些论文或从土司的世系、族源、历史沿革、地位影响等方面作探讨，或从与中央的关系、文化及政治意识形态等方面作研究，或从多角度多侧面对土司族源、土司文化作论证阐述，收到了相互交流、相互促进的良好效果。

申遗不仅是一项文化工程，更是一项民生工程，申遗成功后，遗址将按照国际标准得到永久保护，将极大地提高遗址地的知名度，为可持续发展打下坚实的基础。世界文化遗产的魅力在于她的巨大包容性，真谛在于文化主权的保护，使命在于更好地保护和弘扬优秀的文化遗产，促进世界各国文化的交流。越是民族的，越是世界的，本次研讨会收录的论文，凝聚着专家学者的心血，是智慧的结晶，即将编辑出版的论文集将对大家了解研究唐崖土司、唐崖土司城址、土司制度具有很好的参考价值和启迪意义，并将土司文化的研究推向了更高、更深的历史阶段。我们真诚地希望，通过学术研讨会等多种形式，进一步引导社会各界更加关注土司遗址，让大家共同参与土司遗址研究、保护，进一步推动申报世界文化遗产工作，共同努力让世界文化遗产的荣耀落地生根、开花结果，让我国悠久灿烂的土司文化在世界舞台上熠熠生辉。我坚信，在国家文物局和省委、省政府的领导和关怀下，通过国内外专家和广大学者的学术研讨和交流，一定会使我们的土司研究向前迈进一大步，土司遗址一定能够成功申报世界文化遗产，土司遗址的美誉一定能够冲出国门、走向世界！

是为序。

序　二

刘忠义

（中共咸丰县委书记）

中华文化源远流长，沉积于历史和民间的文化遗产是中华民族最重要的精神文化财富之一，保留着许多文化精粹，积淀着最深层的精神追求，为中华民族生生不息、发展壮大提供了丰厚滋养。“十里不同风，百里不同俗。”全国各地独特的民风民俗，绚丽多姿，异彩纷呈，令人为之迷醉。

咸丰县古有“荆南雄镇、楚蜀屏翰”之誉，今有湖北“西大门”之称，以土家族、苗族为主的17个少数民族占总人口的85%。咸丰是革命老区，贺龙、任弼时、关向应、萧克、王震、项英等174位将帅在湘鄂西革命根据地留下了不朽功绩。咸丰人杰地灵，浓厚的土苗文化底蕴不仅造就了庚戌起义领导人温朝钟、中国航空第一人秦国镛等杰出人才，还孕育了巧夺天工的人文景观和艺术成果：厚重古朴的唐崖土司城遗址、庄严典雅的严家祠堂、风格独具的土家吊脚楼营造技艺、豪放恣肆的摆手舞、凄婉美丽的哭嫁歌等文化遗产堪称一绝。

近年来，县委、县政府高度重视文化工作，坚持从整体性传承、“活态”传承这两个文化遗产的重要特性出发，一手抓有形的文化遗产保护挖掘，一手抓无形的非物质文化遗产保护传承。目前，全县共有文物保护单位15处，其中国家重点文物保护单位1处，省级文物保护单位4处；馆藏文物300余件（套），其中国家级文物21件。非物质文化遗产298个，其中国家级保护项目2个，省级保护项目10个。有国家级文化传承人1人、省级文化传承人9人、州级文化传承人20人、县级文化传承人38人，省级民间艺术大师3人、州级民间艺术大师6人、县级民间艺术大师12人，省级文化艺术之乡地盘子之乡1个，基本形成了国家、省、州、县四级文化遗产项目和传承人名录保护体系。

唐崖土司文化在咸丰这块历史悠久的文化热土上绵延了近400年，留下了古老文明的佐证，它是中国历史上原始民族区域自治制度的产物和汉土文化融合的结晶，体现了多民族统一国家的中央政权秉承的“修教齐政、因俗而治”的传统理念和政治智慧，具有世界范围的突出普遍价值。可以说，土司文化底蕴深厚，丰富多彩，包罗万象，它不仅体现在源远流长的人文精神和技艺精妙的民间艺术上，而且已经渗透在与人们生产生活密切相关的方方面面。

文化是一个国家、一个城市的灵魂和立身之本，独有的文化个性、文化风格、文化品位，犹如精气神韵，是凝聚力的体现、自信力的源泉。每一种文化都是用心血、智慧和情感凝结起来的独特的人文景观，体现着当地的文化特色。勤劳善良的土苗儿女在生生不息中演绎的丰富灿烂的土司文化所蕴涵的文化魅力会使任何一个人都能产生强力的情感冲动与理性共振。讲清楚土司文化的历史渊源、发展脉络、基本走向，讲清楚土司文化的独特创造、价值理念、鲜明特色，是增强文化自信和价值观自信的前提和基础，《唐崖土司学术研讨会论文集》的编辑出版为我们了解这一极具地域文化特色和政治历史特色的土司文化提供了一个平台和窗口，对于挖掘土司文化价值，弘扬民族文化精华，推进先进文化的发展，必将起到积极的作用。

习近平总书记说："学史可以看成败、鉴得失、知兴替；学诗可以情飞扬、志高昂、人灵秀；学伦理可以知廉耻、懂荣辱、辨是非。"弘扬好先辈的智慧结晶对于增强县域经济软实力，提高经济社会发展水平具有重要意义。我们将借土司遗址申遗的契机，系统挖掘、梳理土司文化资源，让收藏在博物馆里的文物、陈列在广阔大地上的遗产、书写在古籍里的文字都活起来，坚持古为今用、推陈出新，努力实现创造性转化、创新性发展。我们将把政治优势转化为政策优势，把文化优势转化为经济优势，把品牌优势转化为创业优势，立足于文化立县、文化强县，用文化引领前进方向、凝聚奋斗力量，团结带领全县各族人民不断以思想文化新觉醒、理论创造新成果、文化建设新成就推动县域经济社会向前发展，促进形成文化品牌与经济效益融合、共赢发展，营造强大的文化气场。

不忘本来才能开辟未来，善于继承才能更好创新。土司文化之根，是扎在武陵山沃土中最深的根。我们应备加爱惜，加以保护。值此土司遗址申报世界文化遗产的关键时期，愿为申遗多培一抔土，为申遗喝彩。

是为序。

在唐崖土司学术研讨会上的讲话

张忠培

（故宫博物院）

对土司遗址联合申报世界文化遗产，我不是先知先觉,有一个认识过程。主要讲三点。

（1）我历来重视土司遗址的保护，支持土司遗址申遗。

我对土司遗址接触得比较早，早在20世纪80年代末或90年代初，就考察过湖南永顺老司城遗址发掘现场。当时，国内尚缺乏对土司文化遗产的研究，去永顺老司城遗址后，我觉得这处遗产类型独特，保存较好，具有很高的历史价值，值得研究和保护，全国重点文物保护单位中应该增加土司遗产这种类型。当时，便对同我去考察的王军同志说过这一想法。2001年，在第五批全国重点文物保护单位审核工作中，我积极赞成永顺老司城遗址列入“国保”。

约在永顺老司城成为国保单位前后，有同志告诉我，湖北咸丰还有一处土司遗址——唐崖土司城址，不仅保存得很好，而且还有地面构筑物和完整的城市道路遗存。我当时很惊讶，如果湖北咸丰唐崖土司城遗址真有他们说的那么好，那么在土司遗产知识方面我就真是孤陋寡闻了。就我的专业来说，对土司遗存所表现的孤陋寡闻，本来就是明面上的事。但作为一个专业工作者，为什么不经深入调查，就轻易表态？！我对此甚感羞耻。国保单位中应增加土司遗址这类遗存的认识自然没有错，问题是，不能把土司遗址全定为国保，哪一个上国保呢？按首次被确认来说，当然应上永顺老司城；如果依保存情况来判断，假如咸丰唐崖土司城确实较永顺老司城保存得更好的话，就得上唐崖土司城了。因此，这个时候一听说湖北邀我到咸丰考察，我就有些犹豫，乃至犯怵，便推脱了事。

记不清楚是哪一年，我因为三峡的事情从湖南进入恩施，心觉这事躲不了了。进入恩施之后，我便对接待的湖北同志说，可否去一下唐崖土司城呢？不料湖北的同志却回答我：去那里交通很不方便，这次还是不去吧！我自然就接受了他的意见。

后来，湖南启动土司遗址申遗，湖北方面随后也要求联合启动申遗。此时，湖南的考古工作已做得相当成熟了，湖北的考古工作却刚刚开始，湖南方面担心联合申遗拖了腿，所以不太愿意联合申遗。这两省的意见都向我陈述了，听了，我感到难办。

2012年3月，因申遗之事，我再次去永顺进行了考察，这次考察对湖南为了申遗进行的考古发掘提了一些意见。这时，湖北方面由孟华平出面邀请我去唐崖土司城考察，在湖北省文物局和有关科研单位的邀请下，我只得硬着头皮来到咸丰。现场考察后，我觉得从唐崖土司城遗址整体状况来看，它的保存状况确实很好，且遗址格局完整清晰，但保护工作刚开始，相对有点滞后，同时，考古发掘也有些不到位的地方。我对这些方面均发表了自己的意见。事后得知，我对湖南、湖北提出的意见，均得到他们的采纳。

回到北京后，便向国家文物局如实地讲了我的意见，并说，是否两省联合申遗，视是否拖湖南的腿而定。国家文物局经认真研究后，决定了湖南、湖北联合申遗的方案，我自然同意，因为这个方案充分考虑了我提出的“不拖腿”的这一意见。以后，听说贵州播州海龙屯遗址也加入进来，一起联合申遗，我觉得是件好事，很赞同。只要能搞成，多一个不是更好啊！

（2）土司遗址价值突出，是中华民族“齐政修教，因俗而治”管理理念付之于实践而保存下来的物质遗存。

土司制度形成于元代，鼎盛时期在明代，清代以后逐渐“改土归流”，但“改土归流”并不代表民族问题就解决了。我们中华民族有56个民族，民族问题在历史上如何解决？我觉得这个问题可以以土司遗址申遗为切入点，进行深入研究。

自西周以来，尤其是秦汉以后，我国的历史，就是多元的族群与文化一统于国家政权，即多民族的统一的国家发展的历史。不是单一民族国家，而是多民族国家的发展历史。这样的统一的多民族国家的发展历史，就派生出汉族为主体的中华民族和汉文化为主体的中华文化形成和发展的历史。统一的多民族国家、汉族为主体的中华民族和汉文化为主体的中华文化沉淀到今天，并没有终止，还要继续发展。因此，对这三个历史进行客观深入的研究，不仅是历史研究本身的需要，也是如何借鉴历史以推动这三个历史继续发展的需要。

西周王国为实现包容多类考古学文化族群于一国内进行治理的政治体制，就已据封国内主体族群的区别，采用“因其俗，简其礼”的政策。发展到西汉武帝之时，便在少数民族地区设置属国都尉和护节领护，至此，这一实质上的“一国多制”便成了我国历史上国家解决民族问题的一种定制。唐代的羁縻州制和元、明两朝推行的土司制度，便是这“一国多制”的进一步发展。实际上，中华人民共和国实行的少数民族聚居区的自治制度和邓小平为解决港澳问题提出的“一国两制”不仅基于现实，也具有深厚的历史基因。

正是自西周以来为解决统一国家内的多民族治理问题而推行的“一国多制”制度，才发展出汉族为主体的中华民族和汉文化为主体的中华文化。这一和欧洲走过的不同的历史道路，便形成了我国的基本国情。

民族与文化是动态的，是变化发展的。现在我们一问到某些土家族的人：“你们有没有自己的语言？”得到的回答是：“我们已经被汉化了。”从一个方面说，是这样；但从另一个方面说，即从汉族来说，又不是这样。因为汉族是个杂种，而且汉文化本身也是一种庞杂的多元文化。随着和土家族及其他民族的碰撞与交流，汉族在发展过程中也吸收了土家族的文化和其他民族的文化，变成了杂种，其文化便成了一元为主的多元谱系结构的文化，即杂种文化，从这个意义上看，也可以说汉族已被土家族化了，和其他民族化了。因此，不存在“谁化谁”的问题。

到今天，汉族还是汉族，土家族还是土家族，其他54个民族还是54个民族，各个民族都保持着民族自觉，即民族的自我认定，而且，诸民族之间彼此都尊重各自的民族认定，即各自的民族的区分。但是，在此之上，我们这56个民族又已形成共同的中华民族的认识的自觉了，即汉族和其他55个少数民族已共同形成了以汉族为主体的中华民族，和汉文化为主体的中华文化。不过，现今的汉族与汉文化、土家族与土家族文化、汉族为主体的中华民族与汉文化为主体的中华文化，和历史上的汉族与汉文化、土家族与土家族文化、中华民族与中华文化都不一样了，是现今的汉族与汉文化、土家族与土家族文化、中华民族与中华文化了。这个动态的演变与发展过程至今仍没有停止，以后还得变化，还得发展。

土司遗址从价值层面来讲，现在的永顺老司城遗址、唐崖土司城址及海龙屯遗址三处土司遗址联合申遗的意义，就是给我们国家实行“一国多制”提供了一个历史的见证，是必要的实证。刚才引用文献上所说的“齐政修教，因俗而治”八个字，其意义实质上就是体现了“一国多制”。土司制度是历史上的“一国多制”制度，我不是今天才这样说的，是在头一次考察永顺老司城的时候，就是这样说的。当然，这“一国多制”，不是我们国家与生俱来的，夏、商两代都是单一考古学文化族群的国家，故无“一国多制”制度。经过西周的封建，至秦汉帝国实现了“一统多元”。这里说的“一统”，是指政权一统；这里说的“多元”，是指族群与文化的多元。“一国多制”有一个从无到有、从产生到发展的过程。“一国多制”也就是体现了一个国家多种管理制度，体现了中国延续两千余年的“齐政修教，因俗而治”的管理理念。

（3）土司遗址必须坚持以保护为本。

讲到文物的保护与利用，就是八个字：“有效保护，合理利用。”什么叫“有效保护”？简单一句话就是可靠的保护，让其延年益寿，永久存在。“合理利用”要符合被利用遗存本身的历史定位，本身所存在的历史、文化和科学价值，是保护制约下的利用。换句话说，“合理利用”中的“合理”，是符合科学之理和符合保护之理。“合理利用”中的“利用”，有层次之分，基础的或最深层层次的利用，是学术研究的利用，因为只有学术研究才能揭示和说明文物的价值。凡考古遗存这类文物的基础的或最深层层次的利用，就是考古学的研究。现在有些人片面呼唤考古学者走出象牙塔来，考古学者都走出了象牙塔，那还有考古学吗？没有了考古学了，还有考古学的普及吗？考古学的象牙塔应永远存在，考古学的普及亦当永远存在。我们应实行提高前题下的普及，“提高”与“普及”的关系当是：“提高”是源，“普及”是流，“源”不竭，“流”才能长流。故“普及”的利用应奠定在“提高”的研究基础之上，当然，反馈“普及”中产生或被提出的问题于“提高”中进行的研究，又将升华“提高”，这就是基于“源”不竭、“流”才能长流基础上的“提高”与“普及”之间的辩证关系。“合理利用”中的“合理”，也有层次之分，基础的或最深层层次的“合理”，则是保护，凡是保护跟不上的利用或利用导致破坏的事就不能干，这好比一个完好的鸡蛋摔在地上碎了，那就为时晚矣。所以要在保护的基础上来谈利用。归根结底，“利用”要以保护为前提，要受保护的制约、检验，还要落实于保护之上。

文物之旅游，是旅游对文物的利用，也是一种普及的利用。这类“利用”也必须遵循“合理”的原则。一是真正从遗产本身的历史价值、文化价值和科学价值进行考量，各项旅游活动要符合文物本身的历史定位。二是旅游要以保护为基础，要受保护的制约、检验，还得落实在保护之上，总之，只能在保护的基础上进行旅游开发。只有这样，才能于旅游中发挥文物的正能量，即增进中华民族的凝聚力和提升人民的文化品味与素质；只有这样，才能实现文物与旅游的良性循环，才能实现旅游的持续发展。如今，文物正在发挥它的价值作用，文物已经成为旅游的载体，故宫、长城及秦始皇陵等重要文物点一年的游客量相当于其他很多国家的人口总数，这正是发挥了文物价值的表现。我希望，在今后开展土司遗址旅游，应以学术研究为先导和以保护为基础。同时，也要使当地的群众受益，惠及民生，让文化遗产保护成为一个一举多得的公益事业。

总之，听了与会者的发言，实地考察了唐崖土司城址，了解了土司遗址申遗工作动态，我觉得唐崖土司学术研讨会开得正是时候，是成功的，也是多视角的，至少开阔了我们对土司文化认识的眼界，学到了新的知识，提高了认识。此次会议，不仅解决了土司文化和唐崖土司研究的一些学术课题，也提出了新的课题。同时，大家在讨论的过程中，各抒己见，不追求整合，更不谋求一统。会议主办方充分尊重了与会人员自主、自由的思考、发言与讨论，做到了服务周到。

最后，我要说的是，本次唐崖土司学术研讨会不仅仅是为了申遗而召开的，大家千万不要认为拿到世界文化遗产的金字招牌就可以停止基础研究工作了，今后对土司遗产一定还要多做深入的研究，站在“一国多制”的概念下继续研究中华民族、中华文化的形成和发展过程，做出新的贡献。

谢谢大家！再见！祝大家返程旅途一路平安！

附记：2014年8月5日上午据孟华平整理讲话录音稿于小石桥改成此文。

在唐崖土司学术研讨会上的讲话

杜晓帆

（联合国教科文组织驻华代表处文化遗产保护专员）

首先感谢会议主办方的邀请，我谨代表联合国教科文组织对大会的召开表示诚挚的祝贺，同时也表示我个人的敬意。唐崖土司学术研讨会的召开，一方面体现了湖北省对申报世界遗产工作的高度重视，另一方面更体现出咸丰县政府以及专家学者对遗址具有非常负责任的态度。通过刚才三位陈述人和苍铭教授的介绍，亦体现了中国在申遗的过程中，对于遗产价值的认识在不断地提高。那么根据刚才的发言及介绍，我表达一下我的观点：

（1）充分认识申遗工作是对遗产价值全面认识的重要过程。

保护文化遗产最根本的基础，那就是对遗产价值的认识。如果我们对价值没有清晰的认识，我们就不知道我们的保护对象是什么，要保护什么。对唐崖土司遗址的价值进行更加深刻、更加全面、更加科学的认识，就是我们学术研讨会召开的最重要的目的。学术研讨会的召开，为文化遗产的保护提供了文本基础和史料基础，让文化遗产保护具有可靠的依据。

世界遗产是由联合国教科文组织世界遗产委员会评审认定的，旨在保护世界范围具有突出普遍价值的遗存。在今天，世界遗产公约已经是全世界缔约国最多的国际公约之一，其影响力是显而易见的。我刚才翻了一下我们的论文集，里面有几篇论文，如中山大学郭立新老师的《透视全球化背景下的文化遗产保护》，吉首大学的成臻铭老师针对老司城遗址申报世界遗产的意义的陈述，对申报世界遗产的意义都有涉及，我就不再赘言。

申遗成功对一个城市，特别是位于武陵山区、交通不便的城市来说，更是具有积极的、不可替代的作用，这是一个让全世界认识唐崖和咸丰的好机会。申遗也可以促进地方经济和社会事业发展。一个遗址在这个地方占了这么大的一片土地，并且投入了巨大的人力、财力、物力去保护它，那么它为当地的经济、为当地的社会发展贡献它应该有的作用，这是无可非议的。而申遗的意义在于不仅能有效保护遗址，扩大遗址的知名度，同时也可以为当地旅游业的发展起到巨大的作用，拉动当地旅游经济的发展，从而推动地方其他经济与整体经济的联合性增长，为当地的社会发展起到积极的作用。

（2）深刻理解文化遗产对国家、对人类的贡献与作用。

从历史的发展来看，曾经的文化遗产保护是为了增强民族认同与民族自豪感，是国家主权的组成部分，我们可以说成是地方认同。但现在，随着全球化的发展，文化遗产的保护更强调全球价值，也就是说现在的文化遗产是由全人类共享，文化遗产的保护是全人类的义务，从而就形成了世界遗产体系。所以我们中国的文化遗产怎样才算真正地对世界作贡献？在现在新的格局下，我们在多元文化的环境下，如何融合相处、平等相处，最终达到国家的安定、和平和统一，就应该是中国文化为世界作出的贡献。而像土司文化遗产的价值，就是为了展示其独特性、差异性和多样性，同时它与中央政权友好相处的智慧，通过对其价值的认识和感知，从而增强自身甚至国家、全民族的文化自信，那么这个贡献对全人类来说都是非常巨大的。

（3）持之以恒地做好对文化遗产的保护工作。

申遗成功不是完结，而是不断保护遗产的过程。刚才苍铭老师对世界遗产申报过程中间可能存在的问题提出了一些想法。在申遗过程中，我们肯定还会存在一些问题和困难，包括我们已经申报成功的世界遗产，正在申报的丝绸之路和大运河，也不能说是完全没有问题的，包括申遗的文本等肯定是会有局限的。所以，我们要先弄清楚，文化遗产的真正价值是什么？当然，对文化遗产价值的认识也是随着时代的发展而变化的。随着人类的发展，我们对价值本身的认知，肯定是一个变化的过程，不是一个固定的状态。所以我想，明年要申报，即使现在还有些问题没有解决，但肯定不会成为一个障碍。我们对价值的认识是一个过程，所以把这个认识作为一个过程去看待的话，那么我们现在只是一个阶段，而并不是一个完结，而对文化遗产价值的认识会越来越全面，文化遗产的保护也就能随之不断改变、不断完善。所以，我希望，省政府和文物文管部门要持之以恒地实施对唐崖土司文化遗产的保护。

（4）科学深入地做好对文化遗产的研究工作。

刚才苍铭老师在他的点评中表示，在现阶段我们的研究还确实存在一些不足。这的确是一种实事求是的态度。这些年来，虽然我们中国的经济实力已经比较强，经济总量达到了全球第二，但是在学术研究和文化传播方面，依旧与很多发达国家存在着比较大的差距。特别是我们对国外的研究还是比较少，所谓研究还多是停留在翻译或者编译别人的研究成果上，很少有通过自己的独立思考进行研究，我们的研究成果还难以得到对方的重视。今后，我们需要加大力量组织更多的团队去进行比较研究。就是不仅仅要做国内的研究，而且要做与国外的比较研究，从而找出自身的突出普遍价值。

各位同仁，世界遗产的申报任重道远，其管理、保护与可持续利用更需要当代以及外来的不懈努力。我衷心祝愿唐崖土司文化遗产申报世界文化遗产取得成功，同时也衷心希望唐崖土司遗址在政府、学者和全社会的关注与支持下得到永续的保护与利用。

谢谢大家！

在唐崖土司学术研讨会上的讲话

许　伟

（中国文物学会副会长）

尊敬的各位领导、各位专家、学者、同志们、朋友们：

今天，我们相聚在风景如画的美丽咸丰，召开唐崖土司学术研讨会，这是土司文化学界的一件盛事，也是文物学界的一件喜事，我受中国文物学会单霁翔会长的委托，谨代表中国文物学会，向本次会议的胜利召开表示热烈祝贺。

今年是中国文物学会成立30周年，文物学会从成立之日起，就以保护中华文物为宗旨，以弘扬中华文化为己任，以组织文物保护学术活动为特色，是全国文物界的学术团体。唐崖土司城址作为全国重点文物保护单位，已经被列入申报世界文化遗产项目，举办这次学术研讨会，既是学术交流，又可以推进申遗工作，更是保护文物的一项有力举措，这是文物学会应大力支持的事业。

这次学术研讨会的主题是唐崖土司城址研究和土司文化研究。唐崖土司城址作为鄂西土家族土司的代表遗存，持续时间长、格局完整、遗存丰富，是中国西南土司遗产不可或缺的组成部分。因此，这处遗址才能从全国数百处重要土司遗存中脱颖而出，与湖南永顺老司城、贵州遵义海龙屯联合组成我国2015年世界文化遗产唯一申报项目。根据联合国教科文组织专家组对申遗项目的现场验收工作惯例，要在每年的7～9月，就唐崖土司城址申遗工作的进度和唐崖土司学术研究状况进行评估，可以说，当前召开这次学术研究会是正当其时。

湖北是中国文明的重要发祥地，历史悠久，文化灿烂，文物资源丰富。近年来，在省委、省政府的正确领导下，省文物局励精图治，全省文物工作正在实现文物大省向文物强省的良性转变，尤其是在抓好“四有”工作的基础上，通过博物馆免费开放、大遗址公园建设、申报世界文化遗产等工作来实现文物工作的科学化和社会化，做得非常出色。在此，我也要向长期服务、关心支持湖北文化、文物工作的专家学者和领导致以崇高敬意。

湖北省文物局、三峡大学和咸丰县人民政府为这次会议作了大量充分的准备，并征集了很多有分量的论文，邀请了不少知名专家参加，这是对近年来土司文化学术研究成果的一次检阅和交流，也必将对今后进一步深入研究土司文化产生深远影响。

最后，预祝研讨会取得圆满成功！

谢谢大家！

在唐崖土司学术研讨会开幕式上的讲话

谭志松

（三峡大学）

尊敬的各位专家学者、各位嘉宾、朋友们：

在这“首夏犹清和，芳草亦未歇”的季节，我们非常高兴地迎来了“唐崖土司学术研讨会”的召开。在此，我谨代表三峡大学对莅临本次会议的各位专家学者、各位嘉宾表示诚挚的欢迎！

三峡大学是经教育部批准，于2000年6月由原武汉水利电力大学（宜昌）和原湖北三峡学院合并组建。经过十余年的建设与发展，2013年被国务院学位委员会批准为博士学位授予权单位。学校现面向31个省、自治区、直辖市及20余个国家（地区）招生，占地面积3787亩，专任教师1984人，聘请有19位院士在内的273名专家担任兼职教授，各类学生3万余人。学校有29个学院，68个本科专业，九大学科门类，2个一级学科博士点，20个一级学科硕士点，130个二级学科硕士点，12个硕士专业学位点，11个省级重点一级学科，其中国家级特色本科专业5个。目前，学校大力实施“特色发展、开放办学、文化引领、改革创新”四大战略，近5年来，承担各级各类科研项目4500余项，有100余项科研成果获省部级及以上奖励，获授权发明专利100余项，有1000多项技术开发成果被应用于水电工程建设、灾害防治等诸多领域。学校与亚、欧、美等20多个国家和地区近百所高校建立了教学、科研和互派留学生等合作关系；与中国电力建设集团、中国能源建设集团、中国长江三峡集团公司等单位建立了长期战略合作关系。主办或承办国际国内学术会议200余次。学校先后被授予教育部“全国高校就业50强”入围高校、“服务湖北经济社会先进高校”、“湖北人才工作十强高校”、“湖北省民族团结进步示范单位”等多项荣誉。

三峡大学作为一所地处中西结合部，综合办学实力较强的综合性大学，长期以来十分重视对地方历史文化、文化遗产的调查与研究，在民族文化的挖掘记录、文化遗产抢救保护与传承、民族文化产业等研究领域做了大量的工作。尤其是在抢救和保护文化遗产的过程中，对土司文化遗产给予了高度的关注。土司制度是我国在“修其教不易其俗，齐其政不易其宜”观念指导下处理中央政权与民族地区、边疆地区关系的特殊政策，对维护国家统一、促进多民族国家发展起过重要作用。土司制度及其留下的遗产，无论是对中国，还是对人类都具有重要的借鉴意义。咸丰唐崖土司城遗址成功入围2012年中国世界文化遗产预备名单，并与永顺老司城遗址、播州海龙屯遗址联合被国家文物局确定为我国2015年的唯一申遗项目，这是中国文化界的大事、喜事，也是土司历史文化研究中具有里程碑意义的事件。

为了配合唐崖土司城遗址申报世界文化遗产工作，受湖北省文物局的委托，我校民族学院承担了唐崖土司史料搜集整理研究课题，课题组经过大半年的搜集、调查，完成了10余万字的《唐崖土司资料汇编》，为申报工作和深入研究提供了较为翔实的资料。另外，我校民族学院对唐崖土司城遗址活态遗存的道士“度职”仪式进行了全程拍摄记录，制作了《远古遗韵》专题片；在《三峡论坛》上开辟了“唐崖土司研究”专栏，得到了不少专家学者的大力支持，发表了系列研究唐崖土司的成果。

唐崖土司城遗址的申遗正在进行时，我们的研究工作也在紧锣密鼓。为进一步加强对唐崖土司的研究，全面提升土司历史文化研究水平，切实推进土司遗产保护，湖北省文物局和三峡大学联袂举办这次学术盛会。各位专家学者和嘉宾，不辞辛劳从全国各地前来参加这次研讨会，共同探讨土司历史文化及其保护、利用问题，展望土司学的发展前景。这不仅对土司研究具有重要的学术价值，对土司遗产的保护也具有指导意义。借此机会，感谢各位专家长期以来对三峡大学工作的支持。同时，也期待各位一如既往地关心支持三峡大学的建设和发展!

各位专家，相逢是一种缘分，共同的话题让我们聚首在美丽的咸丰。愿我们的友谊天长地久，愿本次会议在各位的心中留下美好的记忆。

祝会议取得圆满成功!

谢谢大家!

在唐崖土司学术研讨会开幕式上的致辞

戴清堂

（咸丰县人民政府县长）

尊敬的各位领导、各位专家、各位来宾：

大家上午好！

唐崖土司学术研讨会在各有关机构和与会者的共同努力下，今天隆重开幕了。这次研讨会由湖北省文物局、三峡大学主办，咸丰县人民政府、湖北省文物考古研究所、三峡大学民族学院联合承办，这是我县政治、经济和文化生活中的一大盛事。在此，我谨代表中共咸丰县委、咸丰县人民政府及全县38万人民，向莅临我县的各位领导、各位专家、各位嘉宾，表示最诚挚的欢迎，并致以崇高的敬意！

咸丰县位于湖北省西南部，地处鄂、渝、湘、黔四省（市）交界处，土地面积2550平方千米，辖11个乡镇区，263个村，总人口38.5万。咸丰建县于公元1735年（清雍正十三年），县名取“咸庆丰年”之意，是中国为数不多的与皇帝年号同名的县，古有“荆南雄镇”、“楚蜀屏翰”之誉，今有湖北“西大门”之称。土司时期，咸丰境内有金峒、龙潭、唐崖三大土司，并设有大田千户所，现仅完整保留唐崖土司治所唐崖土司城遗址。唐崖土司城始建于元末，鼎盛于明天启时期，废于清雍正年间“改土归流”。遗址依山傍水，总面积约74万平方米，是武陵山区城市形态和功能格局保存最完整的一处土司治所遗存，是鄂西土苗儿女的历史创造和智慧结晶，具有全球范围的突出普遍价值。

世界文化遗产是最高等级的文化品牌，是国家文化底蕴的重要见证，被誉为“皇冠上最耀眼的宝石”。申遗不仅是一项文化工程，更是一项民生工程，申遗成功后，文化遗产将按照国际标准得到永久保护，遗产地的国际知名度和美誉度将得到极大提升，直接带动区域经济社会快速发展。22年前，唐崖土司城遗址被省人民政府确定为省级文物保护单位；8年前，成功申报为全国重点文物保护单位；2年前被列入中国世界文化遗产预备名单；去年，唐崖土司城遗址与湖南老司城遗址、贵州海龙屯遗址联合组成中国土司遗址，被确定为2015年我国唯一申报世界文化遗产项目。踏着成功的足迹，“世界唐崖我的梦”，已成为咸丰土苗儿女的共识和不懈追求。今天，我们站在新的历史起点，共同续写土司文化的灿烂与辉煌。

在各级领导的高度重视和各位专家学者的关心支持下，目前，唐崖土司城遗址申遗工作推进顺利，遗址保护管理办法和规划已经省政府批准公布，保护管理体系已经建立；申遗文本编制已提交联合国教科文组织，并被正式受理，成功申遗已迈出坚实的第一步；遗址区内居民搬迁和征地已基本完成，环境整治和文物保护工程正在有序开展，恩黔高速公路7月份可基本贯通，县内4条出境公路和主干道即将完成改造升级，国际专家现场评估验收的条件已基本具备。

世界文化遗产的魅力在于她的巨大包容性，真谛在于文化主权的保护，使命在于更好地保护和弘扬优秀的文化遗产，促进世界各国文化的交流。越是民族的，越是世界的，我们真诚地希望，透过历史的云烟，重振文化雄风，让世界文化遗产在咸丰落地生根、开花结果，让咸丰悠久灿烂的历史文化在世界舞台上熠熠生辉，成为推动县域经济社会跨越发展的重要推手。

“有朋自远方来，不亦乐乎？”各位专家欢聚咸丰，献计发展、献策申遗，这不仅是推动咸丰文化产业大发展、大繁荣的崭新机遇，更是推动县域经济社会迈向一个全新的历史发展阶段的重要标志。我们坚信：有各位领导、各位专家的精心指导和鼎力支持，唐崖土司城遗址一定能够成功申报世界文化遗产，唐崖土司城遗址的美誉一定能够冲出国门、走向世界！

同时，我们真诚地希望各位领导、各位专家倾情倾智，关注咸丰、宣传咸丰、推介咸丰，多为我县的发展建良言、出良计、谋良策。最后，衷心祝愿各位领导、各位专家在咸期间心情愉快、身体健康！预祝唐崖土司学术研讨会取得圆满成功！

谢谢大家！

在唐崖土司学术研讨会闭幕式上的致辞

王风竹

（湖北省文物局副局长）

尊敬的张忠培先生、各位领导、各位专家：

大家上午好！

经过为期一天半的学术研讨和现场考察，此次由湖北省文物局和三峡大学主办，咸丰县人民政府、湖北省文物考古研究所和三峡大学民族学院联合承办的“唐崖土司学术研讨会”在各有关单位的大力支持下，在各位代表的共同努力下，已进入尾声，会议达到了全面认识和阐释土司遗址考古价值，发掘和提升土司文化内涵和影响力，促进土司遗产科学保护展示，营造土司遗址申报世界文化遗产良好学术氛围等预期效果，获得了圆满成功！作为主办单位，我们认为此次会议有以下几个方面的特点：

一是此次会议的举办恰逢其时，为申遗和迎接国际专家考察作了充分的埋论和学术上的准备。唐崖土司遗址与湖南老司城遗址、贵州海龙屯遗址是土司制度鼎盛时期土司城址的典型代表，其共同组成的“中国土司遗址”被国家文物局列入中国2015年申遗的正式项目，在国家文物局和湖南、湖北、贵州三省的共同努力下，土司遗产有关的各项考古发掘、文物保护、环境整治、居民搬迁、基础建设工程快速推进，申遗的前景越来越明朗，我们的信心也越来越充足。在这一过程中，作为省级文物主管部门，我们虽然有效组织了考古发掘，也与有关科研机构和大专院校开展了多层次的合作，在遗产内涵、价值的挖掘、研究和提炼方面取得了显著成绩，但我们仍感觉到，有些学术问题还需要引起更广泛的关注，进行更深入的研究，寻求更广泛的帮助。此次学术研讨会，代表广泛，盛况空前，我们有幸邀请到国内考古、历史、文化、建筑、民族学及遗产保护方面的70余位专家、学者，大家经过讨论交流和现场考察，进一步加深了对唐崖土司遗址的认识；尤其令人感动的是著名考古学家张忠培先生，不辞辛劳亲临大会指导并作了精彩讲话，对我们的研究工作提出了高屋建瓴的指导意见，使我们的工作目标更加高远和明确。联合国教科文组织驻华代表处文化遗产保护专员杜晓帆博士，也在百忙之中赶到咸丰出席会议，并对我们的研究和申遗工作给予了悉心指导。中国文物学会副会长许伟先生亲自到会指导，并带来了单霁翔会长对本次学术研讨会的良好祝愿。这些都使本次会议的学术水平和关注度得到极大的提升，也确保了会议开得十分成功。我们认为对土司文化有关学术问题进行深入讨论、达成共识，十分及时和必要。可以说，这次研讨会正逢土司遗址申遗的关键时期，此次学术盛会将唐崖土司遗址和土司文化的学术研究推向了一个全新的高度，将对中国土司遗址申遗和遗产保护工作产生深远的影响和积极推动作用。

二是此次会议讨论深入，视角广泛，达到了预期效果。申报世界文化遗产是一项系统工程，既对地方政府提出了文化遗产保护的责任、带来经济快速发展的希望，也为学术界提供了深入研究的机遇和挑战。在大会发言和分组讨论中，大家各抒己见，畅所欲言，相互切磋，相互启发，体现了自由讨论、百家争鸣的良好学术氛围，也就一些重大学术问题达成了共识。我们听了专家的精彩发言，深受启发，对唐崖土司城的历史沿革、城市格局、文化内涵等有了更深刻、更全面的认识，对中国西南地区的历史有了更高层次的了解。同时，通过交流也使我们认识到，土司遗产所反映的土司制度、土司文化，固然是土家先民发展的历史见证，更重要的是，放在历史上中央王朝与中央政权内少数民族聚居区关系的角度来看，体现了中华传统文化处理民族间关系，实现多源文化，多民族和谐相处的智慧，体现了中华文明发展历程，在当前中国谋求民族复兴、实现“中国梦”的大背景下，尤其具有重大的理论意义和现实意义。我们正是通过保护土司遗址和申报世界文化遗产的行动，坚定了我们的文化自信，更加增强了保护传承进而振兴中华文化，扩大中华文化的世界影响力的使命感。

三是此次会议准备充分，讨论热烈，成果丰硕。此次会议共邀请各地专家学者70余人，时逢端午小长假，加之咸丰地处鄂西山区交通不变等因素，会议的组织难度很大。省文物局虽是主办方之一，但大量细节工作都是承办单位承担完成的，特别是咸丰县为本次会议提供了良好的会务服务。此次会议，共收到学术论文50余篇，涵盖了唐崖土司和土司文化研究的各个方面，会前专门集结印制了质量较高的学术论文集，会议安排的“唐崖土司城址研究”、“唐崖土司与土司学研究”、“土司文化传承及其他研究”三个讨论主题，设计科学，安排合理，得到了大家的广泛认可。会上既有对唐崖土司遗址考古学材料的详细解读、民族学研究的理论探讨、建筑学方面的理性分析，遗产保护与展示的深入思考，更有透过土司遗址文化内涵、建筑格局的研究，上升到建筑理论体系及社会制度和人的研究的层面，从而达到了张先生所提出的“以物论史，透物见人”的考古学研究的高层次目标，体现了多学科合作，全方位复原和研究土司遗址和土司文化内涵的良好的学术态势。会上还通过了《关于加强土司文化保护、研究和利用的倡议书》。因此，可以认为，这是一次高水平的学术会议，也是一次极为成功的学术会议。

最后，再次感谢全体与会专家和各位领导的参与，感谢咸丰县委、县政府和承办单位所有工作人员为本次会议的成功举办所作出的辛勤努力和无私奉献！

让我们共同对本次会议的圆满成功表示祝贺！共同预祝2015年中国土司遗址申遗取得圆满成功。

衷心祝愿全体与会专家事业成功，身体健康！祝大家返程顺利、愉快！

谢谢大家！

从申遗看土司制度研究存在的不足

苍　铭

（中央民族大学历史文化学院）

2014年3月，国家文物局确定由湖南永顺老司城遗址、湖北唐崖土司城遗址、贵州播州海龙屯遗址联合代表中国土司遗产申遗。中国政府正式向世界遗产中心提交申遗文本，申报世界文化遗产。2015年6月的世界遗产大会将审议该文本，若获通过，三处土司城遗址将被列入世界遗产名录，载入史册。同时，国内列入国家级文物保护单位的其他土司城遗址或衙署，将通过扩展申遗而获得世界遗产的殊荣。中国建筑设计研究院建筑历史研究所承担了申遗文本的编制工作。2013～2014年，在北京召开了四次土司遗产申遗文本修订咨询会，现将会议讨论过程中一些有争议的问题介绍如下，并就申遗过程中需要进一步研究的学术问题提出来，让更多的学者参与探讨，以此推动土司研究的深入。

一、关于土司遗产分布的地理空间问题

世界遗产申报文本由9个部分组成，具体是：遗产辨认、遗产描述、列入理由、保护状况和影响因素、保护和管理、监测、文件、负责机构的联系信息、缔约国代表签名。第一部分“遗产辨认”要求从内涵、时间、空间等方面对土司遗产进行清晰定义。土司遗产是土司制度的遗存，其存在的时间学术界没有大的分歧，多认为是13～20世纪。但是，土司制度实施的地理范围学界则有分歧。因此，文本编制单位十分困惑，除了代表申遗的三处土司城遗址外，还有哪些地区的城寨、衙署、遗址属于土司制度遗存。关于土司制度实施的地理范围，主要有三种不同的文献记述和学术观点。

第一种观点：大西南地区说。《明史》为湖广、四川、云南、贵州、广西土司立传，说明土司制度是特指在这些地区实施统治制度，土司遗产也应该分布在这一区域。《明史·土司传》开篇述论说：“西南诸蛮，有虞氏之苗，商之鬼方，西汉之夜郎、靡莫、邛、莋、僰、爨之属皆是也。自巴、夔以东及湖、湘、岭峤，盘踞数千里，种类殊别。历代以来，自相君长。”[1]

清代人撰《明史》时的“西南”是指今武陵山区以西以南地区，包括今湖南、湖北、四川、云南、贵州、广西、海南等地。

《清史稿》为湖广、四川、云南、贵州、广西、甘肃土司立传，说明土司制度特指在这些地区实施的统治制度，土司遗产也应分布在这一区域。《清史稿·土司传》开篇述论说："西南诸省，水复山重……曰苗、曰蛮，史册屡纪，顾略有区别。无君长不相统属之谓苗，各长其部割据一方之谓据蛮。若粤之壮、之黎，黔、楚之瑶，四川之猓猡、之生番，云南之野人，皆苗之类。"[2]民国人撰《清史稿》时的"西南"也是指武陵山区及以西以南地区。因此历史文献中记述的西南是大西南的概念，与今天的西南行政区概念不同。

第二种观点，中国西部、南部说。这一观点主要是来自龚荫先生的《中国土司制度》，该书是新中国建立后最为系统、部头最大、资料最全、影响最大的土司制度研究著作。《中国土司制度》以明、清两代的行政区划为基础，对各地土司的设置、分布进行了详细统计。土司设置、分布的具体范围是今云南、广西、贵州、四川、广东、海南、湖南、湖北、甘肃、青海、西藏。第二种观点较第一种多了青海、西藏地区。

第三种观点，西部民族地区说。近年，土司制度研究的地理范围有不断扩大的趋势，将中央政府在民族地区实施的间接统治地区，都归为土司制度实施的范围。

以上三种土司制度实施范围的观点，仅仅是有代表性的几种，还有更多的观点没有列入其中。土司制度实施地理范围的不确定性，给土司遗产的辨认提出了难题。经过咨询和研讨，多数评审专家认为土司遗产的范围应确定在历史文献所指范围，即《明史·土司传》和《清史稿·土司传》所指的"大西南地区"。为此，申遗文本将土司遗产定义如下：

土司遗产是13～20世纪中国中央王朝在多民族聚居的西南地区推行"土司制度"时期，少数民族首领"土司" 用于行政管理和生活起居的城寨和建筑遗存。其中，首批申报对象的3处遗产点永顺老司城遗址、唐崖土司城遗址、播州海龙屯遗址位于云贵高原的东北边缘山地，在中国现存的土司遗产中，始建年代较早、沿用时间较长、保存完整，属土司制度完备和鼎盛时期（14～18世纪）典型的综合性土司城遗址[3]。

申遗报告从工作层面界定了土司遗产分布的范围，但是从学术层面还需要进一步的研究，以便更好地支撑这一观点。

二、关于土司遗产的文化价值

申遗报告第二部分是"遗产描述"，其中需要陈述土司遗产的价值。申遗文本只有首先对土司遗产的价值准确定义之后，才能用此定义阐释三处土司遗产的价值。反之，就是需要用三处土司遗产的物证来支撑土司遗产价值主题。

关于土司制度的研究，学界主要是将其作为一种政治或行政管理制度来研究。作为一种遗产，需要阐释的是其文化价值，但学术界的研究明显不足，没有现成的答案。申遗文本编制单位依据国内现有的研究成果，将土司制度的内涵提炼为两句话八个字，即“齐政修教、因俗而治”。“齐政修教”典出《礼记·王制》[4]，该书云：“凡居民材，必因天地寒暖燥湿，广谷大川异制，民生其间者异谷，刚柔轻重迟速异齐，五味异和，器械异制，衣服异宜。修其教，不易其俗，齐其政，不易其宜。中国戎夷，五方之民，皆有性也，不可推移。东方曰夷，被发文身，有不火食者矣。南方曰蛮，雕题交趾，有不火食者矣。西方曰戎，被发衣皮，有不粒食者矣。北方曰狄，衣羽毛穴居，有不粒食者矣。中国，夷、蛮、戎、狄皆有安居。”意思是对边疆民族地区实施礼仪教化，不改变其风俗；管理边疆民族地区，不变更其原有的制度。

“因俗而治”典出《辽史·官制》，该书云：“辽国官制分北、南院，北面治宫帐、部族、属国之政；南面治汉人州县、租赋、军马之事。因俗而治，得其宜矣。”[5]意思是根据不同地区、不同民族的风俗、社会发展状况进行统治和管理。此后的许多文献中都对“因俗而治”进行过阐释。例如：《明宪宗实录》卷一百八十三，成化十四年冬十月壬辰条说：“云南总兵官黔国公沐琮等奏，广西府土官知府昂贵，与弥勒州千夫长龙判等互相仇杀，累遣官抚捕负固不服，上谕兵部臣曰：贵等构乱之初，使守土之臣因俗而治。”《明神宗实录》卷三百三十九，万历二十七年九月己酉条，在记述处理播州土司杨应龙反叛事件说：“上曰：杨应龙负恩犯顺，自干天顺，诛止首恶，更不株连土司，自我朝开设以来，因俗而治，世效职贡，上下相安何必改土为流，方是朝廷疆宇，其宣谕朕意，共鼓忠愤，有能俘应龙以献，即许代其世职，若合谋成功，各裂土酬赏，一切用兵机宜，俱听督抚便宜行事，余如拟。”明万历年间编成的《续文献通考》阐述因俗而治的历史时说：“臣等谨按辽史百官志，太祖分北、南院，其实所治皆北面之事，太宗则以国制治契丹，以汉制待汉人，故分为北南面，所谓‘因俗而治’也。”

“齐政修教”突出的是中央政府的权威和儒家文化的教化，“因俗而治”突出的是各民族的文化特点，尊重民族文化多样性的选择。

土司制度的文化价值确定后，申遗文本编制单位将土司遗产的文化价值表述如下：

土司遗产的系列遗存以历史时空、社会背景、文化内涵、遗产属性、物质遗存等方面的典型特征与相互关联，共同反映了中国土司制度历史及土司社会的生活方式和文化特征，见证了多民族统一国家“齐政修教、因俗而治”的传统理念。

历史时空是土司制度实施的地理空间，社会背景是土司制度推行地区的社会发展程度，文化内涵是指土司遗址所表现的文化特点，遗产属性是遗产的民族或族群属性。

湖南永顺土司城遗址、湖北唐崖土司城遗址、贵州播州海龙屯遗址，代表中国土司遗产申报世界文化遗产。三处土司城遗址，因申遗的需要，组织专家学者进行了调查研究，找出了支撑“齐政修教、因俗而治”的证据。但是，列入扩展申遗的土司遗产的研究还是空白，是今后需要关注的学术前沿。

三、国外中国土司制度研究的状况

国外学界，特别是西方学者对土司制度的认识和看法，国内没有完整系统的翻译和介绍，涉及土司制度的英文翻译也缺乏统一。例如关于“土司”一词的翻译，比较常见的是Native chieftain 、Tusi Chieftain、Tusi，应该选用哪个？土司遗产翻译为“Tusi Chieftain Sites”是否能被外国人理解？这些问题都是需要探讨的，从而使土司遗产的文化价值能够被国外学术界所认识。通过申遗，我们发现需要弥补土司研究国际交流的不足：一方面，需要将国外土司制度的研究成果介绍到国内；另一方面，需要将国内的研究成果介绍到国外。了解国外土司研究动态，进行学术对话将是土司研究的另一个学术空间。

四、三处遗址的民族属性及反映民族属性的遗存

湖南永顺土司城遗址、湖北唐崖土司城遗址民族属性可以确定为土家族。贵州播州海龙屯遗址确定为仡佬族、苗族，有分歧，需要进一步研究证明。

三处土司遗址中，老司城的遗存的民族属性较为丰富，唐崖和海龙屯的民族属性和特征需要挖掘。例如唐崖地名的含义和历史变化是否与土家族有关，唐崖出土印章的民族历史文化内涵解读、族谱的民族记忆等也需要进一步阐释。

五、土司遗产的比较研究

在土司遗产的辨认中，要求有同类遗产对比分析，需要将中国的土司遗产与国外已经获得世界遗产殊荣的同类型遗产进行比较。文本编制单位提出：除中国的土司制度外，人类历史上的许多由多民族组成的国家为了实现国家统一和对多民族的有效管理，产生了古罗马行省制、波斯阿契美尼德王朝行省制、欧洲中世纪封建领主制、印度莫卧儿帝国曼萨卜达里制、印加帝国库拉卡制度、英国殖民地土邦制度等各种制度。这些制度关于小族群管理与土司制度有哪些异同？此外，土司遗产还需要与国内已经获得世界遗产称号的中国少数民族的世界遗产进行比较。如与布达拉宫的比较、与丽江古城的比较等。土司遗产与国内外世界文化遗产的比较，目的是更好地向世界遗产委员会说明土司遗产的价值。但是，这一比较研究在国内民族史、民族学界完全是空白。

国内现存100余处土司衙署、城寨、遗址，2015年中国土司遗产有望列入世界遗产名录，这将极大地促进土司制度的研究。申遗文本编制提出的问题，实际上就是学术研究不充分的问题，也是未来土司制度研究的学术前沿问题。

注　释

[1] 《明史（二六）·传十五》卷三百十，列传第一百九十八，土司，中华书局，2007年，第7981页。

[2] 《清史稿（四七）·传》卷五百十二，列传二百九十九，土司一，湖广，中华书局，2008年，第14203页。

[3] 《土司遗产》申报预审稿，2013年12月。

[4] 《礼记·王制》是古代君主治理天下的规章制度，内容涉及封国、职官、爵禄、祭祀、葬丧、刑罚、建立成邑、选拔官吏以及学校教育等方面的制度。

[5] 《辽史（三）·志（二）》卷四十五，志第十五，百官志一，中华书局，2008年，第685页。

目　录

唐崖土司研究

土司学与土司研究

其 他 研 究

唐崖土司研究

唐崖土司研究综述

黄天一[1]　黄柏权[2]　刘晓青[2]

（1. 中南民族大学民族学与社会学院　2. 三峡大学民族学院）

摘要：文章对唐崖土司基本情况介绍和综合研究、族属和世系、相关历史问题、政治经济、司城遗址及其价值、文化艺术、遗址保护利用等方面的研究成果进行了梳理、归纳，对不同观点作了阐述。

关键词：唐崖土司；研究成果；综述

唐崖土司是恩施州十八大土司之一，始建于元至正年间，历经元、明、清三朝，承袭18代，延绵400余年。由于唐崖土司流传于世的文献资料有限，且极为分散，因此，研究唐崖土司的成果并不多。2012年11月17日，唐崖土司城遗址成功入围《中国世界文化遗产预备名单》后，关于唐崖土司的研究日益受到学术界的关注。为了给学者们研究唐崖土司提供便利，本文就搜集到的关于唐崖土司的研究成果进行综合归纳。不全面、不妥当之处请学者批评指正。

一、唐崖土司综合介绍与综合研究

关于唐崖土司的研究开启于20世纪80年代初，其背景是恢复土家族民族成分和实施民族区域自治。1980年编写的《咸丰土家族简介》，在“咸丰土司概略”中，介绍了咸丰土司制度的渊源及其发展变迁情形，重点介绍了唐崖土司的历史、遗址文物等[1]。1987年编印的《唐崖土司概略》是第一次系统介绍唐崖土司的小册子，该书分为“唐崖土司始末”、“唐崖土司社会状况”、“唐崖土司遗址”、“附录”几个部分，对唐崖土司的历史渊源、传承世系、政治制度、经济状况、文化艺术、习俗信仰、土司遗址等作了介绍[2]。1991年出版的《土家族土司简史》简要介绍了唐崖土司的历史渊源、世系等基本情况[3]。1991年出版的《土家族土司史录》对唐崖土司的世系、简要历史及唐崖土司右附司活龙土司的世系作了罗列[4]。1996年咸丰县民族事务委员和咸丰县政协文史资料委员会合编的《咸丰县文史资料·民族史料专辑》也对唐崖土司的基本情况进行了介绍[5]。2001年国际文化出版公司出版的《唐崖土司概观》是目前为止最为系统地介绍、研究唐崖土司的著作，该书分为“唐崖土司”、“唐崖土司皇城遗址”、“唐崖河文化”、“唐崖土司皇城的开发利用”等四章。第一章介绍了唐崖土司的地理位置、环境、资源、特殊地位和影响，追述了唐崖土司的历史渊源，简要考论了唐崖土司的历代建置和各阶段的特征，分析了唐崖土司改土归流的背景、影响，介绍了唐崖土司的政治、经济、文化；第二章分析和介绍了唐崖土司皇城的形成、基本格局、遗址的价值，简要介绍了遗址现存的文物古迹及自然景观；第三章从建筑、歌舞、戏曲、诗词、民俗几方面罗列了唐崖河流域的文化；第四章分析了建立唐崖土司皇城民俗村的可行性、必要性，以及建立唐崖土司皇城民俗村的构想[6]。该书虽然主要是介绍唐崖土司及其遗址，但初步分析和研究了相关问题，对推进唐崖土司研究起到了承前启后的作用。1993年四川民族出版社出版的《鄂西土司社会概略》在考论鄂西南土司制度兴起时，梳理了元代设立唐崖千户所、明初设立长官司、清初设安抚司、雍正年间与其他土司联合上书请求改土归流的情况，并列举出唐崖土司参与征调的史实[7]。2000年出版的《土家族土司兴亡史》考论了唐崖土司相关历史问题[8]。2007年民族出版社出版的《鄂西民族地区发展史》第六、七、八三章在讨论鄂西土司制度的时候，涉及对唐崖土司政治、经济的研究[9]。邓辉、黄永昌先生的《唐崖土司城址调查报告》不仅考识了唐崖土司的地理环境、遗址的文物，还考论了唐崖土司的世系、土司城的修建、土司的辖区、贡赐问题、领地扩张、职位更替、文化交流等问题[10]，是一篇不可多得的综合研究唐崖土司的成果。

由于史籍对唐崖土司记载较少，综合介绍唐崖土司和研究唐崖土司的学者主要依据《明史·湖广土司》、《读史方舆纪要》、同治、民国《咸丰县志》、咸丰《覃氏族谱》、利川《覃氏族谱》、施南《覃氏家谱》等资料。因此，所介绍的情况和初步研究的结论大致相同。

二、唐崖土司族属及世系研究

唐崖土司的族属和世系是研究唐崖土司遇到的第一个难题。最早关注唐崖土司族属的是王平先生，他在《唐崖土司源流考》一文中，在综合考察了鄂西土著覃氏的历史渊源和元代蒙古族进入鄂西的历史后指出：唐崖覃氏是铁木乃耳率领的一支蒙古族同化于当地的土家族中逐步演变而来，与鄂西土著覃氏同源异流，别为一支，在民族源流上有远流和近缘之分，其远流是从廪君蛮“五姓”之一“瞫”姓演变而来的土家族强宗大姓“覃”氏，近流是元代铁木乃耳率领的一支蒙古族[11]。《唐崖土司概观》也沿用了这一观点，该书的作者认为：从唐崖《覃氏族谱》和口碑资料综合考察，可以得出以下结论：唐崖土司的覃姓是蒙古族的一支与当地土著覃姓融合演变而成，或者说当地的覃姓吸收了部分蒙古族而形成的。铁木乃耳后裔率领的这支蒙古族改姓“覃”后，仍然视“铁木乃耳”为始祖，却没有视覃汝先为始祖，说明这支蒙古人在当地的实力比较强大，是唐崖覃氏——铁木乃耳后裔为近源在谱书中留下的痕迹[12]。这一观点提出后，不断被一些研究者所采用，如满益德在研究唐崖土司艺术时就指出：土司皇帝覃鼎，为蒙古裔孙，善骑为好[13]。王希辉博士通过解读《覃氏族谱》及他人的研究成果，结合实地调查，认为唐崖土司覃氏确实融入了蒙古人的血统，与蒙古族有渊源关系[14]。覃发扬在《关于唐崖土司属覃氏渊源的考证》一文中，针对《唐崖土司概观》作者的观点，提出自己不同的看法。作者认为：《世本》、《后汉书·西南蛮夷传》记载五姓中的“瞫”氏，与唐崖覃氏没有“对应关系”，关于鄂西土著覃氏（包括唐崖覃氏）的“远源”是“廪君蛮”五姓中的“瞫”氏的观点，没有任何根据，认为唐崖覃氏与鄂西其他土著覃氏本为一支，唐崖土司覃氏和散毛土司、金峒土司覃氏之间，还存在着直接的血缘关系，并对“蒙古说”的依据一一加以驳斥，否定了唐崖土司覃氏与蒙古有渊源关系的说法[15]。岳小国博士通过对“土著说”、“蒙古裔说”进行对比研究后认为：虽然两者之间在论证逻辑、推理思维方面各有其合理之处，但他们的观点也都有明显的矛盾，或是表述有含混之处。他通过解读《覃氏族谱》，结合实地调查和访谈，认为作为支撑资料的唐崖《覃氏族谱》中的记载语焉不详，这就给这两种观点提供了各自的“想象”、“发挥”空间，《覃氏族谱》和许多谱书一样，对先辈的历史有隐晦的地方，唐崖土司先祖确为元朝宗籍，后因冒犯了朝廷，不得不隐身到鄂西蛮荒之地，并隐姓埋名，融入到当地族群中。通过对唐崖《覃氏族谱》和施南土司《覃氏家谱》对先祖追溯的比较，认为唐崖土司覃氏在宋元时期就活跃在当地，唐崖蒙古先祖在元末明初才融入当地覃氏土司之中，族谱中所宣称的覃值什用七子为鄂西七大土司始祖很可能是一种附会，因为覃氏土司在当地已经存在，其后才吸纳了进入当地的蒙古族[16]。关于唐崖土司族属问题的两种观点，都有各自的依据，但要形成定论，还需要进一步深入研究，需要更多的资料支撑。

关于唐崖土司的世系，主要依据民国唐崖《覃氏族谱》、民国《咸丰县志》卷九和卷十、施南《覃氏家谱》、《利川覃氏族谱》等文献。1987年编印的《唐崖土司概略》第一次梳理了唐崖土司的世系，从覃启开始追述，以下世系为：覃值（二世）—覃耳毛（三世）—覃忠孝（四世）—覃斌（五世）—覃彦实（六世）—覃文明（七世）—覃天富（八世）—覃万金（九世）—覃柱（十世）—覃文端（十一世）—覃鼎（十二世）—覃宗尧（十三世）—覃宗禹（尧弟）（十四世）—覃鋐（宏）（十五世）—覃傅泽（十六世）—覃梓椿（十七世）—覃梓桂（椿弟）（十八世）。以后出版的《土家族土司史录》、《土家族土司简史》、《唐崖土司概观》等书籍所列世系与以上完全相同。邓辉、黄永昌先生在20世纪80年代写成的《唐崖土司调查报告》中列出的世系与以上基本相同，只是第十八代土司王不是覃梓桂，而是覃光烈，邓、黄的文章还考论了每个土司王承袭和在位的时间、承袭的背景、职衔、亡故的原因。王希辉博士通过实地考察，结合《覃氏族谱》，将历代土司王放在唐崖土司三个不同的历史时期进行考察，并考论每一代土司王的事迹，在他所列的世系中第八代是覃富，而不是覃天富，第十三代覃宗禹和其弟覃宗尧同为一代，第十四代为覃鋐，第十七代为覃光烈（覃梓春代职），第十八代是覃世培[17]。李梅田教授将覃梓春列为第十七代，覃光烈列为第十八代[18]。关于唐崖土司的世系，主要分歧在后三代，多数学者未将覃光烈、覃世培列入，因此，唐崖土司世系研究也很有深入的必要。

三、唐崖土司相关历史问题研究

有关唐崖土司历史问题的研究主要集中在土司的历史分期、职级升降、疆域范围、征战、改土归流等方面。

第一，关于唐崖土司的分期。唐崖土司经历元明清三朝，历时400多年，因此，唐崖土司的历史分期是研究者绕不过的问题。《唐崖土司概观》的作者认为：唐崖土司的历史大致可以分为三个大的发展演变阶段。第一阶段是发展时期，时间在洪武末年至明万历年间，这一时期的基本特征是：土司职位级别升降频繁，甚至一度废弃，但总体上呈上升趋势，政权趋于稳定；军事征调频繁，多次获得朝廷嘉奖，影响和势力范围不断扩大；与中央王朝的关系密切，基本没有脱离朝廷的统治。第二阶段为鼎盛时期，时间在明天启至康熙年间，这一时期的基本特征是：被朝廷频繁征调，因功多次受奖，土司职级稳中有升，自身的政治、军事、经济实力增强；与龙潭土司的相互攻占停止，并以联姻的方式巩固了周边和平局面，政权稳定，地方安谧；土司城修建一新，帅府达到全盛。第三阶段是衰落时期，时间在康熙末至雍正年间，其特征是：几度脱离中央王朝统治；土司职级直线下降，政权根基发生根本动摇[19]。王希辉、杨杰把唐崖土司的发展历程分为四个阶段。第一阶段是初始授职与初步发展时期，从唐崖土司接受元政府授职开始，到九世祖覃万金止，唐崖土司实力得到迅速发展，在军事上多次被朝廷征调，甚至一度与朝廷对抗，并借机扩张势力，为随后全盛时期的到来奠定了坚实的基础。第二阶段是鼎盛发展期，从第十世祖覃柱到第十四世祖覃宗禹，在多次征调中获胜，得到朝廷赏赐，势力更加巩固。第三阶段是逐步衰落时期，从清初参与吴三桂、谭宏叛乱到第十五世祖覃薄泽，由于先后依附吴三桂、谭宏，失去朝廷的信任，加上清朝国力强盛，着手对西南土司进行改流，唐崖土司逐渐衰落。第四阶段是最后覆亡时期，从第十六世祖覃梓春到第十八世土司覃世培，在清朝改土归流的强大政治压力下，唐崖土司也顺应历史潮流，结束了400多年的统治[20]。关于唐崖土司的历史分期问题，目前关注的人极少，需要将唐崖土司放在整个中国历史背景和西南土司制度背景下，结合唐崖土司自身的特点进行研究，以取得更加科学、合理的结论。

第二，关于土司职级的升降。学者们对唐崖土司升降原因的认识基本一致，土司立功就给予升迁，投机、叛乱就降职。其分歧在于朝代更替和重大事件之后升降的级别。《唐崖土司概略》认为：唐崖土司的历史，几经兴衰，元朝时，因功授宣慰使，洪武四年因过降为长官司，永乐二年升为安抚司，并分授活龙、菖蒲二副司，天启年间复位宣慰司，清康熙十八年降为长官司，直到改土归流[21]。王承尧、罗午先生认为："唐崖土司，元朝属施州，设唐崖军民千户所，覃启因功授唐崖宣慰职，洪武四年为安抚司，七年为长官司，后一度废置，永乐四年复立为长官司。后因军功，又曾先后授过宣抚司、宣慰司等职。”[22]邓辉、黄永昌先生认为：“在县志和族谱中，唐崖土司时而长官司，时为安抚、宣抚、宣慰，不一而足。但其治所品衔以史书记载少有变更。宣抚司、宣慰司之职大概是因事升迁，随时降。其升迁，则与土司紧随朝廷征战屡立战功，而至高衔，但稍有不顺，则降处原职。因此，《咸丰县志》记载的唐崖土司升迁宣抚使、宣慰使是名不见经传的荣誉和虚名，故朝廷不予载入史册。”[23]田敏教授认为：“《唐崖覃氏族谱》所载的一世祖覃启元末时授唐崖宣慰使不实，应以《读史方舆纪要》卷八十二所载‘元置长官司，寻更为军民千户所’为是。明玉珍时，因为归顺其政权，将唐崖千户所升为唐崖宣抚司。洪武二十三年蓝玉平定施南土司覃大胜以后，鄂西土家族土司几乎全部被废除，唐崖土司也在其中。并在鄂西设置施州卫和大田千户所进行控制。永乐四年（1406）复设唐崖长官司，明朝末年唐崖土司升宣慰司。清初，对明末升职的土司采取不同的处理办法，对其中升为宣慰司的容美、桑植、酉阳、石柱四土司的宣慰司级别给予确认，并且直到改土归流未再作更动；而同样也有宣慰之升的忠路、东乡、唐崖三土司，清初仍如明初之制，定其为安抚司或长官司，在职衔上，把明代本来为长官司的腊壁、东流、木册、唐崖以安抚司列名。吴三桂叛乱后，唐崖土司接受其封赐。”[24]《唐崖土司概观》的作者根据唐崖《覃氏族谱》和方志记载认为：“唐崖土司在元朝时应为安抚司，而非宣慰司和千户所，其前身可能是军民千户所；明洪武七年四月改安抚司为长官司；洪武十三年至永乐四年三月废弃，永乐四年复置；康熙十三年依附吴三桂，十九年归顺清廷，曾受宣慰司伪印；康熙四十二年依附谭宏，次年归顺清廷，降为长官司，直至改土归流。并将唐崖土司职级进行了罗列：元至正六年至洪武七年为安抚司，洪武七年至洪武十三年为长官司，洪武十三年至永乐四年废弃，宣德二年至天顺元年为宣慰司，天顺二年至正德九年为宣抚司，正德九年至万历十六年为宣慰司，万历十六年至天启三年为安抚司，天启三年至崇祯三年为宣抚司，崇祯三年至康熙四十三年为宣慰司，康熙四十三年至雍正十三年为长官司。”[25]研究者对唐崖土司职级的升降总体上的看法一致，只是对正史记载与地方志、族谱记载认识有差异。

第三，唐崖土司的辖区范围。关于唐崖土司管辖范围，目前关注的较少。邓辉、黄永昌先生认为：唐崖土司在官职上虽然是小土司，然其管辖面积并不小，包括今天咸丰尖山、活龙两乡全部和邻近的部分地区，自明代以后还管辖菖蒲蛮夷长官司、西平蛮夷长官司[26]。对唐崖土司疆域记载比较确定的是民国唐崖《覃氏族谱》和利川《覃氏族谱》。利川《覃氏族谱》记载：“唐崖古蛮夷地，元置唐崖长官司，编户三里，东至大田一百里，西至石柱二百里，南至黔江二十里，北至龙潭三十里。”只是说明唐崖土司四至的距离，没有明确具体界限。民国咸丰唐崖《覃氏族谱》记载：东至大田所麻地坝，南至四川黔江县凉风丫，西至本司龙嘴河，北至施南司青苔坡。根据唐崖土司所处的地理位置及周边龙潭土司、金洞土司、石柱土司、大田千户所所在位置判断，唐崖《覃氏族谱》记载的唐崖土司范围应该是可信的，只是在势力消长过程中时有变化而已。

第四，唐崖土司的征战扩张。关于唐崖土司的征战问题受到学者的较多关注。《唐崖土司概观》指出：唐崖土司是我国西南土司地区以武功著称的土司之一，如果说容美土司以文治见长，那么唐崖土司则以武功著称。并列举了唐崖土司15次战事，将这些战事分为镇压农民起义、镇压少数民族起义、反清斗争等[27]。田敏教授在《土家族土司兴亡史》中也考论了唐崖土司的征战和扩张行为[28]。石亚洲教授在《土家族军事史研究》一书中系统考察了唐崖土司在内的土家族土司军事活动，特别列出了明朝征调土家族土兵活动表，其中唐崖土司有11次军事行动[29]。王希辉、杨杰比较系统地梳理和考察了唐崖土司的军事征调活动，他们认为：唐崖土司的土兵能征善战，在鄂西乃至整个西南地区具有极大的影响力。并把唐崖土司的征调活动分为：中央王朝的征调战争、土司之间相互攻伐、反叛战争等。作者认为：唐崖土司系列军事活动，不仅有利于中央政府对包括土家族在内的西南少数民族的控制，有利于统一的多民族国家的建立和发展，而且还在抵御外敌入侵、弘扬爱国主义精神方面起到了重要作用[30]。邓辉、黄永昌先生认为：唐崖土司在其强盛时期也有扩张领地，与诸土司和朝廷派驻的地方官兵争夺田地、侵害邻里的行为，通过扩张土地扩大自己的势力和范围，以巩固自己的实力和地位[31]。研究唐崖土司征战的成果相对较多，但考察唐崖土司扩张领地的成果偏少，如果结合方志、族谱等文献记载，结合地名志和咸丰及其周边现存地名进行实地考察，可以更加准确地判断当年唐崖土司扩张领地的情况。

第五，唐崖土司改土归流。研究唐崖土司改土归流的成果较少。目前只有《唐崖土司概观》有所涉及，该书主要论及唐崖土司改土归流的历史背景、改流过程、改流的影响。关于唐崖土司改土归流的背景作者认为：一是土司对人民的残酷统治和繁重的经济压迫，引起土民的强烈不满；二是土司制度与中央王朝的矛盾日益尖锐；三是封建地主经济的发展，为改土归流提供了条件。关于唐崖土司改流的过程，采取的是“自愿”改流的和平方式，雍正十三年土司王覃梓桂改袭把总，裁唐崖土司地入咸丰县，乾隆二年覃梓桂隶汉阳籍。关于唐崖土司改土归流的影响，作者认为：改土归流后，唐崖土司管辖范围纳入中央的直接统治，与中央王朝的联系更加密切；土民的地位有了提高，而土司后裔失去了原有特权；经济上，鼓励人民开荒，土地面积增加，人口增多，生产技术不断引入，封建地主经济得以发展；文化上，以土家族为主的土著文化向多元文化过渡，汉文化明显占主导地位，苗族、侗族等少数民族文化与土家族文化更加交融发展，最终形成多元一体的地域文化[32]。田敏教授的《土家族土司兴亡史》一书，在论及鄂西土司改土归流的时候，也涉及唐崖土司改流的策略和过程。

四、唐崖土司政治经济研究

因为资料所限，研究唐崖土司政治、经济的成果极少，多是根据其他地方的土司资料，推测唐崖土司的政治制度、经济社会发展情况。《唐崖土司概略》在“唐崖土司社会状况”部分专门谈及其政治制度和经济状况。就政治制度而言，该书论及了唐崖土司受中央政权册封的情况，土司王为了加强统治，建有大小衙门、牢房、杀人台等，组建自己的军队，有左右两个军营，听从中央王朝的征调，奉命征讨过渝城、夔府、荆州、水西、麻阳、金洞等地，并承担向中央王朝纳贡和缴纳赋税的义务。土司制度下等级制度森严，土司王城宏大气派，雕梁画栋，有从人、侍女等为其服务。就经济而言，作者认为：唐崖土司是最大的封建领主，土王、舍把、头人占有平地、好地，土民只有少量的山坡地和贫瘠的土地。手工业有所萌芽，司城附近有瓦厂、碗厂等[33]。《唐崖土司概观》各用一节的篇幅叙述唐崖土司的政治和经济。“唐崖土司政治”一节，主要论及土司体制、承袭、进贡、征调、法律等，作者指出：唐崖土司属于武职，是军政合一的政体，寓兵于民、全民皆兵。唐崖土司帅府，组织机构庞杂而严密，俨然是一个独立王国。土司之职，一般为世袭，但其任命、升降、废除则由封建王朝决定。唐崖土司十八代土司王，除第十四代和第十八代是兄终弟及外，其他为子承父职。从唐崖土司遗址看，有训练士兵的跑马场、靶场、箭道等，军队训练有素，曾15次奉命征调。唐崖土司等级森严，建有宏大的土司皇城、大小衙门、万寿园、御花园，周围老百姓只能住竹木结构的吊脚楼。土司把持诉讼大权，鱼肉人民，建有监狱、牢房、杀人台，用严厉的刑法统治人民。“唐崖土司的经济”一节，主要论及唐崖土司的经济发展、进贡、纳税等情况。作者指出：唐崖土司统治的389年间，重视农业、手工业、商业的发展，采取一些措施，促进了经济发展，在明末清初，封建地主经济开始萌芽，但由于受封建农奴制、民族隔离政策、自然环境的影响，经济长期处于缓慢发展状态。田地山林均属土司所有，土司以服劳役为条件，将一部分土地分给土民租种。为了获得更多的劳动力和扩大耕地，唐崖土司常常在川东一带掠夺人口、土地。唐崖土司对土民的赋税剥削以劳役地租为主，次为实物地租，再次为货币地租。唐崖土司统治时期，社会生产较内地落后，农业生产技术落后，水利设施不完善，家庭手工业有一定基础。从贡赋看，唐崖土司没有派大量的贡使进京，而是以就地交纳为主，贡品多为本地土特产。唐崖土司不仅要向朝廷缴纳赋税，还要向大田千户所驻军交纳一定的粮饷[34]。从已有的研究成果来看，对唐崖土司政治制度、经济状况的研究还需要大大加强。

五、唐崖土司城遗址研究

唐崖土司，虽然文献记载少，但由于唐崖土司遗址是目前保存最为完好的土司遗址之一，因此，研究土司城遗址及其遗物的成果较为丰富，主要涉及以下几方面。

第一，关于司城修建的时间。关于唐崖土司城营建和司城主要建筑修建时间，有如下不同看法。《唐崖土司概观》认为：唐崖土司城，始建于元代，到明清鼎盛时期，占地1500亩[35]。《唐崖土司概观》的作者认为：唐崖土司皇城始建于元代，从元顺帝至正六年（1346）开始，经历几代逐步建成，明末覃鼎时期，唐崖土司皇城达到全盛，明天启年间，因唐崖土司有功于朝廷，故对土司皇城的修建加大力度，现存的主要建筑、雕刻遗迹皆为这一时期形成，功德牌坊、帅府等都为这一时期所建。田氏夫人主持修建街道、水井，整修张王庙、玄武庙、大寺堂、铁壁寺等。唐崖土司皇城的一些标志性建筑、雕刻物——石牌楼、石人石马、石墓葬等，基本上都是覃鼎夫妇主持修建的[36]。邓辉、黄永昌先生认为：大修唐崖土司的时间是在天启万历年间，因军功卓著多次受到朝廷的赏赐，从而大修司城，带来了司城的繁荣。具体时间是万历末年到崇祯时期[37]。王玉认为：土司王城，从史料考证，元代已建城雏形，但它最辉煌的时期是明朝万历及天启年间，土王覃鼎因帮助当时的朝廷打败叛军，声威显赫，其夫人田氏对司城整治一新，扩大规模[38]。王炎松先生等认为：唐崖土司城始建于明初，废于清雍正十三年（1735）“改土归流”[39]。李梅田教授则认为：整修张王庙，刻石人石马不可能是纪念土司王覃鼎出征所立，而可能是钦依洞主覃杰携子覃文仲为纪念伯父覃柱征缴金洞土司而立。石马所刻“印官田氏夫人”也非覃鼎之妻，而是印官覃文端夫人，即覃鼎之母。张王庙始建于唐崖土司最强盛的明朝，“改土归流”后的清乾隆年间进行过第一次大规模修建，清末光绪年间经历了第二次修建，最终毁于“文革”[40]。从李梅田教授的考证，既可看出唐崖土司城大规模修建的时间，同时纠正了长期以来关于覃鼎夫人田氏主持修建石人石马的说法。《湖北咸丰县唐崖土司城址调查简报》通过大量的考古发掘资料，确定了唐崖土司城主体建筑和遗存修建的时间，《报告》认为：关于城址的时代，以考古调查和发掘的实物遗存为依据，结合有明确纪年的地面建筑与遗存，并参考相关文献，大致可以确定现存土司城址的主体遗存时代为明代中后期[41]。陈飞博士认为：结合《覃氏族谱》和唐崖土司城遗址内现有建筑的形制、用材和工艺手法，可以确认，现有唐崖土司城格局是明朝天启年间一次规划、统一建设而成[42]。

第二，关于司城的选址。《唐崖土司概观》的作者指出：唐崖土司城的地理位置优越，依山傍水，风景秀丽，境内有玄武山、青龙山、白虎山等山脉[43]，但没有进行理论分析。王玉对唐崖土司王城的选址进行考察后认为：唐崖土司城遗址背依玄武、前望朱雀、左视青龙、右仰白虎四山，山体磅礴，缓缓向东南延伸。四周青山叠嶂，谷壑纵横，雾霭缠绕。奔腾的唐崖河从北而来，紧环城垣而南下。美如仙境的王城选址，说明当时土家族统治者在观察自然和归纳自然的过程中，通过观物，然后进行排列组合和推演。唐崖土司王城具有虎踞龙盘之势，既考虑对自然环境的依托，也充分考虑防御安全等要素，其选址源于尊重自然，创造性地利用自然的城市设计理念，表现出对自然的依恋，对自然的顺应，注意到自然与建筑在空间上的协调[44]。唐崖土司遗址考古发掘队队长刘辉先生在对唐崖土司城进行考察研究后指出：唐崖土司遗址的选址，既受到地形条件的制约，又充分利用地形。一是有险可守，便于设置安全防御体系；有足够利用的空间，便于安排其衙署区、宗庙区、军事区，以及书院、花园、养马场、狩猎场等功能性院落、平民院落；三是出于生存与建设的需要，有可利用的资源，尤其是水资源、石材资源、木柴资源；四是出行方面，有便利的交通要道，便于对周围行政区域的管理，出现入侵或内乱便于迅速逃生[45]。王炎松先生在分析了唐崖土司建城的自然背景和人文背景后认为：唐崖土司城背倚玄武山，面朝唐崖河，前望朱雀，背靠玄武，左视青龙，右仰白虎，在建城时保持了“崇东”的原始信仰，反映出土家族的精神信仰与自然地形的完美结合，充分利用地形，依山而建，整个城池的营建意在表达龟型山意向；在城池防御格局上，顺应地势，利用自然地形形成天然屏障[46]。满益德先生认为：唐崖土司城址的选择受到道家思想的影响，选择背依玄武山，前望朱雀，左视青龙，右仰白虎，是想借四象之神保佑，这种神性空间与世俗空间同在的形式，正是土家族居位文化的精神价值所在[47]。《湖北咸丰唐崖土司城遗址调查简报》指出：城址充分利用自然地形地貌，以山脉、河流、溪沟为天然屏障；在空间和地形上，随形就势特点非常明显，坐西朝东是该城的重要特征[48]。

第三，关于司城的布局与结构。满益德先生认为：唐崖土司王城位于东西南北四条山脉的交汇点上，唐崖河由西北绕城向东南缓缓流去。这种形式就是几条圆润和谐的曲线，以点为中心，组成一种“力”的图式，呈旋转发射状。此种布局，突出了宗法家庭的极大内聚力，以及强宗大姓向外扩张力，既宣扬了首领的威武神圣，泽波四海，又反映出人民团结一心、共同发展的群体意识[49]。王玉认为：在土家人朴素的营造思想中，象征统治阶级权力的皇权建筑，构成传统王城的特有空间。从王城的平面图上，可以发现沿背部的内宅，东部的玉皇殿，南部的大寺堂，到西部的官言堂，构成内城，外城包围着内城，从背部玄武山，到东部的碗厂，南部的张王庙，西部的覃家沟，内城外城区分明显。中国古代神秘的“阴阳”、“吉凶”观念及“大圆地方”的思想也影响着司城的空间布局。从王城的整体结构形态看，继承了规整方正的基本特征，中轴线从局部发展到整体，形成沿中轴线两侧对称分布的城市形态。道路网简单、不甚严格的棋盘式结构演变为复杂的、具有明确功能区分的棋盘方格网形式[50]。刘辉先生系统研究了司城的空间布局与功能结构，对唐崖土司的结构和空间布局进行了归纳，他指出，唐崖土司的结构和空间布局有如下特征：第一，具有二级聚落等级行政体系，即宣抚司——副司、峒；第二，具有明显的城址—遗址—衙署区的三重结构体系；第三，城市内是由道路、围墙和院落构成的封闭紧凑的等级森严的里坊制结构，这一结构显然受汉文化区都城布局的影响；第四，随形就势的特点非常明显；第五，在空间安排和布局上，核心区位于规划定制的城的中心，且有明显的中轴线，城内的功能分区和布局都以这条中轴线为核心来展开；第六，城内以上、中、下三街和三条下河道为主干，形成纵横交错的路网结构，是构成城市的骨架，也是城市布局的依据[51]。王炎松、段亚、何继明先生在对唐崖土司城结构布局进行研究后，归纳出以下特点：第一，山水形胜格局——背山面水，突出玄武；第二，城池防御格局——顺应地形，内外两城；第三，功能分区格局——轴线重要，分区明确，功能齐全；第四，街巷路网格局——横连文武，纵达山水。对唐崖土司城的布局进行了诗意般的归纳提升[52]。《湖北咸丰县唐崖土司城址调查简报》通过对唐崖土司遗址进行考古发掘后，对司城遗址的结构和空间布局进行了更加深入细致的研究，《报告》指出：城址边界明确，空间布局紧凑合理，整体结构严谨对称，在我国西南地区数千土司城遗存中具有很强的典型性和普遍性。从城址结构布局看，外围环壕—核心区城墙—衙署区围墙组成的三重结构体系，明显受到汉文化区都城建制外城—皇城—宫城格局的影响，是明代中后期我国西南土司地区学习、吸收汉文化的结晶。在空间安排和布局上，衙署区位于规制定义的城的中心，具有明确的中轴线。牌坊位于中轴线东端的起点，是整个城址最重要的标志性建筑，从现有布局看，城之内各重要功能区的划分与布局都以这一中轴线为核心来展开布局。该城址不仅是土司治所，还包括土司、贵族、普通贫民，具有生产、贸易等多功能的区域聚落中心，既是政治中心，也是经济和文化中心。这与老司城作为一个单纯的土司治所、贵州海龙屯作为单纯的军事城堡有明显的区别[53]。

第四，司城文物及其价值。由于唐崖土司遗址街道及地面文物相对保留完好，所以对唐崖土司文物及其研究的成果相对较多。1980年编辑的《咸丰土家族简介》介绍了唐崖土司遗址及其地面文物，如石牌楼、石人石马、土司皇坟、土司印等[54]。《唐崖土司概略》在“唐崖土司城遗址”部分集中介绍了土司城遗址的基本情况，重点介绍了石牌坊、石人石马、土王墓葬[55]。《咸丰文史资料（第5辑）》详细介绍了唐崖土司遗址和唐土司出土的“永宁卫千户所百户印”、“唐崖长官司印”[56]。赖家刚先生在《唐崖土司王城遗址记》一文中，介绍了唐崖土司城址的规模、张王庙遗址、石人石马、石牌坊、土王墓、玄武庙遗址等[57]。《唐崖土司概观》用一章的篇幅介绍了唐崖土司皇城遗址，全面、详细地介绍了城墙、街巷、房屋建筑、石牌坊、石人石马、石墓葬、文化遗物、城址的自然景观等[58]。邓辉、黄永昌先生在《唐崖土司城址调查报告》中介绍和考订了司城的城墙、街巷、房屋建筑、牌坊、石人石马、土司王坟、相关地名等[59]。对唐崖土司遗址文物最详细、最权威介绍和考论的成果是《湖北咸丰唐崖土司城址调查简报》，它用大量的篇幅介绍和考证了司城的主要遗迹，包括城墙、道路、院落遗存、水井遗存、台基遗存、石桥、其他遗存如采石场、码头、万寿园、水坝、灌溉遗迹、营房遗迹等，不仅有详细的文字叙述，还配有平面图和照片[60]，图文并茂，生动翔实，是了解唐崖土司遗址最为重要的材料。

唐崖土司遗址的价值日益受到学者的关注。邢淑芳指出：唐崖土司皇城遗址既是一部土司制度的兴亡史，又是一部土家族的断代史，具有较高的史学价值；遗址积淀着丰厚的历史底蕴，折射出厚重的地域文化色彩，在考古学上具有重要的学术价值；遗址蕴藏了丰富的民族文化资源，具有深厚的土家族文化底蕴，在民族学上具有重要的学术价值；遗址是一座土家族建筑艺术宝库，为进一步探讨土家族悠久灿烂的建筑、雕刻艺术提供了实物见证，具有较高的艺术价值；遗址具有重要的旅游开发价值，是建立民族文化村的理想场所[61]。刘文政、吴畏先生认为：唐崖土司遗址具有较高的史学价值、艺术价值、学术价值、旅游开发价值，在土家族土司遗址中极具代表性[62]。王玉认为：唐崖土司王城是在特定的自然环境和历史文化背景中形成的，是营造主体与客体连续活动和相互作用的结果，是中国少数民族城池规划理论体系综合建筑、政治、军事各方面的需要最终形成的成果，是历史形态、自然形态、技艺形态的完美结合[63]。王炎松等认为：唐崖土司城是土司制度下土司城营建的典型案例，其格局反映了营建者的理念和当时的经济技术和文化水平，是一段已消失文明的珍贵见证[64]。满益德认为：唐崖土司遗迹不仅全面地体现了土家族的历史沿革、风俗习惯、宗教信仰和哲学观念，且形象地展现了土家族的艺术精神[65]。《湖北咸丰唐崖土司城址调查简报》指出：唐崖土司城址是西南地区单体规模最大、地面遗存类型最丰富、数量最多、保存最好的一个土司城遗址，为我们深入了解我国武陵山区明清土司遗址的选址与空间结构提供了非常珍贵的材料，也是深入认识和研究我国西南地区少数民族地区独具特色的土司制度的重要物证[66]。

第五，司城复原研究。唐崖土司城规模宏大，虽然街道和部分建筑保留下来，但多数建筑及设施早已损毁，恢复其原来的面貌也是保护工作的重要组成部分。唐崖土司城复原研究目前仅有王炎松先生一篇文章，作者主要围绕宫殿区整体平面复原和单体建筑复原进行研究，根据文献资料、民间技艺和考古发掘资料，提出了几套复原方案，并对每一种方案进行了论证和描述，描述细微，附有平面图，具有理论和实际操作价值[67]。

六、唐崖土司文化艺术研究

《唐崖土司概略》简单介绍了唐崖土司文化艺术、风俗习惯，但未进行分析和研究[68]。《唐崖土司概观》专门列出“唐崖土司文化”一节，介绍了唐崖土司的宗教文化、民俗文化、建筑雕刻艺术、学校教育等，特别是分析和研究了唐崖土司的建筑、雕刻艺术特征。作者认为：唐崖土司建筑、雕刻艺术具有以下特征：一是以石头为建筑、雕刻材料；二是高超精绝的艺术水平；三是大量借鉴汉文化题材；四是在一定程度上保留了本民族的传统[69]。辛克靖先生在研究土家族传统建筑装修艺术时，对唐崖土司存留的建筑进行了研究，他认为：石牌坊和土司王坟石雕，风格上不仅达到粗犷与精细的和谐统一，而且也体现了建筑、雕刻和绘画的有机结合，相得益彰，既具有鲜明的土家族民族特色，又可以看出受汉族雕刻艺术的影响[70]。满益德先生在对唐崖土司存留下来的地面建筑进行研究后指出：唐崖土司现存遗迹，形象地再现了土家族的艺术精神，从土司王城空间神性精神、王城建筑形式结构和精神空间、王城石雕艺术的形象和内涵等方面，探讨了唐崖土司王城蕴涵的艺术精神，是研究唐崖土司建筑艺术的难得的佳作[71]。他和凌云在《唐崖土司王城建筑石刻的造“形”与造“势”》一文中，将唐崖土司王城的石刻艺术放置于特定的时态和生态环境中，从造“形”和造“势”两个维度探讨了唐崖土司王城建筑雕刻艺术的美学思想、艺术价值、审美特征，以及历史文化价值，并附上18幅生动的图片，形象生动，让人耳目一新[72]。陈飞博士围绕“荆南雄镇”牌坊进行研究。他认为，唐崖土司荆南雄镇牌坊不仅是重大历史事件的产物，是唐崖土司城规划中心，更是唐崖土司精神世界的物化。牌坊雕刻技法精湛，内容既有反映本土文化的“土王出巡”等，亦有外来文化的“麒麟本天”、

“哪吒闹海”、“渔樵耕读”、“断桥送子”、“槐荫送子”、“云龙吞雾”等，体现了中原汉文化的强大影响，且保留了土家族文化的特色，是土家族、汉族人民勤劳智慧的结晶。牌坊明间门额两面分别阴刻“荆南雄镇”、“楚蜀屏瀚”，彰显当年土司的丰功伟绩和地位的显赫。通过唐崖土司荆南雄镇坊的建造历史、在唐崖土司城中的重要地位，以及本身文化符号所反映的价值，可以看出土司制度的特征既有自上而下体现中央王朝的要求，又有基于少数民族自身统治和传统的愿望。唐崖土司荆南雄镇坊就是一部土司制度史，也是其作为“土司遗产”的一部分申报世界文化遗产最突出的普遍价值[73]。

七、唐崖土司遗址保护利用研究

最早关注唐崖土司遗址保护利用的是《唐崖土司概观》的作者，该书有“唐崖土司皇城民俗村的开发利用”一章，从建立唐崖土司皇城民俗村的可行性、必要性、构想几方面展开。就可行性方面，作者分析了唐崖土司的人文资源、自然资源的丰富和特色；从挖掘、保存、弘扬民族文化，进一步打好民族牌、以假日经济带动区域经济发展几方面论述了建立土司皇城民俗村的必要性；从对策构想看，主要从民俗村的定位、建立民俗村的原则、科学规划几方面提出了自己的看法，特别是唐崖土司皇城民俗村的规划思路比较详细，具有一定的可操作性[74]。邢淑芳《对构建唐崖土司皇城民俗文化村的思考》一文，分析了唐崖土司皇城遗址的价值，对唐崖土司遗址建立民俗村的可行性和必要性进行了深入的分析，提出了唐崖土司皇城建立民俗村的定位、原则和规划思路，具有一定学理性和较强的指导意义[75]。数字化保护是当下文化遗产保护的重要方式，石庆秘利用其学科优势提出唐崖土司遗址数字化保护的策略和方法，他认为：一是建立唐崖土司王城资源数据库；二是使唐崖土司王城平面数字化；三是建立唐崖土司王城三维立体数字化；四是建立数字化博物馆；五是对唐崖土司城虚拟重建；六是对唐崖土司王城网络宣传数字化[76]。他还把数字虚拟技术运用到唐崖土司王墓室复原、再现、保护的研究中，提出了保护、重建、开发的技术路线和方法，以及唐崖土司王城数字化虚拟终端产品的开发思路和策略[77]。对现代技术的应用开辟了唐崖土司遗址保护和利用新路径。

总的来看，唐崖土司研究因为资料本身的缺乏，以往关注得少，研究成果也不多。随着唐崖土司申报世界文化遗产工作的推进，将进一步推动唐崖土司研究，特别是配合申遗的考古发掘和田野调查，将极大地改变唐崖土司学术研究滞后的局面。

注 释

[1] 《咸丰土家族简介》编写组：《咸丰土家族简介》，1980年内部印刷，第7～12页。

[2] 咸丰县委统战部、民族事务委员会、党史县志办公室：《唐崖土司概略》，1987年内部印刷。

[3] 王承尧、罗午：《土家族土司简史》，中央民族学院出版社，1991年，第68页。

[4] 王承尧、罗午、彭荣德：《土家族土司史录》，岳麓书社，1991年，第63～65页。
[5] 咸丰县民族事务委员和咸丰县政协文史资料委员会：《咸丰县文史资料·民族史料专辑》，1996年内部印刷，第6～8页。
[6] 刘文政、吴畏：《唐崖土司概观》，国际文化出版公司，2001年。
[7] 胡挠、刘东海：《鄂西土司社会概略》，四川民族出版社，1993年，第17、18、20～22、42、43、109页。
[8] 田敏：《土家族土司兴亡史》，民族出版社，2000年。
[9] 吴永章、田敏：《鄂西民族地区发展史》，民族出版社，2007年。
[10] 邓辉、黄永昌：《唐崖土司城址调查报告》，《三峡论坛》2013年第5期。
[11] 王平：《唐崖土司源流考》，《贵州民族研究》2001年第3期。
[12] 刘文政、吴畏：《唐崖土司概观》，国际文化出版社，2001年。
[13] 满益德、凌云：《唐崖土司王城建筑石刻的造“形”与造“势”》，《湖北民族学院学报》2009年第4期。
[14] 王希辉、杨杰：《唐崖土司覃氏世系及征调述略》，《三峡大学学报》2009年第6期。
[15] 覃发扬、覃柏洲：《关于唐崖土司属覃氏渊源的考证 》，中华覃氏网（WWW. ZHQSW. CN）。
[16] 岳小国：《对唐崖土司族源研究的一点看法》，《三峡论坛》2013年第6期。
[17] 王希辉、杨杰：《唐崖土司覃氏世系及征调述略》，《三峡大学学报》2009年第6期。
[18] 李梅田、方勤：《唐崖土司城张王庙石刻考述》，《三峡论坛》2013年第5期。
[19] 刘文政、吴畏：《唐崖土司概观》，国际文化出版社，2001年，第23～26页。
[20] 王希辉、杨杰：《唐崖土司覃氏世系及征调述略》，《三峡大学学报》2009年第6期。
[21] 中共咸丰县委统战部等：《唐崖土司概略》，1987年内部印刷，第4页。
[22] 王承尧、罗午：《土家族土司简史》，中央民族学院出版社，1991年，第68页。
[23] 邓辉、黄永昌：《唐崖土司城址调查报告》，《三峡论坛》2013年第5期。
[24] 田敏：《土家族土司兴亡史》，民族出版社，2009年。
[25] 刘文政、吴畏：《唐崖土司概观》，国际文化出版社，2001年，第22、23页。
[26] 邓辉、黄永昌：《唐崖土司城址调查报告》，《三峡论坛》2013年第5期。
[27] 刘文政、吴畏：《唐崖土司概观》，国际文化出版社，2001年，第3、40页。
[28] 田敏：《土家族土司兴亡史》，民族出版社，2009年，第152、162、163页。
[29] 石亚洲：《土家族军事史研究》，民族出版社，2003年，第107～116页。
[30] 王希辉、杨杰：《唐崖土司覃氏世系及征调述略》，《三峡大学学报》2009年第6期。
[31] 邓辉、黄永昌：《唐崖土司城址调查报告》，《三峡论坛》2013年第5期。
[32] 刘文政、吴畏：《唐崖土司概观》，国际文化出版社，2001年，第27～34页。
[33] 中共咸丰县委统战部等：《唐崖土司概略》，1987年内部印刷，第4～6页。
[34] 刘文政、吴畏：《唐崖土司概观》，国际文化出版社，2001年，第34～49页。
[35] 中共咸丰县委统战部等：《唐崖土司概略》，1987年内部印刷，第9页。

[36] 刘文政、吴畏：《唐崖土司概观》，国际文化出版社，2001年，第65、66页。
[37] 邓辉、黄永昌：《唐崖土司城址调查报告》，《三峡论坛》2013年第5期。
[38] 王玉：《鄂西特定历史文化特征——咸丰唐崖土司王城》，《华中建筑》2009年第1期。
[39] 王炎松、段亚、何继明：《唐崖土司城格局初探》，《三峡论坛》2013年第5期。
[40] 李梅田、方勤：《唐崖土司城张王庙石刻考述》，《三峡论坛》2013年第5期。
[41] 湖北省文物考古研究所、中国人民大学历史学系考古教研室、咸丰县文物局：《湖北咸丰唐崖土司城址调查简报》，《江汉考古》2014年第1期。
[42] 陈飞：《唐崖土司荆南雄镇牌坊价值探析》，《三峡论坛》2013年第6期。
[43] 刘文政、吴畏：《唐崖土司概观》，国际文化出版社，2001年，第2页。
[44] 王玉：《鄂西特定历史文化特征——咸丰唐崖土司王城》，《华中建筑》2009年第1期。
[45] 刘辉：《唐崖土司皇城遗址的空间布局与结构分析》，《三峡论坛》2013年第5期。
[46] 王炎松、段亚、何继明：《唐崖土司城格局初探》，《三峡论坛》2013年第5期。
[47] 满益德：《唐崖土司王城与土家族的艺术精神》，《恩施职业技术学院学报》2002年第4期。
[48] 湖北省文物考古研究所、中国人民大学历史学系考古教研室、咸丰县文物局：《湖北咸丰唐崖土司城址调查简报》，《江汉考古》2014年第1期。
[49] 满益德：《唐崖土司王城与土家族的艺术精神》，《恩施职业技术学院学报》2002年第4期。
[50] 王玉：《鄂西特定历史文化特征——咸丰唐崖土司王城》，《华中建筑》2009年第1期。
[51] 刘辉：《唐崖土司皇城土司遗址的空间布局与结构分析》，《三峡论坛》2013年第5期。
[52] 王炎松、段亚、何继明：《唐崖土司城格局初探》，《三峡论坛》2013年第5期。
[53] 湖北省文物考古研究所、中国人民大学历史学系考古教研室、咸丰县文物局：《湖北咸丰唐崖土司城址调查简报》，《江汉考古》2014年第1期。
[54] 《咸丰土家族简介》编写组：《咸丰土家族简介》，1980年内部印刷，第9~13页。
[55] 咸丰县委统战部、民族事务委员会、党史县志办公室：《唐崖土司概略》，1987年内部印刷，第9、10页。
[56] 咸丰县民族事务委员和咸丰县政协文史资料委员会：《咸丰县文史资料.民族史料专辑》，1996年内部印刷，第6、7页。
[57] 赖家刚：《唐崖土司王城遗址记》，《湖北文史资料》1997年第3 期。
[58] 刘文政、吴畏：《唐崖土司概观》，国际文化出版社，2001年，第76~89页。
[59] 邓辉、黄永昌：《唐崖土司城址调查报告》，《三峡论坛》2013年第5期。
[60] 湖北省文物考古研究所、中国人民大学历史学系考古教研室、咸丰县文物局：《湖北咸丰唐崖土司城址调查简报》，《江汉论坛》2014年第1期。
[61] 邢淑芳：《对构建唐崖土司皇城民俗文化村的思考》，《中南民族大学学报》2004年第5期。
[62] 刘文政、吴畏：《唐崖土司概观》，国际文化出版社，2001年，第70~76页。
[63] 王玉：《鄂西特定历史文化特征——咸丰唐崖土司王城》，《华中建筑》2009年第1期。

［64］王炎松、段亚、何继明：《唐崖土司城格局初探》，《三峡论坛》2013年第5期。
［65］满益德：《唐崖土司王城与土家族的艺术精神》，《恩施职业技术学院学报》2002年第4期。
［66］湖北省文物考古研究所、中国人民大学历史学系考古教研室、咸丰县文物局：《湖北咸丰唐崖土司城址调查简报》，《江汉论坛》2014年第1期。
［67］王炎松：《唐崖土司城宫殿区遗址复原考》，《建筑与文化》2013年第10期。
［68］中共咸丰县委统战部等：《唐崖土司概略》，1987年内部印刷，第6～8页。
［69］刘文政、吴畏：《唐崖土司概观》，国际文化出版社，2001年，第51～62页。
［70］辛克靖：《鄂西土家族传统建筑装修艺术研究》，《武汉城市建设学院学报》1997年第2期。
［71］满益德：《唐崖土司王城与土家族的艺术精神》，《恩施职业技术学院学报》2002年第4期。
［72］满益德、凌云：《唐崖土司王城建筑石刻的造“形”与造“势”》，《湖北民族学院学报》2009年第4期。
［73］陈飞：《唐崖土司荆南雄镇牌坊价值探析》，《三峡论坛》2013年第6期。
［74］刘文政、吴畏：《唐崖土司概观》，国际文化出版社，2001年，第173～176页。
［75］邢淑芳：《对构建唐崖土司皇城民俗文化村的思考》，《中南民族大学学报》2004年第5期。
［76］石庆秘：《武陵地区文化遗产数字化保护方法探析——以唐崖土司王城遗迹为个案》，《前沿》2010年第18期。
［77］石庆秘：《文化遗产保护传承中的数字虚拟技术运用——以唐崖土司王墓室的数字虚拟为例》，《前沿》2013年第16期。

唐崖土司研究回顾与展望

梁艳麟

（三峡大学民族学院）

摘要：随着湖北唐崖土司城遗址作为中国土司遗产之一申报世界文化遗产，越来越多的目光集中到唐崖这个地方。关于唐崖土司的研究更加深入和全面。根据相关文献现对唐崖土司的族源、与其他土司和民族的关系及比较、建筑格局及背后的文化内涵、军事活动和文化遗产保护五个方面进行陈述。

关键词：族源；关系及比较；建筑格局；军事活动；文化遗产保护

唐崖土司是中国鄂西南地区的土司代表之一。土司制度是沿袭唐代的羁縻政策，在元朝时开始正式设置，到清代逐渐走向消亡的一种政治制度。中央王朝为了巩固其统治，在西南边陲及地理位置相对闭塞的少数民族地区，通过册封土司首领，赋予土司王管理少数民族地区的权力，从而实现“以夷制夷”。中央王朝赋予了土司王对于本地区的自治权，同时土司要承担一定的政治、经济和军事方面的义务。

唐崖土司位于鄂西南地区，即现在的湖北省咸丰县尖山乡境内。元至正十五年（1355）建立，清雍正十三年（1735）废立，历时381年，据《覃氏族谱》记载，共经历了十八代土司，其官职从宣慰司、宣抚司、安抚司到长官司，浮浮沉沉，升降频繁，多因军功论处。唐崖土司皇城遗址是迄今保存最为完整的土司皇城遗址之一。凭借其保存的完整性及唐崖土司城建筑格局的独特性，其在众多土司遗产中独树一帜。1986年被列为第一批县级文物保护单位；到1989年被列为州级文物保护单位；2006年被国务院公布为第六批全国重点文物保护单位；2013年9月国家文物局宣布湖北唐崖土司城和湖南永顺土司城及贵州播州海龙屯，联合组成土司遗址作为2015年中国唯一的申报项目去申请世界文化遗产。这一步步地走来，唐崖土司的价值得到越来越多人的认同，也得到越来越多的关注，对于唐崖土司的研究越来越全面。通过阅读文献发现，对于唐崖土司的建筑格局及其背后的文化内涵和唐崖土司的族源问题讨论最为深入。本文想从唐崖土司的族源、历史文化特征、与其他土司的关系及比较、建筑格局及背后的文化内涵、军事活动和文化遗产保护五个方面进行陈述。

一、学术研究

1. 唐崖土司的族源问题

对于唐崖土司的族源问题，产生分歧的主要观点是：唐崖土司覃氏为蒙古族；唐崖土司不是蒙古族，而是土家族，和鄂西当地的土著覃氏是一支。早在20世纪50年代，潘光旦先生在《湘西北的“土家”与古代的巴人》一文中就提出古代巴人是今天土家族的先民，而咸丰土著覃氏可能是古代巴人五姓中“瞫”姓的后裔。但根据当地的《覃氏族谱》，家里神龛上供奉的木雕神像，后辈承袭的记忆和认同等方面，我们发现当地人大多认为其为蒙古族的后裔。王平在《唐崖覃氏源流考》一文中认为唐崖覃氏的来源分为远源和近源，远源是古代巴人廪君蛮，近源是元代中期由铁木乃耳后裔率领的一支蒙古族。刘文政和吴畏的《唐崖土司概观》一书中也认同此观点，认为唐崖土司覃氏是蒙古族与当地土家族“覃”姓融合而成。王希辉和杨杰在《唐崖土司覃氏世系及其征调述略》一文中认为唐崖土司的始祖是蒙古人，论据是根据《覃氏族谱》的记载及作者在实际考察的过程中所采访到的民族认同和记忆。如果唐崖土司覃氏为蒙古族，又为何会变更为土家族，针对此，岳小国在《对唐崖土司族源研究的一点看法》中提出了唐崖土司先祖确为元朝宗籍，因冒犯朝廷而隐身鄂西少数民族地区并隐性瞒名，最终融入当地土家族中。

与之持相反观点，不赞同唐崖土司覃氏是蒙古族的学者有覃发扬和曾超。覃发扬在《关于唐崖土司属覃氏渊源的考证》一文中从“木雕神像说”、“语言说”、“碑文材料说”、“能征善战说”和“与其他土著覃氏的对比说”五个方面进行反驳，认为没有足够的证据证明唐崖土司为蒙古族人。并且他也否认了鄂西土著覃氏和廪君蛮五姓中的“瞫”姓有对应关系。他赞同唐崖土司覃氏和鄂西土司覃氏本为一支。并从传说、族谱及与其他土司的关系中寻找论据进行论证。同样不赞同唐崖土司为蒙古族的曾超在《唐崖土司覃氏“蒙古人”疑议》一文中从民族政策和所居地域等方面列举史料，找出其不合理的地方，从而进行论证。针对为什么当地会有蒙古族文化特征，曾超提出了自己的解释，根据《元史》记载，在元代有蒙古族征战鄂西的记载，在此地建立了军事机构并生活于此，故留下了蒙古族的文化特征。另提出一种观点：是否是因为唐崖土司的战功而被元朝统治者赐以国姓，此说尚待考究。

唐崖土司的族源问题目前没有统一的说法，希望通过后期的调查和研究找到更多的证据来进行解释和说明。

2. 与其他土司和民族的关系及比较

土司制度是封建王朝用来管理偏远闭塞的少数民族地区的一种政治制度。中央王朝和土司之间的关系，土司和土司之间的关系，以及各少数民族之间的关系都随着历史发生了一定的变化。但我们可以发现，统治者始终把维护封建王权视为第一目的。土司之间为了争夺更多的土地、资源和人口而产生战争，随着实力的差异而臣服彼此。少数民族之间逐渐克服地理环境的闭塞不通，不断交流融合。这是总体的特征。

田敏在《土家族土司兴亡史》一书中，针对不同历史时期土司与中央王朝的关系进行了梳理。在改土归流的过程中，中央统治者针对不同的土司施行了不同的措施。同时对于土家族土司之间的势力情况进行了介绍。刘孝瑜的《古代鄂西土家族与汉族的关系述略》分唐宋设羁縻州郡时期、元明设土司卫所时期、清代改土归流前后时期三个时间段进行论述，介绍不同历史时期少数民族地区的政治、经济和人民的生活状况。观点为鄂西地区，土家、苗家和汉族人民为推动鄂西社会发展的主力军，在劳动和斗争的过程中发展。各族人民在相互交流的过程中相互影响和渗透。

将唐崖土司和其他土司放在一起作比较的文章尚不多，其中比较的重点多集中在建筑格局和历史文化特征两方面。黄文新和史德勇的《试论唐崖土司与容美土司文化遗存的差异性》一文分别介绍了两地的文化遗存，从而进行了比较，并总结分析了其产生差异的原因是容美土司有自己特殊的政治、经济、军事及文化。王炎松等人的《永顺土司城、唐崖土司城、播州海龙屯空间格局比较初探》一文，从历史背景与政治地位、区位文化与基地环境、城池空间格局三个方面进行对比研究，总结其特点与产生差异的原因。

对于土司的对比研究可以从更多的方面来展开。在对建筑格局研究较深入的现状下，从历史文化方面深入研究尚有很大空间。

3. 建筑格局及背后的文化内涵

唐崖土司城遗址最大的价值就是在其历史遗迹保存的完整性上。对于唐崖土司城建筑格局的分析、文物遗迹及其历史文化底蕴的介绍和无与伦比的工艺是唐崖土司研究的一大重点。在此方面，有众多学者进行调查研究，取得丰富的成果。

王炎松的《唐崖土司城格局初探》从唐崖土司城的形成背景、格局分析和建设历史上起重要作用的人物探析三个方面进行介绍。在《唐崖土司城宫殿区遗址复原初考》一文中，他从整体平面格局和建筑单体两个方面对唐崖土司城进行了复原。刘辉的《唐崖土司皇城遗址的空间布局与结构分析》先整体分析了中国西南地区土司遗址空间上的分布规律，其次介绍了唐崖土司城遗址在选址上的特点，最后在遗址的结构和布局方面进行了描述。李德喜、康予虎在《咸丰唐崖土司城衙署区建筑遗址复原初探》一文中，分析了遗址区的建筑形制，总结其建筑特点和工艺。于志飞、王紫微的《唐崖土司城衙署平面尺度设计方法初探》专门分析了唐崖土司城的衙署区，针对尺度和格局进行测算，介绍了于所反映出的文化和技术交流。王晓、祝笋的《唐崖土司城规划与建筑特色分析》从选址和整体的规划、建筑特色两方面分析了唐崖土司城的价值。李梅田的《观念认同与文化同化——唐崖土司城结构与性质分析》在讨论了唐崖土司城的结构与性质之后，分析了与建筑相对应蕴涵的观念认同，反映出了土家族在逐步汉化的这一过程。

除了建筑格局，对于文物遗迹及其历史文化底蕴的介绍也是研究的一个热点。李梅田和方勤在《唐崖土司城张王庙石刻考述》一文中，通过识别和解读张王庙的石刻，述说了其兴废的历史，同时也分析了张王庙的作用。陈飞对于唐崖土司城的标志性建筑牌坊有其独到的解读。他所写的《唐崖土司荆南雄镇坊价值探析》分析了牌坊的价值与功用，认为这块牌坊是土司王精神世界的物化。湖北省文化厅古建筑保护中心针对传统民居保护的问题写了《唐崖遗址传统民居的保护与利用》一文。通过梳理土家族传统民居的渊源和建筑形制，分析唐崖土司遗址地区民居的分类和特点，提出了相应的保护措施。

在工艺方面的介绍有满益德、凌云的《唐崖土司王城建筑石刻的造“形”与造“势”》从石刻的形和势两方面进行鉴赏，探索其内在的文化意义和审美特征。蔡路武的《咸丰唐崖土司城出土瓷器综述》一文介绍了唐崖地区出土的瓷器，通过介绍这些瓷器的种类和特点，对唐崖土司的文化背景有了更深一层的理解。康予虎等人的《咸丰唐崖土司城址给排水系统研究》通过介绍排水工艺，发现唐崖土司城内的给排水系统十分先进，通过一些人工手段，使土司城和自然环境之间相互和谐。

从整体上介绍唐崖土司城遗址的格局分布、建筑特色及文物遗存的成果有：湖北省文物考古研究所、中国人民大学历史学系考古教研室和咸丰县文物局联合编写的《湖北咸丰唐崖土司城址调查简报》、邓辉和黄永昌的《唐崖土司城址调查报告——兼论唐崖土司覃氏的历史问题》和何继明的《咸丰土司遗址调查报告》。无论从个体的文物还是土司遗址整体，在建筑和工艺方面，对于唐崖土司城遗址的研究都是十分深入和细致的。但也存在一定问题，对于唐崖土司的研究过于集中在遗址的建筑及相关方面，但对唐崖土司文化上的解析相对缺乏。

4. 唐崖土司的军事活动

土司制度是一种军政合一的制度，土司们根据实力拥有数量不等的土兵。在中央王朝的要求下出兵，也有土司之间为了利益而发动战争的情况。根据《覃氏族谱》的记载，唐崖土司所经历的战事为15次。其中有镇压农民的战争，有奉旨征剿作乱的土司的，有参加反清斗争的。彭福荣的《国家认同视野下的唐崖土司置设与征战研究》一文从土司置设和军事征战两方面研究唐崖土司这个案例。认为土司职位的设置与升降、土兵的武装均受土司的国家认同观念影响。王希辉、杨杰的《唐崖土司覃氏世系及其征调略述》针对唐崖土司经历不同时间阶段其世系发展和沿袭的状况进行了分析，同时对土司的征调进行了介绍。土司的军事活动与土司官职的升降紧密相连，通过研究土司的军事活动可以帮助我们确定土司的历史地位。同时通过土兵设置的多少，可以发现土司实力的强弱，进而帮助研究其经济状况。

5. 唐崖土司文化遗产保护

唐崖土司城遗址作为土司遗址代表之一，成为2015年中国唯一的申报项目去申请世界文化遗产。关于它的价值，傅晶等人编写的《“土司系列遗产”视角下的唐崖土司城址价值研究》一文进行了说明。通过对世界遗产体系中的“系列遗产”概念进行说明，分析土司系列遗产的价值，再举唐崖为例，陈列出了唐崖土司城址的代表性价值。成臻铭的《土司学面对申报世界遗产的研究取向》从申报世界遗产对土司学的要求、以往土司学研究的盲点反思、申遗语境下的土司学取向三个方面揭示了在土司申遗的过程中存在的问题和需要做的工作。

在唐崖土司城遗址保护的过程中，对于保护工作中所要采取的手段、方法也有很多论文涉及。邢淑芳的《对构建唐崖土司皇城民俗文化村的思考》一文提出了建设“唐崖土司皇城民族文化村”的构想，阐释了构建的可行性和必要性，并提出了规划。石庆秘的《文化遗产保护与传承中的数字虚拟技术运用——以唐崖土司王墓室的数字虚拟为例》和《武陵地区文化遗产数字化保护的方法探析——以唐崖土司王城遗迹为个案》两篇文章提倡利用数字虚拟现实技术来介绍、保护、保存和还原文化遗产的一种理念。运用现代科技进行保护和传承文化遗产是未来发展的趋向，是需要我们不断探索的。湖北省文化厅古建筑保护中心提出的《唐崖遗址传统民居的保护与利用》将遗址中及周边的民居纳入保护范围，提出了结合当地实际的保护措施。对于唐崖地区村落的保护也是十分重要的，俞红、萧洪恩和王兆峰的《现代化背景下土家族新型村落文化传统的生成——以湖北省咸丰县唐崖司村为个案》就提出了唐崖司村村落文化发生了现代转型，在其区域内形成了土家族新型村落文化传统。将文化遗产保护与村民们的日常生活联系在了一起。

二、结　　语

随着唐崖土司城遗址申请世界文化遗产工作的进行，会有越来越多的人参与到唐崖土司遗产保护工作中。对于唐崖土司的研究，各个学科之间将打破藩篱，相互交流，共同开发研究。从而更全面、系统地探索和传承唐崖土司文化遗产。在认识到唐崖土司城遗址的价值后，与现实生活联系紧密的产业也会得到长远的发展，如旅游业、相关产品开发等。但更重要的是利用先进、合理的保护手段，将属于中华民族的这一瑰宝传承下去。

参考书目

[1]　田敏：《土家族土司兴亡史》，民族出版社，2000年。

[2]　刘文政、吴畏：《唐崖土司概观》，国际文化出版公司，2001年。

[3]　《覃氏族谱》复印件，民国六年抄本。

[4] 潘光旦：《湘西北的“土家”和古代的巴人》，《民族研究论文集》（第3辑），1983年。

[5] 王平：《唐崖覃氏源流考》，《贵州民族研究》2001第3期。

[6] 王希辉、杨杰：《唐崖土司覃氏世系及其征调述略》，《三峡大学学报（人文社会科学版）》2009年第11期。

[7] 岳小国：《对唐崖土司族源研究的一点看法》，《三峡论坛》2013年第6期。

[8] 王玉：《鄂西特定历史文化特征——咸丰唐崖土司王城》，《华中建筑》2009年第1期。

[9] 刘孝瑜：《古代鄂西土家族与汉族的关系述略》，《中南民族学院学报（哲学社会科学版）》1982年第1期。

[10] 石庆秘：《文化遗产保护与传承中的数字虚拟技术运用——以唐崖土司王墓室的数字虚拟为例》，《前沿》2013年第16期。

[11] 石庆秘：《武陵地区文化遗产数字化保护的方法探析——以唐崖土司王城遗迹为个案》，《前沿》2010年第18期。

[12] 俞红、萧洪恩、王兆峰：《现代化背景下土家族新型村落文化传统的生成——以湖北省咸丰县唐崖司村为个案》，《民族论坛》2007年第4期。

[13] 邢淑芳：《对构建唐崖土司皇城民俗文化村的思考》，《中南民族大学学报（人文社会科学版）》2004年第9期。

[14] 王炎松、段亚鹏、何继明：《唐崖土司城格局初探》，《三峡论坛》2013年第5期。

[15] 王炎松、段亚鹏、何继明：《唐崖土司城宫殿区遗址复原初考》，《建筑与文化》2013年第10期。

[16] 李梅田、方勤：《唐崖土司城张王庙石刻考述》，《三峡论坛》2013年第5期。

[17] 邓辉、黄永昌：《唐崖土司城址调查报告——兼论唐崖土司覃氏的历史问题》，《三峡论坛》2013年第5期。

[18] 刘辉：《唐崖土司皇城遗址的空间布局与结构分析》，《三峡论坛》2013年第5期。

[19] 陈飞：《唐崖土司荆南雄镇坊价值探析》，《三峡论坛》2013年第6期。

[20] 满益德、凌云：《唐崖土司王城建筑石刻的造“形”与造“势”》，《湖北民族学院学报（哲学社会科学版）》2009年第4期。

[21] 湖北省文物考古研究所、中国人民大学历史学系考古教研室、咸丰县文物局：《湖北咸丰唐崖土司城址调查简报》，《江汉考古》2014年第1期。

唐崖土司研究的若干思考

周积明

（湖北大学）

摘要：唐崖土司活跃于历史舞台300余年，在恩施地区的历史上产生了深刻的影响。但是，迄今为止的唐崖土司研究，尚有较多的空白和提升空间，在方法论上，也亟需转换研究思路和方法。本文从土司研究的大历史观、唐崖土司资料的“历史人类学”解读两个层面对唐崖土司研究提出了若干意见，特别指出，文化、权力、历史的交织，塑造了唐崖土司，也塑造了咸丰地方历史，揭示这样一种复杂的关系，发现其交织的“各衔接关节”，应该是提高唐崖土司研究水平，乃至深化所谓“土司学”内涵的重要任务。

关键词：恩施；咸丰；唐崖土司；大历史观；历史人类学

唐崖土司是恩施州十八大土司之一，咸丰三大土司之首， 始建于元至正年间，历经元、明、清三朝，总计300余年，在恩施的区域历史乃至中国土司历史上留下了深长的足迹，尤为难得的是，唐崖土司不仅曾长期活跃于历史舞台，而且留下了“湘鄂渝黔交界地区迄今保存最完整，单体规模最大，地面遗存类型最丰富”的土司城遗址。由此更进一步丰富和凸显了唐崖土司的历史价值与文化价值。2012年11月17日，唐崖土司城遗址入围《中国世界文化遗产预备名单》，可谓实至名归。

然而，正如三峡大学“唐崖土司史料搜集整理研究”课题组所指出：“与唐崖土司辉煌的历史文化、丰富的地面遗存相比，流传于世的文献资料却相当有限，且极为分散，给唐崖土司研究带来不小的挑战。”本文仅依托该课题组所提供的材料，对当前唐崖土司研究的现状提出若干思考。

一、研究现状与研究队伍的分析

检视课题组整理的唐崖土司的研究论文，总数22篇，其中还包括《神秘的唐崖土司城》、《尖山湖北仔猪第一乡》、《奔腾富饶的唐崖河》一类非学术论文。即使关于鄂西土司的论文，也为数不多，总数大约10篇。关于湖北土家族的学位论文亦只有3篇，这样的研究状况与研究总量与湖北土家族、鄂西土司及唐崖土司的历史地位与文化价值是完全不相符的。

从现有研究成果来看，大多论文出于三峡大学与湖北民族学院，由此彰显了两校人文社会科学研究者对区域文化与区域历史的关怀。在文献资料较为有限的条件下，这些学者对于唐崖覃氏源流、世系，唐崖土司王城及土家历史文化进行了颇有价值的研究，其努力值得钦佩。但是，鄂西土司和唐崖土司是一个庞大的研究领域，涉及范围空前广泛，需要有更多的多学科的研究力量投入。建议从咸丰县政府到恩施州政府想方设法，通过宣传，引起湖北省内乃至国内高校、研究机构学者对唐崖土司、鄂西土司的关注，并通过课题立项的办法，吸引更多的学者投入这一领域的研究，为唐崖土司和鄂西土司积累厚实的研究成果。这次在咸丰举行的“唐崖土司学术研讨会”就是一个很好的方式，建议这样的学术研讨会能举行多次，并吸引海外学者参加。20世纪90年代以来，西方正崛起中国西南边疆研究热潮，有理由相信，如果唐崖土司的宣传能引起他们的关注，那么，将构建起一个以“唐崖土司”为中心论题的中外学术交流平台，从而大大推动“唐崖土司”研究的深入展开，也大大提升和彰扬唐崖土司王城的知名度。

二、研究思路和方法

唐崖土司研究的深入展开，除了要进一步挖掘资料外，很重要的是转换研究思路和方法，这样才能有所创新，有所开拓。

1. 关于土司研究的大历史观

近年来，出现了“土司学”的概念，“土司学”是否能成立，尚有待学术界达成共识，但至少把“土司学”定位为“是研究土司现象以及发展规律的专门学”是不恰当的。何为发展规律，正如弗罗姆金在《世界大历史》中指出的：“人类活动的促动因素是异常复杂的”，“历史的动因是各种各样的”。所谓历史规律，不过是以一种先验之明，预设文明的走向。所有的历史活动不过都是朝着一个神秘的目的地而运行。在“历史规律”社会发展观的支配下，无论是学术研究还是历史研究，其任务都只是要证明这个规律，为这个规律添加史料和注脚，根本无法去发掘中国历史奇诡多变的态势。新中国成立以来的大陆史学在很长一段时间内之所以鲜有创建，根本原因之一，就在于深陷“发展规律”的泥淖中无法自拔。要深化对土司制度的研究，万万不可为所谓“发展规律”所支配而采用一种大历史观。

所谓土司研究的大历史观，即把土司制度放在中国形成的大的历史脉络中考察。

在中国人的“常识”中，中国是一个不言自明的概念，然而，正如施坚雅（G. W. Skinner）所指出，“中国”不应该被简单地理解为是一个均质化的、“铁板一块”的单一实体；它是经由政治、经济和文化诸方面发展并不均衡的一系列地方区域之间互动与整合而形成的一个系统。在这个极其复杂的历史过程中，汉地社会和非汉族的中国各边疆地区、边陲社会的互动与整合占据重要内容。因此，我们的研究，要跳出中原王朝的视角，转而重视“边缘视角”、“地域视角”。如果缺少这样一个大的历史观，仅仅去研究中原王朝统治边陲社会的治策与措施及“土司、土司制度、土司文化、土司政治文化”，最终将不得要领。

2. 唐崖土司资料的“历史人类学”解读

迄今发掘整理出来的唐崖土司的资料，较为有限，如何从有限的资料中读出历史的精彩，似乎还有较大的空间。在这一工作上，有必要引入历史人类学的视野，即以“文化所有者的内部眼界”（from the native's point of view），回到“历史的现场”，在社会结构的内在脉络中来解读我们所面对的资料文本。用美国人类学家卡罗林·布莱特尔的话说，就是在资料中做“田野”。

据三峡大学“唐崖土司史料搜集整理研究”课题组所整理的资料，唐崖土司的主要史料可分为如下几类。

其一，官方文献，如《明实录》、《明史》、《清史稿》等官方实录正史及《湖北通志》、《四川总志》、《来凤县志》、《施南府志》、《咸丰县志》、《黔江县志》等官修地方志。

其二，土司宗族谱牒，如民国唐崖《覃氏族谱》、宣恩《覃氏族谱》、湖南添平《覃氏族谱》、施南土司《覃氏族谱》、忠路土司《覃氏族谱》、利川《覃氏族谱》，以及忠孝土司《田氏族谱》。

其三，民间传说，主要的民间传说，如《土家神马》、《唐崖土司招驸马》、《女儿寨》、《金银塘》等。

其四，唐崖土司城遗址。

其五，民间访谈。

作为研究者，特别要注意的是，我们面对的官方文献、土司宗族谱牒、民间传说及民间访谈，都是一种“表述”，正如赛义德所说：“所有的表述，正因为是表述，首先就得嵌陷在表述者的语言当中，然后又嵌陷在表述者所处的文化、制度与政治环境当中。”因此，我们的资料解读，首先是要关注表述者的视角和立场。

以官方文献而论，所有正史、实录关于唐崖土司乃至土司的记载，实际上都是中央王朝征服边陲的胜利记录，其中必然地包含了“作为中心的国家如何看待边缘的土司社会”的“以己为中心”的文化理念，以及中央政权构建多层级政治秩序的策略。如《明宣宗实录》记载：“施州卫忠路安抚司等衙门各奏：‘前元故土官子孙牟酉蛮等各拥蛮民，久据溪峒，今就招抚，请开设衙门，授以职事。’行在兵部以闻，上曰：‘驭蛮夷固当顺其情，所设衙门亦宜有等杀。’其议以闻，于是兵部请以四百户以上者设长官司，四百户以下者设蛮夷官司，元故土官子孙量授以职，从所招衙门管属。上从之，故有是命。”“驭蛮夷固当顺其情，所设衙门亦宜有等杀”一语，特别能体现中原王朝的治理策略。《明史·湖广土司传》记载：“时应虎来朝，言其祖父自宋、元来俱为安抚，自蛮乱并其地入散毛，隔远难治，乞仍旧，从之。时高罗安抚田大民言，招复蛮民四百余户，乞还原职治所。木册长官田谷佐、唐崖长官覃忠孝，并言父祖世为安抚，洪武时大军平蜀，民惊溃，治所废。今谷佐等招集三百余户，请袭，许之。五年（1407），镇南长官覃兴等来朝，称系世职，洪武中废，今招徕蛮民三百户，乞仍旧。既五峰石宝长官张再武亦以袭职请，从之。”这样一种有求必应的封土，其背后是朝廷防止地方土司坐大的分权思路。

土司族谱是研究土司历史的重要资料，但是，对于土司族谱中的记录，研究者绝不可能当做“实在”的历史，而是要充分去发现其中的建构性。如覃氏族源，唐崖的《覃氏家谱》就和利川、宣恩、恩施等地的《覃氏族谱》有很大的区别，唐崖覃氏的族谱字派也与鄂西其他覃氏大不一样。不同的记载，承载着不同的历史记忆，也透露出不同族谱书写者建构土司历史的不同意识与观念。同样，在唐崖土司的族谱中，我们可以读到 “合法化”唐崖土司统治的一整套经典的话语。在唐崖土司的故事版本中，各支土司的祖先都是因为追随朝廷官员征战立功而获得官职或列土分封的权力。如宣恩《覃氏族谱》：“伯祖覃伯坚受宋行军总管之职，庆元三年因蜀将吴曦乱，征有功，封行军总管于施州”，“一传至谱诸，再传至耳毛。元年征服洞蛮，任镇南五路都督，抚军民府”。施南司的《覃氏家谱》：“覃仕魁，嘉定三年，右丞相史嵩督视西京，举授元帅职，镇守施州中建等处。祥兴年间，峒夷叛乱，魁遣其子安抚使覃友仁领兵追寇至麻寮红土屯驻。适宋亡，友仁遂迎魁公移彼，辟土以居。友仁子绪祖，绪祖子添顺因元末民乱无主，禁凶安良，为众所附，推为台宜寨主。至明祖兴，添顺率义兵归之。洪武二年设添平台宜正千户土官，封添顺为武德将军，而子孙世袭，掌印管军正千户之职。此则添平所以有覃氏之族至今较胜。”“叔祖散毛，祥兴年间施州元帅，遣令领兵追寇至大水田屯兵驻镇守。”如此等等。土司统治合法性由此得到彰显，更有意味的是，在唐崖土司先祖的记叙中，有随狄青出征的故事，如同治《来凤县志》记载“散毛司”，谓“墨来送，其始官之祖。土人谓天曰墨，谓天来送也。为唐贞观安抚使，递传至宋。按：覃氏宗谱，称为炎宋时人。仁宗元祐闻，随狄青征侬智高。记闻异辞，附存备考”。且广西《南丹县六寨哨莫姓哨目族谱碑》及广西《万承土州李氏土目宗祠世系碑》也都记载他们的祖先曾随狄青征剿侬智高，如《南丹县六寨哨莫姓哨目族谱碑》载：“溯我祖籍江西吉安府吉水县白水街人氏，侬智高反，踞邕州，朝廷命狄武襄将军征讨剿，我祖亦从事王事，隶属于莫伟勋部下。”《万承土州李氏土目宗祠世系碑》载：“宋仁宗皇祐乙酉年，东南两粤有南蛮枭雄侬智高纠合蛮夷作乱，侵占我朝地方，宋皇下旨，狄公奉命出师，始祖布衣，在应天府同杨兵部会和许俊、冯廷宗、赵公通、黄显达诸公，率队征剿。”这样的异曲同工，绝不是偶然。唐崖民间流传的“土家神马”传说，实际上也是对土司统治的一种“神迹化”。

值得注意的是，唐崖土司各族谱都把追随朝廷官员立功建业作为土司权力合法化的起点，这一思维方式，正表明了国家话语是如何支配唐崖社会的历史记忆。而《来凤县志》关于“墨来送”的记载：“墨来送，其始官之祖。土人谓天曰墨，谓天来送也。”更是一则十分典型的史料，所谓“天来送”的含义是指土司权力为天命所赐，如果这样的话语确如县志记载，出于“土人”之口，则表明唐崖地区民众的“集体无意识”对土司权力“神授”的认同。

从正史到土司家谱到民间传说，我们可以清晰地看到一个文化、权力、历史交织的权力网络，同样，在唐崖土司府的建筑遗存中，这样的权力话语也以多种形式存在。正是这种文化、权力、历史的交织，塑造了唐崖土司，也塑造了咸丰地方历史。如何更加深入精细地揭示这样一种复杂的关系，发现其交织的“各衔接关节”，应该是提高唐崖土司研究水平，乃至深化所谓“土司学”内涵的重要任务。

唐崖土司的几个历史问题

邓　辉

（武汉市文物考古研究所）

摘要：唐崖土司的历史问题，过去多是一般性的探讨。对于城池的修筑，仅限于大至的了解；对于土司的承袭，也仅从其族谱中了解；而讨论其相关的历史，也仅仅从县志等一些文献资料去了解。本文从城池修建的年代、《明实录》对唐崖土司的记载、土司承袭中与族谱记载的比对，以及族属问题、土司墓葬的修建特点等多方面，进行了讨论。

关键词：唐崖土司；历史问题

唐崖土司的历史，我们曾有不少的讨论与研究，但限于那时的资料与关注度，仍然有不少的内容没有深入下去讨论，而现在对于唐崖土司来说，有不少的问题仍需要进行深入讨论。因此，就我个人看来，需要讨论的仍有：唐崖土司城址中的布局及衙署遗址的特征，建筑城址的历史及修建衙署的过程与布局，覃姓土司历史中的族属与不同时代土司的承袭问题等。就目前所知的城址遗迹，总体上看，我认为曾有过两次以上大的修筑城墙的经历，而维修街道、衙署建筑等，也经过多次的过程，特别是衙署区域，经考古发掘所呈现出来的特点，个人认为，似乎有三次大的修建过程（这当依考古报告材料为准）。另笔者在搜集唐崖的文献资料时，涉及唐崖土司覃姓的历史还有几条不见于一般文献的记载。而《明实录》中有的记载，比族谱等史籍的记载更加清楚明晰。这有利于对唐崖历史，特别是明代历史时期的了解。

一、城址中的遗迹资料

唐崖土司虽是明、清时期土司官制下最小的长官司。但唐崖土司的城址，是目前少有的几个有关于土家族历史时期、特别是明代土司制度时期的重要的土司城池，虽然城址到目前有许多的破坏或是自然的损坏，但总体上看，它仍是土家族区域里，有关土司制度时期保存最好的土司城址之一。通过全面调查城墙体，整个城池的特点是依自然地理条件而为，也就是自北向南顺河一线，垒墙最高与完整，而北侧与南侧，多是依自然的山岩地形特点而为，平缓的地方垒砌城墙体，有岩坎处则稍加垒筑。从考古清理中所见的遗迹特征上看，属于土司时代城池的建修过程，至少有两期以上的遗迹特征是十分明显的，一是兴建时期，一是维修后的保存，我认为在街道始修与扩建、城墙、城门等处的始修是雄伟的，后来的补修则是多改变了原来的特点，所用石材较早前则随意了不少。依族谱记载，城内在明万历、天启时，有过大的维修后，至今仍有“三街十八巷”的街道保存，从而保存了城中四通八达的格局，城中的街、巷依然明显保留有原初始建时期的一些特点。

唐崖土司城中今天所存留的明代历史时期的各种遗迹，其保存状况等，都是其他土司城所不能相比的，特别是明代的遗迹特征更加明显，也是不多见的。但是我们过去关注了城池的存在，遗迹的保存，但对城市的功能关注不多，了解不深入。如城市除了布局讲究、政治中心、经济中心、军事中心、人口众多、且是四面方聚集一地，使其商业发达、文化发达，所以形成了人们向往的地方。但唐崖土司城，我们认为有别于其他城池的特点，特别是在商业、人口居住上，有许多的不同。似乎就是政治中心、管理中心、文化中心、财富中心、军事中心、刑法中心、贵族居地中心，少见或不见商业店铺的特点（也许到目前工作不够，没有发现其地点），而城址内的许多地点，似有农业种植的区块，在城北侧一线，还有烧制瓷器——各类瓷碗类的窑址等遗迹保存。

但对于居住在城址中的居民是些什么人，以什么样的生活方式居住着，其生活资料的来源如何？因为资料的难度大，所以我们无从知晓，理解不足，但有不少的建筑遗迹表现了高等级的特点，今天通过更详细的田野调查，特别是考古的清理，使我们对城址的特征与内容有了更多关注与理解。总体上看，这个城池较于其他地点的城池而言，有自己的风格特点，城址面东，东有“朱雀”、西（座）有“玄武”、北有“青龙”，南有“白虎”。这是城址外围自然环境中大的布局特征，而衙署所在，正处于城址的中心区，从牌坊到司衙内的后宅基地，可分为多级台地，从司署大门而上，一级级的抬升，遥想当年司署，当是相当壮观与威严……城中的街道、巷道的布局，就是依衙署的存在而分布的。而城中又主要是以大小不同的院落为特征的组合，一个个大小不同的院落分布其间，居者不是以街道为面对的商业居住特点，如中街上，主要是几个不同的院落组合，并用院墙体隔离了街道，对街修建了“朝门”，使院落与街道相隔。那么，这些修建于明代的大小不同的院落，成了这里城区里较稳定的民住方式，也是这个城区里的居民社会结构的特点，有些院落遗迹豪华，所表现的当是贵族的居住地，但也有较差的院落遗迹，似是为土司服务的下层平民。因此，至今仍保存下来的那些大大小小的院落墙的结构特点，散布于整个城区里。

而这些用石块围绕的院落里，大多还存在着建筑遗迹。从调查中所见，有些院落的石雕残件所表现的是精美的特点，这说明那些居住者的身份非比一般，是一些有一定身份的人所居住的院落。城中一个个大小不同的院落是那时居民最显著的居住方式。而城中居住者何以大小不同的家庭式的院落为组合作为居住特点？而这些不同的小院落，至今仍然可见到是以大小不同的干石块垒砌院落墙体，宽厚在1.5米左右，高度在几十厘米到1米多的都有保存，整个院落是依其自然地形而为。而这些院落主要是其相关的管理者居住的，除土司头人外，还有如副土司、司中的事务管理者“峒主”，以及亲眷家属、或是几代人所遗留下来的居者遗址。当然，这些居者一定是土司衙署中的办事人员，同时那些已经没有实权的居者，也许从这里到了自己的封地里去居住了。在与城区相对较远的区域，我们所发现的与土司墓葬相似的墓葬来看，如笔者曾在丁寨的沙子坝调查中所发现的四室石室墓葬，与土司王墓的建筑相似，为前廊后室，只是石材在雕像上稍减单些（俗称“生祭墓”，《咸丰文物普查资料》，1986年）。又如泗渡河的双室石室墓葬，雕像也很有特点。此外，发现的“覃杰”三室石室墓葬等。这几处都是较大型的石室墓葬，我认为它们与唐崖覃氏土司，都有着较密切的关系，他们是土司境内的有一定身份的人，死后葬在了封地。这似表明唐崖土司辖属区内，那些不同姓氏的副土司头人及司城的管理者或族人，除居住于城中者外，其他的地方当有他们的封地，那里是他们生活资料的来源地。在唐崖外围所发现的这些较大的，有一定时代特征的石室墓葬，当是小区域里的头人的墓葬。另外我们从城址中现今还有保留的一些地名上看，这个城区里，就是土司统治者的大、小政府，贵族，服务者（如“马客院”等）与驻军等用途为主。还有其土司头人们进行不同祭祀所用的庙宇等。

唐崖土司城址中似乎没有商业性较集中的街道区，似表明不同于容美土司、永顺等土司署衙前多有商业街道的特点。

二、文献资料中有关唐崖土司的记载

1.《明实录》中的记载

仅个人在《明实录》中，就搜集了十来条有关唐崖历史事实的记载，有些记载对于订正相关的历史问题，这也是我们过去了解较少的内容。这对于我们今天了解与理解唐崖土司的历史问题是有不少帮助的。

（1）唐崖在明代的洪武七年（1374）五月，“湖广……堂崖安抚司月直什用遣人来贡方物，上其所授伪夏印。”（参见《明太祖实录》卷八十七，上海书店，1990年）关于唐（堂）崖，有人认为“堂”崖是“白”崖，均属于永顺，但从相关记载中，白崖洞的记载（白崖洞早属永顺宣慰司，今属龙山县，土司田姓），要多于“堂”唐崖的记载，而“堂”与“唐”，只是记录者记载时，按音记录的可能性更大些，因此认为，是“唐”崖土司的记音差异，按族谱记载，为“二世祖：覃值什用，承父职于洪武四年，降为长官司职，在营病故”。那么所记的“月直什用”与“覃值什用”当为一人。

（2）又“（洪武七年五月癸已），置四川散毛沿边宣慰使司，堂（疑为‘唐’）崖长官司。”（参见《明实录·太祖实录》卷八十九，第2页）这里所记载的就是“堂”为“唐”的直接证据。

（3）又“永乐四年三月戊午，设湖广木册、唐崖二长官司，……以……覃忠孝为唐崖长官，黄晟暹、秦俊副之。”（参见《太宗实录》卷五十二）接其族谱的记载：覃忠孝为四世祖，袭职于永乐四年，在位有二十一年，病故于宣德二年（参见黄永昌、邓辉：《唐崖土司城址调查报告》，1986年油印稿）。

（4）又宣德三年八月（1428）“辛巳赐湖广唐崖长官司故土官长官黄晟子敏……等钞彩币表里绢有差。”（参见《大明宣宗章皇帝实录》卷四十六《宣德三年八月庚辰朔》）

（5）又有：宣德三年八月（1428）“辛未，赐湖广唐崖峒长官司长官黄敏……等钞，币有差。”（参见《宣宗实录》卷九十八）

（6）［景泰四年（1453）十二月］戊申，湖广永顺等三宣慰司、施南等三宣抚司、高罗等七安抚司、唐崖等五长官司，宣慰使彭世雄等，……各遣头目来朝贡马及方物。赐钞并彩币等（参见《英宗实录》卷二百三十六）。

（7）［天顺二年（1458）十有丁卯］湖广施州卫唐崖长官司土官舍人谭彦实……来朝贡马，赐彩、锻表里并钞锭（参见《英宗实录》卷三百三）。这个谭产实，似乎就是覃产实。这里是否可证谭与覃的读音上的近同?

（8）（天顺三年五月）庚寅……湖广施州卫唐崖长官司等衙门遣把事黄思铭等……贡巴及方物，赐宴并彩、锻等物（参见《英宗实录》卷三百三）。

（9）［成化三年（1467年）二月］乙卯……湖广施州卫唐崖长官司副长官黄敏等遣头目舍人来朝贡马，赐彩、缎、钞锭有差（参见《宪宗实录》卷四十四）。

（10）［嘉靖八年十月（1529年）己巳］，诏湖广唐崖长官司土舍覃万金曾祖彦实职为正长官，万金祖友铭未袭卒，父富目疾，而万金以嫡孙承袭（参见《明实录·世宗实录》卷一百六）。

按族谱记载：“九世祖：覃万金：承袭父职，兵部奏请敕准，仍给钦依宣慰，任事于嘉靖二十五年，曾征麻阳苗民有功于朝廷，予以赐赏，至老身故。”

这里可见，九世祖覃万金，所承袭的是其曾祖的（六世覃彦实的）长官之职，而承袭的时间是嘉靖九年（1529）10月，而不是公元1546年，这在明实录中所记载的，较之于族谱已是说得更加明白和准确了。

2. 明嘉靖《四川总志》的记载

明代的四川管辖中，与湖广所辖的土司之间常有往来，如：“查得湖广施州卫所辖散毛、施南、唐崖、忠路、忠建、忠孝、容美等土司与四川重庆、夔州二府所辖黔江、武隆、彭水、忠、涪、建始、奉节、巫山、云、万等地州县地界，或鸡鸣相闻，或犬牙交错。……如昔年唐崖长官覃万金等夷出劫黔江等七州县，众议调官军将首恶擒获监卫，輒又受财，朦胧賣放。”（参见嘉靖《四川总志》卷十六《钦差巡抚都御史刘大谟题设守备疏》）但是族谱中，只字未提覃万金与施州卫官间的交往，以及劫掠黔江等地方的事件。这说明族谱是后辈人所为，当也不会记录有损名誉的事情。当然，也许在族谱成形时，他们并不知道明代社会中的许多事件。但这里我们能够找到《明实录》的记载，也说明当年的唐崖覃氏与朝廷间的关系特点，唐崖与散毛、施南、忠建、忠路容美等犬牙交错，表明唐崖土司在川省头目中还是有地位的，也是实力非常的土司头人之一。

三、有关问题的探讨

1. 唐崖土司姓氏

唐崖、金峒土司覃姓，这是无疑的。依民国《咸丰县志》记载："唐崖、金峒覃氏，为本地土人最古。……据覃氏家谱：覃启字处送，元时有功，以武略将军授唐崖宣慰世职，传子值。"似乎说明县志的作者认定覃姓是当地的土著姓氏中最早的之一。

但是，在其族谱中还有一说，其载曰：唐崖覃氏属蒙古族，姓铁木耳，"愚之启祖系元朝宗籍，始祖贴木易儿，是授平肩王之职，生颜栢估儿，生文殊海牙，生脱音估木儿。"进入朱明王朝时，族谱中称：一世祖为覃启处送，属元朝时人，"二世祖覃值什用，洪武四年袭职"。但在《明实录》里，有"月值什用"，是洪武七年时朝贡，这个是可信任的。但那时的散毛土司覃氏中有"勾答什用"似说明那时民族语言的特点，但未见、也没有提到与蒙古族的关系。今人的研究中，如王平在《唐崖覃氏源流》中说："唐崖覃氏和散毛土司、金峒土司覃氏的渊源关系更加密切，他们彼此之间不仅存在紧密的地缘关系，而且存在着密切的血缘关系。"（参见王平：《唐崖覃氏源流》，《贵州民族研究》2001年第3期）而刘文政等对唐崖土司的覃认为是蒙古族人氏，他们的专门研究，我们这里不去细说，但就我个人认为，唐崖的覃姓当是施州境内的覃姓之一，也是《咸丰县志》所说的本县最古老的姓氏之一。如果不是，其他的覃姓及其覃姓的土司恐怕是不会让其轻松的，或者是多少有些记载的。

从上述的《明实录》中，我们可见，唐崖土司与朱明朝廷间的关系往来是较为密切的。而这些记载中，特别是对覃万金的袭职，《明实录·世宗实录》的记载比族谱所记载更准确与明白。把族谱中袭职问题描述得更加准确。

在族谱里，谈到覃姓的历史问题时，覃值什用生了七子，且七子分派遣于不同的地方为土司头人，这显然是把唐崖土司覃姓的历史问题的症结弄得更加复杂，也正是这种混淆，说明唐崖覃姓的来源就是与施南覃姓等同是一族的历史过程，其实我以为是唐崖覃姓去追思历史，那一定与施南等同姓有着不可分割的族系血缘关系。只是在记叙时，着力避免自己的西南夷族的历史关系。这与其他姓氏者在表述上是相同的。

2. 谭彦实与覃彦实

另外，天顺二年的谭彦实，来朝贡马及方物，这个谭彦实，似乎就是覃彦实。一般说来，刚升职后前去朝贡的可能性更大些。关于“谭”与“覃”，在利川的乡间我们调查时，人们认为，两个字的读音是相同的，都读为“覃”。我们认为，这是民间对姓氏名称的传统称谓，是有其深刻的历史原因的。

3. 覃万金的袭职

关于覃万金，按族谱记载：覃彦实为六世祖，袭职于天顺元年（1457），在职51年（至1508年）。到覃万金是九世祖，而覃万金之前的七世为覃文明，明正德三年（1508）袭职，在职6年，至正德九年（1514）；八世祖为覃天富，明正德九年袭职（1514），在职32年，至嘉靖二十五年（1546）。而覃万金于嘉靖二十五年袭职，在职25年，至隆庆五年（1571）。但从实录中看，覃万金直接承袭的是曾祖父覃彦实的职位，而其祖父覃友铭（而不是覃文明，有可能是记载的音有误）并未袭长官司长官职，其父富因目疾亦未袭职。而且在承袭职位的时间上是有较大的出入的，族谱上说是覃万金是嘉靖二十五年，但在实录中是嘉靖八年，相差了17年，且族谱中所说的七世祖、八世祖的袭职都是不存在的，并说明了原因。按族谱记载：“九世祖：覃万金：承袭父职，兵部奏请敕准，仍给钦依宣慰，任事于嘉靖二十五年，曾征麻阳苗民有功于朝廷，予以赐赏，至老身故。”其实，在时间上与接任的过程上，族谱的记载是不确切的。当依《明实录・世宗实录》为准。

从上述的内容中，有关于覃值什用（族谱称之为二世祖）、覃忠孝（称之为四世祖）、覃万金（称之为九世祖），这些人物在族谱的记载与史志的记载中，虽说有出入，但他们是族中的强者还是相一致的。

又如，“如昔年唐崖长官覃万金等夷出劫黔江等七州县，众议调官军将首恶擒获监卫，輙又受财，朦胧賣放”（参见嘉靖《四川总志》卷十六《钦差巡抚都是御史刘大谟题设守备疏》）这一记载中可见唐崖土司覃万金与施州卫官之间的关系是十分密切的。也可见其当年唐崖土司的实力雄厚的特点。

而覃万金时期，当是唐崖土司实力强盛中兴的重要时期，否则，不会在不同的史志资料的记载中，较其他的土司王不同。

4. 对城址修建的认识

对于唐崖土司城的建修问题，我们认为，一个城镇的兴起，当有其地理条件、民族间的人文文化、经济类型、居民的富裕程度等，从而形成一地的政治、经济、文化中心， 这时才有可能去建筑城池，这也就是城池有初创、兴起、繁荣、鼎盛、衰落的历史过程。而城址的衰落，当与政治因素、自然灾害的因素或者是交通运输有关。我们在唐崖城址中的调查及所发掘清理的衙门遗迹的特征上看，城址里大的建筑物的遗迹所展示给我们的，主要有两次以上的建筑过程，如衙署里的遗迹、城墙、城门口的建筑遗迹等，都表现了两次大的修建的过程。就其大的修建时期来看，我认为第一次较大规模的建修当是在与朝廷有更多的接触之时，我认为认定在宣德到天顺时期

（1426～1464），这个时期是其明代中前期的繁荣富强时期，所以土司与朝廷间的交往较多，朝贡多是贡马等，此为这个时期的记载较多出现在《明实录》中的原因。而到万历天启时（1573～1620）有了100多年的历史，从现今城址中所保存的建筑物来看，这100多年后进行大的修缮，大的建设，是很正常不过的，从而给我们今天留下了土司时代的遗迹与遗物，是十分珍贵的土家族的历史文化遗产，这是其鼎盛时期所留存的，这也表现了唐崖土司当时的经济实力，以及与中央王朝、与施州卫及大田所的密切关系。而明代的初期或者更早，当是其城址的草创时期，当也是有较多人口所居住的地点，由于地理环境特点，也基本上是在一个自然的城池里，在那些稍缓的地带，只要稍加栅栏等，一般也就难进入到城中。这种城池的修建，在保存至今的恩施古城的建筑初期，就是利用自然崖壁的走向与特点而完成的城墙体，我想唐崖的覃氏常与施州卫官有交往与交情，修建城池时会得到相应的启示，就是依山为城。唐崖土司城池的修建，与恩施古城如出一辙，坡地的外侧多用大石块砌墙体，城内如平地或台地，在相应的宽缓地带里，进行了加高填筑墙体与垒坎的过程，山体的自然断面走向成了城墙体的走向，但历经数百年后，自然的、人为的损毁也不少，有些地段因破坏而仅仅有残存，还有些地段的破坏可谓是彻底性的破坏，但城墙体的特点依然有不少地段保留了下来。

5. 对石室墓葬的认识

对于唐崖等地的石室墓葬的认识问题：唐崖土司城内及互近相关的地点，所发现的土司头人的或是某地的管理者的石室墓葬，有别于一般的土坑墓葬。用石室茔葬，在这个区域里我们发现主要是从明代开始的。而宋代以前，咸丰境内所发现的多有自然的崖洞葬或者是悬棺葬，这一直是本区域里的传统。从崖壁上搬到地上，这一是与中原的文化更为接近了，也当是习俗文化中的转变；二是没有对传统的放弃，就是石室墓葬的特点。而在这个区域里的唐宋时期那种洞室墓葬，如果不是改变其习俗的方式，应当在此区域有更多地保留着，在重庆的永川考古发掘清理中，就有六朝时期的石室墓葬，为指崖壁凿洞式，也有宋代以来用条石块构建的多个石室的情况。（参见重庆市考古研究院：《重庆考古》，2013年）我认为这就是习俗的渐渐改变。但是到了明代，这种用大石块垒砌埋葬方式，得到了更广泛的传播。我以为唐崖的大石板埋葬方式，与重庆地区的有联系。这种用大石块为墓葬的特点，在我们过去所调查的利川忠路覃氏土司境内也存在。那么，用大石块来进行埋葬的特点，当是对古老习俗在传承中的改善，而人群在没有大的社会动荡的情形下，是不会迁移的。我们另从三峡区域里的唐宋墓葬看，这时确有习俗转变的情形存在。从集体葬渐改为单人葬为主，而明代土司头人的改葬，更是顺应了中原习俗的特点。特别是土司头人一夫多妻，所以也就形成了多个石室的保存。但自己传统的葬俗则渐渐消失不存。我以为，这与他们的社会结构的变化、原始埋葬习俗的改变，学习汉区语言，人名更多地使用汉字、汉名不无关系。

唐崖土司与容美、永顺等土司的不同，一是其等级低于前，二是还在于唐崖土司不善文词，大约尚武是其最高境界，所以，在土司城址里，很难发现与找到有关于不同时期土司的文字资料，在城址中更是找不到有关土司时期的一些文字材料。我认为，这也是唐崖土司的一个特点。

对于唐崖土司还有其他姓氏的长官之职，过去是了解有限，但从《明实录》中，我们可以看到，朝廷文献资料中亦有记载，说明了那时朝廷对唐崖土司的各级长官，比我们今天了解得更细。分析记载中的黄姓副土司长官，似有可能为菖蒲司的黄姓，他们也向朝廷进贡，并一直是唐崖土司的主要助手。

综上所述，唐崖土司的历史中，限于我们过去的了解，只是看到了城址中的一些文物古迹，没有去深入探究它的历史过程；且在了解唐崖覃姓土司历史时，没有深入追究其历史资料，也没有对其城址遗迹的内容进行解剖式的了解，从而使研究停留在表面。今天，我们有了更多的关注，对于过去我们所忽视的、没有进行讨论的内容，有了初步的关注。当然，本文也仅仅是初步的补充，待考古材料公布后，会有更多的关注者来研究唐崖土司的历史与文化。

明清时期鄂西地区的社会状况与唐崖土司的历史地位

谢国先　阮玉明　徐　猛

（三峡大学民族学院）

摘要： 明清时期鄂西地区各民族以精耕细作农业和粗放农业相结合的方式种植玉米、土豆、红薯、水稻、小麦、荞等粮食作物，还栽培茶、油桐等经济林木。明代在鄂西广泛实行土司制度，土司地区与流官地区之间土地争端较多，少数民族和汉族的交往受到禁止。清雍正十三年（1735）在鄂西进行了改土归流，儒家文化得到广泛传播，士风民俗发生巨大变化。唐崖土司职级甚低，但因为勇于劫掠、积极从征而受人关注。唐崖土司城则因为地处偏远而得以较为完好地保存下来，在文化遗产保护、文化产业开发的大背景下显示出重要意义。

关键词： 明清时期；鄂西；社会状况；唐崖土司；历史地位

明清时期的鄂西地区，指今天的恩施土家族苗族自治州和宜昌市的长阳土家族自治县、五峰土家族自治县、秭归县、兴山县等地。这片地区在明朝主要包括施州卫辖地，还有宜昌府的长阳县地。清朝雍正十三年（1735）改土归流后，则主要属施南府，还包括宜昌府长阳、长乐、兴山、巴东四县及归州、鹤峰二州。

一、明清时期鄂西地区的社会状况

明清时期鄂西地区的社会状况可以从地方统治机构、土司制度与中央集权的关系、当地人口的生存条件以及社会风气等方面来认识。

（一）设治和经营

鄂西地区处于湖北、重庆交界地带。交界地带也就是边缘地带，往往是政治统治和行政管理比较松弛的地方。鄂西的边缘地位似乎始于西汉时期，当时鄂西处于巴郡与武陵郡之间。到了三国时代，鄂西差不多是魏国、蜀国和吴国的交界地带。历经唐宋，鄂西仍无政治中心，所谓“唐宋半羁縻，密迩蛮夷害”[1]。元朝在鄂西设施州，隶属四川夔州路[2]。明洪武十四年（1381）设施州卫，也曾有半年隶属四川，后才改属湖广[3]。虽然奠定了今天政治统治和行政管理的基础，但鄂西的边缘地位也固定下来，直至现在。

鄂西地处边缘，设治较晚，结果是元朝以前中国封建中央乃至地方政权对这片地方的管理难以深入，若即若离，羁縻勿绝而已。

清人鲍桂星《施州行》一诗说：

> 施州古之巴子国，后来强族窃据之。有明设官不铨授，以土制土聊羁縻。[4]

“强族窃据”是原有状态。“以土制土”指土司统治，是顺其自然。

明代施州卫的设治情况，明末朱光祚《施州卫争复额饷永思碑》说：

> 施州自汉、唐，历宋、元，我高皇始省州入卫，改为军民指挥使司，编户三里，领五所，辖十四土司，专节制于楚。[5]

这里说得很明确：“领五所，辖十四土司”。但《明史・地理志》则说施州卫仅设置了一个军民千户所，即大田军民千户所，其余地方都是土司地区[6]。详见下表：

恩施土司职位一览表

<table>
<tr><th>宣抚司</th><th>安抚司</th><th>长官司</th><th>蛮夷长官司</th><th>备注</th></tr>
<tr><td rowspan="7">施南宣抚司</td><td rowspan="3">东乡五路安抚司</td><td>摇把峒长官司</td><td rowspan="3">镇远蛮夷官司
隆奉蛮夷官司</td><td rowspan="3"></td></tr>
<tr><td>上爱茶峒长官司</td></tr>
<tr><td>下爱茶峒长官司</td></tr>
<tr><td>忠路安抚司</td><td>剑南长官司</td><td></td><td></td></tr>
<tr><td>忠孝安抚司</td><td></td><td></td><td></td></tr>
<tr><td>金峒安抚司</td><td></td><td>西坪蛮夷官司</td><td></td></tr>
<tr><td>中峒安抚司</td><td></td><td></td><td></td></tr>
<tr><td rowspan="3">散毛宣抚司</td><td>龙潭安抚司</td><td></td><td></td><td></td></tr>
<tr><td rowspan="2">大旺安抚司</td><td rowspan="2"></td><td>东流蛮夷官司</td><td></td></tr>
<tr><td>臈壁峒蛮夷官司</td><td></td></tr>
<tr><td rowspan="2">忠建宣抚司</td><td>中峒安抚司</td><td></td><td rowspan="2"></td><td rowspan="2"></td></tr>
<tr><td>高罗安抚司</td><td>思南长官司</td></tr>
<tr><td rowspan="5">容美宣抚司</td><td rowspan="5"></td><td>盘顺长官司</td><td rowspan="5"></td><td rowspan="5"></td></tr>
<tr><td>椒山玛瑙长官司</td></tr>
<tr><td>五峰石宝长官司</td></tr>
<tr><td>石梁下峒长官司</td></tr>
<tr><td>水尽源通塔平长官司</td></tr>
</table>

续表

宣抚司	安抚司	长官司	蛮夷长官司	备注
		木册长官司		直隶施州卫
		镇南长官司		直隶施州卫
		唐崖长官司		直隶施州卫
总计：宣抚司4	总计：安抚司9	总计：长官司13	总计：蛮夷官司5	

将朱光祚的说法与《明史·地理志》的总结进行比较，可以看到，军民千户所的数量从当初的5个减少到1个。土司数量，在明初是14个。清人的统计则达30余个。

关于明清时期鄂西土司的数量，可以看到多种说法。

清道光时王赠芳在《题〈施南府志〉序》中说：

忆此地当十八峒土司时，不惟无以自拔于侏离椎髻而弱肉强食，亦莫保其生。迨郡县建置一同内地，易犷悍为醇良，以文章泽椎鲁。[7]

可见施南府曾有一段时期是18位土司统治。

明人童昶《拟奏制夷四款》中则说：

施卫所属田、覃二姓，当宋元未分之前，其势甚盛，故屡为边患。自国朝永乐以来，二氏子弟分为十四司，传之后世，亲者渐疏，遂为仇敌。[8]

说明仅田、覃二姓即有14土司。

明末邹维琏《重修卫志原序》也说：

施自隋、唐以来，本列州郡。高帝为控驭十四土司，省州入卫，要非得已。[9]

可见"十四土司"也可以作为明初鄂西土司的代称，而不仅是田、覃二姓。

千户所数量减少，固然可能说明由王朝军队直接控制的地方的缩减，但土司数量的增加也可能表明国家对鄂西的统治的深入：正是因为不断有少数民族首领招来部众归属朝廷，才有新土司的设置。仅以明永乐年间为例，就可见到土司新设以及地位升降的一般情况：

永乐二年（1404），复设散毛、施南二长官司。先是，洪武初，诸土司长官来降者，皆予原官。蛮苗吴面儿之难，诸土司地多荒废，长官亦罢承袭。至是，故土官之子覃友谅等以招复蛮民，请仍设治所。以其户少，降为

> 长官司，隶大田军民千户所。以友谅为散毛长官，覃添富为施南长官。四年（1406），改施南、散毛仍为宣抚司，以友谅、添富来朝故也。以田应虎为龙潭安抚。时应虎来朝，言其祖父自宋、元来俱为安抚，自蛮乱并其地入散毛，隔远难治，乞仍旧，从之。时高罗安抚田大民言，招复蛮民四百余户，乞还原职、治所。木册长官田谷佐、唐崖长官覃忠孝，并言父祖世为安抚，洪武时大军平蜀，民惊溃，治所废。今谷佐等招集三百余户，请袭，许之。五年（1407），镇南长官覃兴等来朝，称系世职，洪武中废，今招徕蛮民三百户，乞仍旧。既五峰石宝长官张再武亦以袭职请，从之。同时，设东乡五路安抚，以覃忠为之，隶施南。设石梁下峒、椒山玛瑙、水尽源通塔平三长官司，以向潮文、刘再贵、唐思文为之，隶容美。既复设忠路、忠孝、金峒三安抚司，隶施州卫，以覃英、田大英、覃添贵为之。皆因洪武间蛮乱民散，废其治。今忠路等以故官子侄来朝，奏请复设，并从之。各赐印章冠带。[10]

雍正十三年（1735），鄂西地区改土归流，连长官司和蛮夷长官司也废除了。清朝在鄂西设置施南府，领恩施、建始、利川、来凤、巴东、咸丰共六县，对这片少数民族地区的管理与对内地汉族地区的管理趋于一致。

整个明朝至清朝雍正十三年（1735）以前，中央王朝在鄂西地区既置卫所，又用土司。生产力发展与土司制度的矛盾，是这段时期鄂西社会生活中的一个重要主题。

1. 土官与流官

土官代表地方少数民族上层的利益，流官则代表国家利益。二者既统一又矛盾。土司虽然愿意学习代表国家正统的儒家文化，但却不愿意放弃对地方和人民的原有统治方式。流官不仅要维护已经由国家直接管理的土地，而且要以这些地区为据点，逐步向土司地区渗透。这是一个复杂而漫长的量变过程，最后实现改土归流的质变。

土官及其所属人民希望从流官统治区获得各种利益，流官则设法限制其活动范围。例如，在巴东就设立了连天关巡检司和石柱关巡检司以防控容美宣抚司和椒山玛瑙长官司：

> 巴东居万山之中，深林箐洞，顽民易倚为奸，又当楚蜀诸土司，接壤大江，艘舰建瓴而下，为荆楚扼吭，拊背之计，何可去兵？明洪武初，邑西南五百里距施州容美宣抚司二十里许，设连天关巡检司巡检一员，弓兵一百名（内永充三十二名）；邑南五百里距椒山玛瑙长官司二十里许，设石柱关巡检司巡检一员，弓兵二百名（内永充三十二名），皆驻扎关隘，以遏诸蛮出入，为民保障。[11]

然而，虽有驻军，但常不满额。土司伺机出击，劫掠人口田地。据嘉靖二十二年（1543）巴东一位老人报告：

……自洪武以来，设立石柱、连天二关巡检司。每关弓兵一百名把隘，民安彝息。正德年间（1506～1521）奉文裁减，止存三十二名。兵寡官卑，不能控制，寻被各峒蛮夷出没为害。至嘉靖十三年（1534），容美宣抚田世爵纵令土目田文祖、张琦、周万雄统兵出境，杀死本县应捕刘聪、火甲罗廷瑞、吴鲜九等数命；掳民邱六、刘荣等百余家，并绑弓兵汪高进峝。即报连天关通申各弁上司，复蒙分守上荆南道康参议设法严行禁治，聊息数年。岂料嘉靖二十一年（1542）十二月十五日蓦被田宣抚亲统甲兵一千余人前至长阳、巴东二县交界地名盐井寺驻扎，使令土军掳掠各都民陈铁、高妙德、胡时富、汪七等一百余户，席卷回峝，欲将后四里民田占为彝地。……[12]

这是明代中期当地编户齐民的汉族对土司蚕食和侵犯的控诉。进入清代，情形似乎仍旧。康熙七年（1668）《大司马张公檄》中有这样的叙述：

巴东一带副近土蛮，向因明末法纪废弛，土司越界侵占，无所忌惮。……今又据该县申据田甘霖移为照额丈量等情。岂官兵之拨防仍属虚设而土蛮搀越之私心仍未敛戢耶？合行严饬。为此照会该镇，即便严饬土官田甘霖安分守己，不许越界侵害巴民，致干大法，并令各关堡防守官兵俱须实在扼要之处，严加盘诘，昼夜巡缉，勿致土人出入滋害。如有违抗，其咎在该镇与防弁矣。……[13]

然而，土司认为朝廷新设据点占领了自己的地盘。康熙二十年（1681），《大中丞王公檄》针对土司的意见这样强调：

……红砂堡、连天关等处向来原设，有官有兵，为汉地而非土境也明矣。今于红砂堡等处设兵驻守，不过遵循旧制，原非创举。而该土司从前谓不当于彼处设兵驻守，不亦狂悖乎？今本部院查明府县志书，所有红砂堡、连天关等处是汉非土缘由，合行饬知。为此票仰该土司即便遵照，嗣后务须恭顺安分，守尔土业，毋得再肆争端，饶舌鼓唇，妄行狂吠，自取咎戾……[14]

土汉之争虽然涉及一般群众，但主要还是土司阶层与封建国家之间的矛盾。康熙年间曾任大田守御的钮正巳[15]，在其《退赎民屯案略》中记述了当时许多土司侵占民屯的情况：

> 窃惟吾于丙戌（1706）夏赴任以来，目睹地方情形，民生疾苦，甚为惨恻。以有限贱弱之民，处诸土司环绕之中，焉有不被其侵害者乎。所以，边境田地，为木册、散毛、腊壁、唐岩、施南侵占不下数百处。前任入牧日与之争，而强梗莫献已。自愧力薄，午夜以思，既身任地方，安可坐废。是以不惮烦剧，就于侵田，尽行退赎。有约者计价值，无据者量开垦。而诸土司俱各乐出，毫无嫌怨。……计开赎各土司田地：
>
> 赎回施南司退出龙坪屯。
>
> 赎回唐崖司退出四度坝、麻地□、冉寨屯、大河边、谢家泉、龟肚溪、生地坝、偏坡屯、□家田、市子堡、官岩沟、王家沟、红石坂、赵家堡、铜厂沟、魏家坝、长沙坝。
>
> 赎回散毛司退出马湖坝、青水堡、麻谷溪、忠堡屯、南千坝、魏家山、大寺、小寺、马官屯、泡木园。
>
> 赎回腊壁司退出唐家沟、方家庄、三道河、南寨沟。东至木册岩阿，南至沟水，西至大旺口、梅子丫，北至白腊园。壬年（1712）报粮，丙年（1716）纳赋。[16]

报粮纳赋，说明土地已置于流官管理之下。流官与土官的矛盾以流官的胜利而得以解决。

2. 出境与入峒

在土司势力与政府力量抗衡的过程中，人口流动是一个必然现象。地方官员既担心土民到汉区肆行劫掠，也担心汉民到土司地区煽风点火。实际上，经济利益的驱使才是人口流动的主要原因。少数民族要进入汉族地区贸易，汉族也要进入少数民族地区寻找发财机会。

前引童昶奏章中说：

> 国朝设立关隘，把截甚严，至今尚传“蛮不出境、汉不入峒”之语。永乐二年（1404）令守臣招抚，不意渐徙内地。如施南、金峒等司，则入施州地矣。弘治间（1488～1505）忠路、忠孝又徙施州都亭等里，施南、唐崖又侵黔江之夹口。夫轶侵其地，其贪未厌，而守土不之问。势可畏也，宜先制之。[17]

由“蛮不出境、汉不入峒”转化为“蛮出境、汉入峒”是社会生活变迁的必然结果。然而，当时的政府官员并没有看到这种必然性，而希望禁绝土司地区与其余地区人民之间的来往。手段之一就是添设官员，加强管理。钦差巡抚都御史刘大漠有《题设守备疏》，其中说道：

查得湖广施州卫所辖散毛、施南、唐崖、忠路、忠建、忠孝、容美等土司，与四川重夔二府所辖黔江、武隆、彭水、忠涪、建始、奉节、巫山、云万等十州县地界或鸡鸣相闻、或犬牙交错。朝廷原设施州卫，专一统辖各土司。先年卫官尤畏国法，遵例钤制夷汉，不许出入，地方得守。自正德年间（1506～1521）蓝□叛乱，调取土兵征剿，因而觇知蜀道险易，熟谙州县居民村落，致惹后来不时出没为害，流劫地方，杀掳人财，奸人妻女，遂将所劫子女财帛分送施州卫官，遂与土官同为表里，违例结□，深为缔好，故纵劫掠，肆无忌惮。名虽本管，实同窝主。及至事发，土司委官提勘，该卫官员非惟占□不发，且又力为党蔽，捏文回护。……况近来土司招亡纳叛，虎翼愈张。汉人投托生事，万毒益炽。若不及今改图急处，将来民患夷祸，势同水火，益向乎深热而有不可救者矣。所据原议添设将官一节，实为今日之急务，有不可缓图焉者。及照嵠峒诸夷，猖狂已甚。该卫武官蔽錮已深，若止增设守备职衔，恐犹不足以振詟蛮戎，压□捍卫，必须假以添将职权之重，以便行事，庶几威令得申，展布可远而地方终必赖之。……[18]

一方面设立关堡实施军事控制，另一方面又发布命令进行精神威压。这是官员针对土司势力扩张而采取的两种互为补充的手段。

康熙二十年（1681），巴东知县齐祖望在《请严边防》中这样说：

……红砂堡、连天关等处……是汉非土，已经照行容美土司在案。……祖望所虑者，各宪业已宽其既往，而该土司未必不肆害于将来。当此之时，倘不申明法纪，严加禁制，使土司无敢萌其觊觎之私，汉民有以绝其勾通之弊，诚恐数十年后边人终未得高枕而卧也。查定例内土官称兵侵犯有司疆界，即以反论，发兵征讨。如有杀害军民，应按律治罪。嗣后容美土官倘敢仍前遣发土目带领蛮兵侵犯连天关以内地方，应否具题请剿，伏侯宪夺。……嗣后容美土司官倘敢仍前，令巴民馈送絲花等项及锁拘入峝拷索财物，应否照贪酷不法例参处，伏侯宪夺。……嗣后容美土人倘敢于汉地擅行杀掳，除系该土官所遣杀掳多者照前侵犯例，杀掳少者照前不法例外，其不系该土官所遣，应否照纵容例参处，伏侯宪夺。又条例内沿边人等躲避差役逃入土彝峝寨潜住，究问情实，发边卫永远充军；本管里长及两邻知而不首者各治以罪。……嗣后巴蜀边民倘有逃入峝寨躲避差役，及为土官出力攻打邻司，抢掳子女财物，并引诱土人入内杀害军民者，除真犯死罪外，相应俱照此例发遣。至汉民向土官处私纳税粮，未定有作何治罪之文。查条例内军民人等将争竞不明并卖过及民间起科、僧道将寺观各田地、若子孙将公共祖坟山地朦胧投献王府，及内外官豪势要之家私捏文契典卖者，投献之人问发边卫永远充军。嗣后巴蜀边民倘有仍立丝花名色措备银两暗输容美土司官者，相应比照此例发遣。再汉人私出关堡者。连天关巡检司及守御御千把总拿送有司审明发落。土人私入关堡者，巡检及千把总审无别项情弊相应径行量责逐出境外。本犯所有财货尽给盘获之人充赏。若弓兵及守御军人知情故纵，受贿隐瞒者，按律治罪。该官巡检千把总失于觉查者揭参议处。其巡检千把总倘有收受土官馈送礼仪及汉土人等贿赂，故令兵役不行盘查者，相应听该管知县守备查明揭报参革提问。倘知县守备不行揭报另有发觉者，相应照徇庇例参处。凡此皆以峻蛮汉之防而杜侵陵之渐者也。望从封疆起见，不揣疏庸，漫抒鄙议。如果望所言不谬，抑或宪台另有主裁，统祈批行下县，以便晓谕兵民人等，一体遵行，并许望勒石通衢永垂不朽。庶土蛮不致跳梁，汉地免遭蚕食矣。[19]

汇报之细致、建议之详备，可见封建官员对于各族人民的接触有多么担心和警惕。“倘有”、“倘敢”等假设情形，正是现实中存在的令官员担忧的情况。

对于少数民族和汉族的交往的性质，封建官员多有误会。官员们希望两个群体不要来往，固然是为了管理的方便，但生产力发展必然推动社会关系的发展，却是一个自然规律，谁也阻挡不了。同治《咸丰县志》记载：

咸邑旧惟土著，自改所归流后，外来寄籍者不少，然皆耕凿，相安两无猜忌。迨咸丰（1851～1861）初年，四川彭邑人民始有迁移入咸者，近则愈迁愈甚，接踵而至者遍满乡邑，有非我族类之感焉。[20]

3. 反叛与镇压

明清两代，鄂西地区阶级矛盾和民族矛盾互相交织。有压迫，就有反抗；有反抗，就有镇压。普通百姓或为流民，或为战士，总是牺牲者：“独怜负戟抛锄者，尽是宣恩乡勇兵。”[21]抛锄负戟，弃农从军，均由迫不得已。战乱造成人口减少，经济萧条。建始在明末清初的情况就是这样一个典型。

建邑旧编坊郭、太安、长寿、景阳、新陇、永福、草塘七里。明季叠经流冦蹂躏，加以容美土司乘机肆虐，邑中绝人烟者十余年。我朝康熙二十年（1681）后，冦乱弭平，抚绥劳徕，邑人始得安居。计其时复业之民仅八十户，编坊郭里，余皆裁汰。闻乾隆（1736～1795）初年城外尚多深林大箐，虎狼猛兽窟宅其中。附近如踏沙坡等处树密如织，夏月行人不畏暑日，则前此之榛榛狉狉固可想见。而离城窎远之区，其荒凉寥落益可知矣。草塘等里隔在清江河南岸，兵乱时没于容美。雍正七年（1729），川湖文武官弁会勘定界，建邑始复旧壤。[22]

战乱给鄂西造成的破坏程度之深，明末崇祯年间（1628～1635），巴东虎患可以证明。

> 闻之父老言，巴东盛时民有桐、茶、药、果、蜡、漆之利，野兽窜伏深山，不为民害。迨崇祯壬午（1642）以后迄于壬辰（1652），十年之间百姓死于虎至万余人。重以冦盗杀掠之惨而邑遂为墟。方今土满人稀，茶荒桐槁，间採檗皮、五棓子货于市。又为客兹土者啖而供子，钱值不当物之半，而虎辄触藩攫牛畜，鹿麋结对连群，啮人禾苗，所过如扫。何古之物产为邑利而今为邑害耶？古之时百姓星罗棋布，鸡犬相闻，故兽蹄鸟迹不驱自远，而地无遗利。今则逐目荆榛，尽为豺虎之场矣。一二残民供差赋不给，而夜犹树栖以卫田，其又何心何力以他管哉？若壬午（1642）以来虎祸之惨，又气数之大厄而不可以常理论者也。《旧志》。[23]

按：《巴东县志》之《旧志》，为康熙二十二年（1683）知县齐祖望主持编修[24]。同治五年（1866）廖恩树、萧佩声等人修纂《巴东县志》时认可了《旧志》对明末巴东凋敝情况的叙述。齐祖望离明末为时不远，他的编著所述应该可信。

关于崇祯年间的虎患，同治《巴东县志》卷十四《事变冦乱·灾祲》言之稍详：

> 崇祯十五年（1642），县多虎，白昼食人，县民治侣而行，并偶而耕。然虎时时于众中攫人，日以数计。先是，山中虎虽多，昼辄匿不出，间于夜啖羊豕而已。其昼出食人，自是岁始，嗣后日夜不绝。死者万余人。至壬辰（1652），历十二载乃稍息焉。[25]

此处记录固有佐证前朝气数已尽的用意，但虎患本身确实可以说明当时人口减少的情况。同书同卷之《事变·寇乱》说：

> 明崇祯七年（1634），流贼过巴东（时流贼自楚入蜀，有一斗粟、整十万等号），江北居民遭其屠掠者大半。自是陆续往来，岁十数起。百姓流离失业。[26]

可以说，战乱与人口减少之间存在因果关系。

清代白莲教多次起事，受苦的还是老百姓。清嘉庆来凤县拔贡王煜作《丙辰记事》组诗共14首，其中有这样的描述：

> 《白巾贼》，述胁从之冤也：裹白巾，披白衣，悬白帐，竖白旗。一身挂白一家白，道是白莲台上莲花师。拜灯诵经咒，一饮醉似泥。得死以为

幸，异哉氓蚩蚩。无字空中贼之旨，贼中老母尊莫比。但知归佛不知身，引颈餐刀笑不止。就中亦有呼号声，半皆乡曲胁从耳。贼中胁从多复多，可怜无知罹网络。焦头烂额等闲事，洞腑穿胸可奈何。录囚争送司命府，受降杀降谁活汝。迷途一入无生还，尽室骈诛何自苦。天可怜几人雪尔盆下冤，他生生长太平年，再莫佛前拜白莲。

《野有尸》，伤死者不尽国殇也：朝杀人，暮杀人，贼兵斗杀人，乡兵仇杀人，生灵十万几家存？无处纸钱吊新鬼，无处净土寻荒坟。死不得葬，葬亦不得保其身。可怜尸骨如山积。春草芊芊都化碧，杜鹃啼断枯树枝，明日便作西归客。[27]

杀人者愚昧，被杀者无辜。鄂西生产力发展较慢，除了自然条件限制，还有包括战乱在内的人为因素在起作用。

（二）物产和生计

鄂西多为山区，作物种类较多。“谷品六谷俱有”[28]，所谓六谷，指稻、黍、稷、粱、麦、菽。块根作物有薯（苕）、芋等。经济作物则有茶叶、油桐等。

同治《宣恩县志》说：

宣民居低山者除稻谷外，以甘薯为接济正粮；居高山者除包谷外，以洋芋为接济正粮。[29]

高山以玉米和土豆、红薯为主食，不独宣恩如此，鄂西其他地方也如此。

邑田少山多，男女合作，终岁勤动，无旷土亦无游民。方春，视山可垦处伐木烧畲，种植杂粮。悬崖峭壁皆满，而包谷尤多。……乡人居高者恃包谷为接济正粮，居下者恃甘薯为接济正粮。[30]

因为水利设施修建不多，农民多靠天吃饭。清人张轩鹏有诗云：

巴东所辖地，水田甚少。居民开荒山，依地形凹凸，垦作旱田。不能成亩。高山苦寒，晴则气暖，种物易生；低山少积水处，地常苦燥，故时宜小雨润之，与他出高田苦旱、低田苦涝相反。

开荒种地半弓宽，晴雨休同沃壤看。
高处喜晴低要雨，巴东倍觉做天难。[31]

鄂西农业生产条件较好的地方，不仅有牛耕，还有水车灌溉之利。同治《恩施县志》说：

> 高低田地，皆用牛犁。间有绝壑危坳牛犁不至者，则以人力为刀耕。农器诸类悉具，而筒车转水溉田尤为事半功倍。……环邑皆山，高山以包谷为正粮，间有稻田，种植收获恒迟。贫民则以种薯为正务。最高之山惟种药材，近则遍植洋芋，穷民赖以为生。恩邑年岁惟视高山之收成以定丰歉。里人呼包谷各种为杂粮，而呼稻谷为大粮。邑民食稻者十之三，食杂粮者十之七……[32]

值得注意的是，明清时期鄂西地区引进了土豆和玉米，百姓生计得到更好保障。

玉米是外来作物。“玉蜀黍种出西土，种者亦罕。”[33]说明在明代后期玉米在中国的种植尚不普遍。鄂西称之为包谷。大概因为不是本土作物，同治《建始县志》对它进行了详细介绍：

> 建邑山多田少，居民倍增，稻谷不给，则于山上种包谷、羊芋或蕨蒿之类。深林幽谷，开辟无遗。所种惟包谷最夥。巨阜危崖，一望皆是。雨晹以时，霜不早陨，收获加倍。但性不耐久，过夏辄腐烂生虫。倘遇荒歉之年，不免嗷嗷失望。宰斯土者尤宜加以矜恤焉。按：包谷山陕曰玉高粱，关东曰米丰 子米，苏松曰玉米。春种夏秋熟。杆顶先吐白花，曰天花。腰间结实处先吐白须。实渐长，须渐红。实成须黑而落。一杆三五实或一二实，甚且不结实。而不结实之杆味甜可食。有青红黄白之别。又有杂青红黄白色者，曰花包谷。凡包谷栽种必成行列，然初种多丛生，必薅至再三始成行列也。《旧志》。[34]

同治《建始县志》所称《旧志》，纂刊于道光二十三年（1843）[35]。《旧志》谈到玉米时专门介绍其栽种要求和生长情况，可见当时它仍是新品种。不过，根据同治（1862～1874）《建始县志》的有关记述来看，玉米此前在鄂西已经广为普及了。史铭桂《宿龙潭坪》有云：“登山复登山，险峻无平陆。忽见龙潭坪，坦夷豁心目。江南好稻田，播种乃包谷。人言雪早降，利取秋成速。”[36]说明玉米不仅种在山上，而且种在田中。就是在县城附近，也多种玉米。钱选一《建始即景口占》有云：“远山驿路近山连，负郭人家半种田。包谷成阴秧正长，黄梅时节雨余天。”[37]不过，稻田种玉米并不常见。它更多地还是种在山地，所谓“包谷根从石罅寻，石田戴土土如金。秋风莫扫野鸡啄（包谷种名），传说天荒救老林。”[38]同治《巴东县志》这样总结：“玉蜀粟，释名玉高粱。土民包谷。山中种此甚多，即以做饭，兼可酿酒。”[39]至迟在清代，玉米已成鄂西山区的首要作物之一，正所谓“山田惟有包谷米”[40]。

另一种帮助鄂西山区人民摆脱饥饿的作物是土豆，又称洋芋。

清人李焕春是滇西人[41]。清咸丰年间（1851～1861）曾任长乐县知县[42]。因为洋芋在当地百姓生活中的重要地位，他写了一首《洋芋歌》。他还认为洋芋并非外来物种，而是因羊吃芋苗而发现的当地物种，所以该叫羊芋而不该叫洋芋。于是，他专门为《洋芋歌》作了一个序言。其序与诗如下：

洋芋，种分乌红。种分高下，收分早晚。尝辨其出。或曰来自外洋，然滇南有此种，未闻自洋来也。以予所闻，昔有人牧羊山中，羊食其叶而拔其根，得其子而尝之，知其似芋可食也，遂觅种而种之，乃有此种。则羊字从羊为近俗，写作芊，乃无此解。又闻山西称为回回山药。

羊芋种来自外洋，此语未确近荒唐。
我闻自天降阜康，传来嘉种赖金羊。
乌宜下湿红高岗，乌者冬种夏日尝。
红者春种秋收藏，叶绿花红映夕阳。
果结土上子根旁，及时挖来煮作粮。
家人妇子充饥肠，即蔬即饭甚馨香，
无盐无菜饱徜徉。
或者有余研粉浆，卖得青钱买衣裳。
吁嗟乎，穷民衣食之计无他长。
包谷以外此为良，胜彼草根树皮救饥荒。
天生养人之物本无方，神农后稷教民树艺无此章。
幸哉国赋免此赖吾皇。[43]

我们推测，李焕春在长乐任职的时候，关心民生，也曾亲历农事，所以对洋芋来源、种类和属性都很留意。尽管他说洋芋是本为中国物种这个观点并不成立，但我们可以从他的诗中知道当时包谷、洋芋为主粮的事实。李焕春还为我们留下一首《种薯歌》，开头就说：

天地自然之美利，百产菁华各有异。
乐邑僻处万山中，跷确陂陀难尽记。
稻菽荞麦几平畴，玉黍以外惟羊芋。
内保衣食多赖之，外保何为生全计。
天生红薯与白薯，窖种下土迎春至。[44]

“乐邑”指长乐县。虽然“稻菽荞麦几平畴”，但长乐“平畴”有限，山地众多，因此，“玉黍以外惟羊芋”就说明包谷与洋芋种得更多。李焕春为其《种薯歌》

所作序言，算得上是一篇关于种苕的科普文章：

> 薯有红、白、黄三种，长乐惟有红、白二种。邑人谓之苕。种薯之法，每于春月挖开山地，用种横下，粪土壅之。根生萌芽，八九日即渐长。长藤，其色紫白者绿叶，红者叶亦稍紫。即取其藤翦成三寸许，另栽于地。一二日即生根、发芽、长藤。藤长，雨后必由东翻其藤于西。越数日又由西翻其藤于东。其根始粗大可食。否则藤上生细根，即不成矣。至秋掘而食之，其味甚美。与山药、羊芋相仿，性亦可补脾胃。过食亦碍隔。渔洋关、石板等保多种之。如□保所种之羊芋，可当半年粮。但羊芋喜冷地，薯喜暖；且羊芋不可生食，薯可生啖，但不如羊芋之可以作米打粉耳。[45]

改土归流后，官员主持修建水利工程。如河南太康县人张冲任来凤知县，兴修水利，开垦农田，“由是土之旷者膏腴，民之贫者殷实。”[46]

明清时期鄂西地区的农业生产除稻田、玉米地等处精耕细作之外，其他山地作物如荞子之类则采取粗放的生产方式。人口增加、土地不足时，则放火烧山，开辟新地。商盘《烧山行》这样描述：

> 朔风猎猎夜更遒，烈炬烧山胜郁攸。黄茅白苇何足惜，中有楩楠高百尺。昆冈玉石并杂焚，其势直欲苍崖髡。……国家休养经百年，蛮土尽辟为良田。炎炎秉畀应时令，太平了不惊烽烟。须臾火熄风且止，翠微依旧清如水。明朝樵客入山行，烂额焦头虎狼死。[47]

“国家休养经百年，蛮土尽辟为良田”说明了烧山的原因是为了扩大垦殖面积。按照商盘的观察，烧山并非偶尔为之，而是“散木良才同一炬，年年十月去烧山。”[48]可知烧山是粗放农业的土地轮歇措施。

改土归流后，随着外来人口增多而增辟天地，鄂西处处皆然。同治《恩施县志》说：

> 户口较前奚啻十倍。地日加辟，民日加聚。从前所弃为区脱者，今皆尽地垦种之。幽岩邃谷，亦筑茅其下；绝壑穷巅，亦播种其上。可谓地无遗利，人无遗力矣。[49]

采集野生植物，也是明清时期鄂西人民食物的重要补充，灾荒年月，采集食物尤为重要。清人袁景晖《山行偶记》有“棕桦著体经寒暑（山谷穷民多取棕桦皮补缀成衣），蒿蕨充肠耐苦饥（穷民多采蒿苗、蕨根为食）”之句[50]。挖蕨根是见诸记载较多的采集活动。商盘《下车兼旬即景成咏以当采风》有云：

蕨薇佳产并来牟，葱翠连坡复满畴。
春摘嫩苗秋贮粉，全家粮食不须忧。[51]

清人田峄南《挖蕨》一诗对人们利用野生葛根粉的方式叙述得比较详细：

挖得灵根即太仓，山村研粉各家忙。
锄耰雾谷滋春雨，杵捣花溪趁夕阳。
胼手浑忘连日瘁，关心犹忆去年荒。
等闲饱领清香味，不羡人间有稻粱。[52]

茶是鄂西重要的经济作物，特别是改土归流后，茶叶成为鄂西输出的重要商品。商盘《下车兼旬即景成咏以当采风》说：

官符商引到山家，绿雪纷纷乍吐芽。
莫怪采茶时节好，火前茶胜雨前茶。[53]

为了及时采茶，人们甚至顾不得照看其他作物。吴子月《利川竹枝词》其一说：

屋角阳坡尽种茶，雨前忙煞野人家。
抛荒园内新蚕豆，一半犹开紫甲花。[54]

鄂西各民族多住木板房，甚至连盖瓦都用木板充当。这固然跟烧窑技术不发达有关，但更多地还是适应鄂西山区森林广布的自然环境，不仅靠山吃山，还靠山用山。

史铭桂《宿龙潭坪》一诗有这样的句子："一廛数十家，家家瓦都木。荆妻倘言念，谁知在板屋。"[55]

也有以草做屋顶者，正所谓"包谷洋芋饭，桐花木子油。家家草盖屋，终岁饱无忧。"[56]

总的来说，明清时期鄂西地区各行各业的普通群众生活较为艰辛。同治《巴东县志》总结说：

农人依山为田，刀耕火种，备历艰辛。地不能任旱涝，虽丰岁不能自给。小祲则粉蕨根为食。工匠多系土著，商贾依川江之便，民多逐末，然亦无大资本。贫民或为人负土货出境，往来施南，以佣值资其生。渔人之业，滨江间亦有之，但水势太急，鱼不常聚，鬻鱼者市不多觏。樵人执斧登山，采拾称便。而煤山所在，多有贫民挖煤负笼，范之以规，运行荆宜一带，获利虽微而藉以为食者不少。[57]

（三）士风与民俗

改土归流前，鄂西大多数地方由土司统治，民族风习甚为浓厚；改土归流后，儒家文化传播较快，诗书气氛逐渐兴盛。这是清代多本地方志的共同认识。

明末邹维琏《重修卫志原序》说：

> 施域虽邻夷而汉官威仪，士伸文学，父老子弟彬如也。乃去城不数里，民则处于不华不夷之间。[58]

可见城中与城外恍如两个世界。离城越远，少数民族的生活方式越是占据主导地位。明人夏熙臣在《施州卫寄所亲》一诗中说：

> 环卫皆君长，东南尽筰邛。流官乘小驷，蛮妇织花賨。刀剑生睚眦，衣冠列附庸。不烦司马檄，赤土尽王封。[59]

所谓“君长”，即是施州卫所辖诸土官；“筰邛”则泛指境内的少数民族。

清道光时王赠芳在《题〈施南府志〉序》中说：

> 迨郡县建置一同内地，易犷悍为醇良，以文章泽椎鲁。自乾隆改元以来，迄今九十余年，列圣相承，重熙累洽，人皆礼义而习诗书。[60]

设置儒学、推广汉族文化，是改变鄂西习尚的重要手段。鄂西地区儒学设置可以追溯到宋代，但儒学的普及则始于清乾隆十三年（1735）以后。

清人张起云《重修县学文庙碑记》说：

> 恩邑文庙创自宋元祐（1086～1093）时。其址旧在城南门外。旋迁治之西北。明景泰五年（1454）佥司沈君疏于朝，仍徙故址。其移置今地者，弘治中（1488～1505）参议林君、佥司郑君也。初施南为清江郡，恩施为清江县。后并为施州，置卫官。国朝雍正六年（1728）始题改为恩施县，隶归州。十三年（1735）增设施南府。乾隆元年（1736）设官定制，于是新建府文庙，而此庙遂为县学焉。[61]

清人马维驭《重修府学文庙碑记》明确了施南府设立文庙的时间：

> 施郡自乾隆元年丙辰（1736）改卫为府，置六县，立七学，而郡学文庙之设，则自三年（1738）始。[62]

但来凤在乾隆三十六年（1771）“始设学”。拔贡王廷弼《朝阳书院碑记》说：

吾邑自雍正十三年（1745）改土归流，首知县事者为山东于公维时，学附恩施，未置学官，而于公已有书院之设，以养以教，风气渐渐开。嗣是河南范公、福建林公俱重为修葺，始名曰“岐阳”。三十六年（1771）始设学。[63]

相比之下，巴东县设置儒学较早：

儒学在县治左五步许，依巴山脉北向，明洪武（1368～1398）初建，正统（1436～1449）、天顺（1457～1464）间葺之。……[64]

建学施教，风气改变。清人鲍桂星《施州行》一诗说：

禾麻既获弦诵起，选士亦复抽囊锥。[65]

清人吴观乐《即事五绝》中有两首这样说：

万山深处一山城，邑小如拳俗尚清。
不满人家三百户，夜街常有读书声。
设县归流仅百年，城乡人士遍歌弦。
蛮云瘴雨今非昔，寄语文翁后至贤。[66]

“邑小如拳”说的虽然是咸丰县，但不论是就城市规模还是就社会风尚来说，鄂西的其他县城大致也是这样。

在鄂西风尚变化中，流官也起了很大作用。恩施知县彭燮即是这样一个典型。

彭燮，字济臣，湖南巴陵廪生，由军功保知县，同治九年（1870）属任恩施。每听讼，先令其地公正绅耆别白两造曲直，始详加讯断，案无冤狱。因公赴乡，承竹蔸，一人担卧具、食物以从，不累民勺水。所至必环集其老弱男女，为俚语以训道之，谆谆不倦。有闻而涕泣者。岁时村翁媪或诣治署，携园蔬埘难为馈。燮忻然相对如家人。邑多豪猪害田植，为文祭之，一夕尽去。宰恩二载余，舆情爱戴，至今弗谖。人或自湖南来县，辄迎问：“巴陵彭公安否？居官时无钱，今则何如？”因相与太息，言此公非吾县官，乃吾百姓真父母也。[67]

所述如无夸张成分，则今日之好官也不过如此了。改土归流后，就连较小的土司地区也深受流官教化的影响。清人柯煜《散毛峒司即事》说：

谁道南荒行路难，圣朝冠带遍群蛮。
计程不似巴山峻，莅众宜知汉法宽。
岂有凭依成险阻，共遵礼教自平安。
石庵行处皆称佛，莫作苍鹰乳虎看。[68]

所谓汉法，即是封建王朝的普遍制度。礼当然是儒家文化倡导的各种秩序。“石庵行处皆称佛”中的“石庵”，是作者柯煜的字。柯煜，浙江嘉善人，康熙辛丑（1721）进士，选宜都令，勘田散毛时作诗一组，此其一[69]。柯煜说他所到之处人们都信佛尊佛，可见就是在散毛峒这样的土司地区，儒礼与佛教都并受尊崇。

学校教育与流官示范，虽养成鄂西地区的读书风气，但因为所处偏远，要读书上进，终究困难。同治《巴东县志》说：

士子秉山水雄奇之气，每多英特，亢直尚义，不事夸诈。平居勤诵读，耻奔竞。好为古文辞。明嘉、隆而上，致身科第，类不乏人。而后慚衰微矣。迨诸冠窃拒三十年，不闻弦诵声。盖士运一大厄也。《旧志》谓邑去郡六百余里，每当童子试，率苦资斧，不肯赴焉。令者再三谕勉之，乃往。及试，又多为冒籍所夺。以故读书者益鲜，但能搦笔记姓名辄辍业焉。人文废坠，已可想见。迄今风气日开，业儒术者颇众，惟僻在深山，士多寒畯，秋闱应试寥寥数人而已。[70]

明清时期，鄂西风俗仍呈现地方差异。一县之中，远近有别。同治《巴东县志》说：

风俗，邑前后八里。前四里，俗尚与鄂郢略相似，而民较淳朴，无江汉间淫靡风，畏官长，急公役，少争讼，颇以衣冠文物相高；后四里，古为蛮夷，椎髻侏语，信鬼尚巫，小忿易讼亦易解，解则匿不肯赴公庭，勾摄经年不结。但甘俭朴，惯劳苦，深山野处，混沌未凿，多有老死未见官府者。其居处、服食、婚丧、交际、节序、好尚类有异同。[71]

习尚差异在鄂西不仅表现在少数民族地区与汉族地区之间，而且也表现在土著居民与外来人口之间。同治《恩施县志》说：

邑民有本户、客户之分。本户皆前代土著，客户则乾隆设府后贸迁而来者。大抵本户之民多质直，客户之民尚圆通。[72]

该书且总结恩施县风气三变，用于鄂西也有道理。从五代至宋代，人民“由朴而华”，是风气一变。明代土司承袭，遂专生杀；环城内外，汉官威仪；去郭数里，不夷不华，是风气二变。风俗第三变，发生在改土归流之后：

国朝版图初登，仍沿前明旧制。迨土司革心向化，举族外迁，改县为府，始复汉唐郡县之旧。乃丧乱既久，旧家故族既为寇贼所伤夷，匪徒授首之时，更复大趋卫民出山，故从前土著无多存者。维时地远山荒，种植无人，开土烧畲，惟视力所能任。嗣是而四外流人闻风渐集，荆楚吴越之商相次招类偕来，始而贸迁，继而置产，迄今皆成巨室。而土著之家亦复为望族焉。其视宋时文学人情，殆不相远。是则风俗之三变矣。[73]

这次风俗变化，为今天的鄂西各民族的共同发展奠定了实在的精神基础。

二、唐崖土司的历史地位

唐崖土司的历史地位，可以从自然与人文环境、土司职级、唐崖土司与外界的联系以及唐崖土司遗址等方面来认识。

（一）唐崖土司城的自然与人文环境

唐崖土司城所在地属山区，唐崖本身即为山名：

唐崖，县西五十里。[74]

所谓“县”，指咸丰县。唐崖土司所在地有河：

西北江，县西二十里有二溪合流，入天生桥，伏流二十里至唐崖出，入龙潭河。龙潭河源出利川县，至金峒，经太平坝，绕唐崖山，出彭水，入夔江。[75]

也有渡口，称为唐崖渡[76]。

也有铺递，即唐崖铺[77]。

尽管如此，唐崖在鄂西偏处一方，是边缘地区的边缘地带。同治《咸丰县志》说：

咸邑水陆不通，生计太薄，惟服牛负贩自食其力。[78]

“水陆不通”当然不是说外界根本不能到达，而是说交通相对不便。“生计太薄”，主要是因为自然条件不好。蒋仕槐《杂咏》中有这样的诗句：

水稻无多地少平，居民大半傍崖耕；
看来此处天难做，祷雨方休复望晴。[79]

正因为交通受限、地瘠民贫，由唐崖等土司地区组成的咸丰县城市建设也比较落后。同治《咸丰县志》谈到县城时说：

旧为大田所。城周五百丈有奇，崇二丈，门四。明洪武二十三年（1390），千户郑瑜甃，今圮。乾隆二十六年（1761）估定城基，周三里三分，后因地势险要未建。嘉庆元年（1796），教匪蠢动，邑令康乂民倡筑土城。[80]

与同区域的恩施、宣恩、容美等地相比，咸丰既非自然佳处，也非人文胜境。

咸邑僻处深山，胜国设所卫民，声教初讫，未克振兴，故无足怪。自改归至今，百有余年，科甲无人。人物之纪，难言之矣。[81]

然而，正是因为其地处偏僻，远人难至，唐崖才能得到今天作为遗产保护对象的特殊地位。

（二）唐崖土司的名称和职级

在鄂西土司中，唐崖土司职级不高。从前引《明史·地理志》关于鄂西土司分布的情况来看，除了5个蛮夷长官司外，唐崖土司仅是13个长官司之一。这些长官司之上，有9个安抚司，4个宣抚司。其中，宣抚使为从四品，安抚使为从五品，长官司长官为正六品，蛮夷长官司长官也是正六品[82]。可见，唐崖长官司在鄂西属最低级别的土司。当然，各土司职级并非一成不变。《明史·地理志》叙述唐崖土司的历史时说：

唐崖长官司，元唐崖军民千户所。明玉珍改安抚司。洪武七年（1374）改长官司，后废。永乐四年（1406）三月复置，直隶施州卫。[83]

元代的军民千户所分为三等，即上千户所，管军七百之上，从四品；中千户所，管军五百之上，正五品；下千户所，管军三百之上，从五品[84]。《明史·地理志》并未说明元唐崖军民千户所到底是哪个级别的千户所，但从洪武四年（1374）改为正六品的长官司来判断，它在元代职级并不会高。元明之间，有明玉珍据蜀的短暂时期，这时唐崖土司职级是稍高的安抚使，但因时间太短，无非象征大夏政权对唐崖土司的笼络而已。

同治《施南府志》卷二《地舆志·沿革》说唐崖在清初也曾作为安抚司，不过随即又对这种说法加以否定：

> 国初制，卫治仍旧，凡十八土司。东乡安抚司、忠建宣抚司、施南宣抚司。右三司后各以罪废。忠峒宣抚司、散毛宣抚司、忠路宣抚司、忠孝安抚司、高罗安抚司、木册安抚司、大旺安抚司、金峝安抚司、蜡壁安抚司、东流安抚司、唐崖安抚司、龙潭安抚司、沙溪安抚司、卯峒长官司、漫水长官司。右十五土司归流后各予世袭。以上凡十八土司，……其沿革之故不能悉也。今按雍正年间（1723～1735）所修《会典》载，湖北承宣布政使分辖，该布政使司所辖土司十六。宣慰司一：容美宣抚司，隶荆州府，今改为鹤峰州。宣抚司四：施南宣抚司、散毛宣抚司、忠峒宣抚司、忠建宣抚司。以上俱隶荆州府。安抚司七：东乡安抚司、忠孝安抚司、金峝安抚司、忠路安抚司、高罗安抚司、大旺安抚司、龙潭安抚司。以上俱隶荆州府。长官司四：唐崖长官司、木册长官司、蜡壁长官司、东流长官司。以上俱隶荆州府。以上凡十六土司，惟容美改为鹤峰州，今隶宜昌府。馀十五司，皆改为县，属施南府。与《旧志》所载又不同，当从《会典》。[85]

“今按雍正年间（1723～1735）所修会典载……”、“当从《会典》”则表明，列唐崖土司为安抚司是《旧志》的说法，同治《施南府志》的修纂者对之并不认同，而宁愿相信《会典》的记载。也就是说，唐崖在清代是长官司，而不是安抚司。

前引《明史·湖广土司》中对与永乐四年（1406）复职的唐崖土司职衔究竟为何，并未说明：

> 木册长官田谷佐、唐崖长官覃忠孝，并言父祖世为安抚，洪武时大军平蜀，民惊溃，治所废。今谷佐等招集三百余户，请袭，许之。[86]

结合《明史·地理志》相关记载可知，朝廷同意覃忠孝所袭之职，不是明玉珍时代的安抚司一职，而是洪武七年（1374）改设的长官司一职[87]。

至清初，朝廷给唐崖土司颁发的还是长官司印。同治《咸丰县志》记载：

> 唐崖长官司覃宗禹。康熙四年（1665），以宣慰司改给长官司印。[88]

（三）唐崖土司与外界的联系

唐崖土司虽非大土司，但却因勇于扩张、流劫近邻而闻名。前引明代刘大谟上奏时特别说到唐崖等土司劫掠邻境的情况：

……如昔年唐崖长官覃万金等夷出劫黔江等七州县，众议动调官军，将首恶擒获监卫，辄又受财，朦胧卖放……[89]

欺软怕硬、见风使舵，本是土司的惯常做法。同治《咸丰县志》追溯唐崖土司入清以后的历史说：

国朝康熙三年（1664），咸始归顺。十三年（1674），吴三桂据云南叛，咸入于逆，至十九年（1680）归顺。后谭宏据四川叛，咸又陷于逆，次年归顺。[90]

实际上，土司据地为王，叛附无常，处处皆然，不独唐崖如此。同治《来凤县志》引王煜的诗说散毛峝：

南荒旧有散毛峒，元朝天子早纳贡。
宣慰军民亦有年，感化山川竟无用。
天魔舞起国事非，玉珍据蜀散毛归。
已作沿边都元帅，不知明祖更尊威。[91]

或是因为唐崖土司职级之低与其侵夺之狠形成对照，所以它才给人们留下深刻印象：

明季唐崖最倔强，每结散毛、腊壁、木册等司，为本所患，迨于明亡，乃渐谧平。[92]

唐崖土司职级不高，并未得到国家的特殊眷顾和宠遇；儒家文化和王朝一统的观念在土司阶层的脑海中并未凝结固化。所以，土司阶层对现实利益的关注胜过对中央王朝的忠诚。流劫邻境是为了获利，从征异地还是为了获利。元末附大夏、清初从吴逆，乃至雍正年间听凭改流而未反叛，都是出于现实利益的考虑。唐崖土司阶层之强悍与圆滑，都是历史使然，与个人品格似无多大关系。

（四）唐崖土司城的遗址

历史上的唐崖土司，可从明玉珍大夏政权（1362～1369）所设安抚司算起，至雍正十三年（1735）改土归流。近400年时间，或存或废。同治《咸丰县志》卷二《疆域志·古迹》载：

废唐崖土司，在县境。明洪武六年，置长官司，始隶施州卫。国朝为唐崖土司，雍正十三年（1735）裁。[93]

既然列为古迹，所指就不只是机构和官职，还包括土司城遗址。

从本文作者之一阮玉明参与调查所得资料来看，唐崖土司城始建于元至六年（1346），明天启初年（1621）进行扩建，辟3街18巷36院，内有帅府、官言堂、书院、存钱库、左右营房、跑马场，花园和万兽园等，共占地1500余亩。在土司城内外还修建有大寺堂、桓侯庙、玄武庙等寺院。现在土司城遗城保存最为完整的石牌坊，是明天启三年（1623）修建的，正面刻着“荆南雄镇”，反面刻着“楚蜀屏翰”，两面镌有“土王出巡”、“渔南耕读”、“云吞雨雾”、“哪咤闹海”、“槐荫送子”等浮雕图案。牌楼正对面的唐崖河畔，存有石人、石马各两尊，石人仪态庄重肃穆，石马形态逼真生动。同治《咸丰县志》对土司城中的石人石马遗址作过记载：

石人石马，在唐崖司桓侯庙内。马傲傥权奇，势若腾骧。石人执辔其旁，如控驭状。马高五尺，人亦称是。相传明时土司镌。[94]

土司城前临奔腾的唐崖河，后傍青翠的玄武山，地势险要，风光独具。

显然，“唐崖土司城”这个名称应是在唐崖的少数民族上层得到安使、长官司长官之类官职之后才出现的。唐崖土司城始建于元末，今天所见唐崖土司城遗址，则应是形成于明代后期。

唐崖土司城充分利用自然地理，满足防御、居住等城市功能[95]。整个遗址中包括明代牌坊、石马、石城墙、石街道、土司墓葬以及官印等[96]，为我们认识明清时期的鄂西土司提供了珍贵的实物资料，也为发展文化产业创造了难得的物质条件[97]。

改土归流之前，土司们尚可劫财掠人、从征扬名。改土归流之后，人去城空，唐崖渐无消息。清人冯永旭《唐崖司》说：

烟树苍茫望里分，当年歌鼓寂无闻。
惟留废苑埋荒草，但见空山走白云。
古木寒鸦元武寺，斜阳衰柳土司坟。
千秋凭吊情何急，况听哀猿又叫群。[98]

真可谓满目凄凉，一片萧索。然而正是这种冷落，使唐崖在土司不存之后仍能遗址尚存，供今人参观、怀念和研究。

唐崖土司城是鄂西地区保存相对完好的一处土司文化遗址。它的历史情况需要我们认真研究。它的现实价值也值得我们深入发掘。

注　释

[1] （清）史铭桂：《将渡清江望施州郡城郭》，同治增修《施南府志》卷二十八《诗》，《中国地方志集成·湖北府县志辑》（55），江苏古籍出版社，2001年，第460页。

[2] （清）张廷玉等撰：《明史》卷四十四《地理志五》，简体字本二十四史《明史》，中华书局，2000年，第732页。

[3] （清）张廷玉等撰：《明史》卷四十四《地理志五》，简体字本二十四史《明史》，中华书局，2000年，第732页。

[4] （清）松林、周庆榕修，何远鉴、廖彭龄纂：同治增修《施南府志》卷二十八《诗》，《中国地方志集成·湖北府县志辑》（55），江苏古籍出版社，2001年，第457、458页。

[5] （清）松林、周庆榕修，何远鉴、廖彭龄纂：同治增修《施南府志》卷二十九《文》，《中国地方志集成·湖北府县志辑》（55），江苏古籍出版社，2001年，第512页。

[6] （清）张廷玉等撰：《明史》卷四十四《地理志五》，简体字本二十四史《明史》，中华书局，2000年，第732～735页。

[7] （清）松林、周庆榕修，何远鉴、廖彭龄纂：同治增修《施南府志·序》，《中国地方志集成·湖北府县志辑》（55），江苏古籍出版社，2001年，第12页。

[8] （清）松林、周庆榕修，何远鉴、廖彭龄纂：同治增修《施南府志》卷二十九《文》，《中国地方志集成·湖北府县志辑》（55），江苏古籍出版社，2001年，第511页。

[9] （清）松林、周庆榕修，何远鉴、廖彭龄纂：同治增修《施南府志》卷二十八《诗》，《中国地方志集成·湖北府县志辑》（55），江苏古籍出版社，2001年，第9页。

[10] （清）张廷玉等撰：《明史》卷三百十《湖广土司》，简体字本二十四史《明史》，中华书局，2000年，第5348、5349页。

[11] （清）廖恩树修，萧佩声纂：同治《巴东县志》卷九《兵防》，《中国地方志集成·湖北府县志辑》（56），江苏古籍出版社，2001年，第267页。

[12] （清）廖恩树修，萧佩声纂：同治《巴东县志》卷九《兵防》，《中国地方志集成·湖北府县志辑》（56），江苏古籍出版社，2001年，第269页。

[13] （清）廖恩树修，萧佩声纂：同治《巴东县志》卷九《兵防》，《中国地方志集成·湖北府县志辑》（56），江苏古籍出版社，2001年，第269页。

[14] （清）廖恩树修，萧佩声纂：同治《巴东县志》卷九《兵防》，《中国地方志集成·湖北府县志辑》（56），江苏古籍出版社，2001年，第270页。

[15] （清）张梓修，张光杰纂：同治《咸丰县志》卷十三《官师志》，《中国地方志集成·湖北府县志辑》（57），江苏古籍出版社，2001年，第80页。

［16］（清）张梓修，张光杰纂：同治《咸丰县志》卷十九《艺文志·文》，《中国地方志集成·湖北府县志辑》（57），江苏古籍出版社，2001年，第128、129页。

［17］（清）松林、周庆榕修，何远鉴、廖彭龄纂：同治增修《施南府志》卷二十九《文》，《中国地方志集成·湖北府县志辑》（55），江苏古籍出版社，2001年，第511页。

［18］《四川总志·经略·边备》卷十六嘉靖《四川总志》，《北京图书馆古籍珍本丛刊》（42），书目文献出版社，1987年，第321、322页。

［19］（清）廖恩树修，萧佩声纂：同治《巴东县志》卷十五《艺文》，《中国地方志集成·湖北府县志辑》（56），江苏古籍出版社，2001年，第316～318页。

［20］（清）张梓修，张光杰纂：同治《咸丰县志》卷七《典礼志·风俗》，《中国地方志集成·湖北府县志辑》（57），江苏古籍出版社，2001年，第67页。

［21］（清）王三锡：《来凤教匪未靖奉檄守硖寨》，同治增修《施南府志》卷二十八《诗》，《中国地方志集成·湖北府县志辑》（55），江苏古籍出版社，2001年，第476页。

［22］（清）熊启咏纂修：同治《建始县志》卷四《食货志·户口》，《中国地方志集成·湖北府县志辑》（56），江苏古籍出版社，2001年，第64、65页。

［23］（清）廖恩树修，萧佩声纂：同治《巴东县志》卷十一《物产货币》，《中国地方志集成·湖北府县志辑》（56），江苏古籍出版社，2001年，第282、283页。

［24］（清）廖恩树修，萧佩声纂：同治《巴东县志·序》，《中国地方志集成·湖北府县志辑》（56），江苏古籍出版社，2001年，第131页。

［25］（清）廖恩树修，萧佩声纂：同治《巴东县志》卷十四《事变冦乱·灾祲》，《中国地方志集成·湖北府县志辑》（56），江苏古籍出版社，2001年，第297页。

［26］（清）廖恩树修，萧佩声纂：同治《巴东县志》卷十四《事变冦乱·寇乱》，《中国地方志集成·湖北府县志辑》（56），江苏古籍出版社，2001年，第296页。

［27］（清）松林、周庆榕修，何远鉴、廖彭龄纂：同治增修《施南府志》卷二十八《诗》，《中国地方志集成·湖北府县志辑》（55），江苏古籍出版社，2001年，第480、481页。

［28］（清）松林、周庆榕修，何远鉴、廖彭龄纂：同治增修《施南府志》卷十一《物产》，《中国地方志集成·湖北府县志辑》（55），江苏古籍出版社，2001年，第198页。

［29］（清）张金澜修，蔡景星、张金圻纂：同治《宣恩县志》卷十《风土志·土宜》，《中国地方志集成·湖北府县志辑》（57），江苏古籍出版社，2001年，第212页。

［30］（清）李勖修，何远鉴、张钧纂：同治《来凤县志》卷二十八《风俗志·农事》，《中国地方志集成·湖北府县志辑》（57），江苏古籍出版社，2001年，第463页。

［31］（清）廖恩树修、萧佩声纂：同治《巴东县志》卷十五《艺文志·绝》，《中国地方志集成·湖北府县志辑》（56），江苏古籍出版社，2001年，第340页。

［31］（清）多寿修，罗凌汉纂：同治《恩施县志》卷七《风俗志·地情》，《中国地方志集成·湖北府县志辑》（56），江苏古籍出版社，2001年，第473页。

［33］（明）李时珍著，王育杰整理：《本草纲目》谷部第二十三卷，人民卫生出版社，2013年，第1208页。

[34] （清）熊启咏纂修：同治《建始县志》卷四《食货志·物产》，《中国地方志集成·湖北府县志辑》（56），江苏古籍出版社，2001年，第68页。

[35] （清）熊启咏纂修：同治《建始县志·序》，《中国地方志集成·湖北府县志辑》（56），江苏古籍出版社，2001年，第3页。

[36] （清）松林、周庆榕修，何远鉴、廖彭龄纂：同治增修《施南府志》卷二十八《诗》，《中国地方志集成·湖北府县志辑》（55），江苏古籍出版社，2001年，第503页。

[37] （清）熊启咏纂修：同治《建始县志》卷八《艺文志·诗》，《中国地方志集成·湖北府县志辑》（56），江苏古籍出版社，2001年，第112页。

[38] 周鹍化：《业州竹枝词》，同治增修《施南府志》卷二十八《诗》，《中国地方志集成·湖北府县志辑》（55），江苏古籍出版社，2001年，第505页。

[39] （清）廖恩树修，萧佩声纂：同治《巴东县志》卷十一《物产志》，《中国地方志集成·湖北府县志辑》（56），江苏古籍出版社，2001年，第275页。

[40] 杨发兴、陈金祥编注：《彭秋潭诗注》，中国三峡出版社，1997年，第183页。

[41] （清）李焕春原本，龙兆霖续纂，郭敦祐再续纂：光绪《长乐县志》卷首潘炳勋《序》，《中国地方志集成·湖北府县志辑》（54），江苏古籍出版社，2001年，第105页。

[42] （清）李焕春原本，龙兆霖续纂，郭敦祐再续纂：光绪《长乐县志》卷首李焕春《序》，《中国地方志集成·湖北府县志辑》（54），江苏古籍出版社，2001年，第103页。

[43] （清）李焕春原本，龙兆霖续纂，郭敦祐再续纂：光绪《长乐县志》卷十五《艺文·诗》，《中国地方志集成·湖北府县志辑》（54），江苏古籍出版社，2001年，第387页。

[44] （清）李焕春原本，龙兆霖续纂，郭敦祐再续纂：光绪《长乐县志》卷十五《艺文·诗》，《中国地方志集成·湖北府县志辑》（54），江苏古籍出版社，2001年，第387、388页。

[45] （清）李焕春原本，龙兆霖续纂，郭敦祐再续纂：光绪《长乐县志》卷十五《艺文·诗》，《中国地方志集成·湖北府县志辑》（54），江苏古籍出版社，2001年，第387、388页。

[46] （清）松林、周庆榕修，何远鉴、廖彭龄纂：同治增修《施南府志》卷二十八《诗》，《中国地方志集成·湖北府县志辑》（55），江苏古籍出版社，2001年，第571页。

[47] （清）松林、周庆榕修，何远鉴、廖彭龄纂：同治增修《施南府志》卷二十八《诗》，《中国地方志集成·湖北府县志辑》（55），江苏古籍出版社，2001年，第494页。

[48] （清）松林、周庆榕修，何远鉴、廖彭龄纂：同治增修《施南府志》卷二十八《诗》，《中国地方志集成·湖北府县志辑》（55），江苏古籍出版社，2001年，第495页。

[49] （清）多寿修，罗凌汉纂：同治《恩施县志》卷七《风俗志·地情》，《中国地方志集成·湖北府县志辑》（56），江苏古籍出版社，2001年，第473页。

[50] （清）熊启咏纂修：同治《建始县志》卷八《艺文志·诗》，《中国地方志集成·湖北府县志辑》（56），江苏古籍出版社，2001年，第111页。

[51] （清）松林、周庆榕修，何远鉴、廖彭龄纂：同治增修《施南府志》卷二十八《诗》，《中国地方志集成·湖北府县志辑》（55），江苏古籍出版社，2001年，第495页。

[52] （清）李焕春原本，龙兆霖续纂，郭敦祐再续纂：光绪《长乐县志》卷十五《艺文·诗》，

《中国地方志集成·湖北府县志辑》（54），江苏古籍出版社，2001年，第373、374页。

[53] （清）松林、周庆榕修，何远鉴、廖彭龄纂：同治增修《施南府志》卷二十八《诗》，《中国地方志集成·湖北府县志辑》（55），江苏古籍出版社，2001年，第495页。

[54] （清）松林、周庆榕修，何远鉴、廖彭龄纂：同治增修《施南府志》卷二十八《诗》，《中国地方志集成·湖北府县志辑》（55），江苏古籍出版社，2001年，第502页。

[55] （清）王培厚：《五峰即事》，同治增修《施南府志》卷二十八《诗》，《中国地方志集成·湖北府县志辑》（55），江苏古籍出版社，2001年，第503页。

[56] （清）李焕春原本，龙兆霖续纂，郭敦祐再续纂：光绪《长乐县志》卷十五《艺文·诗》，《中国地方志集成·湖北府县志辑》（54），江苏古籍出版社，2001年，第354页。

[57] （清）廖恩树修，萧佩声纂：同治《巴东县志》卷十《风土志·职业》，《中国地方志集成·湖北府县志辑》（56），江苏古籍出版社，2001年，第271页。

[58] （清）松林、周庆榕修，何远鉴、廖彭龄纂：同治增修《施南府志》卷二十八《诗》，《中国地方志集成·湖北府县志辑》（55），江苏古籍出版社，2001年，第9页。

[59] （清）松林、周庆榕修，何远鉴、廖彭龄纂：同治增修《施南府志》卷二十八《诗》，《中国地方志集成·湖北府县志辑》（55），江苏古籍出版社，2001年，第444页。

[60] （清）松林、周庆榕修，何远鉴、廖彭龄纂：同治增修《施南府志》卷二十八《诗》，《中国地方志集成·湖北府县志辑》（55），江苏古籍出版社，2001年，第12页。

[61] （清）松林、周庆榕修，何远鉴、廖彭龄纂：同治增修《施南府志》卷二十八《诗》，《中国地方志集成·湖北府县志辑》（55），江苏古籍出版社，2001年，第537页。

[62] （清）松林、周庆榕修，何远鉴、廖彭龄纂：同治增修《施南府志》卷二十八《诗》，《中国地方志集成·湖北府县志辑》（55），江苏古籍出版社，2001年，第532页。

[63] （清）松林、周庆榕修，何远鉴、廖彭龄纂：同治增修《施南府志》卷二十九《文》，《中国地方志集成·湖北府县志辑》（55），江苏古籍出版社，2001年，第564页。

[64] （清）廖恩树修，萧佩声纂：同治《巴东县志》卷三《建置志·学宫》，《中国地方志集成·湖北府县志辑》（56），江苏古籍出版社，2001年，第171页。

[65] （清）松林、周庆榕修，何远鉴、廖彭龄纂：同治增修《施南府志》卷二十八《诗》，《中国地方志集成·湖北府县志辑》（55），江苏古籍出版社，2001年，第457页。

[66] （清）松林、周庆榕修，何远鉴、廖彭龄纂：同治增修《施南府志》卷二十八《诗》，《中国地方志集成·湖北府县志辑》（55），江苏古籍出版社，2001年，第488页。

[67] （清）王庭桢、李谦修，雷春沼、尹寿衡纂：光绪《施南府志续编》卷六下《续职官志·政绩》，《中国地方志集成·湖北府县志辑》（55），江苏古籍出版社，2001年，第670、671页。

[68] （清）松林、周庆榕修，何远鉴、廖彭龄纂：同治增修《施南府志》卷二十八《诗》，《中国地方志集成·湖北府县志辑》（55），江苏古籍出版社，2001年，第452页。

[69] （清）张梓修，张光杰纂：同治《咸丰县志》卷十七《艺文志·诗》，《中国地方志集成·湖北府县志辑》（57），江苏古籍出版社，2001年，第103页。

[70]（清）廖恩树修，萧佩声纂：同治《巴东县志》卷十《风土志·职业》，《中国地方志集成·湖北府县志辑》（56），江苏古籍出版社，2001年，第270、271页。

[71]（清）廖恩树修，萧佩声纂：同治《巴东县志》卷十《风土志·风俗》，《中国地方志集成·湖北府县志辑》（56），江苏古籍出版社，2001年，第270页。

[72]（清）多寿修，罗凌汉纂：同治《恩施县志》卷七《风俗志·地情》，《中国地方志集成·湖北府县志辑》（56），江苏古籍出版社，2001年，第473页。

[73]（清）多寿修，罗凌汉纂：同治《恩施县志》卷七《风俗志·习尚》，《中国地方志集成·湖北府县志辑》（56），江苏古籍出版社，2001年，第475、476页。

[74]（清）松林、周庆榕修，何远鉴、廖彭龄纂：同治增修《施南府志》卷三《地舆志·山川》，《中国地方志集成·湖北府县志辑》（55），江苏古籍出版社，2001年，第87页。

[75]（清）松林、周庆榕修，何远鉴、廖彭龄纂：同治增修《施南府志》卷三《地舆志·山川》，《中国地方志集成·湖北府县志辑》（55），江苏古籍出版社，2001年，第87页。

[76]（清）松林、周庆榕修，何远鉴、廖彭龄纂：同治增修《施南府志》卷三《地舆志·山川》，《中国地方志集成·湖北府县志辑》（55），江苏古籍出版社，2001年，第125页。

[77]（清）松林、周庆榕修，何远鉴、廖彭龄纂：同治增修《施南府志》卷六《建置志·津梁》，《中国地方志集成·湖北府县志辑》（55），江苏古籍出版社，2001年，第127页。

[78]（清）张梓修，张光杰纂：同治《咸丰县志》卷七《典礼志》，《中国地方志集成·湖北府县志辑》（57），江苏古籍出版社，2001年，第66页。

[79]（清）张梓修，张光杰纂：同治《咸丰县志》卷七《典礼志》，《中国地方志集成·湖北府县志辑》（57），江苏古籍出版社，2001年，第66页。

[80]（清）张梓修，张光杰纂：同治《咸丰县志》卷十八《艺文志·诗》，《中国地方志集成·湖北府县志辑》（57），江苏古籍出版社，2001年，第119页。

[81]（清）张梓修，张光杰纂：同治《咸丰县志》卷十六《人物志》，《中国地方志集成·湖北府县志辑》（57），江苏古籍出版社，2001年，第94页。

[82]（清）张廷玉等撰：《明史》卷七十六《职官志四》，简体字本二十四史《明史》，中华书局，2000年，第1250页。

[83]（清）张廷玉等撰：《明史》卷四十四《地理志五》，简体字本二十四史《明史》，中华书局，2000年，第734、735页。

[84]（明）宋濂等撰：《元史》卷九十一《百官志六》，简体字本二十四史《元史》，中华书局，2000年，第1535页。

[85]（清）松林、周庆榕修，何远鉴、廖彭龄纂：同治增修《施南府志》卷二《地舆志·沿革》，《中国地方志集成·湖北府县志辑》（55），江苏古籍出版社，2001年，第68、69页。

[86]（清）张廷玉等撰：《明史》卷三百十《湖广土司》，简体字本二十四史《明史》，中华书局，2000年，第5348、5349页。

[87]（清）张廷玉等撰：《明史》卷四十四《地理志五》，简体字本二十四史《明史》，中华书局，2000年，第734、735页。

［88］　（清）张梓修，张光杰纂：同治《咸丰县志》卷十四《官师志·土司》，《中国地方志集成·湖北府县志辑》（57），江苏古籍出版社，2001年，第88页。

［89］　《四川总志·经略·边备》卷十六嘉靖《四川总志》，《北京图书馆古籍珍本丛刊》（42），书目文献出版社，1987年，第321页。

［90］　（清）张梓修，张光杰纂：同治《咸丰县志》卷一《疆域志·沿革》，《中国地方志集成·湖北府县志辑》（57），江苏古籍出版社，2001年，第25页。

［91］　（清）李勖修，何远鉴、张钧纂：同治《来凤县志》卷三十一《艺文志·诗》，《中国地方志集成·湖北府县志辑》（57），江苏古籍出版社，2001年，第535页。

［92］　（清）徐大煜：民国三年《咸丰县志》卷十《土司志·列传》，咸丰县志编纂委员会编，1983年重印版，第118页。

［93］　（清）张梓修，张光杰纂：同治《咸丰县志》卷二《疆域志·古迹》，《中国地方志集成·湖北府县志辑》（57），江苏古籍出版社，2001年，第30页。

［94］　（清）张梓修，张光杰纂：同治《咸丰县志》卷二《疆域志·古迹》，《中国地方志集成·湖北府县志辑》（57），江苏古籍出版社，2001年，第31页。

［95］　王炎松等：《唐崖土司城格局初探》，《三峡论坛》2013年第5期。

［96］　邓辉、黄永昌：《唐崖土司城址调查报告——兼论唐崖土司覃氏的族属问题》，《三峡论坛》2013年第5期。

［97］　邢淑芳：《对构建唐崖土司皇城民俗文化村的思考》，《中南民族大学学报》2004年第5期。

［98］　（清）松林、周庆榕修，何远鉴、廖彭龄纂：同治增修《施南府志》卷二十八《诗》，《中国地方志集成·湖北府县志辑》（55），江苏古籍出版社，2001年，第492页。

咸丰土司遗址调查报告

何继明

（咸丰县文物事业管理局）

摘要：湖北省恩施土家族苗族自治州咸丰县是一个多民族聚居地，元明清时期，唐崖、龙潭、金峒三大土司统辖咸丰。2013年，国家文物局正式确定咸丰唐崖土司城址与湖南老司城、贵州海龙屯联合申报2015年世界文化遗产。为配合申遗工作，咸丰县文物事业管理局、申遗办、湖北省文物考古研究所唐崖考古队联合对咸丰境内有关土司遗址进行了调查，对咸丰境内土司遗址现状有了清晰认识。

关键词：咸丰；土司遗址；调查

“土司制度”是13～20世纪，中国元、明、清王朝在西南少数民族地区委任当地首领担任“土司”、世袭统治当地人民的一种行政管理制度。土司制度是古代中国作为多民族统一国家，在民族管理模式发展成熟阶段形成的极为系统和规范的少数民族管理制度，具备完整的职官体系，以及各级土司的义务、授职、承袭、贡赋、征调、奖罚等规范。土司制度秉承了古代中国延续两千余年的“齐政修教、因俗而治”的多民族国家治理理念，在此前的“羁縻”管理方式基础上，强化了职官体系、管理方式和责权规范，促进了该历史时期中央政府与边疆少数民族间的利益平衡和共同发展。

咸丰土司制度形成于14世纪，共有三大土司，分别是唐崖、金峒、龙潭，其中，唐崖土司辖西坪、菖蒲左右二司。2013年6月19日，由省文物局文物处副处长、县人民政府副县长陈飞带队，县文物事业管理局、省文物考古研究所唐崖考古队参与，对咸丰县所有土司遗址进行了实地考察。考察为期两天，重点是各土司遗址的衙门区、城墙、墓葬区及遗物，形式是实地踏勘与访谈结合，较为全面地掌握了我县整个土司概况。唐崖土司城遗址因申报世界文化遗产而为世人瞩目，现就咸丰土司遗址作简单介绍。

一、金峒土司

金峒土司遗址位于黄金洞镇以南，东经109° 07′ 42.7″，北纬29° 55′ 58.8″，海拔619米。土司为覃姓。据《咸丰县志》民国版载：“元即置安抚司，属施州，明玉珍僭为五路总管府。明洪武四年（1371）金峒安抚司覃耳毛归顺，寻叛，二十三年

（1390）定其地，宣德三年（1428）令领石关峒长官司、西坪蛮夷长官司，隶施南宣抚司……”，另据《雷思霈方舆书七覃土司属地》记载：“金峒古蛮夷国，春秋蛮与罗子共败楚师，师复振，遂属楚。秦昭王伐楚取之属黔中郡，汉属武陵郡，唐属黔中都督府，宋为磨磋洛地，元属施州……”。至雍正十三年（1735）改土归流止。整个遗址总面积约为2平方千米。

考察组在当地一王姓老人（85岁）带领下，查看了当地一直传说的衙署区、川主庙及墓葬区。衙署区已全部被茶园覆盖，无任何遗迹可寻了，仅能在川主庙遗址上能看见部分残垣断瓦，墓葬区在20世纪80年代初修建学校时被破坏，据现场目击者介绍，出土器物有瓦罐、簪子等，目前仅遗留几株枫香树环绕在墓葬区周围。

不同于其他土司遗址，石质构件发现极少，由此推断金峒土司以木质建筑为主。

曾于大悔寨出土“金峒安抚司印”，现藏于湖北省博物馆。

金峒安抚司安抚使覃氏（施南司属）

治所：金峒安抚司，元置，司治在今湖北咸丰县西北。

族属：安抚使覃氏，土家族。

承袭：①覃耳毛　②覃　璧　③覃世英

④覃邦舜　⑤覃廷建

二、龙潭土司

龙潭土司城遗址位于咸丰县城北30千米处的龙潭河畔，东经109°07′22.0″，北纬29°49′29.5″，海拔545米。土司为田姓。在清坪区龙潭司乡龙潭司村，据当地一黄姓老人介绍，此城东西长400米，南北宽500米，坐北朝南。共分正门、过厅、大殿三进，建有粮仓、练兵场、官庙、三虎庙等，龙潭土司历史悠久，建制比较早，据《咸丰县志》记载：“元至正六年（1348）即设置安抚司，至改土归流止。”

考察组进入衙署区（现为小学校），首先进入视野的是一对石狮，一公一母，雄壮威武，栩栩如生，仔细观察，上刻有明确纪年“清乾隆二十七年”，可惜，左侧石狮被学校在“普九”中刻下了“一九九九年重建”字样，不能不说是遗憾。操场堆放有一柱础，四周刻有雕花，极其精美，典型的明代官式做法，长期经历日晒雨淋仍无毁坏，雕刻清晰可见。考察组当即决定收藏。

在黄姓老人的带领下，沿公路下来到一片菜地，上面还保存着几块石板，和唐崖土司城的形制差不多，一路走下去，能不断发现石质构件和院落遗迹，比金峒土司遗址要丰富很多。

龙潭安抚司安抚使田氏（散毛司属）

治所：龙潭安抚司，元置，明仍之，司治在今湖北咸丰县西北。

族属：安抚使田氏，土家族。

承袭：①田起喇　②田贵龙

（自田起喇授职，至田贵龙改流，其间传袭世次不详）

三、西坪蛮夷长官司

活龙西坪蛮夷长官司遗址在今活龙集镇，东经108° 43′ 35.7″，北纬29° 49′ 53.2″，海拔901米，东面有鸡公山蜿蜒起伏而下。土司为秦姓。土司城建在鸡公山梁尾端，形如一把靠椅，坐东朝西，总面积约6000平方米。据《秦氏族谱》记载："大明永乐二年，秦国龙之后名叫秦义安，从卫大田，迁转活龙坪，在本土为右副司。"

西坪土司常年征战，参与了平定南蛮向天福叛乱，"副将覃善主（注：唐崖土司副将）与本司（注：西坪土司秦咨、秦镶弟兄）带兵征剿，夺印两颗，唐崖司一颗、活龙坪一颗，加六品衔"；六代祖秦百万、七代祖秦万都都因征川匪身故；十一代祖秦永升、秦永逵参与平定安邦彦、奢崇明、奢崇辉叛乱，"血战功劳，感蒙，统制巡抚朱燮元保奏，钦加宣抚，府行事"（《秦氏族谱》）；十二代祖秦永蛟、秦永凡参与镇压张献忠起义，"大寇张献忠，统贼兵数万，本司督兵追杀，大战地名麻河，弟兄阵亡"（《秦氏族谱》）。

因处于集镇，经过多次大的建设，现已无遗迹遗物可寻，衙署区为现活龙民族小学。1975年曾出土"唐崖长官司秦关克印"，现藏于恩施州博物馆。

西坪蛮夷官司（金峒司属）

治所：西坪蛮夷官司，在今湖北咸丰县北

族属：秦氏。

承袭：一代　秦义安

二代　秦咨　秦镶

三代　秦忠孝　宣德三年病故

四代　秦启忠　正德三年身故

五代　秦均忠

六代　秦百万

七代　秦万都

八代　秦正纪

九代　秦兴邦

十代　秦仕雄　隆庆五年病故

十一代　秦永升　秦永逵　崇祯三年身故

十二代　秦文孝　清顺治三年身故

十三代　秦永钦

十四代　秦锦江

十五代　秦化龙　秦化虎

十六代　秦葵孝

十七代　秦天顺

四、菖蒲蛮夷长官司

菖蒲蛮夷长官司位于活龙坪板桥河村菖蒲司，东经108°49′24.1″，北纬29° 51′ 15.5″，海拔999米。土司为黄姓。坐西朝东，城址面积约为4000平方米，系明洪武七年（1374）唐崖长官司所设立的西坪蛮夷长官司的右司。

考察小组通过走访当地老人及村民，确定了菖蒲蛮夷长官司衙署所在地，并于衙署区前发现大量建筑基址，据村民介绍，以前为一地下室，现仍能看见部分石构件。城墙已经被毁，在所发现地下室前方有一段疑是城墙结构，不过有待考证。

据当地人回忆，菖蒲副司，始祖黄承龙，死后葬于城内，墓由青条石框砌，呈长方形，墓碑高大雄伟，上有“二龙抢宝”等精雕及各种浮雕图案，三块碑石和柱上刻有苍劲有力的字刻。此墓条石于1951年因修鱼塘被毁，墓葬1967年完全毁坏，内有两尺高的坛子，装有碎骨。据传改土归流时，菖蒲黄姓于一日之晨，几乎全被诛灭，幸存者后裔今居小村乡李子溪、杜家溪河清坪乡二台坪一带。

另发现一座清代乾隆年间的夫妻合葬墓。

世袭不详。

五、与土司有关的遗址

1. 女儿寨

位于大路坝乡境内，海拔922米，一面缓坡，三面悬崖。据传，洪武四年（1371），唐崖土司因过降为长官司，可他自恃势力强盛，欲于朝廷分庭抗礼。洪武五年（1372），洪武帝遂令凉国公兰玉派兵征讨，派出武略将军孙旺出征黔咸平定“蛮夷”。孙旺将军奉命出征，一路抢关夺隘，势如破竹。落败的覃氏家族落荒而逃。覃王的夫人（后来人们都称她为覃氏夫人）带着一帮士卒和丫鬟们潜逃到此山，见此山体共分上中下三线四层石壁，主峰巍然耸立，悬崖绝壁，四周万丈深渊。认为是一块难得宝地，便在此安营扎寨，修筑起房屋与攻势，据险守山，以逸待劳。于是便把此山取名为“女儿寨”。后孙旺被射死，覃氏夫人也因寡不敌众架伞跳崖，后败重庆石柱。

1977年，当地学生发现金器，报县公安局，六虎金镯、金耳环现藏于咸丰县文物局。

遗址内已无山寨痕迹，发现有孙旺将军墓，碑上文字依稀可鉴：“明洪武五年，凉国公蘭玉派旺祖带兵征黔平‘蠻夷’……”，另发现有碓窝，传说是覃氏夫人当时碓米所留。

2. 大悔寨

位于黄金洞乡兴隆坳，山势陡峭，植被丰富，极其难走，我们请了当地李姓村民带路，一路用镰刀开路爬山，可惜，因长年无人上山，现在已完全无路可行，再者准备不足和时间的关系，我们仅仅到了小悔寨。

据传，当年金峒土司覃壁叛乱，兵败而避入此处，并将珍宝埋藏于此。1959年，当地村民黄绍银在寨子卡门处掘出“金峒安抚司印”一枚，篆刻、铜质、有柄，背刻“永乐五年四月 日礼部造”，沿刻“节字四十六号”，并同时出土银质印盒，盒底刻有“监造金目知印长官覃胜廉冠带大头目覃亮工作林凤朝造”。现藏于恩施州博物馆。

现已无明显遗迹可寻，据当地村民介绍，现仅卡门仍保存完好。

通过两天的实地调查走访，对我县土司的分布与区域有了大致的了解，发现我县土司在城址选址上有一个最大共同点——依山傍水，充分利用天然屏障以保护自己的治所安全。在惋惜昔日土司辉煌不再的同时，更感叹对唐崖土司城遗址的保护不易，在“申遗”的过程中，我县土司的神秘面纱将逐步被揭开，并展现在世界各族人民面前！

唐崖土司疆域及其变迁考述

刘兴亮　刘冰清

（三峡大学民族学院）

摘要：唐崖土司由元代唐崖军民千户所发展而来，覃鼎在任时期达到鼎盛，在鄂西南地区素以武功著称。通过奉旨征调，覃氏借机扩张领土：永乐年间占领今黔江县舟白镇附近土地；隆庆年间，借征剿金洞土司叛乱占领了金洞大小二村地；隆庆、万历年间，乘中原多事之机占领大田千户所部分地区。唐崖土司鼎盛时期的疆域，东北至清坪、小村，西北至活龙坪，西南已至黔江县县坝、舟白等地，而东南则到高乐山镇的梅坪，管辖范围远较周边土司宽广。

关键词：唐崖；覃氏；疆域；变迁

唐崖土司，始建于元至正年间，明中后期到达鼎盛，清雍正十三年（1375）改土归流而废止，历时三百余年。按唐崖《覃氏族谱》世系，其始祖为覃启处送，传十八世至覃梓椿。唐崖土司虽经千户所、长官司、宣抚司、安抚司、宣慰司等建制更迭，但凭借覃氏的文治武功，使唐崖成为鄂西南地区极具影响力的土司，亦是咸丰境内势力最大的土司。

元代在西南民族地区改行土司制度，鄂西南诸土司之建制却较多地沿用宋代的“溪洞”名称，如容米洞、散毛洞、师壁洞之类，军事防御方面也沿袭宋代的寨堡制，如细沙寨、苦竹砦之属。《元史·地理志》四川等处行中书省“诸部蛮夷”条目记有散毛洞、彭家洞、市备洞、师壁洞安抚司、阿者洞、谢甲洞、阿渠洞、新容米洞等，皆在鄂西南地区。《元史》其他篇幅中还涉及有大奴管勾洞长官司、忠孝军民府、忠孝军民安抚司、大小盘洞、盘顺府、盘顺军民安抚司、师壁镇抚所、师罗千户所、又巴洞等。元《经世大典·招捕总录》记元至大元年（1308）三月大弟什用集洗王、不鬼、散毛洞、侵者等洞发动叛乱，容米、罔告、抽拦、玩珍、昧惹、卸加、阿惹、石驴、挐摩、大科、阳蔓师、大翁迦等十七洞均参与叛乱。元代文献并无唐崖的记载。有元一代，又巴洞、散毛洞多次发动反抗元朝统治的叛乱，在散毛土司的鼓动之下，元世祖至元十六年（1279）春正月、十九年（1282）九月、二十一年（1284）秋七月，元顺帝至元四年（1338）十一月、六年（1340）秋七月发动了规模不等的暴乱。至大元年（1308）的叛乱，参加土司最多，规模最大，波及地区广，《招捕总录》记载，散毛土司大望什用“劫掠黔江县五里荒”。言及元代唐崖土司之建制，明清文献各有不同，《明史·地理志》记曰唐岩军民千户所，嘉靖《湖广图经志书》和《读史方舆纪要》则云唐崖（洞）长官司，后更为军民千户所，光绪《湖北舆地志》记载至正十五年为长官司，其后改为军民千户所。

唐崖是散毛土司通往四川黔江地区的必经之地，散毛覃氏也曾在至大年间劫掠黔江之五里荒，为威慑、监控散毛土司，元王朝在唐崖设置军民千户所以作牵制，较为可信。千户所是金、蒙古国军政牧合一的管理制度，又称“万千百户制”，蒙古灭大理国之后，将此制度大规模推行于边疆民族地区。千户品阶为秩正五品，按统兵数量又有上、中、下三等，七百人以上为上千户所，三百人以下为下千户所。明代实行卫所制，于边缘地带、险要区域设置千户所、百户所，如洪武十一年（1378）设置的黔江守御千户所，“时彭水县知县聂原济言：‘黔江地接散毛、盘顺、酉阳诸洞，蛮寇出没，屡为民患，宜设兵卫屯守。’诏从其言，置千户所镇之”[1]。元朝设置唐崖军民千户所的目的应该与之相类似。唐崖覃氏关于其为蒙古后裔的族群记忆[2]，或与蒙古军在今咸丰境内进行的戍守、平叛活动存有一定关联。《元史·石抹狗狗传》至元二十一年（1284）石抹狗狗以蒙古军八百从征散毛蛮，战于菜围坪、渗水溪，进而大败散毛诸蛮；又《元史·塔海帖木儿传》记载塔海帖木儿于至元年间从行省曲立吉思平定九溪蛮、散毛、大盘蛮尚木的世用叛乱。因此，不排除蒙古族军人平定叛乱后留在当地或为官、或戍守，进而繁衍后代的可能性。

元朝末年，明玉珍建立大夏国，整个鄂西南地区均为其势力范围，大夏采取提升土司级别的措施以示笼络，唐崖土司也不例外，《明太祖实录》卷八十九记载，洪武七年（1374）五月，“四川散毛宣慰使司都元帅覃野旺、湖广永顺宣慰使顺德汪备、堂厓安抚使月直什用遣人来朝贡方物，上其所授伪夏印”[3]。伪夏，即明玉珍大夏政权，其时唐崖由千户所升为安抚司，《明史·地理志》亦云：“唐崖长官司，元唐岩军民千户所，明玉珍改安抚司。”《明太祖实录》所谓之“堂厓”也是目前所见最早关于“唐崖”名称的记载。同为洪武七年五月条，还有“置四川散毛沿边宣慰使司、堂厓长官司”的记载。元末明初唐崖土司为“月直什用”，与唐崖《覃氏族谱》所记之二世祖“覃直什用”不谋而合。什用，为土家语“王”“首领”之意。覃直什用随调廖永忠，奉旨屏蜀，还“因冒微功，降级授长官司之职”。元末的唐崖安抚司，其东有实力强劲的散毛土司，明玉珍升散毛誓崖等处军民宣抚司为散毛沿边军民宣慰司，为鄂西首屈一指的大土司，其北有镇远五路总管府（由金峒寨改置）、龙潭长官司，所以唐崖安抚司的管辖范围大体以今尖山乡及其附近地区为主。

明洪武六年（1373），改安抚司为长官司，后废，永乐四年复置长官司，直隶施州卫。自永乐年间始，唐崖土司开始积极向外扩张领地。施州卫指挥佥事童昶（景泰至天顺年间人）《拟奏制夷四款》说：“施卫所属田、覃二姓，当宋元未分之前，其势甚盛，故屡为边患。……国朝设立关隘，把截甚严，至今尚传‘蛮不出境，汉不入峒’之语。永乐二年令守臣招抚，不意渐徙内地，如施南、金峒等司则入施州地矣。宏治间，忠路、忠孝又徙施州都亭等里。施南、唐崖又侵黔江之夹口。”[4]在此背景之下，唐崖土司扩张领土的方向有二：一是向西抢占四川省黔江县地；一是向北，占领今活龙坪、小村等地。

四川黔江县地，历来为鄂西土司所觊觎，咸丰《黔江县志》云："黔江自宋、元以来，半没于夷，为龚、胡、秦、向四土豪所据。龚据水寨，秦据册山，胡据峡口，向据后坝。"元明时期的散毛，曾多次劫掠黔江。黔江县周边还有唐崖、忠路、大旺、石柱、酉阳等土司虎视眈眈，不断蚕食其领土。正德年间为钦差巡抚都御使的刘大谟在其《题设守备疏》中说："查湖广施州卫所辖散毛、施南、唐崖、忠路、忠建、忠孝、容美等土司，与四川重、夔二府所辖黔江、武隆、彭水、忠、涪、建始、奉节、巫山、云、万等十州县地界，或难于相间，或犬牙交错。……先年卫官犹畏国法，遵例钤制夷汉，不许出入，地方得宁。自正德年间兰鄢叛乱，调取土兵征剿，因而探知蜀道险易，熟谙州县村落，致惹后来不时出没为害，流劫地方，杀掳人财，奸人妻女，遂将所劫子女财帛，分送施州卫官，遂与土官习为表里，违割结渊，深为缔好，故纵劫掠，事无惮忌。……昔年唐崖长官覃万金等夷，出劫黔江等七州县，众议动调官军，将酋恶擒获，监卫又受财蒙胧卖放。"[5]其后，唐崖土司侵占、扰掠黔江地区的活动并未停止，康熙年间，唐崖土兵还曾劫掠黔江县石塔铺等地[6]。黔江之西的彭水县，也遭唐崖等土司的蚕食，光绪《彭水县志》载："丁亥（1647），诸土司兵寇彭水……忠路、唐崖、大旺三土司兵掠四野。戊子（1648），土寇合掠彭水，酉阳、忠路、唐崖诸土兵同时寇掠。"[7]光绪《黔江县志》引前代方志之记载，被唐崖土司占领的地方有洞口（今黔江区舟白镇地）、峡口（疑在今舟白镇）、中塘（今黔江区中塘乡）、后坝（今黔江区后坝乡）各乡地共计五十九处[8]。占领之地多在今黔江区东北部，紧邻咸丰县。民国《咸丰县志》记曰："县境少航行之路，惟朝阳寺以西，可施舴艋，行三十里至黔江县之线坝。余则龙潭河水深岸阔，视他水特甚，每当春夏水涨，病涉者多。"[9]优越的地理位置，是唐崖等土司争夺黔江的动机所在。由今朝阳寺而西，可陆路、水路至四川，交通较为方便，与濯水、石会、郁山、两河口、龚滩等集镇相接，是物资交流的重要通道，黔江也素有"川鄂咽喉"之称，明廷因其重要性，在蓝玉征黔后，于洪武十年（1378）特设黔江守御千户所，陈重兵守御。

在永乐年间的扩张领土运动中，苍蒲、活龙二副司的设置对唐崖土司的发展产生了深远影响。《明太宗实录》卷五十二云，永乐四年（1406）三月"设湖广木册、唐崖二长官司，……覃忠孝为唐崖长官，黄晟暹、秦俊副之"[10]。黄氏为菖蒲司官，驻今活龙坪乡板桥河村苍蒲司组；秦氏为活龙司官，驻今活龙坪乡。其后，黄晟、黄敏、黄通、黄思铭等土官名屡见于《明实录》，代唐崖土司向朝廷进贡方物。

因战功获得土地，也是唐崖土司扩张势力范围的方式之一。按唐崖《覃氏族谱》的记载，二世祖覃值什用奉旨参加平蜀战争，七世祖秦文铭调征江津县，八世祖覃天富奉调征剿麻儿六，九世祖覃万金奉调征麻阳苗叛乱，十世祖覃柱奉调征金峒土司叛乱，十二世祖覃鼎随征水西安氏、奢崇明等……覃氏可谓军功卓著，屡获厚赏。较为突出的是隆庆四年（1570）覃柱在任时期，奉调征剿金洞土司覃璧叛乱，斩功九十三颗。朝廷厚赏兵将，唐崖土司获得大小二村土地。按小村、大村，即今咸丰县小村乡、大村村，与金洞土司治所相去不远。换言之，是唐崖土司借平定金洞土司叛乱之机，瓜分了金洞土司所领之大村、小村二地。至此，唐崖土司疆域基本形成，也为覃鼎时代的发展奠定了坚实基础。

唐崖土司东与散毛土司相连，洪武五年（1372），杨璟等讨平散毛等洞叛乱，七年（1374），散毛宣慰使司都元帅覃野旺遣人来朝贡方物，上其所授伪夏印，于其地置四川散毛沿边宣慰使司，属四川重庆卫。洪武二十三年（1390），为削弱散毛土司势力及监控鄂西南其他土司，以散毛宣抚司之大水田置大田军民千户所，隶施州军民指挥使司[11]。大田军民千户所"紧扼诸司之吭，以通楚蜀要道……虽弹丸之土，实拳泥而塞多孔，锁钥荆襄，屏翰重夔，……诚重地也"[12]。从同治《咸丰县志》"大田千户所古舆图"看，大田千户所管辖范围，西至唐崖司万家屯、西北屯，东至中建司忠堡屯、龙坪，北至龙潭司，南至飞凤山、青龙山，大体相当于今咸丰县高乐山镇、杨泗坝乡、忠堡镇诸地。大田千户所的设置，一定程度上遏制了唐崖、龙潭、东流、腊壁、金洞土司的扩张势头。但庆历以后，"中原多事，法度凌弛，各司乘机陆梁，吞占屯堡，抄劫人民。……诸蛮得志，益肆猖狂，破关攻城，杀官劫印，城野板荡，几无孑遗。由是黔江、郁镇、彭水等县逐节席卷，施卫地方俱为俘掠，是土司反有长蛇之势，汉民无鷦鷯之枝"[13]。唐崖土司乘机占领了大田千户所土地共计十七处。康熙年间钮正巳处理"退赎民屯案"，从唐崖土司赎回四度坝、麻地坨、冉寨屯（今冉家寨村）、大河边（今把界村大河边）、谢家泉、龟肚溪、生地坝（今彭家沟村生地堡）、偏坡屯、陵家田、柿子堡（今李家坝村柿子堡）、官岩沟（今李家坝村关岩沟）、王家沟（今双河口村汪家沟）、红石坂、赵家堡、铜厂沟（今双河口村铜厂沟）、魏家坝（今李家坝村魏家坝）、长沙坝（今李家坝村长沙坝）[14]。以上地方是咸丰境内渡口、铺递比较集中的区域，如由梅子坪至彭家沟的麻地坝渡、梅子坪至清水塘的大河边渡、梅子坪至生地坝之螺蛳滩渡等均在其附近，交通较他处为优，地理位置较好，自然成为土司间争夺的对象。

唐崖《覃氏族谱》云唐崖司属边界："东至大田所麻地坝，南至四川黔江县凉风丫，西至本司龙嘴河，北至施南司青苔坡。"按麻地坝，在今咸丰县梅子坪左近；凉风丫，疑在今黔江区舟白镇境内；龙嘴河，即活龙坪乡龙井村，在司治之西北；施南司青苔坡，施南司首设治于宣恩县珠山镇，洪武二十七年（1394）迁治利川毛坝青岩，后又迁夹壁、龙孔，其后将治所迁回宣恩水田坝、珠山镇等地，施南宣抚司领东乡、忠路、忠孝、金峒、忠峒五安抚司，从施南统辖区域看，青苔坡可能在今咸丰、利川交界地带，或在唐崖、金洞土司交界地带的清平镇左近。按此，《覃氏族谱》所记应该是唐崖土司鼎盛时期的疆域。综合上述记载，结合今天的行政区划，鼎盛时期的唐崖土司的四周边界大致如下：其东边管辖至今天咸丰县高乐山镇西边的梅坪、彭家沟，直至丁寨一线；西南边管辖至今重庆市黔江区县坝、舟白一带；西北边管辖至咸丰县活龙坪乡龙嘴河一带；东北边管辖至今咸丰县清坪镇、小村乡一带。具体来说，包含咸丰县尖山乡、朝阳寺镇、活龙坪乡、大路坝乡、小村乡全部，高乐山镇、清坪镇、丁寨乡、杨洞镇、甲马池镇部分地区，以及重庆黔江区县坝、南海乡、舟白镇、中塘乡大部地区，方圆大约为90千米，管辖范围远较金洞、龙潭、忠路等周边土司宽广，且疆域较为稳定。

值得注意的，利川《覃氏族谱》记载明季唐崖土司编户为三里。里，是明朝的基层组织形式的一种，一般以一百一十户为一里。按此，唐崖土司管内约有330户。又据嘉靖《湖广图经志书》记载，施州卫在成化、正德年间的总户数为3000，口数20000。鄂西南诸土司，唐崖司190户、645口，施南司330户、2975口，金峒司273户、1531口，龙潭司110户、516口……唐崖司户口数仅比东乡司、龙潭司多。明宣德二年（1427）规定，土司地区凡四百户以上者设长官司，四百户以下者设蛮夷长官司。若依此标准，唐崖仅可设蛮夷长官司，《志书》的记载显然与唐崖所管区域的实际不相符。这也从另一侧面反映明王朝在鄂西南地区推行的土司制度是一种有较高程度自治权的政治管理体制，户口仅部分记入中央王朝户籍，赋税亦是如此。

明末清初，唐崖土司依附吴三桂、谭宏等反清势力，并接受吴、谭等政权印信。1986年发现的唐崖长官司印刻有“周元年十二月”字样，周元年（康熙十三年，1674）即吴三桂大周政权年号。吴三桂败亡后，因唐崖曾归附吴大周政权，清王朝将宣慰司降为长官司，土官覃铉被革职查办。由此，唐崖土司逐渐衰落。雍正十三年（1735）改土归流，裁唐崖司地入咸丰县。乾隆二年（1737），梓桂隶汉阳籍，世袭把总。梓桂无嗣，以兄子光烈袭。乾隆三十年，光烈故，子世培袭。

注释

［1］《明太祖实录》卷一百十九。

［2］唐崖覃氏关于其为蒙古族后裔的族群记忆可表现为：祖先崇拜方面，堂屋神龛供奉铁木耳像；民族性格方面，一定程度上保留了蒙古族能征善战的传统，覃氏多次奉命征剿叛乱；民国版《覃氏族谱》明确记载其先为元朝宗籍，解放后的人口普查也有不少覃氏自报为蒙古族。

［3］《明史·湖广土司列传》记：“洪武五年，永顺宣慰使顺德汪伦、堂崖安抚使月直，遣人上其所受伪夏印，诏赐文绮袭衣。”此处应以《明实录》为准，时间为“洪武七年”，土司名为“月直什用”。

［4］童昶：《拟奏制夷四款》，载道光《施南府志》卷二十八《艺文志》。

［5］嘉靖《四川总志》卷十六《经略志》。

［6］光绪《黔江县志》卷三《武备志》记载：“康熙四十二年癸未，唐崖土兵寇掠县境，至石塔铺，虏男女六十余人。守备王恪飞檄以报，游击赵锦其详提督岳公升龙移咨川楚督抚，疏劾提问忠路司覃世蕃、唐崖司覃鋐，并死于狱。”

［7］光绪《彭水县志》卷四《杂事志》。

[8] 光绪《黔江县志》卷一《舆地·疆域》。

[9] 民国《咸丰县志》卷二《建置志·津梁》。

[10] 民国《咸丰县志》卷十一《氏族志列传·土家》云："明洪武时，唐崖宣慰司设左、右二副司，左苍葡司官黄璋，右活龙司官秦国龙。今两地有黄氏、秦氏族，大抵璋、国龙之后裔也。"言苍蒲、活龙二司设置于洪武年间，似误。唐崖《覃氏族谱》则说永乐二年颁授左、右二副司印篆，左苍蒲司官为黄章、右活龙司官为秦国龙，土官名称与《实录》稍有出入。

[11] 《明太祖实录》卷二百一云：洪武二十三年四月"置大田军民千户所，隶施州军民指挥使司。先是，凉国公蓝玉奏：'散毛、镇南、大旺、施南等洞蛮人叛服不常，黔江、施州虽有卫兵，相去悬远，缓急卒难应援。今散毛地方大水田与诸蛮洞相连，宜立置千户所守御。'至是，命千户石山等领酉阳土兵一千五百人置所，于大水田镇之"。

[12] 梅拱宸：《大田所舆图守御文册》，同治《咸丰县志》卷十九《艺文志》。

[13] 梅拱宸：《大田所舆图守御文册》，同治《咸丰县志》卷十九《艺文志》。

[14] 钮正巳：《退赎民屯案略》，同治《咸丰县志》卷十九《艺文志》。

唐崖土司覃氏“蒙古人”疑议

曾　超

（长江师范学院）

摘要：唐崖土司是中国历史上军功卓著、深有影响的土家族土司之一。在学界，唐崖土司覃氏究竟是土家族还是蒙古族，引发了诸多的争议。从国家治政的角度看，唐崖土司覃氏只能是土家族，绝非蒙古族，更非蒙古族王室宗籍，但唐崖土司文化则保留了较多的“蒙古族文化特质”。

关键词：唐崖土司；覃氏；蒙古人；疑议

唐崖土司是中国历史上军功卓著、深有影响的土家族土司之一，元朝末年（1346），元朝设立唐崖司，历经元、明、清三代，承袭十八代，共389年。唐崖土司位列恩施十八土司之首，咸丰三大土司之最。特别是鼎盛时十八代覃鼎时，因征渝有功，军威显赫，明廷赐皇命四道，功升宣抚使司，行参将事，赐建平西将军“帅府”，建功德牌坊，御书“荆南雄镇，楚蜀屏翰”予以嘉奖。而今国家文物局宣布湖北唐崖土司城将与湖南老司城、贵州海龙屯联合组成土司遗址，作为中国唯一冲击2015年世界文化遗产的申报项目。然学术界对唐崖土司覃氏的民族属性却颇多争议，这里仅从国家治政的角度对唐崖土司的民族属性进行论证，对唐崖土司的“蒙古族文化特质”进行辨析。

一、唐崖土司覃氏民族属性之争

关于唐崖土司的民族属性问题，最早对之进行论述的是潘光旦先生。20世纪50年代，生活在广大武陵山区的土家人沐浴着新中国民族政策的春风，向国家提出了其民族成分应为土家族的诉求，得到国家高度重视。中央先后派考察团、访问团输入湘西、鄂西、渝东南少数民族地区进行实地调查。其中以潘光旦等为首的民族文化代表团，通过访谈、查阅文献等方式，搜集、整理相关的正史记载、方志资料、家谱族谱、民间访谈材料等，潘光旦最后修成了《湘西北的“土家”与古代的巴人》的长文，成为我国进行土家族民族识别的重要依据。其中，他谈到土家族的强宗大姓覃氏与巴蛮五姓的瞫氏有渊源继承关系[1]。从这时起一直到2001年，基本不存在唐崖土司的民族属性之争。

2001年后，对于唐崖土司的民族属性成为学术界热议的问题之一。王平在《覃氏族源考》一文中最早对唐崖土司覃氏的族源问题进行了论述。说：“湖北咸丰境内唐崖土司的覃氏，是当地土家族吸收元代中期铁木乃耳后裔率领的一支蒙古族逐步演变而来，与鄂西土著覃氏同源异流，在民族源流上有远源和近源之分：其远源是廪君蛮‘五姓’之一的‘瞫’姓演变而来的土家族强宗大姓‘覃’氏;近源是元代中期铁木乃耳后裔率领的一支蒙古族。”[2]其后，学术界对唐崖土司覃氏为蒙古族的问题进行了申论或反驳。刘文政、吴畏著《唐崖土司概观》一书认为，唐崖土司属覃氏的渊源是巴人“廪君蛮”五姓中的“瞫”氏，其近源是元代铁木乃耳后裔率领的一支蒙古族，即唐崖覃氏是蒙古族后裔[3]。王希辉虽未对唐崖土司的民族源流问题进行深入考察，但充分肯定，“唐崖覃氏土司始祖应是族出蒙古”[4]。

覃双武在《关于唐崖土司属覃氏渊源的考证》一文中针对刘文政、吴畏在《唐崖土司概观》一书中提出的唐崖土司属覃氏是蒙古族后裔的观点进行了系统全面的批驳，强调“从文献资料、考古资料、口碑资料和现代研究资料着手，一方面论证了‘刘吴论’的虚假性，另一方面又论证了唐崖土司属覃氏的真实渊源，以还历史的本来面目”。指出“《唐崖土司概观》（刘文政、吴畏著）及其他论文所述的唐崖覃氏，包括鄂西其他土著覃氏与‘廪君蛮’五姓中的‘瞫’氏有‘对应关系’（即‘远源’），唐崖覃氏的‘近源应为铁木乃耳后裔率领的一支蒙古族’（即唐崖覃氏是蒙古族后裔）是没有根据的，因而是完全错误的”[5]。

二、唐崖土司非蒙古族土司

要辨析唐崖土司覃氏的民族属性，不仅要看其民族来源，还要看其所居地域，更要看国家的治政，特别是其民族政策。

就其民族来源而言，一个民族的来源因为上千年的民族移徙、交往、变动、通婚等，可能吸收其他民族成分，但主体民族性则不会大变。同时，被融进的民族还要看其是否“民族化”、本土化。在中国历史上始终存在着“蛮夷汉化”和“华夏夷化”、“蛮夷互化”的问题。当周边少数民族进入中原大地，经过“汉化”过程，接受华夏—汉族文化，少数民族即可变为华夏—汉族。当华夏—汉族进入周边少数民族地区，经过“夷化”过程，接受少数民族文化，华夏—汉族即可变为少数民族。当少数民族进入另一少数民族地区，经过“夷化”过程，接受少数民族文化，原少数民族即可变为新的少数民族。“蛮夷汉化”和“华夏夷化”、“蛮夷互化”，例证极多。如魏晋六朝时期的“五胡”最后结局是“蛮夷汉化”，江西彭氏入主湘西成为土家族土司是“华夏夷化”，“庄蹻王滇”、变服从俗是“蛮夷互化”。在土家族中也是如此。这表明一个民族的民族来源、构成、成分是多元的，而非一元的。民族是如此，姓氏也是如此。

就其所居地域而言，唐崖是土家族土司地区，它既不同于纯粹的汉区，也不同于中央王朝为加强对少数民族地区的控制而设立的军事控制区，它是实实在在的少数民族地区。这是一种大环境，好比一种文化熔炉，外来的民族、姓氏进入该地，都会受到“洗礼”，都不得不接受这里主体的强势的文化，否则就会难以立足生存。也就是说，它必须完成本土化或“土家化”的过程，适应当地的生产生活方式。姑不论唐崖土司覃氏是否为“蒙古人”，它也逃不出这一“异地化”的铁律。事实上，这种其他民族进入土家族地区而“土家化”的实例太多太多。如清嘉庆《恩施县志》就记载有：“童昶，字明甫，本合肥人，其先人辅永乐四年（1406）调施州卫指挥，世袭佥事，遂为恩施人。辅传钟……钟传璋，璋传昶……昶传希禹……希禹传养廉，养廉传天宠，天宠传复元……凡传八世。”同书尚有不少军征进入鄂西的汉族被土家化。如李忠，蠡县人；赵浩，房县人；周斌，怀远人；唐全，沛县人；冯端，泺州人；孙荣，清丰人；马昇，邳州人；石巘，寿州人；邓善，麻城人；孙演，无锡人；陶铸，合肥人；杜忠，宛平人；耿全，汝阳人[6]。即使在以土家族为主体民族的黔江区，一些汉族官兵也被土家化。如黔地孙氏，今为土家族，系黔守御千户孙旺之后，祖籍江苏，在明洪武年间因军事屯戍而移民黔江。清光绪《黔江县志》载：“旧职指挥孙旺河州（河州即和州）人，洪武初，以功授重庆卫千户。旺于洪武二十三年袭黔江指挥千户，屯田南沟、桃子坝、茶园，建衙城内。”[7]新版《黔江县志》说：“孙姓：孙旺，原籍江南凤阳和州，明洪武二十三年（1390）任职黔江千户，传20余代，其后裔分住太极、正阳、南海、后坝、城北等乡和冯家坝镇”[8]。“千户孙旺落籍黔江，迄今20余世，分居冯家坝、太极、正阳、南海、后坝、城北等地”[9]。与孙氏同移黔江的姓族如谢氏、宋氏、钟氏、程氏、王氏、邢氏、徐氏、朱氏、肖氏、余氏、孟氏、何氏、雷氏、伍氏、陆氏等也被土家化[10]。因此，即使唐崖千户来源于蒙古族也可能被土家化，而唐崖土司覃氏则不可能是蒙古族，唐崖土司也不可能是蒙古族土司。

就国家治政特别是当时的民族政策而言，唐崖土司不可能是蒙古族土司，只能是土家族土司。就唐崖土司的历史发展与存在时限而言，唐崖土司与中原政权的关系牵涉到四个时期（宋元明清）七个政权（南宋赵氏、蒙古、大夏明氏、明朝朱氏、吴三桂、李自成、清朝）。

从鄂西覃氏的各地族谱看，鄂西土著覃氏的直接来源是原居于瞿塘关（长江瞿塘峡一带，今属重庆奉节、巫山等地）的覃汝先。清同治《来凤县志》明载：“覃汝先，不仕，隐居陕西南郑县，生二子：长伯坚，次伯圭，受世职。征四川吴曦有功，俱授行军总管。（覃）伯圭之后为茅岗司。”[11]清光绪《永定县乡土志》载：“宋哲宗时，有覃汝先者，生元符元年戊寅，倜傥有志略。绍兴中，杨幺据湖为乱，诸洞蛮时时窃发。（覃）汝先承制分征剿抚，并施诸蛮畏服，论功授武毅大夫，镇守施州，子伯坚、伯圭。（覃伯）坚为行军总管，（覃伯）圭靖蛮有功，仍镇施州。”该志又载：“本境覃氏世为土司，有覃汝先，宋末自南郑迁施州。明初，有覃荣（又名覃添佑）始为茅冈土酋。”[12]覃伯圭生子仕魁。覃仕魁镇守施州，任苗有功，加封“都督元帅”。覃仕魁子覃友仁于南宋祥兴年间率兵由施州追贼至麻寮，驻军红土。后来开辟石门县覃家山（又名金鸡关），为添平之祖。以功授安抚使，封怀远将军。在宋代，覃氏虽无土司之名，但则有土司之实。

元代中央政府在边地或少数民族地区广泛设立土司，进行羁縻统治。《明史》卷三百十载土司制度“其道在于羁縻。彼大姓相擅，世积威约，而必假我爵禄，宠之名号，乃易为统摄，故奔走惟命。……其要在于抚绥得人，恩威兼济，则得其死力而不足为患”[13]。同样，在土家族地区也设立有不少土司，其中包括众多的覃氏土司。在元代推行土司制度时期，有四点应当注意，第一，元王朝在土家族地区设立的土司只能是土家族土司，不可能是蒙古族土司。元王朝对土家族地区加强控制，只能是军事镇戍机构，即万户制、千户制和百户制。虽然这些机构的长官在后来的发展中演变为土司，但其原初只是军事镇戍性质，与真正的土司制度不可同日而语。第二，土司制度，政在羁縻。如果唐崖土司覃氏是蒙古族则意味着更易土家族强宗大姓，而这有违于土司制度的“羁縻”本旨，这对于元王朝的统治是不利的。反过来，要对元王朝统治有利，又符合土司制度的“羁縻”之道，则唐崖土司覃氏不可能是蒙古族。第三，除唐崖土司是覃氏外，其他尚有不少土司为覃氏，主要有施南宣慰司宣慰使覃氏[14]、东乡五路安抚司安抚使覃氏[15]、忠路安抚司安抚使覃氏[16]、金峒安抚司安抚使覃氏[17]、散毛宣抚司宣抚使覃氏[18]、镇南长官司长官覃氏[19]、长茅司长官覃氏[20]、慈利军民安抚司安抚使覃氏[21]、茅冈长官司长官覃氏[22]、添平土总管覃氏[23]、长梯上百户覃氏[24]、石磊隘土副百户覃氏[25]。如果唐崖土司是蒙古族，那么其余土司是否也是蒙古族呢？然这些土司均为覃汝先的后裔，若一为土家族土司，其余为蒙古族，势必造成不必要的混乱，这与当代社会的和谐理念不相吻合。第四，事实上，元王朝根本未在蒙古族中推行过土司制度。在元代，蒙古人的民族歧视政策特别厉害，皇室一系被认为出身高贵，他们自视为黄金家族，享有至高无上的统治权力和绝对权威。因此，他们绝不可能自贬身份，降为土司。同时，元王朝将天下臣民分为蒙古人、色目人、汉人、南人四等。对于一般的蒙古族而言，他们也具有高高在上的权威，他们也绝不可能自贬为地方土著。

唐崖土司的缘起最为直接的是明玉珍。明玉珍是反元大革命斗争中的英雄，后在重庆建立大夏政权。为加强对鄂西地区的羁縻和控制，明玉珍设立了唐崖土司。《湖北省舆地志记》卷十七载：“元末明玉珍据有其地，……改唐崖军民千户所为唐崖宣抚司。”但绝不是蒙古族土司。试想时值反元大革命时期，元王朝和蒙古族是被征讨的对象，在一个非蒙古族聚居的土家族地区怎么可能设立一个蒙古族土司呢？同时，唐崖土司覃氏在这样的环境下又怎么可能愚蠢到把自己推到“烽火浪尖”呢？

明代、清代是中国土司制度的完善和衰亡时期，在边地和少数民族地区仍然实行土司制度。查阅《中国土司制度》，在中国的土司中存在有蒙古族土司，但他们的设立是在明王朝时期，设立的地点在蒙古族聚居的地区，设立的原因是对非黄金家族的蒙古人进行羁縻统治，设立的土司主要有：临洮卫土指挥同知赵氏（甘肃临洮桧柏庄，洪武二年）[26]、岷州土指挥同知虎氏（甘肃岷县，洪武三年）[27]、庄浪卫土指挥使鲁氏（甘肃永登，洪武四年）[28]、庄浪卫土指挥使鲁氏（甘肃天祝，明代）[29]、庄浪卫土指挥使鲁氏（甘肃古浪，明代）[30]、庄浪卫土指挥同知鲁氏（甘肃永登，明代）[31]、庄浪卫土指挥佥事鲁氏（甘肃永登红山堡，洪武四年）[32]、庄浪卫土指挥使海氏（甘肃永登，明末）[33]、庄浪卫古城土千户鲁氏（甘肃永登，明末）[34]、庄浪卫马军堡土副千户鲁氏（甘肃永登马军堡，明末）、庄浪土百户鲁氏（甘肃永登，明代）[35]、西宁卫土指挥使祁氏（青海湟中，洪武元年）[36]、西宁卫土指挥同知阿氏（青海乐都，洪武四年）[37]、西宁卫土指挥同知祁氏（青海民和，洪武四年）[38]、西宁卫土指挥佥事汪氏（青海湟中，洪武四年）[39]、西宁卫土指挥佥事甘氏（青海民和，洪武四年）[40]、西宁卫土佥事喇氏（青海民和，洪武四年）。

据此，覃氏在宋代已有土司之实，元代、明玉珍均不可能设立蒙古族土司，明代虽有蒙古族土司，但不在土家族地区。在土家族地区的覃氏土司只能是土家族土司。至于以后的李自成、吴三桂、清政权也不可能随意更动土家族土司的主体地位。

三、唐崖土司覃氏“蒙古族文化特质”辨析

既然唐崖土司覃氏不是蒙古族，而在王平《唐崖土司覃氏源流考》和刘文政、吴畏《唐崖土司概观》中均有不少所谓的“蒙古族文化特质”，并且把蒙古族作为唐崖土司覃氏的“近源”，那么，何以解释这种奇怪而矛盾的现象呢？这就需要我们对其加以辨析。

综观王平、刘文政、吴畏等的论著，他们所提到的“蒙古族文化特质”主要有：宗室、语言、体质特征、木雕神像、墓志碑文、勇武精神等。对此，《恩施日报》所载《唐崖土司与蒙古族的渊源》一文有相对简要的叙述：“唐崖覃氏保留了蒙古族的部分显著特征。一是在民族服饰上曾保留了穿长袍、系腰带、挂小刀的习俗，直到新中国成立后才逐步消失。二是宗教信仰上曾保存了崇拜蒙古族祖先的习俗，如新中国成立前他们在堂屋的神龛上除供奉‘天地君亲师’位外，还特地供奉木雕‘铁木耳’神像。三是在民族体育上曾保存了骑马、射箭和摔跤等传统体育项目，直到现在仍有遗存。四是在军事上曾保留了蒙古族能征善战的传统作风，多次参加朝廷的征调，并得到朝廷的嘉奖和赏赐，因此唐崖土司皇城遗址牌坊上镌刻的‘荆南雄镇，楚蜀屏翰’八字彰显了当年唐崖土司的显赫战功；张王庙矗立的石人石马不仅表明他们能骑善战，而且其军队服饰与元代蒙古族军队服饰相近。此外，他们在兵器上曾保留了蒙古族士兵作战时使用的铁盔和马刀，如在尖山钟塘堡出土了明代覃氏土官的铁盔和60多公斤的大马刀。五是在民族性格上保留了蒙古族热情、好客、豪爽的传统，平时或者招待客人，饮酒皆以大碗畅饮。六是在民族体质上曾保留了蒙古族人的典型特征，如他们祖辈的颧骨普遍比当地人高，身材普遍比当地人高大。七是在民族意识上保留了对蒙古族的强烈认同感，如在新中国成立前就有部分唐崖覃氏自称是蒙古族，在新

中国成立后第一次全国人口普查时，曾有数百人自报为蒙古族。”[41]

关于唐崖土司覃氏为元朝宗室问题，见载于唐崖《覃氏族谱》。谱载，覃氏始祖为元朝宗籍铁木乃儿，“授平肩王。生颜柏铁儿，生文珠海牙，生脱音铁木儿，授宣慰使司之职。迁山东青州任事，后因明太祖给招安，随奉军门自南京应天府上元县猪市街朱家巷落业，是授明秀将军之职。脱音铁木儿祖生福寿不花。福寿祖生覃启处送，后因边夷南蛮累叛，奉旨征剿，招安蛮民，镇守于斯，分茅设土，安营于宣武山，因斩寇有功于朝，世受皇恩，承职以来，隶属施州卫”[42]。据《覃氏族谱》载：“……若汉刘备无谱何以知为中山靖王之后？吾家无谱何以知为元室之裔。”[43]从这段族谱记载中可以探究发现如下问题：

（1）唐崖土司覃氏为元室宗籍难以确证。按：宗室，是中国古代对君主父系男性血亲的称呼。一般情况，是以与君主的父系血缘亲疏关系，以确定是否列入宗室之列。就元代而言，元朝皇族为蒙古乞颜部，元代译为孛儿只斤氏，清代又译为博尔济吉特氏，源于成吉思汗铁木真，奇渥温姓，属于蒙古人的黄金家族。《元史》载：元世祖“敕荆湖、四川两省合兵讨叉巴、散毛洞蛮”。“塔海贴木儿，答答里带人，宣武将军、管军总管，五溪蛮散毛、大盘蛮向木得什用等叛。从行省曲里吉思帅师往讨，皆擒之，杀其酋长头狗等。”这里表明在元代却有蒙古军征战鄂西的经历。在唐崖覃氏土家族中流行着这样一个传说：唐崖覃氏的祖先是铁木耳、铁木真、铁木依三兄弟，原先居住在蒙古草原，后因从军镇压南蛮叛乱，驻守于唐崖一代，建立了唐崖土司，世代居住于此。有人据上认为“《覃氏族谱》记载的‘铁木乃耳’和《祖先的来历》讲述的‘铁木耳’，就是《元史》记载的‘塔海贴木儿’，‘南蛮’就是《元史》所载的‘散毛洞蛮’，‘宣抚山’就是现在的‘玄武山’，时间、地点、人物基本吻合。”[44]然而，对此尚有诸多疑议。第一，铁木乃耳、铁木耳、塔海贴木儿是否能够等同。《覃氏族谱》比《祖先的来历》多一“乃”字；比《元史》多出二字，而且《元史》除一“木”字外，余字均不相同。虽然中国古代有同音异译，但能否直接画上等号尚需从蒙古语的含义去破译。第二，《祖先的来历》言铁木耳、铁木真、铁木依是三兄弟，《覃氏族谱》和《元史》均为言明其与铁木真的兄弟关系，如果他们是兄弟关系，以铁木真作为蒙古帝国创建者、蒙古族的共同祖先与世界史上杰出的政治家、军事家的崇高威望而言，不加以渲染不仅显得有悖于常理，更有点“数典忘祖”的味道。其实，铁木耳、铁木真、铁木依三兄弟之说因是传说，当然不可深究，但铁木真与塔海贴木儿也非兄弟。据搜搜本科，铁木真的兄弟是拙赤合撒儿（简称合撒儿），合赤温，帖木格，别勒古台，别克贴儿（别勒古台）[45]。第三，如果将铁木、帖木、特穆；铁木耳、帖木儿、铁木尔等等同，势必会闹出天大的笑话。查元王朝世系表，蒙古开国以后，太祖为铁木真，成宗为铁木耳，泰定帝为也孙铁木儿，文宗为图帖木尔，顺帝为妥欢帖睦尔[46]。若说他们是兄弟关系，岂不滑稽可笑。第四，将塔海贴木儿与铁木耳、铁木乃耳等同，还有一个籍贯或出生地问题，塔海贴木儿为答答里带人，不仅与铁木真不属蒙古族的同一部落，而且也非同一籍贯地，故至少塔海贴木儿非铁木真的黄金家族。

（2）铁木乃耳能否成为元室宗藉。在中国古代历史上，某一姓氏要成为某个王朝的宗室，只有如下几个途径。第一，皇室的宗支。相对于元王朝来说，唐崖土司覃氏显然不可能。第二，与皇室通婚，成为驸马。但迄今并无唐崖土司覃氏与元王朝皇室通婚成为驸马的记载。同时，元王朝推行民族歧视政策，自视“高贵”的蒙古人又怎么可能与身份相对“低下”的土著覃氏通婚呢？第三，赐以国姓。在中国古代，有很多人因为替君王出谋划策或功勋卓著，被赐以“国姓”，如娄敬因建议刘邦“定都关中”、“迁徙豪富以实关中”、“与匈奴和亲”等而被刘邦赐姓刘，成为刘氏宗室的一部分。其实，这仍然并非真正的皇室宗亲。对于唐崖土司覃氏有否被赐姓的可能，目前尚无法确知。

（3）蒙古姓氏与土著覃氏的重叠。如果唐崖土司覃氏为元室宗籍的话，则唐崖土司当为孛儿只斤氏，不当为覃氏。而按照唐崖《覃氏族谱》记载，以覃启送为界，以前为蒙古姓氏，以后为覃氏，如此就出现了“双姓重叠”的问题，那么，唐崖土司究竟该为孛儿只斤氏，还是覃氏呢？既然覃氏为鄂西的土家族强宗大姓，既然各地的覃氏族谱、家谱、宗谱一类文献记载覃氏土司的世系都提到了覃汝先、覃伯坚、覃普渚、覃耳毛等人，则表明他们均为土家族大姓覃氏，而非蒙古人。如利川中路覃氏源流世系是覃汝先→覃伯坚（弟覃伯圭）→覃普渚→覃耳毛→覃川龙→覃大胜→覃天富……施南土司覃氏为覃汝先→覃伯坚（弟覃伯圭）→覃普渚→覃耳毛→（弟覃散毛、覃化毛）→覃川龙……来凤、咸丰散毛土司覃氏是覃墨来送→覃汝先→覃伯坚→覃普渚→覃勾答什用→覃顺→秦野王……宣恩覃氏是覃汝先→覃伯坚（弟覃伯圭）→覃普渚→覃耳毛→覃川龙→覃大胜→覃天富……只有唐崖土司覃氏为铁木乃尔→颜伯占儿→文殊海牙→脱音帖儿→福寿不花→覃启处送→覃值什用→覃耳毛→覃忠孝……唐崖土司覃氏虽然与其他覃氏覃氏有一定差异，但是覃耳毛一人则多提到，由此，若说同一人，一为蒙古族，其他人为土家族，恐怕难以令人信服。

事实上，鄂西、重庆、湖南等地的覃氏均为覃汝先的后裔。施南土司《覃氏家谱》云：“公（覃汝先）之后分居施州、施南、东乡、散毛、唐崖、金峒、蜡壁，后派分居长阳、巴东、建始、石壁、招来、盐井、麻阳、杆子哨等处，俱系本支”。[47]《姓氏考》言：“汝先系覃氏，据《覃氏族谱》记载，其先，唐天宝间为避安史乱自汉中移居夔州。历五代至宋元符元年（1098），汝先生。汝先生二子伯坚、伯圭，后移施州柳州城（恩施市椅子山）。伯坚庆元三年（1197）于六十五岁时从征平吴曦乱有功封行军总管，施州遂为家焉。伯坚子普诸嘉定二年（1209）袭父职。普诸生三子，耳毛、散毛、化毛。散毛元初为散毛宣抚使司，化毛后裔散居长阳、巴东等地。耳毛淳祐二年（1242）袭父职，元初授施南道宣慰使司。自伯坚起覃氏世辖施南土司地。后世子孙，外省分布有湖南湘西、常德、大庸、怀化等州、地、市。贵州铜仁、四川涪陵、黔江等地、州，省内除本州外，宜昌各地均有居住。覃氏后裔伯坚系居本县者五千余人，伯圭系一百余人。”[48]《石柱土家族姓氏源流》云：“覃氏，宋绍圣戊寅年（1098），利川忠路始祖覃汝先娶向氏，生伯坚、伯圭，住施州。三世覃普渚，宋淳熙乙未（1175）娶田氏，生耳毛、散毛、化毛等。庆元三年（1197）因蜀将吴曦乱，征有功，封行军总管于施州（今恩施）。后裔分布施州、东乡、散毛、唐岩、金洞、蜡壁等地，部分散居长阳、巴东、建始、石壁等地。”[49]

（4）蒙古军事镇戍到土家族土司的“转换”。《元史》载：元世祖“敕荆湖、四川两省合兵讨叉巴、散毛洞蛮。”“塔海贴木儿，答答里带人，宣武将军、管军总管，五溪蛮散毛、大盘蛮向木得什用等叛。从行省曲里吉思帅师往讨，皆擒之，杀其酋长头狗等。”这表明蒙古人曾经因散毛为乱而征战鄂西，并由此建立了军事镇戍机构——唐崖千户所，蒙古人成为唐崖千户所的千户，统治着当地的少数民族，成为唐崖地区的主人。但时移世变，到元末时，人民抗争风起云涌，元王朝已经失去控制天下局势的能力，天下兵戈扰攘、分崩离析。这时候，一方面，蒙古人成为天下人“攻击”的对象，所以各地流传有不少八月十五中秋夜赶鞑子的故事和传说；另一方面，唐崖千户所的控制权被移交到土家族强宗大姓覃氏手中。在这场土家族人民的反元烽火中，唐崖千户所的镇戍官可能面临如下几种可能：其一是忠实执行元王朝的民族镇压政策，结果战败被杀；其二是忠实执行元王朝的民族镇压政策，因不敌土家族民众之力而被迫逃亡；其三是面对元王朝一统江山分崩离析的局面，审时度势，倒向民众一边，并获得了民众的支持；其四是面对土家族强宗大姓覃氏的崛起，既不愿退出历史舞台，又不愿与人民群众为敌，又难以与唐崖土司覃氏相抗争，于是相互妥协，蒙古退居二线，土家族覃氏飙升一线。到明玉珍时期，唐崖千户所变成了唐崖土司，最高长官也就由蒙古人变成了土家族，由此，唐崖土司自然也就成为土家族土司。

（5）蒙古族避难改姓。唐崖千户所变成唐崖土司，最高长官由蒙古人变成土家族，当与元末明初的人民反元斗争密切相关。这里不妨看看蒙古族避难改姓的若干实例。在元末大动乱的年代，许许多多的蒙古人因为人民的反元斗争而被迫迁徙到西南地区，被迫隐姓埋名、避难改姓。

彭水向鹿鸣乡家坝村谭、张二姓，据《彭水县志》[50]、《重庆民族志》[51]、《彭水苗族土家族自治县民族宗教志》[52]、《彭水县鹿鸣乡谭、张蒙古族简史》[53]等文献记载，据赵开国《血泪凝诗句 僻壤隐天骄——对彭水蒙古族调查》[54]、东人达《成吉思汗在西南的后裔》[55]、王希辉等《田野图志—重庆彭水少数民族非物质文化遗产考察》[56]、莫代山等《重庆世居少数民族研究（侗族、蒙古族卷）》[57]等研究，他们是蒙古奇渥温家族的后裔，原在湖北镇守，因元末农民大起义，战败被赶入川，兄弟五人易族改姓，隐匿民间，并作有认宗诗一首，云：本是元朝帝王家，红巾追散入川涯。绿杨岸上各分手，风柳桥头折柳椏。咬破指头书血字，挥开泪眼滴黄沙。后人记得诗八句，五百年前是一家[58]。

彭水太原乡香树坝村谭氏为元朝铁木耳的后代七兄弟，在元末逃离大都，辗转进入四川，改族易姓，其中谭满一及妻胡氏落业涪州黑石里，谭满三及妻秦氏落业万州三（木真）里龙王坝，谭满四及妻黄氏落业忠州珠子乡大梨树，迁居巫山县，再迁石柱县，再迁彭水龙射堡，谭满五及妻李氏落业云南罗海县沙子河，谭满六及妻易氏落业重庆狮子山，谭满七及妻王氏落业巴州秀月山，谭满九及妻文氏落业丰都高家镇文溪河，兄弟间亦有认宗诗一首：本是元朝帝王家，洪巾赶散入西涯。红阳岸上分携手，凤柳桥头插柳椏。一姓改为几样姓，几姓分据百千家。要想兄弟同相会，一游云梦海推沙。后人记得诗八句，五百年前是一家[59]。

彭水润溪乡石坝村余氏相传祖先为铁姓蒙古人，兄弟九人避难求生，作有认宗诗一首：铁姓原是宰相家，洪巾赶散入西涯。兄弟只想河中死，哪知河中插柳椏。又有鱼儿滩上走，托我兄弟进洛阳。洛阳桥上一分手，铁余两姓是一家[60]。

重庆主城区、石柱县、彭水县余姓蒙古族传说，其始祖铁木见是铁木真的五世孙，娶弘氏、张氏为妻，生有秀一铁承良、秀二铁承勋、秀三铁承模、秀四铁承猷、根五铁承业、根六铁承烈、根七铁承德、根八铁承光、根九铁承英，女铁金莲，赘婿金容，赐名根十铁承弦，皆进士及第，号称“九子十进士”，元末易姓改名为余，九子一婿分别为余清、余祯、余醇、余和、余藩、余垣、余屏、余翰、余芳、余寿英、余伯。分别之际作认宗诗一首：本是元朝帝王家，红巾赶散入西崖。泸阳岸上分携手，凤锦桥边插柳椏。否泰是天皆由命，悲伤思我又思他。余字并无三两姓，一家分作万千家。十人誓愿归何处，梦里云游浪卷沙[61]。

《石柱土家族姓氏源流》载：谭福二（谭祯祥），旧居湖广麻城洗脚顿东岳庙侧，任州刺史。洪武初，“硐蛮”作乱，不能安业，始祖带百余人，从麻城孝感乡出发，下马都亭里翻天大池。明敕令以道职移驻四川南宾石渠里老屋基，其后分布忠州崇九里桂塘溪、垫江高滩等地。谭氏族谱有诗云：本上元朝宰相家，洪兵赶散入西涯；青绿岸上同分手，绿柳江边看发芽；咬破指头书血字，挣开泪眼滴恒沙；几人离散川东去，一梦云迷北海遮，否泰在天皆由命，悲叹由己总无差。后人追忆此诗句，千百年来是一家[62]。谭朝贵，生谭雷七，雷七生谷祥，谷祥生景盛（升荣），景盛生飞熊、飞凤。祖居湖北武昌黄州府江夏县，明洪武战乱，赶散入川，兄弟十人，离别时有诗一首：本是元朝帝王家，洪兵赶散入西涯；绿芽岸边分携手，风景桥头插柳芽；否泰在天皆由命，忘乡悲我又思他。十人离别何处去，一梦犹如海抛沙。子自更改三两姓，一家改着千百家，有人记得诗一首，百千万年是一家[63]。谭元春，传原姓铁木耳，为元朝命官。元末明初，姑苏张士诚、山西陈友谅、陕西徐寿辉互争雄长，天下大乱，兄弟子侄七八人，于洪武二年二月二日辰时，从湖北麻城孝感乡珍珠石湖入川，至巫山广渡口分诀，临别作诗一首：本是元朝宰相家，洪后赶散入西涯；芦苇岸上同分手，风景桥头插柳芽；咬破指头滴血泪，挣开泪眼滴恒沙；否泰天在皆由命，忆乡悲我又思他。几人离开川东去，一梦由入海抛沙。子侄更改三两姓，一家改着百千家，有人记得诗一首，百千万年是一家。“于八月十五日子时，拜天地祖宗，改铁为谭。铁木耳后代改为赵、朱、陈、杨、胡、铁、谭、梅、王等姓；铁木蛟和铁木真后代改王姓。铁木王父子四人变为赵、朱、陈、杨四姓，已赶出江去矣。”[64]

余成良更是写作了《西南元朝宰相家春秋——明朝皇室族源探秘初稿》，其“家族散处在西涯”部分，更是收录了不少进入各地的“元朝宰相家”的认祖诗。

重庆巴南区余氏认祖诗：余本元朝宰相家，红巾赶散入西涯；芦林岸上分携手，风锦桥头插柳丫；流泪眼观流泪眼，悲伤思我又思他。十人失散归何处，如游云梦浪卷沙。余家并无三两姓，一家分作万万家，后孙不认宗与祖，身生白癞丧黄沙。

重庆长寿区万顺镇洪湖镇四川省邻水县黎家乡，云南省镇雄县大湾镇，贵州省黑桃坝等处陈友谅分支，始祖陈文进是明朝洪武年间入川。在该谱书中的《扫墓祭文》中写道：我祖先朝为宰相，弟兄八人人甚广，福州分散各一方。并有陈氏遗诗：本是元朝宰相家，洪君赶散入西涯；棋盘石上相聚首，风荡河边柳更斜；弟兄八人分别后，一家分做千万家。

重庆明玉珍的谭氏后裔认祖诗：本是元朝宰相家，洪兵赶散入西涯。芦陵岸上分携手，绿柳江边看必芽。咬破指头书血字，睁开泪眼滴恒沙。若是本宗来相认，合得诗句是一家。

遵义县平正仡佬族乡野彪片区沈氏后裔认祖诗：沈氏原来宰相家，皇军追赶入西涯，沈基桥上来分散，渭水河边插柳花。异日团圆重相会，辅助朝廷永无差。后人记得诗八句，千家万家是一家。

遵义县团溪镇据传为沈万三后裔流传有六句诗（原本八句）：沈氏原来宰相家，皇军追赶过西涯。江西游出四川坝，十八桥头分了家，若是记得诗八句，千家万户是一家。

川东黄氏认祖诗：黄姓本是宰相家，为避红兵奔西涯。五凤楼前分携手，御河桥头插柳丫。但愿房房出虎穴，他乡户户振声家。世远分支传旧句，不没水源百代华。

重庆璧山县马氏家谱诗云：祖绩本是宰相家，皇兵赶散走天涯。篓笠坎上分西手，湖水桥边插柳花。马姓并无二三字，一家发出几千家。只有记得诗八句，千家万家共一家。

重庆永川仙龙镇太平桥村、粉店乡镇马氏认祖诗：本是元朝宰相家，黄巾赶散各天涯。芦林岸上分携手，细水河边插柳花。一笔难书双马字，八房遗后千绵瓜。联吟数语昭来许，按谱稽图是不差[65]。

从这些描述，我们可以看出在元末明初的烽火岁月，当时的蒙古族是何等的悲哀和凄惨，简直成为“过街老鼠，人人喊打”。这反过来则告诉我们唐崖千户所的易主、土家族强宗大姓的崛起已成历史的必然。

（6）唐崖土司覃氏的“造谱”。土家族的土司和强宗大姓为了提高自己的声望和影响力，曾经广泛地进行过“造谱”活动，对此，雷翔以田氏土司为例进行过探究[66]。从唐崖《覃氏族谱》看，覃氏亦有“造谱”活动。因为蒙古帝国的声威，因为蒙古征伐鄂西和唐崖千户所设立的史实，因为元朝帝王家、宰相家进入西南传说的广泛性，因为唐崖铁木真三兄弟的传说，于是唐崖土司覃氏就把自己打扮成唐崖千户所的合法继承人，并利用元朝帝王家、宰相家的身份，使自己进入到元室宗籍。从而才有了唐崖《覃氏族谱》所谓的蒙古“世系传承”问题。

（7）唐崖土司的“蒙古族文化特质”的“遗存”。唐崖土司覃氏虽非蒙古族，但唐崖土司存在一定的“蒙古族文化特质”则不成问题。因为：第一，从元世祖时期蒙古人征战鄂西，到唐崖千户所的设立，再到明玉珍设立唐崖土司，其间经历了近百年的历史。蒙古人在这里征战、镇戍、生活、繁衍，自然会留下不少的蒙古族文化。因此，断然否定“蒙古族文化特质”是不明智的。第二，作为一种历史文化，后继者总会或多或少地继承先辈的文化，并在此基础上进行文化的生成与再创造。因此，在唐崖土司文化中保留较多的“蒙古族文化特质”也是可以理解的。同时，更反映出土家族的博大、宽容与善于学习。第三，从唐崖千户所到唐崖土司的转变，土家族强宗大姓的崛起，固然有蒙古族与土家族在特定环境下的力量“博弈”，但总体上应当是以“和平”方式进行和完成的，甚至可能是双方利益“妥协”的产物。而正是这种“妥协”，加上唐崖土司覃氏的“造谱”，使唐崖土司保留了较多的“蒙古族文化特质”。第四，对于这些“蒙古族文化特质”尚需具体问题具体分析，不能一概而论，以偏概全。比如体质特征问题，言唐崖覃氏曾保留着蒙古族体质的一般性特征，其祖辈的颧骨普遍比当地人高，身材普遍比当地人高大壮实，而越往后则越和当地人相同。这就存在一定的问题，并缺乏科学性。其一，此只是“唐崖一带的覃姓长者说”，而非科学实测数据，更不是基因测定，因此，论据的充分性不够，论点的信服力不强。其二，整个中华民族包括蒙古人均属于蒙古人种，具有一般蒙古人种的特征，故整个中华民族的人种差异并不是太大，其最大差异只是因地域问题而造成的体格差异。虽然蒙古人种与蒙古人有别，但不宜用此简易地说明唐崖土司覃氏是蒙古还是土家的体质差异。又如勇武精神问题，蒙古族是一个勇武善战的民族，具有重勇尚武的精神，并且建立国令世界震惊的蒙古帝国。但将蒙古族的勇武精神与唐崖土司覃氏“荆南雄镇，楚蜀屏翰”相互联系、相互印证则难以令人信服。因为中国其他少数民族的尚武精神极为浓郁的。即以土家族而言，其尚武精神就至为鲜明[67]。这里不妨例举一些史料就可见其所言非虚。田汝成《炎徼纪闻》云：“酉阳乌落部落之长多冉氏，一曰冉家蛮，诟之曰南客子。其俗散处于沿河、祐溪、务川之间，跋扈不惠，尚武而善猎，德兽必祭而啖之。”[68]

嘉靖《思南府志》云：“印江朗溪多土人，勤生啬用亦险健，善持长吏（矛）。”嘉靖《思南府志》卷三《地理志·风俗》云：“悍劲之性，靡然变易矣。”[69]

嘉靖《贵州通志》卷三《风俗》载沿河祐溪长官司下的“冉家蛮”，是“性凶恶，不惮深渊猛兽，采砂煎水银，出入持刀弩，好渔猎，得兽祭鬼而后食之。姻事用牛，男女有别”[70]。

谷应泰《明史记事本末·西南群蛮》云：“有冉家者，冉氏之裔，散处于沿河、祐溪、务川之间，尚武而善猎，得兽必先祭而啖之。死丧用牛，击鼓哀唱，祭毕安于山洞而散。冉家蛮之名亦古有之。”[71]

曹学佺《蜀中广记》载：石柱宣抚司，“其民悍而好斗，兵马称强，间有所调遣，辄踊跃趋赴”。秀山邑梅长官司，“其人语异马鞍音，衣穿斑布，用木浪槽为臼而舂稻粱，沥苦篙水代盐而鲊宿肉，婚姻以牛只为等，疾病以巫祝为医，竞私斗昧公义，虽有勇敢徒以偕乱，然不能禁。土地膏腴，宜耕稼，因喜椎黄牛以享众”。秀山平茶长官司，“所属有五种夷，言语侏儒，性好捕猎，火炕焙谷，野麻缉布，巫祷治病，歌唱送殡，号为南客……其人骁悍善战”。秀山石耶长官司，宋宣和年间，“杨再安征伐有功，蛮人畏服，因世为石耶土知府。明洪武初年，杨金隆归附，改立长官司，设长官二员，皆杨氏职。人织斑布以为衣，佩长刀而捕猎”[72]。

《宜昌府志》谓“巴东山川雄奇，常产英特，多以才气自负……犹有悍风。然其性率直，非难治也”[73]。

《永顺县志》说“土俗耐劳习险，劲勇善斗”[74]。

《来凤县志》称其民“悍而直”，“卯洞地居邑之西南鄙，……俗尤戆朴”。

严如煜《苗防备览》云巴人遗裔“轻生好斗，而朴拙淳直。”“永堡土人，劲勇好斗”[75]。

胡朴安《中华全国风俗志》上篇卷五言：“宣恩，……俗嗜暴悍。”“来凤，性犷而悍。”

1933年酉属专员甘明蜀云黔江：“人民剽悍异常，极爱作无谓争执。杀人雪恨，图快一时，循环报复，仇杀不休。有时赶集，亦各带小斧一把，稍遇不称意的事情，辄取出与对方迎头劈去。土人呼此种小斧为土连枪，以其锋锐巧小，运用自如，且劈无不死敌也。”在酉阳，象北固关、北平关等那样的雄关，“酉阳境内，四塞皆是，真是一座金城汤池。现在虽然残破，却犹能在晓风残月之下，相见当日铁骑飞突，追奔逐北的盛迹”[76]。

周兴茂认为崇力尚勇是土家族的一大民族天性。由于土家族地区独特的地理环境、生产方式和共同经济生活以及漫长而艰辛地开拓与发展的历史，陶冶了土家族人民崇力尚勇的民族性格。崇尚实力，天性勇武，注重竞争，这些与中国传统文化中的“崇德贱力”形成了鲜明对照。因此，对土家族及其先民的崇力尚勇不仅史有明载，而且在土家族的白虎崇拜中、狩猎遗风中、傩戏表演中、民风民俗中、摆手舞表演中、武术表演中、革命歌谣中等均有深刻的体现和表现[77]。

综上所述，唐崖土司并非蒙古族土司，唐崖土司覃氏也非蒙古族。因为唐崖经历了从唐崖千户所到唐崖土司的演变，其长官也经历了从蒙古族到土家族强宗大姓覃氏的转变。唐崖土司覃氏虽非蒙古族，更非蒙古族王室宗籍，但蒙古族在鄂西的近百年活动，也使唐崖土司保存较多的“蒙古族文化特质”。

注　释

[1] 潘光旦：《湘西北的“土家”与古代的巴人》，《民族研究论文集》（第3集），中央民族学院研究所，1983年。

[2] 王平：《覃氏族源考》，《贵州民族研究》2001年第3期。

[3] 刘文政、吴畏：《唐崖土司概观》，国际文化出版公司，2001年。

[4] 王希辉、杨杰：《唐崖土司覃氏世系及其征调述略》，《三峡大学学报》（人文社会科学版）2009年第6期。
[5] 覃双武：《关于唐崖土司属覃氏渊源的考证》（http://www.zhqsw.cn/html/4-1/1057.htm）。
[6] 故宫博物院：嘉庆《恩施县志》，《故宫珍本丛刊本》（13），海南出版社，2001年。
[7] （清）张九章：《黔江县志》，《中国地方志集成本》，江苏古籍出版社、上海书店、巴蜀书社，1990年。
[8] 《黔江县志》编纂委员会：《黔江县志》，中国社会出版社，1994年，第619页。
[9] 《黔江县志》编纂委员会：《黔江县志》，中国社会出版社，1994年，第584页。
[10] 曾超：《黔江移民姓族孙氏略考》，《三峡大学学报》（人文社会科学版）2012年第3期。
[11] 《来凤县志》，《中国地方志集成》（湖北府县志辑57），江苏古籍出版社、上海书店、巴蜀书社，2001年。
[12] （清）王树人修，（清）侯昌铭纂：《永定县乡土志》，清光绪三十三年（1907）刻本。
[13] （清）张廷玉：《土司传》，《明史》（卷三百十），中华书局，1974年，第7981页。
[14] 龚荫：《中国土司制度》，云南民族出版社，1992年，第1244页。
[15] 龚荫：《中国土司制度》，云南民族出版社，1992年，第1246页。
[16] 龚荫：《中国土司制度》，云南民族出版社，1992年，第1248、1249页。
[17] 龚荫：《中国土司制度》，云南民族出版社，1992年，第1251、1252页。
[18] 龚荫：《中国土司制度》，云南民族出版社，1992年，第1253~1256页。
[19] 龚荫：《中国土司制度》，云南民族出版社，1992年，第1271页。
[20] 龚荫：《中国土司制度》，云南民族出版社，1992年，第1280页。
[21] 龚荫：《中国土司制度》，云南民族出版社，1992年，第1221页。
[22] 龚荫：《中国土司制度》，云南民族出版社，1992年，第1222页。
[23] 龚荫：《中国土司制度》，云南民族出版社，1992年，第1229页。
[24] 龚荫：《中国土司制度》，云南民族出版社，1992年，第1233页。
[25] 龚荫：《中国土司制度》，云南民族出版社，1992年，第1237页。
[26] 龚荫：《中国土司制度》，云南民族出版社，1992年，第1285~1288页。
[27] 龚荫：《中国土司制度》，云南民族出版社，1992年，第1296、1297页。
[28] 龚荫：《中国土司制度》，云南民族出版社，1992年，第1306~1308页。
[29] 龚荫：《中国土司制度》，云南民族出版社，1992年，第1308、1309页。
[30] 龚荫：《中国土司制度》，云南民族出版社，1992年，第1309、1310页。
[31] 龚荫：《中国土司制度》，云南民族出版社，1992年，第1310、1311页。
[32] 龚荫：《中国土司制度》，云南民族出版社，1992年，第1312、1313页。
[33] 龚荫：《中国土司制度》，云南民族出版社，1992年，第1313页。
[34] 龚荫：《中国土司制度》，云南民族出版社，1992年，第1313、1314页。
[35] 龚荫：《中国土司制度》，云南民族出版社，1992年，第1317、1318页。
[36] 龚荫：《中国土司制度》，云南民族出版社，1992年，第1322~1324页。

［37］ 龚荫：《中国土司制度》，云南民族出版社，1992年，第1331、1332页。
［38］ 龚荫：《中国土司制度》，云南民族出版社，1992年，第1333～1335页。
［39］ 龚荫：《中国土司制度》，云南民族出版社，1992年，第1335～1337页。
［40］ 龚荫：《中国土司制度》，云南民族出版社，1992年，第1341～1343页。
［41］ 《唐崖土司与蒙古族的渊源》（http://www.enshi.cn/20100707/ca185000.htm）。
［42］ （清）张梓：《咸丰县志》，清同治四年本，第12～14页。
［43］ （清）张梓：《咸丰县志》，清同治四年本，第7页。
［44］ 《唐崖土司与蒙古族的渊源》（http://www.enshi.cn/20100707/ca185000.htm）。
［45］ 《铁木真》［EB/OL］.http://baike.soso.com/h1417514.htm?sp=l1710871.
［46］ 《元朝帝王世系》［EB/OL］.http://blog.sina.com.cn/s/blog_6d751fd001011f3g.html.
［47］ 施南土司：《覃氏家谱》，吴远干、戴楚洲、田波：《慈利县土家族史料汇编》，岳麓书社，2002年。
［48］ 高天平：《姓氏考》（内部），1993年。
［49］ 蔡玉葵：《石柱土家族姓氏源流》，重庆出版社，2013年。
［50］ 《彭水县志》编纂委员会：《彭水县志》，四川人民出版社，1998年。
［51］ 重庆市民族宗教事务委员会：《重庆民族志》，重庆出版社，2002年。
［52］ 《彭水苗族土家族自治县民族宗教志》编纂委员会：《彭水苗族土家族自治县民族宗教志》，重庆出版社，2003年。
［53］ 《彭水县鹿鸣乡谭、张蒙古族简史》。
［54］ 赵开国：《血泪凝诗句　僻壤隐天骄——对彭水蒙古族调查》，《绿荫轩》1984年第5期。
［55］ 东人达：《成吉思汗在西南的后裔》，《内蒙古大学学报》（人文社会科学版）2004年第1期。
［56］ 王希辉等：《田野图志——重庆彭水少数民族非物质文化遗产考察》，西南交通大学出版社，2012年。
［57］ 莫代山等：《重庆世居少数民族研究》（侗族、蒙古族卷），重庆出版社，2013年。
［58］ 王希辉等：《田野图志——重庆彭水少数民族非物质文化遗产考察》，西南交通大学出版社，2012年，第224、225页；莫代山、王希辉：《重庆世居少数民族研究》（侗族、蒙古族卷），重庆出版社，2013年，第185、293、294页。
［59］ 王希辉等：《田野图志——重庆彭水少数民族非物质文化遗产考察》，西南交通大学出版社，2012年，第225、226页；莫代山、王希辉：《重庆世居少数民族研究》（侗族、蒙古族卷），重庆出版社，2013年，第186、294页；《彭水苗族土家族民族宗教志》编纂委员会：《彭水苗族土家族民族宗教志》，重庆出版社，2003年，第17页。
［60］ 王希辉等：《田野图志——重庆彭水少数民族非物质文化遗产考察》，西南交通大学出版社，2012年，第226页；《彭水县志》编纂委员会：《彭水县志》，四川人民出版社，1998年，第705页。

［61］ 莫代山、王希辉：《重庆世居少数民族研究》（侗族、蒙古族卷），重庆出版社，2013年，第217、218页。

［62］ 蔡玉葵：《石柱土家族姓氏源流》（内部），2013年，第55、56页。

［63］ 蔡玉葵：《石柱土家族姓氏源流》（内部），2013年，第56、57页。

［64］ 蔡玉葵：《石柱土家族姓氏源流》（内部），2013年，第57页。

［65］ 余成良：《西南元朝宰相家春秋——明朝皇室族源探秘初稿》（内部），2012年，第88、89页。

［66］ 雷翔：《土家田氏考略——兼评“造谱”现象》，《湖北民族学院学报》（人文社会科学版）1994年第3期。

［67］ 曾超：《巴人尚武精神研究》，中国教育文化出版社，2005年。

［68］ （明）田汝成：《炎徼纪闻》（ http://www.booksforest.com/thread-176904-1-1.html ）

［69］ （明）钟添纂，思南县志编纂委员会办公室点校：《思南府志》（内部），2002年。

［70］ （明）谢东山修，（明）张道纂，（明）杨升庵序：《风俗》，《贵州通志》（卷三），明嘉靖三十四年（1555）刻本。

［71］ （明）谷应泰：《西南群蛮》，《明史记事本末》，吉林出版集团有限责任公司，2005年。

［72］ （明）曹学佺：《蜀中广记》，电子本。

［73］ （清）聂光銮等：《宜昌府志》，清同治五年（1866）本。

［74］ （清）李瑾纂修，（清）王伯麟增修：《永顺县志》，清乾隆十年（1745）刻本。

［75］ 胡朴安：《中华全国风俗志》（上篇卷五），岳麓书社、中南出版传媒集团，2013年。

［76］ 甘明蜀：《西属视察记》，《四川月报》1933年第1期。

［77］ 周兴茂：《土家学概论》，贵州民族出版社，2004年，第280～290页。

国家认同视野下的唐崖土司置设与征战研究

彭福荣

（长江师范学院乌江流域社会经济文化研究中心）

摘要：我国自古就是多民族统一国家，元、明、清等朝通过土司制度实现了对西南等民族地区和少数民族的间接统治。运用国家认同的基本理论，明清正史及《覃氏族谱》等文献资料表明，唐崖土司经北方蒙古族“蛮化”并融入本土大姓覃氏，职位从长官司、千户所，经安抚司、宣抚司至宣慰司。根据土司制度规约，唐崖土司的军事征战主要是为国家招抚民众并保境安民，为社稷奉调出征并镇压反抗，为维持统治并扩张领地。唐崖土司个案表明，土司职位的设置与变迁、土兵武装的运用与影响均与国家及土司的国家认同认有关，故土司研究不能脱离中国自古就是多民族统一国家的重大历史前提。

关键词：国家认同；唐崖；土司；征战

在国家“大一统”的政治框架内，元明清等朝利用土司制度，将西南等民族地区纳入“王土”，少数民族首领身列“王臣”，少数民族得成“王民”，使集权统治和国家权威得以深化和下沉，直至全面实现“一体化”；在此过程中，少数民族首领依托土司制度而成为国家在民族地区的代表，将自然获取并历代传承的地方统治权力借助国家权威予以确认和固化，着力消解各族土民对其统治合法性的质疑和背离，通过职位承袭、军事征调、朝贡纳赋和崇儒兴学等方式以强化中央政府与民族地区及少数民族的政治统治、社会管控、经济开发和文化变革，有效地维系国家和自身的统治利益。自元朝开始，土司制度日渐成为国家管控西南等民族地区和少数民族十分重要的地方政治制度，经历形成、完善至废除的完整过程，对中华民族 “多元一体”、中国“多元同创”的历史进程具有重要的意义，能为促进当下的国家统一、经济开发、社会和谐、文化繁荣和民族团结提供历史经验。

作为我国土家族的组成部分，鄂西土家族也经历漫长的土司统治时期，覃、田等强宗大姓凭特殊的自然人文环境和特定的历史条件，经国家权威确认而身居土司职位，其中包括以军征武功著称“楚蜀屏翰”的唐崖土司。或因地处偏远和职微位卑，唐崖土司的置设、族属及征调等问题因载记简略而仍有探讨之必要。目前的相关研究成果主要有王平《唐崖覃氏源流考》和王希辉《唐崖土司世袭及其征调述略》等相关研究，或重探讨族源族属，或偏把握世袭传承，非置设问题多有歧说，军事征调虽被言及亦未能突出其与国家的关系与影响。事实上，唐崖土司认同元明清等朝代表的国家大统，根据土司制度的规约而奉调与征和保境安民，军事征战既有维护封建统治的性质，也有保境安民的目的，甚至还有扩张领地的做派。因此，笔者拟从国家认同的角度来观察唐崖土司的职位置设和军事征战，以期在“大一统”背景下把握其与中央政府的关系并深入推进相关研究。

一、土司置设辨析

元朝定鼎中原而续接国家大统，通过土司制度来任授少数民族首领品级不等的职位，实现对西南等民族地区和少数民族的间接统治。同时，中央政府为维系统治和加强控制而在各地驻军，也对西南等地的各族土司实行威慑和监控。在鄂西土家族地区，根据唐崖《覃氏族谱》，唐崖土司入咸始祖覃启处送系蒙古族“元朝宗籍”铁木乃耳的六世孙，因征剿招安“蛮民”并镇守其地而成一方土司，有效维系了国家对民族地区和少数民族的统治。因孤军深入和受本土强宗大姓挤压，唐崖土司虽奉王命而势渐弱，被迫融入当地大姓覃氏，与同姓的散毛、唐崖和金峒等土司交好，与龙潭田氏土司多有攻伐，直至覃鼎与龙潭安抚司田氏联姻方止。唐崖土司出身蒙古族而被“蛮化”成土家族土司，其承载的民族文化传统因生存环境变化、生计方式转变而发生变化甚至重构，实现了从草原游牧文化向山地农耕文化的变迁。作为国家“王臣”，唐崖土司职位前后传承17代，但部分职衔的置设由于载记粗略而需加梳理。

（一）千户所

军民千户所或为唐崖覃氏土司所获之较早职衔，但具体设置时间待考。顾祖禹《读史方舆纪要·湖广八》“施州卫军民指挥使司”条记载：“唐崖长官司，本五溪西界地，元置唐崖长官司，寻更为军民千户所。”[1]明清正史基本采信顾氏所称[2]，但置设时间未加考证。《明史·地理志》记载：“元唐崖军民千户所。明玉珍改安抚司。洪武七年（1374）四月改长官司，后废。永乐四年（1406）三月复置，直隶施州卫。”[3]《清史稿·土司传一》“湖广”条云唐崖长官司“元置千户所，明洪武七改长官司。清初，覃宗禹归附，仍与世袭。雍正十三年（1735），覃梓桂纳土，以其地入咸丰县”[4]。

（二）长官司

长官司是唐崖土司最重要的职衔，元明清三朝都曾置设，但部分设置时间待考。如前所述，史家把长官司当做唐崖覃氏土司在元代的始设职衔，但《覃氏族谱》云入咸始祖曾官至宣慰，其子覃值什用袭父宣慰职，因洪武四年（1371）追随左将军廖永忠平蜀“冒微功“而“降级受长官司之职”，覃耳毛嗣职却因乱废置[5]。族谱所言与史料载记不一，也与明氏大夏国以提升职衔来笼络鄂西土司的事实不符，位在偏远的唐崖土司本可乱世自守以待时变，按理不会弃宣慰而接受明氏宣抚使，更何况品级更低的长官职，故元末唐崖土司的职衔当为长官。事实上，明初朱元璋对西南等地的各族土司诱以“原官授之”，企图通过保障土司的既得利益而促其归附新朝。明代是唐崖土司职衔变化最大的时期，或贪恋大夏国的宣抚使职而观望不前，明初原职归附而于洪武六年（1373）或次年被改职长官，后因乱废止至永乐四年因覃忠孝招抚蛮民千余而被复职长官。《大明一统志·施州卫军民指挥使司》记载：“唐崖长官司，永乐四年置，直隶施州卫。”[6]《施南府志·疆域志》记载“废唐崖土司”是“明洪武六置长官”[7]。经永乐复置后，鄂西土家族土司的格局基本确定下来而与中央政府的关系较为稳定，唐崖长官司直隶于施州卫[8]。明清交替，容美土司顺治十三年（1656）顺附新朝，鄂西其他土家族中小土司迟至康熙三年（1664）施州卫投诚后而才放弃对抗国家，唐崖土司于康熙年间被中央政府从宣慰使降为长官至被改流。

（三）安抚使

安抚使是唐崖土司最为复杂难明的职衔，任授时间或有争议。唐崖《覃氏族谱》称土司覃忠孝以招抚千余而被国家仍给安抚原职任事，《咸丰县志》却载：元至正六年（1346），“置唐崖安抚司，覃氏世袭其爵。后覃启处送有功，封武略将军，升为宣慰司。明洪武四年降为安抚司。洪武七年降为长官司。至覃忠孝，奉令招蛮民1562名，兵部给安抚职”[9]。地方文献或因文化自高而称唐崖覃氏土司在元代得职安抚并荣宣慰，也点其明代袭原职而遭降衔安抚并复职的时与事，但并没指明职衔升降缘由。另唐崖《覃氏族谱》称土司覃值什用在洪武四年因冒功而被从宣慰直降长官职，而不是在明初七年内从宣慰经安抚降至长官。两厢对照，笔者以为明清正史的载记为真，前文所述唐崖土司因招抚民众而复置长官司而非安抚职，时间在永乐四年而非唐崖《覃氏族谱》所云的永乐二年（1404）。事实上，元明之交的明玉珍大夏国通过提升土司职衔来拉拢鄂西土家族土司，故将唐崖土司职衔从长官升为安抚使甚至宣抚使。因此，唐崖土司职衔在元代是职衔较低的长官司和军民千户所，因归附明氏大夏国而得职安抚使或宣抚使。元明鼎革，唐崖土司得仍旧职至洪武六年或次年被降职长官，经乱废止至永乐四年复职长官，再以战功而升至明清宣慰。康熙四年（1665），唐崖土司归附清朝而仍宣慰旧职，又因附逆吴三桂反抗中央政府而于康熙二十年（1681）降职长官司至雍正朝改流。

（四）宣抚使

宣抚使也是唐崖土司所得之职，《湖北舆地记·施南府》记载：“（至正）十五年改为忠孝军民安抚司……由于施州南境蛮地置龙潭安抚司……唐崖长官司，寻改为唐崖军民千户所……元末明玉珍据有其地……改唐崖军民千户所为唐崖宣抚司……（洪武）七年改唐崖宣抚司为长官司，寻废……（永乐）四年，复置木册、唐崖二长官司，木册属高罗安抚司，唐崖直隶施州卫……嘉靖初，分施南地置中峒安抚司，属施南宣抚司。于是，施州卫领军民千户所……其木册、镇南、唐崖三长官司则直隶施州卫者也……（雍正）十三年……以大田千户所及施南所领之金峒安抚司、散毛所领之龙潭安抚司及唐崖长官司地置咸丰县[10]。另唐崖土司家族子弟亦因征调奢安之乱战功而获宣抚使职，较安抚使有所升职。“钦依峒主覃杰于天启二年（1622）征剿水西安邦彦，“冲关斩煞（杀），势如破竹，救陷出围”，次年调征奢崇明等又“血战报功大捷”，因巡抚朱燮元奏请而“功升宣抚使司”[11]。

（五）宣慰使

宣慰使是唐崖土司所获职衔之最高者，《覃氏族谱》称唐崖土司入咸始祖覃启处送奉命靖乱而镇守其地，得“授唐崖，赐宣慰使司之职”，元明两朝“俱蒙授安抚、宣慰之职”[12]。由于采信《覃氏族谱》，《咸丰县志》记载：元至正六年，“置唐崖安抚司，覃氏世袭其爵。后覃启处送有功，封武略将军，升为宣慰司……正德九年（1514）覃天富奉调征讨四川，功授宣慰原职。清康熙二十年（1681）降为长官司”[13]。同书对该县“建置沿革”条又载“元至正六年，置唐崖军民千户所，覃氏领其职”，未提其元明时期升宣慰降安抚等职衔事，因此，笔者认为唐崖土司元代授职宣慰或不成立。明正德年间，唐崖土司覃天富“奉调征剿川寇麻儿六”身故，“据功提叙，恩授宣慰原职”[14]。嗣后，唐崖覃氏土司子弟均“承袭父职”。明清交替，唐崖覃氏土司于康熙四年仍宣慰使职。在吴三桂反清浪潮中，鄂西土家族土司倒戈接受“伪职”，唐崖土司覃鼎亦追随吴氏反抗中央政府。康熙十九年（1680），唐崖覃氏土司再次归顺清朝，其宣慰职衔被降为长官。另民国《湖广通志·舆地志十四》“藩封·唐崖长官司”条引“嘉庆旧志”称“唐崖长官司覃宗禹康熙四年以宣慰司改给长官司”，非前文所提之康熙二十年，并注曰“宣慰司当为长官司所改升第，未知在何时”[15]。相较而言，唐崖土司不顾国家宣慰之责而助长吴氏颠覆清朝，是不履臣职、悖逆国家的典型行为，故中央政府在乱后整治中以降衔警诫之，故康熙二十年改职长官事为可信。《咸丰县志·土司志》记载：唐崖土司投诚清朝，先后随附吴三桂反清、谭宏窃据四川，在康熙二十年归顺后“故降职”[16]。

二、军事征战分析

国家认同是社会成员对所属国家这个认知客体的历史源流、政治体制、文化传统等精神性归属和体现在不同领域的实践性行为。由于国家利益共同体的属性，国家通过制度法律及其运行来尊重、保护和善待社会成员或群体，使其免遭制度性歧视并满足其生存发展的基本要求，共同分享经济、社会和文化发展所取得的成果，让其在有尊严的生活中形成和巩固对国家的认同感和归属感，避免出现因权益不得满足而引发认同危机。针对西南等民族地区和少数民族特殊的自然人文状况及囿于国家集权统治能力，元明清等朝在 “大一统”国家背景下，创造性地实施土司制度，不断促成和深化历代土司和各族土民的国家认同。

因土司制度与生俱来的割据性，各族历代土司拥有较高的地方自治权力，通过“寓兵于农”等形式而拥有一定规模的土兵武装，是其军事征调、保境安民甚至相互火拼的重要工具。根据元明清等朝的土司制度，西南等地的各族历代土司作为“王臣”而具有保境安民和奉调与征以维护国家统治的义务，国家以此考量土司的忠顺程度，中央政府采取措施奖劝各族土司效命疆场，惩戒其悖逆国家的行为，甚至借机革除职位。各族土司在保境安民的基础上，主动请缨或奉调与征以维持国家统治，也凭借土兵武装扩张领地，甚至相互火拼，虽巩固自身统治地位，但给国家统治造成一定的负面影响。尽管地处偏远鄂西和职微势弱，唐崖覃氏土司出身勇武善战的土家族，拥有并凭借一定规模的土兵武装，在军事征战中体现对国家的忠诚，即“斩寇有功于朝，世受皇恩”[17]。《咸丰县志》等文献显示，唐崖土司出身军将又融入土家族血统，其率军征战既有招抚民众并镇压其反抗中央政府的护国性质，也有奉调与征、扫除悖逆国家势力的效忠性质，还有扩张领地、恃强火拼的损国行为。

（一）为国家招抚领地民众，因土司环立和生存之需而保境安民

研究表明，土司是元明清等朝在西南等民族地区和少数民族的国家代表，其保境安民的义务包括开拓和保持土司领地，防止汉人无序进入及盗匪窜入领地，约束各族土民侵扰内地及对抗中央政府等[18]。根据土司制度，各族历代土司除奉调出境以征御敌国和维系国家统治外，其土兵武装还有“保境安民”的职能。为谋求领地范围和统治利益最大化，各族土司亦因一己之私而相互攻伐。

唐崖土司源出蒙古族铁木乃耳后裔，起初是元朝中央政府为军事监控、威慑民族地区的各族土司而派驻军队的首领，后逐渐被“蛮化”而转为鄂西土家族土司，在职衔变化中有效实现并维系了国家对民族地区和少数民族的间接统治。根据唐崖《覃氏族谱》，唐崖土司元代始祖覃启处送入咸时间有待明确，因“边夷南蛮”屡叛不靖而奉旨征剿而来，被中央政府以招抚民众而授职镇守，后因孤军深入和受鄂西土家族强宗大姓挤压而逐渐弱势，被迫成功融入当地土家族大姓覃氏[19]。唐崖土司自元置设至清雍正改流，与周邻散毛、金峒和龙潭等土司的关系密切。《咸丰县志·土司志》为体现同源共祖，认定或假想唐崖土司二世祖覃值什用生养七子并分司鄂西土家族地区：覃安毛任职金峒司，覃耳毛任职唐崖司，覃散毛任职散毛司，覃非毛任职东乡司，覃宴毛任职忠路司，覃花毛任职施南司，覃小毛任职毛港司[20]。唐崖土司以认同本土覃氏大姓的方式消弭其与周邻土司的隔阂，同姓土司的和平共处很大程度为鄂西各族土民赢得了生存发展的安宁时空，土司得以实现“保境安民”，在一定程度更利于维系中央政府和土司自身的统治。

在交好散毛、金峒等同姓土司的同时，唐崖覃氏土司因地接龙潭田氏安抚司，双方均致力于拓展生存时空和扩张统治利益而“世相仇杀”，明万历年间的唐崖、龙潭两土司因边界矛盾激化而再度兵戎相见，后以双方和亲化解，从此互不侵犯而和平共

处，各族土民因此安居乐业[21]。鄂西两家世仇土司的政治联姻为彼此领地的各族土民能安居乐业营造了前提条件，也结成利益共同体以增强自身对抗外部势力的能力，有保境安民作用[22]。历史人类学为研究明清武陵地区“赶苗拓业”事件提供了方法和路径，学者认为唐崖土司遗址附近的“苗儿沟”或与明初国家“以蛮攻蛮”屠杀少数民族有关[23]。如是，唐崖土司成为明朝利用土司防范、招抚和镇压少数民族的一枚棋子。永乐四年，唐崖长官覃忠孝与木册长官田谷佐均招聚民众三百余户，虽“父祖世为安抚”而请袭前职，中央政府准赐印章冠带[24]，重建并稳固了国家在其领地的统治。

（二）为社稷稳定奉调出征，因维持国家统治而镇压反抗行为

国家是阶级矛盾不可调和的产物，元明清等朝的封建统治不时激起民众的反抗，给国家社稷的稳定形成威胁。土司国家认同是指西南等地各族历代土司对元明清等朝基本制度、政治体制和国家权威的承认，是对以皇帝为核心的国家政权、法律制度的肯定性态度和行为，是其理性选择的过程和结果，具有鲜明的建构性特征。由于民族首领的“王臣”身份，土司国家认同的主体超越了所在族群成员以血缘为纽带、自然形成的归属感，各族人民包括历代土司打破自身及所在族群的血族关系，在与王朝国家及社会成员或族群交互往来过程中，表现为对国家组织、制度和法律等的认可与忠诚，遵守和维护国家权威所界定的社会秩序，确保国家制度和法律体系的权威性和顺畅运行，认可中央政府所倡导的文化传统、宗教信仰乃至社会习俗等，将王朝国家认同和中原文化认同置于优先的层级，与其他群体形成普遍的共同性国家意识。

尽管职微势弱，唐崖土司认同元明清等朝代表的国家大统，同为国家统治阶级的角色使其依托麾下的土兵武装遏制社会底层对国家政权的冲击，扫荡悖逆国家的势力，除响应国家征调而师出领地外，也镇压少数民族对封建统治的反抗。唐崖《覃氏族谱》表明，明代土司覃文铭曾调征四川江津曹甫，血战重伤而回营身故。嘉靖二十二年（1543），麻阳少数民族联合黔蜀等地民众对抗政府。嘉靖二十五年（1546），唐崖土司覃万金奉调征讨麻阳“苗逆”有功。应该指出，唐崖土司因国家“以夷治夷”、“以蛮攻蛮”之政策而镇压少数民族，在造成生命与财产、情感与心灵伤害和灾难的同时，也强化了不同民族间的交流和国家封建治理，也在一定程度促成和深化了中华民族“多元一体”和中国“多元同创”的历史进程。万历二十八年（1600）平播中，“唐崖、金洞、龙潭皆与焉”而被赐《三宣慰八宣抚司鼎铭》[25]。

明末尖锐的阶级矛盾激发了农民起义，极大动摇和威胁了国家统治。唐崖土司因国家危机而奉调征剿，全力镇压明末义军以维护明朝统治。正德九年（1514），土司覃富奉征“川寇麻六儿”而功授安抚使职。土司覃宗尧奉调征剿流寇，“防守荆州”而染病身故。崇祯三年（1630），土司覃宗禹奉调防守“夔府紫阳城有功”，又奉调平施州卫民众之乱，后调御义军张献忠部，在四川于麻渡河、大宁县等地堵截征战，故唐崖《覃氏族谱》称“随军门邵调御，张献忠寇蜀，率本司督兵堵战地名麻渡河，

孤城独战阵亡，舍把覃文孝、王先、李朝松、覃世王等二十七员斩功三百余颗，复于大宁县堵杀献贼，斩首三百余级，生擒贼兵五十三人”[26]作为王臣，面对国家的颠覆危机而挺身扶持，是唐崖土司顺附国家的责任和义务，也使其成为地主阶级镇压农民起义的帮凶。另唐崖土司等土家族土司奉调与征，战场多在领地之外，故鄂西土家族地区因保护较好而少受冲击。

历史经验表明，中国这个多民族国家的发展经历漫长的政治整合，入主中原的封建王朝延续一贯而来的国家治统，逐渐被不同社会成员或群体认同，构成中华民族“多元一体”和中国“多元同创”的历史画卷。元明清等朝自视延续国家治统，但国家长期的结构性失衡十分突出地表现为西南等民族地区和少数民族在政治、经济和文化等方面的差距，形成“民族与地域的边界契合”，各少数民族被视为“蛮夷”[27]，不时遭轻视和俯就。这种伤害性体验致使西南等地历代土司和各族土民对其他民族抱有一定程度的疏远、怨恨和敌意，并激发其自尊性肯定，可能质疑甚至否定其“王臣”和“王民”身份，引发国家认同危机，其自身民族文化与宗教信仰等也加深了危机程度，故土司悖逆国家的背景复杂。

元明清等朝利用土司制度实现对全国的统一和少数民族的统治，由于利益分配的不均衡及阶级矛盾的不可调和，西南等地的各族土司在改朝换代和国势衰微之时，可能因形势误判和欲望膨胀而发生国家认同危机，甚至极大威胁了国家的稳定。因此，元明清等朝中央政府根据“以夷治夷”的传统，调集资源和利用土司来消除统治阶级内部矛盾，扫荡悖逆国家的势力以维护封建统治。在此背景下，唐崖土司受土司制度的规约而积极参与镇压悖逆国家的土司，显其忠勇护国的一面，当然也得到了国家的奖赏。唐崖《覃氏族谱》表明，隆庆四年（1570），唐崖土司覃柱因金峒土司覃壁叛而奉调与征，有“斩功九十三颗”。明末贵州水西安邦彦、四川永宁奢崇明等土司相继反明，唐崖土司全力参与镇压土司对抗中央政府的行为，通过军事征调为维护国家统治尽了力量。奢安之乱爆发，土司覃鼎奉调平叛，天启元年（1621）协助朱燮元擒杀叛将樊龙、樊虎，次年调征土酋安邦彦，次年再讨永宁土司奢崇明等，因“军威显赫，血战报捷”而功授平西将军。“明天启三年（1623）唐崖宣慰使覃鼎有武功，熹宗赠皇令二道、‘帅府’二字，建石牌坊1座，上书‘荆南雄镇，楚蜀屏翰’”[28]。唐崖土司覃鼎因征剿天启奢安之乱有功，被赐准建坊至今犹存，上勒“荆南雄镇，楚蜀屏翰”八字。

（三）维持土司统治，因扩张领地而侵损国家利益

国家认同的巩固与发展，必须创新制度设计和强化社会保障体系，务使不同的社会成员或群体能获得起码的情感尊重和基本的利益满足，使彼此平等对待而非歧视疏远。当最基本或心理预期的权益不能满足，尤其当心理预期的安全、基本权利和尊严等缺失时，社会成员或群体的国家认同危机就会发生[29]。由于元明清等朝结构性国家认同危机及国家权威的下沉、集权统治的进逼和中原文化的融通，西南等地各族土司

心向国家，同时又有一定的警惕抗拒的心理，故地处偏远、形势误判和权欲膨胀等成为诱发土司国家认同危机的重要因素。

作为土家族土司的一员，唐崖土司或因地处偏远和环境闭塞，虽认同明朝代表的国家大统，但对中央政府派出的流官甚为傲慢，故《明故明威将军施州卫指挥佥事童君墓志铭》云："唐崖长官司覃彦实以桀骜闻，闻官至其地，辄避不出"，惟迎佥事童璋于道左[30]。元明之交，明玉珍据蜀，极力拉拢鄂西土家族土司。唐崖土司未能审时度势，盲目归附明氏大夏国，职位亦从元末千户所升至宣抚司，位居鄂西地区土家族九大宣抚司之列，成为阻碍明朝一统天下的地方民族势力。由于未受明朝"原官授之"政策的诱惑，唐崖土司迟至明洪武四年方献地投诚，认同了明朝代表的国家大统。《明史·地理志五》"唐崖长官司"条称："元唐崖军民千户所。明玉珍改安抚司。洪武七年，四月改长官司，后废。永乐四年三月复置，直隶施州卫。"[31]因此，《明史·土司传》"湖广土司"亦称明洪武十四年（1381）改置湖广都司施州卫军民指挥使司，领辖唐崖等七长官司。因归附新朝未久，唐崖土司对明朝的认同并不坚定，又卷入湘鄂西土司对抗中央政府的斗争，长官职衔至永乐初年方得恢复。嘉靖年间，土司覃万金率领土兵劫掠黔江等州县，故明刘大谟《题设守备疏》称"昔年唐崖长官覃万金等出劫黔江等七州县"[32]。明清交替，鄂西土司或因国家衰落而趁机扩张，唐崖土司等土司兵掠四野。"万历、天启、崇祯以及永明偏安之世，散毛、唐崖、大旺、东流诸土司，时有不靖。"[33]同书《土司志》称唐崖土司等"多叛者"，"明季唐崖最倔强，每结散毛、腊壁、木册等司为本所患，迄于明亡，乃渐谧平"[34]。《彭水概况》所附《彭水县历代寇乱调查表》记载：顺治四年（1647），"忠路、唐崖、大旺三土司兵掠四野"，次年"酉阳、忠路、唐崖、大旺诸土司兵"仍然据扰县境[35]。另外，覃鋐于康熙年间亦率兵劫掠黔江等地。《黔江县志·武备志》"兵事"条记载："（顺治）戊子，酉阳、忠路、唐崖各土司兵同时寇掠……（康熙）四十二年（1703）癸未，唐崖土兵寇掠县境，至石塔铺掳男女六十余人。守备王恪飞檄以报，游击赵锦具详提督，岳公昇龙移咨川楚督抚劾提问，忠路司覃世蕃、唐崖司覃鋐并死于狱，大旺、散毛、沙溪诸司亦皆被劾，追还历年俘掠，民始安堵。"[36]康熙末年，唐崖土司等罔顾国家法令，侵夺大田所周邻土地"不下百十余处"[37]。唐崖个案表明，自然环境与时空、个人欲望与能力、区域性政治势力消长与博弈都会影响土司的国家认同，甚至引发危机。

三、结　　语

我国作为古老的多民族统一国家，经历"多元同创"中国的漫长进程，其间"多元一体"的中华民族得以逐渐形成，秦汉而明清等朝延续国家大统并渐得社会成员或群体的认可，中央政府依据"以蛮治蛮"和羁縻统治的传统，任授少数民族首领大小官职以实现对西南等民族地区和少数民族的间接统治，土司得为"王臣"，土民得为

"王民"，领地成为"王土"。根据国家认同的基本理论、明清正史及唐崖《覃氏族谱》等文献资料，唐崖土司出身北方蒙古族军队首领而被"蛮化"成鄂西土家族土司，置设职位从长官司、千户所，经安抚司、宣抚司至宣慰司，其中长官司以不同原因被反复置设，职衔因军功卓著而从正六品升至从三品，职位众多且跨度大。

根据元明清等朝土司制度，西南等地历代土司以"寓兵于农"而拥有规模不等的土兵武装，成其履行军事征调义务、向国家效忠纳诚的重要手段，也是其维持地方统治，争夺、扩张权益而火拼的必备工具，在维持国家统治、保境安民和促进交流的同时也葬送了各族人民的生命和财产，伤害了民族间的感情和利益，甚至不同程度侵损了国家利益和影响了地方稳定。唐崖土司尽管职微势弱，其军征主要表现如下：为国家招抚领地民众，因土司环立和生存而保境安民；为社稷稳定奉调出征，因维持国家统治而镇压反抗行为；为维持地方土司统治，以扩张领地而侵损国家。

唐崖土司个案表明，土司职位的设置与变迁、土兵武装的运用与影响无不受到国家在场的深刻影响，与历代土司国家认同的观念和行为有关，故土司研究不能脱离中国自古就是多民族统一国家的重大历史前提。

注　释

[1] （清）顾祖禹：《读史方舆纪要》，中华书局，2005年，卷八十二《湖广八》，第3866页。

[2] 田敏：《土家族土司兴亡史》，民族出版社，2000年，第51页。

[3] （清）张廷玉等：《明史》，上海古籍出版社，二十五史本，1986年，卷四十四《地理志五》，第7896页。

[4] （民国）柯劭忞等：《清史稿》，上海古籍出版社，二十五史本，1986年，卷五百十二《土司传一》，第10423页。

[5] 鄂西土家族苗族自治州民族事务委员会：《鄂西少数民族史料辑录》（内部资料），1986年，第72页。

[6] （明）李贤等：《大明一统志》（卷六十六），台联国风出版社，1977年，卷六十六《施州卫军民指挥使司》，第4148页。

[7] （清）落德昆：《施南府志》，道光十七年（1837）年刻本，卷四《疆域志·古迹》。

[8] 张建民：《湖北通史·明清卷》，华中师范大学出版社，1999年，第173页。

[9] 咸丰县志编纂委员会：《咸丰县志》，武汉大学出版社，1990年，第7页。

[10] 鄂西土家族苗族自治州民族事务委员会：《鄂西少数民族史料辑录》（内部资料），1986年，第38～40页。

[11] 鄂西土家族苗族自治州民族事务委员会：《鄂西少数民族史料辑录》（内部资料），1986年，第74页。

[12] 鄂西土家族苗族自治州民族事务委员会：《鄂西少数民族史料辑录》（内部资料），1986年，第72页。

[13] 咸丰县志编纂委员会：《咸丰县志》，武汉大学出版社，1990年，第7页。

[14] 鄂西土家族苗族自治州民族事务委员会：《鄂西少数民族史料辑录》（内部资料），1986年，第73页。

[15] （民国）吕调元、刘承恩：《湖北通志》，民国十年（1921）刻本。

[16] （民国）徐大煜等：《咸丰县志》（卷十），民国三年（1914）石印本。

[17] 鄂西土家族苗族自治州民族事务委员会：《鄂西少数民族史料辑录》（内部资料），1986年，第72页。

[18] 彭福荣：《国家认同视野下的土司军队征调》，《军事历史研究》2014年第1期。

[19] 王平：《唐崖覃氏源流考》，《贵州民族研究》2001年第3期。

[20] （民国）徐大煜等：《咸丰县志》（卷十），民国三年（1914）石印本。

[21] 覃长栋：《唐崖土司印官田氏》。

[22] 王希辉：《唐崖土司覃氏世系及其征调述略》，《三峡大学学报》（人文社会科学版）2009年第6期。

[23] 王希辉：《唐崖土司覃氏世系及其征调述略》，《三峡大学学报》（人文社会科学版）2009年第6期。

[24] （清）张梓：《咸丰县志》，成文出版社，同治四年刊本（1865）影印本，1975年，卷十四《官师志·土司》。

[25] （民国）徐大煜等：《咸丰县志》（卷十），民国三年（1914）石印本。

[26] 田敏：《土家族土司兴亡史》，民族出版社，2000年，第152页。

[27] 周光辉、刘向东：《全球化时代发展中国家的国家认同危机及治理》，《中国社会科学》2013年第9期。

[28] 《咸丰县志》编纂委员会：《咸丰县志》，武汉大学出版社，1990年，第7页。

[29] 周光辉、刘向东：《全球化时代发展中国家的国家认同危机及治理》，《中国社会科学》2013年第9期。

[30] （明）刘春：《明故明威将军施州卫指挥佥事童君墓志铭》，《东川刘文简公集》，北京图书馆藏明嘉靖三十三刘琦宗影印本，卷十八《志铭》。

[31] （清）张廷玉等：《明史》，上海古籍出版社，二十五史本，1986年，卷四十四《地理志五》。

[32] （明）刘大谟等：《四川总志》，《北京图书馆古籍珍本丛刊》（第42册），《史部·地理类》，书目文献出版社，明嘉靖刻本影印本，卷十六。

[33] （民国）徐大煜等：《咸丰县志》，民国三年（1914）石印本，卷五《武备志》。

[34] （民国）徐大煜等：《咸丰县志》，民国三年（1914）石印本，卷十。

[35] （民国）柯仲生：《彭水概况》（未刊稿），彭水县政府民国二十九年（1940）印本。

[36] （清）张九章：《黔江县志》，光绪二十年（1894）刻本，卷三《武备志》。

[37] （民国）徐大煜等：《咸丰县志》，民国三年（1914）石印本。

咸丰唐崖土司城出土瓷器综述

蔡路武

（湖北省博物馆）

摘要：论文简要介绍了唐崖土司城出土瓷器的品种，重点对占统治地位的青花瓷器的特征从胎釉、工艺、青花、纹饰、款识等方面进行了阐述，进而判定其年代范围及民窑属性，认为该土司城的兴盛期在明末清初，和文献记载相吻合。

关键词：土司城；出土瓷器；品种特征；年代判定；民窑属性

唐崖土司城出土瓷器基本上都是瓷片，完整器极少，其中一部分可经修复复原。出土瓷器品种主要以青花为主，也有极少量的单色釉瓷器，如白釉、蓝釉、青釉、红釉、酱釉瓷器等，还有青花釉里红、孔雀绿釉青花、粉彩等。青花瓷器占统治地位，远远多于单色釉瓷和彩瓷。

器型主要为日常用器，基本不见陈设用器，多为碗、盘、杯、高足杯、碟、盏、器盖、罐、灯等，以碗、盘、杯为主。碗有敞口、侈口、弧腹、斜腹多种；杯比较规整，胎釉较好，花纹要疏朗一些；盘多撇口、敞口，浅腹。

一、品　　种

1. 白釉

数量很少。器型主要有盘、杯等。代表性器物有白釉盘（T0306②：5）、（T0306③：14）（图一）、白釉杯（T0409①：8）、白釉碗（T0303②：10），质量一般，灰白胎，白釉泛黄，不是很肥润，有开片、缩釉点和黏砂，器表均无纹饰，亦无暗刻花纹。

2. 蓝釉

数量很少，以小杯为主。白胎，蓝釉比较深沉，深蓝色，口沿多露白。一般为外蓝釉，里白釉，白釉泛青。素面无纹。制作规整，修足精致，质量比白釉器要好，为清代早中期的制品。代表性器物有蓝釉杯（T0102②：25）（图二）、（T0111G2：32）、（T0410②：3）。

3. 红釉

只出一件。红釉杯（F1：60）（图三），外红釉，里白釉，白釉泛青。素面无纹。制作规整，修足精致。外底楷书“成化年制”二行四字款，应为清代伪托款，为清代制品。

4. 青釉

数量比上述白釉、蓝釉、红釉器要稍多一些。主要为盘、碗、灯等。虽然均是青釉，但呈色差别较大，或泛青绿，或泛青灰。既有厚釉青瓷，又有薄釉青瓷。既有浙江龙泉窑所产，也有景德镇仿龙泉窑所产，亦有本地所产。

厚釉青瓷有龙泉窑青釉制品，如龙泉窑青釉盘（T0202③：16）（图四）、（T0304①：16，北城墙东段采集和衙署区北围墙中段内侧采集）、青釉杯（T0306③：47）等。胎厚，釉厚，釉泛青绿，有开片，制作也较规整，青釉杯有刻划花，为明代龙泉窑制品。

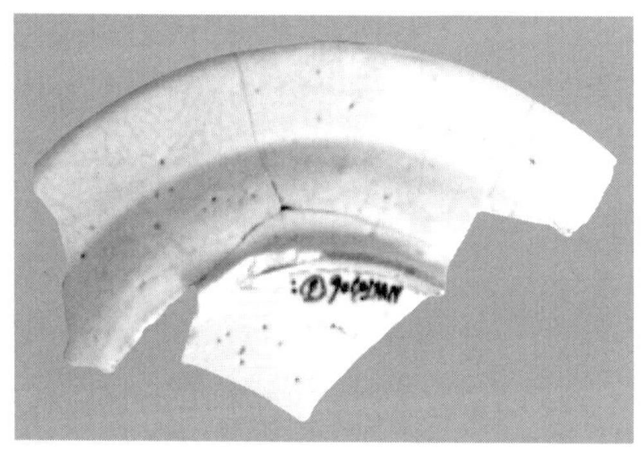

图一　白釉盘（T0102②：25）

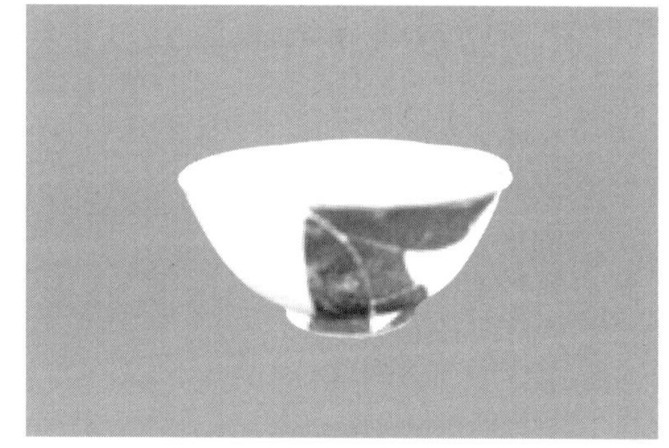

图二　蓝釉杯（T0306③：14）

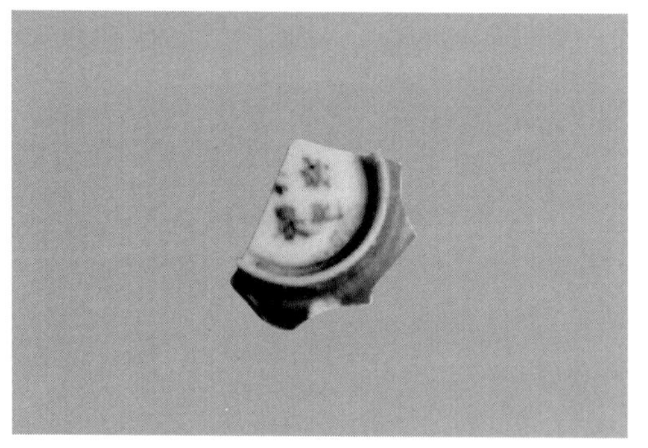

图三　红釉杯（F1：60）

图四　青釉盘（T0202③：16）

景德镇仿龙泉窑制品有青釉盘（T0306③：31）（图五、图六），里青花，外粉青釉，厚胎。青釉盏（T0304①：1）（图七、图八），外壁为青釉，内底为青花太极八卦纹和海水纹。外底楷书“隆庆年制”二行四字款。其胎釉和龙泉窑有差别，最突出的是青釉和青花汇集一器。

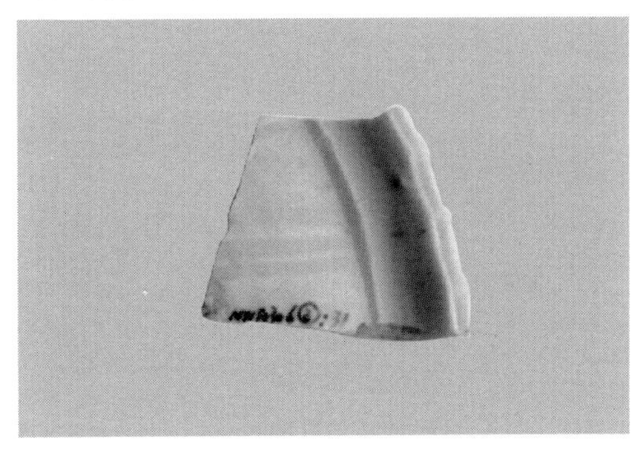

图五 青釉盘（T0306③：31）

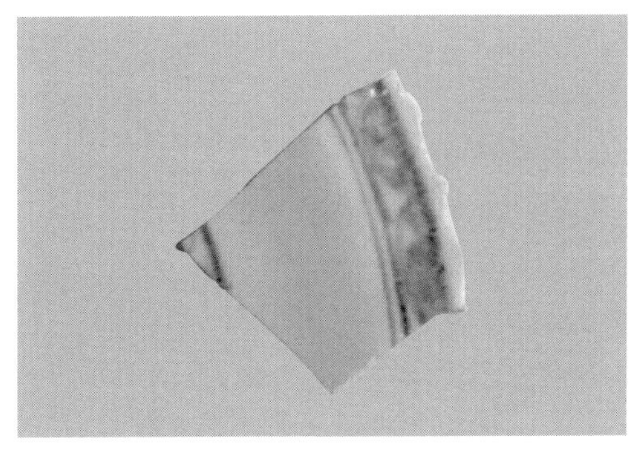

图六 青釉盘（T0306③：31）

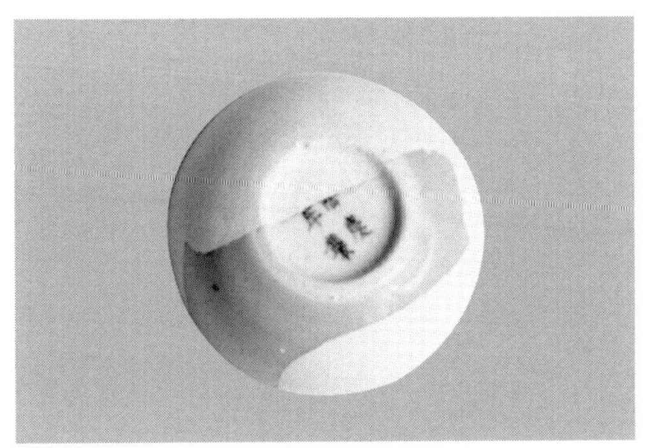

图七 青釉盏（T0304①：1）

图八 青釉盏（T0304①：1）

薄釉青瓷有青釉灯（F1居住面：33）（图九）、（T0410②：35、巷道8：16），灰胎，釉薄，釉泛青灰，有细密开片，应为本地产品。

图九 青釉灯（F1居住面：33）

5. 酱釉

酱釉器很少。灰白胎，酱黄釉，满釉。制作较规整。代表性器物有酱釉杯（T0309②：78）（图一〇）、（T0309④：2）。

6. 绿釉

出土少量瓷片（T0203②：18）（图一一）、（T0111G2：23）、（T0306②：6），褐红胎，孔雀

绿釉，为低温釉，有细密开片，一件釉下似为青花纹饰。胎釉均不精致，青花呈灰黑色，属清末民国时期制品。

7. 粉彩

只出一件。粉彩寿桃杯（T0409②：5）（图一二），胎白，釉白，彩绘寿桃纹，纹饰不是很精致，时代为清代中晚期。粉彩创烧于康熙，清早期主要为官窑制品，乾隆以后官窑、民窑竞烧，极为流行，打破了青花“一统天下”的格局。

8. 五彩

出土几块瓷片。如瓷片（T0203②：16）（图一三），白釉，釉很白，釉上有红、绿、蓝、黑等多种彩。根据胎釉、彩料及纹饰特征，应为晚清民国制品。

图一〇 酱釉杯（T0309②：78）

图一一 绿釉瓷片（T0203②：18）

图一二 粉彩杯（T0409②：5）

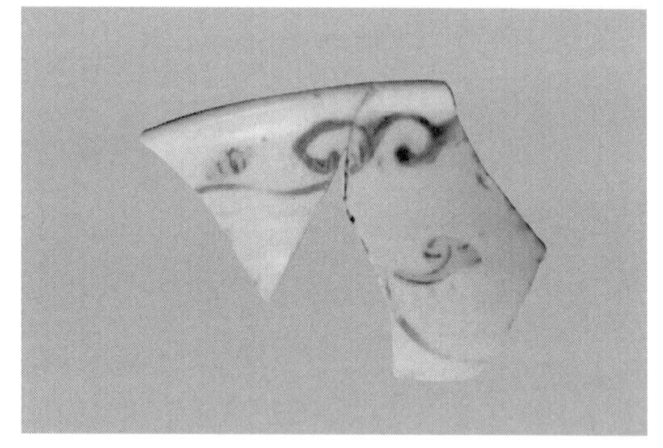

图一三 彩瓷口沿（T0203②：16）

9. 青花釉里红

亦只出一件。云蝠纹杯（T0309②：2）（图一四），青花绘云纹，釉里红绘蝙蝠，制作规整，时代为清代早中期。

10. 青花

数量最多，基本上为民窑，不见官窑器或瓷片。既有明代器物，也有清代、民国器物，既有细瓷一类，也有粗瓷一类，粗瓷多于细瓷。

细瓷器形比较规整，胎釉、纹饰比较精致，青花发色比较鲜艳纯正。这一类细瓷应属景德镇的产品，乃外地输入。另外，细瓷中有一种外销瓷，如青花开光花鸟瑞兽纹盘（T0212③b：8）（图一五），胎厚，胎质坚致，白釉泛青，青花发色蓝中泛紫灰，花纹满密，层次多，开光内和圆圈内满绘花卉纹、飞禽走兽纹，这种纹样的瓷器主要用于外销，明末嘉靖、万历时期多见。

而粗瓷则器形不太规整，胎粗，为灰胎、灰白胎，釉青灰，多有开片、开裂、剥落，青花发色泛灰、泛黑。叠烧比较多见，内底心有一圈未上釉，如青花碗（G：4[①]）。多见放射状跳刀痕，如碗底足（T0306②：20）。粗瓷中，还有一类青花瓷器，灰胎，胎很厚，较粗，釉薄，釉泛青灰，不是白釉，有细密开片，青花发色灰黑，不鲜艳，为青料不好和火候不当所致，应为本地制品。如“福”字款罐（T0205②：1）、青花团菊纹碗（G2：8）（图一六）、碗（T0307②：1），其中，碗多绘团菊纹，较为疏朗，修足较规整，罐比碗的胎更厚。

图一四　青花釉里红云蝠纹杯（T0309②：2）

青花中还有一种淡描青花，如缠枝莲盘（T0109③：19）、碗（T0411②：1）、瓷片（T0409②：55、T0409②：62），双勾莲纹，不填色渲染，呈现出淡描的效果。清代嘉庆以后多见。

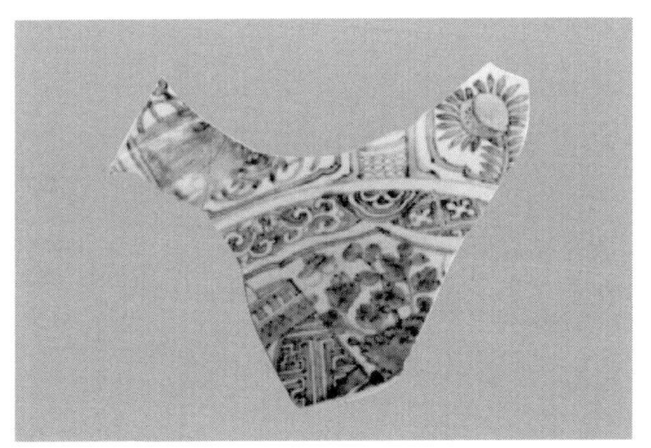

图一五　外销瓷盘（T0212③b：8）

图一六　团菊纹碗（G2：8）

① 因考古资料尚在整理中，个别器物标本编号不全。后同。

二、胎釉及青花发色

下面对出土瓷器胎釉及青花发色的分析研究，是专指青花品种而言，不包括其他单色釉瓷和彩瓷。

1. 胎釉

大致可分为两大类，一类是细瓷，一类是粗瓷，其中粗瓷占绝大多数，为本地或其他地方性民窑产品。细瓷所占比例不大，应是景德镇窑产品。

细瓷主要为灰白胎、白胎，胎较薄，白釉微泛青，釉面比较光洁，少见缩釉、开裂、黏砂、剥落等现象。如青花缠枝莲纹碗（T0209②：1），胎釉比较细白精致。

粗瓷主要为灰胎为主，胎质比较粗糙，胎较厚，釉薄，普遍泛青、泛灰，有的青灰色特别严重。釉面不够光洁，多有缩釉、开裂、黏砂甚至剥落等现象。

相对而言，明代瓷器的釉为白中泛青，青的呈色重一些，釉要肥厚一些，清代瓷器的釉则比明代的釉白一些，薄一些。

2. 青花发色

细瓷青花发色较好，比较浓艳明快，如青花缠枝莲纹碗（T0209②：1）（图一七）、（T0409②：4）、凤纹盘（T0109③：13）、松树纹瓷片（T0312③a：19）（图一八）。粗瓷青花发色不太鲜艳纯正，多泛灰、泛紫，呈灰暗色调，更有甚者发色极灰暗，乃至泛黑，造成的原因是由于青料不好、火候未掌握好所致。粗瓷中还有一类青花瓷器，灰胎，胎很厚，较粗，釉薄，釉泛青灰，不是白釉，青花发色灰黑，不鲜艳，具有典型的地方特点，应为本地制品，而且时代较晚。如青花团菊纹碗（G2：8）（图一六）、"福"字款罐（T0205②：1）。

相对而言，明代青花发色显得古朴沉着，有釉下深沉之感；而清代青花发色则显得蓝艳，有釉面漂浮之感，此乃所用青料不同所致。

图一七 缠枝莲碗（T0209②：1）

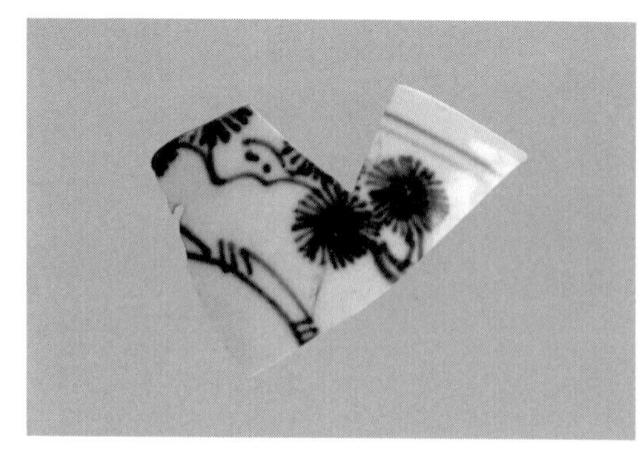
图一八 松纹碗（T0312③a：19）

3. 酱口

有个别酱口瓷片。如碗口沿（T0306①：22）（图一九）、（F7）、（G1）。瓷片（G6），酱口，外壁行书“求口口客口”等字。青花圆点纹碗（T0307②：16），酱口，外壁满绘斜向圆点纹，排列有序。瓷器口沿上施酱色釉，是晚明至清初瓷器的一个特征。

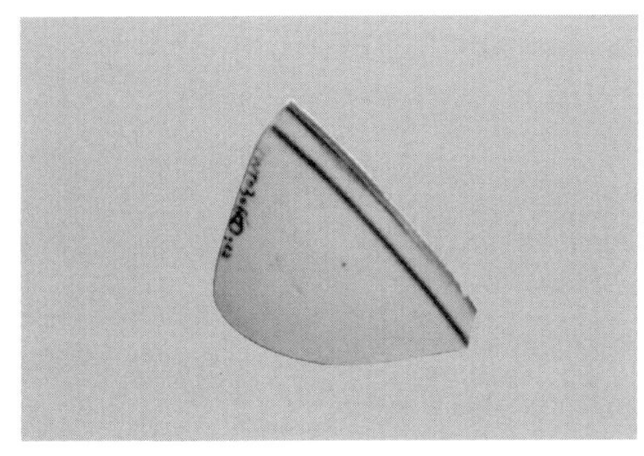

图一九　酱口（T0306①：22）

三、纹　　饰

出土瓷器纹饰以植物纹为主，亦有动物、山水、花鸟、人物、几何纹、文字等。因是民窑器，纹饰多取材于民间，题材广泛，率意而为，不是很精致，有的甚至草率不堪，具有浓厚的民间气息。

1. 植物纹

以缠枝、折枝花卉为主。有莲花、牡丹花、菊花、蕉叶、松柳、菜蔬等。

莲荷纹多见，以缠枝为主，如碗（T0209②：1）（图一七）、碗（T0409②：4、T0409②：49、T0409②：51），为明代万历时期。莲草纹碗（T0202③：4），外壁绘莲藻纹。荷花纹（T0102③：11），内壁绘荷花，外底有花押款。

有芭蕉纹，如瓷片（中街采），绘于内壁。

有菊瓣纹，如瓷片（T0409②：27）（图二〇）、（T0309①：2）、（T0111F1居住面：3）、碗（T0307②），分别绘于内底心和外壁。

有莱菔纹，如碗（T0203③：16）（图二一）、（T0306③：11），内底心和外壁分别白描莱菔纹。

图二〇　菊瓣纹（T0409②：27）

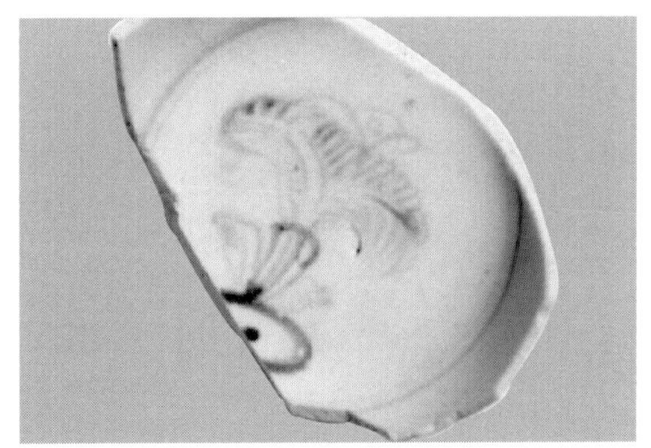

图二一　莱菔纹（T0203③：16）

有白菜纹，如碗（T0306①：12），内壁绘白菜纹，外底有花押款。

有垂柳纹，如瓷片（T0410②：23）（图二二），简笔描绘，颇有文人画意味。

有松树纹，如瓷片（T0312③a：19）（见图一八），松针呈团球状，青花发色鲜艳明快。

有提篮花纹，如盘（T0209②：20）（图二三），内底心绘提篮花纹。提篮花多见于清代康熙时期。

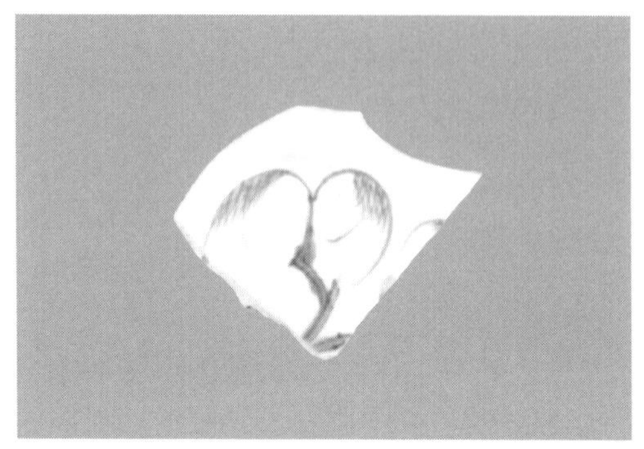

图二二　垂柳纹（T0410②：23）

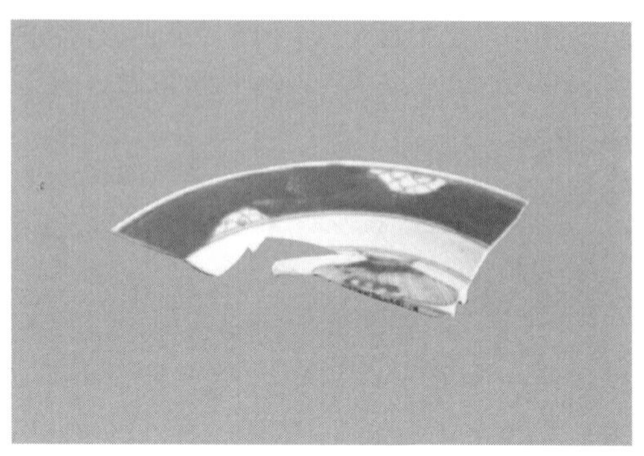

图二三　提篮花纹盘（T0209②：20）

2. 动物纹

动物纹样不多，少见龟鱼水藻纹。

团螭纹多见，缠绕呈圆形，多在器物内底心。如团螭纹盘（T0112②b：4）（图二四）、（T0205②：12）、（T0212③b：11）。

螭龙纹，如盘（G3：1）（图二五），盘内心绘螭龙，外底有花押款。龙纹盘（T0204②：13），内壁满绘龙纹，外底有花押款。龙纹器盖（T0204②：1）（图二六），盖面绘龙纹和山水纹，白釉较白，青花蓝艳，应为清代。

瑞兽纹，如杯（T0315②：1），内底心绘瑞兽（麒麟）和花叶纹。

蝙蝠纹，如碗（T0311③：4），绘于内底心。

水族纹，如碗底足（T0105①：5），内底心绘水族纹。

鱼纹，如碗底足（T0309②：79）（图二七），内底心绘鱼纹，似鲤鱼。

凤纹，如凤纹盘（T0109③：13）（图二八）、（T0309③：2）、（T0411②：2），前者内底心白描凤纹，比较精致，外底双圈内有花押款。后者大笔渲染，风格各异。

3. 山水纹

山水纹不多，有简笔山水纹碗（T0110②F1：59）（图二九），内底心绘简笔山水，外壁绘泛舟图。碗（T0307②），几笔勾勒，不作渲染。

海水纹，如杯（T0309②：14）、（T0309②：21），内底心绘一周海水纹。

这些山水图均为简笔描绘，构图疏朗，颇有文人画意味。

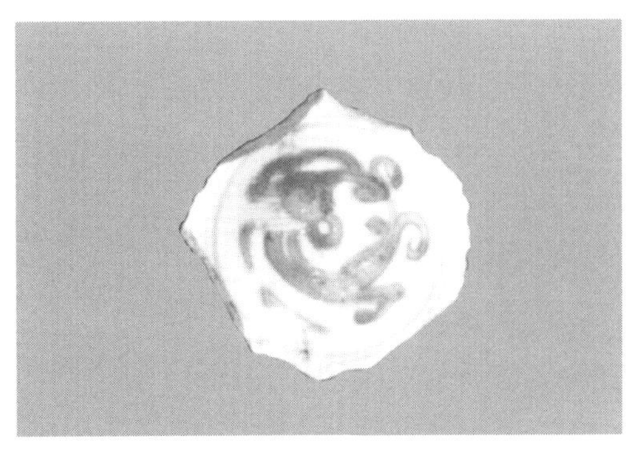

图二四　团螭纹（T0112②b：4）

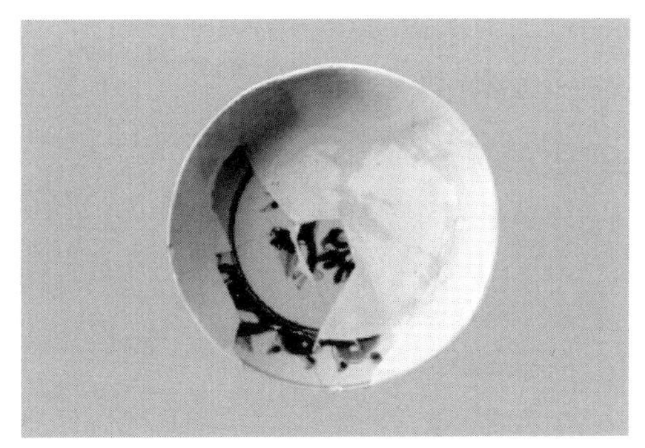

图二五　螭龙纹（G3：1）

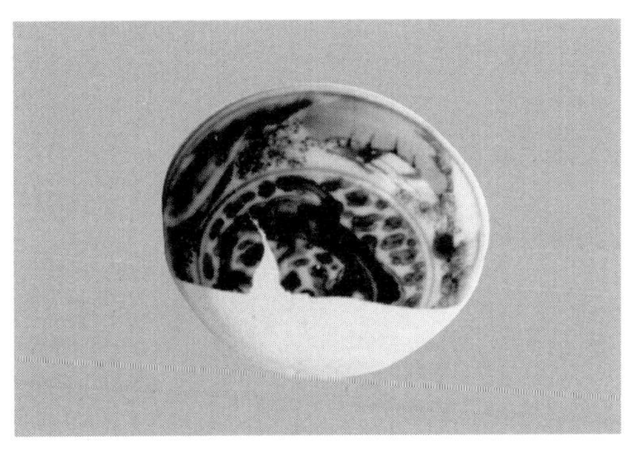

图二六　龙纹盖（T0204②：1）

图二七　鱼纹（T0309②：79）

图二八　凤纹（T0109③：13）

图二九　山水纹（T0110②F1：59）

4. 人物纹

有高官图，如碗底足（T0306③：19）（图三〇）、底足（T0211②：25、T0305①：9、TG2③：4）、口沿（巷道3：1），内底心和外壁分别绘高官，高冠，长袍。

有高士图，如瓷片（T0203②：3）（图三一）、（T0306③：27），长袍，拄杖，前者外底书“大明年造”。碗口沿（T0212②：2），长袍，人物面目不清，青花泛蓝。所绘人物并不特别写实，简笔抽象，变形夸张。一般绘人物的胎釉要精细一些，青花发色要好一些。

有仕女图，仅一片（T0203②）（图三二），外壁绘仕女图，高髻，长裙，内口沿绘斜十字纹夹点纹。

5. 几何纹

有三角纹，如青花三角纹碗（T0303①：1）（图三三），外壁满布三角纹。

有圆点纹，如青花圆点纹碗（T0307②：6），外壁满布斜向竖列圆点纹，排列有序，口部为酱口。

有道教纹饰，如青釉盏（T0304①：1）（图八），底心为三圈青花图案，内圈为太极纹，中圈为八卦纹，外圈为海水纹。八卦纹碗（T0307②：8），内壁绘八卦纹。

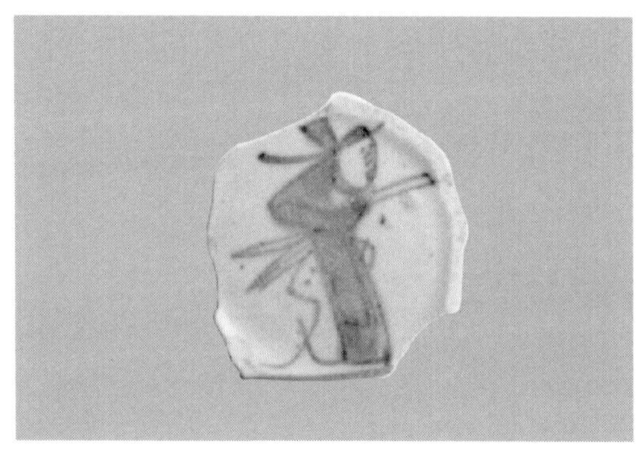

图三〇　高官图（T0306③：19）

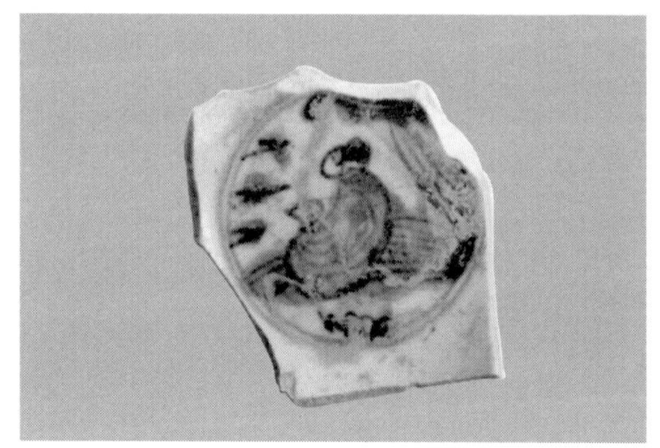

图三一　高士图（T0203②：3）

图三二　仕女图（T0203②）

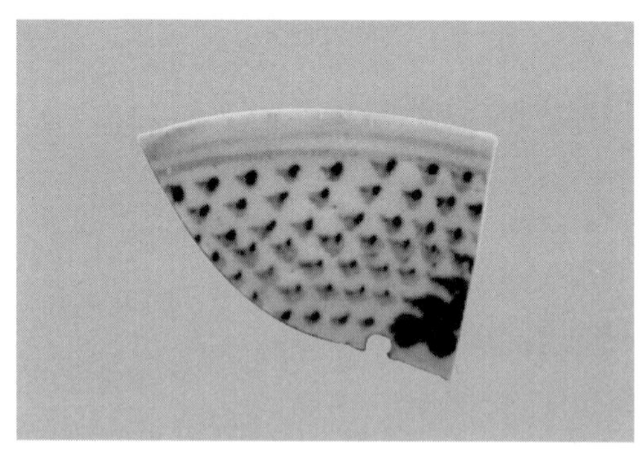

图三三　三角纹（T0303①：1）

6. 文字装饰

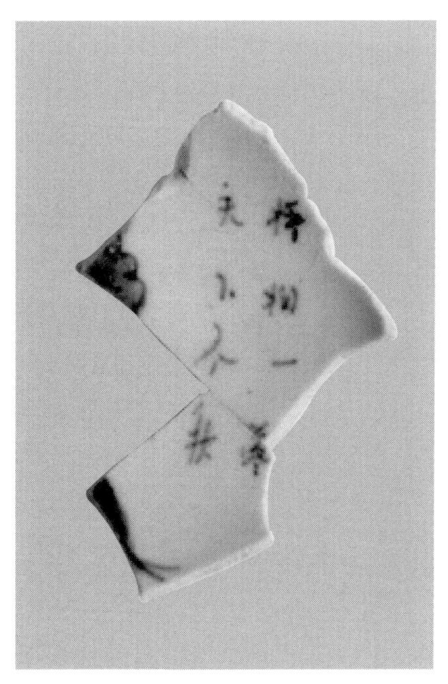

图三四　诗文（T0205②：6）

如瓷片（T0205②：6）（图三四），似书“梧桐一落，天下入秋”，旁绘树叶，清初顺治时期比较流行。碗口沿（T0306①：20），草书多字，不易辨认。碗（G6），外壁行书“求口口客口口”等字，其余残缺不可辨认。

7. 款识

款识较多，基本为民窑款识，比较随意、草率，多无圈栏，有的更无法辨识，不像官窑有一定的规范性。大致有年号款、吉祥款、堂名款、花押款、文字款等。

（1）年号款

有“隆庆年制”四字款，如（T0304①：1）（图七），外底楷书“隆庆年制”二行四字款，为明晚期年号款。

有“大明成化年制”六字款。或书于外底，如碗底足（T0310③：27）、杯底足（T0203②：19）、（T0204②：2）、（F1：60），外底用青花书二行六字款。或书于内底，底足（T0113④：1）（图三五）、（T0310③：27），书于内底，隶书，其隶书风格也应是明末清初的特点。如底足（T0409①：18），书于内底，字体肥，青花蓝艳，应是清代伪托款。

有“成化年制”四字款，如碗底足（T0203②：21），外底书“成化年制”二行四字款。

有“成化年造”四字款，碗（T0306②：38）（图三六），外底楷书“成化年造”二行四字款，字体较肥，内底心绘折枝花。红釉杯（F1：60），外底楷书“成化年制”二行四字款，应为清代伪托款。

图三五　大明成化年制（T0113④：1）

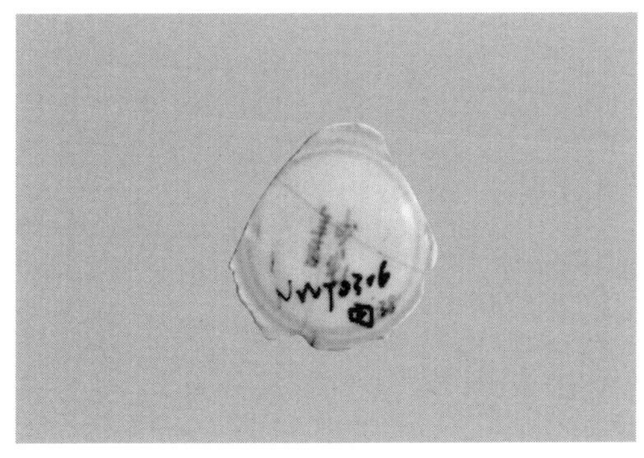

图三六　成化年造（T0306②：38）

有“大明年造”四字款，如杯底（T0203②：3）（图三七）、（T0309③：10）、（T0204②：9），用青花书二行四字款。字迹潦草，也不规范对称，典型晚明民窑风格。碗底足（T0102③：16），书“大明年造”二行四字款，字体较肥。

有“大清雍正年制”六字款，如底足（T0410②：51）（图三八），外底楷书“大清雍正年制”三行六字款，外有双圈，内底心绘海水龙纹。

有“大清乾隆年制”六字款，如碗（F1：60）（图三九），外底篆书“大清乾隆年制”三行六字款。

有“乾隆年制”四字款，如杯底足（T0309②：81），篆书“乾隆年制”二行四字款，无圈栏。

（2）吉祥款

有“寿”字款，如碗底（T0203②：7）（图四〇）、（F3：1）、盘（T0311③：3），书单个“寿”字。百寿纹杯（T0411②：4）（图四一），外壁满书篆体“寿”字。

有“善”字款，如碗底（T0108②：42）、（T0212③a：6）、（TG1：1）（图四一），内底心书楷体“善”字。

有“万”字款，如碗底足（T0108：46、G2：28）（图四三），内底心书“万”字。

有“玉”字款，如碗底足（T0306②：20）（图四四），内底心书楷体“玉”字，外有双圈。

图三七　大明年造（T0203②：3）

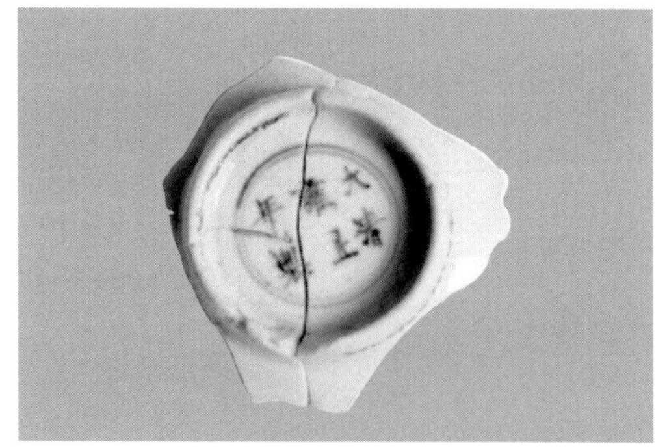

图三八　大清雍正年制（T0410②：51）

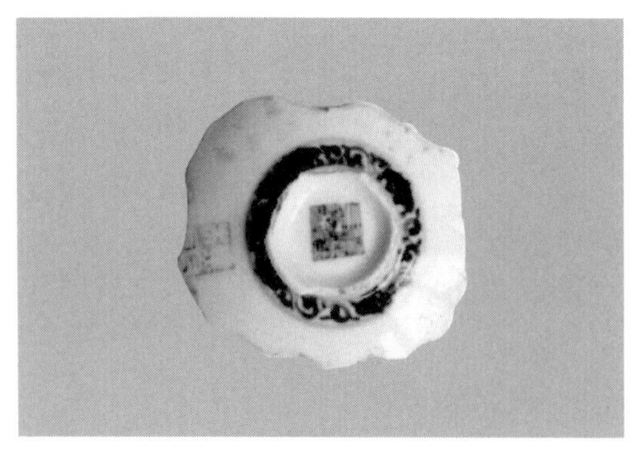

图三九　大清乾隆年制（TF1：60）

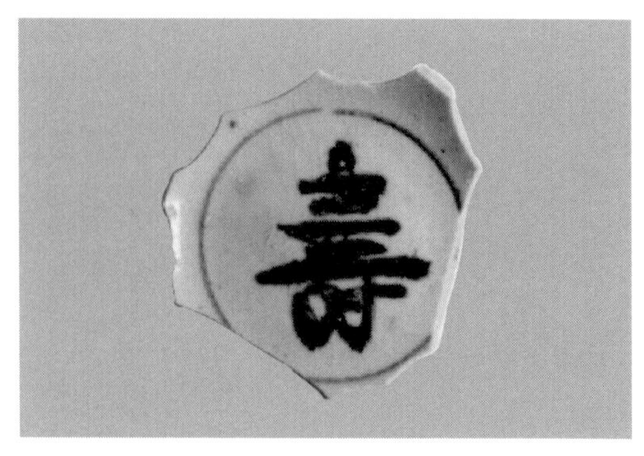

图四〇　寿字（T0203②：7）

图四一　百寿纹（T0411②：4）

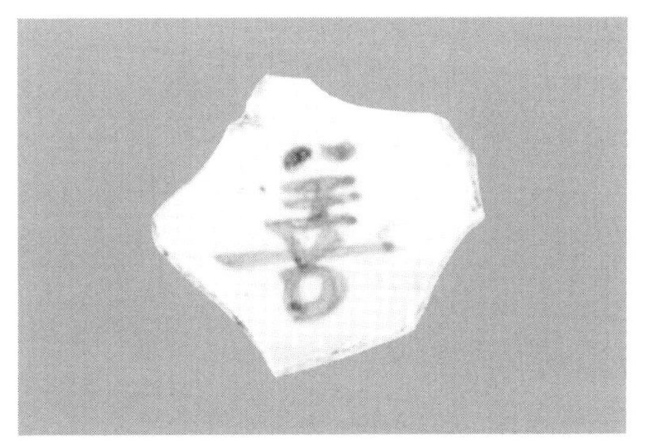

图四二　善字（TG1：1）

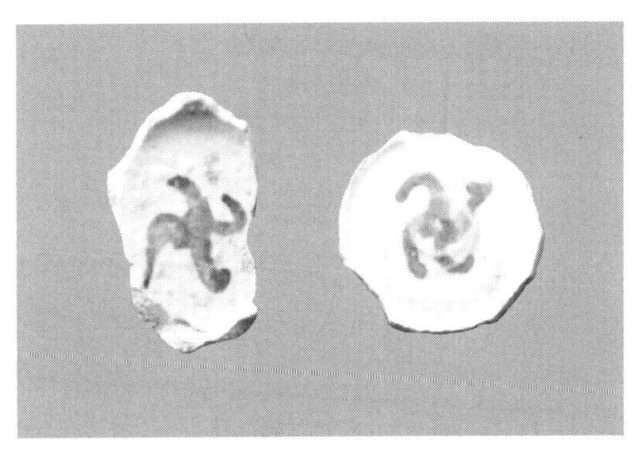

图四三　万字（T0108②：46、G2：28）

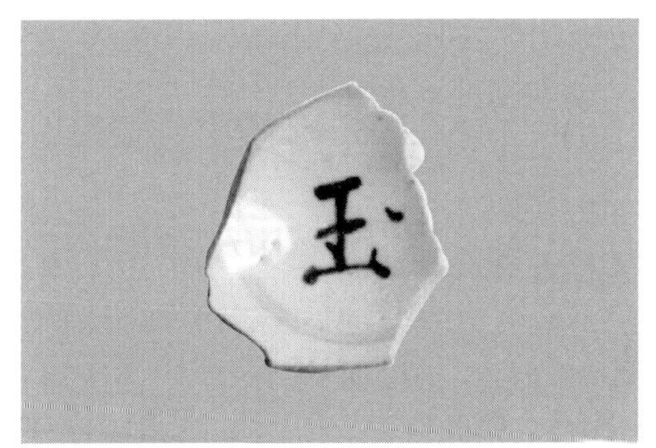

图四四　玉字（T0306②：20）

有“状元及第”款，如瓷片（T0303③：19），书于内底心。

有“福”字款，如罐（T0205②：1），字体大，草书，书于腹部。

有“长命富贵”款，如杯底足（G6）（图四五），外底双圈内书“长命富贵”四字，直读，四字中间有小方框，字体较肥。

有“上品佳品”款，如碗底足（T0202③：25），外底书“上品佳品”二行四字款，内底绘团螭纹。

有“富贵佳器”款，如杯底足（T0102②：5），外底草书“富贵佳器”二行四字款。

有“昊文”款，如底足（G9：2），内外壁满书梵文，内底书一字不可认，外底双圈内套方框，方框内似为“昊文”二字。

（3）有堂名款

如底足（T0212②：1）（图四六），外底双圈内楷书“中山友怡堂制”二行六字款，字体工整纤细，为康熙时期的风格，胎釉精致，修足规整，内底心绘蕉叶纹。应为中山友怡堂定烧器，品质较好。

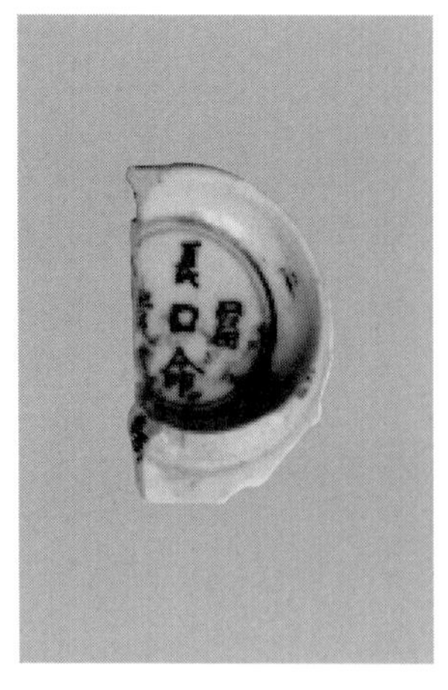

图四五　长命富贵（G6）

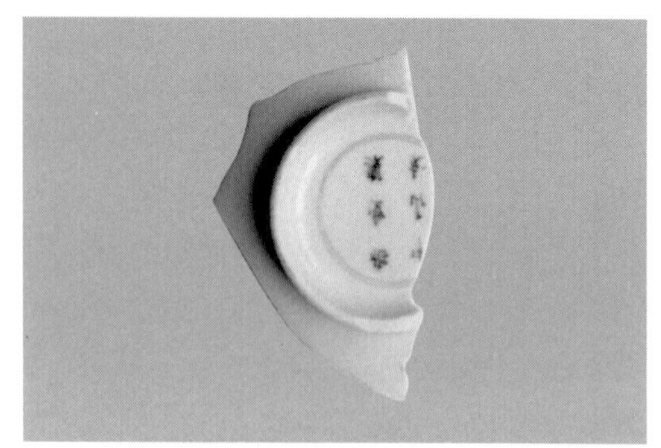

图四六　中山友怡堂款（T0212②：1）

（4）花押款

如盘（G3：1）、（大寺堂采：3），圆圈内绘方框花押款。碗底足（T0112②b：4），方框内似为“清口”。瓷片（F3：4），方框内绘斜线。碗底足（T0111F1居住面：7）、（T0109③：39），分别绘一个和四个一样的图案。结带纹款，如底足（T0102③：19）。

（5）文字款

有“海”字款，碗底足（T0411②：33），外底墨书草书“海”字。梵文款，如碗（T0204②：4）、瓷片（T0103①：4）、杯（T0105①：4）（图四七），外壁满书梵文。底足（G9：2），内外壁满书梵文。

还有后刻款，如青花盘（大寺堂采：3）（图四八），内底心刻“午”字。底足（T0109③：48），外壁圈足处刻“左”字。碗（T0108③：12）、盘（T0311③：3），内底刻楷体“正”字，前者字体肥粗，后者字体较细。这些款不是书写，均为刻款，是用金属工具戳刻，主要是器主名，属于晚清民国时期。

图四七　梵文（T0105①：4）

图四八　左字盘（大寺堂采：3）

四、结　语

总体而言，唐崖土司城出土的瓷器皆为民窑器，没有发现官窑器。以日常用器为主，陈设用器极少。以青花为主，兼有少量单色釉瓷和彩瓷。青花瓷器中，细瓷较少，粗瓷居多。既有外地输入的产品，亦有本地的制品。其年代以晚明至清早中期为主，亦有少量清中晚期至民国的制品。依据如下：

（1）就瓷器的款识而言，其年号款中，以“大明成化年制”、“成化年制（或造）”居多，这些所谓的成化年款的瓷器，其书体风格和成化本朝的书体风格迥异，根据其款识特征，并结合瓷器本身的胎釉、青花发色、纹饰特征判断，应是晚明清初的伪托款，不是明中期的本朝款。“大明年造”款识书写随意草率，是典型的晚明民窑中流行的款识。另外，还有1件早到晚明隆庆朝的年款，2～3件雍正、乾隆朝的年款，别无其他年号款。

在其他款识中，“福”、“寿”、“善”、“长命富贵”、“富贵佳器”、“状元及第”等吉祥款，各种花押款，以及梵文等文字款，均是明末清初流行的款识。其中，“梧桐叶落”文字款是典型的清初顺治时期的款识，“中山友怡堂”堂名款，是典型康熙时期的款识。

（2）就瓷器的胎釉和工艺而言，大致可分为细瓷和粗瓷两大类，其中粗瓷占绝大多数，为本地或其他地方性民窑产品。细瓷所占比例不大，应是景德镇窑产品。比较而言，细瓷较为规整精致，修足较细。说是细瓷，因为毕竟只是民窑器，而且是交通运输不便的边远之地，其质量和官窑相比，要差很远。细瓷主要为灰白胎、白胎，胎较薄，白釉微泛青，釉面比较光洁，少见缩釉、开裂、黏砂、剥落等现象。粗瓷主要为灰胎为主，胎质比较粗糙，胎较厚，釉薄，普遍泛青、泛灰，有的青灰色特别严重。釉面不够光洁，多有缩釉、开裂、黏砂甚至剥落等现象。粗瓷制作工艺上不够精细，器物制作不够规整，多变形。口沿多不平，有的歪斜厉害。有的为叠烧，内底心一圈不上釉。不注重修胎，多砂底，底部黏有窑砂，可见放射状跳刀痕，或火石红色。圈足多斜削，呈尖状。底足胎釉交接处多有火石红。圈足外墙多有缩釉、黏砂，部分粗器接底处有开裂。上述这些胎釉和工艺特征，符合晚明清初民窑器的特征，质量普遍不高，和当时战乱频仍、瓷业不振有极大的关系。

（3）就瓷器的青花发色而言，细瓷青花发色稍好，比较浓艳明快。而绝大部分粗瓷青花发色不太鲜艳纯正，蓝中多泛灰、泛紫、呈灰暗色调。更有甚者发色极灰暗，乃至泛黑，造成的原因是由于青料不好、火候未掌握好所致。粗瓷中的厚胎灰暗色调的青花瓷器，则是典型的本地窑口的制品。晚明青花泛灰、泛紫红的色调，和明早期的浓艳、明中期的淡雅相比，相去甚远。从这些瓷器的青花发色来看，和晚明及以后青花发色的特点相吻合。

（4）就瓷器的纹饰而言，明晚期官窑不振，民窑勃兴，瓷器的商品性生产比以前更活跃了。花纹图案更多地蕴含了民间气息，显得活泼多姿，比官窑花纹显得更为洒脱、恣肆、无拘无束，富有生机。纹饰题材广阔，少受拘束，突破了官窑图案规格化的束缚，凡是自然界和现实生活中的一切景象、事物，均可入画。工匠们运用生动活泼的笔触，描摹了自然界的方方面面。如植物纹样中的树石花草、莲兰竹菊、菜蔬瓜果、葡萄蕉叶、富贵牡丹、松竹梅岁寒三友等，飞蝶、飞鸟等飞禽纹样，鱼虾龟蟹等水族动物，云龙、麒麟、狮子、玉兔等走兽纹样，高士图、生动活泼的婴戏图等人物纹样。这些纹饰大多率意而为，少受拘束，或写意，或抽象，或浓墨重涂，或逸笔草草，几笔勾勒，简洁传神，采用写意画法、夸张变形画法、简笔抽象画法。“不求神似，夸大局部特征”，虽然不够精细，有的甚至可说是潦草，但充满了鲜活的民间气息。可以概括为：广泛多样的题材，生动活泼的笔墨，简洁夸张的艺术语言，浓郁的乡土气息，这些正是明末清初“转变期”民窑瓷器最真实的反映。

（5）同时，该遗址出土了几枚铜钱，有晚明的“万历通宝”（T0106①：1）一枚，有清中期的“乾隆通宝”（T0209②：3）、“嘉庆通宝”（T0209②：4）二枚，有清晚期的“光绪元宝”（T0307②：5）一枚，亦可作为佐证，说明其上限主要还是在明晚期。其他出土的建筑构件和碑刻等，亦可作为佐证材料。

综上所述，唐崖土司城出土瓷器细瓷少，粗瓷多。日常生活用器多，精致陈设瓷少。胎釉多不太精致，青花发色不太浓艳明快，多泛灰、泛紫。纹饰题材多样，率意而为，充满浓郁的民间气息。出现淡描青花纹饰，出现酱口现象。款识多样，随意而无规范。工艺制作上多不太规整，修胎削足不细。总之，从以上器物的造型、胎釉、纹饰、青花发色、款识、工艺等诸方面综合分析，特别是青花发色和纹饰来看，这些瓷器属明晚期及清早中期，亦有部分清中晚期至民国的瓷器。

明晚期和清早中期瓷器较多，其他时期（明早中期、清中晚期、民国）瓷器较少，说明明晚期至清早中期是唐崖土司的兴盛期。这一时期土司统治力量强，活动频繁，留下的遗物较多，这和文献记载相吻合。实物和文献二者互证，所反映的历史事实更为真实可靠。

唐崖土司城出土瓷器和武当山遇真宫出土瓷器相比，有一定的相似性。但比较而言，不论是青花瓷器，还是单色釉瓷器，前者的质量普遍要差一些。造成这种现象的原因，毕竟武当山遇真宫乃皇家道观，更受朝廷重视，其地位和作用明显要远高于偏安一隅的边陲之地的土司山城。同时，该遗址不见精致的官窑瓷或瓷片的出土，那么就存在两种可能，一是就根本没有精致的官窑瓷，二是确实有这方面的官窑瓷，但数量不多，而且由于战乱、迁徙等各种原因，这些官窑瓷因其珍贵性，早已被带出而流散，所以在遗址中没有出土。

观念认同与文化同化

——唐崖土司城结构与性质分析

李梅田

（中国人民大学历史学院）

摘要：本文通过对唐崖土司城址考古调查资料的分析，讨论了唐崖土司城的结构与性质，以及相关的观念认同与文化同化问题。唐崖土司城是一座土司制度下的地方性行政治所，是唐崖土司区域的权利和礼仪中心，同时也是明代后期土司地区认同和接受汉地价值观之后高度汉化的产物。城市的街道系统和功能分区继承了汉地早期城市的街道规划传统和晚期城市的街巷制传统，城市的选址继承了古代城市的风水观传统；唐崖土司对中原文化的观念认同和文化同化是通过军事交往、人口迁徙等方式实现的，城址结构所反映的礼仪制度及土司姓名等内容的转变或许也反映了土司文化的逐渐汉化。

关键词：观念认同；文化同化；唐崖土司城；结构；性质

元末至清初活跃于鄂西武陵山区近四百年的唐崖土司，自雍正十三年“改土归流”之后逐渐湮没无闻，无论史籍或是族谱皆鲜有记载。随着近年“申遗”工作的展开，被荆棘杂草掩盖和社会变迁改造过的土司“王城”开始重见天日，王城的面貌随着考古工作的深入逐渐清晰地呈现在我们面前[1]。依据现有材料，我们可以对城址的结构与性质进行初步的分析，并对土司时期的观念认同与文化同化等问题进行初步的讨论。

唐崖土司城依自然地势分布在一处西高东低、依山傍水的缓坡地带，西为海拔654米的玄武山，向东逐级下降至唐崖河畔，形成约140多米的落差；南北则分别以两条天堑为界，南侧是贾家沟，北侧是新寨沟—打过龙沟—碗厂沟。城址核心区的标志性建筑——“荆南雄镇”牌坊朝向东侧，全城依自然地势形成了背山面河的整体规划：背（西）依玄武山、面（东）朝唐崖河及朱雀山、左（北）倚青龙山、右（南）枕白虎山。

城内道路及平面形状虽受自然地形的制约而不甚规则，但正好凸显出特定环境下的城市个性。城内功能分区显然按照一定的规则进行布局，形成了看似无序、实则严谨的城市结构，反映了特定时空及特殊文化背景下的城市设计理念。

从结构上看，唐崖土司城的核心区域是以“荆南雄镇”石牌坊为中心的衙署区。牌坊所在的东西向纵街为全城的主街，向后（北）延伸可通往全城制高点——玄武山，略偏北向前（东）延伸为通往张王庙的第一下河道，这条主街虽然有所转折，但它是全城最宽的一条道路，约1.7～2.3米，由较为规整的石板精心铺筑而成，两侧有残高1米左右的护墙，这条主街显然设计为全城的中轴大街，在其右侧另有两条平行的纵街，即第二、三下河道，其中第二下河道大致正对牌坊所在的衙署区，但其平均宽度仅为1.1米，第三下河道更窄，地位应次于第一下河道。

在牌坊前侧另有一条与纵街呈“T”形相交、贯穿全城的左右向（南北向）横街，即上街—中街—下街，这条横街宽阔、平坦、规整，总长560余米，最宽阔的中街宽2.3～2.7米，以青石铺地，两侧有护墙及排水沟，是一条精心设计的城内活动主街，将全城横向一分为二，横街以上（西部）分布着衙署、衙署及墓葬区、宗教、礼制性建筑，以下（东部）则是由众多院落组成的居民区、经济生产区，形成尊卑有序、主次分明的城市格局。

这种“T”形街道系统是汉唐时期十分常见的城市规划模式。最早明确的“T”形街道模式出现在曹魏邺城（今河北磁县邺城遗址），一条横街将全城分为南北二部，北为衙署区、南为里坊区，与之相交的中阳门大街又将南部分为左右二部。此后的魏晋、北魏洛阳城、东魏北齐邺南城、东晋南朝建康城、隋大兴—唐长安城、唐东都洛阳城等都城皆采取了这种布局，都城以外的地方性城市规模虽小，也基本上以“T”形街道来规划城市（如唐幽州城）。

汉唐城市的“T”形街道布局模式本质上源自于城市设计上的礼制观念，通过横街将城内居民的尊卑截然区分，横街后部（北部）是行政和权力中心，前部（南部）是居民区，南部的中轴大街是全城最宽阔的道路，既是直抵城市核心区的通途（常为最高统治者专享的“御道”），也是城内重大礼仪活动（如出行、回归、庆典等）的场所，承担了城市的部分礼仪功能。不过，将城市的主要纵街设计为“中轴”的做法仅仅限于都城，对地方城市而言，纵街并非位于全城的中轴线上，而是偏于一侧，如唐代东都洛阳虽然在唐代历史上的地位十分显要，但毕竟不是都城，其主要纵街偏于西侧，地方城市大多如是配置。

这样的街道布局及差异反映了中国传统城市设计上的威权观和等级观。“君人者，隆礼尊贤而王，重法爱民而霸，好利多诈而危。欲近四旁，莫如中央，故王者必居天下之中，礼也”（《荀子·大略》），“古之王者，择天下之中而立国，择国之中而立宫，择宫之中而立庙”（《吕氏春秋·慎势》）。以君王之尊，不但要居中，还要居北，“为政以德，譬如北辰，居其所而众星共之”（《论语·为政》），众星拱卫下的北极星最为明亮，自可彰显君王的尊显地位。理想中的周王城是如此设计，汉唐城市则是对这种理念的具体实施，以北为尊，故城市的重要建筑皆位于北部，重要宫殿与衙署又位于北部居中的地势高亢处。

平原地区的城市设计一般不必受地形的影响，可以较好地实施传统的城市设计理念，但对山区城市而言，较多受到地形的约束，街道布局不可能十分规整，更无条件以北为尊，唐崖土司城即是随形就势以地势高亢的西部为尊，街道也多曲折。不过即便如此，还是尽可能地按照汉地的城市模式进行设计：

（1）“T”形街道的横街以上部分是全城的尊显之处，以牌坊为核心配置了重要的衙署、苑囿、宗教建筑（大寺堂）、土司墓葬区以及重要的军事设施，是全城的权力中心和礼仪中心，横街以下部分除了小衙门等次要行政机构外，主要是众多院落构成的普通居民区以及散居于其中的经济类设施（如钱庄、手工业作坊等）。

（2）“T”形街道的纵街（第一下河道）是全城的中轴大街，向上与横街相交，向下通往唐崖河畔的张王庙及庙前的码头。张王庙依崖而建，北为石壁悬崖，东为唐崖河，城市东墙由此转折西行。据庙内石刻记载，多次与王城有关的战役皆发生在张王庙附近，故有庙内石马神威退敌之传说，可见此处不但是全城最重要的水路交通要道，也是全城防御的重点所在。这条中轴性的纵街向上与横街相交，略向左转即与“荆南雄镇”牌坊前的石阶相接，因此它也可能是通往衙署区的一条具有礼仪性质的街道，与中街相交处有一处宽阔的平台，残存雕刻精细的石基，下为落差数米的平地（现为稻田），此处或为举行重大礼仪活动的场所。

（3）纵街略左转，拾级而上进入雄伟的“荆南雄镇”牌坊，就进入了城市的核心区——衙署区，经考古工作发现为一处由围墙环绕的方形院落，尚存大型柱础、基石等精美建筑构件，后有土司生活的内宅和苑囿，是全城的权力中心，地位相当于汉地都城的宫城。纵观全城，这处衙署区并非位于全城的中心，而是偏于右侧（南侧），与汉唐地方城市将衙署设于西北一隅的做法类似，可能是有意遵循了传统的地方性城市设计理念，体现了城市的等级观。可以想象，当从张王庙码头下船，经由宽阔的中轴大街拾级而上，矗立眼前的是雄伟的“荆南雄镇”牌坊，一定可以领略到覃氏土司的威严，此等设计既彰显尊荣而又不失封建礼仪。

（4）唐崖土司城的设计理念主要采用了汉唐城市的模式（如前述“T”形街道系统和上尊下卑的特征），而不是晚期城市将核心区置于全城几何中心的“套城”结构（北宋及以后的城市），不过晚期城市的某些特征也在唐崖土司城有所体现。北宋汴梁城开始的城市变革的最大变化是里坊制的崩溃和街巷制的兴起，旧式的里坊制以高大的坊墙和严格的坊市制度来管理和控制城市居民，是建立在城市商业不发达的基础上的，中唐以后由于城市经济的发展，坊墙被突破，封闭的里坊变为开放的街巷，成为宋及以后城市的基本形态。唐崖土司城的居民区大多位于横街以南，皆位于封闭的院落内，但院落并无统一规划，院墙大多非常低矮，与里坊制城市高大的坊墙性质不同，可能只是为了标记院落的界限，起不到控制和防御的作用，也许连野兽也无法抵御。这种院落可能与鹤峰容美土司的院落相似，顾彩到访容美土司城时所居吉祥阁“在平坡中，园墙仅高三尺，虎从楼下往来无碍，寝则去梯，以板盖之”[2]，院落内的房屋可能与今土家族的吊脚楼类似。从街道系统来看，唐崖土司城虽然继承了汉地旧式的“T”形街道传统，但并非以里坊制来规划居民区，那些形制不规则的院落可能是因形就势自然形成的，具有强烈的土著民族特色。

（5）唐崖土司城在充分吸收汉地城市的基本原则基础上，又因山川形势之便，将古代的风水思想与自然地形进行了完美的结合。古代城市规划理念中，虽以平面方形、道路垂直相交的中规中矩为理想城市形态，但也强调“因天材，就地利，城郭不必中规矩，道路不必中准绳”（《管子・乘马》），人与自然的统一才是城市建设的最高准则。源自《周礼》的城市选址原则历代都被视为城市风水理论的基础，其中最为理想的选址标准之一是“负阴抱阳、背山面水”：城市背倚的祖山是全城的制高点，面朝“金带环抱”的河流及“朝山”，左右分别是青龙山、白虎山以及一系列的“护山”[3]，“万物负阴而抱阳，冲气以为和”（《老子・四十二章》），以山、水代表阴、阳，追求的是一种人与自然的和谐相处。唐崖土司城是对这种城市布局原则的完美诠释，城市后部的玄武山即相当于祖山，玉皇庙（玄武庙）和传说中的夫妻杉位于此山最高点，占据全城最为尊显的部位，所在山脊向下的延伸线大致与“荆南雄镇”牌坊所在的衙署区轴线相重合，唐崖河对岸的朱雀山与玄武山遥相呼应，成为土司城的“朝山”，有“万众来朝”之寓意，北、南两侧的青龙山、白虎山左右对应，与贾家沟、打过龙沟等形成的天堑一起构成全城的左右屏障，相当于“护山”。

根据《唐崖覃氏族谱》记载，唐崖土司始于元末，但城市的始建并无明确记载。从现有实物证据来看，以张王庙、“荆南雄镇”牌坊等为代表的城市主体当形成于明末的万历至天启年间。据张王庙石刻及族谱考证，张王庙始建于第十一代土司覃文瑞在位时（万历十六至四十一年，1588～1613），而“荆南雄镇”牌坊为第十二代土司覃鼎于天启初年（1621～1623）因战功受赐而立[4]。覃鼎在位时也是唐崖土司最鼎盛时期，以牌坊为核心的衙署区与现存街道体系应为一个有机的整体，应该是统一规划、一次建成，在未见更多考古证据之前，或可推测现存城址的主体形成于明末的万历、天启年间（16世纪末至17世纪初）。当然，城址内必定也存在明代前、中期的遗存，部分墓葬及“成化”款青花瓷片表明至少可将城市的年代上溯到明代中期，至于更早的遗存及城市的变迁历程还有待更多的考古证据。唐崖土司城一直沿用至雍正十三年“改土归流”，此后由于土司家族的离散、农业人口的进入而逐渐废弃。

作为一座土司制度背景下的城市，唐崖土司城也体现出特定的本土民族性，主要体现在城市建筑的一些细节上。土司城的标志性建筑——“荆南雄镇”牌坊——是明代朝廷为表彰第十二代土司覃鼎的战功而敕建于天启四年，牌坊本身是一座纪念性建筑，其所处的部位及宏伟的体量均强化了它的礼仪本质。在牌额正反两面除了以文字明确标明纪念的事件（钦差朱燮元为覃鼎所立）外，还以精美的浮雕作为装饰。图像的主题纹样是“渔樵耕读”、“哪吒闹海”（或“鱼跃龙门”）、“土王出巡”，前两个图像皆为明清时期汉地流行的民俗题材，是一种程式化的装饰，以这种民间性极强的程式化题材来装饰对唐崖土司来说至关重要的纪念性建筑，而不采用此类官方牌坊理应采用的德政类题材，甚至也不采用汉地民间牌坊“忠孝节义”等宣教类图像[5]，正是一种汉地民间文化本土化的反映。“土王出巡”是唯一表现牌坊主旨的图像，透过动感的画面再现了土王的日常生活和统治威权，但它在图像配置上与前二幅图像并无主次之分，没有特别强调土王的地位，这种配置除了反映唐崖土司的精神世界外[6]，或许还反映了土司政权与中原王朝之间的微妙关系。

从上述城址结构反映的城市建置特征，可以看出唐崖土司城本质上是一座土司制度下的地方性行政治所，是唐崖土司区域的权力和礼仪中心，同时也是明代后期土司地区认同和接受汉地价值观之后高度汉化的产物。

唐崖土司地区由观念认同开始的文化同化是通过军事交往、人口迁徙等方式实现的，除了上述城址结构所反映的礼仪制度同化之外，土司姓名的转变或许也反映了土司文化的逐渐汉化。

据民国《唐崖覃氏族谱》记载[7]，覃氏自元末定居此地，其姓名相继经历了蒙古名—土家名—汉名的转变，如族谱所记元末的先祖名“帖木易儿”、“颜柏帖儿”、“文殊海牙”、“脱音帖木儿”、“福寿不花”，皆蒙古名，至明初则采用了可能具有本民族特色的名字，如“覃启处送”、“覃直什用”、“覃耳毛”，至四世祖覃忠孝时，“奉命招抚蛮民一千五百六十二名，蒙兵部覆匙。敕部安抚原职任事，于永乐二年颁授左右二副司印，篆左苍蒲司官、右活龙司官……忠孝祖于宣德三年在任身故”。据唐崖土司的传说，覃氏的先祖是元代蒙古将军帖木乃尔的后裔，因元末率军到鄂西镇压少数民族起义而定居下来，故覃氏的元代先祖皆采常用的蒙古名[8]。这种说法未必可信，在元代统治下，包括汉人在内的被统治民族常有改用蒙古名的习惯，元朝灭亡后，又都改回本民族姓名，甚至有些迁居内地的蒙古人也改用汉名长期隐居于汉民村落[9]，这是特定历史背景下弱势民族对统治民族的依附和价值观认同造成的，唐崖覃氏的蒙古名先祖反映了元代唐崖覃氏与蒙元文化的深入接触，元朝灭亡后一度恢复本民族姓名，至明永、宣时期，因“奉命招抚蛮民”有功受到朝廷分封，出现了唐崖土司的第一次兴盛，也加速了本土文化的汉化，第四代土司以“忠孝”为名即是对汉文化伦理道德观的认同，此后各代土司用名与汉人无别。

除了作为文化同化重要表现的姓名外，唐崖土司的汉化还体现在丧葬习俗等方面，如墓葬石刻的逐渐精细、墓碑的晚近出现等，皆反映了唐崖土司观念认同与文化同化的逐步深入。

元代镇南王大圣奴后裔兵败陈友谅，幼子部官荫避难信州（江西），迁徙松滋，第4代时部氏兄弟二人迁湖南澧洲，11代又有部锡侯再迁鹤峰（乾隆年间），17代迁恩施（光绪年间）[10]，此支部氏的迁徙路线与容美自荆州入容美土司的路线基本吻合，或许正是鄂西山区与汉文化区域沟通的主要通道。因为与汉文化区域的沟通相对更为便捷，容美土司的汉文化水平较为深厚，而唐崖土司区域的汉化较晚，应该与其地更为偏僻有关。

注　　释

[1] 湖北省文物考古研究所、中国人民大学历史学系考古教研室、咸丰县文物局：《湖北咸丰唐崖土司城址调查简报》，《江汉考古》2014年第1期，第21～53页。

[2] （清）顾彩撰、高润身注释：《容美纪游》，天津古籍出版社，1991年。

[3] 王其亨、张慧：《〈尚书〉、〈周礼〉——中国古代城市规划与风水理论的坟典》，《天津大学学报（社会科学版）》2010年第3期，第229页。

[4] 李梅田、方勤：《唐崖土司城张王庙石刻考述》，《三峡论坛》2013年第5期，第6～9页。

[5] 明清时期的安徽古徽州府棠樾牌坊群（其中鲍象贤尚书坊建于明代天启年间）形制与“荆南雄镇”牌坊类似，但以“忠孝节义”为主题，既是对鲍氏家族荣耀的褒扬，也是对传统伦理道德的宣教。

[6] 陈飞：《唐崖土司荆南雄镇坊价值探析》，《三峡论坛》2013年第6期，第9～11页。

[7] 《唐崖覃氏族谱》，2000年覃国安据民国六年老谱重印，老谱书“中华民国六年丁丑岁菊月念十依老谱誊写”，有“荆侯之印”印篆。

[8] 王平：《唐崖覃氏源流考》，《贵州民族研究》2001年第3期，第137～139页。

[9] 李莎：《元朝汉族及内迁各民族的姓氏来源与变化》，《学术论坛》2007年第5期，第173～176页。

[10] 邓和平：《湘鄂边一支蒙古族人的来源与迁徙》，《内蒙古大学学报（人文社会科学版）》1999年第5期，第36～40页。

仿象与象征：唐崖土司城遗迹的文化解读

王祖龙　肖　竹

（三峡大学民族学院）

摘要：唐崖土司城是明清时期山地城市营造的典范之作，其营城理念既继承了汉文化传统，又体现了土家族民族聚落特色，是我们了解武陵山地区明清土司建筑及其装饰艺术的珍贵案例。本文利用唐崖土司城的最新考古成果，并结合田野调查所得，阐释其建筑及其装饰的“仿象”特征，并揭示其文化互动的表征与根本。

关键词：仿象；象征；文化认同；汉化

唐崖土司城是明清时期鄂西南山地城市建造的典范之作，是单体规模最大、地面遗存类型最多、保存最完好的建筑，蕴含着丰厚的历史文化信息和民族聚落特色。城中至今尚遗存石城墙、石板街、衙署区、张王庙、大小衙门和土司王墓，其中标志性遗存如石牌坊、石墓葬以及张王庙里的石人石马，有着重要的文物价值、史料价值和艺术价值[1]。作为文化遗产，与同属武陵山腹地的仙佛寺石窟（隋唐）、鱼木寨墓葬石雕（民国）一起，构成了一个完整而清晰的时间序列，承载着土家人的历史积淀，见证了土家文化的变迁。本文利用唐崖土司城的最新考古成果，并结合田野调查所得，探讨唐崖土司城建筑及其装饰的“仿象”特征，并揭示其文化互动的表征与根本。

一、山地王城的“仿象”范例

“仿象”一词是近现代艺术与美学领域的重要概念，是指在真实与虚假之外对主观感受的具象表现。“仿象”并不强调对物象的机械摹仿，而着意于对物象的理解和表达的主观真实性，本文借指“具象的仿形”，“仿象”的心理和本质在于文化的认同与接受。

在“仿象”视域之下，唐崖土司城遗迹无不具有“仿象”意味。在这里，我们可以把“仿象”理解为对“正统”的追慕与仿形，所谓“正统”，即中央王朝的范式与规制。作为“边缘族群”，唐崖本属古蛮夷地，虽为高山深谷所藏，但地处楚蜀边陲，锁钥荆襄，屏翰重夔，故中央王朝将其纳入施南府辖区统一管辖。“唐崖长官司，本五溪西界地，元置长官司，寻更为军民千户所，明玉珍改为宣抚司。洪武六年

（1373），仍置长官司，后废。永乐四年（1407）复置，直隶施州卫。”[2]土司制度的实施对地处鄂西南山地的土家族社会形态的发展产生了重大影响，特别是明以来中央朝廷对土官的承袭、贡赋徭役以及士兵征调都有更为严格的规定，表明中央对鄂西南地区的统治进一步加强。与此同时，鄂西南峒主土司与明廷的政治经济联系也日益紧密。出于对中央王朝及其政治权威的想象和追慕，偏守一隅的唐崖土司对其治所的经营，很难说不摹仿中央王朝的范式与规制。据文献记载，从元顺帝至正六年（1346）起，唐崖土司覃启处送便开始在唐崖村（今咸丰尖山乡东）建造土司城，历经几代乃成，至明末覃鼎时王城建设已臻全盛。覃鼎因调征有功，军威显赫，明廷钦赐皇命四道，建大坊平西将军“帅府”，又建功德牌坊，授书“荆南雄镇、楚蜀屏翰”八字以示嘉奖。唐崖土司城主要标志性建筑及其石雕，主要为覃鼎夫妇主持修建，而且大部分与覃鼎夫妇密切相关。据唐崖《覃氏族谱》记载：覃鼎夫人曾被封为武略将军夫人，相夫教子并以忠勇名著一时，且性好善乐施，带百余奴婢朝圣峨眉，途中沿途择配，回唐崖时兴修街道、水井，整修张飞庙、玄武庙、大寺堂、铁壁寺等庙宇楼阁。“衙署街道，自玄武山发脉，前至大河边，左右二寨，石厂二沟，设立衙署，街基庙宇寺观，历朝功绩昭著。”[3]现存王城遗迹及其石雕就成就于这一时期。

从遗迹看，王城的“仿象”是全方位的，从理念到形制、从选址到布局、从结构到功能、从技艺到装饰，无不规模中央王朝宫殿的范式和特色。整个城池气势恢弘，功能齐备，装饰精美，特别是城池轴线的确立、外城环绕拱卫宫城的格局，形成了一个封闭紧凑、等级森严、井然有序的坊制结构，俨然唯我独尊的“家天下”，其排场和规格与中央王朝的宫殿颇相仿佛。张良皋考察后曾说，整个土司城的面积甚至比明清紫禁城还大。明清紫禁城南北长约960米，东西阔约760米，算下来不超过73公顷。而唐崖土司城纵横都有1千米，面积超过1平方千米（100公顷，即1500亩）[4]。虽然土司城不到明清北京城的1/40，但就山地城市建筑规模和规格而言，堪与京城媲美。

先看选址的“仿象”意识。唐崖土司城依山傍水，四面环山，围绕城池的险要地势为城市安全提供了天然屏障，凸显了城池的军事防御功能。城池背山面水，坐西朝东，随形就势，背倚玄武山，东临唐崖河，左望青龙，右仰白虎，城池恰好位于东西南北四条起伏的山脉的交汇点上，城墙沿山脊和河沟的内岸砌置。山脉与河流以圆润柔和的曲线，将中心城池揽在怀中，形成一种力的图式，依山势地貌呈旋转状发射。其朝向、形势既切合自然之道，又与汉文化中的风水术极为合拍。汉文化传统特别重视营城的选址，“依山傍水”是其首选，既可为人们生存提供资源和便利，又为城池安全和防御提供天然屏障，这是自先秦以来，从安全防卫需要出发所发展出的城市选址的基本思想之一。

这种选址与规划，还恰到好处地突出了宗法族群的巨大内聚力，以及强宗大姓外向辐射的扩张力。在汉文化系统中，青龙、白虎、朱雀、玄武古称四灵，山因神灵所居，使得城池的风水具有了神灵护佑的力量。而坐西朝东的朝向也值得深味。两汉六朝以来，汉文化就以“东向坐”为尊位，据传西汉景帝阳陵就是坐西向东。这表明，在元代建城之始，整个城市规划已然遵循了这样的汉俗，又彰显了族群意识；既宣扬了首领的威武神勇，泽被四邻，又反映出族群团结一心、共同发展的群体意识。

再看营城理念的“仿象”。中央王朝建造紫禁城，无不将“中轴线”强化至核心地位，即所谓“择天下之中而立国，择国之中而立宫”，“中轴线”可谓古代都城营造的灵魂，被赋予了浓厚的政治色彩和哲学意味。最高等级的宫殿和城门（太和殿、中和殿、保和殿、乾清宫、交泰殿、坤宁宫、午门等）有规律地分布在“中轴线”上，同类建筑沿“中轴线”对称分布，内城外城中数量众多的民居建筑也沿“中轴线”展开，城市格局犹如棋盘，井然有序，正所谓“左祖右社，前朝后市，万贾云集，人文荟萃”。“中轴线”作为中国传统城市规划和宫殿建筑的元语言，极具象征性，是中国传统哲学思想在城市建设上的典型反映。据实地田野调查，结合《唐崖土司概况》所绘“唐崖土司城遗址示意图”和遗址考古所拍“唐崖土司城衙署区航拍图”，我们发现，在唐崖土司城址，衙署区以规整方正为基本特征，总体上遵循“周法”，具有明显的“中轴线”意识。轴线沿万兽园、衙署区建筑群、牌坊、第二下河道、河边一线展开。衙署区是整个城址的核心，位于核心区中部偏西的地方，体现了“皇权中心”和“筑城以卫君”的思想。围绕衙署区，“中轴线”从局部发展到整体，形成了沿“中轴线”两侧对称布局、具有明确功能分区的棋盘方格网状形式的聚落形态。据史料记载，鼎盛时期土司城建有三街十八巷三十六院，城池建有内宅、官言堂、钱库、御花园、左右营房、万兽园、牢房、书院、寺庙等，形成了一个完整有序的聚落，而且分区明确，功能齐全，政治、经济、文化、宗教、军事、娱乐和墓葬一应俱全。牌坊位于衙署区建筑群轴线的东端，是整个城址最重要的标志性建筑。从现有布局看，“整个城址是以衙署区和牌坊为中心展开布局的。以上、中、下三街为界，西部地势高亢处为高等级的功能区，土司墓葬区、宗庙区、苑囿区均位于这一线的西部，而这一线的东部地势较低处则可能为一般的行政功能区或普通的居民院落。”[5]从城址内各功能分区及院落类型看，该城址不仅仅是一个单纯的土司治所，而是包含土司、贵族、普通平民，且具有生产贸易等多功能的聚落中心。

中国传统聚落历来重视等级、“阴阳”、“吉凶”、“天圆地方”等观念，这些意识在唐崖土司城营造中也有体现。土司城以规整方正和多重结构为基本特征，周长13.5千米的城墙与唐崖河一起正好形成一个不规则的四方形，城内三街十八巷三十六院纵横交错其间。东部的玉皇殿、南部的大寺堂、西部的官言堂和北部的内宅构成内城，而作为王权象征的宫城则位于内城中心。北部玄武山、东部的碗厂沟、南部的张王庙、西部的覃家沟构成外城。外城包围着内城，内外城功能分区明显。这种分区也颇具“仿象”意味。例如，代表王权的建筑玉皇殿、大寺堂、覃氏宗祠、内宅分布在王城的中心靠北的地方，下层土民则居下街、覃家沟等远离中心的区域；中心宫殿是土王行使王权的地方，以此为中心，宫殿、朝、官署从北向南排列，体现出至高无上的权威。从竖向空间看，衙署区空间形态呈现向心集中的形态特征，城池中所有高大建筑无有例外地置于城市的核心位置，这无疑也是对过去传统和规制的“仿象”。又，在传统观念中，“天”为阳，“地”为“阴”，“君”为“阳”，“臣”为“阴”，这也为唐崖土司城建造所吸收，故城南修建张王庙，代表“阳”以祭天，城北玄武山集中修建王墓，代表“阴”以祭地。

唐崖土司城的城市格局应该说深受汉文化传统影响，其前宫后苑、前朝后寝、前卑后尊、左武右文、殿南庙北的布局与古代皇城具有明显的一致性。特别是对“中轴线”的“仿象”，不仅强化了等级、身份和地位意识，而且还突出了政治色彩，表明了唐崖土司通过对治所的苦心营构，试图建构起族群认同的心理根基，其实质是对“国家正统”的倾慕。

再看其建筑形式和装饰。如果说唐崖土司城的城市规划从族群利益出发，通过对“国家正统”的“仿象”，建构起了“国家认同”意识的基石的话，那么，现存标志性建筑石牌坊和石墓葬，则以文化认同的方式进一步丰富了“国家认同”的内涵。土司城内石牌坊和石墓葬建筑形式和装饰同样具有“仿象”意味。石牌坊和石墓葬本身就是汉文化的产物，是典型的汉族建筑形式，体现了庄重严肃的纪念型风格。与建筑形式和风格相适应，石牌坊的装饰则大量运用汉文化题材，主要有“哪吒闹海”、“舜耕南山”、“渔樵耕读”、“云吞雨雾”、“槐荫送子”等历史传说和戏文故事。

石牌坊正面当中高悬浮雕“土王出巡”，旨在突出王权主旨，彰显其政治权威，无疑是牌坊装饰的核心。土王是统治一方的土皇帝，是土家先民首领，于国有功，于民有德，在土民心中树立了极高的威望，故开门见山地布置在牌坊正中的最高处。其他语汇和装饰无一不是汉文化图式的“仿象”。四柱三门、一斗三升、素面雕花、斗拱筒瓦、飞檐翘角是地道的汉式建筑语言，其门、柱、枋、檐上的雕刻，集高浮雕、浅浮雕、透雕、线刻之大成，是典型的汉文化系统的雕刻技艺。牌坊正门两上角以一对象鼻为雀替，这显然取自汉文化系统中的吉祥语汇，寓意吉祥，象征治所的吉祥升平与太平景象。牌坊左右各置一块“麒麟奔天”，以透雕形式双面雕刻，居高浮雕中央，寓意明确。坊脊上的鸱吻是汉族建筑上的常见装饰，俗称“吞脊兽”。宋代《营造法式》载，“尾似鸱，激浪即降雨”，取其生水灭火之意，用以镇宅，保佑家宅平安。唐崖土司城石牌坊正脊上的鸱吻，两首正侧向外，昂首卷尾，张口怒目，头部上翘身尾之上；侧脊两外端则用卷曲翻滚的螭吻，改变成形似云纹、水纹组成的大刀状鸱尾。大象、鸱吻和麒麟无一不是汉文化建筑系统中典型的吉祥图式。其他石构件如柱石、大小额枋、楼匾、花板、斗拱、抱鼓石也多仿汉构样式，甚至连抱鼓石上的浅浮雕卷云纹，也与汉式并无二致。

城南建有张王庙，亦是汉文化的“仿象”。据《咸丰县志》载，覃鼎夫人田氏，“尤喜奉佛”，自四川峨眉山朝奉归来，先后在王城整修了大寺堂、玄武观、张王庙。所建张王庙是一处前后三进两个天井场坝、逐级上升的院落，现结构清晰，基址完好。石人石马位于二进的台地上，石人身披藤盔，着蓝彩，石马着枣红色，现色彩脱落。二马间距4.8米，其中心线正与庙宇的中轴线重合。三进为外八字形正屋，左右两厢与二进相连成第二个天井场坝。正屋中堂立张飞、刘备、关羽像，木雕张飞座像居中位，刘备立居左位，关羽立居右位。刘、关二立像为蒇泥漆胎。“八”字左侧房为小钟楼，右侧为大钟楼，后面摆放大雷鼓，两厢陈列十八罗汉。可惜这些建筑和雕像在“文革”期间尽毁，已无实物可考，遗址内仅残存有刘关像石雕底座、香炉座底、雕花地线石条、磉凳等遗物，可以想象当年建筑何其恢弘。土司城内如此恢弘的庙宇，供奉祭拜的却是外来文化系统中的张飞，这一民间信仰于文献史料无可考，民间传说又多荒诞不经，如果不是有着极强的文化认同感和现实需求的话（田氏夫人奉佛），张飞崇拜又何以能在土司族群内生根发芽，甚至开花结果？可以想象，武陵土家人身处复杂的生态环境，很容易形成独特的宗教文化，同时，独特的地理环境也孕育了土家人独特的宗教情感，使他们面对外来文化及外来宗教时，表现出极大的宽容心态和较强的适应性，主动选择了与本民族文化相容的宗教信仰。

故此，“仿象”得以成立，其基础在于土汉文化的互动，其实质在于文化认同。如果说元朝统治者在唐崖开始设立“长官司”，唐崖土司还是被动地接受汉文化的话，那么，其在与“华夏中心”的文化交流与互动中，则逐渐培养起了独立的“国家正统”意识。“国家正统”意识的养成，最重要途径就是“汉化”。据《明实录》载，洪武七年，明廷为强化对土司的统治，明令土司子孙要学习汉文化，否则不得世袭。可见，高压之下，“汉化”已成为土司“自我重塑”和对辖区进行统治的“头等大事”。从社会学意义上看，“汉化”是指非汉族人的同化过程，它不仅仅表现为对先进文化的借鉴、吸收和融合，对土司而言，它还是一种特殊的政治策略，通过接受和学习汉文化、哲学以及官僚体制，以此来提升自己统治的合法性，巩固其在族群中的统治。为此，覃鼎执掌唐崖司事，对汉文化的传播尤为用心。据唐崖《张氏族谱》载，曾聘请荆州名儒张云松开办书院，教习诸生，传授汉语、汉文，覃氏子孙获益良多，从此汉文化多方深入，治所之内，“国家正统”意识日趋浓郁。故“汉化”之于土司，不可简单理解为“被”强制，已然成为自觉自愿向先进文化靠拢的主动选择。唐崖土司城系列汉文化图式和符号的运用表明，“国家正统”的意识在覃鼎时期已经深入人心，一方面可以达到彰显王权的目的，一方面也可以起到道德教化的作用，更好地促进族群的巩固和发展。覃鼎时期的灿烂可观的文治武功与此当不无关系。

二、石头营构的象征世界

唐崖土司城建筑及其装饰还有一个典型特征，那就是以石为材。司城内外，以石为基、以石筑城、以石铺路、以石架桥、以石构墓、以石成雕是常见的文化现象。无论牌坊、雕刻、墓葬、柱础，还是街道、城墙皆以石为材，至今城墙及“三街”石板依然完整。可以毫不夸张地说，整个土司城就是一个石城。

在“地无三尺平”的鄂西山区，因山多石多，土民居所日用多与石相关。生活在山地上的土民祖祖辈辈与石打交道，对石情有独钟，并巧妙地将其融入到生产生活之中，创造了光华灿烂的石文化。利川的鱼木寨就是青石文化的典范。青石在鱼木寨可谓无处不在，足之所踏是青石路，目之所及是石崖壁，寨楼以青石砌就，散落在寨中的是大大小小的石碑，或立或卧，雕镂工艺巧夺天工，活灵活现的人物花草和奇巧的石雕工艺堪为绝伦。至于石碾、石磨、石缸、石臼、石盆随处可见，石头成为土民生活中不可或缺的一个部分。这一风尚至今在武陵山的村村寨寨中还能找到痕迹，如藏在深山之中的来凤县百福寺镇的舍米湖村，家家户户都有青石砌成的火塘，房前屋后皆以青石铺地筑场，一条条青石铺就的高高低低的羊肠小道，把木构瓦舍的吊脚楼串联起来，形成一个宁静祥和的聚落。更为奇特的是石与生死紧密相随，生用石具，死居石穴，在土家族地区，墓葬石碑至今仍然是石匠炫技的竞技场。

据《湖北咸丰唐崖土司城址调查简报》，在唐崖土司城址，石材取用极为便利，遗址中部有大型采石场，石质为黑色和褐色的变质灰岩，贾家沟中段以及牌坊北侧有红褐色和灰白色粉砂岩，这些岩石层理结构较为发育，石质坚硬耐牢，便于加工，城墙、街道、牌坊、墓葬、衙署区建筑用石莫不来源于此[6]。正是因为拥有丰富的石材资源，石墓葬在唐崖土司城才创造了“不朽”的模式。石墓葬建在土司城后山坡上，有隆起约4米左右的圆形土墩，墓室即建在其中。王墓建有圆形坟，坟上堆有尖顶，墓外立有方墙，墓前造有梯形台，这些有意味的抽象几何符号，是汉文化传统中“天圆地方”观念的体现。在土家人心中，高耸的尖顶象征灵魂归天，坟顶长得越快、越高，寓意子孙后辈兴旺发达；梯形拜台主要供瞻仰拜谒之用，营造出了一种肃穆崇敬的氛围。整个墓葬采用了汉文化中旧有的地域性丧葬形式，即建于地表的石质建筑和地下的墓室典型地摹仿了木构形式，规模宏大，装饰谨严，雕刻精细。这种构造的墓葬在土王墓周围还有数座。石墓葬分前中后三部分，前呈等腰梯形的小坝，皆以全石铺成，两侧建有浮雕花墙；中为墓厅走廊，厅前壁还有8扇石门；后为灵寝，并排四间，均有棺床，亦有8扇石门。整座墓葬为全石仿木结构，檐柱穿枋、斗拱飞檐一应俱全，还有各种几何图案、花卉鸟兽题材的浮雕60余幅。

这种仿木结构的石墓葬建筑当与汉文化系统中早期丧葬形式相关。中国早期墓葬绝大多数为木构，从前2世纪至6世纪间，石质结构墓葬才获得长足发展，形成了不同类型的墓葬系统。如前2世纪西汉中山王刘胜墓及刘胜妻窦绾的崖洞墓葬是仿木构石室，位于墓葬后部，成为整个丧葬建筑的一部分[7]。在西南地区的四川，汉代还曾出现过石质房形椁。北魏时期，一位官员的墓室是一个小型石屋（山西大同近郊），外形摹仿了木构建筑，设有四柱前廊，上承横枋斗拱，房屋的门扉和外墙装饰有铺首和门钉，内壁有彩绘壁画。同类型的房形椁还有山西太原附近出土的592年虞弘石椁。房形椁后来被越来越多的唐代贵族和皇室所采用。

这种特殊葬具的建筑形式在丧葬中的功能是什么？为什么这一早期的地域性的艺术传统后来为少数民族地区所借鉴？多数学者从取用便利、等级、财富、权威等方面加以阐释。或以为土家人幽居武陵山，朝夕与山石相伴，为了适应山区湿润气候，加上石材取用易得，在与大自然卓绝抗争中，才创造了灿烂的石文化，于是上至土王，下至民间，无不以石为构、以石成雕。或以为是对中央王朝建筑形制和权威的摹仿，元明清时期的皇陵营造，其建筑、雕刻多以石为材。作为土司皇城，为了显示其权威，从形式、格局、材料、风格上有意摹仿中央王朝礼制，满足其作为土皇帝的心理。或以为是一种特权意识的产物，石材作为一种优质建材雕材，较之木材易于长期保存，一般平民无力享用，与土王流芳百世的心理极为吻合，同时能彰显土王特权。

这些解释从不同角度阐释了以石为葬的合理性，但要寻找这种旧有的汉文化葬仪在少数民族地区的流行，我们还要考虑到不同民族融合过程中习俗和礼仪的极端复杂性。这种以石筑寝以慰死者的汉式葬仪在武陵山少数民族地区的复兴，可以看成是土家人"汉化"努力的结果。通过这种努力，他们利用和发展了一种旧有的中国地域美术传统，通过这种传统，同时自己也由"圈外人"变成了"圈内人"。对于久沐汉风的唐崖土司来说，石墓葬不仅仅是等级、财富和权威的象征，而且还是一种有着特殊目的的选择，是一种文化互动的特殊模式。这个系统的确立与当时的宗教信仰的变化有关。当石质墓葬和棺椁在前2世纪开始在中国出现的时候，"石"与"木"这两种材质就被赋予了相互对立的象征意义：石料的基本特性，包括坚固、持久和抗拒变化的能力，使之成为"永恒"这个概念的比喻，而易于朽坏的木料则成为"暂时"和"现世"的代名词。"木"与"石"的二元对立，在此基础上便出现了两种不同的建筑类型：木结构往往供生者使用，石墓葬则为死者、神仙和仙人建造。结果便形成了一个礼制传统和思想观念：石料一方面与死亡相连，另一方面则与"不朽"发生了关联，这两种关系进而隐含了死亡与成仙之间的第三种联系[8]。当人们走进墓园，一种恒久的人生感、历史感和宇宙感便会油然而生。

与"不朽"相联系的是"长生"。石墓室内外的装饰别具特色，与汉文化系统中的"长生"意识相合。"长生"是亘古以来人类的追求，无分种族，无论贵贱，概莫能外。王墓祭拜台上栏板装饰和柱头雕刻，通过"娱神"的方式很好地表达了"长生"的主题。装饰栏板的花草图案精致繁复，与简洁明朗的边框几何纹形成对比。石柱造型新颖别致，狮象形象寓意吉祥。一柱头圆雕狮子戏球，两爪作扶球状，造型稚拙，憨态可掬；一柱头造型似象似猴，模棱两可，作低首缓行状，步履蹒跚；一柱头造型似桃似莓，形象奇特，托双层莲瓣，下衬波浪纹底座。墓顶脊中央，也有类似柱头的奇特造型，多层莲花座上，一蝴蝶隐约可见。墓室内的藻井、龛楣、梁枋雕饰精美。藻井或饰八宝花，或饰四瓣宝相花，或饰八宝太极图。墓厅走廊中央的藻井并置圆形龙纹、花草纹，图案采用四方位米字格构图；多块梁枋除下部统一用圆形八宝花外，两端雕饰绶带，绕结形式多变。两侧面在倒立三角形的锦纹中雕饰卷草纹；门楣用二方连续云纹装饰；棂窗四格，上紧下松，亦有下两方格，上镂空为古钱图案；灵寝正门刻有灵牌，两侧及底部有大小不同的方块分割，有的刻有简洁几何纹。整个灵寝充分发挥了"以图娱神"、"以形娱神"的功能，通过平列和立式构图，把各个视点的物象紧密而有序地联系在一起，象征人生于自然、回归自然。

"不朽"也罢，"长生"也罢，无不源于土家人的自然崇拜——石崇拜。在唐崖土司城，石墓葬把"祖先崇拜"和"自然崇拜"有机地结合起来，追求灵魂的不朽与超越，也即死后的永生。这种意识由来已久。久居深山的武陵土家人往往视形奇状怪的岩石为神物。在他们心目中凡奇必有灵，因而把奇异的山峰、怪状的石头都当成神。如江口县快场乡与怒溪乡的三角岩是人们崇拜和祭祀的神灵；官和乡一石柱被人们当观音岩顶礼膜拜；贵州思南地区的土家人认为石头有灵，岿然不动的盘石象征稳固，巨石象征伟岸、力量；酉水流域的土家人崇拜"八部大神"，以石碑设"八部大王神位"；在龙山、永顺、保靖等地的"八部大神"庙，大门上嵌石碑，正对大门的大道分立石人、石马，进门两边设石狮。面对巨大而且质地坚硬的岩石，加上岩崩等自然灾害显示的威力，会在山地人内心深处产生震撼，认识到石头是比木头对人类威胁更大、更无法控制的自然物。加深了万物有灵、灵魂不灭的意念，从而激起巨大宗教热忱，对石头加以崇拜。这是人类社会早期普遍的心理现象，如在新石器晚期，欧洲、非洲北部以及印度等地出现过"巨石建筑"。巨大的形体和坚硬的质地激起了人们的宗教热忱。宗教以追求灵魂不朽和超越为主要特征，石构建筑正好满足了这一要求，石头的永恒、完美与人生的短暂、缺憾形成鲜明对比。同时他们认为，要想得到神灵帮助，就必须献媚于神灵（即娱神），以免自己受害。在石构建筑中，建筑的实用功能和宗教功能相互融为一体，人的灵与肉就通过石构建筑实现了高度和谐统一。石构建筑庞大的外形、坚硬的材料及永恒的造型，比起木构建筑更能充分表现出人类的宗教观念和宗教情感。

建筑本质上是象征性的，一个民族、一个时代的精神往往在建筑上得到充分体现。象征作为一种语言，往往须借助恰当的载体，通过一定形式手段表达出来。如果说建筑是一种载体的话，装饰就是表达象征意义的最好形式。唐崖土司城建筑及其石雕以其特殊的视觉样式和物化形式强化了权力意识，成为最有威力的宗教、礼仪和社会地位的象征。

三、文化认同的"汉化"形态

通过上述分析，唐崖土司城遗迹的"仿象"现象实际呈现为典型的"汉化"形态，这表明，即使在"蛮不出境，汉不入峒"的土司时期，土汉文化也曾有过较大规模的互动和交流。文化的互动和交流，导致汉文化在土司地区迅速传播开来，在汉文化的浸染和影响下，土民及其生活逐渐"汉化"。所谓"汉化"，是指民族文化部分丧失本民族特征而变成汉文化的现象。在强大的汉文化影响下，土家族文化逐渐丧失了本民族的古老特征，而向汉文化集体靠拢。"汉化"的结果一方面使得土家族逐渐摆脱了落后的面貌，开始步入现代化进程，另一方面也不得不承认，土家族原有的本土文化也不可逆转地开始被同化。

这种普遍的文化互动现象由来已久。鄂西南自古以来就存在族群流动现象，历史上曾发生过几次较大规模的族群流动现象。先秦时期社会流动频繁，不排除有部分族群流动到鄂西南山地；魏晋南北朝时期，全国范围内出现民族大迁徙和民族大融合运动，客观上也促进了当地的族群活动，有部分汉族相继迁入此地；唐宋时期的施州及边地的土人甚至能用汉文著作；元明清时期，随着鄂西南及周边地区的战事频发，朝廷对鄂西南地区的武力征服，也形成了大规模的族群流动[9]。此外，明清两朝相继实施大规模移民活动，特别是“江西填湖广，湖广填四川”运动，导致一部分来自湖广、江西的移民迁入鄂西南清江以北地区。在这种背景下，一部分来自汉区的农民和商人陆续迁到土司地区，有的汉商在当地甚至成为地主。一部分从汉区迁入的名儒也发挥自身价值，立县学，兴书院，传播汉文化。在他们的影响下，文化发展的“汉化”形态在整个武陵山地区成为较为普遍的文化现象。由于移民的迁入，汉文化的笔记小说、传奇杂剧在武陵土家地区也广为流传，民间戏曲活动广为流布。清《辰州乡土志》载：“田事农闲，递相演唱，日观于室，夜观于野，唱则相和，演则相学，农夫渔叟，老妪童子，无不繁观而快。”由此带动了地方戏曲在本地的兴盛。宋中叶以后，由于民族相继迁入，相对闭塞的武陵山地区的农耕经济也逐渐发展起来。据《宋史·食货志》载，其时有“富豪之家”的土家人在汉族地区“多招佃户入山垦种，诱户举室迁去”。明末清初，一次又一次的战争也造成了移民的批量迁入。《施南府志·典礼》载：“建始自明季寇乱，邑无居人十数年，康熙初年始就荡平，逃亡复业者十之一二。”[10]可见汉文化传播促进了当地农业的发展。“改土归流”后，清廷为缓和民族间矛盾，除派流官统治，经济上还采取让步措施，革除了土司规定的“火坑钱”、“烟户钱”、“锄头钱”，粮赋按田亩征收，法律上取消了“蛮不出境，汉不入峒”的禁例，这些措施从根本上刺激了土汉文化的互动与交流，使得土家族逐渐被代表先进生产力的汉族所同化。

农业的发展顺便带动了手工业的进步。在土司制度相当长的时期内，武陵土家地区山崇岭峻，沟壑纵横，土地贫瘠，交通闭塞。在这种地理环境中，土家人创造了一种典型的山地文化，其生产方式曾长期是一种“刀耕火种”的山地原始农作。手工业水平不高，技术相对落后，产品也不多。后来由于汉族手工业者不断迁入，技艺水平得以不断提高。“移民作为文化载体，在迁徙的同时，也进行文化传播”[11]。如永绥“工役多有外至者，技艺较土人为巧，近日彼此相同，技术亦精。”[12]龙山“土民多勤action力田，不遂末……客民多长，衡、高、辰各府及江西贵州各省者，其先服贾而来，或独身持朴被，入境转物候时，十余年间即累赀巨万。”[13]移民的涌入，改变了土司时期“自安朴陋，因鲜外人踪迹”的状况，各种工匠应运而生，达到了“一切匠作，莫不有会”的程度[14]。木工的雕镂、刻画，铸工、金工的铸枪、炼刀，尚有铣木制农具，等等，手工业产品逐行销外地[15]。

覃鼎以来，唐崖土司与汉地的文化交流与互动日趋频繁。汉地的文学、艺术、戏曲、宗教、技艺迅速在唐崖土司传播。唐崖土司在吸收大量汉文化的同时，又积极创新，发展出土汉文化融合的“汉化”文化形态。从唐崖土司城建筑雕刻技法看，所有雕刻技法如圆雕、浮雕、透雕、镂雕、线刻等大部分都是从汉族学习而来，而且在建造过程中，可能还大量聘请了汉族工匠参与修建。从前述石雕题材看，汉文化题材占有较大比重，作品的形式、意境、工艺手法方面发展出与汉文化相谐调的风格形式，并表现一定的风格取向，如作品的以意造型、线的概括和自由空间表达都与汉风逼近。所谓“以意造型”，是指表现手法是具象的，而造型却是夸张的，如按西方雕塑的写实标准要求则相去甚远，但其所追求的是写意中的真实，也就是“真实中的真实”。张王庙里的石人石马雕塑，马腿被明显地做了夸张处理，虽与生活真实不符，却是“真实中的真实”。马腿的塑造并没有拘泥于物象的比例准确，工匠运用了“趋势”语言，善于以整体态势的把握追求生命状态的真实，故其造型有着稚拙质朴的风格。这种造型手法重在“意”，通过夸张、暗示手法和对态势的抓取和表现，完成对物象的理解与表现。因此，民间匠人追求的意趣虽非汉族传统文人的超脱、空灵和得意忘象的“文雅”，但也富于稚拙质朴的美感。西方雕塑造型强调光影明暗，突出特定环境中的真实表象，而民间匠人雕刻无须考虑光影明暗，看重的是对物象形态结构的抓取，概括而肯定，简练而生动，以线和体块合成。此外，民间匠人造型追求自由空间，这与传统戏曲的空间表现颇有相似之处。戏曲多以写意方式，将故事情节在舞台中展开，让时空艺术化，即超越客观时空，将其心灵化、艺术化，近似于平面的浮雕形式。张王庙石人石马左右并立，气象非凡，有诗赞曰：“石人石马在浪舟，大仙留下几千秋，青草齐眉难开口，黄尘满面起兜鍪。狂风呼呼无毛动，细雨霏霏似汗流，牧童有绳牵不走，狂鞭怒打不回头。”故整石雕成的石人石马浑朴强劲，势若腾骧，古意盎然。马鞍两侧的麒麟雕饰细腻优美，麒麟四脚跳起，侧头摆尾，缩颈扭腰，别具装饰意味，这正是造型空间意识上的意象透视观在民间石雕作品中的反映。石人一高一低，头盔高耸，身披藤甲，脚蹬战靴，左肩紧绷刀鞘带，左手反握油纸伞，右手仍持韁前倾而立。石雕以厚实的体块和横眉竖目、大头阔鼻的造型，表现了马夫的壮实、憨厚和忠诚。这种造型手法看似于形有失，实则于意有得，从中可见民间工匠的技艺与智慧。

四、结　　语

通过对唐崖土司城遗迹的考察，今日之残垣断壁和衰草寒烟实难掩王城昔日的繁华与恢弘。透过这些遗迹，我们看到的是土司文化的独特性和文化互动之下的“汉化”文化形态，这种“汉化”形态并非舍弃土司文化的独特性向单一文化的演变，而是表现为多种文化的交融，如自然景观与历史文化景观的交融、土汉民族文化的交融以及多种宗教文化的交融，它凝结了土汉民族的人文智慧，表明土司时期的文化认同已经涵化为国家认同，从中透露的是难能可贵的文化共生情结和民族和谐意识。

注　　释

［1］ 湖北省文物考古研究所、中国人民大学历史学系考古教研室、咸丰县文物局：《湖北咸丰唐崖土司城址调查简报》，《江汉考古》2014年第1期。

［2］ （清）顾祖禹：《读史方舆纪要》卷八十二《湖广八》，中华书局，2005年。

［3］ 《唐崖·覃氏族谱》，民国六年抄本，2000年重印。

［4］ 张良皋：《没落的土司皇城——唐崖土司城》，《中国国家地理》2008年第4期。

［5］ 湖北省文物考古研究所、中国人民大学历史学系考古教研室、咸丰县文物局：《湖北咸丰唐崖土司城址调查简报》，《江汉考古》2014年第1期。

［6］ 湖北省文物考古研究所、中国人民大学历史学系考古教研室、咸丰县文物局：《湖北咸丰唐崖土司城址调查简报》，《江汉考古》2014年第1期。

［7］ 中国社会科学院考古研究所、河北省文物管理处：《河北满城汉墓发掘报告》，文物出版社，1980年。

［8］ 〔美〕巫鸿：《时空中的美术》，《巫鸿中国美术史文编二集》，生活·读书·新知三联书店，2009年，第177页。

［9］ 王平：《鄂西族群流动研究》，《中南民族大学学报》2004年第1期。

［10］ （清）罗德昆：《施南府志·典礼·风俗》（卷十），道光十七年（1837）刻本。

［11］ 张伟然：《湖北历史文化地理研究》，复旦大学出版社，1994年，第225页。

［12］ （清）董鸿勋：《永绥厅志·风俗》（卷六），宣统元年（1909）刻本。

［13］ （清）朱克靖：《龙山县志·风俗》（卷十一），同治八年（1869）刻本。

［14］ 胡履新等：《永顺县志·会厂》（卷十二），民国十九年（1930）版。

［15］ 胡履新等：《永顺县志·会厂》（卷十二），民国十九年（1930）版。

唐崖土司城规划与建筑特色分析

王　晓　祝　笋

（武汉理工大学土木工程与建筑学院）

摘要： 唐崖土司城是鄂西地区重要的土司城遗址。本文经分析认为，其选址结合了军事防御需要与汉民族风水理念，并参照了汉族王城的规划理念，主要建筑也表现出中原汉文化与土家族地方文化融合的特征；城墙、道路、排水系统等基础设施建设，表现出适合当时当地人力物力条件的技术特征；墓葬建筑文化具有较强的地方特色。

关键词： 唐崖土司城；土家族；建筑遗址；遗产保护

一、唐崖土司城概况

土司制度源于唐代的“羁縻制度”，是元明清时期中央政府通过分封少数民族地方首领世袭管职，“以土官治土民”，进行间接统治的一种特殊政治制度。土司制度形成于宋代，繁荣于明代，终止于清代，结束于20世纪初。位于湖北省咸丰县境内的土家族“覃氏”一族，生活在我国西南地区云贵高原东侧的武陵山区，长江支流的乌江流域。“覃氏”土司，是鄂西南著名的“九溪十八峒”土司之一，也是土家族著名土司之一，元至正六年（1346）至十五年（1355）建立，清雍正十三年（1735）废止，共历18代土司，历时389年。明晚期，覃氏土司开始大规模营建“唐崖土司城”（以下简称土司城）。“改土归流”后土司城被焚毁。

如今，土司城遗址仍存于现咸丰县境内的唐崖河畔，仍被当地俗称为“皇城”。2006年，该遗址被国务院公布为第六批全国重点文物保护单位。该遗址总占地面积约74万平方米，目前主要道路系统、大部分城墙遗址、部分建筑遗址、部分排水系统遗址仍清晰可见，少量建筑保存完好，其余大多遗址的位置已被考古发掘与研究所明确。

二、唐崖土司城选址及总体布局

1. 自然环境与外围防御

唐崖土司城，位于湖北省咸丰县尖山乡唐崖司村唐崖河西岸的玄武山下，东距咸丰县城28千米，北距尖山乡政府所在地1千米；地处东经108°、北纬29°之间，主要场地海拔约610米。该地区山林相叠，沟壑纵横，植被茂盛，古代陆路交通极为不便，主要依靠水路交通与外界联系。土司城的选址，充分考虑了天然的山脉、河流、溪沟，形成外围天然防御屏障。土司城西靠玄武山，东面唐崖河。玄武山向东北延伸至唐崖河，与青龙山隔河相对，两山之间形成狭窄的河谷陡崖；朱雀山位于唐崖河以东，呈南北向分布，南与白虎山东端之间形成陡峭的峡谷。可见，土司城所处之地，四周险山环绕，南北两端山口狭窄，易守难攻。

2. 总体风水环境

从地形地貌特征、方位、朝向与形势特征等分析，土司城的选址，具有强烈的汉民族风水文化意识。首先，土司城外围结合防御的需要，位于群山环抱的环境之中，背靠玄武山，面向唐崖河、朱雀山，左右以青龙山、白虎山为护卫，并且唐崖河在前方形成总体环绕的态势，具有内聚型的“藏风得水”环境特征，符合汉民族较理想的风水环境要求。其次，玄武山、朱雀山、青龙山、白虎山的空间关系，也与汉民族较理想风水环境的周边山峦风水空间关系一致。再者，土司城的总体朝向，还深得汉民族风水文化精髓，以“藏风得水”为本，并不强求汉族所普遍追求的坐北朝南，而是结合本民族的偏好，选择坐西朝东的总体布局。

3. 规划布局特色

（1）城内主要功能布局。土司城以城墙围合，布置在“外围天然防御区域”南部的一个类似三角形的台地上，内有河沟、溪流，核心区域地势相对平缓。土司城核心区位于城址中南部的大片区域。在地势较高处的西部区域，设置高等级的功能区，包括衙署区、王墓区、宗庙区、御花园及高等级住宅区等；在地势较低的东部区域，设置一般行政功能区与普通住宅区。土司城北部一端，被当地村民称为校场坝和营房遗址，推测应为军事区。营房区与核心区之间为采石场。土司城规划布局以衙署区和牌坊为中心展开。衙署区位于主干道中部以西的地势较高处，其中轴线东端入口处设有明代皇帝敕建的“荆南雄镇”牌坊。牌坊处于核心区中心位置。王墓区位于衙署区西北部，宗庙区位于衙署区北约120米外。苑囿区位于衙署区西部与西城墙之间，也为后期土司墓区。

（2）城内道路系统。城内布置了一条主干道，分段被称为上街、中街、下街，南北穿越全城。三纵三横的次干道位于城内核心区，分别为东西向的第一、第二、第三下河道和南北向的第一、第二、第三横道。主次干道之间，以众多巷道连通。不同等级的道路，在核心区构成类网格状的空间结构。结合东西向地势的高低，以上街、中街为界，在核心区形成上下分明的空间特征。城内主要道路均可通向城外，其中，第一下河道通往东城门，与古代土司城对外交通的最重要节点——码头相连。

（3）城外功能布局。在城外东北方向、沿唐崖河进入城区的道路边，设置张王庙。张王庙北约150米处的东北部城墙边，为唐崖河码头，是古代土司城与外联系的最重要交通节点。城内外部设有大片良田，战争时期，在“外围天然防御屏障”及土司城的保护下，可为土司城提供较为充分的补给。土司城西南外部，设有万兽园。土司城以西的玄武山上，设有玉皇庙。

（4）主要规划特色。从土司城遗址现状特征分析，城区在一定程度上摹仿了汉族王城的规划理念，空间尊卑秩序分明，功能分区明确，空间布局紧凑，壕沟、城墙、主次干道及巷道、院落及其建筑构成的层次分明的空间结构，在西南地区土司遗存中具有独特性和典型性。其中的突出特色是[1]：强化土司权力为天子所授的意识。“荆南雄镇”牌坊矗立在土司城城区中央，位于衙署区中轴线东端入口处，突出体现了唐崖覃氏土司“权由皇授”的合法性，表现出中原汉文化的强大影响力[2]。部分参照汉族王城的“左祖右社”规划理念。在土司城城区中，衙署区及其前部的“荆南雄镇”牌坊位于城区中心位置，衙署区左面设置宗庙区；但在衙署区右边却设置了御花园（后也作为王墓区）[3]。深受汉族风水文化的影响。其一，城区的主体建筑一律坐西朝东，即背靠玄武山、面向朱雀山，与汉文化坐北朝南的风水追求，具有相同理念；其二，王墓区的选址结合阴阳调和之理，位于土司城地势的较高位置，且正对东面朱雀山的一个小山峰[4]。应山就势，规划布局相对自由。衙署区建筑空间严格中轴对称，讲究规整，其他城市空间要素（如城墙、道路等），大多则应山就势，不强调规整或对称。即使是衙署区的北城墙，在地形改造工作量不大的情况下，也不改地形，依据地势，建设部分曲折墙体。这说明土司城的规划，参照汉族王城，但并不拘泥于汉族王城；同时也说明，其一，是受了到山地与经济条件的限制；其二，应是受到了道家文化的影响（土司城以西的玄武山设有玉皇庙，说明土司接受了道教文化影响），因此因势利导，不拘泥于形[5]。王墓区临近生活区与衙署区，具有鲜明的地方特色。土家族认为人死后的灵魂仍然不离人间，即使亲人离世，也希望其灵魂仍然留在自己身边，故大多不避讳墓葬。同时，土家族认为先人灵魂也可以成为神灵，接受香火，故有墓葬布置在家中的案例。因此，不同于汉族避讳墓葬，将墓葬地与居住地分离较远的习俗，土司王墓区主要布置在土司城的核心区内，位于衙署区城墙西北较近的地方，还有的位于紧邻衙署区城墙以南的御花园中。

三、唐崖土司城主要建筑特色

1. 衙署区空间布局

衙署区是唐崖长官司行政机构的办公空间，也是土司的居住空间，总平面大致呈矩形，四面城墙围合，总占地面积约24500平方米。衙署区地形由东至西，分为四级台地，形成三路四进式建筑，建筑皆坐西朝东，背山面水，中轴对称；由东至西，依次布置门楼、月台、大衙门、官言堂、内宅，形成“前朝后寝”的空间格局。在轴线的东端入口处设有明代皇帝敕建的“荆南雄镇”牌坊。可见衙署区的空间布局，参照了汉族王城的特点。其中，官言堂是土司贵族议事的地方，在中轴线上占据了次重要的空间位置，位于大衙门、内宅之间。这说明，土司与贵族之间的关系，远比汉族君臣之间亲密，地位也比后者更为接近。

2.“荆南雄镇”牌坊的建筑特色

“荆南雄镇”牌坊为明代皇帝敕建，为金石仿木结构，三门四柱，一斗三开，通高7.15 米，通宽8.4米，门前立有石狮一对。上以整石为枋，凿榫与柱相接。临街面阴刻“荆南雄镇”四字，背面阴刻“楚蜀屏翰”四字。牌坊上雕刻的汉字、龙凤图样，以及根据汉族民间传说雕刻的“渔樵耕读”、“哪吒闹海”、“槐荫送子”等图案，表明其受汉文化的影响明显。其中的“土王出巡”雕刻图样，体现出土家族文化特点。牌坊金柱间额枋雕刻的大象头部形象，据传是土司夫人田氏到峨眉山拜佛，受佛教文化的影响而设置的，在我国古代牌坊中，也别具特色。总之，从建筑形式到细部装饰，“荆南雄镇”牌坊表现出中原汉文化与土家族地方文化融合的特征。

3. 王墓建筑特色

土司王墓建筑多由1至4个面积不等的方形石砌墓室组成，外为石板墓门。其中，第二代土司王墓建筑规模最大，最为精美，墓室前设有八字形雕花影壁，门前部分石栏望柱上设有石狮。从建筑形制、石雕与纹饰形象等来看，土司王墓建筑具有明显仿效汉族建筑的特征，证明汉族文化对土家族文化具有强烈的影响。但特别的是，大部分土司的墓葬建筑却十分简陋。即使被朝廷授予四品虚衔、获得明代皇帝敕建“荆南雄镇”牌坊、对覃氏部族贡献极大的覃鼎土司，其墓葬建筑也十分简陋。这也说明，当地土家族对王墓建筑的要求，并不同于汉族诸侯，具有显著的当地特色。

4. 祭祀建筑特色

土司城现存的相关祭祀建筑遗址为玉皇庙、大寺堂与张王庙，后二者遗迹遗物较为丰富可考。大寺堂为土司与族众礼佛的场所，平面大致呈长方形，周边设有院墙，五级台地，西高东低，五进建筑。台地与山门之间有一洼地，为放生池。从建筑平面遗址看，其空间布局接近于汉族地区的佛寺，由放生池、山门、前殿、大雄宝殿、法堂、藏经阁等构成。

张王庙位于城外东北、唐崖河边的突出台地上，因庙内供奉三国名将张飞而得名。该庙坐西朝东，由两个院落组成，主殿两侧还有侧殿，平面大致为凸字形。该庙现存石人石马一对，马分为公母，以整石凿成，脚踏祥云，鞍、镫、辔、衔俱全，左右并立，栩栩如生。马两侧各立武士雕像一个，着盔甲，佩剑抱伞。张王庙主要属于民间祭祀场所，和汉族的城隍庙类似。张王庙的设置，表明了唐崖覃氏一族深受汉文化的影响，对汉族历史英雄产生崇拜。

5. 民居建筑特色

土司城遗址范围内历史遗存的传统民居，具有典型的鄂西土家族民居建筑特征，建筑结构、建筑墙体、楼地板等皆为木质材料，屋面小青瓦，堂屋对外开敞，屋顶出檐较深，墙体与屋顶之间留有较大空隙，坡地采用吊脚楼形式。大多建筑材料为历史遗存，部分建筑墙体木板已失，原真性较强，整体具有较强的原真性、历史感、沧桑感。

6. 建筑技术特色

在土司城遗址现存的各类建筑、道路、桥梁、排水系统中，以城墙的技术特色较为突出。土司城城墙与衙署区城墙，主要为石包土结构，即中间堆土，两侧为条石砌成规整的墙体；城墙局部随形就势，利用天然陡崖基岩经直接加工成垂直的墙体或在坡面上用石条砌成垂直的陡坡，极具地方特色。道路、桥梁与排水系统则依据原有地势地貌特征，多采取规格不一的、较为平整石块铺设道路（只有上、中、下三街以较为规整的条石铺砌），以较大石块作为跨越溪流的桥梁，在道路与城墙边开完明沟，皆显示出适合当时当地人力物力条件的技术特征。

四、结　　语

综上所述，唐崖土司城的选址结合了军事防御需要与汉民族风水理念，其空间规划与主要建筑也表现出中原汉文化与土家族地方文化融合的特征；城墙、道路、桥梁、排水系统等基础设施建设，采取了应山就势、因陋就简的技术手段。唐崖土司城遗址，具有如下遗产价值：①文化价值。武陵山区是土家族文化的发源地，也与古代巴文化、楚文化密切相关，多民族文化在此长期交融，该遗址积累类较为丰富的历史文化信息。②艺术价值。该遗址将独特环境与规划布局相结合，特别是体现在建筑与雕塑上，在西南诸土司建筑中具有较高的艺术价值。③科学价值。土家族绝大多数土司城早已无存，少数仅存遗址，而无实物，该遗址遗迹相对完整、遗物较多，为诸多学科对鄂西地区的研究，提供了不可多得的重要物证。④旅游价值。该遗址是湘鄂渝黔地区保存最完好的土司城遗址之一，蕴藏着丰富的旅游文化资源，如申遗成功，必将会极大促进唐崖河文化旅游圈的发展，提高鄂西地区的知名度，促进恩施生态旅游发展。因此，加强该遗址的保护，对土家族文化遗产的保护、利用与研究，对当地经济与社会发展，都具有重要的现实意义。

注 释

[1] 胡挠、刘东海：《鄂西土司社会概略》，四川民族出版社，1993年。

[2] 湖北省文物考古研究所、中国人民大学历史学系考古教研室、咸丰县文物局：《湖北咸丰唐崖土司城址调查简报》，《江汉考古》2014年第1期，第21～53页。

[3] 邓辉、黄永昌：《唐崖土司城址调查报告——兼论唐崖土司覃氏的历史问题》，《三峡论坛》2013年第5期，第10～16页。

[4] 刘辉：《唐崖土司皇城遗址的空间布局与结构分析》，《三峡论坛》2013年第5期，第17～22页。

[5] 胡美术：《道公视角：湖北恩施土家族丧葬习俗调查》，《长江师范学院学报》2012年第2期，第21～27页。

咸丰唐崖土司城址给排水系统研究

康予虎[1]　陈昊雯[2]　孙　喜[3]

（1. 湖北省文物考古研究所　2. 北京师范大学　3. 恩施州博物馆）

摘要：给排水是城市建设规划考虑的重要因素之一，也是城市存在与发展的必要条件。本文在考古学基础上，对唐崖土司城址内发现的给排水遗存进行归纳，对城内给排水设施进行分类，并分析总结城内给排水系统的特征。

关键词：唐崖土司城；给水系统；排水系统

一、概　　述

唐崖土司城址位于湖北省恩施州咸丰县尖山乡唐崖司村，东距咸丰县城约28千米，北距尖山乡政府所在地约1千米。中心地理坐标东经110°49′01″，北纬32°49′04″，海拔510～654米。唐崖土司为鄂西南著名的“九溪十八峒”土司之一，始于元朝至正十五年（1355）[1]，鼎盛于明中后期，清雍正十三年（1735）改土归流后结束土司制度[2]。唐崖土司城址目前是鄂西南土家区域单体规模最大、现存最完整、地面遗存最丰富的土司遗址，在2006年被国务院公布为第六批全国重点文物保护单位。

唐崖土司城修建于唐崖河谷西侧、玄武山东坡面上，四周群山环绕。当地居民将城址四周的山峰分别命名为玄武山、朱雀山、白虎山、青龙山。土司城址向西至玄武山山顶，向东至唐崖河畔，南北两侧则分别以玄武山与白虎山、青龙山之间的贾家沟、碗厂沟等自然冲沟为界，城址总面积约74万平方米。城内地形东西向呈坡状，南北向较平坦。湖北省文物考古研究所分别在2011年和2013年两次对土司城址进行考古调查和发掘，发现有城墙、建筑基址、院落、道路、石桥、水井、采石场、码头、墓葬、水沟等土司时期建筑遗存。本文现就土司城址中发现的给排水设施进行一些探讨。

二、给水系统

唐崖土司城所在的玄武山属于鄂西南褶皱山系，显岩溶地貌，植被茂密，全年雨水充足，地表水转入地下后形成地下涌泉。据考古调查及当地村民介绍：城内地下涌泉泉水长年不断，泉水甘甜清洌且，可直接饮用，至今仍是当地居民生产生活用水的重要来源。

然而涌泉泉眼分布不均，出水量不等，并不能正常供应城内居民所需的日常生活、生产用水。经考古清理与发掘，在城内发现有水井、水沟、塘坝等众多给水设施遗存，并形成以水井为主干、引水沟为枝干、塘坝为关键点的给水系统。现就凿井蓄水、开沟引水、挖塘修坝蓄水这三种供水方式进行介绍。

1. 凿井蓄水

地下涌泉泉水多在山体岩缝中涌出，为方便用水，多在城内道路边侧、院落内外等人类活动较密集区域的涌泉泉眼处修建竖（横）穴浅井来蓄水。据当地居民传说，土司城内原有三十余口水井，目前发现水井17口（图一）。水井多保存原貌，并仍在使用，少数水井被改建或塌毁。现对原貌保存较好的水井根据出水方式和修建工艺分为以下两类。

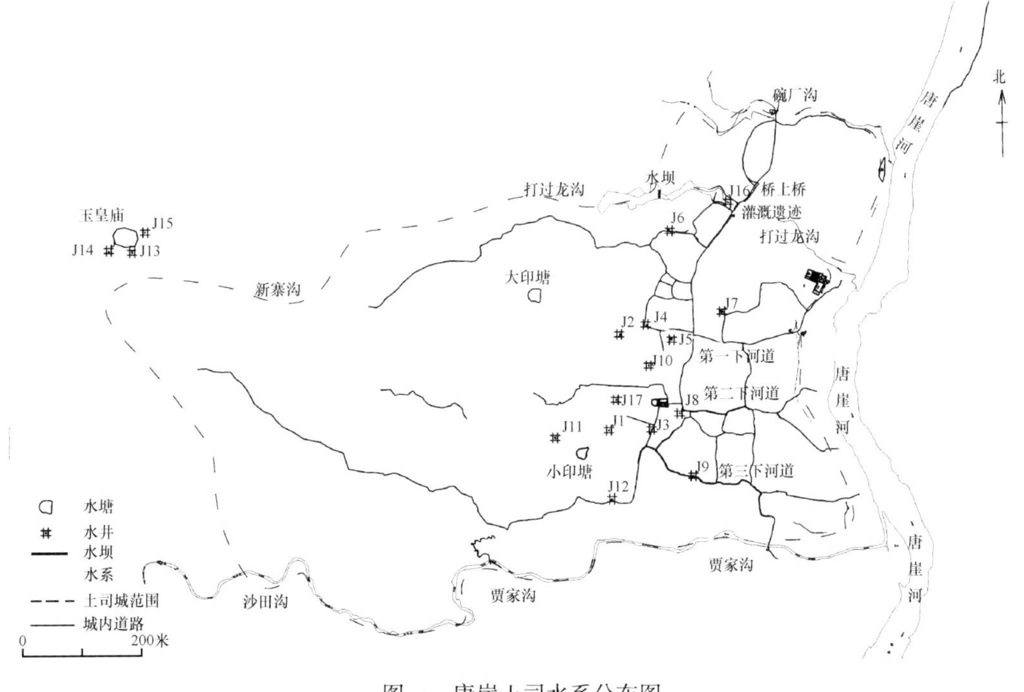

图一　唐崖土司水系分布图

第一类水井为泉水由岩壁或人工陡坎处由上往下滴落，在泉水滴落点处凿建水井蓄水。受地形限制，水井形状不一，可分为方形、圆形、椭圆形、不规则形等形状。该类水井修建较为简单，井底及井身多为在基岩上凿刻而成，少数井身用青石条（块）砌建。井口处为防止水源受污染用青石板（块）遮蔽。水井多未修建井栏、井台，部分井口外侧建有排水口，方便溢出的井水外泄。目前共发现该类水井7口，分别编号为J1、J2、J6、J8、J13～J15（图二）。

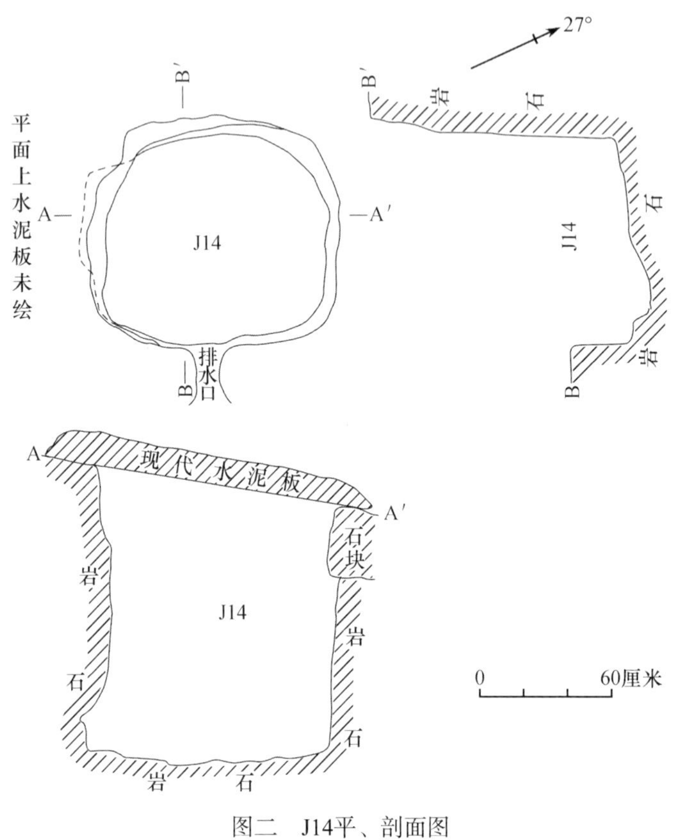

图二　J14平、剖面图

第二类水井为泉水由基岩或土壤缝隙处往外涌冒，在泉水涌出处修建水井蓄水。水井修建形状呈规则的方形（长方形），井底及井身用青石板（块）砌建而成，井口四周用青石板（块）铺设井台，井台上有石块砌成的矮墙，部分矮墙尚存有棚盖，用来挡雨防污。尺寸较大的水井（池）修有台阶通往井内，多数井口外侧建有排水口，方便溢出的井水外泄。目前共发现该类水井5口，分别编号为J3、J4、J5、J7及J10[3]（图三）。

2. 开沟引水

为了将地下涌泉汇集起来的溪水，供给城内居民生产、生活使用，城内改造自然冲沟、修建人工沟渠用来蓄水并进行长距离运输。水沟根据工艺分为两类。

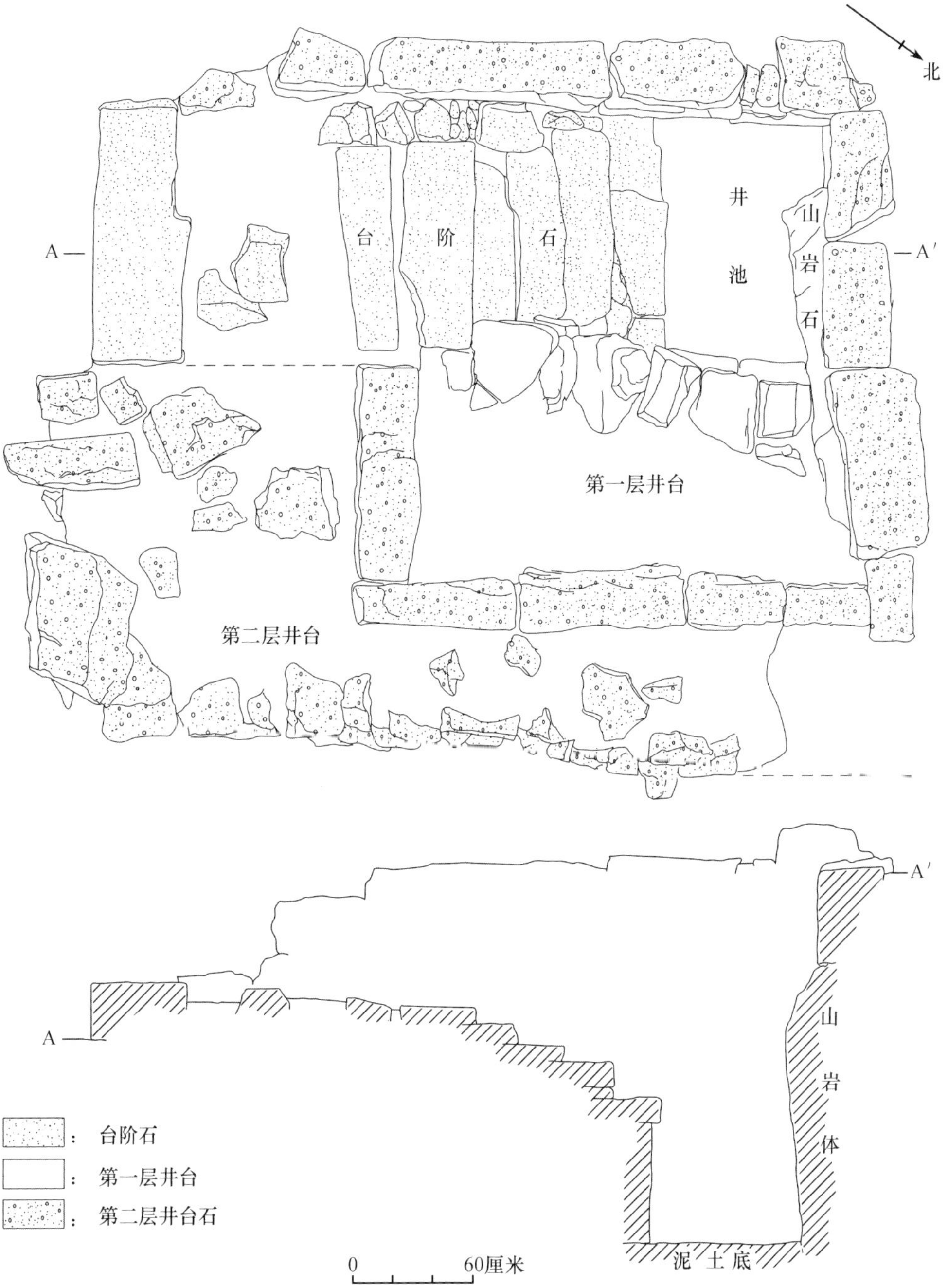

图三 J7平、剖面图

第一类水沟为改造的自然冲沟。对溪流冲刷出的自然冲沟的沟壁、沟底进行拓宽和加深。使水速减缓，容量增加。其原本自身具有的防洪排泄功能，经改造后新增加蓄水功能。

第二类水沟为人工修建沟渠。在水源点或冲沟岸边人工修建水沟,使水流能够按照城内居民的生产生活需求，方便、快捷地远距离传输。

改造的自然冲沟和人工沟渠往往紧密结合，改造后的自然冲沟内水流减速并蓄积大量的水量，人工修建的沟渠则改变水流方向并赋予水流在人类生产、生活中的具体用途。这一点在城北部的打过龙沟处有较好地展现，打过龙沟中游桥上桥处经过人工改造，地势平缓开阔，水速减慢，水量增加。在岸边开凿人工水沟，将溪水输送至农业灌溉区。水沟由分水口（沟口）、引水沟、分流口、出水口构成（图四）。分水口在打过龙沟北岸较水道地势略低处修建，溪水在此分流至引水沟；引水沟断面呈“U”形，利用山体岩石的自然坡降向前延伸；引水沟前部修建分流口，并与打过龙沟相连；出水口在靠近灌溉区域将“U”形引水沟凿平，使溪水分散流入农田内，形成一个运转良好的农业灌溉沟渠；该沟渠设计巧妙，方便实用。在雨季农田不需灌溉时，将分流口后的引水沟堵塞，使溪水经分流口至打过龙沟前流。旱季需灌溉时，将分流口处填塞，引水沟内堵塞物取掉，则溪水沿引水沟经出水口流淌至农田内。

城内由于受到地形、建筑布局的影响，并不是任何区域都适合开沟引水进行长距离运输，参照中国古代城内采取水车或挑担送水的习惯[4]，以及现代土司城内居民利用高差采用塑料水管输水方式，结合城内地形推测土司时期城内的居民当采用人工（牲畜）运水及架空渡槽（竹管）引水两种长距离运水方式对开沟引水进行补充。

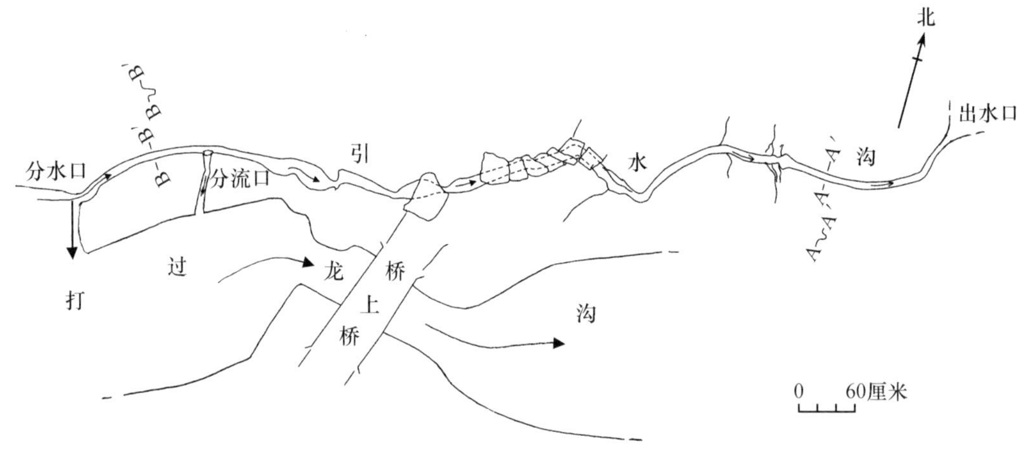

图四　打过龙沟灌溉水沟平、剖面示意图

3. 挖塘修坝蓄水

在城内目前发现当地传统命名为大小印（堰）堂的两个人工池塘，池塘面积分别有300～400平方米，内蓄积有深1～1.5米的雨水和沟渠汇聚的泉水，目前仍在供周边居民使用。另在打过龙沟上游发现一座拦水坝，现因淤塞已废弃。据当地老人描述，水坝曾在民国时期改建过（图五）。

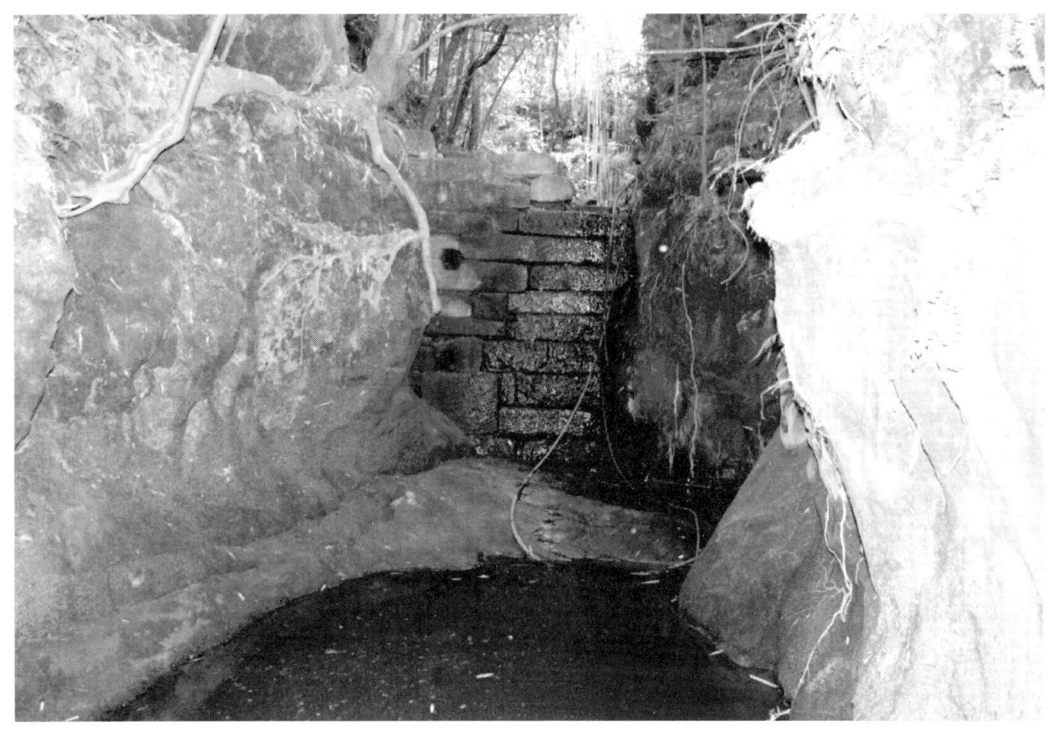

图五 打过龙沟拦水坝照片（东—西）

三、排水系统

土司城内的排水系统由各类排水沟连接组成，以地势上的高差为依托，通过建筑、道路与城内各区域相衔接，将城内雨水、泉水等自然水系和人工生产、生活废水由散流、漫流汇集一起，进行聚合、引导，最终排往唐崖河内或城内指定地点，以便保证城内清洁与卫生。将排水沟按水沟容水量分成主沟、干沟、支沟三级水沟。

1. 主沟

主沟主要功能是将从城内各处汇聚而来的人工污水及自然流水排向唐崖河内，起到防洪排污的功能。城内除利用打过龙沟、碗厂沟、贾家沟三条自然冲沟为主沟外，还与主街相交接的三条通往唐崖河的下河道处修建人工排水沟。人工修建主沟较宽深，在下河道与道路两侧护路墙（护院墙）之间修建，由于主沟内水流量较大，洪涝期间流速较高，为防止水流对下河道道路的破坏，沟面高度均低于下河道路基，且多在道路两侧同时修建水沟。水沟为明沟，沟断面大体呈“[图形]”形，沟宽20～45厘米，深25～50厘米[5]（图六）。

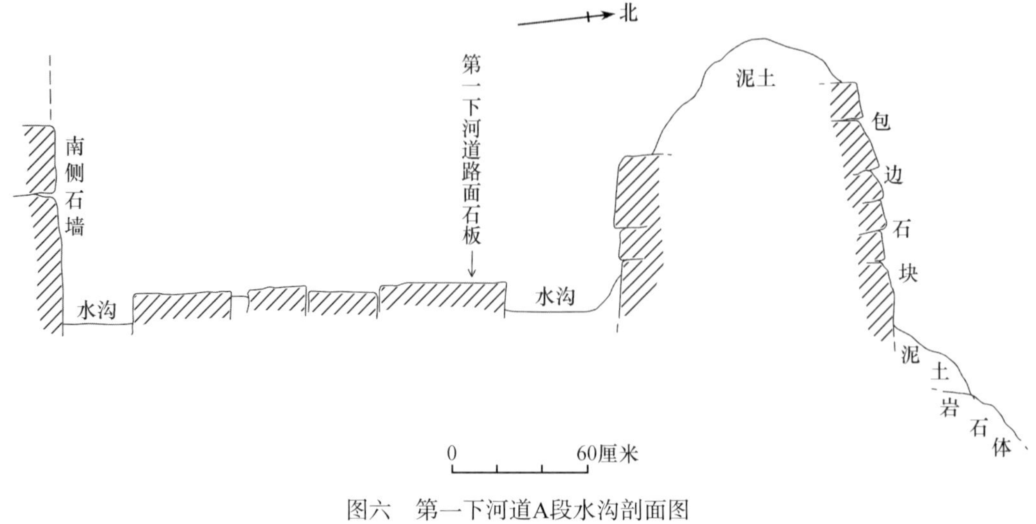

图六　第一下河道A段水沟剖面图

2. 干沟

干沟主要功能是将从支沟及各地汇集的水流排向主沟，同时还起到收集道路上的雨水及清理道路的功能。干沟分布在土司城内除下河道以外的各主要街道一侧。由于山体地势，水流多汇聚在街道以西，干沟就水势修建在道路西侧。但主沟位于街道以东，故在接近主沟时，干沟改建在道路以东，通过道路中间凿刻的“转水沟”，将道路西侧水流改向道路东侧。干沟根据修建工艺分为两类：

第一类水沟修建在道路一侧。以铺路的压条石（石板或石块）和护路墙（护院墙）的石头墙基为两侧沟壁，以道路路基或基岩为沟底，修建成断面的呈“⊔”或“⊔”形的水沟，水沟一般宽20～40厘米，深15～30厘米[6]（图七）。

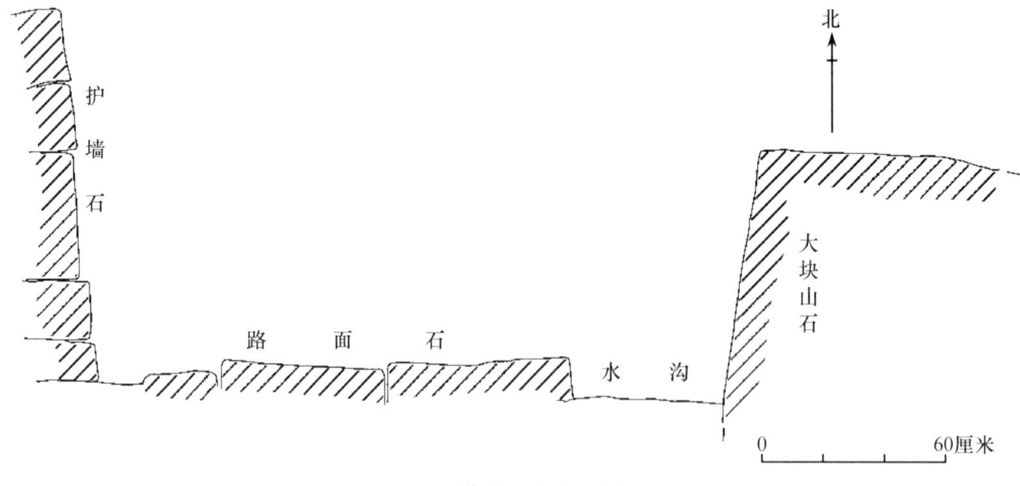

图七　三横道北端水沟剖面图

第二类水沟与道路修建成一体。道路压条石与路基之间的中空区域修建水沟，路中间的石板和包边的散水为沟壁，修建成断面呈“凵”形的暗沟。水沟宽15 ~ 25厘米，深5 ~ 10厘米[7]（图八）。

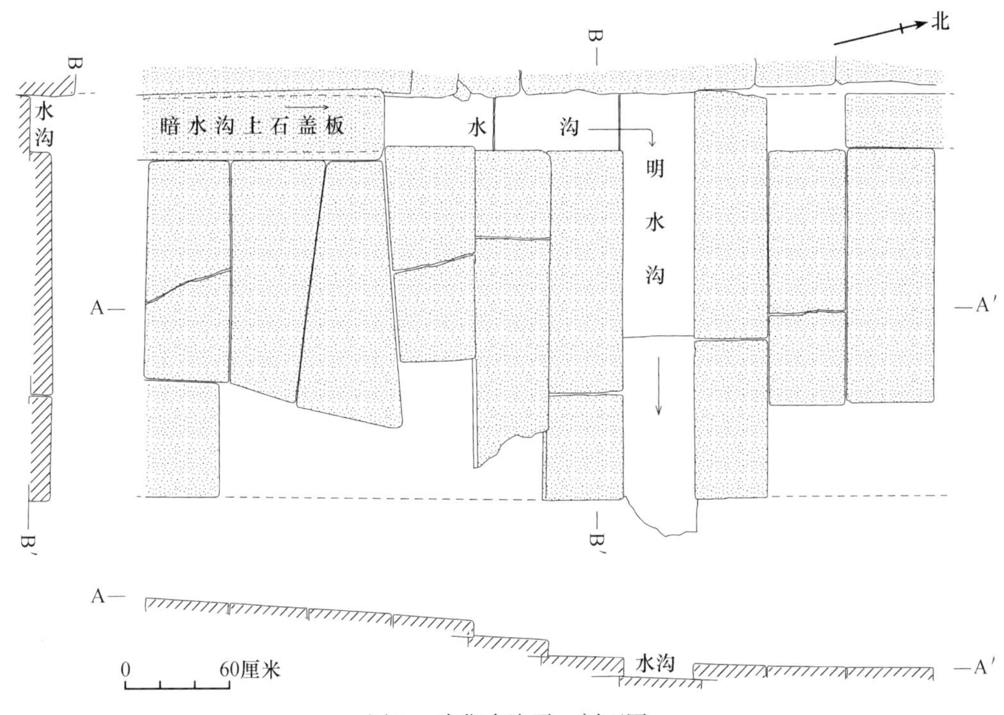

图八　中街水沟平、剖面图

3. 支沟

支沟主要功能是汇集土司城内人们的生活污水、雨水及泉眼（水井）溢水就近排向干沟内，或流向不影响人类生活的地方并让其逐渐自然挥发。支沟主要集中在含宫殿区及居民院落区宅内的人类居住的房前屋后及部分偏街小巷的道路两侧，数量多，分布广，多与小型自然冲沟相连接。根据修建工艺分为两类。

第一类水沟制作较为规范，用青石条（板）或青石块铺设而成。水沟由青石条（板）或青石块一下两上砌成断面呈“凵”或“凵”形的明沟。遇有建筑设施，则在沟上铺设盖板，形成暗沟经建筑物下的“沟门”处穿过。水沟一般宽30 ~ 70厘米，深15 ~ 65厘米。

第二类水沟制作较为随意，在基岩或石条（板）上凿刻而成。水沟随地形在基岩或石条（板）上凿刻成断面呈“U”形的明沟。水沟一般宽8 ~ 30厘米，深15 ~ 35厘米。部分水沟出现无头无尾现象。推测断头断尾的地方为土沟，现已损毁。

四、结　　语

土司城的给排水系统受城内地形、水源等自然资源及土司制度对城内建筑布局的人文因素的影响较大，给排水设施也反过来利用这些自然因素及城市建筑布局进行修建，并形成以下几大特点。

1. 依势而建　类型多样

唐崖土司城依山而建，城内空间高差跨度大,水源点多但分布不均。在城市规划给排水系统时，充分利用地形并根据城池布局特征而建。给水系统考虑到水源点分布不均，水量不等，采用多种给水方式，相互补充，在整个城市之中形成一个鲜活的水流“动脉”。排水系统利用山体自然高差，依照山势修建容水量不同的水沟，相互连接构成一个主次分明、纵横交错、简单实用的排水网络。

2. 不可缺少　紧密共存

给排水设施与城市内的居民生产、生活息息相关，是城市的重要基础设施之一。尤其是唐崖土司城高水位的水源点和河崖坡地的特殊自然环境，加上土司城内部建筑容积率较小的特点，使给排水设施成为土司城内分布最广、使用最多，与城中包括道路、建筑、农田等结合度最高的基础设施，甚至成为其重要组成部分。

3. 安全便利　空间设置

土司城在建造规划过程中对给排水系统进行了初步设计，近水利而避水害，既能利用水源给土司城内居民带来生活便利，也不会因为洪涝而影响土司城的安全。给排水系统根据整体城池布局空间在不同的功能区域，结合功能需要和自然地形，来进行分布。水量较小且稳定的水井主要修建在土司城内生活区域，含城内衙署区、宗教区及百姓生活区；水量适当、稳定的塘坝及开沟引水所在区域主要是以农业灌溉为主的区域；出水量较大冲积成沟壑的贾家沟与碗厂沟形成天然城防壕沟，为土司城的南北边界，是城池防御系统中的重要组成部分。

4. 动态调整　功能转化

土司城内的给排水设施的修建并非一成不变，而是一个动态发展的过程。在土司城发展期，用水区域的扩大，水量的增加，则给水设施在不影响原土司城内建筑设施的基础上进行新的规划，通过扩建或兴建新的给水设施，并结合原给水设施来解决城内给水问题。排水设施的修建随着土司城市的发展变化而改变，不同时期、不同规格、不同功能的排水沟逐步组合拼接起来，构成一个新的适应城市变化的排水网络。如在衙署区F6与F7的排水沟，F7为F6废弃后在其上叠压修建， F7排水沟用石板、石块堆积垒砌而成，F6水沟为用青石板（块）铺设成断面呈“凵”形的水沟，上铺设有沟盖板。F7水沟利用地势高差在F7与F6交接处汇入原F6内水沟，并利用F6原有排水设施进行排水（图九）。在城市衰败过程中，城市规模缩小，用水区域减少，给水设施则逐渐荒废或转变为排水设施。

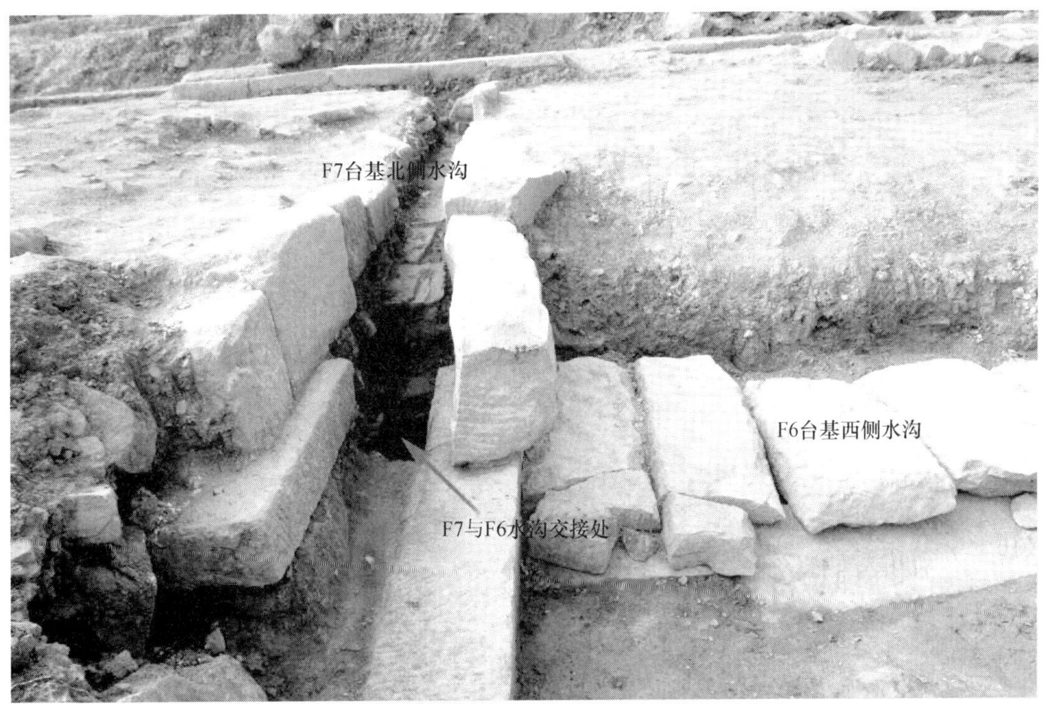

图九 F7与F6水沟交接处（东—西）

5. 管理维护 民俗延续

土司城内的给排水设施在经历了几百年的风雨后，目前大多数设施都能正常使用。这是经过长期有效的管理与维护的结果。这种管理与维护除一方面切实涉及城内百姓的实际生活，另一方面也应有一定的法规来保障。如明清徽州宏村的“……居民的取水、用水和排污都有相应的限制和规范，防止污染水源、破坏村落环境”[8]。但这种法规不一定为土司正式颁布的法规，而更多是以土司通告或口头约定来执行。这种管理与维护至今已成为城内百姓的一种民俗习惯，并将一直延续下去。

总的来看，唐崖土司城内的给排水系统通过适当的人工工程手段协调了城市与自然环境之间的和谐，研究与分析其给排水系统不仅对土司城建筑布局规划有重大作用，也对研究同时期处于江河边高地的城址建筑布局有所帮助。

注 释

［1］ 至正十一年改大奴管勾等峒长官司为忠孝军民府、十五年改为忠孝军民安抚司……又于施州南境蛮地置龙潭安抚司、木册安抚司、唐崖长官司，寻改为唐崖军民千户所（光绪《湖北舆

地记》卷十七）。

[2] 雍正十三年改土归流，乾隆元年设县，三十七年建学官，师毕举教化渐行，易荒服为冠裳，变干戈为礼乐涵濡（同治四年版《咸丰县志》序）。

[3] 湖北省文物考古研究所、中国人民大学历史学系考古教研室、咸丰县文物局：《湖北咸丰唐崖土司城址调查简报》，《江汉考古》2014年第1期，图一三。

[4] 杜鹏飞、钱易：《中国古代的城市给水》，《中国科技史料》1998年第1期，第3～10页。

[5] 湖北省文物考古研究所、中国人民大学历史学系考古教研室、咸丰县文物局：《湖北咸丰唐崖土司城址调查简报》，《江汉考古》2014年第1期，图一三。

[6] 湖北省文物考古研究所、中国人民大学历史学系考古教研室、咸丰县文物局：《湖北咸丰唐崖土司城址调查简报》，《江汉考古》2014年第1期，图一六。

[7] 湖北省文物考古研究所、中国人民大学历史学系考古教研室、咸丰县文物局：《湖北咸丰唐崖土司城址调查简报》，《江汉考古》2014年第1期，图一〇。

[8] 王浩锋：《宏村水系的规划、建设与管理》，《小城镇建设》2008年第7期。

咸丰唐崖土司城衙署区建筑遗址复原初探

李德喜[1]　康予虎[2]

（1. 湖北省古建筑保护中心　2. 湖北省文物考古研究所）

摘要：咸丰唐崖土司城衙署区是土司城池中的核心部分，是城内最重要的建筑群之一，是鄂西南地区土司建筑的典型代表，具有较高的研究价值。本文以遗址考古发掘资料为依据，对衙署区建筑的平面布局、单体建筑型制等进行了初步探讨，为进一步复原工作提供参考依据，对研究土司建筑技术和艺术提供一定的参考。

关键词：唐崖土司城；宫殿区；建筑遗址；复原

一、概　　述

咸丰唐崖土司城址，2006年由国务院公布为第六批全国重点文物保护单位。它位于湖北省恩施土家族苗族自治州咸丰县城西北30千米尖山乡唐崖司村的玄武山下，唐崖河西岸。唐崖土司覃姓世袭，为咸丰境内三大土司之一。据《湖北舆地记》卷十七记载：唐崖土司城始建于元至正十五年（1355）。以武略将军任事，授唐崖宣慰使任职（从三品），建土司王城，世代相传。明朝建立后，征调十分频繁。天启元年（1621）至天启三年（1623）唐崖宣慰使覃鼎，先后三次奉调征伐，军威显赫，战功显著。朝廷赐建石牌一座，扩建土司城，以示嘉奖。唐崖土司由此奠定鼎盛基业，成为名震楚蜀地区的政治、经济和文化中心[1]。

唐崖土司鼎盛于明中晚期，清雍正十三年（1735）改土归流，废唐崖司，裁其地入咸丰县。

城址左为青龙山，右为白虎山，前有唐崖河，后有玄武山，依山傍水,气势巍峨。城址平面近椭圆形，东西长约2.5千米，南北宽约1.5千米，面积约3.75平方千米。建有三街十八巷，三十六院，内有帅府、官言堂、书院、钱库、左右营房、跑马场、花园、万兽园等建筑及建筑设施。现大部分已毁不存，留存下来的遗存主要有“城墙”、“街巷”、“牌坊”、“衙门基址”、“水井”、“石像生”、“土司王坟”等，文化内涵十分丰富。

本文是在土司城衙署区现有考古发掘的基础上进行的初步研究，由于发掘工作尚未结束，资料尚在整理之中，下面仅就唐崖土司遗址考古队提供的资料，对咸丰唐崖土司城衙署区建筑遗址复原作初步探讨。

二、遗址所反映的建筑形制

（一）衙署区格局

衙署区处于山岙处，地势较平缓。坐西朝东，整个地形为东低西高。从东至西，在中轴线上分别布置暂定名为：石牌坊、门楼、大衙门、罩亭、官言堂、内宅等的建筑群，该组建筑群规模宏大、气势雄伟，它以石牌坊为起点，各建筑从东至西沿中轴线对称布置，呈院落式布局。目前考古发掘出的衙署区范围由牌坊至内宅，总长约200米，宽约40米（图一、图二）。

图一　衙署区航拍照片

（二）反映的单体建筑形制

现根据考古发掘资料，对衙署区中轴线上现存及发掘出来的建筑和建筑基址，对其建筑平面、大木结构、屋顶式样、建筑特征、装饰等进行初步复原研究。

1. 石牌坊

石牌坊系明天启三年（1623）熹宗皇帝为表彰土司王覃鼎率军队为朝廷征战立下显赫战功而赐予的。位于唐崖土司城中轴线的前端，前为中街、后为衙院，颇为雄伟壮观，是土司城遗址中保存完好文物建筑。

牌坊全石结构，四柱三间三楼仿木构建筑，通宽8.4米，中楼高6.8米，边楼高5.8米，方柱0.5米×0.5米，柱前后均以高2.5米、宽0.7米、厚0.25米的抱鼓石支撑。柱上以整石为枋，榫卯相接。平板枋上安五踩斗拱，屋顶整石雕成，上刻筒板瓦，正脊安龙

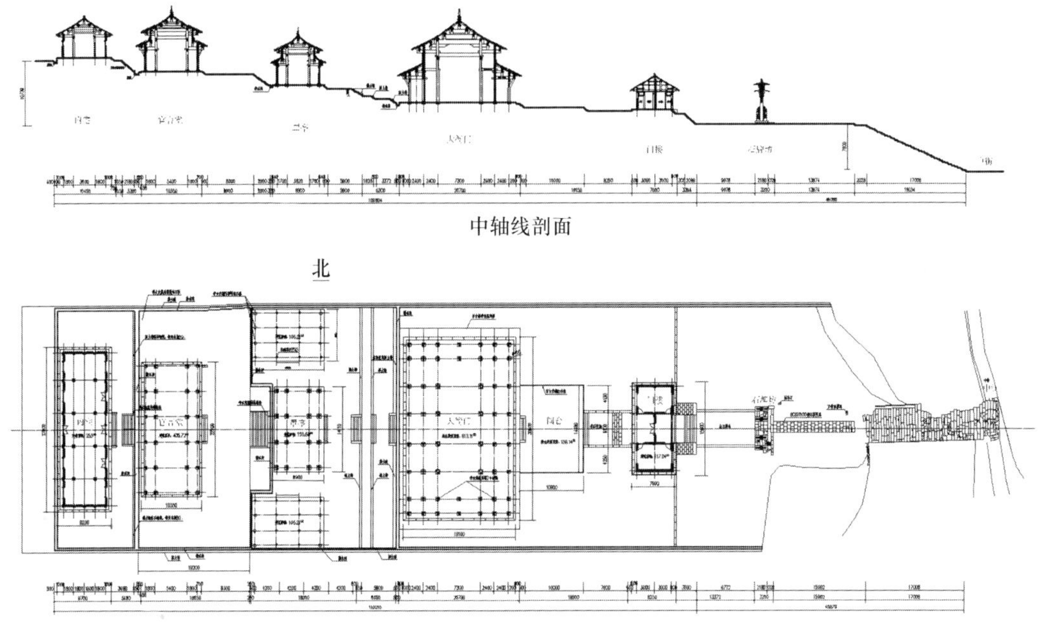

图二 衙署区建筑复原平面、纵剖面示意图

形大吻，飞檐翘角。中门额枋下以象鼻装饰，别致有趣。明间东绦环板上两面分别阴刻“荆南雄镇”、“楚蜀屏翰”八个苍劲醒目大字，两侧有题记：东面为“钦差总督四川兼湖广荆岳郧襄陕汉中等府军务策授总粮饷巡抚四川等处四方兵部左侍郎兼都察院乃佥郡御使朱燮元为”；西面为“湖广唐崖司征西蜀升都司佥事兼宣抚司宣抚使覃鼎立天启四年正月吉旦”等字。绦环板上下额枋与次间额枋上，浮雕神话故事人物图案，计有“土王出巡”、“麒麟奔天”、“哪吒闹海”、“舜耕南山”、“渔樵耕读”、“云龙吞雾”，以及花卉装饰等图案（图三、图四）。

2. 门楼（F10）基址所反映的建筑形制

门楼位于石牌坊以西13.37米。门楼上部已毁，仅存基址，南北长15.6米，东西宽7.6米，面积118.56平方米。台基残高1.7米。门楼前檐遗存有台阶，台阶南北长4.57米，东西宽3.54米。台阶由踏跺及平台组成，侧立面呈“⊏⊳”形。台阶踏跺部分长2米，高1.29米，平台部分长1.54米，高1.32米。

台阶前保存有青石板甬道，与石牌坊石板甬道相连。甬路整体保存较好，局部有所破损，部分破损处用不规则石板进行修补。甬道长13.37 米，宽9.42 ~ 9.87米，较两侧的空地高0.04 ~ 0.09米（图五）。

据此，从以上建筑遗迹可以得出以下建筑形制：

平面：根据台明范围和台基长、宽尺寸，初步推测门楼平面长方形，建筑为面阔三间，明间5米，次间4.5米。下出檐0.8米，通面阔15.6米，进深两间，每间3米，下出檐0.8米，通进深7.6米，建筑面积约118.56平方米。

图三 石牌坊

图四 荆南雄镇石坊平面、立面、剖面

图五 门楼基址全景

梁架·柱高：根据湖北民间："面阔一丈，柱高八尺"之说。柱高约4米。柱径0.25米，约合16个柱径。与现存恩施地区清代建筑略同。梁架为穿斗式构架，用3柱4棋9檩，柱间用穿枋连接。

门楼·正立面：据发掘资料，门楼台基陡板石残高1.7米，台基上加一层阶条石，厚约0.15米，台基总高约1.85米。据此，台阶踏跺部分长2米，高1.29米，平台部分长1.54米、高1.32米。正立面明间设垂带踏跺。台阶设7级踏跺，每级宽0.29米，长2.03米，与2米基本吻合；平台上铺青石地墁，地墁厚约0.08米，则平台高度为1.4米。台阶每级高0.21米，7级。平台上门楼1步2级，高0.38米，共计台基高约1.87米，与前述台基总高约1.85米相差无几。

侧立面：侧立面全部为板壁封护。

屋顶：屋顶为悬山式，小灰瓦屋面。

装饰：门设在明间中柱上，次间前、后檐柱间中间安花窗，下面和窗两侧用板壁封护。花窗纹样可参考现今恩施地区民居木窗花纹式样（图六）。

3. 大衙门（F6）基址所反映的建筑形制

大衙门位于门楼之后，由月台和台基两部分组成。距门楼以西8.25米（图七）。

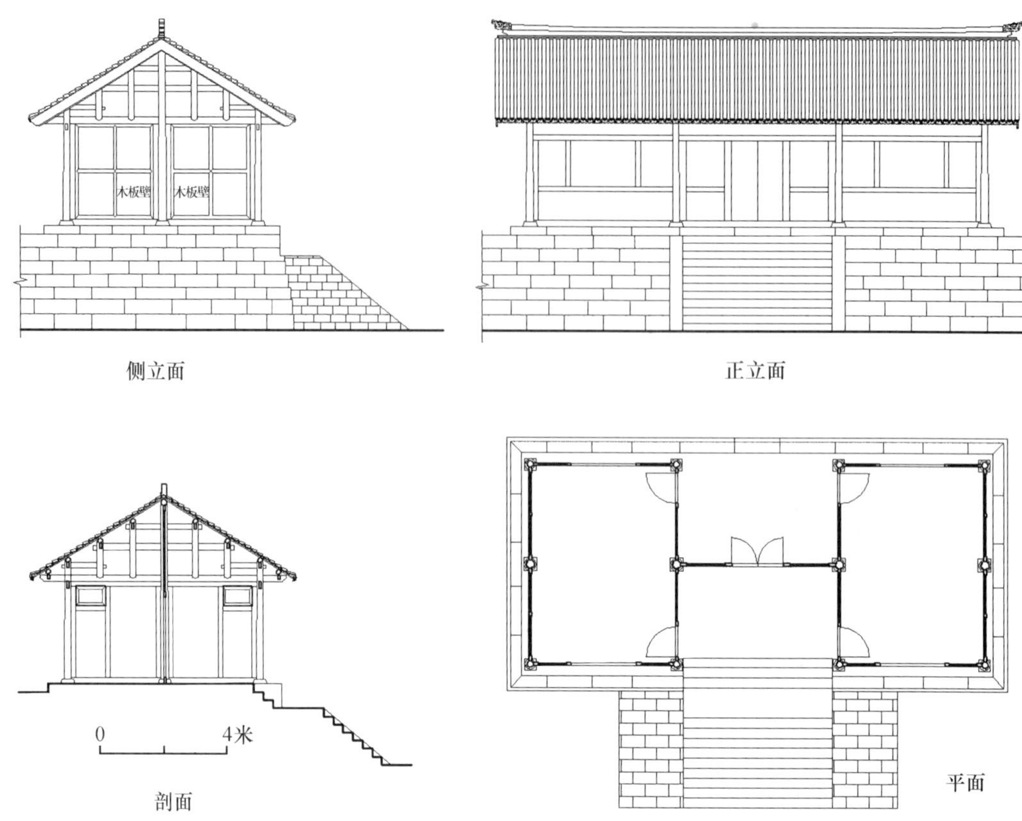

图六 门楼复原示意图

月台：月台位于F6台基前檐正中，台基上地墁不存，台基用青条石包砌而成的陡板石台明，基础保存较好。月台南北长14.45米，东西宽10.47米，阶条石较室外地表高0.5米。月台前后台设有台阶，分别通往门楼和大衙门。但台阶皆损毁严重。前台仅存台阶南侧的平头土衬石，土衬石距南侧台基南端4.25米。月台后台台阶残损严重，现仅存北侧平头土衬石，平头土衬石距月台台基北侧间距4.4米。

大衙门台基平面呈长方形，南北长34.67米，东西宽20.7米，面积717.67平方米。台基前檐残高0.35～1米。由于后期的改建和破坏，其破损严重。基内未发现墙基、地墁等建筑遗存，但在其台基南部发现有两个红褐色砂岩八边形柱础，两柱础在东西直线上，东西相距9.7米。柱础八边形，每边边长0.3～0.32米，厚0.08～0.1米（图八）。

据此，从以上建筑遗迹可以得出以下建筑形制。

根据遗址台明范围和台基长、宽尺寸，大衙门平面呈长方形，南北长34.67米，东西宽20.7米，面积717.67平方米。前檐设有月台，整体平面呈“凸”字形。

月台：据残存的月台前台台阶平头土衬石及月台高度0.5米，初步推定月台前台台阶宽5.95米，含阶条石在内设3级踏跺。月台现存阶条石高0.12～0.14米，则推知台阶每级宽0.3米，中阶石与燕窝石均高0.18～0.19米。前设甬道与门楼相连，甬道较台阶略宽。

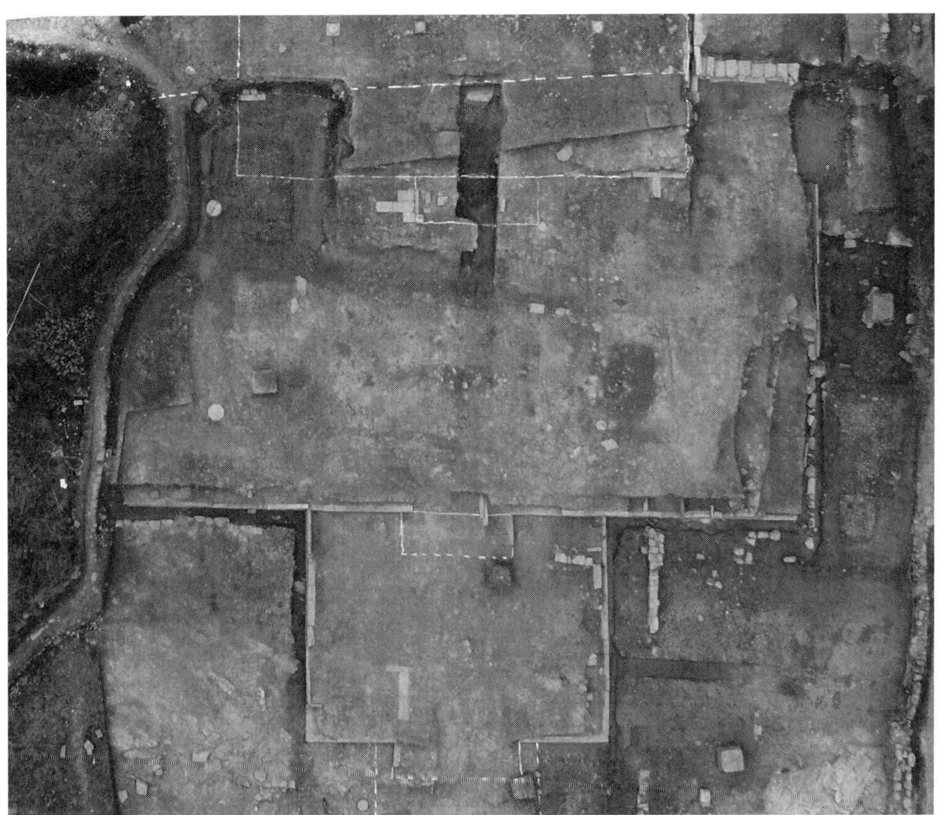

图七 大衙门基址全景

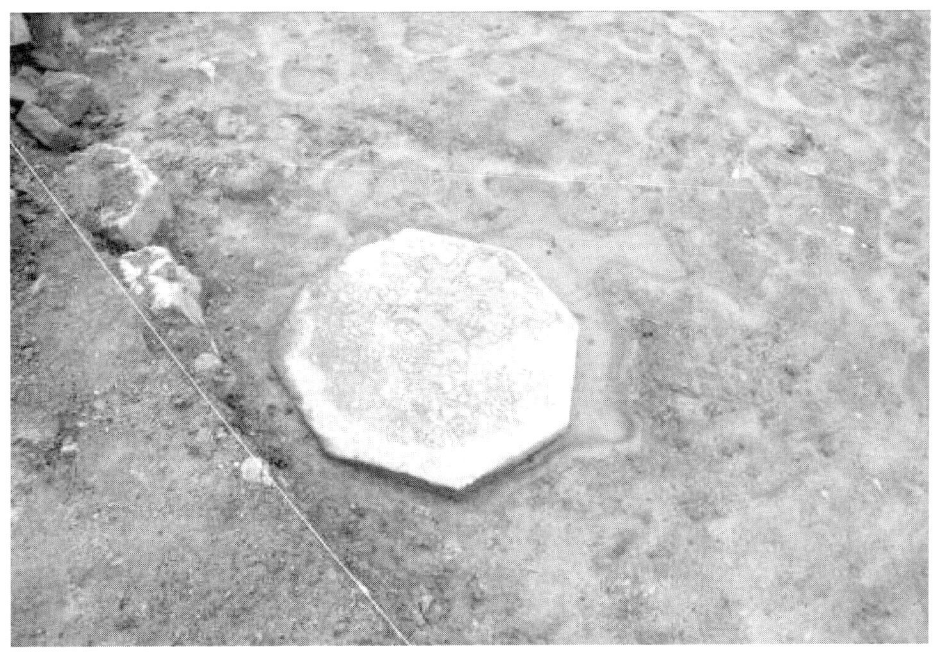

图八 大衙门基址的柱础

据残存的月台后台台阶平头土衬石及月台高度，初步推定月台后台台阶宽6.65米，台基前檐陡板石最高0.94米，加阶条石0.13～0.15米（参照台基后檐现存阶条石），初步推定台基前檐高约1.07～1.09米。则较月台高约0.57～0.59米。可知台阶含阶条石在内设3级踏跺，每级宽0.3米，燕窝石与中阶石高约0.2～0.22米。

平面：据磉墩之间、磉墩与台基的间距，初步推定大衙门是一座面阔五间，四周带回廊的建筑。明间5米，次间、稍间4.6米，廊深2.4米，下檐出1.2米，通面阔30.06米，进深四间，从东至西分别为：2.4米、3.65米、3.65米、2.4米，廊深2.4米，下檐出1.2米，通进深19.3米，建筑面积约581.16平方米。前檐明间设1步踏跺，宽0.3米，高0.24米。

构架：大衙门地处整个衙署区的核心地位，其建筑等级也应是最高的，由于大衙门是判案处理公共政务的场所，需要大空间，所以初步推定大衙门大木构架为抬梁式构架，以扩大室内使用空间。由于目前恩施地区尚未保存明代建筑的地面遗构。构架仅能借助湖北地区明代民间建筑：如宜昌黄陵庙大殿、荆州开元观大殿、荆州玄庙观玉皇阁、钟祥元祐宫、谷城承恩寺大殿等，以及恩施武圣宫、建始五阳书院、宣恩观音堂等土家族民间典型的木构建筑作参考。

屋顶：屋顶参考皇坟和石牌坊屋顶及仿木构建筑的筒瓦屋面，初步推定为重檐歇山顶，灰筒瓦屋面。因考古现场未发现琉璃瓦件，推测屋顶不会使用琉璃瓦屋顶（图九～图一二）。

装饰：门设在重檐檐柱上，次间、稍间前、后檐重檐檐柱间安花窗，下面和窗两侧用板壁封护。花窗纹样可参考现今恩施地区民居木窗花纹式样。

4. 罩亭（F2）遗址所反映的建筑形制

罩亭基址位于大衙门之后，与大衙门同在一条中轴线上，后檐台明与官言堂台阶相隔一条排水沟，约0.5米宽。台基保存相对较好。台基南北残长9.23米，东西宽8.9米，台基距室外地表高0.25～0.32米。前檐台基损毁严重，目前仅保存数块土衬石（图一三）。

罩亭室内现遗存柱础4个，据其所在位置推测，其中3个为后檐明间及北次间檐柱础及1个明间后檐金柱础。罩亭室内前部还保留有北次间及南明间前檐的磉墩，磉墩为金柱磉墩和檐柱磉墩构成的二连磉墩。由青石块（条）东西向错缝拼接而成。北次间磉墩保存较完整，南明间磉墩损毁较严重。

据此，从以上建筑遗迹可以得出以下建筑形制。

平面：据前、后檐、和北山面台基、后檐柱础和室内磉墩推测，罩亭可复原成面阔三间，明间4.3米，次间4.15米，据檐柱中心至北山面台基边0.68米，通面阔14.06米；据东西深8.9米，可复原成进深三间，明间3.82米，次间1.7米，檐柱中心距后檐台基边宽0.86米，通进深8.9米。建筑面积125.13平方米。

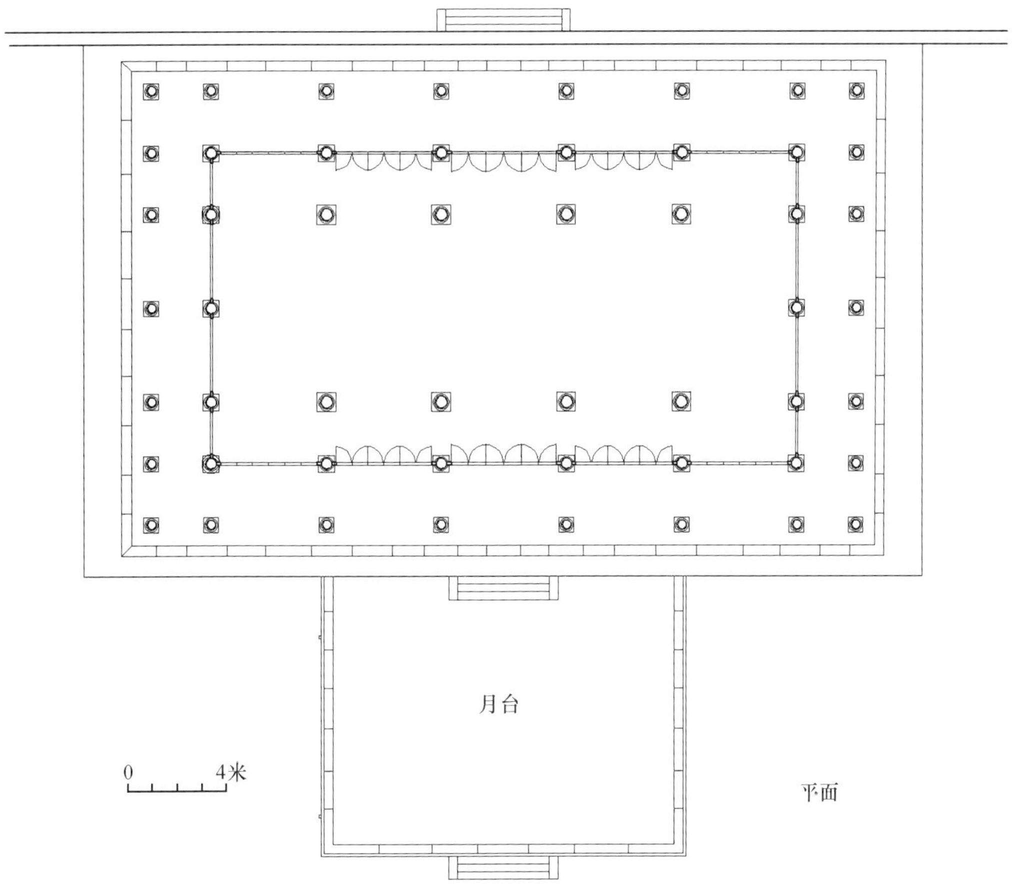

月台

0 4米

平面

图九　大衙门平面复原示意图

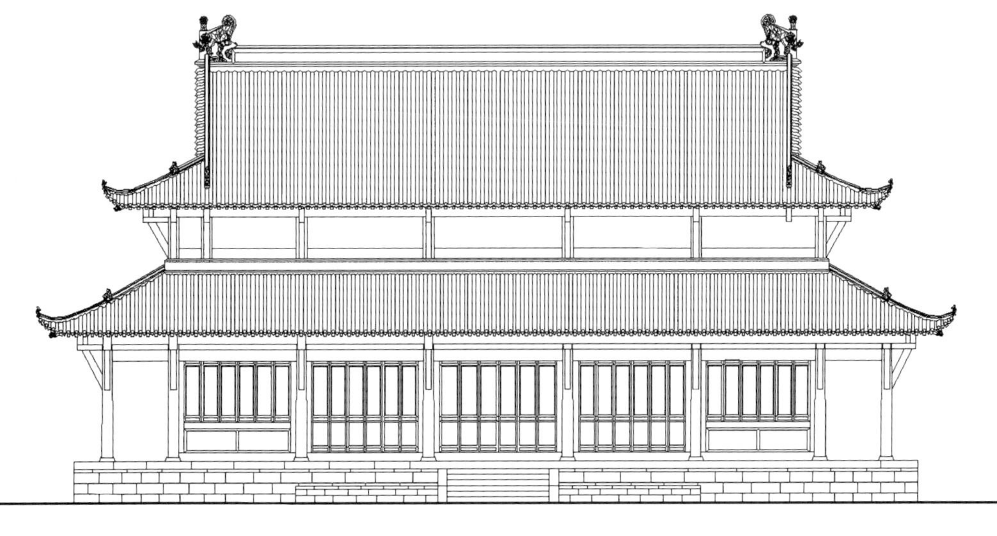

0 4米

正立面

图一〇　大衙门正立面复原示意图

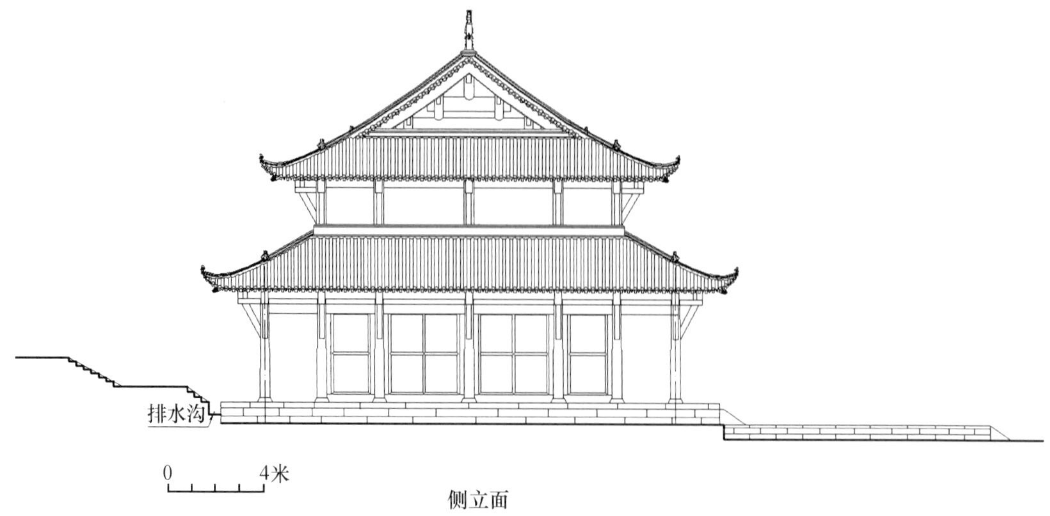

图一一　大衙门侧立面复原示意图

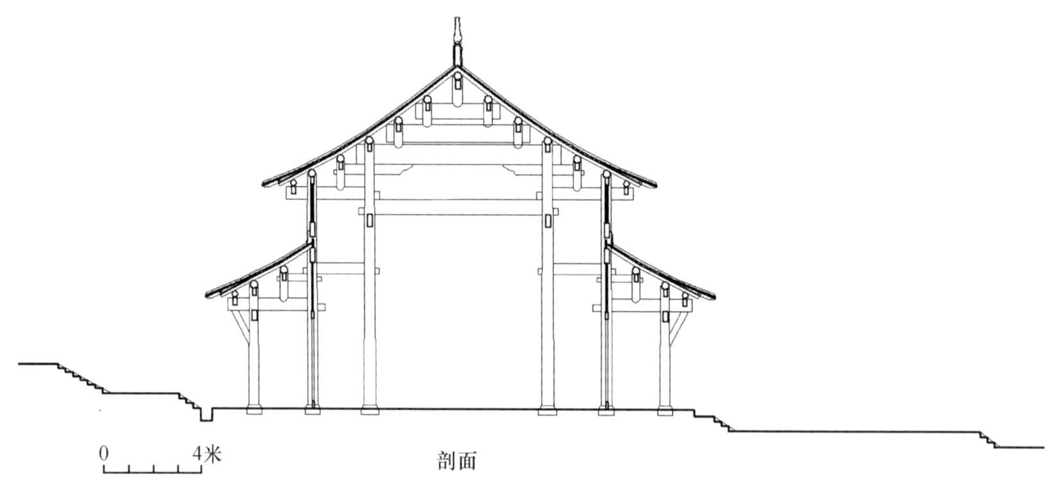

图一二　大衙门剖面复原示意图

台基前檐较后檐地势略低，损毁严重，现仅保存数块土衬石。前檐明间含阶条石设3级垂带踏跺，每级宽0.3米，高0.16米，台基高0.48米（图一四）。

柱：柱据后檐柱柱础镜面直径0.42米，推测柱径不超过0.35米。柱高参照《清式营造则例》规定：柱径按面阔的4/5或11个柱径。高为面阔的4/5=3.44米、11个柱径=3.3米。据调查湖北明清建筑，柱高与柱径的比例大约在1：20～1：12；比《清式营造则例》规定大，这时取12个柱径，柱高约4.2米。

构架：构架为抬梁式构架。罩亭抬梁式构架可参考恩施土家族抬梁式构架做法，体现出土家族建筑的特色。

屋顶：屋顶据恩施地区现存清代罩亭屋顶形式为歇山顶（咸丰大水坪村严氏宗家祠、宣恩高罗观音堂、来凤大河镇牛王庙、建始新镇向家老屋），突出罩亭的中心地

图一三　罩亭基址全景

位，屋顶为二至三层，小青瓦屋面。罩亭屋顶为重檐歇山顶，灰筒瓦屋面。

装饰：门设在前、后檐柱上，前檐次间、稍间檐柱间安花窗，窗下用砖墙封护。花窗纹样可参考现今恩施地区民居木窗花纹式样。

5. 罩亭两侧厢房（F3、F5）遗址所反映的建筑形制

罩亭两侧厢房位于罩亭南、北两侧。从考古发掘情况来看，可分为早晚两期建筑，现选择与罩亭同时期的建筑基址（F3、F5）来探讨。从厢房暴露的遗迹看，台基平面呈长方形，东西长约12.35米、南北暂未发掘完。南、北厢房前檐相对，面对罩亭。

平面：据考古发掘所得尺寸、台明范围和两山石基础保存完好，未发现柱础与地墁。经复原：面阔三间，明间3.95米，两次间3.6米。通面阔12.35米；进深三间，明间4米，前、后次间1.6米，通面阔8.6米，建筑面积4106.21平方米。

梁架：为穿斗式构架，穿斗式构架是土家族建筑常用的结构类型。这里采用土家族穿斗式构架的做法，体现出土家族建筑的特色。

屋顶：屋顶为单檐悬山顶，小灰瓦屋面，屋脊用小灰瓦垒叠（图一五）。

6. 官言堂（F1）遗址所反映的建筑形制

官言堂与内宅后寝之间挡土墙相隔一条排水沟，约0.65米宽。台基平面呈长方形。

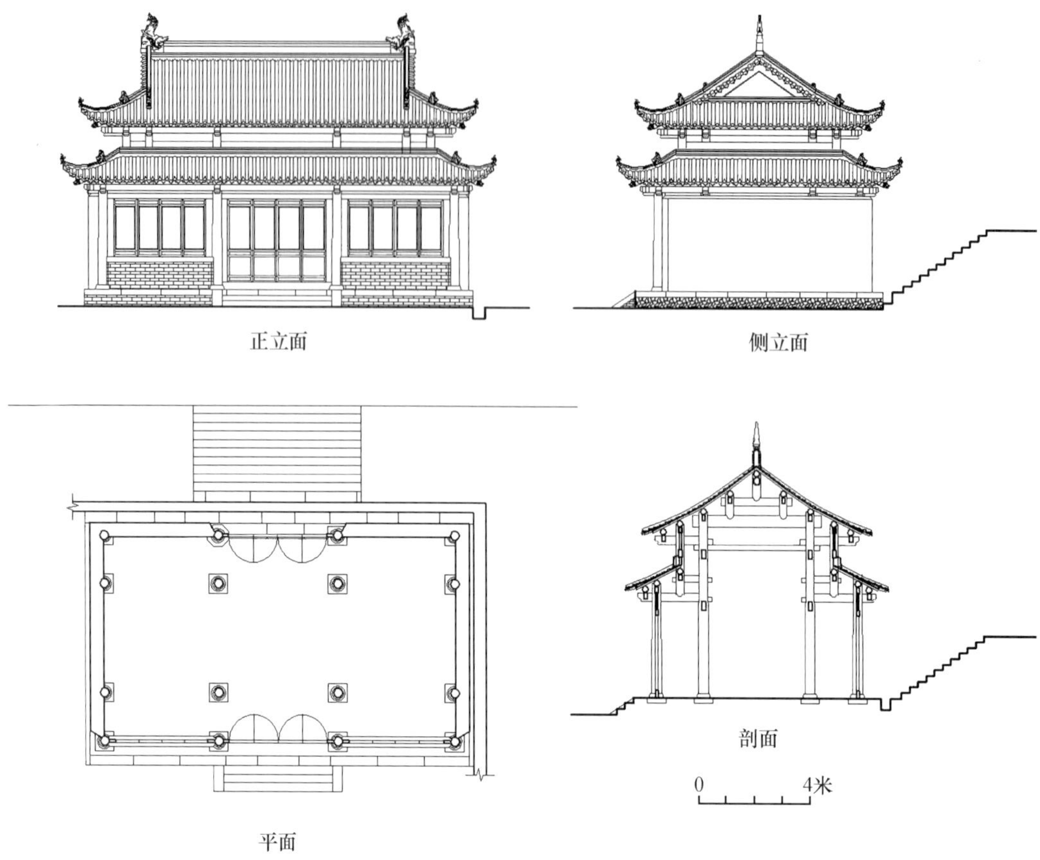

图一四　罩亭平面、正立面、侧立面、剖面复原示意图

基长38.25米，宽17米，面积约650.25平方米。台基后檐及两山青条石台明保存较好，前檐包边台基石条损毁严重，多为后期修补。室内柱础目前仅存后檐明间间、南、北次间内的檐柱，柱础均为正方形圆鼓镜柱础，在发掘中还发现有被移动过的较大的圆鼓镜柱础。室内地墁仅在西北角发现青石板错缝直铺。在F1后檐北次间处，发现有灰砖砌成的后檐墙（图一六）。

从以上建筑遗迹可以得出以下建筑形制：

官言堂位于衙署区中轴线最后一座建筑（内宅为后寝部分，不在此列）。官言堂从发掘出的遗迹看，台基平面呈长方形，南北长38.25米，东西深17米，面积约650.5平方米。

平面：据考古发掘所得尺寸、台明范围和后檐台明石（保存完好），台明上发现4个石础，位置未动。经实测：明间4.3米，两次间4.2米。两次间后檐、北山面砌有砖墙，厚0.45米，明间地墁石延伸室内，可证为开门所需。

据此：官言堂平面可复原面阔五间，进深三间。两侧带耳房（偏房）。其中明间4.3米，次、稍间4.2米，下檐出0.7米，通面阔22.50米，进深三间，明间5.4米，次间1.8米，下檐出0.7米，通进深10.40米，建筑面积约234平方米。前檐明间设3步踏跺，宽0.3米，高0.6米（图一七）。

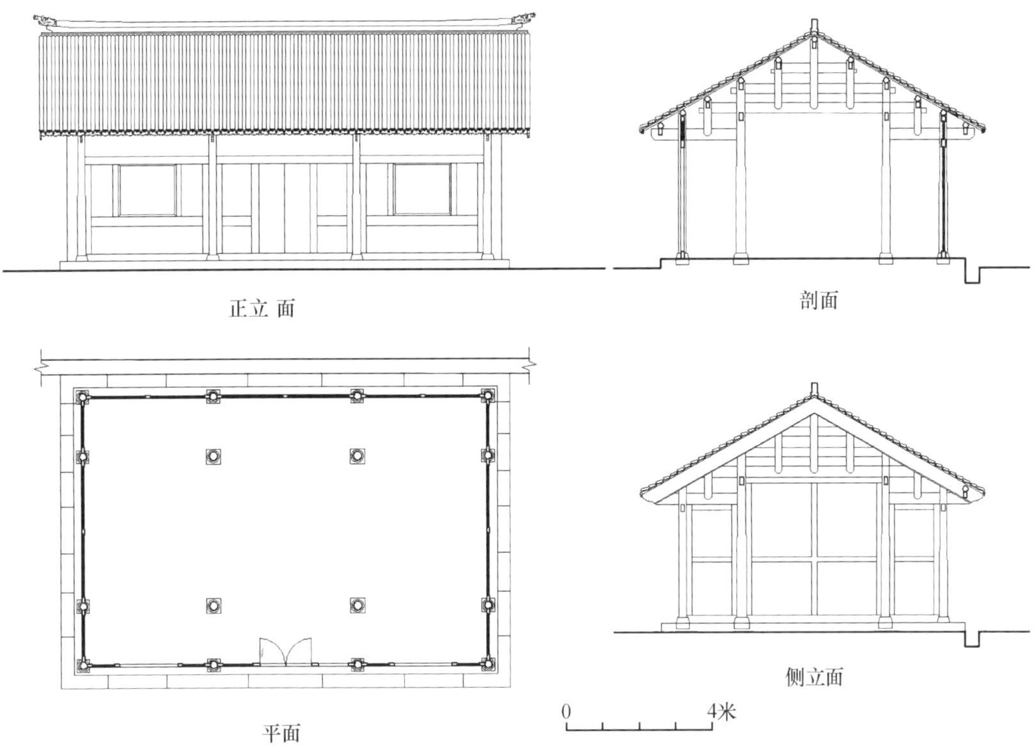

图一五 罩亭南北两侧厢房复原图

图一六 官言堂基址全景

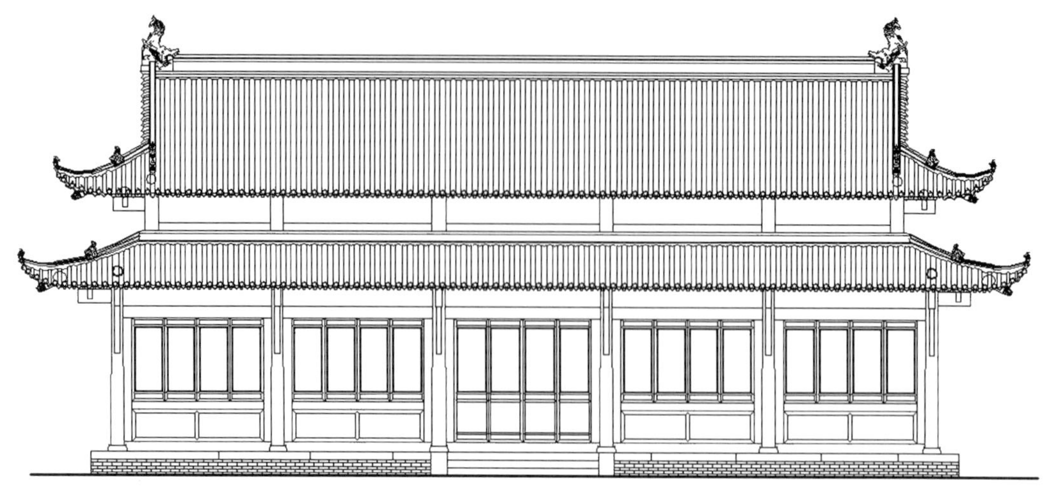

正立面

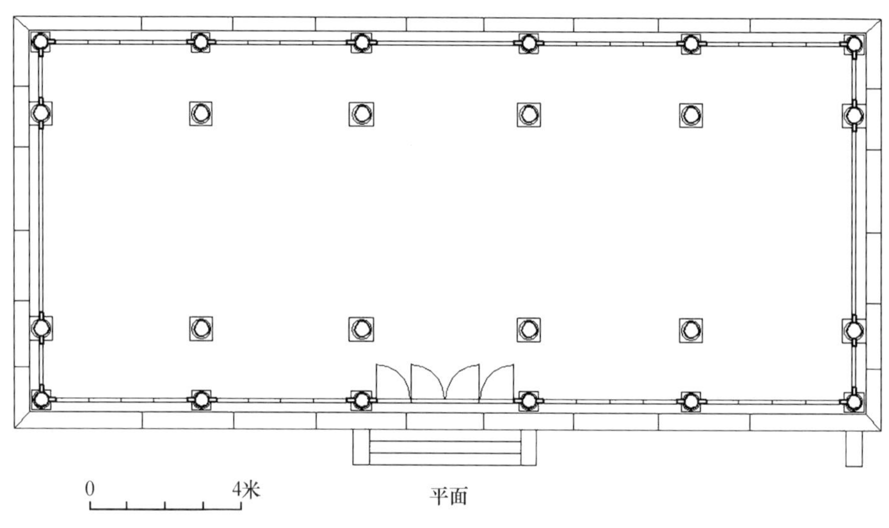

平面

图一七 官言堂平面、正立面复原示意图

柱：据后檐柱柱础镜面直径0.34米，推测柱径不超过0.3米。柱高据调查湖北明清建筑，柱高与柱径的比例大约在1∶20～1∶12；取14个柱径，柱高约4.2米。今柱镜面直径0.44米，推测柱径不超过0.4米，高随构架举高。

梁架：为抬梁式构架，抬梁式构架是明代官式建筑的结构类型。官言堂抬梁式构架可用明代官式与土家族建筑相融合的做法，体现出土家族建筑的特色。

屋顶：屋顶参考皇坟和石牌坊屋顶的筒瓦屋面，初步推定为重檐歇山顶，灰筒瓦屋面。因考古现场尚未发现琉璃瓦件，推测屋顶不会使用琉璃瓦屋顶（图一八、图一九）。

室内地面：室内地墁仅在西北角发现青石板错缝直铺，据此推测，室内为石板地面。

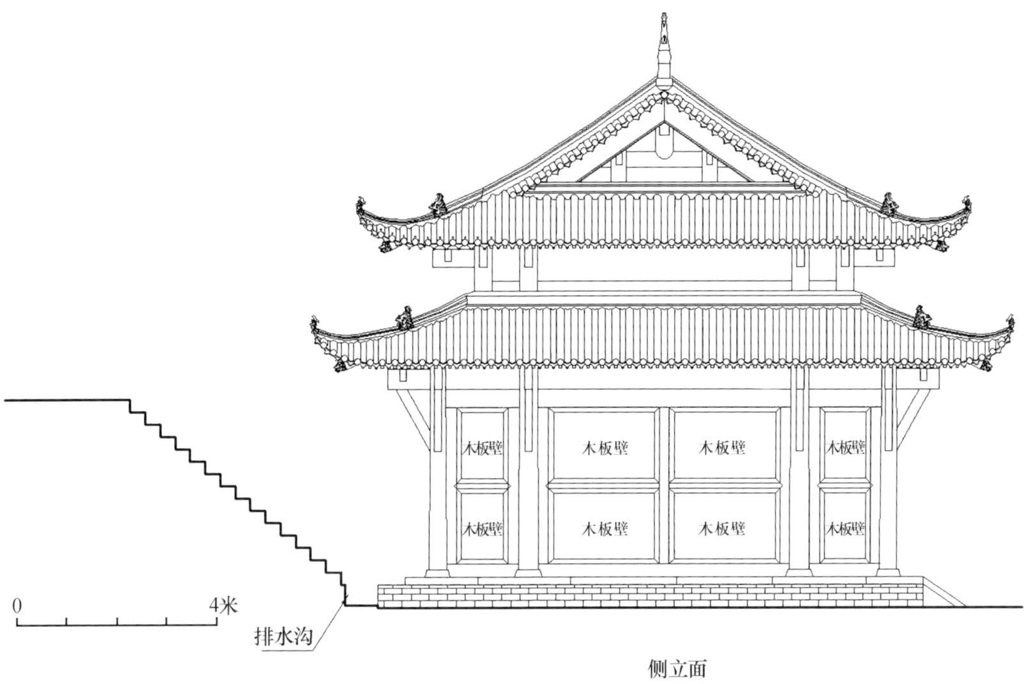

图一八 官言堂侧立面复原示意图

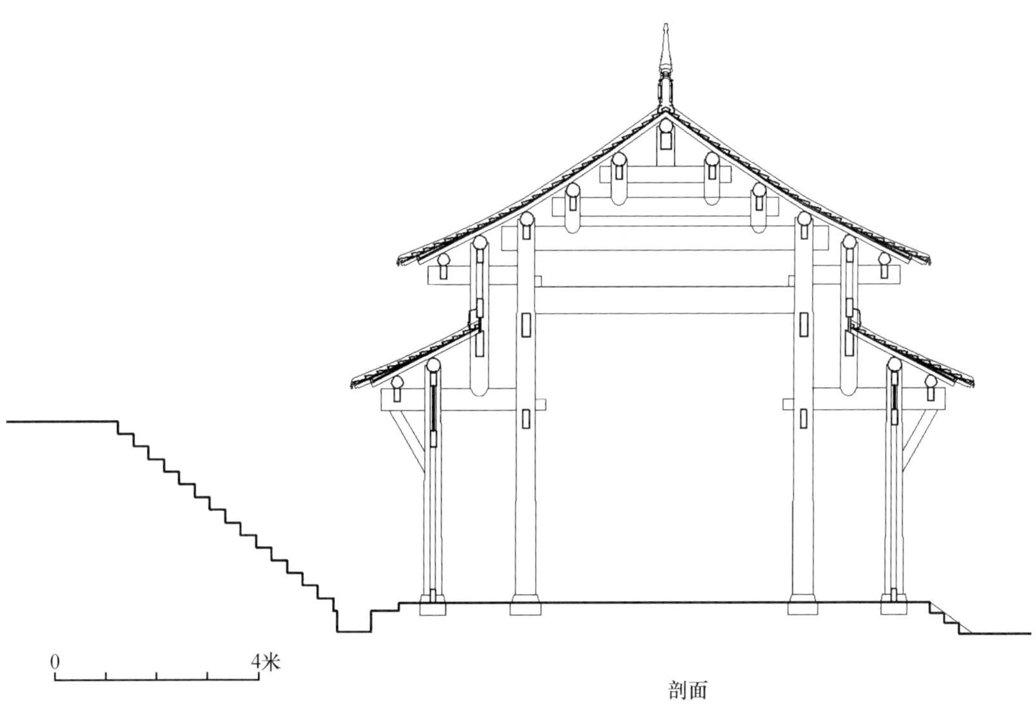

图一九 官言堂剖面复原示意图

衙署区的整体布局遵循了我国古代前朝后寝的格局，官言堂位于衙署区中轴线最后一座建筑，其后为内宅寝部分，后宅为土司家人生活起居的地方。官言堂为土司理朝和议事听政之所，如有家人和其他人从内宅出来或通过官言堂进宅，不可能从官言堂明间通过，只能从官言堂两侧通过，以免对议事听政产生干扰。

装饰装修：由于地面建筑已毁，发掘时也未发现装饰装修构件，门、窗花纹样式可参考现今恩施地区民居木门窗花纹式样。

7. 后宅（F4）遗址所反映的建筑形制

后宅位于官言堂之后，同在一轴线上。经发掘F4台基损毁严重。根据墙基所在位置判断，F4为一面阔三间，南北两侧室外廊道的房屋。由于损毁严重，加之尚未发掘完毕，故复原暂从略。

三、结　　语

咸丰唐崖土司城衙署区复原依据现有的考古发掘成果和参考相关文献资料，初步得出以下结论：

（1）总体平面布局采用了我国传统的中轴线从东至西沿轴线组织空间序列，建筑等级逐级升高，呈院落式布局。其规模宏大，从东端石坊前台基至后宅后墙，总长120米，南北宽约40米，是唐崖土司城中最大的建筑群遗址。

（2）建筑构架有抬梁式、穿斗式或抬梁式与穿斗的结合式，就是明间使用抬梁式构架，两山用穿斗式构架。抬梁式可以增大室内空间，保证土司办理朝政和议事听政的需要。

（3）建筑从外观上看有无斗拱，是区分建筑是大式和小式的一个重要标志，大衙门地处在整个衙署区的核心地位，其建筑等级也应是最高的，按理说应有斗拱。但《明史》规定：百官第宅："三品至五品，厅堂五间七架，屋脊用瓦兽。梁栋、檐桷青碧绘饰。门三间，三架，黑油，锡环。六品至九品，厅堂三间，七架。梁栋饰以土黄。门一间，三架，黑门，铁环。"[2]可知明朝廷规定：三品至九品不允许做带斗拱的房屋，这是其一。其二，从现存恩施地区遗存下来的清代庙宇、道观、宗祠等建筑很少使用斗拱。所以我们在复原时未使用斗拱。

（4）土司时期，普通百姓房屋不能盖瓦，也不准建吊脚楼式的建筑。但仍在遗址发掘区内出土有少量脊饰、筒瓦和滴水等构件，但没有出土琉璃瓦构件，这说明土司时期房屋上覆盖灰筒板瓦，各脊上安有脊饰。

（5）从整个遗址区中轴线上有几米高的挡土墙和房屋台基，但发掘时未曾发现有石栏杆及榫眼。这种情况只有一种可能，就是挡土墙上根本没有安装石栏杆，但这似乎不合乎常理，只有留待以后的考古发掘中来解决。

（6）装修装饰。由于遗址地面建筑已毁，发掘时也未发现装饰装修构件，门、窗花纹样式可参考现今恩施地区民居木门窗花纹式样。

附记：该文复原研究均以考古资料为依据，地面以上木构架在参考恩施地区现存的清代建筑，结合遗址遗存的柱础，对木构架和建筑形制进行了初步考证，非定论，为进一步还原其真实性提供参考。有所错误或遗漏的地方，请各位专家、学者批评指正。

注　释

[1] 林奇：《唐崖土司皇城及其废考》，《湖北省考古学会论文集（二）》，江汉考古编辑部，1991年；咸丰县宣传部：《唐崖土司概况》，1987年；朱世学：《鄂西古建筑文化研究》，新华出版社，2004年。

[2] 《明史·卷六十八·志第四十四·舆服四》，中华书局，1974年。

唐崖土司城衙署平面尺度设计方法初探

于志飞[1]　王紫微[2]

（1. 中国文化遗产研究院　2. 文物出版社）

摘要： 唐崖土司城衙署以核心建筑间广及其倍数为模数尺度，进行建筑群总体空间的设计，形成了严整的格局。其中蕴涵的种种空间尺度与比例设计手法，反映出唐崖土司城的营造受到中原王朝建筑设计方法的深刻影响，其建筑格局同时也反映出自中原王朝直至地方政权建筑群布局特点的重要共性，这些都是地域间深层次文化与技术交流的重要见证，也是研究明代中原王朝与西南土司间政治、文化关系的重要材料。

关键词： 唐崖土司城；衙署遗址；尺度设计

唐崖土司城遗址是西南地区一处重要的土司文化遗存，其完备的城垣防御体系、道路体系、建筑群、墓葬群遗存包含了大量的历史信息。该城中心区域为约建于明后期的衙署遗址，其核心区截至2013年底已基本发掘完毕。今拟从尺度设计的角度，对此座唐崖土司城核心建筑群的设计方法进行初步探索。

一、衙署遗址的建筑格局与尺度实测

衙署遗址位于唐崖土司城的几何中心，坐西朝东，与唐崖土司城整体朝向一致。其东对“荆南雄镇”石坊，以此石坊作为整组建筑群的入口。利用山势坡地，凿为数层平台，形成西高东低、具有严整东西向中轴线的建筑组群。今其木构部分已全部无存，地面层铺墁砖石绝大部分也已无存。唯可根据地面遗存台基石构，推测出建筑基址的布局情况。

自“荆南雄镇”坊后依次为逐渐升高的六层平台，暂编号为台1～台6。台1上东缘中部有建筑遗迹一处，推测为仪门，但因破坏较甚，格局不清晰；西部发现南北分列的建筑遗迹两处（房址A、B），但相关迹象显示为晚期房址。台2位于台1居中西部，为一外凸式月台，台3为当地民间所称“大衙门”遗址的基台，其居中后部为一殿宇基址，今仅存台基，暂编号为房址C。此应即“大衙门”主殿所在。房址C后部为台4，上部可见有房址五处，居中偏西一殿址，暂编为房址D，是为台4上主殿，南北两侧各有基本对称的房址二处，每侧二处房址分为早晚两期，但这四处房址因破坏较甚，仅知大致轮廓。台4后为台5，民间称此处为“官言堂”，上偏西有南北并列的房址三座，中部一座尚有部分柱础遗存，是为此台主殿，暂编为房址J。两侧房址破坏过甚，轮廓不确。台5后为台6，即“内宅”遗址，尚未完整揭露，格局不清（图一）。

根据平面测绘图与现场考察，各层台平面格局规整，建筑群轴线分明，显然经过了十分缜密的规划设计与建造。在台4主殿房址D的柱础顶面上，遗留有一十字刻痕，正对建筑群的“四正”方向（图二），当为营造施工过程中所留，由此可见工程实施之严谨。其形式一如公元前2世纪的陕西西汉景帝阳陵陵庙中心础石（图三）与河北邺城遗址核桃园村出土公元6世纪的北朝建筑础石（图四），可见这是可上溯至两千余年前的传统做法。

今将各层台的尺度整理如下：台1南北边界尚未明确，东西向为26.5米；台2为南北14.5米×东西10.6米；台3为南北34米×东西27米；台4南北尺度因发掘区域所限尚不能直接测量，但根据其东边界位置及中轴对称特性，推知为南北约42米×东西18.7米，台5情况与台4相类，为南北约42米×东西18米。

整个建筑组群的总体尺度，自台1东缘至台5西缘，总进深为105米，总面阔为42米。

各层台面上遗存的房址中，仅中轴线上的房址C、D、J存有部分柱础，尚在原位。分析后可得这三座主殿的面阔数据：房址C（“大衙门”）面阔五间，明间、次间均为4.2米，尽间柱础无存，据建筑台基位置推算，约为3.9米，故得通面阔20.4米。房址D面阔三间，每间均为4.2米，通面阔12.6米。房址J（“官言堂”）与房址D尺度相同。三处房址的进深尺度因柱础缺失而无法得知，但根据遗存房基边界，可大致推得房址C通进深约8.4米，房址D、J通进深约7.5米。

二、衙署的规划基准尺度与营造尺推测还原

通过以上论述，可以发现，在实测数据中，建筑的面阔方向每间间广均为4.2米，与之呼应的是，建筑群的总面阔为42米，恰为4.2米的10倍。据此在平面图上绘制方4.2米的网格，发现整个建筑群很可能是以4.2米为基准尺度进行规划设计的。设定4.2米为M，则总面阔为10M、总进深为21M、台1进深为6.3M、台2为3.5M×2.5M、台3为8M×5M、台3、4间相距1.5M、台4为10M×4.5M、台5为10M×4M，除却台1外，其他台的平面尺度均为基准尺度的整数倍或基准尺度半数的整数倍。

微观上，通过比照出土构件数据，衙署建筑群的营造尺也可得以还原。实测得知，房址C、D础石均为0.6米见方，房址J础石为0.42米见方，结合4.2米间广的实测值及建筑建造的时代，推测此衙署建筑群营造尺约为30厘米。在此营造尺标准下，其平面规划基准尺度为14尺，也即整个建筑组群是以主体建筑间广14尺作为基准尺度进行规划设计的。据此可知整个建筑群总面阔140尺、总进深350尺（含“荆南雄镇”石坊）、台1进深88.2尺、台2为49尺×35尺、台3为112尺×70尺、台3、4相距21尺、台4为140尺×63尺、台5为140尺×56尺。单体建筑中，房址C通面阔五间共68尺、通进深四架共28尺，房址D、J均为通面阔三间共42尺、通进深四架共25尺。

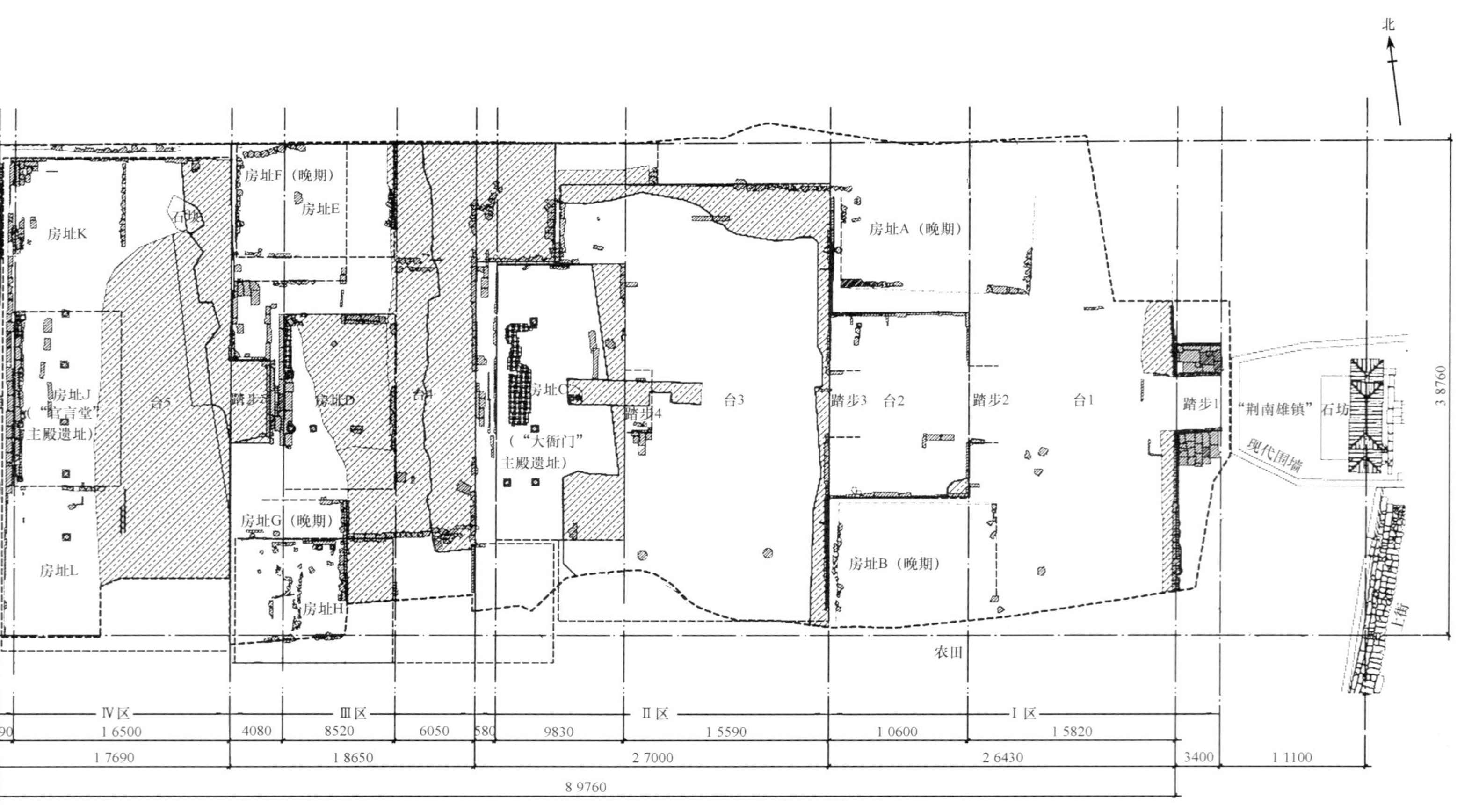

图一 唐崖土司城衙署遗址平面测绘示意图

图三　陕西西汉景帝阳陵陵庙中心础石十字刻线

图二　湖北唐崖土司城衙署房址D础石十字刻线

图四　河北邺城遗址出土北朝建筑础石十字刻线

此衙署遗址中不但存在着14尺这一建筑群的平面基准尺度，也存在着140尺这一扩大基准尺度控制着整个建筑群空间。140尺首先控制着衙署建筑群的总面阔，而自台1东缘至“大衙门”殿址东缘这一以台2（月台）为中心的殿前广场空间东西向尺度，是为140尺；自“大衙门”殿址中心点至台5西缘这一密布建筑的空间东西向尺度，亦为140尺。而这两组空间的交点，正是衙署中的核心——“大衙门”主殿。这种现象，进一步说明唐崖土司衙署规划设计的整体性（图五）。

三、衙署遗址格局与营造特点反映的地域间文化与建筑技术交流

上文所阐述的唐崖土司衙署规划营造特点，反映出中原王朝的建筑规划营造设计方法对西南地区有着深刻影响。

以基准尺度网格作为整个建筑组群的规划模数，从对河北平山出土战国中山王墓“兆域图”的分析来看，这是早自战国秦汉时期就出现的一种规划设计方法，并在中原官式建筑设计中广泛应用，绵延数千年。在日本正仓院藏相当于唐代的“殿堂平面图”（图六）与清代留存的“样式雷”图样中，皆可见到这种基准尺度网格即“平格

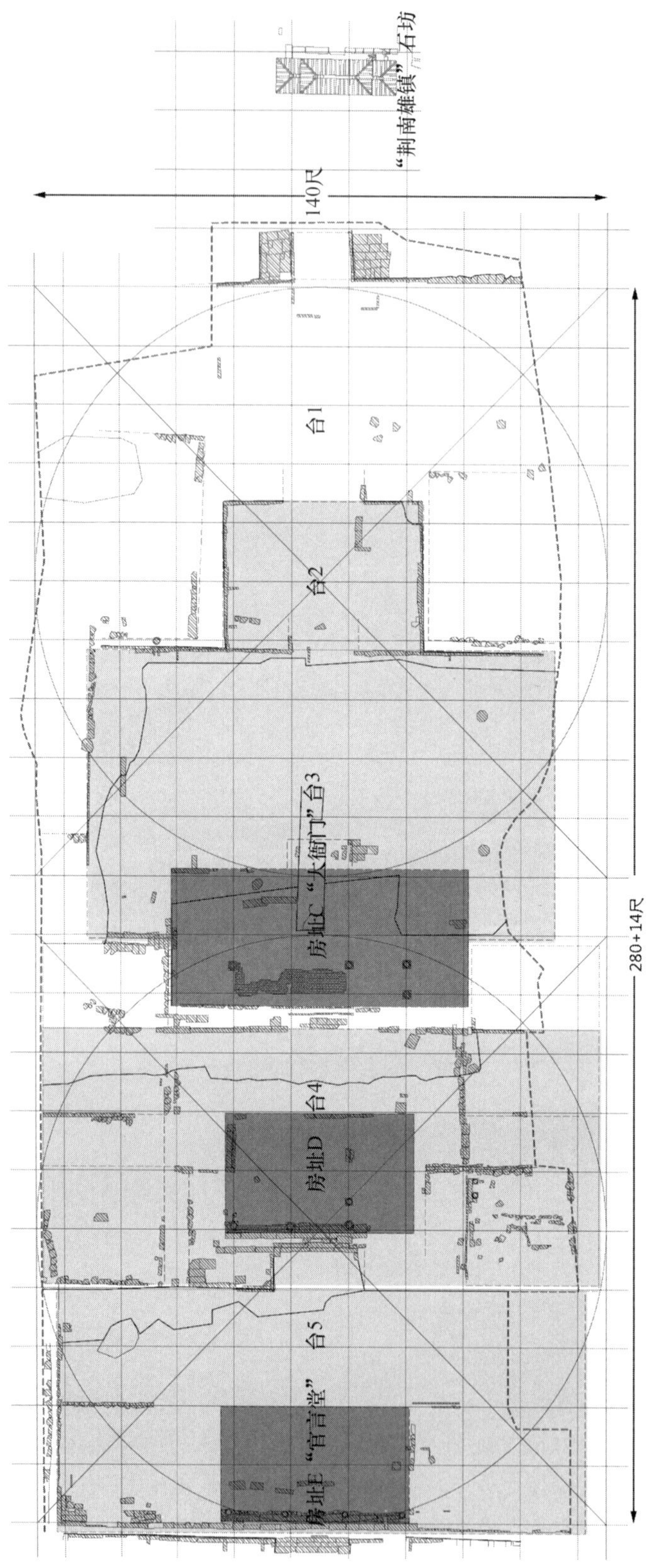

图五　唐崖土司城衙署遗址平面尺度分析（图中网格单元为4.2米=14尺）

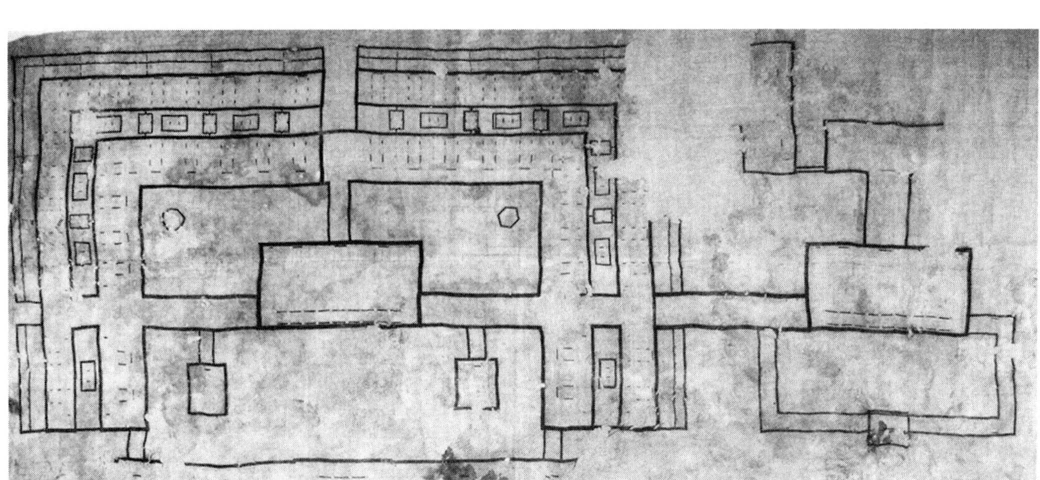

图六　正仓院藏“殿堂平面图”（7～8世纪）[1]

法”设计。傅熹年先生对此方法曾进行专门研究，分析了大量实例，证明这是已知古代中原王朝官式建筑群规划设计广泛应用的基本方法。其中衙署规划以主要建筑间广14尺作为基本模数设计，也与中原王朝都城设计方法相似，如明北京城以紫禁城之深广尺度确定内城规模[2]；隋大兴—唐长安城以“十八”作为基准数值确定殿宇、宫室、城郭的规模等第[3]。而衙署主殿“大衙门”居于建筑群几何中心的定位方法及其前广场空间近于60°的视域范围设计，也与紫禁城前三殿院以太和殿为几何中心及太和殿前广场视线范围设计极为类似（图七）。

衙署以外，在唐崖土司城其他历史遗存中，我们可以看到相关联的以14尺及其衍生数据作为设计尺度的现象：张王庙石刻所成空间广28尺（即14尺×2）、石马高7尺（即14尺/2）；“荆南雄镇”坊通面阔及檐口高度21尺（即14尺×1.5）、石匾下皮距地面14尺；土王墓前院空间广28尺（即14尺×2）、覃鼎夫妇墓前石坊明间广7尺（即14尺/2）、墓冢直径14尺，这些都进一步反映出设计规划的整体性与延续性。

这些方法出现于唐崖土司衙署等遗存的设计规划中，结合当时明廷于天启年间任命唐崖土司为宣慰司，土司城内现存重要遗存多在此时期形成的历史情况，我们推测唐崖土司城的设计或是在中原工匠的参与指导下完成的。

唐崖土司城所用营造尺为30厘米，这可能体现出该地相对于中原地区营造用尺的一种滞后性。大量相关实例表明，唐以后中原王朝地区营造尺发展变化为：唐29.4厘米、宋30～30.5厘米、元31.5厘米、明31.73～31.97厘米。可见唐崖土司官署营造尺长相当于唐宋之际，可能是该地区工匠保持的营造尺“古制”。

明代嘉靖本《思南府志》有“蛮夷长官司署图”一幅（图八），图里中轴线上依次布置牌坊、仪门、司厅、三间小堂、后宅，这与唐崖土司衙署中轴线上的“荆南雄镇”坊、仪门、“大衙门”（房址C）、房址D、“官言堂”（房址J）形成比较吻合的序列对应关系。思南府在今贵州西北思南县，地当黔、湘、鄂三省交界地区诸土司

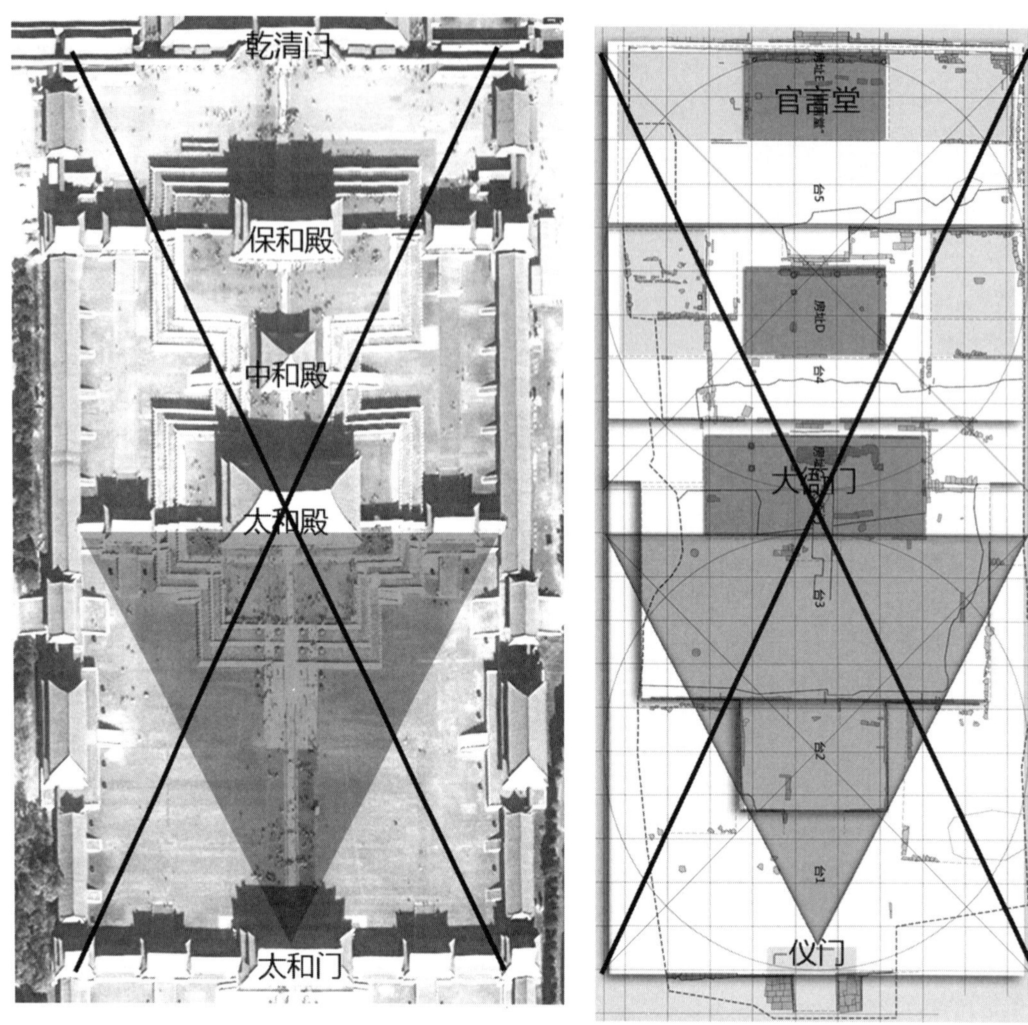

图七 明清紫禁城前三殿空间（左）与唐崖土司衙署空间（右）比较分析图

分布的核心地带，距唐崖土司城约200千米。据《明史·地理志》载“思南府，元思南宣慰司，属湖广行省。洪武四年改属四川。六年十二月升为思南道宣慰使司，仍属湖广。永乐十一年二月改为府，属贵州布政司。隆庆四年三月徙治平溪卫。寻复故”，“蛮夷长官司”为“洪武十年十月置，属思南宣慰司。永乐十二年三月属府”。此图反映的衙署规制，正是中央政府授权的“官制”，应当代表了该地区土司衙署的“标准”范式。宋元明三朝思南田氏土司政权曾盛极一时，并积极引进汉地文化。而据民间传说，唐崖土司覃鼎之妻田氏系明末龙潭田氏土司之女，因此其间的文化交流值得深入探究。

唐崖土司衙署遗址所反映的中轴线上的“三殿”空间布局，似乎存有中原王朝以宫中前朝三殿为代表的官式礼仪与布政建筑格局的影子。在民间，唐崖衙署前殿被称为“大衙门”、后殿被称为“官言堂”，这似乎表明前殿是举行土司升殿等大型仪式

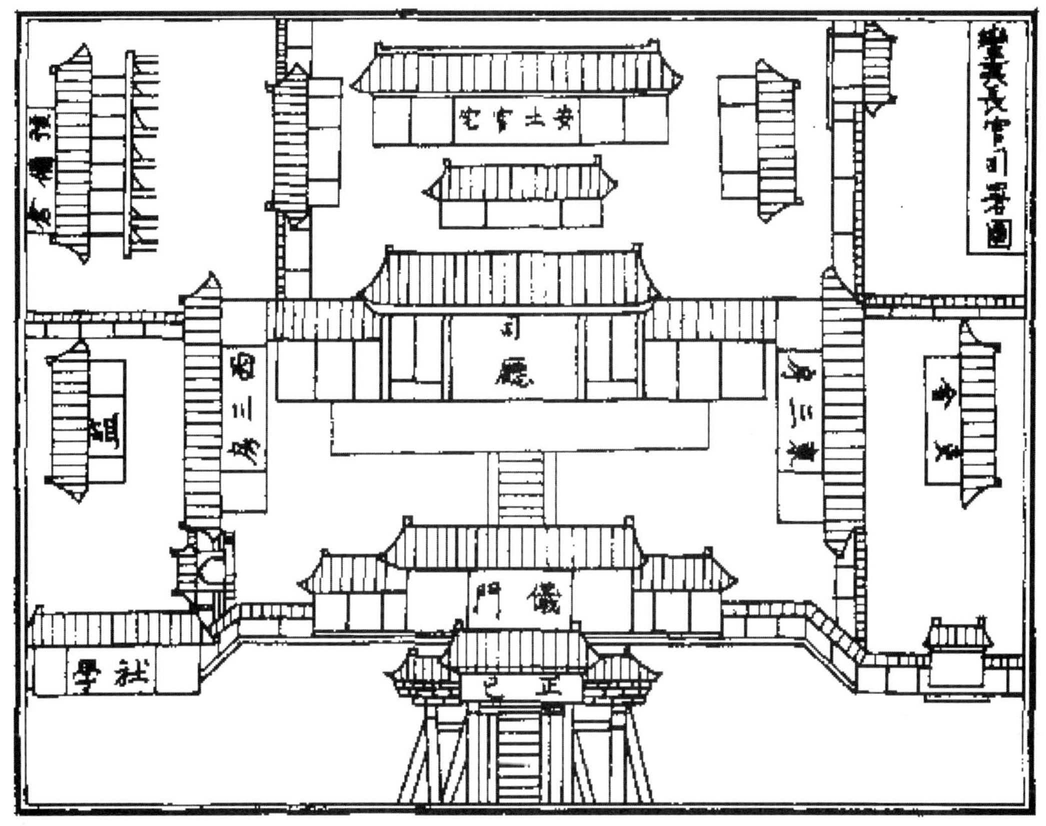

图八 《思南府志》蛮夷长官司署图[4]

活动的场所，殿前的广场空间，也有力地说明了这一点。中殿殿前空间狭小，表明其可能是一处过渡性空间。而后殿似为日常理政所在，故有“言”的功能。

唐崖土司衙署中轴线上的建筑规模，也当是遵循中原王朝官式建筑的规制而定。唐崖土司的官位品级，元代为宣慰使司（从三品），明洪武四年降为长官司（正六品）；永乐二年升授宣抚司（从四品），天启年间复为宣慰司（从三品）。其在明代大部分时间均为从四品。而《大明令》对于官员房舍的规定是“三品至五品，厅堂五间七架……六品至九品，厅堂三间七架……正门三间三架”。据分析，唐崖土司衙署正殿“大衙门”为五间四架，其后二殿则为三间四架，基本符合这一规制。唐宋以来，大型建筑的间广在16～20尺，中小型则为10～15尺，唐崖土司14尺的间广尺度，正在后者范围之内。

元明清时期，西南土司直接由中央政府统辖，汉化进程显著。《明史·土司列传》云：“迨有明踵元故事，大为恢拓，分别司郡州县，额以赋役，听我驱调，而法始备矣。”明政府曾多次按照中原习俗赐予西南土司官爵、印章、冠带、服色、敛具等，对西南土司的汉化影响深刻。唐崖土司城衙署的种种营造设计手法及其与具有数千年传统的中原官式建筑间的相似度与关联性，是这一时代地域政治文化交流在建筑规制与技术上的生动展现。

注　　释

［1］　宫内厅正倉院事務所：《正倉院寳物4 · 中倉I》，每日新闻社，1994年。

［2］　傅熹年：《中国古代城市规划、建筑群布局及建筑设计方法研究（下）》，中国建筑工业出版社，2001年，第9页。

［3］　于志飞：《隋唐都城尺度设计方法新探》，《中国文物科学研究》2012年第4期。

［4］　潘谷西：《中国古代建筑史 · 元明建筑》，中国建筑工业出版社，2009年，第53页。

试论唐崖土司与容美土司文化遗存的差异性

黄文新　史德勇

（湖北省文物考古研究所）

摘要：唐崖土司和容美土司是我国西南土家族地区两个影响比较大的土司，均留下了比较丰富的文化遗存。唐崖土司城址与容美土司爵府遗址分别反映出我国西南少数民族地区在土司时期建造的土司王城、土司行署的建筑格局，代表了两个不同级别"王城"与"行署"的建筑风格，为研究土家族地区建筑风格与建筑史提供了重要的实物资料。这两个土司虽然在政治、经济、文化等方面有很多的相同之处，但是从留下的文化遗存来看，还是有很大的差异性，对这些差异性的分析研究，对于认识唐崖土司和容美土司的文化面貌甚至于整个西南地区的土司文化都具有十分重要的意义。

关键词：唐崖土司；容美土司；王城与行署；文化遗存；差异性

唐崖土司来源于一支蒙古人后裔与当地土家大姓的结合，在唐崖设立第一代土司，历经元、明、清近四百年，共18代土司，属鄂西南著名的"九溪十八峒"土司之一、咸丰县境三大土司之首。唐崖土司城城址是我国西南元、明、清时期土家族区域保存最好的一处土司城址，位于湖北省咸丰县尖山乡唐崖司村唐崖河西岸，东距咸丰县城28千米，北距尖山乡政府所在地1千米。

容美土司古称容米，又称柘溪，是容米部落的后裔。容美土司自元至大三年（1310）建立黄沙寨千户开始，到容美宣慰司改土归流之雍正十三年（1735），历经425年15代23位司主，是当时西南诸土司中最强大的土司之一。控制的疆域较广，鼎盛时期达7000平方千米，其地域包括现在的湖北恩施州鹤峰县和五峰县大部、长阳县的西南部、巴东、建始县清江以南及与湖南石门县、桑植县接壤的部分地区。东联江汉，西接渝黔，南通湘澧，北靠巴蜀。

本文通过收集近几年唐崖土司和容美土司的考古资料，对其进行简要梳理，以展示出两种文化遗存的基本面貌，在此基础上，对两种文化遗存作初步分析和对比，来论述唐崖土司与容美土司在文化遗存上的差异性，并结合文献来分析其形成的背景及原因。

一、唐崖土司文化遗存

咸丰唐崖土司城址位于玄武山、朱雀山、白虎山、青龙山围成的狭长沿河地带内。从唐崖河河谷往上，至玄武山顶，构成以张王庙、小衙门、衙署区、墓葬区为代表的四级缓坡台地。土司时期的各类遗存就分布在这四级台地上。周边有明确的界限，大致以唐崖河和周边的天然壕沟构成一个相对封闭的空间，壕沟内总面积约74万平方米，是鄂西地区土司城址中单体面积最大的一个。

唐崖土司文物点分布集中，空间布局紧凑合理，整体结构严谨对称，分区明显，有衙署区、宗庙区、军事区、苑囿区、普通居民区、三街十八巷路网体系以及码头。主要遗迹类型有建筑基址、城墙、道路、院落、石桥、水井、采石场、码头、墓葬等。唐崖土司城址应是鄂西明清土司城址中现存遗存最为丰富，布局保存最为完整的城址。

1. 衙署区

衙署区是唐崖土司城的核心建筑，位于城址内中部偏西，坐西朝东，依山面水，大致分为四级台地，形成四进建筑，建筑群有明显的中轴线，从牌坊向西，依次为东门、大衙门、官言堂（占据两级台地）、内宅，地势逐级抬升，形成前朝后寝、左右对称的空间分布格局。整体形状呈方形，四面皆有围墙，北、南、西三面围墙保存较好。

2. 院落遗迹

《湖北唐崖土司城址调查简报》将唐崖土司的院落根据其功能分成以下四类：第一类为土司衙署及为其服务的附属部分，可能有其专属的用途，如院落4当地又称为马客院，应是专司养马的场所，院落30又称为覃氏宗祠，应是土司家庙，院落22当地又称为书房城址。这一类院落大致位于衙署区同一级台地，均分布在中街及上街以西地势较高处。第二类为行政衙署类，如小衙门城址、院落16（又称为存钱坝）。第三类为宗教祭祀类，如大寺堂、张王庙、玉皇庙等。其他不明功能与性质的院落为第四类，暂称为普通居住院落。

3. 墓葬

唐崖土司墓葬主要集中在两个地方，一个是内城西侧，另一个则是外城西侧，有少量墓葬在城墙周围零星分布。年代为明初至清中后期，绝大部分为石室墓，从墓室来说主要分为四室、三室、双室、单室几类，墓室的多少可能跟等级有关。

4. 道路系统

城址内外调查发现道路遗迹28个，多数至今仍在使用。城墙内最主要的道路是上街，中街、下街，第一下河道、第二下河道、第三下河道，一横道、二横道、三横道，这些道路名称从土司时期沿用至今。另外，还调查发现11条巷道及8条不明性状的道路。这些道路将城址各个分区连接起来，组成网格状的道路系统，使唐崖土司各功能分区有机地结合。

5. 城墙

四面皆有城墙，整体形状接近梯形。东城墙近南北向，大致沿唐崖河分布，以张王庙和第一下河道为界，中间为堡坎型墙体；南城墙大致呈东南至西北走向，线路较顺直；西城墙，走向比较复杂，但大致成南北向；北城墙大致沿碗厂沟分布。城门遗迹发现不多，第一下河道出城的通道为最主要的城门，另外，根据道路与城墙的关系，第二、三下河道，七十二步朝天马上街、下街，与城墙相交处都应存在城门。城墙构筑主要分两种，一种为独立墙体型，大部分城墙都是这种类型，在地面起建，为石包土结构。另一种为堡坎型，为充分利用地势，将陡崖基岩直接加工成垂直的墙体，或者在坡面用石块砌成垂直的堡坎。

6. 遗物

唐崖土司出土遗物有陶器、瓷器、大量的石构件和陶构件。瓷器除了从汉文化区引进的官窑瓷器，还有本地生产的青花瓷器。只是后者胎质略显发黄，青花显得较为灰暗。石构件有柱础及各类规整的石板、石条，部分雕刻有精美的花纹，题材主要有鹿、莲花、瑞兽、祥云等。陶构件有瓦当、滴水、脊筒等，其上均雕刻有莲花纹，另外还有素面的筒瓦和板瓦。

总体说来，坐西朝东是该城一个很重要的特征，也是其独特之处。从城址结构与布局看，这种由外围环壕—核心区城墙—衙署区围墙组成的三重结构体系，明显受到了汉文化区都城建制外城—皇城—宫城格局的影响，是明代中后期我国西南土司地区学习、吸收汉文化的文明化运动的结晶。在空间安排和布局上，衙署区位于规制定义的城中心，具有明确的中轴线。牌坊位于中轴线东端起点，是整个城址最重要的标志性建筑。以上、中、下街为界，西部地势较高处的院落明显具有特殊的功能，如衙署区、大寺堂、御花园都分布在这一线以西，且以西各院落的围墙明显比东边院落围墙要宽厚且结实。从城址内的各功能分区及院落类型看，该城址不仅仅是一个单纯的土司治所，而且是包含有土司、贵族、普通平民，具有生产、贸易等多种功能的区域聚落中心，它既是土司管辖范围内的政治中心，同时也是经济和文化的中心。在功能分区上，既突出了本身的等级与地位，又保证了城内生产、生活、商业等各方面的需要。

二、容美土司文化遗存

（一）容美土司遗址群分布特点

由于容美土司疆域广阔，沟壑纵横，交通十分不便，为了加强统治，便在多个地方修建行署或者军事据点，形成容美土司遗址群。这些遗址分布在5个乡镇7个行政村，涉及面积达510多万平方米。

（1）文物点分布较为松散，涉及面积广。现存遗址主要有中府遗址、爵府遗址、南府遗址、戏楼遗址、小昆仑遗址、司署遗址、细柳城遗址、大屋场遗址、天泉山关寨遗址、燕喜洞遗址、情田峒遗址、万全洞遗址、万人洞遗址、九峰桥、百顺桥遗址、九峰桥、水寨遗址、紫云山祭祀遗址、土司家族墓地、向氏家族墓地等。

（2）司治所在地为中府。中府遗址位于芙蓉山山麓、溇水河北岸，是现鹤峰县政府所在地，面积约15 000平方米，现残存南城墙一段，墙体为条石垒砌，遗址内散存大量石础、砖石等建筑材料。破坏严重，对其进行考古工作难度较大，但是可以从顾彩《容美纪游》的记载中获知其相关信息，其文载："中府为宣慰司治城，环城皆山。……宣慰司署在芙蓉山南麓，其前列八峰……司堂石坡五级，柱蟠金鳌，辕栋宏丽，君所莅以出治者……堂后则楼，上多曲房深院，北窗外平步上山矣。楼之中为戏厅，四面皆轩敞，一览皆八峰之胜也……司治五门，无城有基。南门正临龙溪江，闾阎栉比，甃石为街。民家多以纺织为业，当明盛时，百货俱集，无不有之。流寇入扰，民遂流散，今六十年，元气未复……"从文献记载来看，中府是容美土司的政治和经济中心，规模庞大，气势恢宏，司治应为坐北朝南，前朝后寝式格局，其建筑包括宣慰司行署、安抚司四衙门、文庙、城隍庙、真武庙、法华寺等。

（3）行署较多，且常迁徙。现存的行署遗址主要有爵府遗址、南府遗址、司署遗址等，与《容美纪游》中记载的爵府、南府、安抚司署等基本相符。各行署除了有行署建筑外，附属建筑也较多，形成多功能系统的建筑群，如南府行署有南府署、张桓侯庙、燕喜洞等，爵府行署有大堂、二堂、戏楼、槿树园、三十二峰草堂等，细柳城有大慈阁、众春园、沁雪园、庙楼、守梅阁、云际庵等。容美土司的行署在土司巡政时居住人员较多，平时基本闲置，如《容美纪游》中有载"初八日，君移行署于沁雪园……皆中府居民，随其主来，君去，亦皆挈家而去……""后街长二里许，民居栉比，俱以作粉为业，有织纫者（多空宅，君在则诸将领居之，为牧马场）"。因此，容美土司行署的功能区虽然较为齐备，但规模并不如皇城那般宏大。

（4）行署以外的遗址，往往侧重于某一功能（军事、祭祀、记功、游玩），规模相对较小。

洞府遗址是容美土司的一大特色，利用天然溶洞修筑而成，主要用于防卫，有的兼具仓储、游玩功能。现存洞府遗址主要有万人洞、万全洞、情田峒、燕喜洞等。万人洞遗址位于容美镇庙湾村，现存城墙及封闭式城垣，洞内有天桥、石台阶，洞外有水牢、杀人台、石碓等多处石砌建筑遗迹。据《容美纪游》载"二十七日，游万人洞……磴道一里，渡水一重。洞口有街，有门楼，守洞者家焉……"。万全洞遗址位于容美镇屏山村赵家湾，地处天然洞穴之中，前为悬崖绝壁，东南部为容美土司遗址群，洞内石刻、建筑遗迹保存尚好，部分石刻文字风化严重，墙基部分垮塌，据《容美纪游》载"十五日，邀游万全洞……有石门、城墙、炮台，所以守也（洞为君藏书及先世衣冠之所，或曰银库在其内，管洞人尚守备家在焉）……"。情田峒遗址位于鹤峰县太平乡唐家村七组，天然石灰岩溶洞，主洞外石壁上有 “情田峒记”石刻及容美土司田舜年撰写的“捷音者序”石刻，记录了容美土司于康熙十九年（1680）修造洞内之经过及在此抗击永顺、桑植诸土司围攻之经过。燕喜洞遗址位于鹤峰县五里乡南村三组，原容美土司南府遗址内庙岭山腰，属天然石灰岩溶洞，燕喜洞又称僧庙洞，洞口面南偏西，面积约2000平方米。洞口用条石、块石垒砌成弧形拱门，《容美纪游》载，“南府署极雄敞……其北有岩洞，名燕喜……土人避寇，常聚居其中……”。顾彩发出“千古未曾分昼夜，万家兼可避兵戎”的感慨。

各类庙宇遗址齐全，但关公庙数量最多。现存和文献记载的庙宇祭祀类遗存有紫宫山、文庙、城隍庙、真武庙、法华寺、关公庙等。关公庙有中府的关圣庙、爵府的关夫子庙、细柳城的庙楼、百顺桥之关公庙等，据《容美纪游》“……土人最重关公……”，“十三日，以关公诞，演戏于细柳城之庙楼，大会将吏宾客，君具朝服设祭。乡民有百里来赴会者，皆饮之酒，至十五日乃罢。” 综合文献和现存关公庙的遗址，可以看出容美土司对关公极为推崇。

文化、教育设施比较丰富。戏楼林立，是容美土司的一大特色，这可能与孔尚任的《桃花扇》在司中极为流行有关，如中府的戏厅、爵府的戏楼、戏房等。可能有的关公庙也兼具戏楼的功能，比如《容美纪游》中记载有“十三日，以关公诞，演戏于细柳城之庙楼，大会将吏宾客，君具朝服设祭。乡民有百里来赴会者，皆饮之酒，至十五日乃罢”。有多处读书台，如九峰读书台、小昆仑读书台（该读书台也有可能是哨所，或者两种功能兼具）。爵府遗址的槿树园，则是专供容美贵族子女读书的地方。容美土司的很多建筑，都是专供土司贵族游玩的设施，如爵府之三十二峰草堂，细柳城之沁雪园、云来庄等。

（5）容美土司有土司墓地和向氏家族墓地。土司家族墓地司治的东南，地势东高西低呈坡状，面积1万平方米。主要有田九龙、田甘霖、田舜年墓等土司墓。20世纪70年代修水渠将其破坏，当时田九龙墓中出土有长形金簪花一枚，田将军墓志铭一块；田甘霖墓中出土有铜壶碎片、金银首饰等；田舜年墓中出土有金银首饰、铁剑等，墓前石人石马被人为埋入地下。

爵府遗址保存有向氏家族墓地。向氏历来受土王重视，容美土司旗鼓一职（掌握军权）基本由向氏担任。墓地占地面积约2000平方米，现存封土堆多座，部分墓前立碑，主要有向遇春夫妇墓、向文宪夫妇墓、向日芳墓、向登贵墓等。

（二）容美土司爵府遗址群的文化遗存

容美土司爵府群位于容美镇屏山村二组，西南为溇水，北为中屏山，东为躲避峡，四周悬崖峭壁，处于一个极其封闭的船形山脉上，只有天心桥与外界相通。在此区域内，以爵府遗址为中心，包含有爵府遗址、戏楼遗址（关夫子庙）、鸣虎山遗址（三十二峰草堂）、万全洞遗址等，遗址群涉及总面积约35万平方米。爵府遗址是容美土司时期第一大行署所在地，也是第二行政中心，明万历年间开始建造，至清朝渐臻完备，包含大堂、二堂、三堂、延春园、槿树园及前街和后街，形成“三堂二街”的布局，主体建筑分布在一条中轴线上，是一处具有总体规划、整体布局、设施完备的建筑群。该遗址于“改土归流”后废弃。

1. 建筑遗迹

通过近几年的考古工作，爵府遗址清理出明清时期遗迹单位23个，其中房屋13座、围墙4条、道路7段、排水沟1条、水盏1座、六孔遗址1个。基本弄清了爵府遗址的衙署设施（大堂、二堂）、生活设施（三堂）、文化设施（槿树圆、小昆仑、戏楼）、娱乐设施（三十二峰草堂）、祭祀设施（紫云宫、山顶怪石）、军事及道路设施（围墙、石棚建筑、天心桥）等的大致格局，山顶为防御区，主体建筑分布在一条中轴线上，充分利用自然环境总体规划、整体布局，充分体现了人文景观与自然景观的完美结合。

古建专家到现场对爵府遗址建筑进行综合研究后，认为F1为一栋面阔五间、进深四间的廊道式建筑，可能为文献记载中的二堂。F3～F5、F7、F8为一栋面阔九间、进深四间的房屋，其中F7、F8为主建筑两侧前伸部分，该建筑是一栋具有本地特色的廊道式吊脚楼建筑，可能是三堂。F6为吊脚楼建筑后的坡房，F9～F11、F12建在山顶上，规模很小，属于干栏式和石棚式建筑，居高临下，应是具有防御功能的哨所。

爵府遗址选在一个船形山脉上，四周封闭，仅有天心桥与外界相通，具有天然的防御功能，因此仅有建筑基址，没有修筑城墙。它虽然是容美土司的第一大行署，但不是司治所在地，不具有皇城的性质。遗址基本按中轴线布局，规模相对较小。遗址内有行署设施、生活设施、文化设施、宗庙祭祀设施、司法设施及道路系统，主体功能齐全，基本具有官式建筑的特点。

2. 遗物

爵府遗址出土遗物较少，以建筑材料为主，建筑构件有砖、板瓦、筒瓦、瓦当、鸱吻、柱础、抱鼓石、刻花条石等，另有少量石碑（奉天诰命碑）和“万全洞记”、“山高水长”及“豁步桥”等石刻。

出土少量瓷片，以青花瓷为主，有少量三彩、五彩瓷片，器形有碗、盘、盏、杯等。从瓷器质地上可分两类，一类为精瓷器，应属于明代景德镇官窑产品。另一类瓷器釉质较粗糙，应属于龙泉窑产品。从出土的瓷器标本和建筑构件的特点来看，爵府遗址的年代应在明中晚期到清初，与文献记载基本相符。在容美土司遗址群中暂时未发现瓷窑，结合文献资料，容美土司比较开放，对外来人员政策较为优厚，《容美纪游》记载“客司中者，江、浙、秦、鲁人俱有。或以贸易至，或以技艺来，皆仰膳官厨。有岁久不愿去者，即分田授室……”因此，推测爵府遗址的瓷器可能来源有两个：官窑瓷器来自于中央政府的赏赐，民窑瓷器则是通过与外界的贸易而来。

三、容美土司与唐崖土司在文化遗存的差异分析

通过对唐崖土司和容美土司近几年的考古工作，对唐崖土司和容美土司文化遗存有了一定的认识。唐崖土司城坐西朝东，面向唐崖河，而容美土司中府坐北朝南，面向溇水。虽然目前的考古资料显示出两大土司文化遗存有许多相同的地方（如建城选址上都背山面水，依山而建，衙署建筑均具有官式建筑的特点），但更多的是两者存在巨大的差异。

从文化遗迹的分布来说，唐崖土司分布极为集中，基本集中在咸丰县尖山乡唐崖司村唐崖河西岸，是鄂西地区土司城址中单体面积最大的一个。而容美土司文物点多、极为分散、涉及面积广，分布在5个乡镇7个行政村，涉及面积达510多万平方米，总体规模极为庞大，地面遗迹也较为丰富。

从司治来说，唐崖土司城址是典型的明代官式建筑，外围环壕—核心区城墙—衙署区围墙组成三重结构体系，城内分区明显，以牌坊为核心、以上中下三街和三条下河道构成遗址的主干道路网，并以此展开布局，分为衙署区、宗庙区、军事区、苑囿区、普通居民区以及墓地，还有街道码头、水井、采石场等，俨然是一座皇城。在功能上，既突出了本身的等级与地位，又保证了城内生产、生活、商业等各方面的需要。唐崖土司单体建筑极为庞大，呈现出很强的规模集群性，在我国西南地区诸土司遗存中具有很强的典型性和普遍性。容美土司中府是容美土司政治、经济、文化中心，建筑虽然具有官式特点，衙署设施及相关设施也均较为齐全，但有城无基，单体规模较唐崖土司城址小。

容美土司修建了多处行署，土司经常巡政，办公地点亦随土司出行而更换，这是容美土司与唐崖土司最大的区别。因此虽然爵府遗址与唐崖城在布局和建筑风格上极为类似，均表现出极强的官式建筑的特征，但是，爵府作为容美土司的行署之一，规模比唐崖小，相关的功能配套设施也没有唐崖皇城齐全和紧凑。

从墓葬来说，唐崖土司现存墓葬分布集中，主要集中在土司城址内，绝大部分为石室墓，墓室以石块垒砌，石块经过精雕细琢，图案精美，具有极高的历史与艺术价值。容美土司有土司墓地和向氏家族墓地，土司墓地目前考古材料较缺，向氏家族墓地则为土司下属墓地，规格相对较低。

容美土司在很多风景怡人的地方修建了数量不菲的文化设施，这是唐崖土司所不具备的。这些文化设施与自然风景完美结合，浑然天成，相对于唐崖土司甚至整个西南诸土司而言，更显诗情画意，因此才让容美土司能创作出3000多首诗文，在文学上独树一帜，发出耀眼的光芒。

从瓷器特点来看，唐崖土司的瓷器除了有从汉文化区引进的官窑瓷器，还有本地生产的青花瓷器。爵府遗址出土两类，一类为精瓷器，来自于景德镇官窑；一类粗瓷器，是来源于龙泉窑的产品。

四、形成差异的原因分析

由于容美土司有自己特殊的政治、经济、军事及文化原因，导致容美土司与唐崖土司甚至整个西南诸土司文化遗存呈现出巨大的差异。

从政治上来讲，容美土司作为当时西南诸土司中最强大的土司之一，与当时的中央王朝的关系比较紧张，在土司制度时期，中央王朝对容美土司既用且防。容美土司采取军政一体、兵农合一的政治体制，军事力量在西南诸土司中非常强大，朝廷曾多次向容美调兵。但同时，为了防止容美过于强大，处处加以限制，例如容美土司城址虽然“有基无城”，但仍然被清朝指责“私造宫殿”。所以，容美土司无法和唐崖土司城一样，营建大规模的城址，只能选择在多处建设行署，来缓解中央朝廷对其施加的压力。同时容美土司修建行署较多，经常迁徙，虽然中府为其司治，但不局限于此，因此也并未在筑城上作过多考虑。

从经济上说，唐崖土司在经济上基本能自给自足，独立性较强。而容美土司的经济则偏于外向，除了自己生产，还与外界通商。《容美纪游》记载：“……民家多以纺织为业，当明盛时，百货俱集，绸肆典铺无不有之……”，“……客司中者，江、浙、秦、鲁人俱有。或以贸易至，或以技艺来，皆仰膳官厨。有岁久不愿去者，即分田授室……”。容美土司工商业发达，加上统治者重视，经济实力较强，因此才有实力修建规模如此庞大的容美土司遗址群。但同时，又因为修建多处规模较大的行署及其附属建筑群，分散了财力，从单体规模上来说，无法与唐崖土司城相媲美。

从军事方面来看，容美土司所处武陵山腹地，道路险恶，易守难攻，在各地修建的很多军事据点，尤其是数量众多的天然洞府，为其提供了极其优越的条件。情田峒遗址的《情田峒记》石刻及容美土司田舜年撰写的《捷音者序》石刻，记录了容美土司抗击永顺、桑植诸土司围攻的详细史实，加上流寇常扰，可以推测容美常有兵事。因此，中府遗址并未筑城，也有军事上的考虑，中府地势相对较为平坦，地势开阔，不利于防守，且有更为险要的地方（如爵府、洞府等）可供选择，如有外敌入侵，则迁徙至其他地方暂避。

从文化教育方面来说，容美土司文化底蕴浓厚，历代土司饱读诗书，自田九龄开始，到田舜年为止，历时200多年，连续6代，涌现出10位诗人，创作各类诗词3000多首，今存有380题，524首，于清康熙年间汇成《田氏一家言》，与当时的文坛名流如孔尚任、顾彩等往来密切，常有诗文唱和。同时容美土司比较重视教育，往往将自己的子女送出司外游学，“……请汉人给诸男当老师……”。容美土司似乎是想把自己在政治上受到的压抑，全部倾注到文化上，因此容美土司在文学上才能取得如此高的成就。文人雅士素来钟爱投身自然、寄情山水，而作为土司既有权力又有经济实力，因此容美土司留下数量众多、与自然环境完美结合的文化教育设施也就不足为奇了。

五、结　语

通过唐崖土司城与容美土司爵府遗址的对比分析，唐崖为土司王城，具有皇宫的性质，整体布局和建筑都具有官式风格。以宫殿区和牌坊为中心，前朝后舍，左有宗庙，三横三纵的街道构成唐崖城的道路系统，唐崖河畔的码头是与外界交流的主要通道，后山上的土王陵园，还利用天然冲沟作为防御体系。宫殿区建筑均以规整的条石砌成，屋内地面有铺地砖。唐崖城内建筑前后错落有序，等级明显，分区明确。唐崖土司城显然是一座具有整体规划、总体布局的王城，代表了我国西南地区少数民族王城的建筑布局与建筑风格。

而爵府遗址属于容美土司的一处行署，由于屏山四周悬崖绝壁，只有土司时期建造的“天心桥”与外界相通，是最为险要的天然屏障，因此，容美土司在屏山建造了第二行政中心——爵府。据《容美记游》载，爵府建筑包含大堂、二堂、三堂、延春园、槿树园及前街和后街，形成“三堂二街”的布局。爵府遗址外围前有文化区——“小昆仑”读书台，游乐区——“三十二峰草堂”，寺庙区——“关夫子庙”，还建造有挂板岩城墙，现存高约4米。

爵府建筑基础利用毛石砌成，部分地方有条石铺砌的痕迹，建筑与建筑之间有石板路相连，前为衙署区，后为防御区，主体建筑前后错落有序。建筑布局虽然属于官式风格，但三堂属于吊脚楼廊道式建筑，该建筑显然具有民式特点。

唐崖土司与容美土司爵府遗址的考古发掘成果，反映出我国西南少数民族地区土司时期建造的土司王城或土司行署的建筑布局和建筑风格，代表了两个不同级别“王城”与“行署”不同建筑风格的建筑群体，为研究土家族地区建筑风格“与”建筑史提供了重要的实物资料。

总体说来，唐崖土司遗址保留有布局完好的土司城，城内各建筑区域功能明确，主体建筑在一条中轴线上，具有明显的宫殿建筑风格。唐崖土司城明显受到汉文化区影响，无论是在建筑风格还是在遗物风格上，均表现出强烈的汉文化色彩，在我国西南地区诸土司遗存中，具有极强的代表性；而容美土司的文化遗存虽然受汉文化的影响也较为强烈，但自身的特点极其突出，如文化遗存分布范围广，文物点多，集群规模极其庞大，尤其是修建了相当数量的规模较大的行署，恐怕在西南土司中也极为少见。同时容美土司在文学上不菲的成就与留下的诸多文化设施交相辉映，具有极高的历史价值、文学价值、科学研究价值和旅游价值。特别是顾彩的《容美记游》，按照其游历容美土司的路线，详细描述了沿途的自然风光、人文景观以及容美土司政治、军事、外交、经济、文化、风俗等多方面的信息，为研究容美土司文化写上了浓墨重彩的一笔。可以说，通过对唐崖土司与容美土司文化遗存的综合分析与研究，基本可以揭示出鄂西南甚至于整个西南地区的土司文化遗存全貌，为西南少数民族地区独具特色的土司文化提供了重要的实物资料。

附记：笔者作为容美土司的发掘者，随着考古工作的不断深入，考古资料的增多，对容美土司和唐崖土司的认识不断加深，在此基础上有些粗浅的认识，遂写出来与各位专家学者交流，以期抛砖引玉。由于作者水平有限，文中有许多不足之处，请各位专家学者不吝指正，此谢为致！

本文的完成，首先要感谢唐崖土司遗址考古领队刘辉先生提供了第一手资料，其次感谢鹤峰县博物馆陈拥军副馆长的大力协助，在此一并致以诚挚的谢意！

参考书目

[1] 湖北省文物考古研究所、中国人民大学历史学系考古教研室、咸丰县文物局：《湖北咸丰唐崖土司城址调6查简报》，《江汉考古》2014年第1期。

[2] 《鹤峰容美土司遗址发掘报告》，待刊。

[3] 《渚宫旧事译注·容美纪游校注》，湖北人民出版社，1999年。

[4] 鹤峰县第三次文物普查资料。

[5] 《鹤峰县志》。

咸丰唐崖土司城遗址及其周边土家语地名考释

陈廷亮[1]　叶　颢[1]　李竞妍[1]　陈奥琳[2]

（1. 三峡大学民族学院　2. 中央民族大学舞蹈学院）

摘要：湖北省咸丰县境内的唐崖土司城遗址位于咸丰县尖山乡东3千米处，是唐崖覃氏土司政权的司治所在地，唐崖土司城遗址及其周边也是土家族世代居住之地。土家语是土司时期土家族土司、土民的主要交际工具，因此在唐崖土司城及周边地区也留下了大量的土家语地名，这些土家语地名承载着土家族丰富的文化内涵。但是随着土家族语言的日趋濒危，许多土家语地名已难晓其义甚至出现误释。对唐崖土司城及其周边土家语地名进行考释，可以丰富土家族土司历史文化研究的内容。

关键词：唐崖土司城；土家语；地名

咸丰县地处武陵山东部、鄂西南边陲；扼楚蜀之腹心，为荆南之要地，古有“荆南雄镇”、“楚蜀屏翰”之誉，位于鄂、湘、黔、渝四省（市）边区结合部，也是鄂西土家族聚居县之一。元明清初之际，县境曾有唐崖、龙潭、金峒、西坪各土司。虽说自清雍正改土归流迄今已有近280余年，但在咸丰县2550平方千米的土地上生活着20多万土家人，占全县总人口的60%以上，他们仍保持着本民族古朴的民风民俗，由于“本县土家与中原交往甚早，受汉文化影响，大约在南宋时期，部分地区就已‘巴汉语相混’……至清末民初，全县仅尖山、活龙坪、黄金洞等高山土家聚族而居的少数山寨尚能听懂土家语。建国后，仅少数高龄老人还保留着一些土家语的词汇。”[1]虽然该县的土家人现已无人能操用土家语，但该县境内至今仍保留着数以千计的土家语地名，这些土家语地名也就成了土家族语言的“活化石”。

就唐崖土司城所在地尖山乡及其周边的清平、朝阳寺、高乐山、甲马池、活龙坪、小村等乡镇境内的土家语地名比比皆是。如：野茶”、“孙基湾”、“生祭堡”、“生祭坪”、“普梓山”、“普子坳”、“墨池寺”、“腊壁”、“晓溪”、“落圃崖”、“把界”、“磨搭界”、“黑湾”、“车盆凼”、“哥罗山”、“喜松坡”、“踏蹄沟”、“八股上”、“幸家坝”、“爬路嵌”、“大着落”、“小着落”、“石柱坝”、“石猪槽”、“五谷坪”、“石谷槽”、“麻谷”、“巴西坝”、“李碧溪”、“李耳坪”、“黎耳沟”、“李隆坝”“马落池”、“马歇”、“楂楂沟”、“富尔溪”、“车堡溪”、“土溪沟”、“斑竹园”、“半坡”、“苦草坪”、“苦竹园”、“坳棚”、“洗场”、“石家堡”、“石家坝”、“石家沟”、“石家坨”、“石龙坡”、“马扎溪”、“马坡”、“马蹄溪”、“马蹄沟”、“马家坪”、“马家坡”、“马家坝”、“马家沟”、

"马家湾"、"石前口"、"石梯垭"、"石梯坝"、"五龙坪"、"石龙坡"、"米辣山"、"谢家坪"、"谢家堡"、"谢家沟"、"谢家梁"、"谢家湾"、"谢家垭口"、"小着落"、"土落坪"、"徒纳溪"，等等。

唐崖土司城及其周边的土家语地名随处可见，上述所列也还只是其中的一部分。其中有些土家语地名由于读音和记音的误差和变化，已很难知晓其本意了，但许多土家语地名只要懂土家语都是可以解读其本意的。并通过解读我们可以寻找到土家语地名命名的一般规律和规则。本文仅选取唐崖土司城及周边典型的土家语地名进行解读和考释。同时也纠正《湖北省咸丰县地名志》中对唐崖土司城及其周边土家语地名的错误解释。以还原这些土家语地名的本来面目。当然。正如中南民族大学何天贞教授所说："考证土家族地名，是一项复杂而细致的工作，绝不能主观臆造或望文生训，必须遵循以下几条原则：第一，土家语地名必须同湘、鄂西的土家语相印证，其语源必须同土家语的北部方言或南部方言有明显的对应关系。……第二，土家语地名应具有土家族文化的内在传承关系。……第三，土家语地名所反映的土家族经济生活、农耕生活以及其他风土人情应同土家人的现实生活相吻合，并能得到当地群众的认同。"[2] 根据这三原则，我们认为，唐崖土司城及其周边的土家语地名也与其他土家族地区的土家语地名一样，具有如下命名类型，这些土家语地名类型也是土家族文化特征的具体体现。

一、以土家族祖先崇拜和民间信仰有关的地名

从唐崖土司城及其周边的土家语地名看，许多地名都与该地在土家族历史上曾作为特殊用地而以土家语命名的地名。"地名可以证明人类分布、迁移的历史足迹"[3]。如"野茶"、"孙基湾"、"生祭堡"、"生祭坪"、"普梓山"、"普子坳"等都是属于这一类型。

野茶：并非汉语地名，而是土家语"叶搓（je21Zho53）"音变和误记。"叶（je21）"是土家语，即"神"；"搓（Zho53）"就是"屋"。"叶搓（je21Zho53）"就是"神屋"，也叫"神堂"。这里应因曾经是土家族祭祀八部大王和土司王的地方而得名，并非《湖北省咸丰县地名志》（1984年内部资料）中所说的"因山上有许多野茶树，故名"[4]。

孙基湾：在唐崖土司城及周边村寨以"孙基湾"、"生祭堡"、"生祭坪"等命名的地方很多。据考，"孙基（sun55Qi53）"是土家语，在土家族地区，凡用料岩石砌成且立有石碑的墓，土家语称为"孙基（sun55Qi53）"，也有汉字记音为"新基"、"生祭"等，而一般用土堆或乱石垒成的坟就不叫"孙基（sun55Qi53）"，叫"左思克（Zo55si55khe53）"。因而"生祭堡"就是"有墓的山包"；"孙基湾"就是"墓湾"；"生祭坪"就是"墓坪"。或者说是用料岩石砌成且立有石碑墓群的山堡、山湾或坪地。这是一个泛指的概念，并非单指那一家的墓地，是指土家族先民或土司的

墓葬群。

普梓山：“普梓”应是土家语，“普梓（phu55Zi53）”是“卜茨（pu55 Zhi53）”的音变或误记。土家语称“魂魄”、“灵魂”为“卜茨（pu55Zi）”。故“普梓山”应是“魂魄山（坳）”、“灵山（坳）”。在土家族原始万物有灵信仰中，风云雷电、山川河流都是有灵受崇拜的。并非《湖北省咸丰县地名志》（1984年内部资料）中所说的“山上曾普遍长有木梓树而名”。

二、以唐崖土司城及周边地形地貌为地名

在土家族地区，土家语地名以地形地貌特征命名的也很多。在唐崖土司城及周边就有“墨池寺”、“腊壁”、“晓溪”、“落圃崖”、“把界”、“磨搭界”、“黑湾”、“车盆凼”、“哥罗山”、“喜松坡”、“踏蹄沟”、“八股上”、“幸家坝”、“爬路嵌”、“大着落”、“小着落”等。

墨池寺：“墨池（me35 Zhi53）”是土家语地名。土家语称“天”曰“墨（me35）”，“池（Zhi53）”是“靠近、顶”的意思。“墨池（me35 Zhi53）”就是“天靠近”、“天顶”，根据土家语的宾—动结构就是“靠近天”、“顶天”的意思。因此地地处高山地带，就取了一个夸张性的形容词地名“墨池（me35 Zhi53）”——“靠近天”或“顶天”。而并非《湖北省咸丰县地名志》（1984年内部资料）所说的“村内原有一烂泥水池，蛤蟆较多，称蛤蟆池。传说蛤蟆走后，水变成黑水，后在水池附近建有寺庙，故名”。

晓溪：据考，“晓溪”并非汉语，而是土家语“晓箕（Ciau53Qi55）”的误记。土家语“晓箕（Ciau53Qi55）”是“晓箕塔（Ciau53Qi55tha53）”的简化，土家语把“撮箕”叫“晓箕塔（Ciau53Qi55tha53）”。因“塔（tha53）”读轻声，在语流音变中易丢失，故只剩下“晓箕（Ciau53Qi55）”，但其意未变。形容此地地形像个撮箕形状，故名。而并非《湖北省咸丰县地名志》（1984年内部资料）所说的“因溪沟深狭，晓有浓烟雾罩，故名。”

腊壁：腊壁（la53pi35）也是土家语地名。土家语称小路为“腊壁（la53pi35），故“腊壁（la53pi35）”就是“小路”。而并非《湖北省咸丰县地名志》（1984年内部资料）所说的“此处岩陡如壁，曾长有小块白蜡树，故名。”

落圃崖：《湖北省咸丰县地名志》（1984年内部资料）解释为“地壳变迁，泥土下滑，周围现一圈状崖壁，故名”。此处“落圃”就是土家语“落补（lo35pu53）”的误记。“圃（phu53）是“补（pu53）”的音变。土家语称“眼睛”为“落补（lo35pu53）”，因此，“落圃崖（lo35pu53ja）”就是“眼睛崖”。“泥土下滑，周围现一圈状崖壁”正如人的“眼圈”。故取了个形象比喻的土家语地名“落圃崖（lo35pu53ja）”——“眼睛崖”。

把界：在咸丰县境内以“把界”为地名的也很多，有“把界”、“把界垭”、

“把界坡”等。《湖北省咸丰县地名志》（1984年内部资料）解释为“把界系土家族语，即的意思。为土、苗杂居地”；“巴，指土家族。界即疙佬，指苗人”。“把界（pa21kai53）”的确是土家语地名，但其义不是“巴疙”，更不是“指土家族”，“指苗人”。这里的“把（pa21）”在土家语中是“坡”，“界（kai53）土家语是“多少”、“好多”、“多”的意思。土家语与汉语相反，用形容词修饰名词，形容词在后被修饰的名词在前。因此，土家语“把界（pa21kai53）”直译就是“坡多”、“坡好多”、“坡多少”，即汉语“多少坡”、“好多坡”、“多坡”。因这些地方地处山区，坡多平地少，故名。

磨搭界：“磨搭界”应是土家语“磨塔卡（mo21tha35kha53）”的音变和误记。土家语把“猫”叫“磨（mo21）”，“搭界（ta35kha53）”是“塔卡（tha35kha53）”的音变，土家语中有[t]与[th]、[k]与[kh]互变的规律。土家语“塔卡（tha35kha53）”就是“陡坎”、“绝壁”之意。“磨塔卡（mo21tha35kha53）”就是“猫陡坎”、“猫绝壁”，即一堵绝壁像猫蹲在那里，或猫都爬不上去的陡坎。因而得名。并非《湖北省咸丰县地名志》（1984年内部资料）所说的“村后有一拐弯绝壁，形似磨钩，故名”。

黑湾：“黑（xe21）”是土家语，即“漏”的意思。“湾”是汉语，“黑湾（xe21uan55）”就是“漏湾”。因此地天坑多，如不小心就会漏下天坑，故名。《湖北省咸丰县地名志》（1984年内部资料）也解释为“土家语含义为‘漏’”。这也是《湖北省咸丰县地名志》中所见为数不多的对土家语地名的正确解释。

车盆凼：“车盆”应是土家语“车澎（Zhe21phuG21）”的音变或误记。土家语称“水”为“车（Zhe21）”，“车澎（Zhe21phuG21）”就是“深水潭”，故“车澎凼（Zhe21phuG21tan35）”就是“有深水潭的洼地”。并非《湖北省咸丰县地名志》（1984年内部资料）所说的“曾有人在此洼凼车过水盆，故名”。

哥罗山：“哥罗”应是土家语“阔罗（kho21lo55）的音变或误记。“哥（ko21）”是“阔（kho21）”的音变。土家语“阔罗（kho21lo55）”是“阔罗罗（kho21lo55lo55）”或“阔罗里（kho21lo55li55）”的简化，即“圆溜溜”、“光溜溜”的意思。故“哥（阔）罗山（kho21lo55san55）”就是“圆溜溜的山”。这是典型的根据地形地貌命名的地名。

喜松坡：“喜松”也是土家语，“喜（Ci53）”是“起（Qhi53）”的音变或误记。“起松（Qhi53soG55）”是土家语“起可松可（Qhi53kho53suG55kho53）”的简化，即“走去走来”的意思。“喜（起）松坡（Qhi53soG55pho55）”就是“走去走来的山”或“弯弯拐拐的山”。并非《湖北省咸丰县地名志》（1984年内部资料）所说的“该坡喜长松树，故名”。

踏蹄沟：“踏蹄”应是土家语。“踏蹄（tha21thi21）”在土家语中有“很难”、“不能”之意。故“踏蹄沟（tha21thi21kou55）”就是“很难（进去）的沟”、“不能（进去）的沟”。并非《湖北省咸丰县地名志》（1984年内部资料）所说的“此地是一山沟，沟边石头上踏有马蹄印，故名”。

八股上：“八股（pa21ku21）”是土家语，即“上坡”的意思。“八股上（pa21ku21san35）”就是“上坡村”或“坡上的村寨”。并非《湖北省咸丰县地名志》（1984年内部资料）所说的“从前有人将这一带土地分为若干股，此村位于第八股，故名”。

幸家坝：“幸家（Cin35ka53）”是土家语，“家”在西南官话中也读成“嘎（ka53）”，土家语称“绿色”为“幸嘎（Cin35ka53）”，故“幸家坝（Cin35ka53pa35）”就是“绿色坝”。此地以往树木郁郁葱葱，庄稼遍绿，因而得名。

爬路嵌：“爬路嵌”并非《湖北省咸丰县地名志》（1984年内部资料）所解释的“路经岩嵌，地势险要，后新修了一条人行路，故名”。“爬路嵌”应是土家语地名。“爬路”是土家语“爬老（pha53lau53）”的误记。土家语称“峡谷、峡沟”为“爬老（pha53lau53）”，故“爬路嵌”就是“峡谷嵌”。

大着落：“着落”是土家语“撮落（Zho35lo35）”的音变或误记。用竹篾编织的大摊盆或大簸箕，土家语叫“撮落（Zho35lo35）”，故“大着（撮）落”就是“大簸箕”。此地像一个大簸箕一样的谷地，因而得名。这与《湖北省咸丰县地名志》（1984年内部资料）所描述的“此村三面系山梁，中间低洼较大而名”十分吻合，但把“着落”解释为“着落，俗语为可靠，下落之意”就是望文生义了。

三、以当地常见的动植物命名的地名

土家语地名中以当地常见的动植物命名是一种很常见的现象。在在唐崖土司城及周边乡村就有许多这样的土家语地名，如：“石柱坝”、“石猪槽”、“五谷坪”、“石谷槽”、“麻谷”、“巴西坝”、“李碧溪”、“李耳坪”、“黎耳沟”、“李隆坝”“马落池”、“马歇”、“楂楂沟”、“富尔溪”、“车堡溪”、“土溪沟”、“斑竹园”、“半坡”、“苦草坪”、“苦竹园”、“坳棚”、“洗场”等。

石柱坝：这一地名不但在咸丰县境内就有几处，在整个土家族地区也十分普遍。“石柱、石猪（si21Zu35）”是土家语。土家语称“野兽”为“石（si21）”，“柱（Zu35）”是“出来”。“石柱坝（si21Zu35pa35）”就是“野兽出来的坝子”；“石猪槽（si21Zu35Zhau21）”就是“野兽出来的槽口”。武陵山区土家族地区多崇山峻岭，野生动物资源十分丰富，山林之中皆是野兽经常出没的地方。故多以“石柱（si21Zu35）”为地名。并非《湖北省咸丰县地名志》（1984年内部资料）所说的“山谷中小坝上有高7米，粗3米的石柱，故名”。

五谷坪：“五谷”并非汉语，是土家语。土家人称“黄牛”为“五（u35）”或“坳（au35）”；“谷（ku21）”是“上去”的意思，故“五谷坪（u35ku21phin21）”就是“牛上去的坪”。并非《湖北省咸丰县地名志》（1984年内部资料）所说的“平坝五角状，故原名五角坪。坝上出产稻、粱、黍、麦、薯粮食，故称今名”。

石谷槽：“石谷”也是土家语。土家语称“野兽”为“石（si21）”，“谷（ku21）”是“上去”的意思，故“石谷槽（si21ku21Zhau21）”就是“兽上槽”，是野兽经常上下的湾槽，因而得名。并非《湖北省咸丰县地名志》（1984年内部资料）所说的“系山谷槽地，石头较多，故名”。

麻谷：据考，当地老人对这个地名的发音是“马哭（ma53khu21）”。土家语称“长脚蚊（学名“疟蚊”）为“马哭里（ma53khu21li55）”，因“里（li55）是词尾轻声，常被省掉，故“麻谷（马哭[ma53khu21]）”就是“马哭里（ma53khu21li55）”的简化。此地原来长脚蚊多，因而得名。

巴西坝：此处“巴西”非汉语，是土家语。“巴西”是土家语“巴些（pa55Cie53）”的音变。土家语将“冷蕨”的一种植物（蕨类的一种）称为“巴些（pa55Cie53）”。“巴西坝”就是“巴些（pa55Cie53pa35）”，即“冷蕨坝”。以往此地生长有很多冷蕨，因而得名。并非《湖北省咸丰县地名志》（1984年内部资料）所说的“此坝巴（靠近）东陵土司西部，故名”。

李碧溪：在土家族地区，带有“李（或记为‘利’、‘黎’等）”的地名比比皆是。仅咸丰县境内就有“李碧溪”、“李耳坪”、“黎耳沟”、“李隆坝”等地名。“李碧（li35pi35）”、“李（黎）耳（li35e 53）”、“李隆（li35loG53）”都是土家语。“李（li35）”是“老虎”，“碧（pi35）”是“小”，“耳（e 53）”是“猴子”，“隆（loG53）”是“饲养”、“繁殖”。故“李碧溪（li35pi35Ci55）”就是“有小老虎的地方”，“李隆坝（li35loG53pa35）”就是“繁殖或饲养老虎的坝子”；“李耳坪（li35e 53phin21）”、“黎耳沟（li35e 53kou55）”就是“老虎和猴子多的坪坝、沟”。

马落池：“马落池”非汉语，应是土家语“马柯池（ma53kho55Zhi21）”的音变。古代土家语称“猫头鹰”为“马柯落池（ma53kho55lo55Zhi21）”，由于“柯落（kho55lo55）”两个音节的元音都是“o”且为高平调，在土家语演变过程中逐渐省去了后一个与“o”拼的音节“落（lo55）”，变成了现代土家语的“马柯池（ma53kho55Zhi21）”。因此地过去“马柯池（ma53kho55Zhi21）”即“猫头鹰”很多，因而得名。并非《湖北省咸丰县地名志》（1984年内部资料）所说的“此地有一池，曾有马落入池中，故名”。

马歇：“马歇（ma53Cie35）”是土家语地名。土家语称“蜂”为“马（ma53）”，“歇（Cie35）”是“有”的意思。故“马歇（ma53Cie35）”就是“蜂有”，即“有蜂”，是因此地以前蜂多而得名。并非《湖北省咸丰县地名志》（1984年内部资料）所说的“相传若干年前，有大、小两匹宝马，从马河游来，在此歇息过，故名”。

楂楂沟：“楂楂沟”也是一个典型的以动物命名的土家语地名。土家语“楂楂（Zha35Zha21）”就是“喜鹊”，故“楂楂沟（Zha35Zha21kou55）”就是“喜鹊沟”。因此地过去喜鹊很多，故而得名。并非《湖北省咸丰县地名志》（1984年内部资料）所说的“山沟森林茂密，荆棘丛生，沟弯路窄，故名”。

富尔溪：“富尔溪”应是土家语“富蔑溪（xu35mie53Ci55）”的误记，“尔

（e53）”是“蔑（mie53）”的音变。土家语将“坟竹”（土家族地区在堆坟后在坟上栽的竹节很长的竹子）称作“富蔑（xu35mie53）”，“溪（Ci55）”是“地方”，“富蔑溪（xu35mie53Ci55）”就是“长坟竹的地方”或“坟竹很多的地方”，因此得名。并非《湖北省咸丰县地名志》（1984年内部资料）所说的“传说住在沟里的人渴求富裕，故名”。

车堡溪：“车堡溪”应是土家语“车半溪（Zhe21pan35Ci55）”，“堡（pau35）”是“半（pan35）”的音变。“车（Zhe21）”是“水”，“半溪（pan35Ci55）”的全名叫“半列溪（pan35lie55Ci55）”，即“葡萄”。“半溪（pan35Ci55）”是“半列溪（pan35lie55Ci55）”的简化。“车半溪（Zhe21pan35Ci55）”就是“水葡萄”。因此地水葡萄多而得名。并非《湖北省咸丰县地名志》（1984年内部资料）所说的“溪沟绕山堡而流，故名”。

土溪沟：《湖北省咸丰县地名志》（1984年内部资料）对这个地名的解释是“系山间土槽，有溪沟而名”。这是望文生义的解释。“土溪沟”并非汉语，而是土家语地名。土家语称“食用菌”为“土溪（thu55Ci55）”，“土溪沟（thu55Ci55kou55）”就是“食用菌沟”，因此地盛产食用菌而得名。并非“系山间土槽，有溪沟而名”。

斑竹园：据《湖北省咸丰县地名志》（1984年内部资料）记载，咸丰县境内地名中含有“斑”、“半”的地名不下十处，如“斑竹园”、“半坡”、“半沟”、“半湾”等。其实这些地名并非汉语，而都是土家语地名。土家语把“鹰”叫做“斑[半]（pan35）”，“竹（Zu35）”是“出来”。故“斑竹园”就是“鹰出没的园子”，“半坡”就是“鹰坡”，“半沟”就是“鹰沟”，“半湾”就是“鹰湾”，这些地方以往都是山鹰出没之地，因而得名。并非《湖北省咸丰县地名志》（1984年内部资料）所说的“因斑竹成片，故名”。

苦草坪　苦竹园：据考，“苦草”、“苦竹”并非汉语，应是土家语“苦若（khu35\o53）”的音变或误记。土家语“苦若（khu35\o53）”是“棕片”；“苦若卡蒙（khu35\o53kha21moG21）”就是“棕树”。故“苦草坪”就是“棕树坪”，“苦竹园”就是“棕树园”。此地以往棕树成林，因而得名。并非《湖北省咸丰县地名志》（1984年内部资料）所说的“此坪原长有苦草，故名”。

坳棚：据考，“坳棚”是土家语地名。土家语把“牛”称为“五（u35）”，也有称为“坳（au35）”，故“坳棚（au35phen21）”就是“牛棚”，此地以往搭有牛棚，因而得名。并非《湖北省咸丰县地名志》（1984年内部资料）所说的“早年有人在此山坳搭棚居住，故名”。

卡门：土家语将柴称为“卡（kha21），故“卡门”就是“柴门”、“木门”。

洗场：“洗场”应是土家语地名。土家语“洗（Ci21）”就是“草”，故“洗场”就是“草场”。此地水草丰美，因而得名。并非《湖北省咸丰县地名志》（1984年内部资料）所说的“早年冉姓在此山坡开设洗染场，故名”。

四、以土家族历史上从事狩猎、畜牧和农耕命名的地名

在漫长的原始社会时期，人类的生产经历了由狩猎到畜牧到农耕经济的历史发展历程。正如恩格斯在《家庭、私有制和国家的起源》中所说：在人类蒙昧时代高级阶段，“猎物便成了日常的事物，而打猎也成了普通的劳动部门之一。”而到了“野蛮时代的特有的标志，是动物的驯养、繁殖和植物的种植。”[5]土家族也同样经历了漫长的由狩猎到畜牧到农耕经济的历史发展历程。在湘鄂渝黔边的土家族地区也留下了许多以土家族历史上从事狩猎、畜牧和农耕命名的土家语地名。如在咸丰唐崖土司城及周边的土家村寨就有“石家堡”、“石家坝”、“石家沟”、“石家坨”、“石龙坡”、“马扎溪”、“马坡”、“马蹄溪”、“马蹄沟”、“马家坪”、“马家坡”、“马家坝”、“马家沟”、“马家湾”、“石前口”、“石梯垭”、“石梯坝”、“五龙坪”、“石龙坡”、“米辣山”等。

马扎溪：在土家族地区，含有“马”的地名比比皆是，仅咸丰县境内就有“马扎溪”、“马坡”、“马蹄溪”、“马蹄沟”、“马家坪”、“马家坡”、“马家坝”、“马家沟”、“马家湾”等十余处。这些以“马（ma53）”为地名并非汉语的“马”，而是土家语。“马（ma53）”在土家语中就是“蜂”，“扎（Za35）”是有“放”、“插”、“砍”、“洗”等意思，此处应是“放”；“坡（pho53）”也有“放”的意思，故“马扎溪（ma53Za35Ci55）”、“马坡（ma53pho53）”都是“蜂放的地方”，根据土家语宾—动结构原则，就是“放蜂处”。土家人历来有将木桶（蜂桶）放置在山间的石洞崖口供蜜蜂筑巢酿蜜，每年油菜花和茶花开后取出蜂蜜，原汁原味，香甜可口。同样，“马蹄”也并非汉语的“马蹄”，土家语的“蹄（thi35）”有“捆”、“套”之意，故“马蹄（ma53thi35）”就是“蜂捆”、“蜂套”，即“捆蜂”、“套蜂”，在土家族山区，野蜂很多，而野蜂蛹是高蛋白的营养物质，油炸的野蜂蛹是土家人招待贵客的佳肴。“捆蜂”、“套蜂”也是土家族传统的狩猎方式。每年八、九月间是野蜂蜂蛹最饱满的时节，土家人常用一根长线，长线的一头捆上小块肉食，兵一头捆上白布条或棉花，放置在树干上，然后在隐蔽处观察，野蜂见有肉食就会刁起飞往蜂窝处，这时，观察的人就随着飘动的白布条或棉花寻找到野蜂窝，待到晚上就用长树枝或长竹竿绑上稻草去烧野蜂，待野蜂被烧死后取下蜂窝，从蜂窝中取出蜂蛹，实为山珍。“马家”也就是土家语“马嘎（ma53ka53）”的音变，在西南官话中，经常把“家”读成“嘎”。“嘎（ka53）”在土家语中有“挖”的意思，在土家族地区，山上有一种被称为“地楼蜂”的野蜂，常在地下或石缝中筑巢，其体形比一般野蜂大，毒性也很大，因此，土家人在猎取这种野蜂时，先用火将其烧死，然后挖出蜂巢，取出蜂蛹。故“马嘎（ma53ka53）”就是“蜂挖”，即“挖蜂”，“马家坪”、“马家坡”、“马家坝”、“马家沟”、“马家湾”也就是“挖蜂坪”、“挖蜂坡”、“挖蜂坝”、“挖蜂沟”、“挖蜂湾”。这些地方以往都是土家人获取野蜂蛹的地方，因而得名。

石前口 石梯垭 石梯坝 石家堡 石龙坡：据考，“石前口”是“石姐口”的音变或误记。“石姐（si21Qie53）”是土家语，即“打猎”，也叫“赶仗”。“前（Qhan21）”是“姐（Qie53）的音变。故“石前（姐）口（si21Qie53khou53）”就是“打猎或赶仗的垭口”。并非《湖北省咸丰县地名志》（1984年内部资料）所说的“此处岩山陡狭，是一紧要关口，为当地团防前沿防守要塞，故名”。以此相类似的还有“石梯垭”、“石梯坝”等。土家语“石梯（si21thi21）”就是“捕获野兽”，故“石梯垭（si21thi21ja53）”就是“捕获野兽的垭口”，“石梯坝（si21thi21pa35）”就是“捕获野兽的坝子”。并非《湖北省咸丰县地名志》（1984年内部资料）所说的“地处山间平坝，人行道上有石梯，故名”。“石家”是土家语“石嘎（si21ka35）”的误记。土家语“石嘎（si21ka35）”就是“吃肉”。故“石家堡”应为“石嘎（si21ka35）堡”，并非姓石的家族，而是“吃肉堡”；“石家坝”、“石家沟”、“石家坨”也都是以“石嘎（si21ka35）——“吃肉”而得名。土家语“龙（loG53）”就是“饲养”，“石龙（si21loG53）就是“饲养野兽”。这说明随着狩猎技术的进步，土家先民开始学会了将捕获的野兽饲养起来，由此土家族原始狩猎经济开始向畜牧业经济转化。在土家族地区，以“石梯（si21thi21）”、“石嘎（si21ka35）”等命名的土家语地名比比皆是，这些地名都是远古时期土家族先民原始狩猎经济和打得野兽后集体共食的原始公社制及原始狩猎经济向畜牧业经济转化的真实记录。

五龙坪：“五龙”并非汉语，是土家语。土家人称“黄牛”为“五（u35）”或“坳（au35）”；土家语“龙（loG53）”就是“饲养”，故“五龙坪（u35ku21phin21）”就是“养牛坪”。此地以往是土家先民饲养黄牛的地方，因而得名。

米辣山：“米辣”是土家语“米乙辣（mi55i35la55）”的简化，“i35”音节位于中间，急读时往往省略。土家语“米乙辣（mi55i35la55）”就是“火焰”，故“米腊山”就是“火焰山”。此地曾是土家先民进行刀耕火种的地方，即“砍火畬处”。这个地名是土家族原始刀耕火种农业经济时代的写照。并非《湖北省咸丰县地名志》（1984年内部资料）所说的“山坡上长有米辣子树，故名”。

五、以土家族历史上从事传统手工业而命名的地名

世居于咸丰县境内唐崖土司城及周边村寨的土家族先民也和其他地区的土家族先民一样，传统的纺织、织锦、编织、雕刻、采矿等手工业技术较为发达。在唐崖土司城及周边的土家族村寨就留下了许多与土家族历史上从事传统手工业而命名的土家语地名，如：“谢家坪”、“谢家堡”、“谢家沟”、“谢家梁”、“谢家湾”、“谢家垭口”、“小着落”、“土落坪”、“徒纳溪”，等等。

谢家坪：据《湖北省咸丰县地名志》（1984年内部资料）统计，唐崖土司城及周边以“谢家”为地名的有10余处，如“谢家堡”、“谢家沟”、“谢家梁”、“谢家湾”、“谢家垭口”等等。这里的“谢家”并非是姓谢的人家，而是土家语，土家语把

“铁”叫“谢或卸（Cie53）”；土家语的“挖”称“嘎（ka55）”，与西南官话的“家”、“甲”音近（有读［ka55］的），因而有的也记成“卸甲坪”。“谢家坪”原名应是“谢家比挑（Cie53ka55pi55tiau55）”，土家语的“比挑（pi55tiau55）”就是“坪”，因此，“谢家比挑（Cie53ka55pi55tiau55）”直译就是“铁挖坪”，根据土家语宾——动语序调换过来就是“挖铁坪”。“谢家堡”就是“挖铁堡”，“谢家沟”就是“挖铁沟”，“谢家梁”就是“挖铁梁”、“谢家湾”就是“挖铁湾”、“谢家垭口”就是“挖铁垭口”。这一土家语地名在其他土家族地区也是比比皆是，湖北省松滋县还有卸甲坪土家族乡，据何天贞教授统计，该乡境内就有5处这样的土家语地名，“可见上述地名是土家族先民开发铁矿时留下的，是土家先民用汗水浇铸而成的。”[6]从这些土家语地名我们也可以看出土家族地区的铁矿资源十分丰富，自从进入铁器时代后铁就成了土家人生产生活中不可缺少的资源，开采铁矿，铸造铁农具甚至兵器已成为土家族地区的传统手工业。

小着落：这也是一个土家语地名，但并非与上述“大着落”相对而言的。“小着落”应是土家语“谢着路（Cie53Zo53lu55）”的音变和误记。土家语称“铁匠”为“谢着（Cie53Zo53）”，“小（Ciau53）”是“谢（Cie53）”的音变，“落（lo55）”是“路（lu55）”的音变，即“地方”。故“谢着路（Cie53Zo53lu55）”就是“（有）铁匠的地方”或“铁匠住处”。此地从前应住有很多铁匠，从事铁器铸造手工业生产，因而得名。并非《湖北省咸丰县地名志》（1984年内部资料）所说的“面积比大着落小，故名”。

土落坪　徒纳溪：据考，“土落（thu55lo55）”、“徒纳（thu21la35）”都是古土家语，在土家族《哭嫁歌》中经常出现，意为“绩的麻，纺的纱”。“土落坪（thu55lo55phin21）”、“徒纳溪（thu55la55Ci55）”就是土家姑娘绩麻纺纱之地。这一地名说明以往在这一带的土家山寨绩麻纺纱的家庭手工业十分盛行，也是印证土家“女勤于织”、“蛮妇织花賨”的地名活化石。并非《湖北省咸丰县地名志》（1984年内部资料）所说的“四周群山环抱，中间低洼平地，故名”。

综上所述，咸丰唐崖土司城及周边留下有大量的土家语地名，“这些土家语地名，是土家族聚居区自然环境的素描，是社会历史的刻痕，是土家文化信息的载体，是考古学、历史学、社会学、人类学、民族学、文化学、语言学、地理学等学科研究的重要依据。……是土家族先留下的一笔珍贵的文化财富。”[7]“它们是民族关系、双语关系的‘活化石’。”[8]但由于土家族是一个有语言而无文字的民族，故书面资料中的土家语地名都是用汉字记音，且很多记音有误或不准确，加之自清代雍正改土归流后，官府大兴汉学，屡禁土家语等原因，土家语的使用地域和人口逐渐缩小，很多土家人转用了汉语汉文，土家语的传承出现了断代和危机，致使许多用汉字记录的土家语地名在很多县（市、区）的地名资料（地名录）和言传中出现误释，甚至出现望文生义的解读笑话，泯灭了土家族的传统文化。因此，对土家语地名进行合符本意的科学地考释和解读，就显得十分急迫，同时对于研究土家族历史文化也大有裨益，因为“地名是民族文化遗产”[9]。

注　释

[1] 咸丰县志编纂委员会：《咸丰县志·民族》，武汉大学出版社，1990年，第91页。

[2] 何天贞：《松滋市卸甲坪乡土家语地名考略》，《中南民族学院学报》1998年第1期，第113页。

[3] 〔意〕翁贝尔托·埃科著、王天清译：《符号学与语言哲学》，白花文艺出版社，2006年，第75页。

[4] 咸丰县地名办公室编：《湖北省咸丰县地名志》（内部资料），1984年。

[5] 恩格斯：《家庭、私有制和国家的起源》，人民出版社，1972年，第20、21页。

[6] 何天贞：《松滋市卸甲坪乡土家语地名考略》，《中南民族学院学报》1998年第1期，第113页。

[7] 叶德书、向熙勤：《中国土家语地名考订》，民族出版社，2001年，前言第1页。

[8] 何天贞：《松滋市卸甲坪乡土家语地名考略》，《中南民族学院学报》1998年第1期，第113页。

[9] 《联合国第5届地名标准化会议6号决议》，1987年。

唐崖土司民间记忆及其价值

黄柏权　李　为　李学敏

（三峡大学民族学院）

摘要： 民间记忆是研究地方历史文化的重要参考。唐崖土司城的民间记忆主要分为口传记忆、谱牒记忆、文人描述等。这些记忆内涵丰富，涉及家族渊源、历史人物、重要历史事件、土司世系、司城遗址、山川形胜、民众生活等多个方面。调查和研究这些记忆，不仅可以帮助人们重新认识地方历史，而且有助于土家族的民族认同，指导地方文化重建设，促进民族民间文化遗产传承与保护。

关键词： 唐崖土司；民间记忆；价值

唐崖土司多数时间为长官司，级别很低，但因其军功卓著，明廷赐建大坊平西将军“帅府”，建功德牌坊，皇帝授书“荆南雄镇，楚蜀屏翰”以示嘉奖，影响力波及西南。然而，与唐崖土司辉煌的历史文化、丰富的地面遗存相比，流传于世的文献资料却相当有限，且极为分散，这给唐崖土司研究带来不小困难。因此，从民间记忆中寻找唐崖土司的历史文化信息成为弥补资料不足的重要手段。本文所指的民间记忆是指与官方记载相对的民间口头传说、谱牒、地方文人描述等。

一、唐崖土司民间记忆的形式

根据保罗·康纳顿的社会记忆理论，社会也有记忆，社会通过纪念仪式来传递记忆，而由于仪式要通过身体来完成，所以社会史通过体化实践来传播与维持社会记忆。但康纳顿也注意到实践不是社会记忆的唯一构成成分，非正式的口述史的生产，也是我们在日常生活中描述人类行为的基本活动，也是全部记忆的一个特征[1]。而社会记忆是一种集体社会行为，人们从社会中得到记忆，也在社会中拾回、重组这些记忆；每一种社会群体皆有其对应的集体记忆，借此该群体得以凝聚及延续；对于过去发生的事来说，记忆常常是选择性的、扭曲的、或是错误的，因为每个社会群体都有一个特别的心里倾向或是心灵的社会历史结构；回忆是基于此心里倾向，使当前的经验印象合理化的一种对过去的建构；集体记忆依赖某种媒介，如实质文物及图像、文献，或各种集体活动来保存、强化或重温[2]。赵世瑜认为，历史人类学意识到了历史与记忆（包括官方记载和民间记忆）之间的关系，并认为历史记忆是集体记忆的一种[3]。

民间记忆是记录民族历史文化的重要形式，是我们认识、了解过往历史的重要手段。关于唐崖土司的历史资料，文献资料记载非常有限，因此，我们从当地民间记忆中去寻找关于唐崖土司的历史、文化、风土人情等信息也许是一种有效的方法。唐崖土司民间记忆主要有民间口传记忆、谱牒记忆、文人描述等。

1. 民间口传记忆

土家族是一个有语言而无文字的民族，口耳相传是土家族历史文化传承的重要方式，下面所涉及的民间口传记忆包括民间传说故事、访谈录以及道士活动等。

民间传说故事，是民间较为普遍的文化现象，妇孺皆知，代代流传，同时，这种穿越时空隧道的文化资源也是生活在该区域的人们记忆历史的重要载体。唐崖土司城址及其周边地区流传至今的民间传说故事丰富多彩，有极具神奇性的神话故事，如《土家神马》、《建立石牌坊的传说》；有生活气息浓厚的生活故事，如《唐崖土司招驸马》、《花坟》；有打上的历史烙印的地名传说，如《女儿寨》、《金银唐》、《两口锅》、《石马泉》、《落马滩》、《杀人凹》等。每一个传说故事都凝聚着当地人民的智慧与想象，铭记了一段难忘的历史，反映出民众多姿多彩的生活，可以窥见地方民众对当地历史文化的认知、评价和感悟。

另外，访谈记录也是口传记忆的重要形式。为了进一步了解唐崖土司的族源、世系、重要历史事件的线索，我们访谈了看守石人石马的陈兆男、土司后裔覃国安、驸马后裔张国禄、道士传人张继甫、地方文人陈晓阳和罗炳章等，通过对当地各类人物的访谈，从他们对唐崖土司历史、文化、人物的记忆，了解唐崖土司的历史、族源、世系、重要历史事件，再现唐崖土司的历史，印证文献资料和考古资料的真伪。

除此之外，民间仪式活动也是民间口传记忆的表现形式，道士活动在唐崖司村有悠久的历史，直到现在，道士活动在唐崖司村完好地保留下来。唐崖司村的张继甫、张继发是远近闻名的掌坛师，张继甫带了十多个徒弟，他所带的道士班子活动在咸丰城乡，乃至重庆黔江区。当地老人去世，就请道士班子主持法事活动，为死去的人开路、超度亡灵，慰藉在世的人们。道士口传下来的经文、科书、秘诀、仪式、歌舞，以及关于道教活动的传说故事，都成为唐崖土司城口传记忆的一部分，是我们了解唐崖土司历史文化信息的重要资料。

2. 谱牒记忆

谱牒记忆是我国民间流传较广的记忆形式，谱牒记录的家族世系、历史、重要人物、重大事件，是了解、印证地方历史、文化的重要材料。在唐崖土司城内，留下来的谱牒主要有民国唐崖《覃氏族谱》、唐崖《张氏族谱》。唐崖覃氏、张氏族谱一定意义上既是土家族“汉化”标志，也是记录民族历史文化、表述民族认同的重要载体。唐崖覃氏、张氏族谱，让我们了解了覃氏宗族的发展历史，也是了解唐崖土司政治、军事、经济、文化、司城建设的重要依据。

3. 文人描述

关于唐崖土司城的民间文字记忆除了谱牒记忆以外，更多地表现为民间文人以诗词的形式对土司遗迹、遗址、风习的描述。例如，冯永旭的《唐崖司》、唐方耀的《饮唐崖黄香府通守蜀中》、夏文蔚的《九日同张慎斋游元武寺》、熊飞的《过唐崖谒张桓侯庙》、黄家遂的《手扒岩阻度》、文士才的《天生桥》，以及杨道雅唐崖竹枝词三十首中的《唐崖新韵》、《唐崖河》、《尖山大桥》、《皇城》、《皇坟》、《七十二步朝天马》、《覃鼎墓》、《石牌坊》、《二十一步牌楼梯》、《石人石马》、《田氏夫人墓》、《夫妻杉》、《成竹在胸》、《覃杰墓》、《张王庙》、《群猪过河》、《天生二桥》、《明锅二口》、《蛮王二洞》、《二龙抢宝》、《金银坝》、《金银唐》、《贵人山》、《桥上桥》、《青龙迎圣》、《玄武护身》、《象鼻吸水》、《凤凰留脚印》、《白龙锁江》、《犀牛望月》。这些文人的作品都是对唐崖土司城的文字记忆，表达了文人墨客对唐崖土司城及其遗存的复杂情感。这些情感，透露的不仅是当地文人对唐崖土司及其名胜古迹的珍视、赞许，对其损毁、消失的无奈，而且从中也反映出唐崖土司重要的历史文化信息，成为今天寻找唐崖土司历史记忆的重要线索和依据。

二、唐崖土司民间记忆的内容

唐崖土司民间记忆的内容十分丰富，主要包括家族渊源、重要历史人物、重要历史事件、土司制度、土司城、山川形胜等方面。

1. 家族渊源

生活在唐崖土司城及其周围主要姓氏是覃氏，后来由于招驸马、避难等原因迁来了张姓、罗姓和陈姓。对于覃氏早期世系，主要依据民国唐崖《覃氏族谱》的记载，《覃氏族谱》列出覃氏远祖是：铁木乃耳—颜伯占尔—文殊海牙—脱音帖儿—福寿不花，历代土司世系为：覃启处送—覃直什用—覃耳毛—覃忠孝—覃斌—覃彦实—覃文铭—覃天富—覃万金—覃柱—覃文端—覃鼎—覃宗尧—覃宗禹（尧弟）—覃鋐（宏）—覃溥泽—梓椿—梓桂（椿弟）。由此，部分学者认为唐崖土司是蒙古人的后裔。对于此种说法，唐崖司村的历史记忆有所反映，但从未正面确认覃氏就是蒙古族的后裔。据张国禄老人（78岁）介绍："土司皇是不是蒙古人我就不清楚了。我只清楚他就是这一块儿的人。覃家的人就在这一块儿住。来的时候是'覃挑担、向牵狗，田黄二姓打摆手'，覃家跟向家跟田黄二姓帮忙挑担，田黄二姓空着手在前面走。他们是一路来的。唐崖村也有姓田的，在10组。姓黄的在河那边。万兽园没有在这里。皇帝土司是覃家的人。……以前蒙古人和张家来唐崖司的拜唐崖司，唐崖司的丞相是唐崖司的人，领导是蒙古人。蒙古人来了就要把唐崖司的人消灭掉，支持蒙古人。我们的丞相就放了三十夜的火炮。一家放过一家放过。蒙古人要在这边安家落户就要把这边的人都灭了。蒙古男人都来这边来了，就要把这边的男人一家一家杀光。”[4]此外，正史与地方志在介绍唐崖土司及其世袭时也从未提及覃氏是蒙古族或者蒙古人的后裔。由此可见，唐崖《覃氏族谱》记载的覃氏是蒙古人后裔的说法值得慎重推敲。至于唐崖《覃氏族谱》为何赋予了蒙古人后裔的历史记忆，将在下文讨论。同样唐崖《张氏族谱》将其远祖追溯到黄帝，《张氏族谱》记载：唐崖张氏祖张云松因邻家命案牵连于明朝万历三十二年从荆州沙市猪市街迁徙到施南府大田所滴水岩居住，后与唐崖土司覃氏联姻，在唐崖村繁衍后代[5]，与《唐崖土司招驸马》传说相吻合。通过《张氏族谱》和传说故事的记忆，可以比较清晰地把握唐崖张氏的源流。

2. 历史人物

对于唐崖土司城历史人物的民间记忆，主要涉及唐崖土司鼎盛时期的土王覃鼎、田氏夫人、覃杰、张云松等。在史料和民间故事传说中都有这些人物事迹的记载，据《唐崖土司概略》记载：“天启元年（1621），覃鼎奉调征讨渝城，擒樊龙、樊虎。天启二年，奉调捷征水西安邦彦。天启三年，复征奢崇明、奢社辉。军威显赫，战绩卓著，蒙古四川右布政使朱燮元提奏，授宣慰使职，明朝廷赐皇令两道：大坊平西将军‘帅府’二字；建牌坊一座，书‘荆南雄镇’、‘楚蜀屏翰’八个大字镌刻其上。覃鼎于天启七年，积劳病故。”[6]关于田氏夫人，民国《咸丰县志》载：“覃田氏，明唐崖宣慰覃鼎之妻，龙潭安抚司田氏女也。相夫教子，皆以忠勇著一时。夫鼎，于天启七年故，子宗尧袭职，颇肆行不道，田氏绳以礼法。迨尧奉调赴荆州剿流寇，峒事悉赖主持，内则地方安谧，外则转输无乏。未几，宗尧死事，弟宗禹承袭，朴勇亦如其父。田乃优游以乐余年，性好善乐施，尤喜奉佛，尝朝四川峨眉山，随侍奴婢百余人，沿途皆为择配。归里后，创建大寺堂，牌楼、街道，焕乎一新，至今犹为邑中石迹云。”[7]土王覃鼎和田氏夫人善战、造福一方百姓的故事在民间广为流传。同时，民间还流传关于覃杰和张云松的故事，《土家神马》、《建立石牌坊的传说》即是关于覃杰、田氏夫人的故事，而《唐崖土司招驸马》讲述的是张云松与唐崖土司女儿联姻的传奇故事。有关人物的传说故事，在访谈的过程中，也经常听到当地老人讲述。由于这些人物是当地的英雄和文化精英，是当地人的骄傲，因而深深地镌刻于当地人的心灵，成为地方记忆的元素，在民间广为流传。

3. 重要历史事件

现实与历史从来不是截然可分的，历史与记忆则相互关联。在权力话语的影响下，民间记忆不只是民间传说故事的简单表达，而且体现了官方的意识，蕴涵着一定的历史信息。唐崖土司覃氏是蒙古人后裔以及民间流传的蒙古军杀害当地人的传说在一定程度上就是“历史的隐喻”与“隐喻的历史”。如前所述，推测唐崖覃氏是蒙古人后裔的证据有二：一是民间存在蒙古军杀害当地人的传说，一是民国《覃氏族谱》

对其早期世系的追忆。但在笔者看来，民间流传蒙古军杀害当地人的传说只是蒙古军征施州诸蛮的历史隐喻。《元史·石抹按只传》载："至元十八年，大小盘诸峝蛮叛，命领诸翼蒙古、汉军三千余人戍施州。既而蛮酋向贵什用等降，其余峝蛮之未服者悉平，以为保宁等处万户。"[8]《元史·石抹狗狗传》载："（至元）二十一年，以蒙古军八百从征散毛蛮，战于菜园坪、渗水溪，皆败之。璧守石砦月余，散毛降，大盘诸蛮亦降。二十四年，大将军移戍重庆。"[9]《元史·塔海帖木儿传》载："塔海帖木儿，答答里带人，宣武将军，管军总管。五溪蛮散毛、大盘蛮向木的什用等叛，从行省曲里吉帅师往讨，皆擒之，杀其酋长头狗等。"[10]虽然蒙古军直接征剿的不是唐崖土司，但唐崖土司与散毛司毗邻，蒙古军队征剿"峒蛮"的历史真实给唐崖覃氏留下"创伤"。这种创伤通过时间的沉淀与发酵，转化成的不仅只有地方流传的蒙古军杀人的历史记忆，还成为唐崖覃氏对作为统治者的蒙古人在姓氏上的无赖攀附，这种攀附，一定程度是对元朝高压统治产生的整治效果，同时也是唐崖土司趋利避害的明智选择。

4. 土司制度

在中央与地方的关系上，为了加强对少数民族的控制，自元代起推行"以夷制夷"的土司制度，土司的承袭、升降、废革、调遣都听命于朝廷，并且还要向朝廷进奉贡品。据《唐崖土司概略》记载："唐崖土司元时建制，功受宣慰司；明洪武四年，因'过'降为长官司；永乐二年，升授安抚司，并颁授活龙、菖蒲二副司；天启年间复位宣慰司；清康熙十八年又将为长官司，直到改土归流为止。"[11]唐崖土司奉朝命，按等级、品位设置职官，宣慰司设有宣慰使、同知、副使、佥事、都事等；长官司设有长官、副长官、吏目等。而对于土司的内部管理，对所辖土民权力至上，一切都听命于土司王，无论是田地、军事还是日常事务，都由土司掌管。土司王可以任意施以酷刑，杀人不请旨，为了惩治土民，衙署内设有监狱、牢房、大衙门、小衙门、牢房、杀人台等，《金银塘》、《两口锅》、《杀人凹》等传说，从侧面反映出土司制度等级的森严、土民生活的悲惨。根据张国禄老人讲：一碗水有一家人娶新媳妇，土王知道了，土司王就说你接媳妇要抬到我这里来，让我睡三夜，你就责任了。若还是不送来，就把你们全家诛灭了[12]。虽然在文献上没有关于唐崖土司行使初夜权的记载，但通过民间记忆可以印证唐崖土司和其他许多地方土司王一样，同样享有初夜权特权，既可以看出唐崖土司的荒淫，也说明各地土司享受权利的普遍性。

5. 土司城遗迹

唐崖土司规模宏大，占地1500多亩，有三街十八巷三十六院，在土司城城内主要遗迹类型有张王庙、石人石马、石牌坊、城墙、道路、院落、石桥、水井、采石场、码头、墓葬等。这些遗迹不仅以物态的形式存留在土司城内，期建造情景及相关细节通过传说的方式活态地存留在当地民众的心中。如《建立石牌坊的传说》，讲述了石牌坊建立的背景、修建的过程，特别是树立石牌坊的细节。通过民间记忆，不仅佐证了石牌坊修建的历史背景，更是复原了修建石牌坊的诸多细节，蕴涵许多哲理和科技知识。又如《金银塘》讲述了雕刻石人石马工匠陈大仙悲惨的故事，透过这个故事，既印证了修建石人石马这一历史事实，也高度评价了修建石人石马工匠们高超的技艺和才能，也揭露了土司王的残暴，表现出人民对陈大仙的怀念。在唐崖村民间广泛流传着三街十八巷、三十六院、七十二步朝天马、九道拐、第一下河道、第二下河道、第三下河道、一横道、二横道、三横道等说法。这些说法通过考古发掘得到证实。唐崖土司城内的所有遗迹都留下了相应的传说，通过这些传说，使司城的建筑过程深深地刻在人们的心灵深处，成为沉甸甸的历史。此外，地方文人也通过诗歌的方式，对唐崖土司城内的遗迹进行描述，用艺术化的方式将土司城的历史遗迹铭刻在人们的记忆中，永恒地流传下来。如赞颂石人石马的诗："石人石马在浪舟，大仙留下几千秋，青草齐眉难开口，黄尘满面起兜鍪。狂风呼呼无毛动，细雨霏霏似汗流，牧童有绳牵不走，狂鞭怒打不回头。"[13] 通过诗人生动形象的描写，石人石马的形象及其故事被人们铭记于心。

6. 山川形胜

唐崖土司城坐落在唐崖河边上，四面环山，前面是朱雀山，后面是玄武山，左面是青龙山，右面是白虎山，风回水绕，景色优美。在土司城周围，有许多秀丽的风景。在民间一直流传着"上有天生二桥，中有明锅二口，下有蛮王二洞，前有青龙进驾，后有玄武护身，桥上桥，路上路，七十二步朝天马，二十一步牌楼梯，群猪过河，贵人下山，二龙抢宝，金银坝，犀牛望月，凤凰留脚印，象鼻吸水，白龙锁江"等说法，这些传说，形象生动，妙趣横生。在玄武山与土司城之间有一条沟叫做新寨沟，在青龙山与土司城之间有一条沟叫打过龙沟，在白虎山与土司城之间有一条沟叫贾家沟，在朱雀山与土司城之间有一条河，叫唐崖河。这些地名在当地都有或多或少的传说和记忆。另外还有夫妻杉、胸有成竹、妃子泉等景致，每一处景致都有一个美丽的传说。现在，许多风景名胜难以找寻其踪迹，但这些景致却深深印在当地人的脑海里，一代一代传述下来，在人们的脑海里勾画出一幅又一幅美丽的画卷。

三、唐崖土司民间记忆的价值

无论是文献史料还是民间口述资料，都是对过去历史的还原，可以称得上是历史记忆，历史记忆注重的不仅仅是唤醒过去，而且关注这种记忆对现实的影响。按照人类学的理解，对人们来说，过去的历史发生了什么并不重要，重要的是历史记忆成为社会事实后的影响以及历史记忆成为社会事实的原因、过程和结果[14]。就一定程度而言，唐崖土司民间记忆的价值也是如此。它不仅可以帮助人们重新认识历史，而且有助于凝聚民族精神，指导文化重构，促进民族民间文化的传承与保护。

1. 历史认识价值

历史认识不是体验性的感性认识，而是与价值判断联系在一起的理性认识[15]。对唐崖土司民间记忆的分析过程，本身就是客观分析评价的过程。纵观唐崖土司城的民间记忆，其中有大量的对土司文化及土司制度的肯定。从“一方主宰许专行，依山傍水巧运营”到“彪炳武功冠土王，九重恩赐立牌坊”，再到“枕戈待旦助平蛮，屏翰功高楚蜀安”，无不表达了对土司的威武善战的赞扬。对于土司贪赃枉法、寻欢作乐、欺压百姓，唐崖土司城的民间记忆则给予了鞭挞与否定，并且流传至今。据《咸丰县志》（民国版）记载，康熙五十四年十二月，大田千户掌印钮正己处理退赎民屯案称：“地方情形，民生疾苦，甚为惨恻。以有限残弱之民，处土司环绕之中，焉有不被其侵虐者乎？所以，边境田地，为木册、散毛、腊壁、唐崖、施南各土司侵占，不下数百处”[16]。又如，对土司初夜权的记载，都是对土司王恶劣行为的痛斥。民间记忆对唐崖土司城的赞美与鞭挞，既是对唐崖司民间记忆客观评价的过程，也是对唐崖司历史再认识的过程。人们通过民间记忆，再次了解唐崖土司城的这段历史，重新审视和思考这段历史，回顾过去，立足现在，展望未来，去其糟粕取其精华，为未来的发展吸取宝贵的经验。

2. 民族认同价值

民间记忆不是永恒的，而是一个历史变化的过程。在其变化过程中，既具有稳定性，也具有选择性或建构性。一般而言，其建构无外乎两种价值取向：一是“寻根”，即以向回看的方式寻找文化认同，确认自己处于一个强大的历史空间和族群文化之中，拥有一些可以充分应对变化的传统资源，凭着凸显和夸张这种与民族历史的方式，以获得所需的自信心和凝聚力；一是“杂草除根”，以发掘历史记忆的方式反省自身的来源，并把这种连累自己的根挖出来彻底斩断[17]。不管是寻根还是杂草除根，其选择都是以当时的社会语境为基础。在元蒙时期，面对统治者的高压统治，唐崖覃氏采取了攀附蒙古族的做法。改土归流之后，面对强势的汉文化，唐崖覃氏根据需要选择汉姓。由是，民国唐崖《覃氏族谱》出现了从蒙古姓名到土家姓名，再到汉族姓名的历史演变过程。这种演变，反映的不只是一个家族、一个民族认同的变迁，还有整个鄂西地区从豪酋社会到家族社会的区域转型。时至今日，在文化变迁逐步加速、人群流动加快的前提下，唐崖土司城的民间记忆对于处于离散中的土家人更具凝聚族群认同的意义。

3. 文化重构价值

对于文化重构的过程，简单理解就是文化重新构建的过程。唐崖土司民间记忆唤醒了人们对于历史的记忆，同时，人们也选择性地遗忘一部分内容，并且根据个人的生活环境、教育背景、所接触的外来文化等又对过去的历史有了重新的定义和理解，这样的过程就是将文化重新构建的过程。唐崖土司的民间记忆，体现了文化的交融与整合。如在唐崖土司城诸多宗教传说故事中，既有关于“张飞庙”的道教文化，又有“大寺塘”“田氏夫人去四川拜佛”的佛教文化，还有信奉“三王庙”、“土王庙”的巫文化。道教、佛教，还有本地民间信仰融合到一起，形成了唐崖土司兼容并包的宗教信仰文化。

4. 文化传承价值

民间记忆本身就是对文化的传承，文化的传承过程就是记忆的展现过程。民间技艺通常利用传统的媒介例如语言、文字、象征符号、艺术、遗址等，使得过去的历史成为阐释性的文化，成为我们传承文化的载体。从唐崖司村及其周边地区，我们可以发现大量民间记忆传承的痕迹，《覃氏族谱》等诸多文献资料、民间流传的诸多传说故事，历经沧桑的古城遗址、张王庙、覃氏王墓，以前用过的瓷器、农具，以及当地仍然存在的节日习俗、礼仪禁忌、道士活动等，无不展示着唐崖土司民间记忆的文化传承价值。可以说，民间记忆让文化实现更好地传承，让它超出了生命、超出了个体、超出了时空的界限。

注　释

[1] 〔美〕保罗·康纳顿著，纳日碧力戈译：《社会如何记忆》，上海人民出版社，2000年，第1～40页。

[2] 王明珂：《华夏边缘：历史记忆与族群认同》，台湾允晨文化实业股份有限公司，1997年，第51页。

[3] 赵世瑜：《小历史与大历史》，生活·读书·新知三联书店，2006年，第73页。

[4] 《张国禄访谈录》，2013年5月11日咸丰唐崖司村4组，访谈人：岳小国，记录整理：阮玉明、岳小国。

[5] 唐崖《张氏族谱》，1986年印，藏咸丰县尖山乡街上张正良处。

[6] 中共咸丰县委统战部等编：《唐崖土司概略》，内部资料，1987年，第2页。

[7] 民国《咸丰县志》卷九《人物》。

[8] 《元史》卷一百五十四《石抹按只传》。

[9] 《元史》卷一百六十六《石抹狗狗传》。

[10] 《元史》卷一百三十五《塔海帖木儿传》。

[11] 中共咸丰县委统战部等编：《唐崖土司概略》，内部资料，1987年，第2页。

[12] 《张国禄访谈录》，2013年5月11日咸丰唐崖司村4组，访谈人：岳小国，记录整理：阮玉明、岳小国。

[13] 王承尧：《土家族土司简史》，中央民族学院出版社，1991年，第167页。

[14] 于沛：《关于历史认识的价值判断》，《历史研究》2008年第1期。

［15］ 王明珂：《华夏边缘：历史记忆与族群认同》，台湾允晨文化实业股份有限公司，1997年，第50页。

［16］ 同治《咸丰县志》卷十九《艺文志》。

［17］ 葛兆光：《思想史的写法——中国思想史导论》，复旦大学出版社，2004年，第101～104页。

从诗文看唐崖司的历史文化

张伟权　林　婕

（三峡大学民族学院）

摘要：历史上留下了许多咏唱土司的诗文，这些诗文有对唐崖土司历史兴衰的咏唱，有对唐崖司风土人情的描述，有唐崖司风光的赞美，有对唐崖司文物古迹的追忆。

关键词：唐崖土司；诗歌作品；描述对象

唐崖土司是鄂西著名土司之一，从明朝到清朝，经历了繁荣昌盛到衰败的过程，其中一些国宝级的文物古迹可作为有力的证据。另外，唐崖司本身的自然地理环境十分优美，风土民情十分丰富。土司时期，当时的文人墨客在吟唱唐崖司的诗篇中，全方位地记录了唐崖司的情貌，留下了珍贵的文化遗产。《尚书・尧典》："诗言志。"（《史记・五帝本纪》作"诗言意"）。"诗言志"就是用诗来表达人的思想感情。清朝同治《咸丰县志》所选录的诗文对唐崖司作了真实地记录，反映诗人对当地文化、风土、民情的亲切感受。从而反映出唐崖司的深厚文化积淀。综合这些诗文，主要反映出以下内容：第一，咏唱唐崖司的历史兴衰；第二，描写唐崖司的风土人情；第三，赞美唐崖土司的旖旎风光；第四，追忆唐崖司的文物古迹。

一、咏唱唐崖司的历史兴衰

唐崖土司始建于元至正十五年（1355），明天启三年（1623）进行了扩建。辟三街十八巷三十六院，内有帅府、官言堂、书院、存钱库、左右营房、跑马场、花园和万兽园等，共占地1500余亩。在土司城内外还修建有大寺堂、桓侯庙、玄武庙等寺院。

土司皇城坐落在玄武山的半山腰，唐崖河从山下蜿蜒流去，形成天然的护城河。唐崖土司传袭了18代，历时460多年。由于王朝更替和时局变化，唐崖土司级别发生过多次变化。据历代《咸丰县志》记载，唐崖土司最高级别是宣慰司，也曾授过宣抚司、安抚司，但以长官司时间最长。长官司最鼎盛时期是覃鼎任长官司土司时代。当时土司城内舞榭歌台、假山园林、雕龙画栋样样齐备，到处是人声鼎沸、歌舞升平、欣欣向荣的景象。明朝后期，唐崖土司一度衰落，到清朝雍正年间实行"改土归流"后，唐崖司就更加衰败，最后土司城成了一片废墟。冯永旭《唐崖司》诗，可以窥见历史兴衰。

烟树苍茫望里分，当年歌鼓寂无闻。
惟留废苑埋荒草，但见空山走白云。
古木寒鸦元武寺，斜阳衰柳土司坟。
千秋凭吊情何极，况听哀猿又叫群。[1]

开头两句与南宋诗人林升的《题临安邸》里面的诗句“山外青山楼外楼，西湖歌舞几时休？暖风熏得游人醉，直把杭州作汴州”[2]情景差不多。诗中概括性地描绘了整个唐崖司的自然环境，即：烟雾弥漫的青山、鳞次栉比的楼台和无休止的轻歌曼舞，展现了当时唐崖司的繁华与富贵的太平景象。说明唐崖土司强盛时期就像张择端《清明上河图》那样的人群摩肩接踵，市井繁荣。但从第三句到第四句“惟留废苑埋荒草，但见空山走白云”就显得非常冷落，到处是一片苍凉的景象，让人有一种恐怖悲凉的感觉。这与李煜的《破阵子》里的“最是仓皇辞庙日，教坊犹奏别离歌，垂泪对宫娥”[3]有异曲同工之妙。而最后四句中的“寒鸦”、“斜阳”、“衰柳”、“土司坟”、“哀猿”等植物、动物和事物，给人一种感伤的情调，唐崖土司成为历史的过客掩埋在荒草丛中，睹物生情，真是光阴如梭，所有的辉煌都是过程，没有永恒辉煌。这首诗充分展示了唐崖土司从盛到衰的历史过程。

二、描述唐崖司的风土人情

唐崖司周边自然景观优美，依山傍水，田舍俨然，茂林修竹，花团簇簇，是动植物的天然乐园。历来为文人墨客所青睐。并因此而创作了很多诗篇。其中以清朝时唐崖司通判夏文蔚的一首《九日同张慎斋游元武山》（元武山即当今所说的玄武山）最有名。

未看诗之前先了解一下夏文蔚这个人。夏文蔚字朴斋，云南昆明人。嘉庆丙辰年进士，点翰林院典簿，清朝道光年间任唐崖司通判，道光丙戌年（1826）到任。夏文蔚工水墨，善琵琶，省案牍。习吐纳之术，好瞑目趺坐。余暇随意读书数卷。庭前种菊数本，时相把玩。在通判任上，秉公甚严，受百姓颂扬和爱戴。夏在任期间为唐崖司作诸多善事，离任返乡后，唐崖人民还思念他。当时的通判也称为“分府”，管辖地为厅，此官职配置于地方建制的京府或府，功能为辅助知府政务，分掌粮、盐、都捕等，品等为正六品。通判多半设立在边陲的地方，以弥补知府管辖不足之处。辛亥革命后，清朝灭亡，该官职废除。

夏诗写道：

佳节携樽入翠微，频高爽气正霏霏。
日沉古寺钟声寂，云接尖山雁影稀。

万里遨游聊遣兴，十年漂泊暂停机。
得偕胜友联新句，欲尽浊醪踏月归。[4]

诗中描写了元（玄）武山绿树成荫，一片生机勃勃的景象。氤氲缭绕，到处一片吉祥。当夕阳西下的时候，古寺的钟声也稀少了，山峰的彩云留不住高飞的孤雁。景物、飞禽和谐地融合在一起，用山水之乐陶冶情性，诗人同朋友带酒云山林畅饮。美景为人所欣赏，人和物都被融化在美景之中，最后是“欲尽浊醪踏月归”，点明了唐崖司人饮酒狂欢是一种当地的民风。而且在饮酒中后还实践当地“踏月”的习俗，用酒取乐，赏月抒怀，用诗勾画了一幅美丽的风俗画，画为人所居，人在画中游，使人从心理上得到了一种的美的升华。

三、赞美唐崖司旖旎风光

唐崖司的自然风光秀丽，有山、有冈、有水、有树、有清风、有明月、有良田沃土、有旷野无垠。唐崖司的风光旖旎让人陶醉，让人痴迷，是人类最理想的宜居之地。因此，不得不引了诗人歌咏唐崖司的情怀，使其诗意大发。当时湖南沅陵人唐方耀与唐崖通守黄香府，面对秀色可餐的唐崖美景，写下了《饮唐崖黄香府通守署中》，于情、于景都属上乘之作。全诗的内容如下：

唐崖高百尺，官舍寄崇冈。
远树千峰拥，清风两袖凉。
簿书论吏治，樽酒话同乡。
自笑风尘客，松醪醉满觞。[5]

唐崖司的风光与风水有机结合。唐崖司的风水就非常经典：所谓的经典风水应该是“左青龙，右白虎，前朱雀，后玄武。”也就是说城池或住宅，应左边是青龙，即东面有河流；右白虎，宅子右边有大路，为白虎也；前朱雀，意指宅前，即南面有一湖；后玄武，宅后有大山。在这种情况下，该宅的风水是最好的。唐崖司城的后山就是玄武山，左上方有一条唐崖河直流而下，另外还有一条通往酉阳、黔江的大道从司城的南边通过。它的东方张飞庙下面的唐崖河有一深潭，就像是一湾湖水。所以说，唐崖司城的风光与风水绝妙的组合实在太美。

诗中的前四句就是竭力地描绘了唐崖的美丽风光。开头两句“唐崖高百尺，官舍寄崇冈”交代了诗人和老乡畅饮的处所是居高临下，而且在一座山冈之上，眼前的景色慢慢地敞开了诗人的心扉。诗的第三句和第四句是作者临窗望去：前面是千峰耸翠，清风在轻轻地吹拂。最后两句用樽酒的渗透，把人带进了如醉如痴的境地。

四、追忆唐崖司的文物古迹

唐崖司的文物古迹很多，现保存最完好的是张飞庙中的石人石马。张飞庙在唐崖河岸边，庙里有石人石马各一对，石马分雌雄，左右并立，奋蹄欲行，石马高3米余，长4米余。两马前均有一执辔的石马夫，石马夫高2米余。石马和石人均为整块绿豆石雕刻，约五六吨重，这在武陵山区乃至整个中国都是很少有的。被专家誉为“中国第一石马”。

明清时文人墨客，对张飞庙的石人石马这一文物古迹情有独钟，并多有赞誉，专门写了很多诗篇。清朝年间的咸丰地方官熊飞写了一首《过唐崖谒张桓侯庙》：

森森花木径通幽，二十年来记旧游。
栋宇凄凉空署冷，乡村错落午烟稠。
崖疆已改新周索，石马如腾古阆州。
国土有风威不猛，千秋庙貌枕江流。[6]

石人石马的雕刻工艺惟妙惟肖，出神入化。无论是马鬃、马蹄、马鞍、缰绳，都有一种真实感；马夫的面容、衣冠都是形神兼备，栩栩如生。当地人传说，这对石人石马是土司覃鼎的马夫和坐骑，是田氏夫人为纪念其夫的卓著战功所雕。

透过文人对唐崖土司自然、人文、自然的描述，可以从中窥见唐崖土司厚重的历史、名胜古迹、丰富的资源、绮丽的自然风光，因此，文人描写唐崖土司的诗歌是我们了解唐崖土司不可多得的素材。

注　释

[1] 同治版《咸丰县志·卷十八·艺文》，1983年重印本，第191页。
[2] 陈多义：《宋诗选编》，九州出版社，1994年，第112页。
[3] 蒋方编选：《李璟李煜集》，凤凰出版社，2009年，第157页。
[4] 同治版《咸丰县志·卷十七·艺文》，1983年重印本，第172页。
[5] 同治版《咸丰县志·卷十七·艺文》，1983年重印本，第169页。
[6] 同治版《咸丰县志·卷十九·艺文》，1983年重印本，第195页。

咸丰土苗医药与唐崖土司治理

胡德俊　祝均辉　刘　斌

（咸丰县中医院）

摘要： 咸丰县土苗医药在唐崖土司治理时期得到了丰富和发展，随着汉医药的融入得以逐渐成熟，在维护土司制度的稳定中发挥了重要作用。发掘、研究和传承土苗医药，使之服务于人类健康，既是时代发展的要求，更是充分利用区域现有优势资源，促进咸丰卫生事业和经济社会发展的需要。本文对唐崖土司治理时期土苗医药的历史，土司制度与土苗医药的联系，如何加强土苗医药文化研究，以及土苗医药的传承与创新等内容进行了阐释和探讨。

关键词： 唐崖土司；土苗医药；传承；创新思路

土家族、苗族世代集居于鄂、渝、湘、黔四省市交界的武陵山区，咸丰位于四省市边区结合部，地处武陵山区腹地，境内土家族、苗族人口占总人口85%以上。土、苗儿女在长期的生产生活劳动过程中，积累了丰富的土、苗医药文化，并在实践中不断发展和完善，形成了独具特色的土苗族医药文化。在汉医学尚未传入武陵山区之前的唐崖土司治理时期，土苗医药承担着维护族人健康、种族生存繁衍、土司统治稳定的历史使命，它既是唐崖土司治理时期重要的社会真实写照，更是土司文化遗产的重要组成部分。研究唐崖土司遗产文化，提炼土苗医药实践经验，提升土苗医药服务人类健康的能力，传承土苗医药文化，已成为必须正视和迫切的重要课题。

一、唐崖土司治理时期的土苗医药概况

1. 土司治理时期土苗医药的发展

隋唐、宋初，土家族地区封建地主经济开始发展，封建王朝开始加强对武陵山区的土家族、苗族地区实行集权统治，但面对日益激化的民族矛盾，只能实行较为松弛的羁縻政策。在此环境下的土司制度，一方面加强了封建王朝与土司家族的密切联系，另一方面也进一步促进了土家族、苗族与汉民族之间的政治经济文化交流。

对于只有语言而没有文字的土、苗民族，由于地处边远山区，经济文化相对滞后。随着汉文化的不断输入，促进了武陵山区土、苗民族的经济文化和土苗民族医药

的发展，出现了一批有一定文化修养的“梯玛”（亦称土老司）。他们既掌握一定的医药知识，又不脱离生产，属于族人的贵族阶层。土司统治时期，“梯玛”权限较大，执管祭祀、驱鬼、许愿、还愿、婚姻与婚礼、求子嗣、求雨、解纠纷、治病、占卜、丧葬等诸多社会生活事项。他们为人治病，是族人健康的保护神；他们驱鬼招魂，充当土苗民族宗教信仰的代言人。作为贵族阶层，毋庸置疑地期望民族团结稳定，在日常的各种活动中，利用他们的声望和民众信任，“梯玛”构建了族人与土司统治者之间的无形桥梁，解纠纷就足以表明他们的这种职能，他们自觉不自觉地成为土司统治的维护者和执行者。

特定历史条件下，“梯玛”集医者、民族宗教传播者和土司治理于一身，既以一种特殊方式实践着土司统治，又惠及土苗医药的发展。他们基于维护自身地位的需要，不断学习，充实提高，逐渐掌握了民间使用的各种草药、推拿、按摩、拔火罐、爆灯火、点穴、扎针等各种民间医疗技术，兼做法事、谢神、酬神，为人们消灾除病或赐予子嗣，形成了“医神结合”、“神药两解”的土苗民族医药特色。随着汉医理论的不断渗入，土苗医药也不断吸纳汉医药学知识，补充土苗医药学体系内容，促进了土苗医药的快速发展。现已失传的《土王真药本草》即为这一时期土苗民间用药经验的总结，根据药物特点提炼归纳出的七十二参、七十二七、七十二莲、三十六风、三十六还阳、三十六蜈蚣、三十六血等，现仍在武陵土苗地区流传。

2. 土司制度对土苗医药发展的促进

在唐崖土司统治的近500年间，对土苗医药发展起到了积极的促进作用。一方面在土司制度下官方设有专门的医药机构，且官方和民间均有一定数量的专职医药人员。这些医官“本为土人”，都是由本地土、苗族人来担任，这种做法使更多的土家族、苗族人有机会专门研习医药，对促进土苗医药的发展、传承和本土化起到了积极的作用。据有关史料记载，在土司家族中，有直接从事医药工作者，说明在土司制度下土苗医药有较高的社会地位。另一方面，土官对土苗医药的重视，还表现在对名医、神医、药王的崇拜和纪念等。清代以前，土苗地区没有西医，中医也不多，所以出现了很多被立庙纪念的神医药王。尽管多数没有标出姓名，但他们曾是民间名医，因为他们的高明医术和高尚医德而受到群众的敬仰才被立庙纪念而受到群众的敬仰，如青灵山顶修建的“药王亭”、坪坝营鸡公山顶的“禀君庙”等。正是由于土、苗医药在土司制度下受到一定程度的重视，一些特殊的诊疗方法和验方、秘方得以初步总结和逐步提高，在土司制度下，土、苗医药发展进入了较为成熟的阶段。

3. 土司制度对土苗医药发展的影响

土司制度是“以蛮制蛮、以土治土、以夷制夷”的民族区域治理政策的产物。土官自恃雄长，独断专行，权欲膨胀，土司间经常发生武装侵扰。在土司内部，也常因争夺官位而相互残杀。由于长年干戈不止，战乱频繁，严重地阻碍了本地区社会生产力的发展，这就从经济基础上影响了土苗医药的进一步发展。首先是专业土苗医药队伍受到限制，特别是能进入到官办医药机构中的土苗医为数更少，绝大多数只能流散在民间行医。在清末民间编撰的一些地方志中，虽然还有医学署的记载，实际上这些机构早已名存实亡，也未能重修。这种情况直接影响到土苗医药的学术发展。其次，由于分科不细，多数土苗医的治疗方法只能停留在经验阶段，未能进一步提高，民间医药完全靠“口传心授，代代相传”的传承方式，致使一大批民间医药技术失传、流失。再次是土司连年征战，对于民间的常见病、多发病、地方病的防治，没有得到足够的重视，因而阻滞了对这些疾病防治研究的发展。另外，土司制度下的狭隘、保守、封闭思想意识，把许多无法解释的自然、生理和病理现象解释为是鬼神力量，逐渐形成了“巫术”、“巫师”，这对土苗医药的发展是一种不可忽视的消极因素，不同程度地束缚了土苗医药的研究应用与发展。

二、唐崖土司治理与土苗医药的传承

1. 土司秘方的挖掘利用

唐崖土司制度下的土苗医药已发展达到一个相当高的水平，在地方药物的内服、外洗、熏蒸、敷贴、佩药、骨刮、灸法、火针等方面都形成了自身独到的方式方法和独到的理解。这些独具特色的医技医法，经过长期的实践运用和完善，逐渐凝结形成了土苗医药知识体系的精华。如苗药风湿酒、二乌灵仙散等秘方均来源于土司御方。本着为人民群众身心健康服务的宗旨，我们有责任对这些独具特色的医技医法进行发掘、整理、规范和提高，提升其服务水平和能力，使之继续为人民造福。从唐崖土司的开发角度看，我们同样有必要进行研究和发掘，尽可能地向各族人民展示土苗医药文化的特色，促进土苗医药文化的交流和传播，促进县域旅游事业、经济建设的发展。

2. 土苗医药独到诊疗方法的传承

土家族、苗族是只有语言没有文字的少数民族，其疗伤治病的经验只能通过口传心授和家族式的世代相承。在唐崖土司统治后期及“改土归流”后，汉医药理论大规模传入，土苗医药与汉医药文化不断交汇融合，客观上有力地促进了土苗医药的充实、发展和完善，土苗医药在继承自身的特色基础上得到了发扬。一批有识之士著书立说，如咸丰民医秦子文著《玲珑医鉴》、土家名医汪古珊著《医学萃精》等。出现了眼科妙手严雪樵、儒医袁采呈、接骨矫偏刘明洲、“中和堂”刘章甫等，他们在土、苗医药诊疗中已形成较成熟和规范的诊疗特色，如苗医十八望：望形态、望神志、望面色、望眼球、望四毛、望耳壳、望口腔、望鼻色、望指纹、望指甲、望舌质、望手掌、望二便、妇人五望（望信、望带下、望胎孕、望产褥、望袷奶和乳疾）。点穴、苗药烫熨、药袋、灯火、药饼灸等多种特色疗法也开始广泛应用。这些独到的土苗医药诊疗方法，目前该地区仍然较为流行。国家公共卫生专项资金项目——土家医适宜技术筛选和推广项目，促进了土苗医药诊疗技术的现代传承，人民得到了实惠。

3. 土苗医药的实践应用

咸丰境内物产丰富，现已发现药用植物178科1172种，优质的鸡爪黄连、鸡腿白术、甜味绞股蓝、半节烂、七叶一枝花、竹节人参等药材成为咸丰药物资源优势的代表。咸丰县中医院作为苗医、土家医风湿病治疗和研究中心，组织土苗医药专家，经过长期野外调查、实验研究、临床实践验证，提炼出常用方剂378个，常用土苗药物193种；编著出版了《风湿病苗药本草荟萃》、《土家族医药学概论》、《湖北苗药》、《土家族女科》等系列专著；筛选出“三百棒”、“九百锤”、“头顶一颗珠”、“江边一碗水”、“七叶一枝花”等地方珍贵药物；总结出“打得地上爬就用八棱麻”、“血枯竭找一口血”、“身上痛用泡松”、“炎夏烈日采九百锤、下雨下雾采龙骨伸筋、早晨采南天竺、落日采伸筋草、阴天采八角莲”等药物采集经验；研制出苗药风湿丸、骨痹丸、苗药痹痛消丸、骨痛散（外用）、二乌灵仙散（外用）、苗药风湿酒等特色民族药物新制剂。这些实践活动，不仅较好地实现了理论研究、科研成果向现实生产力的转化，更从根本上践行了土苗医药文化的传承。

三、唐崖土司与土苗医药的创新发展构想

1. 进一步加强基础性理论研究

依托县中医院土、苗医药研究中心，联合武陵山区地方高校和研究院所，加强对土、苗医诊断、辨病的基础理论进行深入研究，进一步充实完善土苗医药理论体系和临床体系，同时加大对土苗医药诊疗技术进行挖掘、整理与规范。长期以来，土苗医药从业者们奇特的医术，靠师徒之间的口耳相传得以留存，大量的药方、诊疗技法散落在民间，部分濒临失传。需组织人力物力对名老土苗医临床经验进行抢救和继承，开展土苗药性理论、组方、用药规律研究，并用现代科学方法研究其药化、药理、毒理等，探索作用机制，改进剂型，提高疗效。

2. 进一步加强对民间土苗医药的研究整合

在土司制度治理时期，“梯玛”都很受尊崇，职业所系，他们的跌打损伤药酒、外伤金疮药膏（散）等享有盛名。深度挖掘咸丰民间流传的具有奇效、防病治病、强身健体、治疗疑难杂症等多类别的单方、偏方、秘方（验方），探究土苗医药深受欢迎的推拿、接骨等诸多传统医疗绝技，利用现代研究手段，进行甄别，揭示其科学内核，并合理地加以实践运用。对已成熟的新剂型、新方法、新成果，进行宣传、推

广、应用，使科研成果转变为更大的社会和经济效益。结合唐崖土司开发，如何研究发掘散落的民间土苗医药精粹并加以利用，丰富唐崖土司文化内涵，尚需加大力度。

3. 进一步加强对土苗药膳研究应用

不管是土司家族还是普通土民，应用药膳是防病治病、强身健体的常用有效方法。土苗药膳是在土苗医药理论指导下，由药物、食物和调料三者精心配制而成，是具有防病治病、强身益寿、营养丰富的美味食品。土苗药膳具有浓郁的地方特色和民族特色。近年来，咸丰县在利用土苗药膳的传承开发方面初见成效，如咸丰十大名菜“秘制牛排”等，由于受宣传力度不够等因素的制约，目前尚未形成品牌效应。又如十分常见的“社饭”，除了具有祭祀的意义外，营养保健价值也十分明显，有糯米、大米、腊肉、青蒿、野葱、茶油、盐、味精等多种成分，不失为一种科学的药膳。咸丰县已经形成土苗药膳研究应用的基本思路，一是依据本地特产和土苗药物的特殊功能，办好特色饮食，创出咸丰特色的保健药膳食谱；二是实现土苗医药研究者的研究成果转化，研究创制适合于更广人群具有养生、强体、保健、预防等作用的药膳食谱；三是增加药膳的品种，如药膳罐头、保健饮料、药膳糖果、药膳点心、药酒等项目开发。

4. 进一步加强对土苗医药特色理疗开发利用

结合唐崖土司文化遗产开发，把土苗医药特色融入旅游开发，既可以彰显土司文化特色，又有利于提升服务本土的技术质量。加强对土苗医药特色理疗开发利用，一要做好物理与病理的研究，科学配伍土、苗药物，使理疗对象在理疗过程中舒适并有所疗效；二要科学设计理疗程序。一般来说，旅客经过一天的旅途劳顿，晚饭后在下榻的山庄、宾馆或具有浓郁特色的休闲场所、专业场所等享受到能解除疲劳、消除病痛的足浴、药浴、熏蒸按摩等理疗，在愉悦中结束一天的旅行，是旅游者的最佳选择。三要突出特色。在整个理疗过程中，怎样才能突出土、苗医药特色和理疗特点，突出咸丰民间的独特技艺，应是开发研究的一个理念问题。

5. 坚持土苗医药产业化的可持续发展

大力发展土苗药材基地建设，通过野转家种等方式建设生态药用植物园，加强土苗药物资源保护，合理地、科学地利用有限的土苗族药物资源是支撑咸丰土苗医药可持续发展的重要前提。加强土苗药材深加工产业发展，结合土苗药物特色疗效，研究开发一批有档次、质量过硬的医疗保健饮品、食品、药膳等旅游产品。在产品内涵和文化传播方面注重土司文化和现代文明的结合，利用唐崖土司历史渊源、文化渊源，提升土苗医药文化的审美价值，让游客能真实感受到唐崖土司文化的丰富和特色。

四、结　　语

土苗医药源于土家族、苗族人民的生活劳动实践，古朴自然，民族特色十分浓烈，直至今日仍在武陵山区具有十分广泛的群众基础。在人类日益呼吁“返璞归真，回归自然”的今天，抢抓唐崖土司开发机遇，加大土苗医药的挖掘整理和研究应用，在发展中传承，在传承中创新，在创新中壮大，这是国家大力发展民族医药政策的时代要求，也是还原和再现唐崖土司文化的重要内容之一，更是促进咸丰经济、文化和社会全面高速发展的需要。

参考书目

[1] 咸丰县宣传部：《唐崖土司概况》，1987年。
[2] 咸丰县政协文史资料委员会：《咸丰文史资料》（第四辑），1994年。
[3] 刘文政、吴畏：《恩施唐崖土司概观》，国际文化出版公司，2001年。
[4] 朱国豪、杜江、张景梅：《土家族医药》，中医古籍出版社，2006年。
[5] 《咸丰县志》。
[6] 袁德培、彭芳胜：《中国土家医药学》，科学出版社，2014年。
[7] 袁德培：《实用土家族医药学》，湖北人民出版社，2007年。
[8] 田华咏等：《土家族医药学》，中医古籍出版社，1994年。
[9] 田华咏：《土家族医学史》，中医古籍出版社，2005年。
[10] 赵敬华：《玲珑医鉴》，中国医药科技出版社，2006年。
[11] 崔箭、唐丽：《中国少数民族传统医学概论》，中央民族大学出版社，2007年。

唐崖遗址传统民居的保护与利用

李长盈[1, 2]　吴　晓[2]　邓蕴奇[2]

（1. 武汉大学历史学院　2. 湖北省文化厅古建筑保护中心）

摘要：文章通过梳理土家传统民居（土家吊脚楼）的渊源和建筑形制，讨论了唐崖土司遗址现状民居的分类和特点，结合遗址的具体案例，提出对传统土家吊脚楼的改造思路，以期对传统民居的保护和利用做出有益的尝试。

关键词：土家吊脚楼；保护；利用

唐崖土司遗址地处鄂西山区腹地，遗址自18世纪初废弃后，土家先民仍世居于此，并在遗址及周边地区建造了若干民居建筑。随着近年对唐崖土司遗址保护力度的不断加大、相关法规的分别出台，为保证遗址管理、展示和利用的有序进行，不影响遗址风貌和协调性，需对遗址保护范围内的民居进行拆除、改造。如何处理好遗址与传统民居的关系，如何保护和利用这些民居已成为当务之急。本文通过梳理土家传统民居的渊源和建筑特点，结合该遗址的具体传统民居案例，提出保护、改造和修缮办法。

一、土家传统民居的渊源和建筑形制

唐崖土司遗址所在的鄂西地区自古以来就是土家先民的活动范围，历经千百年的发展、积淀、融合后，这里成为土家族主要的聚居区之一，其建筑风格保留有独特的土家吊脚楼形式。土家吊脚楼是一种从干栏式建筑发展而来的干栏式与穿斗式相结合的“半干栏式”建筑。而干栏式建筑则是人类从树上走到树下、由巢居到地面居住发展的结果（图一）[1]。中国最早的干栏式建筑可追溯至新石器时代前仰韶时期的河姆渡文化，其第一期文化遗存中出土了大量成排分布的干栏式建筑遗迹，除圈栏、窖穴外，这些干栏式建筑遗迹最主要的是用来居住的房屋基址遗迹[2]（图二，1）。蕲春毛家咀遗址[3]出土了5000余平方米的木构建筑遗迹，这表明最迟到西周早期，长江中游地区已经出现了干栏式建筑（图二，2）。而广州汉墓出土木仓的形制、结构表明，在西汉中期，南方地区干栏式与穿斗式相结合的木构建筑已经非常普遍了（图三）[4]。

图一 人类巢居发展史

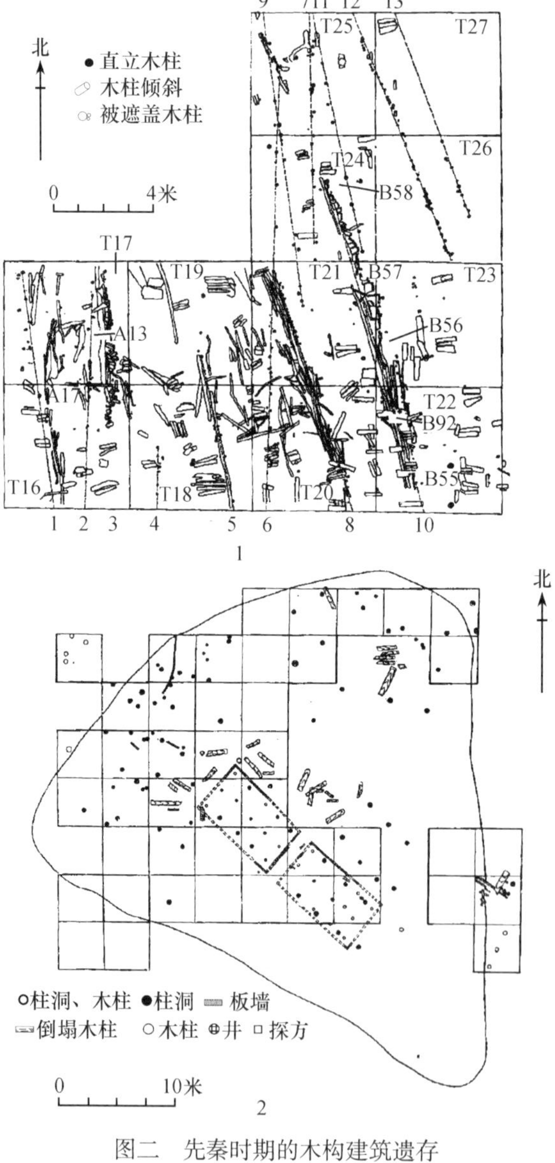

图二 先秦时期的木构建筑遗存

1. 余姚河姆渡遗址 2. 蕲春毛家咀遗址

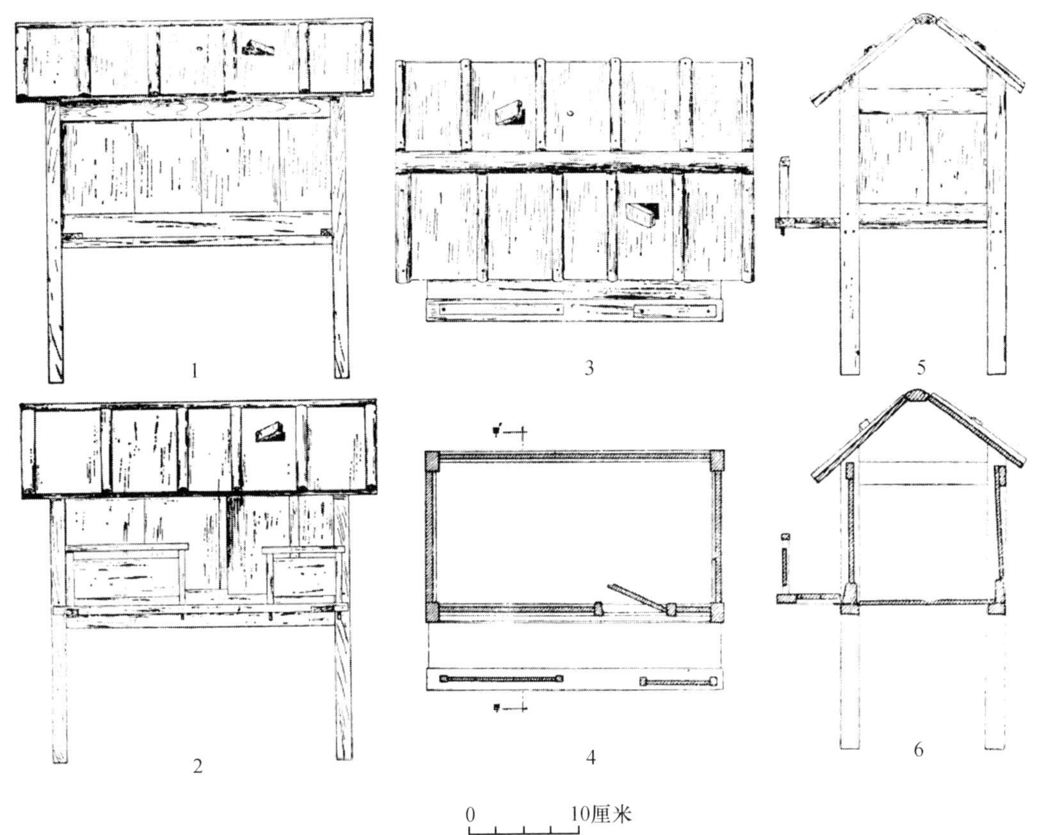

图三 广州出土的西汉中期木仓（M2050：29）

1. 背面 2. 正面 3. 俯视 4. 平面 5. 侧面 6. 横剖面

土家族主要源于古代的巴人，土家文化与巴文化有着直接的继承关系，这在考古学上有着明确的谱系渊源[5]。《华阳国志·巴志》记载，巴郡郡治江州“地势刚险，皆重屋累居，数有火害，又不相容”[6]。“重屋累居”即干栏式建筑的吊脚楼民居。土家吊脚楼便源于古代巴人的干栏式建筑，并一直延续下来。

到了土司制度时期，由于等级制度森严，土司与土民的房屋分化较大，传统民居的建筑形制曾受到严格的限制，同治《桑植县志》卷八记载：土司街署“绮柱雕梁，砖瓦鳞次。百姓则叉木架屋，编竹为墙。舍把头目，许竖梁柱，周以板壁，皆不准盖瓦，如有盖瓦者，即治以僭越之罪”。改土归流以后，由于禁令的解除、社会的发展和周边地区的影响，土家传统民居产生较大变化，逐渐形成了今天的建筑形式。

土家吊脚楼的梁、柱、枋、板等建筑构件均由木材加工而成。吊脚楼大多依山就势，分台而筑，充分利用斜坡地形，采用局部架空的结构，形成“占天不占地”的格局。

根据外形结构，土家吊脚楼可分为四个类型[7]。

一字吊型：只有正屋且不起吊或其中一侧起吊，平面呈“一”字形（图四，1）。

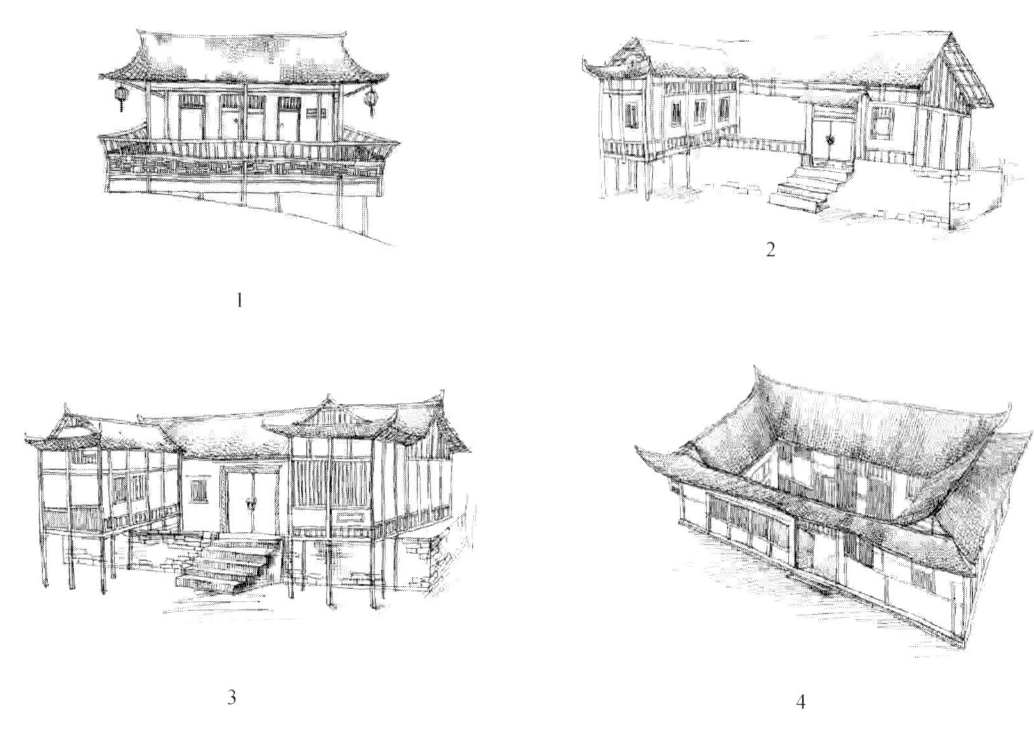

图四 土家吊脚楼的四种类型
1. 一字吊 2. 单吊 3. 双吊 4. 四合水

这种吊脚楼有的并没有传统意义上的“吊脚”，但由于其整体建筑风格除没有“吊脚”外均与传统土家吊脚楼相一致，我们仍将其归入吊脚楼建筑范畴内。

单吊型：亦称“一头吊”、“拐头吊”，正屋的一侧建有厢房，厢房用干栏架空而正屋直接落地，平面呈“L”形（图四，2）。

双吊型：亦称“三合水式”、“撮箕口”，正屋的两侧均建有厢房且两厢房均悬空吊脚，平面呈“U”形（图四，3）。

四合水型：在双吊的基础上，将正屋两侧厢房吊脚部分的上部连成一体，形成一个“四合院”，平面呈“口”字形（图四，4）。

除上述四种类型外，有的吊脚楼还在原有基础上加盖一层或若干层房屋，称为“二层吊”；有的则将正屋、厢房均建在平地上，厢房用木柱支撑抬起高于正屋形成吊脚，称为“平地起吊”。二层吊和平地起吊都是在以上四种吊脚形式的基础上改造而成的。而现代土家吊脚楼除少部分仍为木结构建筑外，其他多为木结构与砖混结构相结合构筑，即正房为木结构，厢房为砖混结构建筑。

土家吊脚楼的内部结构大体一致，可分上、中、下三层：上层主要用于晾置作物和食物，为粮食储藏层；中层为起居层，正房一般设有正堂、卧室、厨房，主要为屋主使用，吊脚部分则为晚辈的起居场所；下层为杂物层，主要用于牲畜饲养和粮食加工场所。吊脚楼充分运用了房屋的各部分空间，既适应了当地温暖潮湿的气候条件，达到通风干燥、防止虫蛇侵袭的效果，又满足了生产生活实际需求，营造出宽敞平整的居住空间。

二、遗址周围传统民居的现状

截至2013年5月，唐崖土司遗址的保护范围内共有60余户300余当地居民居住其中。根据所处位置可将遗址保护范围内的民居建筑自北向南分为五组（图五）。

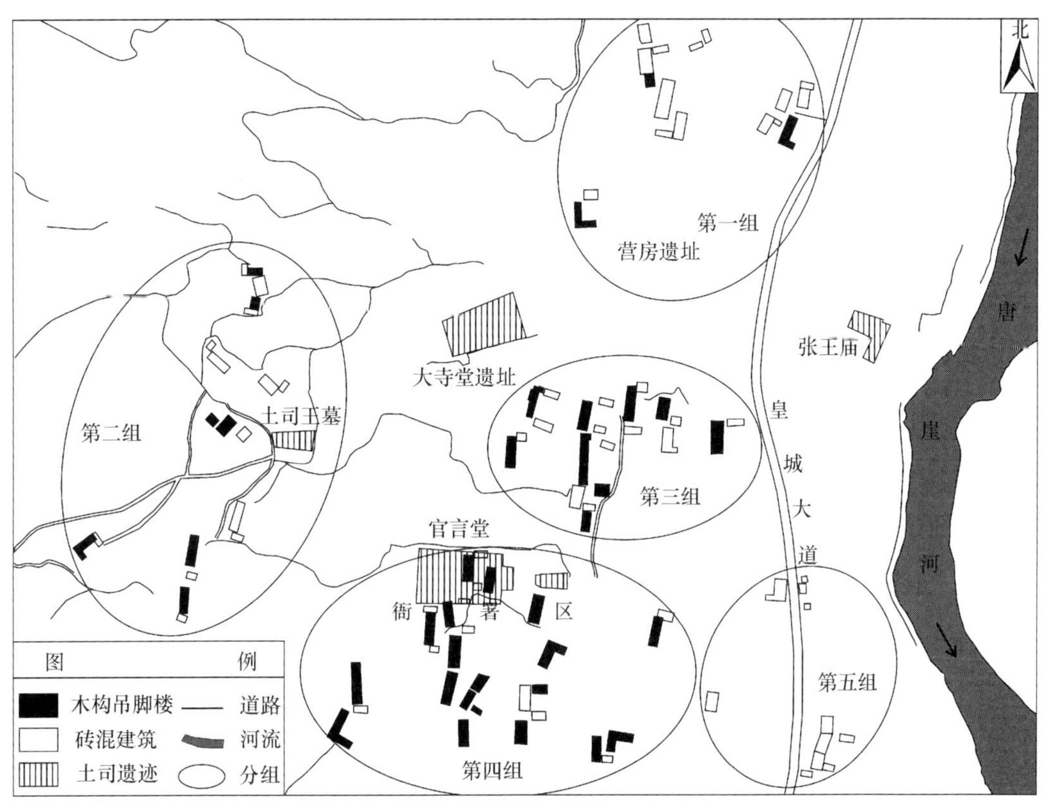

图五　遗址现状民居分布图

遗址的现状民居中，除第五组的建筑均为现代砖混结构外，其他各组均发现有土家吊脚楼建筑。由于受到现代建筑风格和周边地区的影响，唐崖土司遗址的土家吊脚楼又根据建筑材料的差异区分出两种不同的建筑形式（表一）。

表一　唐崖土司遗址保护范围内建筑的分类

分组	位置	建筑类型			建筑数量
		木结构	木、砖结构	砖混结构	
第一组	唐崖司村二组、城墙以内	1	2	8	11
第二组	唐崖司村三组、土司王墓以西	1	5	4	10
第三组	唐崖司村三组、大寺堂遗址以东	1	7	2	10
第四组	唐崖司村四组、第二横道以西至衙署区	9	8	0	17
第五组	唐崖司村四组、第二横道以东	0	0	6	6
总计		12	22	20	54

第一种为纯木构的传统土家吊脚楼，采用干栏式与穿斗式相结合的结构，不用一钉一铆，无论梁、柱、枋、板、椽、檩、榫，均由木材加工而成，这些建筑大多依山而建，分台而筑，在保持楼居传统下，充分利用斜坡地形，将平房与楼房结为一体，前半部分是架空的楼房，后半部分是接地的平房。遗址中这种结构的吊脚楼主要有一字吊和单吊两种类型，其中一字吊6处、单吊5处、单吊基础上的二层吊1处。

第二种为木构的吊脚楼与现代的砖混结构相结合的建筑形式。这种类型的正房或一侧厢房为木构吊脚楼，而另一侧厢房则为现代砖混结构建筑，是一种古今结合的吊脚楼形式。遗址中的大部分建筑属于这种建筑风格，这种结构的吊脚楼主要有单吊和双吊两种类型，其中单吊、双吊各11处。

除上述两种建筑形式外，遗址内还出现了一部分完全由砖混结构构成的建筑，这些建筑大多数只保留正房、厢房相结合的吊脚楼的“影子”，其建筑形式已不属于传统的土家吊脚楼，不应将其归入传统土家吊脚楼的范畴。

以上的建筑形式亦基本体现出遗址中土家吊脚楼由传统到现代的转变过程。

另外，从图五来看，遗址保护范围各遗迹中除衙署区（第四组）被大量现状民居占压、小衙门遗址受部分民居占压外，其他主要的土司遗迹并未受到现状民居的较大影响。

三、传统民居的改造与利用

从前文来看，唐崖土司遗址内的现状民居中保留有少部分传统土家吊脚楼的建筑风格，其余多为传统风格与现代风格相结合的建筑形式；大部分现状民居较好地与遗址的地形地貌相结合，未对土司遗存及其建筑格局、环境风貌等产生大的影响。今后在对遗址的规划设计中，在条件允许的前提下，应重点保留传统土家吊脚楼的建筑形式，改造传统与现代相结合的建筑形式，拆除现代风格建筑，搬迁占压土司遗迹的传统民居并异地重建，使传统土家吊脚楼的建筑形式得以全面保留、复原和展示，并充分与土司遗址的建筑形式和建筑风格相契合。

随着唐崖土司遗址申遗进程的逐步展开，为保证对遗址区充分的管理、展示和利用，目前在充分安置当地居民的基础上，已逐步完成了对保护范围内居民的搬迁腾退工作。搬迁工作完成后，需对现状民居进行调整、改造。由于目前遗址内尚未建立亟须使用、功能完备的考古工作站和现场管理站，根据已出台的《唐崖土司城址保护管理规划》（2013～2030）相关条款[1]，我们选取遗址保护范围内保存状况较好的何家院子、陈家院子两处传统土家吊脚楼建筑，分别按要求将之改造成临时考古工作站和遗址现场管理站，使之既能恢复传统的建筑风格、与周边环境相协调，又能在遗址的展示、宣传等方面发挥其具体功效。

何家院子位于遗址内第一组民居建筑群中，建筑坐西面东，西面依山，东临唐崖土司城遗址皇城大道，南临营房遗址。何家院子为典型的单吊型吊脚楼，由一正（正屋）一横（厢房）组成，正屋面阔五间，进深一间，横屋面阔一间，进深一间，横屋北侧与正屋相接。陈家院子位于遗址内第三组民居建筑群中，建筑坐西面东，西面依山，东临遗址中街与第一下河道交汇处。陈家院子为典型的双吊型吊脚楼，由一正两横组成，正屋面阔八间，进深一间；北厢房面阔两间，进深一间；南厢房面阔两间，进深两间。北厢房与正屋相接；南厢房距正屋东侧约5米。

两所房屋中，何家院子的厢房与陈家院子的南厢房为吊脚楼形式，其底层架空作为猪圈和厕所使用，由吊脚支撑楼板，垂柱支承走廊。其余各间建筑均为穿斗式梁架、悬山式屋面，屋面覆盖小青瓦，屋脊沿脊线立小青瓦干摆，平直无升起，正中作压顶花饰。建筑木装修以木棱条门窗为主，室内外隔断均为木板壁。建筑地面明间均为素土地面，厢间为架空的木地板面。现庭院地面基本被水泥或青石板地面覆盖，排水系统为原状，砌筑形式以青石板与自然沟渠相结合。

从两处建筑的现状来看，整个建筑整体上较好地延续了土家吊脚楼的建筑做法和建筑风格，但后期在传统民居风格基础上搭建现代材料砌筑的房屋、门窗、大面积的水泥地面等对整个房屋区域的环境造成一定影响。建筑整体保存尚好，无明显的安全隐患，但因缺乏有效的维护，局部构件存在残损现象，如木构件糟朽、局部歪闪、瓦面漏雨等。

根据建筑现状和改造要求，我们需在保证两处建筑使用功能的基础上，对建筑进行全面维修并对其内部进行适当改造，去除影响遗址环境的现代材料及增建部分，并对残损部分按土家族吊脚楼的传统建筑工艺做法予以修复；周边环境改造以清理为主，去除现代材料的添加物，如水泥等，再以传统材料进行改造。沿用现有的水电系统。恢复传统的建筑格局，使其在保证传统土家吊脚楼建筑风格的同时，发挥实际功能，为遗址的保护和管理创造良好条件。

改造、修缮两处民居的主要做法有：

（1）屋面，应维持现状屋面形制不变，内部增加防水层以达到防水效果。

（2）木构架，维持现状梁架形式不变，对所有木构件进行全面清理、甄别，更换糟朽的木构件，建筑部分柱子，尤其是山面部分柱根糟朽现象较为普遍，修缮时应予以墩接修缮，若存在糟朽严重者应予以更换。

（3）楼、地面，维持原有的木构地板，根据实际需要硬化部分房间的地板，修缮各建筑的二层阁楼，恢复其储物间的功能；全面修缮原有地面，更换、修缮残损构件并保证其防潮性能。

（4）装饰，按照文物建筑修缮的相关标准进行修缮，保证其传统民居格局，拆除后期加建、搭建的建筑物。

（5）环境，对周边环境进行全面清理，拆除周边的现代房屋，疏通排水系统，恢复原青石沟渠的形式，剔除后建的水泥地面，用青石板予以替换。

以上措施力求保证两处民居维持土家吊脚楼的建筑形式和建筑风格，在此基础上，按照临时考古工作站和遗址现场管理站的功能需求对两处民居的内部构造进行划分，分别在建筑内设置文物库房，整理、展示宣传场所，工作人员的办公场所、起居场所等空间（图六）。以满足对遗址出土文物的整理修复、展示，遗址现场的指挥、管理和工作人员的居住生活等要求。我们可以上述两座房屋改造方式为依据，为其他传统民居的改造提供范本，使这些建筑既能够与遗址的整体风貌、周边环境相协调，又能发挥其实用功能，同时能够凸显传统土家吊脚楼的建筑风格、地方特色和民族特色。

除以上两处保存较好的土家传统民居外，目前尚未提出对遗址保护范围内其他传统土家吊脚楼的保护办法，这些建筑中的大多数在经过维修和改造后可恢复其传统风格，也需在今后的工作中充分的利用。以上对两处民居的改造满足了对遗址的管理和考古基础工作的基本要求，而在今后建立的监控中心、代步车站点等基础功能设施的基础上，在对其他传统民居的利用过程中，可以传统民居、民族风情的展示为主，根据实际需要以各组民居为单位集中建立民俗博物馆、艺术馆、民俗体验馆、影视中心等展示设施，充分体现出土司城址的恢弘气势和传统民居的地域特色，凸显遗址的民族内涵和文化内涵。同时严格限制餐厅、住宿、纪念品销售等商业设施的应用，避免将遗址变为大超市、大宾馆，须将商业中心置于保护范围之外。

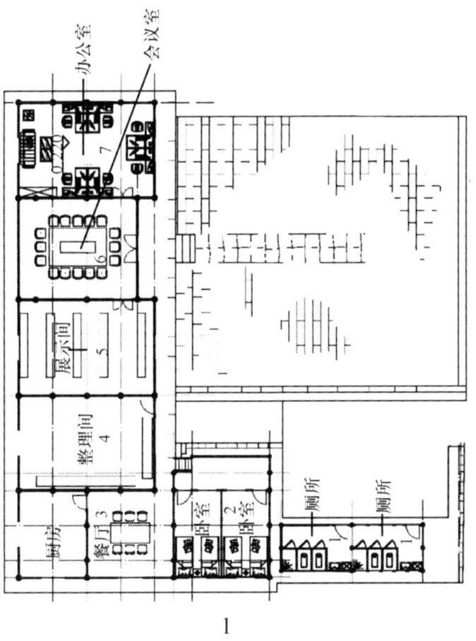

1

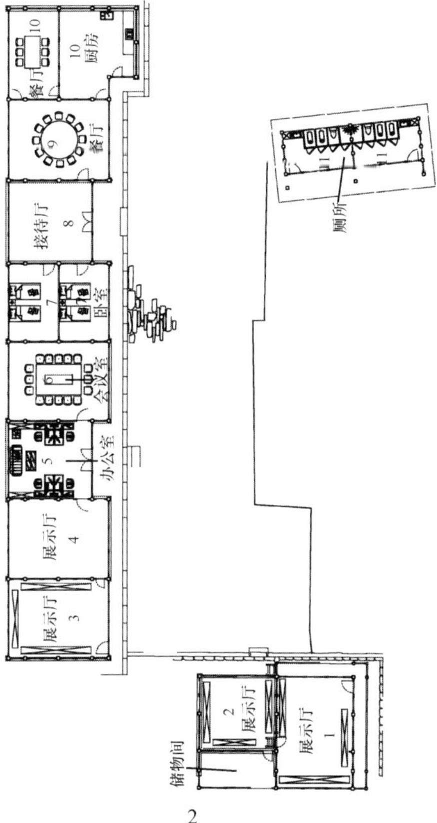

2

图六 何家院子、陈家院子的改造利用

1. 何家院子 2. 陈家院子

注　释

［1］ 张良皋：《匠学七说》，中国建筑工业出版社，2002年。

［2］ 浙江省文物考古研究所：《河姆渡——新石器时代遗址考古发掘报告》，文物出版社，2003年。

［3］ 中国社会科学院考古研究所湖北发掘队：《湖北蕲春毛家咀西周木构建筑》，《考古》1962年第1期。

［4］ 广州市文物管理委员会、广州市博物馆：《广州汉墓》，文物出版社，1981年。

［5］ 余西云：《巴史——以三峡考古为证》，科学出版社，2010年。

［6］（晋）常璩：《华阳国志——九家旧晋书辑本》，齐鲁书社，1998年。有的版本写作"地势侧险"。

［7］ 张良皋：《土家吊脚楼与楚建筑》，《湖北民族学院学报》（社会科学版）1990年第1期；朱世学：《土家族吊脚楼的源流、构造及功能》，《民族论坛》1994年第1期。

［8］《唐崖土司城址保护管理规划》第81条，对于不占压重点遗存的传统民居，尽可能进行原址保护；第91条，根据考古工作的需要，建立考古工作站，为考古工作提供必要的场所；第103条，在遗产区内部结合现场展陈场馆设立现场管理点。

土司学与土司研究

土司学面对申报世界遗产的研究取向

成臻铭

（吉首大学）

摘要：申报世界遗产是近二三十年出现的新事物，中国在这方面已积累丰富经验，为土司遗产申遗创造了良好条件。土司遗产申遗，最关键的是能从遗产本身发现其突出的普遍价值。在找寻突出的普遍价值过程中，一个多世纪的土司研究的盲点如“土司”一词语境不清等被呈现出来。正因为此，土司学有必要加快与国内外致力高原、山地、河谷、海岛社会治理研究的各学科对接的进程，以广泛分布于此“土司区”为视点解决土司研究的基础性问题，以服务于土司遗产申遗以及当今的国家与社会。

关键词：申报世界遗产；土司学；研究取向

2011年11月1日，湖南省召开永顺老司城遗址申报世界文化遗产工作会议[1]。它标志湖南省老司城申遗领导小组在中国率先启动了土司遗产致力申报世界遗产的工作。因为系刚刚启动，所以土司遗产申遗问题目前尚无专文探讨。正因为此，世界遗产在中国的申报现状、申报世界遗产对土司学的要求、土司研究盲点反思、“申遗”语境下的土司学取向等问题，对于土司学者而言尚属于比较陌生的问题。正视这些问题，将有助于土司学服务国家社会的仿现场研究，并有助于土司研究与世界相关研究接轨。笔者由于曾有幸参与土司遗产申报世界遗产的研究工作，了解申遗文本编制方的需求，因而不揣简陋，拟就上述四个问题进行讨，以请教于学界同行。

一、世界遗产在中国的申报现状

申报世界遗产又称“申遗”，是指世界各国将本国的文化遗产、自然遗产、文化与自然双重遗产、文化景观、人类口头和非物质遗产代表作等五类遗产，申请列入联合国教科文组织保护世界文化与自然遗产的政府间委员会（以下简称“世界遗产委员会”）世界遗产名录（以下简称“名录”）的过程。由于遗产列入名录之后可以获得世界性的保护与援助，同时成为世界级名胜，产生可观的经济社会效益，因而名录建立以来，世界各国均积极组织申遗。1978年，美洲、非洲和欧洲国家的遗产率先加入名录；1979年，名录扩展至亚洲国家。1987年，中国遗产开始加入名录，它起步虽晚但进展迅速，目前已跃居为世界第二，仅次于欧洲意大利。截至2007年，全球有185个国家和地区签署世界遗产公约，共有851处遗产列入名录，其中文化遗产660处、自然遗产166处、文化与自然双重遗产25处；2008年，新增世界遗产27处，其中文化遗产有19处、自然遗产8处[2]。这些遗产，分布于世界145个国家[3]。

（一）申报世界遗产的背景

1959年，埃及政府准备在尼罗河修建阿斯旺大坝。为使阿布辛贝神殿、菲莱神殿等珍贵古迹不被淹没，联合国教科文组织于1960年发起“努比亚行动计划”，分解古迹将之搬迁至高地复建。事后，联合国教科文组织会同国际古迹遗址理事会起草协定，保护人类共有的文化遗产。

1972年11月16日，教科文组织第十七次大会在巴黎召开。会议最重要的成果，就是正式通过了《保护世界文化和自然遗产公约》（以下简称《公约》）。该《公约》规定，缔约国内的文化和自然遗产，经缔约国申报、世界遗产中心组织权威专家考察与评估、世界遗产委员会主席团会议初步审议、缔约国大会投票通过之后，即为世界遗产，受到保护[4]。1976年，教科文组织成立世界遗产委员会，建立世界遗产名录，开始受理和审议世界遗产的提名。1978年，美洲、非洲和欧洲国家的首批12处世界遗产被列入名录[5]。1979年，亚洲国家的遗产开始加入名录[6]。

中国作为遗产大国，加入名录明显晚于亚洲其他国家。之所以如此，是因为处于“改革开放”初期的中国国内联合国教科文组织对应机构成立较晚。尽管1971年中国恢复了在联合国的合法席位，1972年10月首次出席教科文组织的大会即当选为执行局委员[7]，但联合国教科文组织全国委员会却迟至1979年2月才正式成立。委员会成立后，于1982年夏天收到巴黎总部来信，信中希望中国作为一个有影响的大国能够签署《公约》，成为缔约国。在委员会的推动下，1985年11月22日，全国人大常委会批准加入《公约》，之后又批准加入《非物质文化遗产保护公约》[8]。

中国加入《公约》以后，世界遗产申报与保护发生了诸多变化。1992年，世界遗产总部在巴黎成立，负责世界遗产相关活动协调，保证《公约》实施和世界遗产年会的举行，建议签约国提交遗产申报名单，组织世界遗产基金会的国际参与以及遗产地状况的相关报告，并对受到威胁的遗产采取紧急行动。1997年，教科文组织通过建立保护“人类口头和非物质遗产代表作”的决议。至此，世界遗产建立了五个类别[9]。2002年4月28日，世界遗产委员会召开第26次会议，限定世界遗产申报和审批的名额，规定一个国家一次最多只能申报两处遗产，而且至少包括一处自然遗产提名，没有世界遗产景点的缔约国享有优先申报和审批的权利。2008年1月，世界遗产委员会制订《实施〈保护世界文化与自然遗产公约〉的操作指南》，强调世界遗产申报和审批建立在创造性价值、传播影响价值、历史见证价值、风格典型价值、人地关系价值、精神关联价值和景观审美价值等“突出的普遍价值”以及完整性、真实性和唯一性等“三性”基础之上。

（二）中国的世界遗产申报

中国于1985年11月加入《公约》后，国内通过先确定中国世界文化遗产预备名单（以下简称“预备名单”）和后确认中国遗产申报世界遗产候选名单（以下简称“候选名单”）的方式，稳步推进中国遗产加入名录工作。1987年12月，中国首批遗产加入名录。截至2013年6月第37届世界遗产大会，中国有45个遗产列入名录，名列全球第二，仅次于拥有48处世界遗产的意大利。

表一　中国遗产列入世界遗产名录年份表[10]

时间	具体内容	小计
1987.12	1. 山东泰山：泰山、岱庙、灵岩寺，2. 甘肃敦煌莫高窟，3. 周口店北京人遗址，4. 长城，5. 陕西秦始皇陵及兵马俑，6. 明清皇宫：北京故宫	6
1990.12	7. 安徽黄山	1
1992.12	8. 四川黄龙国家级名胜区，9. 湖南武陵源国家级名胜区，10. 四川九寨沟国家级名胜区	3
1994.12	11. 湖北武当山古建筑群，12. 山东曲阜的孔庙、孔府及孔林，13. 河北承德避暑山庄及周围寺庙，14. 西藏布达拉宫（大昭寺、罗布林卡）	4
1996.12	15. 四川峨眉山—乐山风景名胜区，16. 江西庐山风景名胜区	2
1997.12	17. 苏州古典园林，18. 山西平遥古城，19. 云南丽江古城	3
1998.11	20. 北京天坛，21. 北京颐和园	2
1999.12	22. 福建省武夷山，23. 重庆大足石刻	2
2000.11	24. 安徽古村落：西递、宏村，25. 明清皇家陵寝：明显陵（湖北钟祥市）、清东陵（河北遵化市）、清西陵（河北易县），26. 河南洛阳龙门石窟，27. 四川青城山和都江堰	4
2001.12	28. 云冈石窟	1
2003.7	29. 云南“三江并流”自然景观，25. 明清皇家陵寝：明孝陵（江苏南京市）、明十三陵（北京昌平区）	1
2004.7	30. 吉林高句丽王城、王陵及贵族墓葬，6. 明清皇宫：沈阳故宫（辽宁），25. 明清皇家陵寝：盛京三陵（辽宁沈阳市）	1
2005.7	31. 澳门历史城区	1
2006.7	32. 四川大熊猫栖息地，33. 中国安阳殷墟	2
2007.6	34. 中国南方喀斯特：云南石林、贵州荔波、重庆武隆，35. 开平碉楼与古村落	2
2008.7	36. 福建土楼，37. 江西三清山	2
2009.6	38. 山西五台山	1
2010.7、8	39. 嵩山“天地之中”古建筑群，40. “中国丹霞”：福建泰宁、湖南莨山、广东丹霞山、江西龙虎山（包括龟峰）、浙江江郎山、贵州赤水	2
2011.6	41. 杭州西湖文化景观	1

续表

时间		具体内容	小计
2012.6、7		42. 元上都遗址，43. 澄江化石地	2
2013.6		44. 新疆天山，45. 红河哈尼梯田文化景观	2
总计	21年	45处	

从表一可知，1987年12月以来的27年中，中国21年有遗产进入名录。其中，前14年每年成功加入名录0～6处，后13年每年基本上成功1～3处。2001年以前为冬季申遗，2003年以后则改为夏季申遗。

表二　中国遗产列入世界遗产名录类别表[11]

类　别	具体内容	小计
文化与自然双重遗产	1. 山东泰山：泰山、岱庙、灵岩寺，7. 安徽黄山，15. 四川峨眉山—乐山风景名胜区，22. 福建省武夷山	4
文化遗产	2. 甘肃敦煌莫高窟，3. 周口店北京人遗址，4. 长城，5. 陕西秦始皇陵及兵马俑，6. 明清皇宫：北京故宫、沈阳故宫，11. 湖北武当山古建筑群，12. 山东曲阜的孔庙、孔府及孔林，13. 河北承德避暑山庄及周围寺庙，14. 西藏布达拉宫（大昭寺、罗布林卡），17. 苏州古典园林，18. 山西平遥古城，19. 云南丽江古城，20. 北京天坛，21. 北京颐和园，23. 重庆大足石刻，24. 安徽古村落：西递、宏村，25. 明清皇家陵寝：明显陵（湖北钟祥市）、清东陵（河北遵化市）、清西陵（河北易县）、盛京三陵（辽宁沈阳市）、明孝陵（江苏南京市）、明十三陵（北京昌平区），26. 河南洛阳龙门石窟，27. 四川青城山和都江堰，28. 云冈石窟，30. 吉林高句丽王城、王陵及贵族墓葬，31. 澳门历史城区，33. 中国安阳殷墟，35. 开平碉楼与古村落，36. 福建土楼，42. 元上都遗址，45. 红河哈尼梯田文化景观	27
自然遗产	8. 四川黄龙国家级名胜区，9. 湖南武陵源国家级名胜区，10. 四川九寨沟国家级名胜区，29. 云南“三江并流”自然景观，32. 四川大熊猫栖息地，34. 中国南方喀斯特：云南石林、贵州荔波、重庆武隆，37. 江西三清山，40.“中国丹霞”：福建泰宁、湖南莨山、广东丹霞山、江西龙虎山（包括龟峰）、浙江江郎山、贵州赤水，43. 澄江化石地，44. 新疆天山	10
文化景观	16. 江西庐山风景名胜区，38. 山西五台山，39. 嵩山“天地之中”古建筑群，41. 杭州西湖文化景观	4
4类	45处	

从表二看出，除“人类口头和非物质遗产代表作”外，中国已有四类遗产进入名录，其中“世界文化与自然双重遗产”4个，“世界文化遗产”27个，“世界自然遗

产”10个，“世界文化景观”4个。

比较表一、表二不难发现，尽管后13年申遗每年成功仅1～2处，但以前列入名录的遗产系列却容易扩充遗产点。以世界“文化遗产”类为例：“明清皇宫”系列于1987年12月列入名录，当时列入的遗产点是北京故宫，2004年7月，沈阳故宫又入列该系列。又如“明清皇家陵寝”系列，2000年11月最初列入的是明显陵（湖北钟祥市）、清东陵（河北遵化市）和清西陵（河北易县），到了2004年7月又有盛京三陵（辽宁沈阳市）被列入。本来，世界遗产委员会从2002年4月开始限定了世界遗产申报和审批的名额，然而2004年7月中国却能有3处遗产进入名录。其中的关键之处，是当年的2处遗产点属于往年列入名录的系列，因而在确保云南“三江并流”自然景观列入名录的同时，能够打破世界遗产委员会的名额限定，将遗产名录增至3个。这表明首次将遗产系列列入名录之后，以后的年份就可以在该系列内打破名额限定扩充遗产点。它带给土司遗产申遗的启示是，我国中西部各省申遗条件成熟的土司遗产各系列可以优先申遗，实现列入名录的“零突破”，之后有的是机会逐年加入名录。

总之，申报世界遗产是最近36年出现的新事物，它始于世界遗产委员会成立之后。该活动初始于美洲、非洲和欧洲国家，逐渐扩展到亚洲等国家。中国申遗起步虽晚但列入名录的进展迅速，已跃居为拥有世界遗产的第二大国。中国遗产在列入名录的过程中累积了丰富的经验，为土司遗产系列策略性地列入名录打下基础。

二、申报世界遗产对土司学的要求

当地方政府统一土司遗产申遗的意志以后，接下来的工作就是使遗产地能够通过入列国家文物局预备名单和候选名单的层层筛选。前者是为遗产地获得准备申遗的资格，后者是为之获得正式申遗的资格。这一过程中，拥有行政资源和财政资源的政府方（以下简称“政府方”）与拥有申遗资源的申遗文本编制方（以下简称“编制方”）和拥有土司学研究资源的申遗基础研究方（以下简称“研究方”）之间紧密协调配合，至关重要。它同时给土司学提出了更高要求。

（一）进入预备名单对土司学的要求

湖南省永顺老司城遗址申报世界文化遗产工作会议召开后，永顺县委县政府委托中国文化遗产研究院为编制方。2011年12月，编制方颁发《老司城申报中国世界文化遗产预备名单文件》，确定“中国范围内土司城市的主要特点及演进过程研究”、“永顺老司城遗址的历史演进研究”、“土司文化专题研究”、“老司城遗址规划设计的特点研究”、“全国现已发现的土司城市遗迹简述及其保存状况研究”五个课题，为政府方提供资料。该文件反映了编制方对土司学的具体要求。从文件内容来看，编制方的课题设计指向是中国范围内的土司城市、永顺老司城遗址和土司文化，试图弄清土司城市遗址文化的概况、特点、历史演进和保存状况[12]。为搜集资料，政府方于2012年

2月10日拜会吉首大学的土司学者，请求提供《老司城遗址申报中国世界文化遗产预备名单文化专题研究方向参考资料》目录及参考资料，以利于预备名单文本的编制。

三个月之后，永顺县委县政府以行动表达了委托吉首大学为研究方的意愿。5月11日下午，政府方根据编制方遇到实际问题，向研究方提出“老司城文化研究课题”研究方案，期望研究方提供写作框架。该方案包括“老司城城市建筑布局及功能研究”、“彭氏土司司治研究”、“彭氏土司时期溪州地区的社会经济研究”、“彭氏土司谱系研究”、“古溪州诸蛮区域自治研究”、“土家族历史研究”、“老司城遗址核心价值研究”七个子课题，各子课题均已提出选题的意义、价值和理论支持、研究的主要内容、研究的思路、目标、研究方法、重点与难点[13]。5月12日上午，研究方与政府方协商，在原课题基础上新增“溪州铜柱、红字碑、墓志铭、德政碑等古文字研究”、“土家族古土语研究”、“老司城遗址申遗涉及完整性、真实性、唯一性的突出普遍价值研究”三个子课题。从课题设计内容来看，原有的“中国范围内的土司城市”和“永顺老司城遗址”两个子课题被具体化为“老司城城市建筑布局及功能研究”、“彭氏土司司治研究”、“老司城遗址核心价值研究”和“老司城遗址申遗涉及完整性、真实性、唯一性的突出普遍价值研究”四个子课题，“土司文化”子课题被细化为“彭氏土司时期溪州地区的社会经济研究”、“彭氏土司谱系研究”、“古溪州诸蛮区域自治研究”、“土家族历史研究”、“溪州铜柱、红字碑、墓志铭、德政碑等古文字研究”、“土家族古土语研究”六个子课题[14]。为了理解“突出的普遍价值”以及“三性”的具体内涵，研究方于5月27日下午及晚上，专门讨论《实施〈保护世界文化与自然遗产公约〉的操作指南》、《威尼斯保护历史性城市的国际宪章》、《奈良真实性文件》（1994年11月日本奈良真实性会议通过）以及《中国世界文化遗产名录》四个文献，试图完善子课题的设计方案。

（二）进入候选名单对土司学的要求

预备名单文本编制完成后，政府方与中国建筑设计研究院建筑历史研究所频繁接触。8月上旬，政府方就“老司城遗址研究”咨询这个准编制方。该编制方的回应是：老司城遗址研究第一部分应该是基础研究，即把最系统、最基本的研究资料整理出来，描绘并解决过去研究的盲点，具体的办法是史料记载要编成专题装订成册，物质性（考古）要描绘清楚，土家族的渊源、哪来哪去要拿史料说话，这样才能用很简单、很直白的话语对外国人进行阐述，打消他们的疑虑；第二部分是专题研究，就是看清楚那条价值并把它系统地阐述出来；第三部分是对比研究，就是把阐述出来的价值清楚地区分层次，分别放在西南地区、中国、世界进行比较，如国内几个地区、几个民族实行土司制度要讲清楚。他们认为有些价值是由文本层面确定的，价值研究是老司城申遗研究的重点[15]。这表明，准编制方的候选名单文本的编制是以老司城的价值为取向的，系统地搜集、整理资料只是价值研究的基础，按专题分门别类地阐述清楚价值只是手段，区分层次研究透彻价值才是终极目的。根据准编制方的回应，8月中下旬，研究方逐一评议和审改了各写作提纲，并对“独特见证”、“杰出范例”、“世界关联性”等关键词进行了集体讨论。9月13日上午，研究方将修订的写作提纲提交给政府方。

准编制方见到各子课题及其写作提纲后，认为“有关研究的设立，看上去比较混乱”，要求先做“老司城城市建筑布局及功能研究”、“溪州彭氏土司与国内外其他土司对比研究”和“土司制度与彭氏土司历史文献资料整理研究”三个题目，并指出“这三个课题都不是专著，只是命题作业，不拘体例，只要把资料梳理清楚、说明问题就行”[16]。从该评价报告可以看出，准编制方坚守“老司城遗址研究”是专题研究、对比研究、基础研究相结合的价值研究的理念，认为原有的课题设计与扩充以及写作提纲的修补，均存在缺陷。根据该意见，研究方不仅采用个人陈述和集体讨论相结合的办法逐一修改每一份写作提纲，而且于9月21日下午举行的“老司城遗址申报世界文化遗产课题研究专题写作大纲研讨会”上听取政府方的审定意见。在会上，政府方批准了“基础资料研究”、“历史文献研究”、“其他研究”三个类别共9部专著和6个调查报告的写作提纲。不过笔者认为，政府方批准的写作提纲的类别设置与准编制方的要求显然存在差距。

9月，老司城遗址与唐崖土司遗址（湖北省咸丰县）、容美土司遗址（湖北省鹤峰县）和海龙屯遗址（贵州省遵义市）一道，列入预备名单[17]。接着，说服准编制方正式接受政府方编制候选名单文本的委托迫在眉睫。10月13日下午，政府方、研究方与准编制方举行老司城遗址申遗座谈会。在会上，准编制方先后听取政府方和研究方的报告，最后宣布接受政府方的委托。随之，政府方给研究方注入资金，正式启动课题研究。之后，经过连续八个月夜以继日的高强度研究，截至2013年6月中旬，研究方的6个调查报告和9部专著先后结题。

各子课题结题后，候选名单文本进入编制阶段。这一阶段，编制方对研究方提出新要求。6月7日，他们要求研究方找证据，认为促使老司城申遗成功最重要的“功课”就是要找到和找准世界遗产委员会可能认定的潜在的突出普遍价值，找到遗址所展示的中国土司制度在今后人类史上意义的证据[18]。6月13日上午，政府方举行“老司城遗址申遗课题研究座谈会”，对研究方提出申遗基础研究向申遗文本研究转型的要求。他们要求研究方；一是要解读“申遗文本编制单位”所提问题，即“土司制度与前朝类似制度（特别是羁縻制度）的本质区别与联系”、“西南土司在整个土司体系中的定位及其代表性”、“土司制度的准确定义及遗址见证的核心价值”问题；二是要解读“溪州铜柱、德政碑”；三是要阐释“彭氏土司综述”；四是要提炼土司遗址突出的普遍价值[19]。从编制方表达的内容看来，他们期望研究方提供老司城遗址的价值与意义、土司制度的区别联系等专题研究和对比研究的结论与证据。为了提炼老司城遗址的价值，6月24日下午，政府方邀请土司学家李世愉教授举办题名为《土司制度与老司城遗址的价值》的讲座，将老司城遗址的价值凝炼为“土司制度的历史记忆”[20]。

综上所述，土司遗产申遗是一个系统工程，需要分阶段逐步完成，它不仅需要政府方、编制方和研究方的同心协力，而且需要三方形成申遗与土司学的背景知识。土司遗产申遗过程中，研究方的成果由于公开出版后最终要面对申遗界和土司学界的双重考量，因而写作之初就要遵守学术规范，并按照编制方的课题设计思路完成研究任务。道理很简单，因为编制方的土司遗产课题设计间接反映了世界遗产委员会专家的价值观，可谓是申遗对土司学的要求，它需要研究方按编制方的思路澄清土司研究上的学术问题。进入预备名单前，编制方的课题设计明显偏重于土司城与土司文化的史实整理。而进入候选名单前，编制方却认定提炼老司城遗址的价值最为关键，认为基础研究是要系统地搜集整理资料展示价值，专题研究是要分门别类地阐述清楚价值，对比研究是要区分层次研究透彻价值，他们无论是先要求研究方攻克“土司制度与彭氏土司历史文献资料整理研究”、“老司城城市建筑布局及功能研究”和“溪州彭氏土司与国内外其他土司对比研究”三个课题，还是接着提供“土司制度与前朝类似制度（特别是羁縻制度）的本质区别与联系”、“西南土司在整个土司体系中的定位及其代表性”、“土司制度的准确定义及遗址见证的核心价值”三个详细材料，以及最后提供“彭氏土司”、“土家族文化”、“西南土司”、“土司体系”四大综述，均是为了直接服务于文申遗本的编制以及促成申遗的最后成功。尽管编制方在不同阶段要求不同，但他们均将老司城遗址与土司、土司制度、土司文化联系起来了。事实上也是如此，老司城遗址如果离开土司、土司制度与土司文化，就只能是中国古代城市中的一个极普通的城址。正因为此，土司遗产欲获得世界性的认可、了解、保护和研究，就一定不能脱离整个土司体系展示完整、阐述清楚和比较透彻遗产地的价值。将与土司相关的遗产同土司、土司制度及土司文化进行关联研究并找准其突出的普遍价值，可谓是申遗对土司学提出的基本要求。

三、以往土司研究盲点反思

土司研究开始于1908年，至今已有106年的历史。一个多世纪的研究前后分为四个阶段，不同阶段的学术取向存在差异。

第一阶段从1908年到1959年，主要立足现实研究传统的土司制度。1908年和1911年，云生《云南之土司》（《云南》第14期）和安建《贵州土司现况（南龙桥土司）》（《地学杂志》第2卷第8期）先后发表，分别研究云贵两省的土司现状。但这种土司调查应者寥寥，仅周希武于1919年出版的处理川甘地界纠纷的《玉树调查记》（上海商务印书馆）一书涉及土司问题。到1929年12月，民国政府内政部制订《现有土司调查表》及《现有盟旗及其他特殊组织调查表》，咨请广西、云南、贵州、甘肃、宁夏、青海、西康、湖南、四川、新疆各省“民政厅详加调查，凡与县治相当地方，现未改设县治尚有此类特殊行政组织者，应即依式填表报部，以资稽考”[21]。学者对内政部的姿态予以回应，他们从“特殊行政组织”入手审视残存土司问题，由现存土司及其官制切入到边疆土司制度研究。1930年，葛赤峰提出“土司制度”一词，并探讨其成立与流弊[22]。1935年，佘贻泽发表研究清代土司制度专文[23]，并于1944年出版研究我国土司制度的首部专著，立足西南地区土司政治的存在现实追溯土司产生过程以及清代、民国土司的具体情况，进而提出改革现存土司制度的具体建议[24]。受佘贻泽列表概述土司的启发，江应樑以行政区为单位整理出明代云南的土司志。

第二阶段从1960年到1979年，主要反思传统土司制度为现实服务。当时土司制度已消失，而与土司相关的民族识别工作正持续展开。反思历史上的土司制度，研究土司族属为民族识别工作服务，成了这一阶段土司制度研究的主要取向。

第三阶段从1980年到1998年，主要从治理层面反思与评价各民族土司制度，总结经验教训，使土司文化探讨走上产业化道路。正因为此，“土司城”[25]开始引起学者关注，并使土司遗产作为民族文化遗产的有机组成部分受到重视。吴永章发展佘贻泽的“史述”传统，撰成土司制度史著作[26]。龚荫以“治所/族属/承袭/事纂”为框架，从逐步拓展了土司志研究的空间视野[27]。在前人土司志、土司制度史研究的基础上，李世愉创立了清代土司制度研究 “过程/事件”方法，并将研究层面推进到土司与家族村社之间[28]。一些土司会议纷纷召开，除重点关注“土司夫人”的功绩外[29]，还研究土司制度的起源、形成、民族成分、作用与流弊等。个别地方还创办了土司博物馆[30]，一些土司文学及影视作品相继问世，土司文化逐步走上产业化发展道路。

第四阶段从1999年到2013年，形成了土司制度研究向土司物态研究的转向。由于土司文化遗产作为民族文化遗产进入政府保护和开发日程，因而，土司文化被列为民族文化产业开发研究的重点对象。1999年，陈卫平公开提出尖山唐崖城遗址的文化旅游开发构想[31]。2001年，刘强、卫光辉发表文章，集中阐述“土司文化”概念[32]。之后，出现“土司文化旅游”[33]、“土司时期的政治文化”、“土司政治文化”等概念[34]，一些土司菜、土司茶与土司酒等土司文化产业勃然兴起，土司城和土司大道等基础设施被陆续兴建，大量的土司文学作品和土司影视作品被公开发行，某些地方院校甚至成立土司研究机构集中研究土司历史文化。

以往的土司研究先后形成了土司、土司制度、土司文化、土司政治文化研究的路径，带有极深的时代印记。正因为如此，就留下诸多学术研究盲点。这些研究盲点主要表现在：一是“土司”一词在何种语境之下提出，并变化显得模糊不清；二是王朝国家在治理高原、山地、河谷和海岛居民的过程中采用了“羁縻”、“土司”、“改土归流”、“民族区域自治”等治理形式，然而其转型及其时间差异显得模糊不清；三是土司的空间变化显得模糊不清；四是土司在中华民族中的汉族与少数民族之间的分布以及渔猎民族、农耕民族和游牧民族之间的分布显得模糊不清；五是土司及土司现象在国外的分布显得模糊不清；六是历史上消失的土司城与土司制度之间具有哪些必然联系以及土司城具有何种突出的普遍价值显得模糊不清。

之所以这样模糊不清，是因为除研究带有极深的时代印记之外，还与土司学理论研究的滞后以及问题探讨的深化存在很大关系。在以往的基础研究、专题研究和对比研究中，虽然存在“土司”研究与“泛土司”研究[35]的分歧，但分歧的双方均未能深究并解读“土司”一词在何种历史场景下提出及变化的，致使双方的分歧至今犹存。该焦点问题不解决，则分歧的双方就难以判定对方在“土司”时间分布、空间分布、群体分布乃至是事件分布研究上的孰是孰非，也就无法在“土司”语境下观察国外类似的政治文化现象。从中国土司学史考察，“土司制度”仅为民国时期学者构建的名词，他们在构建这一新名词的时候并未探究历史文献中“土司”一词的内涵以及出现的语境，以致对土司的源流甚至是土司制度的渊源与发展、变化缺乏应有的关照。如此一来，留给后来土司学者的乃至当下土司城申遗专家的，就是难以准确定位出土司城突出的普遍价值。

总之，从1908年到2013年，106年的土司研究先后走过了立足现实研究传统的土司制度、反思传统土司制度并为现实服务、总结各民族土司制度留下的经验教训并使土司文化走上产业化道路、形成土司制度研究向土司物态研究转向等四个阶段历程。这样，致使土司、土司制度、土司文化、土司政治文化在自言自语式的研究中带有深深的时代印记，导致“土司”基础研究留下诸多学术盲点，存在许多“莫衷一是”的学术分歧，以致进一步影响到了当下土司城申遗中的突出的普遍价值的提炼。

四、“申遗”语境下的土司学取向

“申遗”话语下的土司学研究，主要有两种取向。

（一）以适应性地“对接”研究为取向

如前所言，土司遗产申遗研究属于土司学适应申遗文本编制专家视野乃至国内外世界遗产专家视野的适应性研究，这意味着以往土司学者生活在自我世界里的自言自语式的土司研究，面临一个由封闭的专门研究向开放的综合研究的转型。这种研究取向的转型，是申遗研究适应世界遗产保护界以及土司学界适应国内外社会科学界和自然科学学界的转型。它需要土司学界进一步打开土司研究视野，从某个土司研究、某个民族土司研究、某个区域土司研究乃至整体土司研究中走出来，与申遗研究和世界学术研究接轨。它不仅需要土司学者在书斋中借助历史文献史料弄清“土司”一词出现的语境，弄清土司制度存在的时空场域，弄清土司治理与国内外类似自然与人文环境中治理的区别联系，而且需要他们走出书斋，走进田野，对正逐渐消失的、目前仍看得见摸得着的土司遗产残体进行现场记录。

这样一来，完善土司学研究体系的多视角研究，即土司学与国内多学科对接研究，以及土司学与国外针对高原、山地、河谷、海岛治理的多学科对接研究，需要土司学界加快推进。借助其他学科理论视野和研究成果，做好土司学的基础研究、专题研究和对比研究。具体而言，土司学与国内多学科对接研究，它至少需要土司学的话题话语与中国民族史、中国政治制度史和中国社会史等学科的话题话语形成沟通，以此在更大的视野下解读统一的多民族国家形成发展与民族政治文化和民族社会文化的形成发展问题，解读羁縻制度、土司制度、“改土归流”和民族区域自治制度的转型问题，解读区域社会控制与区域治理[36]问题等一系列重大问题。根据中国土司分布于高原、山地、河谷、海岛的多民族的地域特点，土司学与国外多学科对接研究，主要就是针对高原、山地、河谷、海岛社会的控制与治理的对比研究。在对比研究中，更多地聚焦于高原、山地、河谷、海岛社会的文化多元整合和文化多样并存问题，准确捕捉土司文化遗产、土司自然遗产、土司文化与自然双重遗产、土司文化景观、土司口头和非物质遗产代表作等方面的信息，最后提升出申遗所需的突出的普遍价值。

（二）以“土司区”研究为取向

针对土司时期高原、山地、河谷、海岛社会的控制与治理的研究，宜采用“土司区”研究视角。“土司区”研究以前一度被称为“土司区域内部”研究[37]。其研究之所以重要，是因为分布于高原、山地、河谷、海岛的土司区是土司研究的基本单位，是土司学研究的源泉，其历史存在的地域广阔性为土司研究提供了足够大的空间，并且此类研究具有较高的“经世致用”价值，也是土司学形成新理论的基础。不仅如此，土司区作为土司学研究的五大主题之一[38]，与土司、土司政府、土司关系、土司制度之间存在着必然联系，可以有效地兼顾其他研究主题。它既是土司实体、土司体系、土司组织单位和心理文化单位，又是土司政府的管辖区域以及土司关系的发生区域，还是土司制度的贯彻执行单位。土司区虽然由地域、资源与环境、区位、人口、结构、家庭、组织、文化、变迁等要素构成，但是可以按照其规模、区位、功能、变迁速度、关系、方式、条件、特质等标准分为若干类，从一些差异中可以发现土司的经济、政治、军事、教育、卫生、福利与服务、娱乐、宗教等基本功能以及社会化、社会控制、社会参与、社会互动等本质功能。

土司区的土司文化作为民族文化的经典，具有独特的传承与模塑方式。分布于高原、山地、河谷、海岛环境的土司区，民族文化各具特色，呈现了“马赛克”式的多样并存格局。多元多样的土司文化，在同一个土司区内尽管分层次有碰撞有并列有轮混，但立足于土司区以外观察却是一个整体。也可以说，土司区内部的文化多元多样与外部的文化一体同时存在。不同土司区所模塑的文化载体尽管差异明显，但跨土司区交流之后会造成该载体的变形。

以“土司区”为视点切入土司研究，有必要进一步明确“区域”或“地域”的概念。据行龙的梳理，地域有四重含义：一是指疆土范围，二是指大到全球、中到某一个国家和小到某一个地区的地域系统，三是指地域内的各研究主题，四是指各主题在变化中与其他主题乃至与自然的多元联系。具体到某个地区，既指中国的长江下游地区、岭南地区、东南地区、西北地区、长江中游地区、华北地区、长江上游地区、东北地区，又指这些地区的某个行省以及某个自然经济条件相同的如山脉走向、江河流域、市场网络和人文风俗相同的地域，还包括这些地方的某个农村或者某座城市[39]。依照行龙对“地域”或“区域”的梳理，欲有效地观察土司自然就离不开对共和国初期提出的“土司区”概念的运用[40]。如此则发现，土司区是土司世袭控制的一个空间，大到全球的有土司控制现象的高原、山地、河谷、海岛地带，中到某个国家的土司区整体，小到某个地区的土司区，如西南土司区、西北土司区、中南土司区、华南土司区等，具体到这些地带某个少数民族土司区和某个省份的土司区，以及分布于高原、山地、河谷和海岛之中的某个微型的土司实体，均能够囊括于“土司区”之中。以当下的县乡村体制观察，分布于高原、山地、河谷、海岛环境的土司区，既有跨县的又有跨乡跨村的。它与社会学专指特定地理空间内的人群及其社会活动的“社区”[41]，无形之中存在诸多共通之处，可以在一定程度上形成理论共享。这就是说，“申遗”话语下的土司学理论其实就是有关各个土司区控制与治理高原、山地、河谷、海岛区域的研究理论。在“土司区”语境下，该理论可以形成土司社会体系以及土司区结构功能、行动、人文区位、人口、制度与文化、权力结构、土司城等多个研究取向。如土司社会功能研究，既可以有跨县、跨乡和跨村控制的研究取向，又可以有某省相关区域控制的研究取向，还有几个省交接地带控制的研究取向，以及有某一国相关区域整体控制的研究取向。控制之下，散布于高原、山地、河谷、海岛地带“土司区”的人群，尽管其生产生活方式存在差异，但其政治生活、军事生活乃至文化生活等生活样态在民族“大杂居、小聚居、交错杂居”的分布格局之中却具有共性。

总而言之，申遗研究作为一种与世界遗产保护和学术研究趋势接轨的研究，总体上属于迎接世界学术大势的适应性的研究。它带给土司学界的，是立足中国土司一度控制和治理高原、山地、河谷、海岛的实际，以开放的视野实现基础研究向应用研究转型。只有以“土司区”为视角，才能在对比研究中逐步解决“土司区”在高原、山地、河谷、海岛地带的民族多元文化整合和多样文化并存问题，才能从中提升出土司遗产突出的普遍价值，进而给土司学理论赋予以新的生命力。

五、结　语

申报世界遗产是36年前出现的新事物，中国在此方面起步虽晚但进展迅速。自从27年前中国遗产成功地加入名录、实现世界遗产“零的突破”之后，中国目前已有45个遗产列入名录，名列世界第二。27年中，中国已累积丰富的遗产类别与遗产系列加入名录的经验，为2011年11月以来土司遗产申遗过程中的土司系列个别遗址优先进入名录创造了条件。土司遗产申遗，无论给政府方、编制方还是研究方均提出了诸多新的挑战。这些挑战带给研究方的是使之最终意识到一个世纪以来土司研究，在土司遗址与土司、土司制度、土司文化的关联研究以及突出的普遍价值研究方面存在许多不足。一个多世纪的土司研究，由于带有极深的时代印记，因而一些基本学术问题至今未能解决，形成研究盲点。这些盲点主要有“土司”一词出现的语境，王朝国家借助土司控制高原、山地、河谷、海岛社会所采用的差异化的治理方式，土司的民族版块分布与空间变化，以土司遗址为代表的土司遗产突出的普遍价值，等等，它带给土司学界的必然是或明或暗的旷日持久的学术分歧。适应世界学术大势的申遗研究，使我们能有机会不仅意识到这些问题，而且意识到需要以广泛分布于高原、山地、河谷、海岛的“土司区”为视点解决土司研究的这些基本问题，意识到需要加快与国内外致力于高原、山地、河谷、海岛社会治理研究的各个学科对接的进程，进而在多元文化整合和多样文化并存背景下实现中外分层对比研究，最终找到土司遗产突出的普遍价值。

注 释

[1] 参见《老司城遗址申报世界文化遗产大事记（二〇一〇年—二〇一三年）》，载《中国文物报·文化遗产日特刊》2013年6月7日第24版。

[2] 《全球新增27处世界遗产地》（2008年07月09日），网页：新华网，网址：http://news.xinhuanet.com/newscenter/2008-07/09/content_8516368.htm。

[3] 截至2011年11月1日，联合国教科文组织拥有195个成员国。

[4] 文贤章：《〈保护世界文化和自然遗产公约〉简介》，《中学历史教学参考》1994年第6期。

[5] 这12处遗产，分布于美洲的是加拿大的拉安斯欧克斯梅多国家历史遗址、纳汉尼国家公园，美国的梅萨维德印第安人遗址、黄石国家公园，厄瓜多尔的基多旧城；分布于非洲的是埃塞俄比亚的拉利贝拉石凿教堂、锡门国家公园，多哥的拉利贝拉岩石教堂，塞内加尔的戈雷岛黑奴囚禁地；分布于欧洲的是德国的亚琛大教堂，波兰的克拉科夫历史中心、维耶利奇卡盐矿。

[6] 当年加入名录的共有4处，它们是西亚伊朗的恰高·占比尔（神塔和建筑群）、波斯波利斯、伊斯法罕王侯广场和南亚尼泊尔的加德满都谷地。

[7] 1997年11月4日，中国又继续当选为执行局委员。

[8] 以上参见《中国申遗大事记》，载《国学》2009年第12期。

[9] 这五个类别，是指“世界文化遗产”、“世界自然遗产”、“世界文化与自然双重遗产”、“世界文化景观”和“人类口头和非物质遗产代表作”。

[10] 参见《世界遗产名录有哪些？名单列表（2013年更新）》，网页：本地宝，网址：http://bj.bendibao.com/news/2013623/107964.shtm。

[11] 参见《世界遗产名录有哪些？名单列表（2013年更新）》，网页：本地宝，网址：http://bj.bendibao.com/news/2013623/107964.shtm。

[12] 参见中国文化遗产研究院吴婷：《老司城遗址申报〈中国世界文化遗产预备名单〉文化专题研究方向》（2012年12月7日）。

[13] 见永顺县、吉首大学“老司城遗址申报世界文化遗产课题座谈会”资料《老司城文化研究课题》（2012年5月11日）。

［14］ 见湖南省老司城申遗办公室：《老司城历史文化课题研究工作计划》（2012年5月12日）。

［15］ 湖南省老司城申遗办公室：《赴北京给陈同滨教授汇报录音资料整理》（2012年8月上旬）。

［16］ 参见湖南省老司城申遗办公室：《陈同滨等领导及专家对申遗的要求》（2012年9月13日）。

［17］ 李韵：《国家文物局重设〈中国世界文化遗产预备名单〉》，网页：光明网，网址：http://culture.gmw.cn/2012-11/18/content_5722654.htm。

［18］ 中国建筑设计研究院建筑历史研究所：《土司城遗址申遗文本编制组来信》（2013年6月7日）。

［19］ 李平：《在永顺老司城遗址课题研究座谈会上的讲话摘要》（2013年6月13日），见湖南省老司城申遗办公室《老司城遗址课题研究资料汇编（2013年6月内部资料）》。

［20］ 参见永顺老司城遗址管理处:《永顺县就〈土司制度与老司城遗址的价值〉进行集中学习》，网页：中国老司城，网址：http://www.laosicheng.cn/article/show.asp?id=236。

［21］ 内政部年鉴编纂编委会：《内政年鉴（一）》，商务印书馆，1935年，第251页。

［22］ 见葛赤峰：《土司制度之成立及其流弊》，《边事研究》1930年第9卷第5期。

［23］ 见余贻泽：《清代之土司制度》，《禹贡（半月刊）》1935年第5卷第5期。

［24］ 余贻泽：《中国土司制度》，重庆正中书局，1944年，第190～193页。

［25］ 见黄贤友：《唐崖土司城址考》，《湖北少数民族》1983年第1期。

［26］ 见吴永章：《中国土司制度渊源与发展述略》，四川民族出版社，1988年。

［27］ 见龚荫：《中国土司制度》，云南民族出版社，1992年。

［28］ 见李世愉：《清代土司制度论考》，中国社会科学出版社，1998年。

［29］ 参见会议组《关于土司制度问题的讨论》，《贵州文史丛刊》1986年第4期；《关于土司制度的讨论》，《中国少数民族（人大复印资料）》1987年第3期。

［30］ 莫家仁、覃圣敏：《蓝承恩与忻城土司博物馆》，《广西民族研究》1996年第3期。

［31］ 见陈卫平：《尖山唐崖城遗址开发构想》，《土家学刊》1999年第4期。

［32］ 见刘强、卫光辉：《古老而又年轻的江外土司文化》，《创造》2001年第8期。

［33］ 见广西忻城县旅游总公司公布的《广西忻城县土司文化旅游区》。

［34］ 见成臻铭：《清代土司研究——一种政治文化的历史人类学观察》，中国社会科学出版社，2008年；周俊华：《纳西族政治文化史论》，人民出版社，2008年。

［35］ “土司”研究是指时空构架局域于元明清时期以及西南地区的土司研究，而“泛土司”研究则是指时空构架越出了元明清时期以及西南地区的土司研究。具体如时间上，将土司出现的起点追溯至两宋之交甚至是先秦时期，将土司的下限延续至清朝晚期、民国时期甚至是共和国“民主改革”的完成时期；空间上，说土司不止存在于西南地区，在南方海岛地区、西北地区、北方蒙古地区甚至是东北地区均有土司分布。

［36］ 区域的治理不仅包括中央王朝治理土司地方，而且包括土司地方之间互相制约，还包括土司对其家族村社会的治理，其治理目标是该区域的安全、稳定与发展。

[37] 参见成臻铭：《清代土司研究——一种政治文化的历史人类学观察》序一、序二，中国社会科学出版社，2008年。

[38] 土司学研究的五大主题是土司、土司区、土司政府、土司关系、土司制度。参见成臻铭：《土司文化：民族史不能忽略的领域》，《广西民族研究》2010年第3期。

[39] 行龙：《从社会史到区域社会史》，人民出版社，2008年，第130、131、135、136页。

[40] 江应樑：《明代云南境内的土官与土司》，云南人民出版社，1958年，第2、3页。

[41] 参见于显洋主编：《社区概论》，中国人民大学出版社，2006年，第28页。

论清初土家族土司的归附及土司格局的形成

田 敏

（中南民族大学）

摘要：明清政权更迭，土家族土司相继归附清朝。对归附的土家族土司，清廷处置的总原则类似于明初的“以原官授之”，所谓“诏诸洞土官无改旧职，仍许世世承袭”。经过清初顺治时期的动荡整合，清代土家族土司设置格局大体确定。从实际结果看，清朝土家族土司的设置基本上是因袭明制，土司设置总的格局没有太大变化，但对一些中小土司也有一些调整，如原属保靖宣慰司的茅冈长官司转由桑植土司节制。对明末升职的各土司，清初采取了不同的处理办法，其中对升为宣慰司的容美、桑植、酉阳、石柱四司的宣慰级别给予确认，并且直到改土归流均未再作更动。

关键词：清代；土家族；土司

清朝初期，由于夔东十三家的存在，处于农民军控制之下的土家族土司归附清朝普遍较晚，换篆的最后完成，也是在康熙三年（1664）十三家军最后一支李来亨被灭之后。这期间，诸土司所谓的反清复明活动是没有的，只不过是受制或迫于农民军的威力，在清军尚未进入该地区之前，不敢冒险投附清朝罢了，“求生存”仍是各土司首要考虑的大计。随着清军对土家族土司周边地区的依次收复，诸土司也相继于不同时间归附清朝。

最先归附清朝的是湘西地区的土家族土司。乾隆《永顺府志》卷九云，顺治四年（1647），清宁南大将军阿尔津、恭顺王孔有德至辰州（今湘西沅陵县），宣慰司彭宏澎率三知州、六长官、五十八旗、三百八十峒苗蛮及舆图归附。同治《保靖志稿辑要》也云，顺治四年清恭顺王孔有德临抚辰州，（彭）朝柱差舍把彭伦、邱尚仁等备册籍赴营投城，诏赐龙牌嘉之，领职如故。另据《清史稿·湖广土司传》，桑植宣慰司与茅冈长官司也都于此年归降清朝，桑植是宣慰使向鼎归附，授原职，茅民为长官军荫柞归附，给予印信。湘西土司早于顺治四年即有归降清朝的行为，与当年清军进攻湖南，军锋已达湘西东部的辰州有关。据蒋良驻《东华录》卷六，顺治四年二月，清军自湖南岳州取长沙，进而一路西向，至年底，湖南西部武冈、靖州、抚州包括常德、辰州均为清军所占领。对湘西各土司而言，强大的清军已迫近它们的家门口，在这种形势面前，各土司必须做出归顺的选择，故未等清军进入其境，即主动呈缴舆图印信，以求保全其世业。应付这种形势，土司历经无数次改朝换代的巨变，其左右逢源的本领本来就是轻车熟路的。

但顺治四年的归附，在湘西土司却只是暂时的，因为此后随着南明政权与夔东十三家农民军反清复明战争的展开，清军被迫暂时退出湖南西部地区，湘西一带又一度成为南明政权的势力范围，故有南明总督堵民锡与宗室朱容藩在此前后的走入永顺。在随后的数年中，永保等土司与南明仍保持了一定的关系，如保靖土司就曾受永历帝的勤王敕令。《东华录》卷七云："顺治十三年（1656）十月，阿尔津奏：克复辰州，土司彭宏澎籍所属三州六司三百八十洞户口以降。"这说明随着清军于顺治十三年再次攻占辰州府，永顺土司也于此年再一次向清军投诚。此次投诚后，清朝才正式颁给印信，民国《永顺县志》卷十五曰："（顺治）十三年，大将军阿固山额真卓、经略洪承畴会题，永顺久经投诚，请铸给印信。十四年，加太保，赏赐蟒貂帽靴袜等物，领顺字号永顺等处军民宣慰使司印一颗，以示恩费。"又据《永顺司宗谱》，此次尚一并颁给了永顺所属六洞长官印和三州之印。上所谓"久经投诚"，当然指的是顺治四年的投城，而十三年由洪承畴等请印，证明此年永顺的确有再次投诚之举。其他上述诸司虽未见有类似记载，但以永顺土司在湘西各土司中所处的地位看，相仿的行动可能也在其他诸司中发生过。《清史稿·湖广土司传》在记载永顺土司及其属司沿革时，只提顺治四年的归附，是不全面的。

湘西土司中投清较晚的为上、下峒二长官司，其投清在康熙二年（1645），土司分别上向九鸾、向日葵[1]。

鄂西众土司中，以容美土司最先归附清朝。容美土司之归附清朝，时间也在顺治十三年，与永顺土司的第二次投诚在同一年，应该是由于面临清军压境的同样形势所致。王先谦《东华录》卷六顺治十三年六月辛丑条载："湖广容美土司田吉谦以所部二万投诚。上嘉奖之，命司所速叙。"此田吉谦当是田既霖的音译，应无疑义。道光《鹤峰州志》卷一沿革志云："乙未岁（顺治十二年），既霖投城，我朝晋授容美等处军民宣慰使，加少傅兼太子太傅，赐蟒玉正一品眼色。"《鹤峰州志》所记田既霖投清在顺治十二年，与《东华录》稍有出入，当从《东华录》。容美土司田舜年在其康熙二十七年（1688）所上之"请诸封"中，有"顺治三年投诚后，父子被掳，久陷贼营，于顺治十一年臣父命臣逃归汛地，率众投诚，助饷赎父"[2]之语，这里说顺治三年投诚，恐难置信。因为其时清军离容美司地尚远，而容美本身正值老司主田玄去世、由颇忠于明朝的长子霈霖继位。且田舜年父子被掳（指被农民军所掳）的时间在顺治十四年左右，而远非三年。田甘霖于康熙元年（1662）所上"倡义奏疏"云："臣以边方远臣，慕义向化，西南首倡，于顺治十二年投诚，十三年缴印，十四年蒙换新篆，并赐裘帽弓马，优握逾涯，顶道莫报。"[3]田甘霖这里说的顺治十二年投诚，是指田既霖的投诚，当时田甘霖尚未袭职。田既霖的降清在当时容美所处的复杂局势下，未必是一个最佳的决策，他降清不满一年就死堂伯与农民军有关。临终前，他召弟甘霖嘱咐曰："所饮憾切齿者，未报恶邻辱我先亲之耻耳，弟不可忘。"[4]所谓"恶邻辱我先亲之耻"，指的是前述李过侵入容美司境并掘其祖坟之事，将农民军视为"恶邻"而"切齿"痛恨，反映出田既霖以农民军为仇敌的立场，可知其与农民军共同联明抗清，是根本没有可能的。

田既霖的降清，自称是“承伯兄之志，奉表投诚于宁南靖寇大将军之前”[5]，可见，早在田需霖任司主时，尽管其仍奉明朔，但随着时局的变化，已渐有志于倒戈投清了。田既霖死后，田甘霖即位。“田甘霖，字特云，号铁峰，玄三子……以兄既霖无子袭职。”[6]田甘霖甫任司主，当承其兄既霖降清的政治立场，“十三年缴印，十四年蒙换新篆”，说明容美土司为清朝授以印信是在顺治十四年，即田甘霖即位的次年。田甘瀚清，顺治帝累加宠赐并赐予他太子太傅、左都督正一品职衔的荣耀[7]，但由于当时的容美地区仍处于农民军的势力范围之内，所以，投附清朝给他的身家惹下了大祸，农民军“（刘）体纯、（直）天宝遣其将刘应昌等四人，将锐卒二千渡江，昼伏夜行，不四日抵容美，擒田甘霖及其妻子以归，遂尽逐江南民北渡”[8]。田甘霖在其“倡义奏疏”中还说，“除钦颁印文并赏费等项尽被掠夺，题报在案，凡臣阖家眷属及舍把军民人等，咸忍耻受辱。”[9]田甘霖的这次被掳，同治《宜昌府志》与《巴东县志》均言在顺治十四年正月，而民国《湖北通志》与容美《田氏族谱》则云在十五年正月，不论十四年或十五年，都是在容美投清换篆之后是没有问题的。显然，田甘霖之被掳，原因就是他的投清。夔东十三家将川东鄂西地区视为其势力范围所在，区内的土司倒戈，是它们不能允许的。田甘霖被拘禁在刘体纯军中达四年之久，直到康熙元年（1662），其下土官田商霖、田鼎等以数万之金相赎，才得以还司。这说明，容美土司由于其所处地区与农民军所在的夔东地区直接相邻，使它难以摆脱农民军的控制。

容美土司投清后的遭遇，使鄂西地区其他中小土司引以为鉴，加之这些土司均在容美以西，距离清军业已攻占的辰州、溆州、荆州等地相对较远，且有容美土司在东为其屏障，故对投清的问题，采取了观望拖延的策略。康熙元年（1662），清廷今数省清军合剿费东十三家，费密（荒书）云：“大清李国英（清四川总督）取西山十三家……命湖广、陕西、河南、四川四省合剿。”至康熙三年八月，李来亨在巫山茅麓山被困自缢，十三家军被最终镇压。在这种形势下，鄂西各大小土司于当年前后随着施州卫的投清而相继投诚，《清史稿·湖广土司传》载：“清康熙三年，施州始归顺。”有关史志鄂西众土司也均言康熙三年（或前后）投清。

蒋良骐《东华录》卷八载，顺治十四年（1657）四月“吴三桂、李国翰奏：攻贼（明末农民军）于合州（今四川合川），遂取重庆。”随着清军对重庆的占领，明属重庆卫的酉阳与石柱二土司相继归附清朝。同治《酉阳直隶州总志》卷十云：“顺治十五年，（酉阳等）五土。官始率众归诚，仍授原职。”具体而言，酉阳司是宣慰使冉奇镜于顺治十五年归诚，领宣慰司印信一颗，敕书一道，号纸一张[10]。酉阳《冉氏家谱》称，冉奇辅以永历帝亡入缅甸，“公以无所归附，乃于顺治十五年奉表投诚。”谱以冉奇键因永历帝入缅甸无所归附而投清，说得颇为牵强。永历帝其时远在云南，随即入缅甸[11]，与酉阳司是否决定投清，应该关系不大，其投清之举明明是因清军对重庆的占领促成的。上谱又称，“康熙三年九月，奉旨准以宣慰原官，子孙世袭”。这是《酉阳直隶州总志》所未提及的，根据前述清军于康熙三年平定夔东十三家，此后有一个对部分土家族土司重新认定核准并颁发印信的过程，故此载符合当时的实际情况，应属可信。酉阳土司归附的同时，其属下邑梅、石耶、地坝及明初直隶四川布政司的平茶四长官司，也随之归附。其中的石耶长官司，志云其“顺治三年（1646）具图册赴京投诚，值恭顺王驻师湖广，给照仍袭原职。十五年伪秦归服，随将伪印呈缴。康熙元年，四川督院题奏，当经兵部覆准承袭。”[12]所谓伪秦指张献忠余部孙可望，明末张献忠牺牲后，孙可望等以云贵为根据地继续活动，后联明抗清，受南明封为秦王，顺治十五年，孙可望在长沙投降清朝。孙可望在贵州，曾经广招土司，包括酉阳及其属司等均曾接受其封、印，故石耶以“伪秦”之印呈缴而附清。石耶土司顺治三年即赴京投诚，至十五年又再次投诚，这与湘西永顺等土司两次投诚的做法类似，都是与当时局势的不断变化有关。

石柱土司的投清比酉阳土司稍晚，在顺治十六年。道光《补辑石柱厅志》卷七土司志载：“至顺治十六年己亥，王师平蜀，（马）万年率众投诚，恭缴前明印敕，蒙颁印敕如前明，治石柱土司事。”《清史稿·四川土司传》也云：“顺治十六年，（马）祥核子万年归附，仍为宣慰使职。”据上厅志所言，似乎石柱归附的当年，清廷就颁给了印敕，但石柱（马氏家乘）另有说辞，认为是康熙十九年颁及石柱宣慰司印信。从清代土家族土司被正式颁授印信多在康熙二十年前后，即吴三桂叛乱平定以后的普遍现象看，（马氏家乘）之说更符合实际情况。

顺治十四年底，清廷以三十万大军，分三路进攻云贵，一路由洪承畴、洛托率领，从湖南攻贵州；一路由吴三桂、墨尔根率领，自四川攻贵州；一路由卓布泰、钱国安率领，由广西攻云贵[13]。次年，清军占领贵州，各地随即归附。贵州思南府属水德江、蛮夷、沿河祐溪及郎溪四长官司，随府投诚，设司仍旧。

对土家族土司的相继归附，清廷处理的总原则类似于明初的“以原官授之”。光绪《秀山县志》卷十云：“国朝顺治十五年，大兵略定云贵，（朱）由榔（南明永历帝）走死，诏诸洞土官无改旧职，仍许世世承袭。”“无改旧职”在土家族土司的归附中得到普遍实行。从实际结果看，清朝土家族土司的设置基本上是因袭明制，土司设置总的格局没有太大变化。对明末升职的各土司，清初采取了不同的处理办法，其中对升为宣慰司的容美、桑植、酉阳、石柱四司的宣慰级别给予确认，并且直到改土归流均未再作更动。而对同样也有宣慰司之升的忠路、东乡、唐崖三司，清初仍如明初之制，定其为安抚司或长官司。明末新设沙溪宣慰司，《清史稿·湖广土司传》两处所言互为矛盾，一云康熙四年改沙溪宣慰司为宣抚司，一云沙溪安抚司，康熙四年黄天奇袭。从清初整个鄂西土司设置的大势来衡量，应以后说为是。

清代土家族土司设置在明代总格局不变的情况下，对中小土司也有一些调整。如原属保靖宣慰司的茅冈长官司。《清史稿》将其列在桑植宣慰司之下，表明茅冈司在清代已转为由桑植节制。调整较多的是在鄂西地区。道光《施南府志》卷二云：“清初（施州）卫制仍旧，凡十八土司。东乡安抚司、忠建宣抚司、施南宣抚司……忠峒宣抚司、散毛宣抚司、忠路宣抚司、忠孝安抚司、高罗安抚司、木册安抚司、大旺安抚司、金峒安抚司、蜡壁安抚司、东流安抚司、唐崖安抚司、龙潭安抚司、沙溪安抚司、卯峒长官司、漫水长官司。……以上几十八土司，较之《明史》，无摇把、上下二爱茶、镇远、隆奉、镇南、剑南、中蛔、思南，而有沙溪、卯峒、漫水，其沿革之。故不能悉也。今按雍正年间所修会典载，湖北承宣布政使分辖，该布政使司所辖土司十六。宣慰司一：容美宣慰司（隶荆州府，今改为鹤峰州）；宣抚司四：施南宣抚司、散毛宣抚司、忠峒宣抚司、忠建宣抚司（以上俱隶荆州府）；安抚司七：东乡安抚司、大旺安抚司、龙潭长官司、木册长官司、蜡壁长官司、东流长官司（以上俱隶荆州府）。以上几十路土司。惟容美改为鹤峰州，今隶宜昌府，余十五皆改为县，属施南府。”《施南府志》此处对清代鄂西地区的上司设置格局罗列了十八土司与十六土司两说，前说比之后说，多了沙溪、卯洞、漫水三司，而少了一容美司。容美司因为不属于施州卫而未列入十八土司，可以理队在职衔上，十八土司中将明代以来本为长官司的腊壁、东流、木册、唐崖四司以安抚司列名，而将忠峒、忠路安抚司以宣抚司列名，使其十八土司成为五个宣抚、十一个安抚司、两个长官司的组合结构。十八土司名目与《明史·地理志》所列明代三十一土司名目对照，除少了府志所称摇把等九司外，还少了一西坪长官司。十六土司名目（容美属司未计在内），府志称据雍正会典所出，除去名目上的不同，在职衔上其所列四宣抚、七安抚、四长官基本与明制相同（仅忠幗列为宣抚，与明制安抚不同）。相比之下，从土司级别的设置格局上看，十六土司之说比较符合清初“因明制”的实际，当更为合理。

据《清史稿·湖广土司传》所载，鄂西地区有大小土司二十一家（容美属司未计在内），其名目、职衔与十八、十六上司两说又有不同。在名目上，除去容美土司不计，比十八土司名目多了西萍、建南二长官司。在职衔上，与十六土司大体相同而稍有变动。按《清史稿》，其鄂西二十一土司包括：宣慰司一：容美。宣抚司四：施南、忠建、散毛、漫水。安抚司十：东乡、金铜、忠峋、忠路、忠孝、高罗、大旺、东流、龙潭、沙溪。长官司六：木册、唐崖、临壁（应即腊壁）、卯峒、西萍、建南（康熙四年，改明剑南长官司为建南长官司）。与十六土司的名目、职衔组成相比，《清史稿》将忠幗仍为安抚司，而增一漫水宣抚司。以其东流长官司为安抚司，另增一沙溪安抚司。长官司则增卯响、西萍、建南三司。与《明史·地理志》三十一土司比，《清史稿》二十一土司无摇把、上下二爱茶、镇远、隆奉、镇南、中观思南八司，而有沙溪、卯洞、漫水。值得注意的是，无论《施南府志》还是《清史稿》，都将沙溪、卯洞、漫水三土司开列在鄂西土司组织内，表明这三个土司是明末清初以来，比较活跃的新兴土司。沙溪土司，志谓其为明末新授，未有异议，而卯洞、漫水二司，同治《来凤县志·土司志》据其族谱称，均授职于明洪武初。并有宣抚、安抚之职，恐属族人夸大其辞，未可尽信。比较合乎逻辑的解释是，卯洞、漫水二司和与其同宗、同地的百户司一样，是在明末世乱时期开始兴起、壮大，并由土首自立为土司的。与百户司不同的是，入清之后卯洞、漫水二司得到了清廷的认定，故能称名于史传。但《清史稿》以漫水为宣抚司，又殊难轻信，似当从《施南府志》，以为长官司为宜。

《清史稿》与《施南府志》对容美地区的土司设置，均以一容美宣慰司当之，而未具体名列容美下属各司。明末容美宣抚司因镇压农民起义有功，而升为宣慰司，其原属四长官司分别升为四安抚司，自置四副长官司升为四长官司，这种状况清廷给予了承认，四安抚司与四长官司被授以原职，见《大清会典事例》。该书卷五百五十七兵部官制下，有“水浕源通塔平安抚司安抚一人、椒山安抚使司安抚使一人、五峰安抚使司安抚使一人、石梁安抚使安抚使一人。”同时，又有“通塔长官司长官一人、玛瑞寨龙长官司长官一人、石宝深溪长官司长官一个、下洞平茶长官司长官一人。”此外，同上又云，有“忠附木寨前附长官司长官一人、忠们红鸾夷后峒长官司长官一个、忠峒戎角左顺蛮夷长官司长官一人、忠峒勇陛右蛔长官司长官一人”，有“忠峒宣抚使司宣抚使一人”。忠峒司《施南府志》以其为宣抚司，《清史稿》以其为安抚司，据此言之，则应为宣抚司。

综合以上分析，我们可以将清代鄂西地区的土司设置名目归曾纳如下：宣慰司一：容美。宣抚司四：施南、散毛、忠建、忠峒。安抚十三：东乡、金蛔忠路、忠孝、高罗、大旺、东流、龙潭、沙溪、五峰、石梁、椒山、水浕。长官司十五：木册、唐崖、腊壁、卯洞、漫水、西萍（坪）、建南、玛瑙寨成、石宝深溪、下峒平茶、塔平（或源通塔平）、木寨前峒、红鸾后峒、戎角左峒、能陛右峒。需要注意的是，忠峒所属四长官司及容美所属四安抚司、四长官司，其与各自主司的隶属关系应十分紧密，以致史志记载在多数场合下，均只称其主司而不提及该本司之名目。尤其容美土司，田舜年于康熙十二年掳掠五峰、水浕、石梁三司后，令其子媚遥领四安抚使，“虽有地方，不之本任。四司之人。日来侯焉”[14]，使四安抚司名存实亡。而原领四安抚司的张、唐、刘姓土司，容美令其各袭属下长官司职，加之四安抚“不之本任”，故长官司往往仍以明代四司之名见称。

注释

［1］ 光绪《永定县乡土志》卷三。

［2］ 容美《田氏族谱》，《容美土司史料汇编》，第25页。

［3］ 容美《田氏族谱》，《容美土司史料汇编》，第4页。

［4］ 容美《田氏族谱》，《容美土司史料汇编》，第102页。

［5］ 容美《田氏族谱》，《容美土司史料汇编》，第102页。

［6］ 道光《鹤峰州志》卷一。

［7］ 顾彩：《容美纪游》。

［8］ 同治《宜昌府志》卷十。

［9］ 《容美土司史料汇编》，第 4页。

［10］ 同治《酉阳直隶州总志》卷十四。

［11］ 王夫之：《永历实录》卷一。

［12］ 光绪《秀山县志》卷十。

［13］ 蒋良驻：《东华录》卷八。

［14］ 顾彩：《容美纪游》。

“土司系列遗产”视角下的唐崖土司城址价值研究

傅 晶 李 敏 徐新云 王 敏 吴 东

（中国建筑设计研究院建筑历史研究所）

摘要：本文运用世界遗产中“系列遗产”的界定与价值认知方法，分析土司系列遗产整体与其组成部分的价值特征关系，探讨唐崖土司城址在我国土司系列遗产中独特的价值代表性。

关键词：系列遗产；唐崖土司城址；价值特征；代表性

土司制度和土司遗产是中国西南地区独特的文化现象，在人类价值观交流、国家管理智慧、民族文化传承方面具有重要的意义。目前各学科领域对土司制度及相关文化遗存已具有较为丰富的研究成果，研究角度主要涉及土司制度历史以及单个土司遗存的具体研究。本文基于土司系列遗产申报世界文化遗产的整体价值研究需求，运用世界遗产中“系列遗产”的界定与价值认知方法，从“土司系列遗产”的整体层面着手，分析遗产整体与其组成部分的价值特征关系，并以土司系列遗产组成部分之一的唐崖土司城址为例，阐述其在整体系列中独特的价值代表性，以及对整体价值作出的贡献。

一、世界遗产体系中的“系列遗产”概念

“系列遗产”是世界遗产体系中在遗产界定、遗存组合原理、价值认知以及遗产申报准备、保护管理等方面较为复杂的遗产类型，既包括“明清皇家陵寝（Imperial Tombs of the Ming and Qing Dynasties）”等同种类型的遗存组合，也包括“古代京都史迹（Historic Monuments of Ancient Kyoto）”等以共同历史文化主题形成的遗存组合。在《实施世界遗产公约的操作指南》（*Operational Guidelines for the Implementation of the World Heritage Convention*, 2013），《世界遗产申报准备》（*Preparing World Heritage Nominations*，*2011*），《关于系列遗产及其申报的世界遗产国际专家会议决议》（*Conclusions and Recommendations of the International World Heritage Expert Meeting on serial nominations and properties, 2010*）等世界遗产专业机构发布的一系列指导文件及研究报告中，对“系列遗产”的界定与特性做出了阐述，并强调了遗产整体及其组成部分的价值关系分析方法。主要包括以下要点：

系列遗产将包括两个或两个以上相互有着清晰明确联系的组成部分。

组成部分应反映文化、社会和功能方面长期以来的联系——这种联系提供了任何可能存在的景观、生态、演进或居住地的连续性。

每个组成部分应以充实的、科学的，明确定义且明朗的方式，对遗产整体的突出普遍价值有所贡献；同时，可包括（但不仅限于）非物质属性。最终的突出普遍价值应是容易理解和便于沟通的。

……

这个系列作为整体——并不一定它的每个单独的部分——具有突出普遍价值。

根据以上关于“系列遗产”的认知和分析要点，我国现存与土司相关的丰富的文化遗产，在地理、文化、社会、历史、功能、形态等方面具有明确的内在关联性，体现出典型的“系列遗产”特性。

二、土司系列遗产概述

我国现存的大量土司文化遗存是“土司制度”在中国西南多民族地区推行时期的特殊产物。“土司制度”是13～20世纪中国元、明、清中央王朝在西南少数民族地区委任当地首领担任“土司”、世袭统治当地人民的一种行政管理制度[1]。该制度于元代（13世纪）初步形成，至明代（14～17世纪）发展完备，清代（17～20世纪）沿用。主要推行地区为中国西南地区，即云贵高原以及青藏高原的东、北边缘山地，涉及今云南、贵州、广西、四川、湖北、湖南，后期还扩展到今青海、西藏的局部。土司制度秉承了古代中国延续两千余年的“齐政修教、因俗而治”[2]的民族地区治理理念，该理念强调充分关注各民族的自身特征，对各民族进行教化而不改变其旧有文化、风俗，保持国家政令统一而不改变其适宜的生存基础。因此，土司制度体现了古代中国作为统一多民族国家的杰出管理智慧。

据不完全统计，中国现存的与土司相关的遗存，已列入国家级、省级、市县级文物保护单位名录的共百余处。遗存的功能类型主要包括土司城、土司官寨、土司衙署建筑群、土司庄园、土司墓葬（群）以及石刻、城垣、经堂等其他单一功能的土司建筑等。这些遗存中，土司城、土司官寨、土司衙署建筑群、土司庄园等作为土司在其统治地区建设的行政管理和社会生活中心，一般具有行政、军事、生活、文化、经济等综合功能，是土司由中央授权的统治身份和地位的标志，是土司统治地区管理模式、社会形态和文化特征的代表。

三、土司系列遗产总体价值分析

土司系列遗产分布于中国西南群山密布的多民族聚居地区，建造和使用于中央政权在这些地区推行“土司制度”时期（13～20世纪初），曾是中央委任、世袭管理当地族群的首领“土司”的行政和生活中心。各类土司遗存在历史时段、地理环境、族群属性、行政级别、功能构成、聚落形态、建筑风格等方面表现出特有的共性特征和内在关联，显著地体现出系列遗产具有的整体性特征。

土司系列遗产的各组成部分具有鲜明的民族地区文化特色，并表现出象征土司统治权力和吸收中央官式文化的共性特征。它们与中国西南地区实施长达700年的“土司制度”以及该地区各小型族群传衍至今的典型生活习俗和文化传统具有直接的关联；展现了中央政权与地方族群在民族文化传承和国家认同方面的人类价值观交流；见证了古代中国作为统一多民族国家，对西南多民族地区独特的“齐政修教、因俗而治”管理智慧，这一管理智慧促进了民族地区的持续发展、有助于国家的长期统一，并在维护民族文化多样性传承方面具有突出的意义。

土司系列遗产的组成部分在以下特征和属性方面具有显著共性和密切关联性，共同体现了土司系列遗产的整体价值。

●共同的价值主题——中央政权与地方族群间在民族文化传承和国家认同方面的人类价值观交流；统一多民族国家中“齐政修教、因俗而治”的民族地区管理智慧。

●特定的历史时段——13～20世纪、中国西南地区推行“土司制度”时期。

●典型的地理环境——群山密布、交通不便的中国西南地区的云贵高原以及青藏高原的东、北边缘山地。

●传统的小型族群——具有各自文化特征和发展历史的小型族群。

●系统的行政级别——对应中央官制体系的土司职级系列。

●综合的功能构成——土司统治地区的行政和生活中心。

●独特的聚落形态——在山地民族传统聚落形态基础上，体现出独特的土司权力象征和国家认同的聚落形态特征。

●鲜明的建筑风格——以地方性特征为主，局部增添了中央官方规制。

四、唐崖土司城址在土司系列遗产中的价值代表性分析

唐崖土司城址作为14～18世纪湖广地区土家族唐崖长官司治所，在地理区位、遗存年代、民族属性、聚落形态、建筑技术等方面具有土司遗产的典型特征，并以其特有的“长官司级别土司治所”性质支撑了“土司系列遗产”的整体价值。

（1）唐崖土司城址体现了土司系列遗产共同的价值主题。

鄂西地区自古以来为当地土民居住，中央政府对其采取松散控制的羁縻政策。元代后期（14世纪）实行土司制度，建立土家族土司唐崖长官司。恩施地区现有29个民族，仅唐崖土司所在的咸丰县即现存土家、苗、汉、侗等18个民族成分，其中土家族占一半以上，保留了较多的本地民族文化及多处土家族传统村落。鄂西地区明清之际大小土司林立，几经兼并、废兴，至清代初年形成所谓“鄂西十八土司”的格局。其级别从较高的宣抚司至较低的长官司不等。遗存、遗迹至今保留多处，类型包括土司

城址、墓葬、土司别院遗迹等。以唐崖土司城址为代表的鄂西土司的设立，正是中央政权与鄂西土家族地方族群间在民族文化传承和国家认同方面的人类价值观交流；是统一多民族国家中"齐政修教、因俗而治" 的民族地区管理智慧在鄂西土家族聚居区的体现。

（2）唐崖土司城址的年代（14～18世纪）属于中国西南地区推行"土司制度"时期。

土司制度的推行时期为13～20世纪（中国元、明、清时期），这一时期中央政权具备了稳固的社会经济基础和强大的文化、政治、军事实力，国家处于长期统一、稳定发展的阶段，具有深化管理西南少数民族地区、促进各民族共同发展的社会基础和政治需求。唐崖土司从授职到废毁的年代（1355～1735）[3]，正是中国土司制度推行的代表性时期。其设立年代是中国土司制度实施早期（元代，13～14世纪），大规模修建和沿用于土司制度完备和广泛推行时期（明代至清代初年，17～18世纪）。由于唐崖土司城址所在地位于西南山区最接近中央政权核心地区的地带，具有地理和文化前沿交汇带的显著特点，属较早并完整、规范、有效地推行土司制度的地区，唐崖土司城址的兴废背景与土司制度产生、盛期、废止的不同发展阶段相对应，在时代特征和历史文化内涵方面具有突出的代表性，与其他土司遗产一起，整体反映了中央推行土司制度、对西南少数民族地区进行有效管理的完整时间序列。

（3）唐崖土司城址所在的中国西南武陵山区，具有土司制度推行地区的典型地理环境特征。

土司制度实施的中国西南地区是环绕中国内陆平原西南部边缘的广大山区、直至西南边境，属于中央政权的边缘地带。中国西南地区位于北纬20°～30°，大部分地区属亚热带气候；以云贵高原为主体，还包括青藏高原的东、北边缘山地，是世界上最大的岩溶地貌分布地区之一，有着形态破碎、千沟万壑的总体地貌特征，山地在总面积中占有很大比例，崇山峻岭连绵分布、河流纵横、交通不便，同时，在高山深沟之间又分布着许多适合人类生存的小型盆地或平川。这种独特的地理环境特征一方面使得西南地区自古以来就形成了许多的小型族群，成为多民族聚居地；另外一方面相比于中央王朝对平原地区或其他交通便捷地区直接有效的管理，西南地区因地理的阻隔、交通的不便使中央政权直接统治的成本过大。因此，土司制度这一以民族首领进行间接统治并由中央统一监管的管理方法在中国西南地区得以普遍施行。

唐崖土司城址所在的武陵山区，是云贵高原东北边缘分布面积达10万平方千米的广大山区。这里是中国西部高原区与东部丘陵平原区的过渡地带，山系整体为东北-西南走向，自云贵高原主体向东北延伸，像伸入两湖平原的"桥梁"。武陵山区是典型的岩溶地貌带，平均海拔1000米以上，群山绵延、河溪纵横，地形复杂、交通不便，但该地区气候温和、雨量丰富、森林发育茂盛，具有良好的生存环境条件，自古为众多小型族群聚居地。因此，唐崖土司城址所在的武陵山区反映了土司制度推行地区典型的地理环境特征，同时位于西南山区在地理和文化上最接近中央政权核心地区的地带，历史上属西南地区社会发展程度较高的地区，代表了实施土司制度的典型自然和社会条件，是土司城功能类型、聚落形态、建筑特色形成的基础条件。

（4）唐崖土司族属土家族，为典型的具有自身文化特征和发展历史的小型族群。

土司系列遗产分布的中国西南地区因其独特的地理环境，自古以来就形成了众多相对独立发展的小型族群，成为世界罕见的多民族高密度聚居地，公元2世纪历史文献记载的族群已有滇、靡莫、劳浸、僰、巂、昆明、邛、徙、筰都、冉駹、白马、摩沙、夜郎、且兰、句町、漏卧、滇越、哀劳、濮、僚、乌浒、骆越、山越等，现存民族仍有近30个。唐崖土司城址的族群属性为土家族，其典型风俗和文化传统至今保存，如土家族摆手舞、土家族饮食“油茶汤”、吊脚楼建筑技艺、丧葬习俗、民歌戏剧等，整体反映了中央通过推行土司制度这一独特的多民族地区管理方式，实现的民族地区持续发展和文化多样性传承。

（5）唐崖土司的“长官司”职级是土司行政级别体系的重要构成部分。

土司职官体系是中央官制体系的组成部分，包括武职土司和文职土司。武职土司包括宣慰司、宣抚司、安抚司、招讨司、长官司等，隶属于中央兵部，受一级行政区划中都指挥使司的管辖。文职土司包括土知府、土知州、土知县等，隶属于中央吏部，受一级行政区划中布政使司的管辖。土司按照中央官制体系的规定具有相应的品级，皆赐予诰敕、印章、冠带等信物，作为朝廷命官的凭证和权力的象征。唐崖土司为其中的较低级别的长官司，是体现土司职级体系的典型物证，与较高职级的土司遗产一起，整体反映了在中央官制体系框架下设定的规范的土司职官体系，体现了国家行政管理模式在西南地区的推行，以及土司对中央授予统治身份的认同。

（6）唐崖土司城址体现了土司行政与生活中心的综合功能构成。

土司城寨及官署建筑群是土司在其统治地区建设的行政管理和社会生活中心，一般具有行政、军事、生活、文化、经济等综合功能，是土司由中央授权的统治身份和地位的标志，是土司统治地区管理模式、社会形态和文化特征的代表。唐崖土司城遗址目前考古已发现的遗存类型较为丰富，功能复杂多样，包括城防设施（城墙、城门、哨台等）、交通设施（道路、桥梁、码头等）、宗教建筑、礼仪建筑等多种建筑类型，以及衙署区、生活区、墓葬区、苑囿区、手工业区等多种功能分区。承载了其作为土司行政、生活、经济、文化、军事中心的综合功能。

（7）唐崖土司城址以其独特的聚落形态，在山地民族聚落形态基础上，体现出独特的土司权力象征和国家认同的聚落形态特征。

唐崖土司城的选址模式体现出鄂西武陵山区山地民族因地制宜、充分依托自然山水地形、适应亚热带暖湿气候条件的生存智慧。其选址位于半山平缓坡地，三面环水、一面靠山，呈现出武陵山区土家族山地聚落选址背山面水的基本特征，具备良好的日照、通风条件，满足必备、便利的生产和生活功能需求。同时，城址与周边环境的关系，逐渐被赋予了具有明显中央官方文化特征的寓意，城址背靠的山脉在清代县志和族谱里被记录为玄武山，体现出依据中央官方文化风水理念对城址与周围环境关系的阐述。

唐崖土司城址在聚落整体格局上主要呈现出武陵山区民族聚落因地制宜、随形就势的特征，大部分建筑、道路、排水沟渠系统等城址构成要素均依照自然山势的多层平台自然分布。城中不同的功能分区与自然环境有机结合布局。同时，作为土司统治地区的行政与生活中心，唐崖土司城址体现出局部规整的格局特征，在核心区域建有区别于当地一般性聚落的、土司统治时期特有的衙署区，该区与城内的其他功能区相比，具有格局严整、建筑体量突出、规格高级的特征，其渐进院落、中轴对称分布等格局特征，与中原地区的同品级官职的衙署具有相似的格局特征，体现出土司权力象征及土司统治地区社会秩序的强化。

（8）唐崖土司城址具有以地方性特征为主、局部增添了中央官方规制的鲜明建筑风格。

唐崖土司城址作为民族地区实施土司管理制度的特殊物证，建筑风格以地方性特征为主，部分建筑物增添了具有中央官方规制和文化特征的元素。体现出在土司制度作用下，土司统治地区在本土原有的社会文化基础上对中央官方文化和技术的选择性吸收。表现在建筑形式、材料与技术、建筑装饰等各个方面。

就建筑形式而言，唐崖土司城址作为山地民族聚落，其建筑形式以本民族、本地区传统风格为主，包括木质吊脚楼、院落组合、石砌城墙等，遗址中的办公、文教、土司墓葬等象征土司统治权力的建筑形式又表现出对中央政权官式风格的趋同；就材料与技术而言，唐崖土司城遗址建造过程中所用石材、木材等材料均遵循就近取材的原则，以本地常见建材为主，表现出山地建筑因地制宜建造的特点，而衙署区等重要建筑中均以砖砌墙，并以砖、石铺砌地面，这些与地区传统建筑不同的建造技术体现出土司高于寻常百姓的身份地位；就装饰而言，唐崖土司城址的装饰题材主要体现出本民族传统文化、装饰图案的特征，唐崖土司城遗址石牌坊上的土王出巡、鹿、驴、猪等题材均为本地传统装饰图案，而渔樵耕读、瑞兽、动物、花卉等则是中原地区常见的装饰题材。

五、结　　语

通过运用"系列遗产"的价值认知方法进行探讨，可归纳出土司系列遗产在整体层面上独特的、并具有人类社会普遍意义的人类价值观交流和国家管理智慧等方面的总体价值，以及体现其系列组成部分所具有的共性和内在关联性的各项价值特征。唐崖土司城址作为鄂西土家族土司的代表，持续时间长、格局完整、遗存丰富，是中国西南土司遗产不可或缺的组成部分之一。其完整独特的长官司等级土司城址遗存，为中国西南地区土司系列遗产的总体价值提供了不可或缺的支撑。

注 释

[1] 李世愉：《明朝土司制度述略》，《中国边疆史地研究》1994年第1期。

[2] （西汉）《礼记》卷十二《王制第五》，（清）阮元《十三经注疏》本，中华书局，1980年，第1338页。

[3] （清）《湖北舆地记》（卷十七），湖北舆图局刻本，清光绪二十年（1894）。

透视全球化背景下的文化遗产保护

郭立新

（中山大学人类学系、中山大学华南文化遗产保护研究与教学中心）

摘要：在全球化背景下，文化遗产所扮演角色发生了微妙而复杂的变化。全球化扩大了人群认同与想象的空间，相应地，文化遗产的利益相关群体，也分别从时间和空间两个维度极大地延伸。全球性使文化遗产获得一种普世价值：它们见证了全球共享的文化多样性、人类共同的想象力与创造力、人类社会发展中出现过的经验与教训。在此背景下进行的文化遗产保护，起到均衡与修补全球化带来的同质化危机，保持文化多样性、保障人类生存安全的重要作用。由于文化遗产涉及的范围越来越广泛，保护工作最重要的目标只能是通过选择性保护，为下一代留存代表性样本，而不大可能是全面的无所不包的保护。文化遗产的全球化，还改变了文化遗产的受益人与保护责任的分布格局。

关键词：全球化；文化多样性；文化遗产；选择性保护；代表性样本

文化遗产的意义，不仅在于文化遗产本身，还取决于它所在的社会情景和脉络。即使文化遗产本身没有发生变化，但如果它所处的社会脉络和情景发生了变化，那么，人们对它的解说、对其意义的认识也会发生变化。对比一下在民族国家情景中以及全球化背景中，人们对文化遗产价值和意义的解读以及言说，我们可以明显地体会到其间微妙而深刻的差异。

全球化是当今世界影响最为深远的正在发生中的事件。在全球化与反全球化的旗帜下，各种矛盾与冲突相互碰撞，最终的情形尚难预料。全球化对人类生活的方方面面产生了重大影响。在下文，我们将看到，全球化如何通过文化遗产保护折射出来，全球化又如何影响文化遗产的保护，在全球化背景下人们是如何看待文化遗产保护的，以及这些变化与以往民族国家背景下文化遗产保护行动有什么差别。

一、文化遗产：地方认同与全球价值

文化遗产通过与过去的联系，是每个活着的人理解自己的文化根源的启示和依据所在，是思考自身未来的教训和参照；在集体层面，文化遗产对于集体意识的建构与群体身份的表达，尤为重要。同一文化遗产可以允许不同层次的主体对其声称具有意义：全球、国家、地方、社区，或全人类、民族、家族等。全球化扩大了人群认同与想象的空间，相应地，文化遗产的利益相关群体也在发生着微妙的变化。

在全球化以前，它们被用来表达家族、地方、国家的身份。在现代民族国家建立过程中，文化遗产作为一个人群或一个地方共同历史的见证，在增强民族认同与民族自豪感，凝聚群体内部人心和力量，促进民族团结、国家统一方面，发挥着十分重要的作用。在19世纪末至20世纪中叶，世界民族解放运动兴起的时候，很多重要文化遗产被建构为民族国家的象征。相应地，文化遗产的保护也被认为是所在国家的内部事物，是国家主权的组成部分，只有该国政府才要对其境内文化遗产的保护负全部的责任。波兰首都华沙在二战后按历史原貌有计划地进行重建，可说是这种观念的集中体现。

然而，事情很快出现了微妙变化。1959年，埃及和苏丹联合向联合国教科文组织提交紧急报告，请求帮助保护因修建阿斯旺大坝而面临淹没危险的努比亚遗迹。次年，联合国教科文组织向全世界发出呼吁，并组织实施了一场抢救努比亚遗迹的国际援助行动并取得巨大成功。在此事件影响下，许多国家转向联合国教科文组织寻求国际社会的支持，来保护本国的文化遗产。如1966年遭受严重水灾的意大利佛罗伦萨和威尼斯，还有印尼的婆罗浮屠、突尼斯的迦太基古遗址等，都进行了国际性的动员，在国际支援与本国政府的努力下，保护行动取得了成功[1]。

在这些国际行动成功的背后，离不开全球化背景下人们对于文化遗产的价值的反思与重新认识。二战中纳粹的罪恶让人们清醒过来，对种族主义进行彻底清算，人类价值的统一性得到提倡和尊重，重要的文化遗产被认为是人类智慧的结晶，应为全人类所共享，具有普遍的意义；相应地，对这些文化遗产的保护，是全人类的义务。现在已成为文物保护经典的《威尼斯宪章》（1964）明确提出：

人们越来越意识到人类价值的统一性，并把古代遗迹看作共同的遗产，认识到为后代保护这些古迹的共同责任。将它们真实地、完整地传下去是我们的职责。

几年后，《保护世界文化和自然遗产公约》（UNESCO，1972）进一步指出：

保护不论属于哪国人民的这类罕见且无法替代的财产，对全世界人民都很重要；考虑到部分文化或自然遗产具有突出的重要性，因而需作为全人类世界遗产的一部分加以保护（UNESCO，1972）。

通过该公约建立的世界遗产体系（世界遗产名录和世界遗产基金），最初的宗旨就是要确定哪些遗产具有全球普遍性意义而在国际范围提供保护。通过在文化遗产领域强调世界共同、全球共享的普遍性意义，塑造一种全人类的共同记忆和历史，起到为全球化张本的作用。

全球化与地方化相辅相成，是一个一体两面的过程。全球化削弱了各种各样的经济、政治和文化疆界的稳固性，通过要素在边界之间的大规模渗透与在全球范围内的跨界流动，将各种原本陌生的群体纳入到一个共同的体系中竞争、展演。原本可以清晰界定的政治、经济认同单位，通过互相渗透而使其界限变得越来越模糊，原本坚固的认同对象——国家、民族等开始瓦解，变成为一种由许多地方性文化共同体组成的全球体系。

当然，这种转变将是深刻而漫长的。在这一过程中，人们需要寻找一种新的参照体系，需要通过一种新的方式表达其地方身份归属。从当前正在发生的趋势来看，散布在全球各地的历史文化遗产再一次成为人们诉求的对象，成为人们建构全球化体系下的地方认同与地方身份的重要手段。因为在这变动不居的全球社会里，历史文化遗产以一种物化的方式穿透历史时空，为不同情景下的言说者表达价值观和身份认同提供了巨大的可灵活操作的空间。在民族主义语境下，它被用来表征民族文化与民族国家。同样还是这些遗产，在全球化语境中，又被借用来表达地方历史文化的独特性和差异性，将文化遗产塑造成为地方文化的名片和符号，成为地方身份的象征。这一趋向在冷战结束后随着民族国家的弱化和全球化进程的加快更加明显。人们越来越倾向于用文化遗产，特别是非物质文化遗产来表达民族和地域的身份，用那些凝固了的历史文化遗产告诉我们，我们从何处来，身处何方，使我们不会因为置身于全球化的洪流而迷失自我、迷失。

全球化让各种文化直接遭遇，将众多的文化体系并置，让人们在众多文化参照体系中，可以看到他人，还可以反观自身。在不同文化之间的交流中，通过他者对本地文化遗产表现出来的尊重和欣赏，有助于增强人们的文化自信。在此情景下，一些群体对于自身文化的保护变得更加敏感和自觉。为适应这种新形势，世界遗产名录逐渐改变了其提供行动保护的初衷，转向了一个全新的范畴，即让国际公众承认遗产名录上的遗址和古迹是人类最特殊的财富，它们常被冠以“世界奇迹”、“文明瑰宝”等辉煌头衔。在世界遗产委员会和有关组织持续不断的努力和巧妙操作下，世界遗产名录引起了公众和各国政府的普遍兴趣，形成一股申报世界遗产的热潮，各地为自己的文化遗产争夺这项世界性的名誉而展开竞争[2]，这种竞争进而演变成为全球社区中关于世界遗产的“夸富盛宴”。

二、文化遗产保护：全球化快车上安全阀

多样性对人类社会的生存和繁荣至关重要[3]。多样性环境有助于提升我们对于差异的敏感程度，有助于拓宽我们的想象空间、激发想象力与创造力。多样性可以让我们在面对可能出现的技术灾难、基因突变或气候突变等重大危机时，拥有更多备选方案或适合的解决手段。保持文化多样性关系到人类的生存与安全，关系到人类今后的发展。

然而，全球化意味着同质化、标准化，将差异碾平，让边界消失，在经济上将整个世界变成一个统一市场，在政治上让那些历来对人们提供保护并为其效忠的组织如国家、民族、宗族等共同体逐渐瓦解。虽然有人类学家指出在全球化进程中，跨文化接触以及人类创造力使文化创新远比文化消失来得快，对于文化同质化的担忧不必太

悲观[4]。但人们更多地相信，如果听凭全球化推进而不进行积极的干预，我们原本丰富多彩的文化，似也将不可避免地被全球化的车轮碾平。鉴于此，以法国为首的一些国家提出，在全球化进程中，应该让文化保持例外，以免各地文化受到以美国为代表的主流强势文化的侵蚀。

在这一场保卫文化多样性的特殊战斗中，文化遗产发挥着至关重要的作用，按兰梅森和托尔的话说，（文化遗产）的存在扮演着刹车的角色，如果说全球化的力量真是无处不在，那么它使得文化不至于消逝得那么快、那么彻底[5]。

对文化遗产的保护，不仅仅是将文物保护起来，更是在现今条件下重新诠释与重新创造文化意义的途径。通过对文化遗产的保护，不但积聚文化储备，延续文化，同时为创新服务[6]。

文化遗产的保护还涉及人类情感与精神健康。二战结束以来，特别是冷战以后，全球化迅速冲击和改变着我们原有的生活方式，人们曾经熟稔的环境和事物迅速离我们而去，对于人们的心灵与情感造成极大的冲击，人们只能在失落中缅怀过去的时光。只有文化遗产，作为过去的见证、历史的印痕，成为留住昨日时光、抚慰人类心灵、为人们保留一块记忆和精神家园的有效手段，成为怀旧的重要场所和心灵的缓冲器。此方面的意义，对于那些比较晚近的村落、城市街区以及非物质文化遗产的保护，尤为显著。

只有可持续的发展，才是可以长远的，才是符合人类整体利益的。从逻辑上讲，文化遗产为前人所赠，这种遗赠往往是以一种无意和非正式的方式进行的，今人并非其全部遗赠对象，后世子孙同样拥有对它们的继承权。每一代人，即是文化遗产的主人，也是介于上一代和下一代之间的文化遗产的托管者。尽可能完好地将它们传递给下一代是每一代人应尽的责任，也是人类社会可持续发展的必要条件。另一方面，保证文化发展的可持性，同时也是维护文化多样性的重要途径。

在全球化语境中，文化遗产还是各文化之间进行交流的重要平台。通过这种交流，有助于加深彼此之间的理解和尊重，减少敌意，促进国际社会的团结与合作。

总之，在全球化快速推进的背景下，保护文化遗产，是保障人类社会安全和健康发展的重要手段。诚如联合国教科文组织在《关于在国家一级保护文化和自然遗产的建议》所指出的：

在一个生活条件加速变化的社会里，就人类平衡和发展而言至关重要的是为人类保存一个合适的生活环境，以便人类在此环境中与自然及其前辈留下的文明痕迹保持联系。……任何一个国家，有责任保护这一部分人类遗产并确保将它传给后代；……研究、认识及保护世界各国的文化遗产和自然遗产有利于人民之间的相互理解（UNESCO，1972）。

三、文化遗产保护的目标：为下一代留存代表性样本

文化遗产不是一个可以静止和固定下来的概念。遗产范畴的认定与遗产概念以及生活方式的变化有关。从理论上讲，所有先辈遗赠给当今人类的，不管是有形的还是无形的，只要他们已经失去或即将失去原有生活土壤，并因此变得脆弱，都可以称之为文化遗产，需要加以特别保护。那些在今天尚有很强生命力的有形和无形文化，也将随着时光的流逝而获得特别的意义，成为需要特别保护的遗产。全球化迅速改变了我们的生活方式，也使大量代表传统生活的物质和非物质文化，加入到需要保护的文化遗产行列。

在全球化背景中，文化遗产的身份特征日益被肯定，文化遗产处于包含时间和地点因素的持续的“被创造”过程中[7]。综观世界遗产申报和发布的历史，就是一部世界级遗产不断被创造和发现的历史。各个国家和地区，也在不断通过调查发现或重新阐释，定义与创造着属于自己的文化遗产名录。

随着生活方式的迅速变迁，以及保护理念的变化，文化遗产的定义变得越来越宽泛，宽到要将所有见证人类活动的事物都作为遗产，以致造成了文化遗产的泛滥。这种情况其实是无助于文化遗产的保护的。由于人力、财力和物力的限制，我们不可能将所有已经成为历史或即将成为历史的文化遗产都进行全方位的保护。对保护对象进行选择是必要的。选择保护对象的标准可以是情感、审美或经济社会代价与收益的比较。但是，选择性保护的困难之一在于，“我们不能预见人们对遗产的评估怎样随时间的推移而改变”[8]。诚如昔日被视为交通障碍而被拆掉的北京城墙，若能留存至今，则无疑会成为文化的珍宝。有关选择的争议还来自于诸如谁有权来进行选择或选择应该以什么样的标准和程序进行的争议。

世界遗产名录代表了一种全球性选择视角。世界遗产委员会在成立之初，就开始思考用一种最佳方法描绘人类文化遗产的全面而精确的构成。为了全面而有代表性地展现地球上的各种文化，委员会试图起草一份详细清单来寻找名录中遗漏的遗产。这种方法最终因其可能会过于注重“古典”艺术史的传统门类，将重心放在研究主要的古迹和所谓“先进”的文明，而不得不暂停。事实上，起初由于强调入选作品应为具有突出普遍价值的杰作或有重大影响的原型作品，结果使入选名录的遗产大多来自欧洲、基督教国家、古老的城市、逝去的文明中的宗教建筑、纪念性建筑物或重要历史时期，使名录出现了严重的失衡。1994年开始实施一种全球性均衡战略，摒弃了遗产名录此前一直遵循的那种几乎全是“古迹式”的文化视角，而采纳一种更能体现人类进化发展的、全球化的视角来对待世界上多样文化的物质产品[9]。全球均衡战略包括遗产在类型、地域、国家、文化、历史方面的均衡。为实现这一目标，世界遗产委员会于1999年通过的凯恩斯决议和2004年通过的苏州决议，对世界遗产的申报在进行限制的同时，鼓励那些世界遗产空白地区积极申报，优先考虑已有项目中没有或极度缺

乏的类型[10]。此外，还修改了世界遗产的评定标准，以人类创新天赋的概念取代艺术杰作的概念，采用一种更加符合人类学的观点来评价文化遗产的价值，民间艺术、传统建筑和一些民间工程日益为人们所承认[11]。在全球战略中，实际上已将地方性视角纳入其中，关注并承认文化遗产的地方性意义及其独特价值。

四、全球化背景下文化遗产的经济学特征及其微妙变化

若从经济学的角度来分析文化遗产，它至少具有以下两大特征。

1. 文化遗产的使用价值涉及面非常广，其经济、社会收益分散而复杂，难以准确量化与评估

文化遗产的使用价值有直接使用价值和间接使用价值两大类。

文化遗产的直接使用价值的受益人一般为遗产所有者、管理者或托管者以及当地社区。有些直接使用价值可以转化为货币收入并在市场进行交易，如遗产地的门票收入，可移动文物的市场价格。有些虽不能直接量化为金钱，却可以为遗产所在地带来明显的社会、经济和环境效益。譬如，重要文化遗产往往是一个地区的形象、标志和象征，是该地区最重要的无形资产，能大大提高该地区的知名度，在对外交往中扮演重要角色；以文化遗产地为旅游吸引物，使旅游相关产业从中获利；文化遗产因其自身的审美特性而具有改善美化周边环境的功能，使周边地区不动产升值获利；文化遗产可以直接用来作为科教娱乐休闲和宗教场所，发挥积极的社会意义。

文化遗产的非直接使用价值包括[12]：

存在价值，人们只要知道长城或北京故宫的存在就感到快乐和满足；

“拥有”价值，仅仅是因为拥有某些文化遗产而感到开心和满足，这种拥有有时能让拥有者获得声望、地位和认同；

选择价值：其存在使将来的选择成为可能，为将来必须做出的选择提供备选项，使将来的选择有更多选择的机会；

“博爱”价值，遗产的存在使别人仍有机会使用它；

“馈赠”价值，可以把它传给后代，使将来继续拥有成为可能。

上述价值的收益非常分散，也无法在市场中进行交易。在全球化语境中，任何遗产都可以让所有层面的人民：全世界、国家、地区的人民，享有上述意义上的价值，虽然对于不同的人，在程度上可能存在很大的差别。

2. 对文化遗产的消费不具有消耗性和排他性，属于公共产品或准公共产品

公共产品有三大特征：其效用不能分割；产品不随个别消费者的使用而消耗；一旦出现，无论参与购买与否，许多人都可能使用，不具有排他性。文化遗产向人们提供的服务，几乎都具备前两项特征：人们对于文化遗产的消费，主要是通过对遗产的

观赏、体验、娱乐和休憩来实现；或者以复制、出版、录播等方式制作与文化遗产相关的产品。这些方式基本上都不会涉及对遗产实体的耗用[13]，也不能对其效用进行分割。

文化遗产产品是否具有排他性，与该产品的性质、所处位置以及管理方式等有关。像天安门广场、澳门大三巴牌坊这样的完全开敞的空间，任何人都可以合法地进入参观，不具有排他性，所以，它们是公共产品。而更多文化遗产具有一定的排他性，只具有准公共产品的特点：因为这些遗产出于建筑、周界、安全、经济与参观效益等考虑而实行准入限制。

公共产品或准公共产品为社会所需要，但投入和收益之间缺少保证关系，企业不会乐意经营。经济学家大多相信，这是个需要政府介入的领域。文化遗产行业亦不例外。

文化遗产保护投资的一个特点，即它的收益是长期的，是典型的“前人栽树，后人乘凉”。我们今天继承的文化遗产，是前人投资与经营的结果。我们今天投资保护一些文化遗产项目，也许在今天根本得不到任何直接的回报。

文化遗产保护往往需要巨额资金，需要付出高昂的代价。文化遗产大多已失去了其原有的功能，需要有专人维护，定期保养。为了保护文化遗产的真实性，在维护时仍然需要采用那些现在已较少采用的传统工艺技术和材料，这样做不但耗工耗时，也需要更多的资金投入。此外，周边环境的美化、遗产的展示等，都需要投入大量的资金。资金短缺一直是制约文化遗产保护的重要原因。据统计，1987年，联合国教科文组织保护遗产实际筹得的经费只占公布所需金额的2%；而光非斯的梅迪纳一个地方的保护，就约需10亿美元[13]。

今天，大多数国家都把文化遗产保护视为国家的职责之一，设立专门机构进行管理，拨用专款进行遗产的维护。尽管如此，巨大的资金需求常常使以政府财政资金或各类基金难以负担。另一方面，在全球化背景下，一些重要的文化遗产的保护，国家已不再是唯一的出资人。因为一些文化遗产场所，如埃及的金字塔，其主要的使用者已不再是国内民众，而是国际游客。在这种情况下，保护的主要费用更多地落在了国际游客的身上，很难仍由东道国承担保护费用。

在全球化的社会中，文化遗产经济价值的地位明显地提升了。很多政策和决策中出现了一种趋势，即经济因素和市场机制主导一切[14]。在这种背景下，文化遗产地自身的经营与开发成为弥补资金短缺的重要途径，被提上议事日程。而文化遗产经营的首要目标，便是将文化遗产地开发成旅游吸引物，通过开展旅游获得资金。因为“旅游能够捕捉到遗产的经济特点，并利用它们来产生资金、教育社区、影响政策而为保护服务”（ICOMOS，1999，《文化旅游宪章》）。

总之，随着全球化的不断推进，文化遗产的意义和功能发生了微妙的变化。在全球和地方等各种不同层次的群体都利用文化遗产来表达其群体身份。文化遗产以其所代表的文化多样性成为规避全球化风险的重要手段。在全球化过程中，文化遗产自身的定义，以及保护的动机和方式都处于不断的变化中。总的说来，进行选择性保护并充分发挥遗产的经济和社会特性，是当前和今后进行文化遗产保护的基本策略。

注　释

[1] 穆尼尔·布彻奈基著，关世杰等译：《教科文组织保护和修复文化遗产行动概要》，《世界文化报告——文化的多样性、冲突与多元共存》，北京大学出版社，2002年，第139、146页。

[2] 劳伦特·列维·施特劳斯：《文化遗产概念的新发展对〈世界遗产公约〉的影响》，《世界文化报告——文化的多样性、冲突与多元共存》，北京大学出版社，2002年，第146页。

[3] 兰德尔·梅森、玛尔塔·德·拉·托尔：《在全球化社会中遗产的保存和价值》，《世界文化报告——文化的多样性、冲突与多元共存》，北京大学出版社，2002年，第159页。

[4] Hannez, U. 1996. *Transnational Connection: Culture, People,Place s*. London/New York: Routledge.

[5] Hannez, U. 1996. *Transnational Connection: Culture, People,Place s*. London/New York: Routledge: 160.

[6] 刘红婴：《世界遗产精神》，华夏出版社，2006年，第223～228页。

[7] 兰德尔·梅森、玛尔塔·德·拉·托尔著，关世杰等译：《在全球化社会中遗产的保存和价值》，《世界文化报告——文化的多样性、冲突与多元共存》，北京大学出版社，2002年，第160页。

[8] 阿尔若·克拉梅尔、戴维·思罗斯比：《为过去付费：文化遗产经济学》，《世界文化报告——文化的多样性、冲突与多元共存》，北京大学出版社，2002年，第125页。

[9] 劳伦特·列维·施特劳斯：《文化遗产概念的新发展对《世界遗产公约》的影响》，《世界文化报告——文化的多样性、冲突与多元共存》，北京大学出版社，2002年，第146、147页。

[10] 刘红婴：《世界遗产精神》，华夏出版社，2006年，第223～228页。

[11] 劳伦特·列维·施特劳斯：《文化遗产概念的新发展对《世界遗产公约》的影响》，《世界文化报告——文化的多样性、冲突与多元共存》，北京大学出版社，2002年，第149、150页。

[12] Coccossis H, Nijkamp ed. *Planning for Our Cultural Heritage*, Aldershot: Ashagate Publishing Limited, 1995。

[13] 徐嵩龄：《中国文化与自然经济学：缘起·概念·主要论题》，《文化遗产的保护与经营》，社会科学文献出版社，2003年，第129页。

[14] 穆尼尔·布彻奈基著，关世杰等译：《联合国教科文组织保护和修复文化遗产行动概要》，《世界文化报告——文化的多样性、冲突与多元共存》，北京大学出版社，2002年，第140、141页。

土司文化遗产的价值凝练与表达

葛政委　曹大明　刘雪梅

（三峡大学民族学院）

摘要：土司遗址申报世界文化遗产的关键在于凝练其价值。近年来，世界文化遗产的价值凝练和表达受到人类学整体观、文化相对论、文化比较等学科理念的深刻影响。在这一影响下，真实性、完整性和唯一性构成其价值基础，文化专项和比较研究成为其价值路径，最高和核心是其价值定位。在土司文化遗产表达中，要尽量体现人文和关怀。

关键词：土司遗址；世界文化遗产；土司文化价值

一、引　言

武陵民族走廊土司遗产申请世界文化遗产成为当下中国炙手可热的事件。2011年11月，湖南省率先召开永顺老司城申遗工作会议，紧接着湖北省唐崖土司遗址、贵州遵义海龙屯遗址也召开会议以加入申遗行列。2012年9月，国家文物局把三地土司遗址和容美土司捆绑列入我国45个世界文化遗产预备名单之一。之后，由于容美土司遗址破坏严重，国家文物局取消其作为我国首批申报土司世界文化遗产的资格。2013年以来，老司城、唐崖土司城和海龙屯遗址成为我国申请世界文化遗产的正式成员。

在土司遗址申请世界文化遗产过程中，面临的首要问题就在于如何对土司文化遗产价值进行凝练和阐释。若把土司遗址看成是文本，我们不仅要把文本的意义读出来，更要从意义中凝练核心和最高价值。从申遗的角度看，我们需要向外国人解释土司是什么，他们对人类来说又有何普遍价值；从民族国家整合角度看，我们又需要把土司遗址作为有助于国家事业的符号；从土司遗址拥有族群看，也需要从中解读有利于族群处世与发展的意义。因此，合理凝练与表达土司文化遗产的价值，对于追求人类普适价值、促进国家认同和族群间的文化交流与理解都具有重要意义。本文尝试对这一重要问题进行初步探讨，以期对土司遗址保护、利用以及申报世界文化遗产的工作有所助益。

二、价值基础：完整、真实与唯一

在土司申遗中，大家都是从“杰出范例”、“特殊见证”、“天才杰作”、“突出例证”等关键概念的讨论开始的。实质上，这些概念都与文化遗产的价值相关联。20世纪90年代以来，世界文化遗产申报受人类学理论与观念的影响极深，世界文化遗产标准注入了人类学提倡的基本观念，如：文化相对论与多样性、文化整体观与文化关怀等。正因为如此，文化的完整性、真实性和文化类型的代表性逐渐成为世界文化遗产的价值标准。

土司文化遗产的价值需要以完整性为基础。完整性原是针对自然遗产保护而设定的标准，后来又应用到文化遗产的评价。整体观的引入明显受到人类学的影响。人类学有文化整体观/全貌观(holism)/整合论(integration)的传统。人类学对“文化”的定义从不局限于精神层面。早期人类学家泰勒在《原始文化》中就认为：“文化是包括全部的知识、信仰、艺术、道德、法律、风俗以及作为社会成员的人所掌握和接受的任何其他的才能和习惯的复合体。”[1]之后，结构功能论大师马林诺夫斯基和拉德克利夫-布朗都把文化置身于一个整体或系统来进行观察，之后，文化整体观就成为人类学的基本视野。在人类学理论的影响下，联合国不再主张对世界文化遗产进行政治、艺术、宗教、亲属关系、经济等逐项分类，而要把文化放在自然人文生态系统中来考察。这样不仅有利于文化遗产的保护，更有利于他群理解文化遗产本身。

土司文化遗产保护要满足真实性。早在1994年世界文化遗产委员会《奈良文件》第13条就对文化遗产真实性进行说明：“真实性包括：遗产的形式与设计、材料与实质、利用与作用、传统与技术、位置与环境、精神与感受。”[2]这就要求在土司文化遗产保护中要防止保护性和建设性破坏。人类学关于文化真实性问题的研究远要高于这一实践层面。人类学所自持的文化全貌观、文化深描、实验民族志方法等都是在探讨文化的真实性问题。人类学文化研究中其实有两种真实性可以遵循，一是实践理性，追求经验与事像之关系；二是文化理性，追求同类事像之共同法则[3]。也就是说，土司文化遗产的保护在经验上保持其原貌的同时，更要注意在文化的内在逻辑中展示其真实性。

土司文化遗产的唯一性推高了土司文化遗产的价值。“唯一性”并不是指“独一无二”，而是指文化遗产的稀缺性或代表性。文化遗产越是稀缺或越具代表性，文化遗产的价值也就越高。人类学曾对文化多样性的发展路径进行了深入的研究。美国人类学家斯图尔德在《文化变迁理论：多线进化的方法论》一书中提出了“文化多线进化”、“文化核”、“文化类型”和“文化生态学”等概念，并阐述了环境和技术在文化发展路径的决定性作用[4]。在多线进化论中，文化发展是沿着不同的道路向前发展的，文化多样类型正是文化多线发展的结果。武陵民族走廊四大土司文化遗址正是在山地背景下和耕猎生计技术发展出来的一种文明，既是土司文化遗产类型的代表，也是东亚多样文明中的一种独特类型。

土司文化遗产的价值正是建立在整体性、真实性和唯一性基础之上的。有了这一基础，我们便可以凝练土司文化遗产的价值。

三、价值路径：专项与比较

土司文化遗产价值凝练有两条基本路径：第一条路径是挖掘土司文化遗产的专项价值；第二条路径是在跨文化比较中寻求土司文化遗产的比较价值。在凝练土司文化遗产价值过程中，这两条路径可以相互渗透、补充，从而得出更具人类普适意义的文化价值。

（一）专项价值

专项价值包括历史、艺术、科技、资源、思想等多方面的价值。土司文化遗产的专项价值是指通过对土司遗址及所体现的政治制度、文化模式等进行专题研究而提炼出土司遗址的分类价值。

土司文化遗产的历史价值。土司遗址具备见证、证实、反映元明清时期中央王朝经营边缘族群以及边缘族群社会文化生活的历史价值。土司制度作为我国古代重要的政治制度，对我国多民族国家的延续与发展起了重要作用。海龙屯在宋元时又称为“龙岩囤”，始建于南宋宝祐五年（1257），环囤，都为摩天巨岭，是天然的军事堡垒。海龙屯是中国羁縻土司制度的实物遗存，它完整地见证了中国少数民族地区政策由唐宋时期的羁縻之治到元明时期土司制度再到明代开始的“改土归流”的历史变迁。老司城是永顺土司司治所在地，是土司时期湘西北土家族的政治文化中心，它是湘西北土家族历史和社会文化发展的见证。

土司文化遗产的审美价值。土司文化遗产具有让人认知和体验“美”的艺术价值。游客置身于土司文化遗产丰富的绘画、音乐、雕塑、戏曲、舞蹈、仪式等文化之中，可以感受到艺术之美、文化之美。在老司城遗址里，考古学家发现了一批瓷片或装饰品，有青瓷、青白瓷、白釉红彩瓷、黄釉瓷、蓝釉黑花瓷、素三彩等[5]。在这些瓷器中，青花瓷来自景德镇，主要器形有盘、碗、杯等类型。这些古朴的器具，让人遐想中世纪的传统工艺之美。在容美土司，土司时期流行的傩戏、柳子戏流传至今，让人可以感怀古代戏曲之美。在唐崖土司，明代的石人石马、牌坊仍然保留至今，让人感叹土司为国奔走之美。这些地面文化遗产和活态文化所展示的独特美感都让人无法释怀。

土司文化遗产的科技价值。土司文化遗产也展示着古人的聪慧。被誉称为中国的“马丘比丘”的永顺老司城展示着古代土家人的建城智慧。老司城的城墙用灵溪河的卵石和附近山上的岩块做材料，用石灰、桐油、棉花、砂土做黏合，用1厘米的石灰美化墙体，就地取材，美观实用。老司城的排水系统也具有特点。相传土司有按金木水火土方位设有九条排水通道，临时也可以作军事通道。据考古发掘，老司城确实存在青石和砖修成的涵洞和地下通道，有些洞宽和高都在2米左右。而海龙屯军事城堡、唐崖土司城、容美土司爵府也都蕴涵着独特的筑城智慧，内涵深厚。

土司文化遗产的资源价值。土司文化遗产的资源价值具有综合性，既是文化资源，也是经济资源。在土司世界文化遗产申报过程中，应强调其文化价值，而应有意回避其经济价值。而当世界文化遗产申报成功后，土司文化遗产的经济价值会自然得到开发。土司文化遗产的价值必然立足于当代人和后人，而不是历史古人。只不过，在文化遗产资源价值的保护与开发过程中，我们始终要注意不能违背遗产的真正价值，更不能胡乱包装和过度商业化。

土司文化遗产的思想价值。土司文化遗产反映着哲学、政治、军事、文学等方面的思想。老司城、容美土司爵府和唐崖土司城都显示着一个努力维护王朝正统和国家统一的边缘少数民族的爱国情怀。在与汉地持久的良性互动与交往中，容美土司田氏家族一连出了七代九位土家族诗人，九位诗人的著作在《田氏一家言》中集中展示。这一文学世家现象成为少数民族文化史上的奇迹，也反映了明清两代土家族地区土司独特的哲学、生态、政治、军事、文化等方面的思想。

（二）比较价值

文化遗产的比较价值来源于跨文化比较。早在1930年，人类学家默多克就开始建立人类关系区域档案（HRAF）。他先后在全世界收集了800多个涉及生态环境、历史文化、社会生活方面的民族志资料，并以此为跨文化比较提供方便。武陵民族走廊的这四大土司遗址完全可以构成一个“土司区”或文化类型，与其他类型土司文化遗产以及其他类型族群文化比较，能够发现这四大土司文化遗产的更具世界普遍意义的价值。

从生态环境看，四大土司文化遗产提供了一种山地社会治理和文明类型。从国内看，土司制度覆盖了青藏高原、藏彝走廊、云贵高原、武陵走廊、南岭走廊以及滇桂边境至邻国的许多地方。因为地理环境、人文历史、地缘政治、区域族群关系等因素的影响，这些土司之间在外相及内涵上都有不同。一些地理邻近又有着共同人文、地缘因素的地区可以作为一个土司区。这样，古代中国土司带本身包含着山地、盆地、高原、河谷等多个土司文化类型。从更大范围看，土司制度所呈现的社会模式仅仅是世界众多族群社会运行方式之一。在众多民族志经典著作中，人类学家记载了非洲东部大陆、太平洋群岛、拉丁美洲雨林多种族群在长时段存续的社会模式。土司社会提供了一种王朝边缘地带的治理模式，这与非洲许多无国家族群社会模式和欧洲古城邦社会运行模式都不同。

从人类政治历史看，四大土司文化遗产见证了大姓充分发展之上的土司政治历史模式。土司制度继承了古代中国“天下”政治图式和治理边缘族群的思想，是古代中国凝聚边缘的重要机制。土司学研究奠基者佘贻泽说：“我国史书常载有蛮夷恃险为患，朝廷不愿兴师劳民，乃设立土官，以领其众，历代如此，至明代始为一种固定官职"[6]，"土司一词见于明史列传，司者，官职官守之谓，土司者，即以土著之人分封职官守也。"[7]土司制度体现了古代中央王朝"顺民性，省民力，非利不战"的治理思想。尽管土司制度有共同的背景，但武陵民族走廊四土司又有其特殊性。这四大土司社会都是在大姓发展较为充分的社会、"王朝屏翰"的地缘政治和山地环境中发展出来的。这既不同于同处这一民族区域的苗疆社会的政治历史，也不同于西南其他土司区的政治历史，更不同于处在同一时期非洲许多处在原始民主制或部落社会和欧洲中世纪城邦社会政治历史。

从宗教信仰上看，土司文化遗产展示着元明清时期西南一些少数民族的混融信仰体系。与世界诸多一神教不同，西南少数民族信仰的复杂性、功利性和融合性让世人感叹。在老司城遗址上，土司彭氏既供奉着彭氏"先祖土王"，也供奉着外来的关帝，甚至还供奉着彭氏的仇人和对手吴著冲。明万历初宣慰彭元锦奉命征滇蛮，关帝显灵来助，十八战皆捷，凯旋建关帝宫[8]。土蛮头吴著冲为古溪州土著头人，因仇魂不散，故彭氏立祠祭祀。其他如城隍庙、五显祠、祖师殿等在老司城都有布置。这一宗教信仰形态在武陵走廊土司区具有普遍性，但在世界上却具有独特性。

从专项和比较来探究土司文化遗产价值的路径能很好地凝练土司对于整个人类和他群的价值。这样，土司文化遗产价值形态就十分丰富了。但是，土司文化遗产要凝练的是核心价值。只有这样才能把土司最具魅力和最能为他群接受的价值呈现给世人。

四、价值定位：最高与核心

在土司文化诸价值之上，凝练出土司文化遗产的人类普遍最高价值和土司文化遗产最具核心的价值，并成为向其他族群表述的主题。在土司文化遗产价值凝练过程中，要尽量避免族群话语和民族国家话语，而使用更具普适意义的全球化和人类普适话语。只有这样，土司文化遗产价值才能跳出狭隘的民族主义或政治式的价值陷阱，从而让土司文化遗产更具推己及人的价值。武陵走廊土司文化遗产的最高价值和核心价值表现在三个方面。

第一，老司城、海龙屯、唐崖司城、屏山爵府是中世纪全球山地传统城市的代表。这四个古代城市在类型上和规模上相互印证和补充。老司城集古溪州区域政治、军事与文化中心于一体，是规模较大的山城。它位于永顺县麻岔乡司城村，又因背靠福石山而被称为"福石城"，有"五溪之巨镇"、"郁郁乎百里之边城"之称。司城遗址面积达万平方千米，分为宫殿区、衙署区、墓葬区等区域。海龙屯和屏山爵府是中世纪典型的山地军事堡垒城市。海龙屯四面陡绝，怪石危岩，并以铜柱关、铁柱关、寨墙、歇马台、飞虎关、飞龙关、朝天关、飞凤关为基础构筑了四道土石防线，辅以金银库、采石场、木构敌楼、仓楼等军用设施，是典型的军事古堡[9]。唐崖司城则是小级别、小区域土司城市的代表。城内遍布有城墙、采石场、码头、墓葬、石雕、寺庙等遗址[10]。这三大古代山地城市各具特点，共同展示着土司社会的城市形态。

第二，老司城、海龙囤、唐崖司城文化遗址见证了世界上一种独特政治制度的产生、发展与衰亡。在实行土司制度以前，西南地区族群多有君长，割据一方。至元代，中央王朝在西南诸地置土司。至明“踵元故事，大为恢拓，分别司郡州县，额以赋役，听我驱调，而法始备矣。然其道在于羁縻，彼大姓相擅，世积威约，而必假我爵禄，宠之名号，乃易为统摄，故奔走惟命。”[11]湘西彭氏老司城立于唐代，延续数代，前后达800年，见证了“羁縻制度”到“土司制度”的完整过程。经过彭氏23代土司的营建，老司城成为威镇湘黔鄂川边的中心城市之一。老司城分内罗城和外罗城，拥有东南西北四城门，城内鹅卵石嵌砌路面，八街九巷纵横交错。不仅有金銮殿、紫金山陵园等诸多建筑，还建立有土司享乐的凉洞、热洞和遍布地下的密室甬道。鼎盛时期，老司城人户稠密，故史书有“城内三千户，城外八百家”的记载[12]。海龙屯立于南宋末年，杨氏土司强盛后，海龙屯成为播州最为重要的军事堡垒。明代末年，中央王朝发八省之24万各路军队分8路讨伐杨应龙，“平播之役”之战的最后一役就发生在这里。唐崖司城作为小级别土司中保存最为完好的遗址，历时400年，见证了土司体系中基层土司的历史。土司城市见证土司制度这一特殊政治制度的历史基础、进程和结束，其价值不言而喻。

第三，老司城、海龙囤、唐崖司城遗址反映了13～18世纪中国西南多族群的独特社会文化面貌。三土司遗址同处武陵民族走廊地带，这一地带处于“内地之边缘”，地形复杂、族群众多、文化多样。直到现在，这一地带所蕴含的社会类型和文化多样性仍然吸引着众多人士。这三个土司遗址给我们一个窥见中世纪西南族群社会文化的一个窗口。从社会面貌看，土司社会展示着半军事化的独特类型。永顺土司辖6司58旗，老司城作为其政治中心，全面展示着土司社会的文化生活。从墓葬文化看，四土司都有强烈的祖先信仰。老司城附近就有专门的墓地，且十分豪华。土司彭显英夫人墓由封门墙、甬室、石门和墓室组成，封门墙用青石修筑而成，墓室壁用大整块石板竖立，上面雕刻有窗花类的流线形的浮雕[14]。同时播州土司、唐崖土司、容美土司的墓葬也特别讲究。从土司其他方面看，土司文化遗址周边遗留下来的传说故事、戏剧音乐、巫傩仪式、生产生活器具、牌坊石刻等都展示着土司社会时期西南族群社会文化面貌。这三大遗址提供了一个窗口，让我们可以穿越时空感知数百年之前西南族群社会文化。

五、价值表述：人文与关怀

土司文化遗产在向世人传播其价值时应注意其表述方式。从本质上看，土司文化遗产作为文化遗留物仅仅能破碎式地呈现土司社会文化面貌，这就可能会让他群误解。如何全面、真实、完整、有效地把土司文化遗产价值表达出来，这是一个值得思考的问题。把人类学的"人文与关怀"的学科理念渗透到土司文化遗产保护、传承与展示中，将使土司文化遗产价值得到更有效的表达。

第一，加强土司文化遗产价值的发掘。土司文化遗址表层意义明显不足，如果不进行深入的意义挖掘和表述，文化遗产的吸引力将大打折扣。因此，一方面要深入发掘土司文化遗产的每一个遗址、每一个器物、每一个无形文化遗产项目的内在意义、文化生态和历史进程，挖掘其深厚的文化内涵；另一方面，在呈现这些文化遗产时要注意遗产意义的全面和深入表达。考古人员曾在唐崖土司城发掘到一颗"永宁卫千户所百户所印"，那就必须把这颗印发掘的位置、历程、背后所见证的历史和物品一起展示和表达出来。这样，一颗印的价值就远不只物本身那么简单，其所反映的土司职官、土司与周边族群和中央王朝的关系等意义都得到表达。

第二，对土司文化遗产进行关联性和整体的展示。土司文化遗产在向世人展示时要防止"采集蝴蝶标本式"的机械呈现，而要根据文化遗产内容的关联性来向世人整体呈现。土司文化遗址的整体呈现大致分为三大方向：土司城遗址系统、土司政治制度系统、土司社会文化系统。土司城遗址要分类型，遗址内要分功能区。尽量把土司器物放在土司城原址进行保护与展示。把遗址周边涉及土司政治的遗物和其他非物质文化遗产项目进行集中，展示族群政治与文化。总之，整体性和系统性的展示才能真正有利于他群的理解。

第三，区分文化遗产，限制参观区域。为更好地保护和开发土司文化遗产，要把土司文化遗产分为禁止接近型、限制参观性和全面开放型。禁止接近型主要涉及土司家族墓室、遗址危险区；限制参观区主要指土司城遗址；全面开放型是指那些非物质文化遗产项目。需要说明的是，限制开发并不否认对参观者的关怀，而正是为了更好地保护土司文化遗产，而使遗产利用更具可持续性。而这正体现了对文化遗产和参观体验者双重的关怀。

第四，要给予文化遗产地生活人们关怀并向世人展示。对于文化遗产地居民搬迁安置要给予关怀，让周边居民享受遗产利益。2013年，咸丰县争取2000多万资金在集镇边唐崖河畔划拨20多亩土地用于唐崖土司遗址地迁出的99户居民的安置。政府应记录遗址地居民搬迁前后的影像，并在将来选择合适的场所对这一过程进行展示，向世人说明土司遗址保护前的真实情况。将来还应让遗址地附近的居民在遗产开发中分享利益，并鼓励他们做好文化遗产的外围保护工作。从而让遗产地居民与文化遗产重构一种更为和谐的保护与利用模式。

综上所述，土司文化遗产在申报世界文化遗产过程中，要维护土司文化遗产的真实性、完整性和代表性，注意夯实土司文化遗产的价值基础。从土司文化遗产专项和文化比较中凝练土司文化遗产的价值。选择最高和核心价值作为土司申报世界文化遗产的价值定位，即：土司文化遗产作为13～18世纪山地城市代表、土司制度见证者、西南诸族群社会文化呈现者的核心价值。而土司文化遗产价值在向世人传播时，要时刻体现其人文精神和对文化遗产以及人们的关怀。

注　释

［1］〔英〕爱华德·泰勒著，连树声译：《原始文化》，广西师范大学出版社，2005年，第1页。

［2］The notion of authenticity in relation to the world heritage convention.Report of the Global Strategy Natural and Cultural Heritage ExpertMeeting. Amster-dam:UNESCO-World Heritage Center, 1998: 39 ~ 42.

［3］彭兆荣：《民族志视野中"真实性"的多种样态》，《中国社会科学》2006年第2期。

［4］黄淑娉、龚佩华：《文化人类学理论方法研究》，广东高等教育出版社，2004年，第303 ~ 306页。

［5］湖南省文物考古研究所等：《湘西永顺老司城发掘报告》，《湖南考古2002》，岳麓书社，2004年，第305页。

［6］佘贻泽：《中国土司制度》，正中书局，1944年，第2页。

［7］佘贻泽：《中国土司制度》，正中书局，1944年，第10页。

［8］湖南省文物考古研究所等：《湘西永顺老司城发掘报告》，《湖南考古2002》，岳麓书社，2004年。

［9］李黔雷：《遵义县文物志》（第二集），政协遵义县宣教文卫委员会，2003年，第170页。

［10］湖北省文物考古研究所、中国人民大学历史学系教研室、咸丰县文物局：《湖北咸丰唐崖土司城址调查简报》，《江汉考古》2014年第1期。

［11］（清）张廷玉：《明史》卷三百十《列传一百九十八·土司》。

［12］湖南省文物考古研究所等：《湘西永顺老司城发掘报告》，《湖南考古2002》，岳麓书社，2004年，第305页。

［13］湖南省文物考古研究所等：《湘西永顺老司城发掘报告》，《湖南考古2002》，岳麓书社，2004年，第305页。

永顺土司城、唐崖土司城、播州海龙屯空间格局比较初探

王炎松　龚梦琳　姜子薇

（武汉大学城市设计学院）

摘要：土司城池是土司制度和土司文化的物质载体，反映了特定历史时期的社会政治制度与经济文化生活，是研究土司制度的重要物证。永顺土司城遗址、唐崖土司城遗址和播州海龙屯遗址是现存土司城遗址中保存较完整、综合遗存信息较高的城池，遗存在地理区位、行政级别、功能类型等方面具有鲜明的代表性。本文从历史背景与政治地位、区位文化与基地环境、城池空间格局三方面对以上土司城池遗址进行比较研究，初步探讨土司城池布局的共性特征及个性特色，为丰富我国古代城池研究提供参考。

关键词：永顺土司城；唐崖土司城；播州海龙屯；空间格局；比较

永顺土司城、唐崖土司城以及播州海龙屯城址位于中国多民族聚居的云贵高原东北边缘山区，是13～20世纪土司制度推行时期少数民族首领“土司”用于行政管理、生活起居、军事防御、文化传承等的综合功能的土司统治地区中心聚落。独特的区域文化和历史背景孕育出了不同的聚落形态。对永顺土司城、唐崖土司城以及播州海龙屯城这三个不同形态格局的土司城池的比较研究，有助于更加深入了解土司城池的格局，推动土司城池研究。

一、历史背景与政治地位比较——累代世袭　宣慰长官

（一）累代世袭——历史沿革

“土司制度”是13～20世纪中国元、明、清中央王朝为维护其统治，在西南少数民族地区委任当地首领担任 “土司”、世袭统治当地人民的一种行政管理制度，是古代中国作为多民族统一国家，对“齐政修教、因俗而治”的治理理念的运用。土司制度形成于元代，在明代达到完备、鼎盛，于清代走向衰落。土司分武土司和文土司。武土司包括宣慰使、宣抚使、安抚使、招讨使和长官等，对应衔品分别为从三品、从四品、从五品、从五品、从六品；文土司包括土知府、土知州、土知县等，对应衔品

分别为正四品、从五品、正七品。土司实行承袭制度。

1. 永顺土司——宣慰司

永顺彭氏政权五代时期被授为溪州刺史；随着元朝建立土司制度，元世祖至元十二年（1275）彭氏被授武德将军，正式成为土司。元延祐七年（1320）自改“永顺安抚司”。元至正十一年（1351）年自升“永顺宣抚司”。明洪武二年（1369）被正式委任为安抚司，洪武五年（1373）升为宣慰司，为武土司的最高品衔，其后一直世袭宣慰司直至清雍正六年（1728）改土归流，前后统治近800年。

2. 唐崖土司——长官司

唐崖覃氏第一代土司覃启处送于元末被授宣慰使司。至二世即降为长官司。明天启年间，第十二代土司覃鼎，因功勋卓著，经朝廷恩准对治所进行了统一规划建设。清朝实施“改土归流”政策，雍正十三年（1735）“施南宣抚司改设流官”，历元、明、清三代的唐崖土司终被废除。历史上唐崖土司品衔虽偶有升降，但大部分时间处于长官司地位，地位较低。

3. 播州海龙屯土司——宣慰司

杨氏政权从唐乾符三年（876）建立了在播州的统治，元至元十五年（1278）受安抚司，至元十八年（1281）升宣慰司。明仍授宣慰司。明万历二十三年（1595）前后，播州土司在多种因素下走向反叛朝廷之路，明万历二十八年（1600）明军攻破海龙屯，杨氏政权结束了在播州的统治。

（二）宣慰长官——政治地位

三处土司城址在土司制度的武职体系中分别涉及最高的宣慰司和较低的长官司两个土司职官级别。

1. 永顺土司城

14世纪成为湖广地区永顺宣慰司治所，主要功能为行政、生活、经济、文化、军事中心。永顺宣慰司属湖广地区土司体系中的最高职级机构之一，明朝鼎盛时期统辖溪州整个地区，辖区较大。

2. 唐崖土司城

14世纪成为湖广地区唐崖长官司治所，隶属施南土司，主要功能为行政、生活、经济、文化、军事中心。唐崖长官司属湖广地区土司体系中较低的职级机构之一，辖区较小。

3. 播州海龙屯

播州宣慰司辖川、黔、湖广交界要地，辖区广阔。海龙屯在16世纪成为反抗中央朝廷的军事防御设施，是战争时期播州土司的军事战备和行政中心。

（三）小结

1. 历史背景不同

永顺土司彭氏政权世袭二十七代，共35位刺史或土司，初期辖域二十州，范围涉及湘、鄂、川、黔、渝、滇等地。彭氏政权世代积极与中央朝廷交好，于洪武五年（1372）品衔上升至宣慰司，直至清雍正五年（1728）改土归流的300余年内，一直稳定世袭宣慰司。永顺土司彭氏政权地位较高，世袭稳定，是土司发展中比较罕见的。

唐崖土司覃氏政权历时400多年，品衔虽屡有升降，但主要是长官司。长官司是较低级的土司品衔。唐崖土司随军功变迁地位的历史，在众多土司的发展中具有代表性。

播州海龙屯杨氏政权世袭统治播州时间达700多年，被授予宣慰司的时间早，未有降职的经历。明万历二十八年（1600）因反叛朝廷失败而终结政权。

2. 政治地位不同

永顺土司城是高品衔土司宣慰司所在的综合型治所。唐崖土司城是低品衔土司长官司所在的综合型治所。播州海龙屯是高品衔土司宣慰司所据的军事型堡寨。

二、区位文化与基地环境比较——土苗守疆　背山面水

三座城址所在的中国西南地区属亚热带气候区，以云贵高原为主体，崇山峻岭连绵分布、千沟万壑、水系纵横，具备适宜生存条件的小型盆地或平川散布于其间。这种独特的地理环境及艰难的交通条件，使得西南地区自古以来就形成了众多相对独立发展的小型族群，成为世界罕见的多民族高密度聚地，现存民族仍有近30个。自公元前3世纪统一中国形成后，该地区历代为疆土西南边陲，同时是中央政权重点实施少数民族管理政策的地区之一。独特的自然地理条件和多元的民族文化是土司城形态形成的基本条件。

（一）土苗守疆　背山面水

1. 永顺土司城

辖境为土家族聚居地。城址背靠太平山，面临灵溪河，正对螺丝湾群山。其周边山系可作为城址的天然屏障，灵溪河自西北曲折流向东南环城而过注入酉水，既是土

司及当地土家居民的生活保障，又可作为与外部交通的重要通道。从城址高处眺望，周边山岭，山势环绕并均朝向永顺土司城遗址，民间称之为“万马归朝”，生动反映了永顺土司城位于群山环抱辖境中心的选址特征。

2. 唐崖土司城

辖境内主要为土家族聚居地。唐崖土司城在辖域东南部，周围环境平缓开阔，唐崖河水流此段较缓，两岸地势比较平坦，有大片良田作为补给，在生产、生活、交流、管理、防御等方面具备优越的天然条件。土司城位于该区域南部的天然台地上，西靠玄武山，东临唐崖河，两侧亦有贾家沟、碗厂沟两条溪谷，三面环水。

3. 播州海龙屯

辖境为苗族、仡佬族聚居地。播州海龙屯位于云贵高原北端的大娄山中，东接湖广，西北通巴蜀，地理位置极为重要。海龙屯以北23千米为大娄山川黔交通要道娄山关。海龙屯位于播州辖境中部，距播州土司统治核心区域播州治所（今遵义老城区）仅16千米。海龙屯雄踞于龙岩山的险峻山巅，地形险要，东、南、北三面均为悬崖绝壁；屯北、南两侧分别有白沙沟与腰带岩沟自西向东绕屯而过，在屯东汇合东南流注入湘江。这条水路是历史上连接播州治所与海龙屯的交通要道。

（二）小结

1. 文化特征比较

永顺土司城、唐崖土司城、播州海龙屯辖区属民主要是土家族、苗族，在土司制度形成前其统治者为土家族、苗族首领。土司城池的选址和布局受到土家族、苗族以及汉文化的多重影响。

永顺土司城和唐崖土司城辖区属民为土家族，其选址都符合土家族筑屋于半山腰，背靠山林，不占良田的基本特征。作为土司辖境内地位最高的城池，永顺土司城选址位于辖境中心，唐崖土司城选址位于辖区内少有的平缓地带，都反映了土司城地位的重要。

播州海龙屯由于军事需要，其选址扼要道，占天险，且与播州治所距离不远。其选址主要满足的是军事城池部署的功能要求。另外，海龙屯选址突出的防御性特征与黔北地区民族杂处、争战频发的复杂社会背景十分相适应。

2. 自然特征比较

永顺土司城背靠太平山，面临灵溪河，正对螺丝湾群山；唐崖土司城西靠玄武山，东临唐崖河；播州海龙屯三面环山，白沙沟与腰带岩沟绕屯而过。三座城池选址都具有背山面水的特征，在营建中随形就势，因地制宜。

三、城池空间格局比较——功能各异 殿堂衙门

（一）功能各异

三座土司城具有框架完整、形态错落、局部规整的典型格局特征。其中，整体格局主要呈现出山地聚落随形就势、自由布局的传统特征，部分与土司统治身份相关的功能区又引入了围合内向、序列关系、中轴对称等体现汉族中央政权礼制文化的营造特征。但由于历史背景、政治地位、选址环境的不同，三个城池格局特点各异。

1. 永顺土司城

整体格局分中心城址和外围区两部分，又以中心城址为核心。其他遗迹沿灵溪河两岸分布，呈两条轴线组合，呈现一心两轴的特征。中心城址分布范围约19公顷，形状近椭圆形，其功能区可分为衙署区、首领生活区、墓葬区、街市区、本地信仰区、外来宗教区等。外围区功能主要包括沿灵溪河两岸分布的19处，主要功能包括休闲、军事、司法、道路、宗教等。

衙署区、首领生活区为中心城址的核心区域，前者位于城址中心，围墙围合区域近矩形，为土司及其职官办理公务和临时居住的处所；后者与衙署区相依，位于城址北部，围墙围合区域近椭圆形，为土司首领起居生活的空间；墓葬区位于衙署区外东南；街市区在衙署区西侧，边界由街道围合成矩形；本地信仰区位于衙署区东北侧，主要为祭祀土家族本地神灵或祖先的场所；外来宗教区位于衙署区南部，位于墓葬区的西南部，是进行儒家、道教的文化学习和宗教祭祀的场所。

2. 唐崖土司城

唐崖土司城四周有城墙围合。城址由一条南北向主干道、三横三纵的次干道以及数十条巷道形成的道路系统分个为多个院落，这些院落成为城内的基本结构单元，城址呈现不规则网格形态。唐崖土司城建筑功能大致可以分为衙署区、坛庙区、生活居住区、兵营管理区、墓葬区、苑囿园林区等。城池以衙署区为核心，主干道为轴线，呈现一心一轴五区的特征。

城址内主干道以西院落较为稀少而规格高，位于主干道中段、城址中心位置的大型院落即衙署区，为土司行政与生活的地方，为全城的核心；坛庙区包括大寺堂、张王庙、玉皇庙等，分布较为分散：大寺堂位于衙署区北部，张王庙、玉皇庙分布在城东北、城西；衙署区以东为普通百姓的居住区，院落密集；城内自北向南分布有营房遗址、地牢遗址、小衙门遗址、检阅台遗址、天灯堡遗址、杀人台遗址等；衙署区西北部有土司时期墓葬六座，其中等级最高为“皇坟”。城址之外西部山林地带分布着土司时期的时期墓葬六座；西南部有“御花园”遗址、万兽园遗址等。

3. 播州海龙屯

作为播州土司的山地防御城堡，海龙屯遗址的整体格局兼顾了军事防御的险要和土司行政、生活的便捷，即因借外围自然山险营建军事防御系统，同时在屯顶较平坦之处修建土司行政、生活设施。其整体格局可分为军事区及主体活动区两部分，呈现两个组团的特征。军事区包括城墙、城门（关口）、哨台、道路设施等。主体活动区功能包括衙署、采石场、窑址、军营、校场坝、水井等。

军事区分布在海龙屯的外围。屯东、西为主要的出入口通道，南北两侧山势险要，有自然天险，因此人工建造的防御性设施集中在屯东西两侧，以加强这些区域的防御性，而南北两侧仅有简单筑砌的城墙和哨台。屯内的主体活动区位于屯顶较平坦的区域，是屯上土司行政、休闲等活动的主体区域。

（二）殿堂衙门

衙署区是土司及其职官办公之处，有时也兼具土司生活区的功能。永顺土司城、唐崖土司城和播州海龙屯均以衙署区为核心布局，衙署区是城池中重要的功能区，其规模构成是土司城池格局的重要体现。

1. 永顺土司城衙署区

衙署区位于中心城址的中部、也是中心城址的核心部分，近矩形，总面积约0.876公顷。衙署区内有主要有围墙、城门、建筑、道路等，依东北高、西南低的山形地势分布于7层台地之上。

衙署区边界由围墙围合成周长408.8米的矩形，矩形的长边为东北—西南向。城墙开有四个城门，位置分别是：西墙一个，北墙两个，南墙一个。围墙内建筑较多，其分布以东北—西南向为轴线，自西墙城门以内总体对称分布在7层台地之上，依次为大堂及其附属建筑、彭氏宗祠、凉热洞。

西墙城门以内为大堂及其附属建筑；大堂及其附属建筑基址东西长45.1米，南北宽31米，面积0.14公顷。大堂居中处于轴线，附属建筑分布于两侧，包括天井、通道、散水、厢房，与中央王朝同等级的府县衙门格局类似；彭氏宗祠是衙署区中轴线上的主体建筑，面阔三间13.6米，进深四间9.7米。凉热洞处于轴线偏西，是有避暑御寒功能的建筑，为青砖起券砌筑；衙署区内有两个方向的道路系统，一是沿轴线方向从西门到彭氏宗祠的路线，另一条是沿着北墙的路线。

2. 唐崖土司城衙署区

衙署区位于城址中心位置，周围院墙围合，为一大型院落，东西长125米，南北平均宽47米，总面积0.5875公顷，是土司办公及生活之处。衙署区内建筑构筑物沿东西轴线分布在逐渐升高的台阶上，从东至西依次为“荆南雄镇”牌坊、大衙门、官言堂及其前面的罩亭、内宅。

“荆南雄镇”牌坊为唐崖土司城的标志性构筑物，是衙署区建筑群的起点。牌坊高6.8米，通宽8.04米，四柱三间；大衙门南北长约34.8米，东西现存宽度21米，面阔五间、进深四间；官言堂面阔五间、进深四间。台基平面呈长方形，长38米，宽17米。官言堂前的罩亭长10.5米，进深8.4米；内宅位于官言堂以西最高一级台阶上，是土司居住之处。

3. 播州海龙屯衙署区“新王宫”

衙署区位于屯内西南部，是土司及其职官行政及生活休闲的区域。衙署区内有建筑群“新王宫”。“新王宫”位于屯顶西南侧的山梁上，总面积1.8公顷。

“新王宫”坐西南朝东北，四周有封闭围墙、有房屋20座，道路3条，池沼4个。“新王宫”围墙周长504米，呈不规则圆形；整个“新王宫”在平面上大体呈中轴对称的格局，并分中、东、西三路。其中，中路建筑是衙署区内的行政办公场所，东、西两路以土司生活、休闲功能为主。处于中轴线上的建筑物后堂面阔五间，符合明代从三品官阶所能享用的宫室制度。

（三）小结

1. 功能分区比较

均为土司制度时期山地少数民族文化结合汉文化下的营建产物，格局具有众多的相似性：① 均有完整的城墙，防卫性强；② 均遵循礼法，有明晰的衙署构成；③ 道路均成体系。除了相似性之外，三座城池也存在不少差异性。

名称	城池规模	整体格局	功能分区
永顺土司城	19公顷（中心城址区）	一心两轴	衙署区、首领生活区、墓葬区、街市区、本地信仰区、外来宗教区
唐崖土司城	30公顷	一心一轴五区	衙署区、坛庙区、生活居住区、兵营管理区、墓葬区、苑囿园林区
播州海龙屯	28公顷	两个组团	衙署、采石场、窑址、军营、校场坝、水井、军事区

永顺土司城政治地位高，经营时间长，统辖范围大，因此其规模大，功能齐全，内容丰富，建筑类型齐全。聚落内功能构成包括首领生活、办公、丧葬、商贸、本地及外来宗教信仰、文教、休闲、军事、司法、交通等多种功能类型，涵盖了土司社会的政治、经济、军事、文化等多个方面，是一处综合性的大型土司治所，有“大而全”的特点。

唐崖土司城政治地位较低，统辖范围较小，其功能构成较丰富，有衙署区、坛庙区、生活居住区、兵营管理区、墓葬区、苑囿园林区。但与永顺老司城遗址相比，无

文教区、商贸区、本地信仰区，休闲区。功能相对比较简单，但有“小而全”的特点

播州海龙屯与永顺土司城、唐崖土司城相比，前者是军事型城池，因此其功能类型相对单一集中，后两者是综合性治所，功能类型全面而丰富。播州海龙屯城以军事、行政为主，兼有一定的生活性，缺少丧葬、宗教、文教等类型功能，体现了不同功能城池的不同格局，有“大型城堡，集中功能“的特点。

2. 衙署区比较

均具有沿轴线序列前后依次递进的共性。由于其土司品衔、政治地位的不同，衙署区的规模构成、布局存在着区别。

永顺土司城衙署区格局特点为衙署区与生活区分开，前后轴线，各台院落，规模较大，构成丰富。区内包含有城墙、城门、大堂、厢房、宗祠、休闲建筑、道路等。衙署区建筑大致沿轴线对称分布，充分显示了宣慰土司较高的政治地位。

唐崖土司品衔为长官司，政治地位较低，土司城衙署区特点仅为前后一路，前衙后宅，轴线单纯，规模较小，构成较简单。

播州海龙屯衙署区布局分东中西三路，中路为行政办公，东西两路为土司生活休闲场所，其构成要素较简单，有一组包括行政居住休闲的大型建筑群。显示了播州宣慰司的雄厚实力。

四、结　　语

永顺土司城、唐崖土司城、播州海龙屯是土司制度下的三座各具代表性的城池。永顺土司城为高级别土司统辖的综合性治所，唐崖土司城为低级别土司统辖的综合性治所，播州海龙屯为高级别土司统辖的军事防御战备城堡。三座城池都处于山地，因具体地形和地位不同而在对地形的利用方面处理手法各异，城池的营造方法上理念有同有异，呈现出各有特色的空间格局，是土司制度下制度文化、社会文化、营造技术的生动反映，是数百年历史变迁的物质载体，是研究土司制度和土司文化的重要依据。

本文的比较研究有助于进一步理解和把握三座土司城的城池格局和空间特征。至于该方面深入的挖掘研究和理论总结则尚待时日。

附记：本文部分资料来源于《土司遗址申报世界文化遗产提名文件》。

参考书目

［1］ 王炎松、段亚鹏、何继明：《唐崖土司城格局初探》，《三峡论坛》2013年第5期。

［2］ 刘辉：《唐崖土司皇城遗址的空间布局与结构分析》，《三峡论坛》2013年第5期。

［3］ 中共咸丰县委统战部等：《唐崖土司概略》，咸丰县，1987年。

［4］ 王承尧、罗午：《土家族土司简史》，中央民族学院出版社，1991年。

土司制度与土司遗址的内在关联

罗维庆　罗　中

（吉首大学）

摘要：土司遗址是指土司司治所在地的城址及相关遗物，即今所谓的“土司城”或简称的“司城”。在土司制度业已消失的今天，土司遗址作为土司制度最重要的载体，成为具有直观性鉴证价值的土司制度的重要物证，见证了“土官”向“土司”历史的转化，见证了土司制度实施中的物化过程，是研究土司制度及文化沉积的重要基础。

关键词：土司制度；土司遗址；内在关联；研究基础

因历史上土司司治的迁徙，土司遗址还有“老司城”、“旧司城”、“新司城”等具有区别性、含有时代印迹的称呼。但不论是“司城”、“土司城”也好，或是再添加上“老”、“旧”、“新”的饰词也罢，这些都是后人追忆性的称呼，并不是当时的真实地名或城名。如永顺宣慰司的司治当时名称是“福石城”，并不是称为“司城”，也不是称“土司城”，更不用说“老司城”这个名称了。与永顺宣慰司司治迁徙前的会溪、弄塔等城相比，“福石城”的年代只能是“新”，不仅不能说“老”，甚至连“旧”都谈不上。同时，当时土司们的意识中也仅有“司”而并没有“土”的概念，或者说虽然有“土”的意识，但却尽量回避。这在他们的家谱中将其先祖毫无例外地追溯至中原某一名人、某一望族的描述中即可看出；将其列祖列宗担任的职务只有“宣慰司”、“宣抚司”、“安抚司”、“长官司”职衔，丝毫没有“土官”、“土司”的印迹的记载中更可看出。正因为土司们的抑“土”扬“司”，他们根本不会以“土司城”来命名自己的司治，当时的土民们就更不敢用这一称呼了。只有在“改土归流”废除了土司制度之后，人们才用记忆性的“司城”或“土司城”的名称来称呼原来的司治所在地，久而久之，“司城”取代了原有的司治所在的村寨名，成为了约定俗成的地名。虽然地名变化会割裂历史，使原来也许能反映出地理环境、民族迁徙、族群聚合等具有一定历史特征的地名消失，但“司城”这一具有追忆性地名的出现，使土司遗址得以口碑的形式代代相传，由此而将已经消失的土司制度与之紧密关联。

一、土司遗址具有土司制度直观性的鉴证价值

土司制度是我国多民族国家在历史发展的过程中，顺应国家社会的政治文化传统，为治理主体民族之外的少数民族而逐渐形成的一种社会政治制度。这种制度在建构多民族国家政治框架的设计上，承认不同民族文化间具有的平等价值，“修其教不易其俗，齐其政不易其宜”。以教化为手段，遵循“远人不服，则修文德以来之”的施政理念，维护着各民族之间的族际和谐与共同发展，使其具有了“认同国家、族国同构、军政一体、世袭自治”的显著特征。与世界其他多民族国家多以武力推行，形成诸如殖民地、领地、邦联、联邦、政教合一、附属国、加盟国等政治架构比较而言，中国土司制度的设计更彰显其潜移默化的温和性。因此，在这一制度上发育起来的族际文化共同体，为保持多元一体社会格局的稳定延续与繁荣，体现出了自己的价值唯一性。

土司制度确立于元代，兴盛于明代，废止于清代，消亡于民国。这似乎已经成为学术研究的共识。但作为一种制度，“土官制”或“土司制”的名称并没有出现在实行该制度的各个王朝的文献里，而是在20世纪30年代中期，有关学者在研究这项政治制度时所使用而出现的。如，1936年《禹贡半月刊》第4卷第11号《明代土司制度》，1944年正中书局出版的《中国土司制度》等。因此，“土司制度”不是元、明、清三代实施这项政治制度的原有名称，而是后人对这三代具有相同内涵的政治制度的概括性的称呼。

土司制度在元代形成不是偶然的。给予因生活环境与社会基础不同而导致的认识观念、价值取向、语言习俗、牧耕方式、生存理念、经世态度等具有一定差异的非主体民族之外的少数民族以相应的生存空间和自治权利，这是秦统一六国以来我国大一统王朝的一以贯之的政策，即所谓的“羁縻制度”。其特点在范晔《后汉书》所载顺帝时尚书令虞诩的上奏中阐述的最为明白：“自古圣王不臣异俗，非德不能及，威不能加，知其兽心贪婪，难率以礼。是故羁縻而绥抚之，附则受而不逆，叛则弃而不追”，是“以其故俗治”，从而达到“以夷制夷”的目的。但这种制度给予少数民族相应的生存空间和自治权利，并非是一种正常的政治理念和治国方略，而是视少数民族为牛马而非编户之民。所谓“羁縻”就是以牛鼻绳马笼头束住禽兽，因这种思想的影响，元以前的历代大一统封建王朝统治者基本上不将少数民族当人看。即使以“开明”著称于史的唐太宗，虽然自称“自古皆贵中华，贱夷狄，朕独爱之如一”，但还是将他们“容贷羁縻，比之禽兽”。被“戎狄”击溃而一再南逃的南宋，与西南蛮夷接触日渐紧密，本应将其作为联合势力对待以图北进，但却仍将少数民族“禽兽畜之，务在羁縻，不深治也”。元是由少数民族首次统一中国而建立的大一统封建王朝，蒙古人建立元朝后，元朝的主体统治民族为蒙古族，汉族沦为了三、四等民族。虽然因传统观念的影响，元朝统治者还是将蒙古族以外的其他民族视为“蛮夷”。

但因其自身曾被汉族视为“蛮夷”的原因，元朝不再将其治下的“蛮夷”视为“禽兽”，而是作为“吾民”对待，摈弃了“内华夏外夷狄”的传统观念，将前朝对边疆的保守经营转变为积极拓展，治边思想发生了重大转变。这在元世祖对有关将领在少数民族地区行动中所下的诏书里，多次以“吾民”来称呼其他民族的言辞中，明显看出了这种理念的变化。从“禽兽”到“吾民”的转变，标志着我国封建统治者对待少数民族传统观念的革命。

既是“吾民”，其治理也当然不同于前朝的“羁縻”。《元史·地理志》载“至元二十年（1283），四川行省讨平九溪十八洞，以其酋长赴阙，定其地之可以设官者，与其人之可以入官者，大处为州，小处为县，并立总管府，听顺元路宣慰司节制”。在原来宋朝的羁縻之地“九溪十八峒”设州设县设总管府，使之与全国的建置统一。将元以前羁縻州的刺史、知州、知县、知峒、总首、首领、峒主、头角官、防遏使、指挥使等，统一以“土官”的名称来整齐，将僻远之地少数民族的各级世袭首领，一律以“土官”之名纳入国家的官制系统中，并给土官与流官一样的品秩等级。这不仅对于整齐政区设置、统一政令、促进少数民族地区的发展，起到了极其重要的作用，而且还形成了不同于前朝的政治制度，即今天所谓的土司制度。

应注意的是，土司制度始行于元朝，并非是“土司”称呼始于元朝，而是因为贯穿元、明、清三个朝代的具有相同政治经济内涵的这种职官系列制度确立始行于元朝。在元朝职官体系中，中书省、行中书省之下为宣慰使司，宣慰使司之下形成两个系列。以边疆土官为主的行政机构系统为：宣慰使司→宣抚司→安抚司→长官司→蛮夷长官司；以内地流官为主的行政机构系统则是：宣慰使司→路→府→州→县。以边疆土官为主的行政机构系统，不论其位置高低、职衔大小，均可统称为“土官”。元朝相关史籍及后人所修的《元史》中并无“土司”一词，仅有“土官”的记载，因而元朝没有“土司”之称谓，“土司”称谓始于明朝嘉靖年间。

土司遗址在研究土司制度中具有重要的鉴证价值。其政治文化价值，在于它全面记录了土司制度的实施与废除及相关少数民族地方政权兴盛与衰亡的历史过程。在世界范围内为多民族统一国家建构和认同的历史发展轨迹，提供了完整的实物载体。其民族文化的价值，在于它作为一个少数民族地方政权中心，清晰地反映了土司时期民族文化的形成阶段和内在特点，为世界各国认识中国少数民族历史文化尤其是土司历史文化，保留了直观的样本。其建筑文化的价值，在于它原样保存了土司地方王朝都城不同时期的不同建筑式样和演化进程，体现了人类有效地利用山地自然环境，改造自然、利用自然服务于己的独具匠心。土司遗址保存了作为少数民族政治中心的社会变迁舞台，完整记录了中央与地方的关系，真实遗留了文化多样性中的土司文化，全面展现了中国多民族统一国家“多元一体”文化核心价值的形成和意义。因此，其遗址的核心价值远远超出了纯粹的历史见证价值，具有当代的普世性意义。

二、土司遗址是“土官”向“土司”转化的历史见证

土司遗址不论是废墟还是实物遗存，大多与土司衙门紧密联系在一起。如著名的湖南永顺老司城、湖北唐崖土司城、贵州海龙屯、广西忻城土司衙署等，莫不如此。换言之，土司衙门是土司遗址最重要的组成部分，似乎没有土司衙门的遗址就不是完整的土司遗址。

土司衙门的设立，并不是随着土司制度的开始实施就出现的。元代初设“土官”之时，并没有设立“土官衙门”，这在有关元朝的史籍中没有“土官衙门”的记载可予证实。没有衙门可能也是土官与流官体系初创时的区别之一。流官是外来的，朝廷应为他们提供办公场所和居住之所，否则让他们自建，即使资金允许，也可能刚刚建好衙门，流官任职时间也到期了，哪有时间处理政事，地方治理当然无从谈起。而土官世代生活于此，起居住所及族内议事场所均是祖辈传承下来的，根本不用朝廷考虑。不为土官建衙门还可节约一大笔开支，朝廷何苦耗银去建呢。更重要的是，蒙古族是一个游牧民族，马下议事，马上办事，并无在大堂之上处理政事的传统。即使有衙门，只不过是比一般民众大一些的蒙古包而已。蒙古人进入中原确立其统治后，让流官使用原来官府衙门处理政务是原物应用，何乐而不为。但要为土官们新建衙门，应该是不在蒙古统治者考虑之列的。同时，不让土官开设衙门处理政务，即表明国家虽授予了土官之职，但并没授予土官处理地方军政事务之权，这应是统治者的有意为之。因此，开始实行土司制度的元代，没有开设土官衙门是非常正常的。

土司衙门始设于明代，史籍中最初是以“土官衙门”来称呼的。《永乐实录》卷十五有建文四年（1402）十二月“遂命开设衙门，抚绥土人”的记录。这是见之于史籍中有关“土司衙门”的最早记载。其后的《明实录》中，仁宗洪熙年间、宣宗宣德年间、英宗正统年间、代宗景泰年间、英宗天顺年间就广泛地出现“土官衙门”的称谓，表明土官拥有衙署已具有了普遍性。“土官衙门”是指称土官的官署，也就是土官的政权机关，代表着土官政权。土官衙门的出现，对于土司制度的完善起到了积极的促进作用。

明代建立“土司衙门”的初衷，应该是为了进一步加强对土官的约束。《嘉靖实录》卷一百八十二载嘉靖十四年（1535）十二月丁未，兵部有“土夷族类，狼子野心，争官仇杀，乃其常习。虽系建立衙门，比之腹里，自是不同”等言语，流露出“虽系建立衙门”，而土夷乃不改其习的失望之情，很直白地表现出了明朝建立“土官衙门”的真正动机是为“改其常习”。但始料未及的是，土官衙门设立了，蛮夷的“常习”并没改变，而土官的称呼却由此发生了变化。“衙门”在当时的语言中等同于“司”。《尔雅》曰：“司者，理其事也。”本义为统治、主管、职掌、处理、操作等。因“司”含义，我国古代各王朝均有将“司”与分管行政事务联系在一起来，成为中国古代官署或职官的名称。元、明、清三代亦是如此，如主管检察刑法的元代

肃政廉访使司及明、清两代的提刑按察使司的衙门，都称为“臬司”；主管一省军事事务的明代都指挥使司衙门，称为“都司”；主管一省民政与财务的明、清布政使司衙门，称为“藩司”。以“土司”指“土官衙门”显然也是循此惯例。没开设衙门之前称为“土官”，开设了衙门即为“土司”。《英宗天顺实录》卷二百九十九载天顺三年（1459）正月丁未，明英宗“敕贵州宣慰使安陇富”说：“（尔）又不肯在司管事,常在水西居住……敕至，尔即痛革前非，务守礼法。若欲出抚所管地方，须由上司定限差委方许前去，毋得似前擅离衙门，旷职废事。”责备其“不肯在司管事”，责令其“毋得似前擅离衙门”。这段言语“在司管事”与“擅离衙门”并提，不仅说明了“司”即“衙门”。也透露出了设立衙门是为了让土官坐于衙内理事，非由“上司定限差委”，不得“似前擅离衙门”的限制，如离衙则是“旷职废事”的失职。由于土官有了衙署，应“在司管事”，其后的《明实录》就有了“诸司土官”的记载。如《嘉靖实录》卷二百八十六载嘉靖二十三年（1544）五月辛亥，南京试御史缪文龙劾“勘处湖广、贵州夷情都御史万镗”的奏文，有“镗至辰州，一筹莫展，听诸司土官之诱”及“调诸司土兵及屯戍官兵重压其境，刻期讨平”等言语，以“诸司土官”指“诸土官衙门土官”，用“司”替换了“衙门”。再其后就有了“土司”一词的出现，《嘉靖实录》卷三百十五记嘉靖二十五年（1546）九月癸酉，贵州巡抚王学益条陈《经略事宜》说:“永、保、酉阳诸土司实环诸苗境外。正德以来，诸土司赴调，多倩此苗为先锋。而土人且与苗为婚姻，故今日进剿诸苗无所扑获，不得已而抚。则诸苗恃土司之庇，索求非分，或向或背。至使近苗之民畏苗，而或为之用矣。今不重禁土司之党匿，不可以靖苗。”这应是《明实录》中最早提出“土司”一称的记载。随后，“诸司土官”渐被“土司”替换并成为专称。从以上变化演进中可清晰地看出，在“土官”向“土司”的转换过渡中，“土官衙门”起到了承先启后的作用。正因为“土司”是因“土官衙门”而来，后人所谓的“土司”才具有多指向：既是指担任“土官”职务的人；也是指朝廷的官职；还是指土官的衙署。

值得重视的是，《明实录》中最早出现“土司”一词的记载，大多与今土家族生活区域有关，涉及多为土家族土司。除上所引《嘉靖实录》卷三百十五所载之外，《嘉靖实录》中还有大量土家族土司事迹的记载：卷三百七十一载嘉靖三十年（1551）三月丙申：“严行永、保、酉阳各土司合兵攻剿，地方暂平。”卷三百七十二载嘉靖三十年（1551）四月庚午：“贵之苗患延而不息者，以湖广永、保；四川酉阳各土司以养苗为利”，“永、保、酉阳各土司彭明辅、彭荩臣、冉玄俱褫其冠带，令戴罪自效。”卷五百十三载嘉靖四十一年（1562）九月丙午：“贵州思石兵备道照旧兼制播（州）、酉（阳）、平（茶）、邑（梅）等土司。”卷五百六十二载嘉靖四十五年（1566）九月癸丑：下川东道“专辖夔州府卫州县并石柱土司”，上川东道“专辖重庆府卫州县并播州、酉阳等土司”，等等，土家族土司多位于湖广行省，是中国境内各族土司辖区与内地相邻最近、接触最为频繁的土司建置。“土司”一词最早最多用于这一地区，可能是明代的“土官衙门”最早最广泛地首先设于这一地区。这也说明“土司”一词的全面使用，应是从汉民族与少数民族相邻地区开始，逐渐向少数民族腹地漫延发展的。土家族地区永顺老司城之所以是西南地区乃至全国保存下来规模最大、最完整的一个土司遗址，就因为它建立时间最早，延续时代最久的缘故。

三、土司遗址是研究土司制度及文化沉积的重要基础

任何形式的历史遗迹和遗址，如果没有相应的历史场景和历史记载为依托，都不具有文化内涵和生命力，其历史见证价值和当代借鉴价值都难以有机统一而落于实处。以土司遗址为基点扩展到土司制度的全面研究，正是有効地利用了土司遗址固化的历史遗址、多样的民间史料和历朝官方的文献记载。以点带面地做到了考古发现、民族文化与历史记载三者的互相印证与统一。从而使土司遗址得以再现国家层面的政治制度与少数民族区域统治相结合的历史；得以展现封建大一统专制之下少数民族地方自治的社会面貌。

土司制度原则是因俗而治、世代沿袭。元朝之所以要委任土官对本民族地区进行管理，是因为被任命者原来就有一个世代传承的治理区，有一个政权中心。这个治理区及政权中心的存在，就是土官势力存在的基础。封建王朝承认这个基础，才有土官或土司之封。但政权中心不是虚拟的空间，而需要以威严的建筑、肃穆的场所、神化的仪式来体现，于是作为政权中心体现的土司城就出现了，也就是说土司城的存在是土官得到朝廷确认的条件之一。我国古代对敌对势力的打击，首先进攻其都城，焚烧其宫殿，宣示的就是对其权力的摧毁。新王朝都城的重建则预示着权力的重构。土官或土司也应如此，一旦得到朝廷确认，也会按有关规定修筑司治，其司城的格局必然体现了土司制度规定，使其合乎相关封建礼制，从而使土司制度得以在司治的构筑上直观化。

以永顺老司城为例，其城分为衙署、居民、宗教祭祀等区域。衙署区内枕山临水、拾级而上、气宇轩昂、建设极有特色的宫殿；拥有东、西、南、北四道城门的城墙；与正门相配的正街、左街、右街等无不透露着土司的威严。宗教区内的吴著祠、土王祠、祖师殿及观音、关帝、城隍等庙宇更显现出神灵的护佑。立于宫殿区的“德政碑”，其碑文由该宣慰司所辖的五十八旗、三百八十峒首领署名，宣示出其下僚属及全体土民对土司的拥戴。“子孙永享”牌坊、“皇图永固”铁钟表述着土司对权力永享的渴望。而周边形成对司城众星捧月般拱卫的村落，给今天留下与土司时代相联系的地名：距离老司城十五里处当年土司的行宫“官道别墅”，今天仍然称为“官屋场”；城外六里处当年土司的练兵场“博射坪”，今天仍是司城村一个村民小组的组名；而内罗城、外罗城、正街、上街、背街等当年福石城内九街十八巷名称，虽然已没了城、街的踪影，依然成为今天称“城”无城、称“街”无街的名不符实的小地名；当年土司游乐的花园早已不在，但“花园坪”、“花园门”名称仍存；周边的椰溪

关、金鱼关、飞霞关、团堡关、天眼关、卡坪等地名，使人能看到当年土司军事防御体系的构建。这与土司制度紧密联系的一切，都是土司遗址分不开的，这一切都构成了土司制度研究的基础。

如果说土司遗址的遗物提供了土司制度研究可直观的物质形态的材料，那么，生活于土司遗址中的人们代代相传的历史记忆则提供了意识形态的素材。历史记忆是民族传承的载体，也称为集体记忆。一般来说，历史记忆呈现两种形态：一是间接的被历史记录的记忆，另一是直接的自己经历的记忆。前者是常识性的族群认可，后者则掺杂了个人心理或感情。因此，历史记忆中的“历史”与“记忆”之间，既相互依存，又相对排斥。相互依存使历史得以延续，相互排斥则使历史受到修正。根据族群理论，历史记忆是族群历史发展的重要条件，不仅是历史重构的基本方式，而且也是实现历史记忆价值的主要途径。历史记忆通过整合历史文化资源而不断地实现历史重构及其价值重构，因此，应以发展的视角去认识民族历史记忆的价值。法国著名社会学家莫里斯·哈布瓦赫在其代表作《论集体记忆》中认为：历史是一个建构的过程，是由人把它写出来的，而当下的人写过去的历史，这实际上不是简单的复原。今天我们所读到的种种著作而看到的历史，是书写的产物，或者是讲述的产物，都不能说就是当年实际那样一段存在的历史。无论是书写或者是讲述，都是一种建构，是在今天的基础上重新进行的建构。而历史的“重新建构”依靠的就是历史记忆。但历史作为记忆的产物也好，作为记忆本身也好，都是权力和治理的产物，简单来说，决定什么被记住或者什么被遗忘的是权力。

但当权力消失之后，司城变成了遗址，历史记忆失去了权力左右，常识性的族群认可的被历史记录的记忆，就会逐渐取代掺杂了个人心理或感情的自己经历的记忆。通过这些记忆，我们可感觉到土司时期的社会状况。如老司城“红灯万盏人千叠，一片缠绵摆手歌”对当年摆手节盛况的再现。“万马归朝”及铁链锁住“飞山角”的传说显示了土司的无上权威。“白鼻子土司”的传说表达了土司的荒淫无道。这种历史记忆的不断延续与承袭，自然反映出了土司社会延续的历史与发展。

土司制度虽然已经湮没在历史的长河之中，但该制度所坚持的多元民族文化和谐并存及与国家高度协调统一的内涵，该制度所包含的各民族文化的共同繁荣及有效兼容和协调发展的思想，直到今天仍然是世人所追求的一种理想境界。同时也是联合国相关国际公约中所宣示的行动目标。土司遗址能够做到土司社会历史的真实与当代的追求相互切合，这就是它的当今价值所在。

改土归流后湘西的筑城活动与居民生活的变迁*

——从湘西地方志中几篇筑城记入手

李大旗

（中央民族大学）

摘要：湘西改土归流是学术界研究西南民族地区土司制度的一项重要课题，本文从现存湘西清代改土归流地区方志中的几篇筑城记入手，讨论湘西改土归流后以城市为中心的文化传播圈的形成及其对于当地居民生活的影响。认为筑城活动不仅仅能够起到防御作用，更重要的是区分及教化人群的作用，湘西改土归流后的筑城活动对于居民的居民身份、生活的经济基础和民风都产生了重大的影响。

关键词：改土归流；湘西；筑城；生活变迁

湘西改土归流是学术界研究西南少数民族地区土司制度的一项重要课题。多年来学界对于这一课题的研究已经取得了丰硕的成果，特别是对于湘西土司制度的形成、发展、演变、消亡的过程，基本上已经有了较为明晰的结论。其中，对于湘西改土归流的过程及其影响也是发明甚多。而地方志是地方的百科全书，古地方志是研究一地历史状况很好的一手资料，过去前辈学者对于湘西土司制度的研究也十分重视运用方志材料，本文试从前辈学者较少涉及的现存湘西地方志中有关筑城活动的记载入手，来观察改土归流后湘西以城市为中心的文化传播圈的形成及对居民生活变迁的影响。相信将有助于加深学界对于整个西南地区同时期的改土归流治理情况的理解。

一、湘西土司制度及改土归流

湘西，也就是湖南的沅澧流域地区，古称荒服，虽然从版图上看至少在秦代已经划归中央政府管辖（属黔中郡），但事实上“直到北宋时期才真正有效地在中央政府的直接控制之下”[1]，这种“控制”采用的方式就是土司制度。

土司制度是一种世袭式的地方政权，是宋元明至清初历代中央王朝对西南边远少数民族地区基于“怀柔政策”施行的一种特殊的统治制度。它的特点就是民族聚居区自筹经费，自我管理，世袭统治，只在名义上接受中央政府的册封。但这种制度弊端

* 本文得到导师中央民族大学历史文化学院黄义军教授悉心指导。

有很多，这些土司与中央王朝的关系时好时坏，十分影响中央政府对地方的控制。特别是在战乱时期，土司是一股不能随意为中央所用的势力，有时候甚至会成为反对中央的势力。所以从明代永乐时期开始，中央政府就着手对于土司制度进行改革，改革的方式就是“改土归流”。改土归流就是要打破土司世袭的自我管理制度，将其纳入到中央政府的直接统一管辖之下。

清初康雍乾三朝，国力强盛，中央政府已经有足够的力量加强对少数民族地区的统治。雍正四年（1726），云贵总督鄂尔泰上改土归流折，建议实行土司制度的地区取消土司制度，设置府、厅、州、县，由朝廷委派流官进行直接管理，这点拉开了清代大规模改土归流的序幕。而湘西的改土归流就是在这股浪潮之下进行的。

“湘西的土司制度起于五代，发于两宋，成于元，兴于明，至清雍正年间改土归流，到清末基本结束”[2]。湘西土司的大规模改土归流是在雍正年间（1723～1735）。雍正初年，湘西的保靖、桑植、永顺等土司及鄂西的容美土司相互仇杀，朝廷不胜其烦。雍正帝在接纳鄂尔泰改土归流的建议后，于雍正五年，朝廷通过了对保靖和桑植土司的改流工作，将保靖和桑植二土司改土归流，后以二地分置保靖县和桑植县。同时，湘西势力最大的永顺土司深感大势所趋，也于雍正六年主动纳土，清政府以其地置永顺县和龙山县，后又设永顺府统管永顺、保靖、桑植、龙山四县。湘西其他各大小土司随后也逐一纳土改流，并入周围各县。至乾隆年间，原湘西土司主要地区，共设置有永顺、保靖、桑植、龙山四县和凤凰一厅（治所在镇筸）[3]。湘西地区的改土归流基本宣告结束。

改土归流对于湘西来说不单单是政治统属上的一种变革，更重要的是对于湘西地区居民的生活产生了深远的影响。

二、筑城活动

现存湘西地区的方志中，存有几篇有关原土司地区在改土归流后进行筑城的记载，这些记载一般以“筑城记”的形式存在于方志之中。记是一种文体，筑城记，顾名思义就是在修筑城池的时候所做的用以记录城池修建具体情况的文章，这些文章大多会被刻石留存，因此筑城记一般存在于方志的艺文志或金石志中，或者附于城池之后。筑城记详细记载了一地城池修筑的原因、修筑的发起人、修筑的时间、修筑的资金来源、修筑的结果以及城池长宽高的具体数据等，是有关这一地区发展变迁的宝贵资料。下面就先从这几篇“筑城记”入手来考察湘西地区改土归流后的筑城活动。

关于现存湘西改土归流地区方志中的筑城记资料，笔者整理如下（表一）：

表一

方志书名	卷次	筑城地区	筑城记篇名	作者	时间
乾隆《永顺府志》	卷十一·艺文	永顺	永顺府建城记	知县·李瑾	雍正七年
嘉庆《龙山县志》	卷十五·艺文上	龙山	新修城记	知县·袁振绪	雍正十年
道光《凤凰厅志》	卷十九·艺文一	凤凰	请展镇筸城垣疏	湖广总督·特成额	乾隆四十八年
同治《保靖县志》	卷十二·艺文志·记	保靖	建外城记	知县·胡如沅	嘉庆七年

注：①有关桑植筑城情况，方志中不存筑城记，然乾隆《桑植县志》卷二《城池》载桑植新城由邑令连际颖建造于雍正七年，易土为砖石。②保靖先于雍正九年由知县张联珂择址建城，嘉庆五年知县胡如沅修外城，详同治《保靖县志》卷二《城池》。③凤凰镇筸城于康熙五十四年所建，详乾隆《凤凰厅志》卷七《城池》。

笔者比较关注的是这些城池的修筑原因，龙山《新修城记》中说“振绪以己酉令新邑龙，驻江西寨，安辑招徕。窃维固圉保民，设险为先，而缮治之始必得形胜宅之，然后有所凭依，以戒不虞。……自今以往，国家万亿年丕丕基，龙邑之巩固亦相与无终极也”，保靖《建外城记》中说的更为明确“保靖，僻在万山之中，逼近苗巢，地居险隘。永绥藉以运粮，辰郡恃为藩蔽，为西南要隘之区。原设县城，狭小低薄，四围高山壁压，城垣形如锅底。……而附近居民，总以城垣单薄为虑”，故而筑城并“立门楼三座，为兵民守望之所”。可见此筑城活动的基本原因是“保境安民，以戒不虞”。

我们知道，并不是历来所有的县城都有城墙的，城墙到清代乃至民国才真正地普及开来[5]。《吴越春秋》中的一句话我们都很熟悉——筑城以卫君，造郭以守民。在大家基本的印象里，城墙最主要的作用就是防御，所以这里筑城记谈及筑城原因时都着重强调其防御功能。我们知道，改土归流的过程并非是一帆风顺的，永顺土司就是一个很好的例子，永顺土司作为湘西地区势力最强的大土司，为什么会主动纳土投降呢，一个很重要的原因就是清朝政府先控制了桑植和保靖两地，对于永顺土司形成了包围之势，永顺土司才被迫纳土献城的[6]。如果说在这样的双方势力的较量过程中对于阵前城池进行修筑加固来防范敌人倒是无可厚非，但是我们看到，到这些筑城记所做的时间均为改土归流之后。“‘改土归流’之后，湘西区域所面临的最大问题，已经不再是对土司的监控和对苗民叛乱的镇压”[7]，这些地区已经为中央政府所直接控制了，已经不存在需要针对防范的对象了，为什么还要费大量的人力物力修筑城池“保境安民”呢？因循旧制，与民休息岂不更好。例如宋朝，在与辽金相互抗衡的边界上十分重视城池的修建，但在统治领域内部则对于修城持消极态度，既不把修城作为考课的内容之一，又将其视为劳民伤财的活动，并不鼓励[8]。所以，笔者认为，这里筑城的动因并不像筑城记中所说的那样只“保境安民、以备不虞”之一端，尚有其他原因有待讨论。

“筑城以卫君，造郭以守民”强调城的防御作用我们都能明显地看出来，但是它包含的另一层意思却少有人关注，那就是“区分君民”。而城墙这种区分人群的作用自古就有，西周时期有“国人”和“野人”之分，这里区分国和野的界线是什么，就是城。居住在城邑及其附近的人是国人，而居住在远离城邑的人则为野人。因而笔者认为，这里湘西地区筑城的一个重要原因就是区分管理人群。改土归流过后，原来属于土司世袭主管的私地，变成了国家统一管理的地区，这就好比是清朝在自己的内部进行了开疆拓土。由于历史的惯性，在非常重视地方城市修建的清代[9]，在新收到的土地上自然是要修筑城池的，这点我们从同时期湖南西部其他地区也存在大量修筑城墙的事实就可以看出来（表二）。

表二

地区	筑城记篇名	作者	时代
黔阳	修城记	张扶翼	清·康熙
黔阳	修三门城楼记	张扶翼	清·康熙
沅州	州城记	王炯	清·康熙
麻阳	修麻阳城记	黄志璋	清·康熙
绥宁	重修邑城记	知县·范成龙	清·康熙
乾州	新建乾州土垣记	训导·黄凤翔	清·雍正
通道	鼎建城垣记	知县·罗绅	清·乾隆
乾州	重修乾州城垣记	厅同知·赵贵览	清·嘉庆

注：麻阳在康熙到乾隆朝共修城6次。详见同治《沅州府志》卷六《城池·麻阳县》。

在这种修筑城墙的大潮流下，湘西土司地区在改土归流后自然首先要做的就是筑城。又因为历史以来大家都认为城墙的修筑作用在于防御，所以在筑城记中才着重强调“固围保民，设险为先，而缮治之始必得形胜宅之，然后有所凭依，以戒不虞”。但针对于湘西改土归流地区，筑城的另一个作用，区分人群的作用则更加明显，更加需要关注。

改土归流，不仅仅是治理地方的官员改为非当地民族的人员，“同时，清政府在土家族地区废除了‘汉不入境，蛮不入峒’的禁令，大量汉族流民迁入湘西”[10]。这样就很有必要将人群进行区分管理了[11]。凤凰《请展镇筸城垣疏》中说“湖南镇筸一镇，地接黔苗，民□杂处，本系土司所辖，兵民房屋及数处井泉围抱入内如此一加宽展即于苗疆重地益昭慎重而居民遇夜亦得在城汲饮，可无缺乏之虞，实于地方民情均有裨益。……并请毋庸拆毁（旧城）即圈入新城以为重门保障，则边疆黎庶感荷圣恩益无既矣。”此也可见湘西地区筑城，区分人群是重要原因之一，这种筑城是清朝政府对于湘西的一种管理措施。在这里，我们讨论改土归流前后湘西的筑城活动与居民生活的变迁，要特别重视讨论筑城的区分人群这一作用。

三、筑城与居民生活的变迁

《永顺府建城记》中说“永顺，古荒服之地。旧隶土司宣慰司，统三知州六长官司治之。本朝设流官同知副将各一员弹压。其地皆负险而居，未有城郭”，“今蒙皇上圣德神功，度越千古，始开建兹地，创造城垣，山明水秀，焕发于光天化日之中，固斯民出草昧而游雍熙之幸，亦斯地辟混沌而入文明之会也”。将筑城与“出草昧”“辟混沌”相提，正是体现了作者意识到湘西改土归流地区筑城不仅仅是修造一座城池那么简单，更重要的是带来一种文化。上节我们说要重视筑城区分人群的作用，那么什么是区分人群，只是单单地把不同的人群用城墙隔离开来那么简单么？当然不是。既然说筑城是清朝中央政府对于湘西的一种管理措施，那么区分人群，就在于教化人群。区分A和B就是要表明A和B是不一样的，而筑城就是要区分出A和B，然后用A来辐射改变B。

城市研究中强调城市在历史发展和区域变化中的主导性作用。刘易斯·芒福德在其著作《城市发展史》将城市的功能比喻为“容器”和“磁体”广为人所知[12]。同时，我们看到，湘西的筑城与一般的地方筑城活动略有不同。一般的地方筑城活动是在人口在某一特定地点集聚到一定程度以后，为了防御的或是其他的原因而在此地修筑城墙，将原地之人群包裹在内。而湘西改土归流后的筑城活动，《永顺府建城记》和龙山《新修城记》中都提到聘用堪舆人员择址修城，其中《永顺府建城记》中还特别提到修城之地乃是“请官庄以易民田”而来。也就是说，湘西的筑城多是由政府统一规划，重新择址进行修建的。城市要具有“容器”功能，因此这样就不单单像维护旧城一样修筑一个城圈那么简单，更多的需要是在修城以后对于城圈内部进行填充。在这些方志中我们可以看到，在筑城记之后紧接着就是“新修衙署记”“新修文庙记”“新修学校记”这样的文章。所以湘西的筑城在某种程度上可以说是一种全新的筑城，是在民族区域建设的典型的“汉文化城市”。而城市又具有“磁体”功能，这些新修的城市势必也将给当地带来规模式的影响。

“县城恰是一人（皇帝）政令传达与地方的焦点和媒介，县令是皇帝的代言人”[13]，“县城成为中国文化的一项特征，汉人政治或文化力量所到之处，它就在那里出现”[14]。湘西这些新的城市，作为县城，一旦建成就会成为一个地区人员、物力及文化交流的汇聚点，同时也会是一个地区文化扩散的传播点。以城市为中心，连接交通线会形成一个文化传播圈，这样一来必定给湘西地区带来前所未有的文化冲击。原先湘西地区居民都“负险而居，未有城郭”，居于寨、洞之中，如龙山《新修城记》中说“振绪以己酉令新邑龙，驻江西寨”，连县令都是位于寨中。现在修筑了城池，不仅仅是衙署，更有许多当地人员要迁居到城中，这样就更加大了城市作为文化扩散传播点的功能，也就不能不对居民的生活产生巨大影响。乾隆《永顺府志》卷十一中说永顺改土归流后“建城垣、立学校、开河道、立市镇、置邮传、修祠宇衙署等项，……劝耕稼、兴党塾……均得与被仁义礼乐之化”[15]。一系列的活动都在“建城垣”之后，亦可见建立城垣为这些推行文化革新的活动给予了基础性的条件。

笔者认为改土归流后湘西地区的筑城活动，形成了一个又一个的文化传播点和文化传播圈，给当地居民的生活带来的变迁主要有三点：

（1）居民身份的变化，由“蛮民”变为“普通民众”。改土归流之前，湘西无论是哪个少数民族都被统称为蛮，东汉就将湘西地区居民称为五溪蛮。改土归流建立城垣以后，兴学校，用教化，儒家思想在当地的传播，科举取士在此地的实行，加之汉人迁居于此地，这些都给当地居民的衣食住行用带来了深刻的影响。同时城市成了湘西与外界交流的一个窗口，通过城市，一方面使得其他地区的人，特别是汉人，对于这些少数民族有了更多的了解与认识，另一方这些少数民族本身在以城市为中心的文化圈的影响下也在发生着变化，越来越与外界趋同。原先被视为蛮民的人，逐渐地被大家认识并接受为普通民众。人们对于湘西的感觉文化区发生了变化。

（2）居民生活经济基础开始发生变化。虽然古代中国一直都是以农为本，但是湘西地区改土归流建立城垣以后，城市不仅成为本地区大家交流集会的中心，也是湘西与外地交流的中心。这样以城市为依托的交流，不仅使得湘西地区，在农业方面生产工具得到改进，农业用土地得到开垦，农业取得较大的发展，而且手工业和商业也逐渐繁荣[15]。另外，棉花、 油菜等经济作物自此以后在湘西广为种植，湘西与外地区的贸易也发展了起来。当地百姓“负土出境”，川、陕、鄂、滇、黔、湘、粤等省皆有永顺商贸足迹[16]。

（3）居民的民风发生了变化。改土归流后城市中的衙署、文庙、学校等成为地区文化传播的具体中心，在这个中心示范作用下，加之清政府革除蛮风的政策，“欲安苗境，必先除扰苗之弊”[17]，湘西的民风发生了深刻的变化。旧的习俗如巫术、傩戏、骨终坐床、强制婚配等遭到一并改观[18]，更重要的是蛮声——少数民族语言上的变化，“操官音者十之七八，近日操种音者十不一二”，“惟乡间间有蛮声”[19]。

以上湘西居民生活的这些变迁在改土归流的大背景下，与湘西在改土归流后的筑城活动密不可分，筑城活动，以城市为中心的文化传播圈的形成是湘西居民生活发生变迁的重要原因。

总的来说，改土归流和筑城活动使得湘西地区，这个古来荒服之地，“由‘化外’归入‘版图’，由‘边疆’转变为‘腹地’”[20]，最终融入了“中国”之中了。

注　释

[1] 周振鹤：《从“九州异俗”到“六合同风”——两汉风俗区划的变迁》，《中国文化研究》1997年第4期，第60页。

[2] 龙先琼：《政治秩序变动与区域社会生活的变迁——对改土归流前后湘西社会生活演变的历史考察》，《吉首大学学报》（社会科学版）2009年第1期，第30页。

[3] 康熙四十二年至康熙四十六年，属保靖土司的五寨长官司和竿子坪长官司改流，以其地置凤凰厅。详见田敏：《元明清时期湘西土司的设置与变迁》，《中南民族大学学报》（人文社会科学版）2011年第1期，第83页。

[4] 详见成一农：《中国古代地方城市筑城简史》，《古代城市研究方法新探》第六章，社会科学文献出版社，2009年，第160页。

[5] 详见衢州莲：《永顺土司改土归流的“历史真实”——以湘西地区碑刻地方志为中心的历史人类学考察》，《西南民族大学学报》（人文社会科学版）2011年第8期，第17、18页。

[6] 张振兴：《清朝治理湘西研究1644～1840》，中央民族大学博士学位论文，2013年5月，第77页。

[7] 参见成一农：《中国古代地方城市筑城简史》，《古代城市研究方法新探》第六章，社会科学文献出版社，2009年，第183页。

[8] 参见成一农：《中国古代地方城市筑城简史》，《古代城市研究方法新探》第六章，社会科学文献出版社，2009年，第237页。

[9] 龙先琼：《政治秩序变动与区域社会生活的变迁——对改土归流前后湘西社会生活演变的历史考察》，《吉首大学学报》（社会科学版）2009年第1期，第32页。关于汉族进入湘西的具体情况可以参考段超：《改土归流后汉文化在土家族地区的传播及其影响》，《中南民族大学学报》（人文社会科学版）2004年第6期，第43～47页。

[10] 参见张振兴：《“改土归流”后的湘西治理：基于“苗疆禁例”的考察》，《清朝治理湘西研究1644～1840》第四章第二节，中央民族大学博士学位论文，2013年5月，第77页。

[11] 参见杨健：《磁体还是容器？》，《读书》2007年第12期，第11～18页。

[12] 杜正胜：《周秦城市的发展与特质》，《中研院历史语言研究所集刊》1980年51本4分，第722页。

[13] 杜正胜：《周秦城市的发展与特质》，《中研院历史语言研究所集刊》1980年51本4分，第725页。

[14] 乾隆《永顺府志》卷十一。转引自龙先琼：《政治秩序变动与区域社会生活的变迁——对改土归流前后湘西社会生活演变的历史考察》，《吉首大学学报》（社会科学版）2009年第1期，第33页。

[15] 详见刘莉、谢心宁：《改土归流后的湘西经济与民族关系》，《吉首大学学报》（社会科学）1991年第4期，第53～58页。

[16] 龙先琼：《政治秩序变动与区域社会生活的变迁——对改土归流前后湘西社会生活演变的历史考察》，《吉首大学学报》（社会科学版）2009年第1期，第32页。

[17] 《慎重苗疆檄》，乾隆《永顺府志》卷十一《檄示》。

[18] 详见乾隆《永顺府志》卷十一《檄示》，《详革土司积弊略》。亦可参考龙先琼：《改土归流时期的湘西开发及其社会历史变迁》，《吉首大学学报》（社会科学版）2011年第6期，第41～50页。

[19] 同治《永顺县志》，转引自龙先琼：《政治秩序变动与区域社会生活的变迁——对改土归流前后湘西社会生活演变的历史考察》，《吉首大学学报》（社会科学版）2009年第1期，第33页。

[20] 张振兴：《清朝治理湘西研究1644～1840》，中央民族大学博士学位论文，2013年5月，第86页。

简述施南土司的陆路交通线

刘自兵

（《三峡大学学报》编辑部）

摘要： 施南土司虽地处深山峻岭之中，但陆路交通却相当发达，是楚蜀大道的重要的组成部分，承载着外来文人士大夫、军人及商旅大量往来的功能。施南陆路有两横两纵干线，在保证了中央政府政令畅通的同时，也输入了大量的文化，而食盐、木料、茶叶、硝土等货物进出，加强了山内同山外的经济融合。毫无疑问，这些古道是施州的文化之道，生命之路。

关键词： 施南土司；陆路交通；楚蜀大道；铺司；驿道

李白的“蜀道难，难于上青天”诗句脍炙人口，千百年来为人们所熟知。其实，蜀道不仅指川北的剑阁古道，也包括三峡地区的陆路。梁简文帝《蜀道难》二首：“建平督邮道，鱼复永安宫。若奏巴渝曲，时当思君中”“巫山七百里，巴水三回曲。笛声下复高，猿啼断还续”[1]就是对三峡地区山道崎岖，水道险恶，交通梗阻的哀惋。近代人们常说“蜀道三千，峡路一线”，也是把峡路看做是蜀道的一部分。同属于蜀道的鄂西陆路素以奇绝险峻著称，被人们视为畏途。尽管如此，山高路远并没有阻挡人们往来的步伐，峡谷峻岭也从未隔断外来文化的输入。从唐崖土司古遗址的石刻及建筑遗存来看，这里有与中原风格酷似的石人石马，还有同全国各地一样的张飞庙、玄武寺，表明大山深处的唐崖土司同外界的文化联系是紧密的。这种紧密的联系应以人们早年开发出来的交通路线为纽带。在通往恩施土家族苗族自治州各土司的古道上，外来文人士大夫、军人及商旅的大量往来，在保证了中央政府政令畅通的同时，也输入了大量的文化，而食盐、木料、茶叶、硝土等货物进出，加强了山内同山外的经济融合。毫无疑问，这些古道是施州的文化之道，生命之路。

研究古道不能不梳理驿站、铺司，因为驿站和铺司是古代交通要道上的重要节点，是行旅往来，铺司邮传的中转站。找出驿站铺递就能寻绎出古道的脉络方向。在古代，驿站的设置有明确的制度。《唐六典》曰：“凡三十里一驿。天下凡一千六百三十九所。”其中水驿二百六十所，陆驿一千二百九十七所，水陆兼有的驿八十六所。自唐以降，驿站的数目和名称虽有所损益变化，但水陆驿站的体制被固定下来。当然以上所说的三十里一驿只是常态之下的设置。《唐六典》又补充说：“若地势险阻及须依水草，不必三十里。”[2]对于山地水道驿站则可以灵活设置，不拘泥于此。或远或近，要视地方经济的承受力，道路的繁忙程度，以及其他地理因素而定。除驿站外，还有铺司。《蜀海丛谈》云："驿站用马递，铺司则用步卒递送。"[3]相较于驿站，铺司的设置有更多的优势，因而古代铺司的数量也更多，这为后人研究古道提供了大量的材料。除驿站铺司外文人士大夫的诗文也是研究古道不可忽视的资料。在古代文人士大夫出行多是施施而行，慢慢而游，每到一处寻古访胜，赋诗为文，寄情抒意，留下了大量的诗作，这为我们寻找古道提供了重要佐证。

一、巴东—建始—施州—利川路线

这条路线横跨宜昌、恩施两地的山区。从巴东县衙往西南或从巴东的野三关往西，经过施州、利川一线是古代楚蜀大道的重要一段，也是施南土司与外界互通的主要干道。对于处在崇山峻岭的施南土司来讲，地位相当重要（图一）。

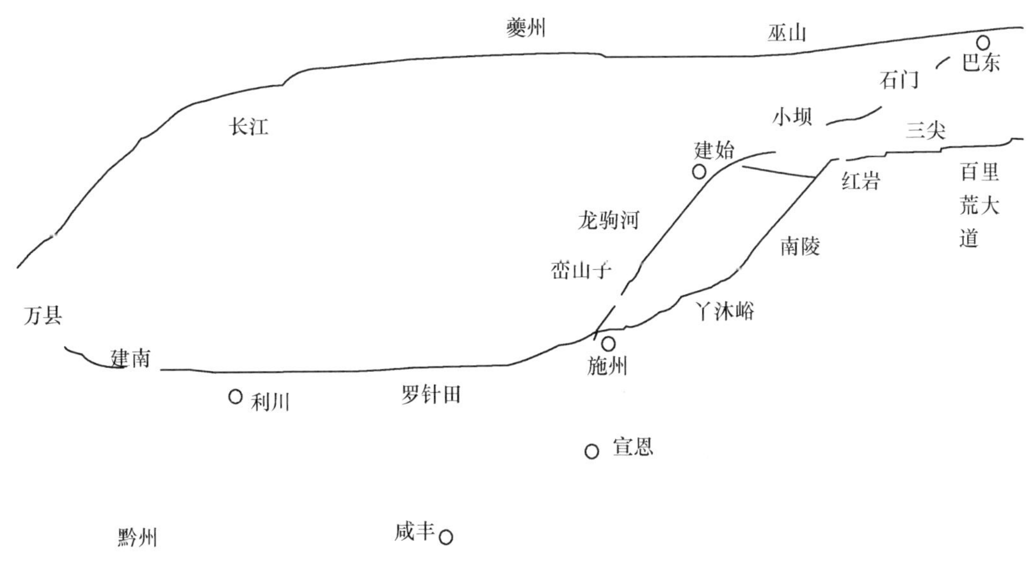

图一 巴东—建始—施州—利川路线示意图

线路经过的驿铺：（巴东往南）土地塘铺、风吹垭铺、茶店铺、三尖观铺、绿葱坡铺，（建始往西南）红岩子铺，（或从箐口铺、连三坡铺、石门铺、干沟铺、小坝铺、马水河铺、总铺、牛角水铺、龙驹河铺）（恩施）崔家坝铺、滚龙坝铺、南里渡铺、一桶水铺、丫沐峪铺、莲花池铺、施州北门铺（或峦山子铺、鸡心笼铺、沿长坡铺）（往西）方家坝铺、黄草坡铺、罗针田铺，（利川）长嵌铺、下马溪铺、火铺塘铺、小箐塘铺、南坪铺、石灰窑铺、白杨塘铺、杨坡地铺、水田坝铺、建南铺，出利川与四川万县的龙驹坝铺相接[4]。

从巴东往建始恩施有两条路线，一是南线，即从巴东的绿葱坡铺进入建始的红岩子铺，一是北线，即从巴东的三尖观铺进入建始的箐口铺。两条线路在施州殊途同归。这条线路西面的万县是川东地区的交通枢纽，也是川江航运和楚蜀陆路的重要中转站，是往成都必经之地。范成大《吴船录》曰："（万州）邑里最为萧条，又不及恭、涪。蜀谚曰：'益、梓、利、夔最下，忠、涪、恭、万尤卑。'然溯江入蜀者，至此即舍舟而徒，不两旬可至成都，舟行即须十旬。"[5]东面从夷陵至施州，经巴东南野三关一线，在明代建国之前，开国将领傅友德就修建了百里荒路，全长五百里。《明史》有记载："夷陵西有傅友德所辟取蜀故道，名百里荒，抵卫仅五百余里。"[6]但因为该线路上人烟稀少，林深路险，加之虎豹肆虐，故行走的人较少。只是在清朝后期，随着移民的增加，山地的开发，行人逐渐多了起来。在此之前，行人多取道秭归，西往巴东县，再西南行至施州。清代康熙时进士、宜都令柯煜奉命往散毛司勘田，并非走百里荒路，而是绕道秭归巴东进入施南散毛。沿途他作了不少诗作，其中《往散毛司勘田日行万山中》云："归州已历万重峦，又入蛮中地屈蟠。"表明作者是从秭归巴东往西南行。《宿建始农家》、《施州城外见清江》、《又经建始界》、《施州石门》等所反映路线正是入蜀的大道。作者是从这条路线往返的[7]。巴东西行进入建始界首当其冲的是龙潭坪。鲍桂星《石门歌并序》曰："入建始境，由龙潭坪西南行四十里有地曰石门。"史铭桂有《宿龙潭坪》诗，记载了该地地形豁然开朗，良田美池，生气盎然。而石门是北道上的一处必经之地。同治《恩施县志》云："石门山，在县东一百二十里，两石对峙，俨若门扉，鸟道盘旋，下临绝涧，真一夫当关之地，襄为入施驿道，今改之。"[8]清朝前石门正是楚蜀大道建始段东北上的一处要隘。不少进入恩施的文人士大夫在途经石门时留下诗作。如吴省钦有《石门》，鲍桂星《石门歌并序》，史铭桂《将近石门》、《游石门》，顾羹梅《道经石门用香山游石门涧韵》，范述之《石门感书》等等[9]。南里渡是巴东进入建始的南线上一处地名，在南陵大道上，史志载，"南里渡，在（恩施）城北八十五里，旧志载，南陵渡，里字即陵字之讹，其源自建始来渡之上流十里许，有两会口，四十里许，有七渡溪，六十里许，有马水河，均设义渡，为恩建交界之大道，渡之下流有渔滩口老渡，亦均设渡船，为邑东入城必经之路"[10]。明清文人经过时也留下不少诗作。如商盘《南里渡》、史铭桂《南里渡》[11]。看来两条线走的人都比较多。同治年间施州地方官对东路进行一些改造，时任施南知府蒋宏毅主持其事，工程"六月而告成，由是陟山而不知山，登险而不知险"[12]清朝光绪初湖广总督下令修建楚蜀大道，对施南府楚蜀古道又进行了较大翻修。"险者夷之，曲者直之，狭者广之，阙者补之。""是役也，经始于戊寅二月，竣工于庚辰十月，东路百二十有八里，西路百四十里，共成石路二万三千四百三十三丈，内石梯二万七千四十一级，沙土路二千九百八十九丈，广六七尺不等，计费钱一万一千七百余贯。"[13]当时督办其事的是施南知府王庭桢。从建始至利川路线告成后，王庭桢撰写三篇路记勒之于石。三篇路记《恩施县属修路记》、《利川县属修路记》、《建始县属修路记》详细记载了修路的整个过程，是研究古代三峡交通重要资料[14]。

二、施州—建始—巫山（施州—夔州）

该线路经过的驿铺：（恩施往北）北门铺、沿长坡铺、鸡心笼铺、峦山子铺，（建始）龙驹河铺、牛角水铺、建始县（图二）[15]。其中龙驹河为巫山建始入施藩篱隘口。这条线路最晚在宋代就延伸至巫山。嘉靖《湖广图经志书》记载：从施州往巫山有一条陆路："观音铺（在城东北二十里）、龙谷铺（在城东北四十里）、竹园铺（在城东北六十里），俱通巫山路。宋置今废。"[16]所谓宋置今废并非路线完全废弃不用，只是行人较少，沿路铺司年久废置。这条线路因留下宋代黄庭坚、王周、黄叔达等名宦文人的足迹而著名，他们足迹所至写下了不朽的诗句，因而该路也是一条文化之路。巫山也是三峡地区重要的产盐区，这条通往巫山的路线无疑也是历代一条盐运大道。北宋真宗时期的王周曾宦游四川，从这条路线经过。他写有《施南路偶书》《大石岭驿梅花》等诗，大石岭，明代正德《夔州府志》云：在建始县"北一百里"。顾祖禹曰："大石岭，一名仙掌岭，其东即南陵山，与巫山县分界。"（《读史方舆纪要》卷八十二湖广八，中华书局，2005年，第3858页）诗人王周所讲的施南

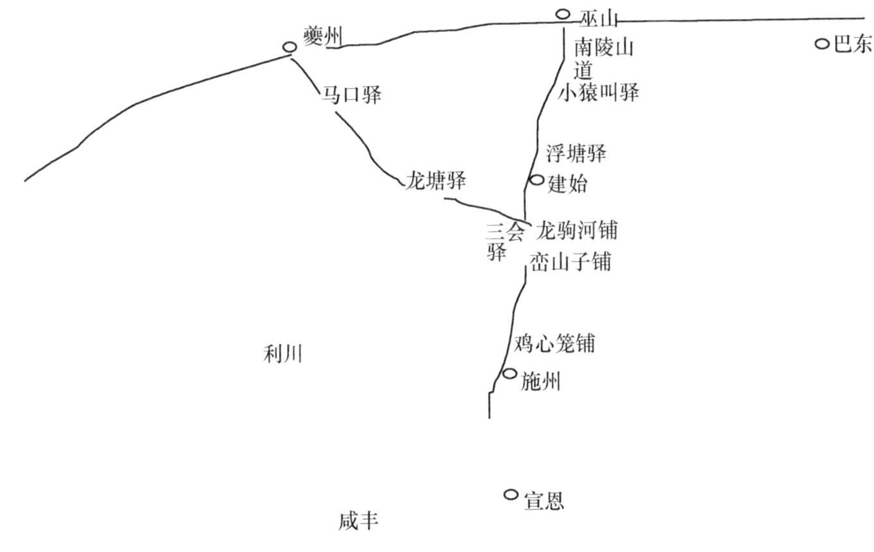

图二　施州—建始路线示意图

路可能就是巫山往施州的大道。宋哲宗绍圣时期诗人黄庭坚被贬官至黔州，是时其弟黄叔达在巫山为县令，诗人在巫山休整后，从巫山县江对岸的南陵山经过，沿施巫路线而下，抵达黔州。《竹枝词二首》“撑崖拄谷蝮蛇愁，入箐攀天猿掉头。鬼门关外莫言远，五十三驿是皇州。”“浮云一百八盘萦，落日四十八渡明。鬼门关外莫言远，四海一家皆弟兄。”[17]诗中的蝮蛇、箐、鬼门关、一百八盘、四十八渡等渡是诗人经历过的难行山路。其中一百八盘就是巫山的南陵山，陆游云：“（巫山）隔江南陵山极高大，有路如线，盘曲至绝顶，谓之一百八盘，盖施州正路。黄鲁直诗云：一百八盘携手上，至今归梦绕羊肠。”[18]箐，即箐口，是施建路上的一处险地。黄叔达也从此路往返，留下了几首诗作。其中涉及路线地名的有《题驴瘦岭马铺》、《上南陵坡》、《题小猿叫驿》、《马上口号呈建始李令》、《次浮塘驿见张施州小诗次其韵》等等[19]。从诗中的地名可知当时这条路是一条重要的交通要道，除铺递外还有驿站设置，如大石岭驿、小猿叫驿、浮塘驿。

施州往北方向除了施建巫线之外，还有一条通往夔州的路线。这条路线可能从宋时就开始了。宋真宗年间丁谓为夔州转运使，当时施州的蛮族首领苦于施州驻兵后繁重徭常常发难。丁谓一方面带兵前往平息，与蛮族首领订立盟约，另一方面使用经济手段，用食盐换粟米的方法，加强经济融合，收到很好效果。“秋七月己亥，施州屯兵备溪蛮，岁仰他州馈饷，峡民甚苦之，权知事临汝寇箴请行和糴之法，而偿以盐，兵食遂足。”“先是蛮人数扰边，上召问巡检使侯延赏曰：蛮人何欲？延赏曰：蛮无他求，所欲惟盐耳。上曰：此亦常人所须也，何以不与之？乃召谕谓，谓即取诏传告堲落，䯩蛮感悦，因相与盟约曰：自今有入寇者𫚉杀之。且曰：天之济我以盐，我愿输以兵食。自是边谷有三年之积焉。”[20]丁谓、寇箴实施了食盐交换粟谷的计策，既解决了施州兵食匮乏的问题，又满足了蛮人对食盐的渴求，从而保证了该地区的社会稳定，从此施州至夔州府的陆路除了邮传之道外，还是一条盐运之道。

嘉靖《湖广图经志书》明确记载了这条路线：“州门铺（在卫治前）、箐口铺（在城东二十里）、银杏铺（在城东四十里）、清江铺（在城东六十里）、皮芜铺（在城东八十里）、三会铺（在三会驿东）、枫香铺（在城东一百四十里）、阿第者铺（在城东一百六十里），俱往夔州府路，洪武十四年建，弘治六年指挥童璋重建。”[21]以上所加附注的“东”应是“北”字之误，否则从施州往夔州就会南辕北辙。明时四川奉节往西南方向也有一条驿铺之路，正德《夔州府志》该路线经过的驿铺有：马口驿（在府城西南一百四十里，洪武间立）、龙塘驿（在府城西南一百八十里，洪武间立）。铺递有：马口铺（在府城西南一百四十里）、土产铺（在府城西南一百五十里）、柳池铺（在府城西南二百里）、山脚铺（在府城西南二百一十里）、石峡铺（在府城西南二百四十里）、龙塘铺（在府城西南二百五十里）[22]。这条路线虽然未指明是通往施州的路线，但从其方位与走向看，可能与施州北向的路线对接。这条路线当时明朝比较繁忙的交通要道，有三会驿、龙塘驿、马口驿等驿站，又有15座铺递，当是明代一条重要的邮传路线。清代还很繁忙，沿途有渡口、桥梁多处，屡废屡兴。道光《建始县志》云：建始“又西至鹿子渡，距县治三十里，与恩施交界。”[23]鹿子渡又名官渡河，亦是通往四川的一处要道。同治《恩施县志》曰：“官渡河，在城北百五里，旧名鹿子渡，嘉庆年安子营统领捐为义渡，故名，系川湖要道也。后渡废，始建大小二桥。”[24]改渡为津梁更便利往来的行人。另在恩施夔州路线上的建始南关河也建有桥梁。郑伟《新建迎恩桥碑记》云：“建邑南关外河，系夔施要道，河面宽广，每逢山水泛涨，波流汹涌，民之病涉久矣。自乾隆初年守土者欲建石桥未果，厥后或置义渡，或架木梁，旋设旋圮。嘉庆中知县事杨君选举绅耆倡修石桥，城乡缮助者不下两千余金。”但是桥梁只完成七座石凳，上面简单铺以木料。直到道光七年知县郑伟又提上日程，历时七个月建成一座长二十三丈，宽一丈一尺的石桥[25]。这座桥梁在光绪年间又进行重建，并改名为永定桥。光绪《施南府志续编》记载：“永定桥在南关外，旧有桥名迎恩，同治间桥尽圮。光绪四年，知县卢梦麟新修石桥长二十二丈，宽一丈二尺，高一丈八尺，为孔五，因改今名。”[26]

三、施州—咸丰—来凤路线

这条路线经过的驿铺：（施州西南行）南门铺、芭蕉铺、桅杆堡铺、天池铺、丁营坝铺，（咸丰）七里塘、唐崖铺、梅子铺、十字路铺、土老坪铺，（来凤）革勒车铺、散毛铺、来凤总铺[27]。

这条路线从咸丰县总铺西南行，经过水车坪铺、张家坪铺还可以到达黔江县，是施州出西南云贵地区的通道之一。宋代诗人黄庭坚在绍圣元年十二月被贬为涪州别驾，黔州安置。他可能从此道进入黔州，他从巫山建始施州道南下，是进入黔南的捷径。诗人《谪居黔南十首》等，表明他在黔州居住。诗人弟弟黄叔达曾经去看望他，在路上还写有几首诗作，其中诗《题驴瘦岭马铺》中的驴瘦岭正在此道上。同治《施南府志》曰：驴瘦岭在施州卫“西七里”[28]。同时，这条路线还是散毛宣抚司、唐崖长官司、金峝安抚司、龙潭安抚司等土司出入之道。清代的诗人柯煜就是沿着这条路线进入散毛司的。其中《往散毛司勘田日行万山中》、《入施南司界》、《入箐》、《散毛司即事》、《大田道中》、《大田至施州途中偶记》显示的路线非常清晰。诗中所提到的大田道就是大田所在地，在今咸丰县。清代改土归流后设立咸丰县，县治即大田所[29]。大田道南行至土老坪与来凤革勒车交界为罗二箐路，亦是施州咸丰来凤路线上的一处要道，清代有过整治。林翼池《修罗二箐路序》记曰：“邑之西五十五里为革勒车塘，越十里为总管寨，有茅店数家，历寨几里许，入罗二箐口，怪石堆突——盖自箐口抵分水岭，与咸丰土老坪壤接，而自酉阳彭水驼背盐铁者率皆由此——深以为此川楚商旅来往之区，不可刻缓于修治也。”[30]除了驿道外，这条路线及其支线也是四川酉阳等盐厂的行盐之道。

四、施州—宣恩—来凤路线

这条路线经过的驿铺：（施州南行）南门铺、天桥铺、干溪铺，（宣恩）椒园铺、县总铺、干沟铺、茅坝铺、东门关铺、板寮铺、高罗铺、头道水铺、干坝铺、崖脚铺，（来凤）峡口寨铺、在城铺[31]。

这条路线还有两条分支线，一是从宣恩县衙出发，东行到刘家庄铺、东乡铺；二是从宣恩县衙出发，南行至头道水铺，再东行可至忠峝铺。这两条路线是明清时期高罗安抚司、东乡五路安抚司、忠峝安抚司的出入之道。据方志记载，施州、宣恩等地是唐朝大诗人李白流放夜郎之地。恩施县有月台、问月亭、太白楼等遗迹，宣恩县有太白宅、太白祀、李溪、高罗等地名和遗迹。咸丰县有歌乐山[32]。同治时期宣恩县令苏于洛力主李白所流放的夜郎即施南，他连续作了《夜郎考》、《李太白流夜郎说》、《高罗访太白宅》、《高罗太白祀记》等文章，从地名、文献、前人记述等方面论证宣恩等地即是李白流放的夜郎[33]。如此则施州宣恩等路线留下了诗仙的足迹。当然反驳这一说法的人不少。如李一凤《夜郎辨》，李崇汾、陈诗、罗德寰等纷纷作《施非夜郎考》，批评此说为臆说[34]。或是或非有待进一步研究。或许从这宗文案中我们也感受到一点地方官争夺历史名人以提高知名度的用意。

五、余　　论

除上述几大交通主要干线之外，施南土司还有几条支线，也是内外交通要道，承载着公文传递，人员往来，商品流通的功能（图三）。

一是咸丰—宣恩路线。它所经过的铺司：（咸丰东行）总铺、猴子岭铺、邢家村铺、白果坝铺，（宣恩）黄草坝铺、大岩坝铺、倒峝铺、椒园铺。

二是咸丰—利川路线。它所经过的铺司：（咸丰西北行）总铺、马家池铺、两河口铺、毛坝铺、活龙坪铺，（利川）沙溪铺、下道子铺、忠路铺、孙家塘铺、谭丈沟铺、继长坝铺、三渡水铺。

三是来凤—四川、湖南路线。它所经过的铺司：总铺、红岩堡铺、上寨铺、漫水铺、凉水井铺[35]。需要说明的是，明清时期容美土司所在地的鹤峰州同施南土司的联系似乎并不密切。清代的志书所记载的路线可以证明这一点。道光《鹤峰州志》[36]记载有东、北、南三面的驿铺路线，唯独没有西向的路线。同样，与鹤峰州比邻的来凤、宣恩，其同治时期的志书也未记载至鹤峰的驿铺路线。这说明鹤峰往西的路线不是主要的交通要道，地位并不重要。从志书的记载可知，鹤峰的交通状况似乎并不闭塞，当时文人商旅往来频繁，尤其是文人墨客在鹤峰所作的诗文较多，看不出萧条闭塞落后的景象。看来，鹤峰东向、南向的交通路线比较畅通。从地理位置和行政隶属关系看，清朝雍正十三年改土归流后，容美所在的鹤峰隶属于宜昌府，并且与东面的江汉平原经济发达地区毗邻，因此人员往来多取道东线和南线，不必绕道施南路线。

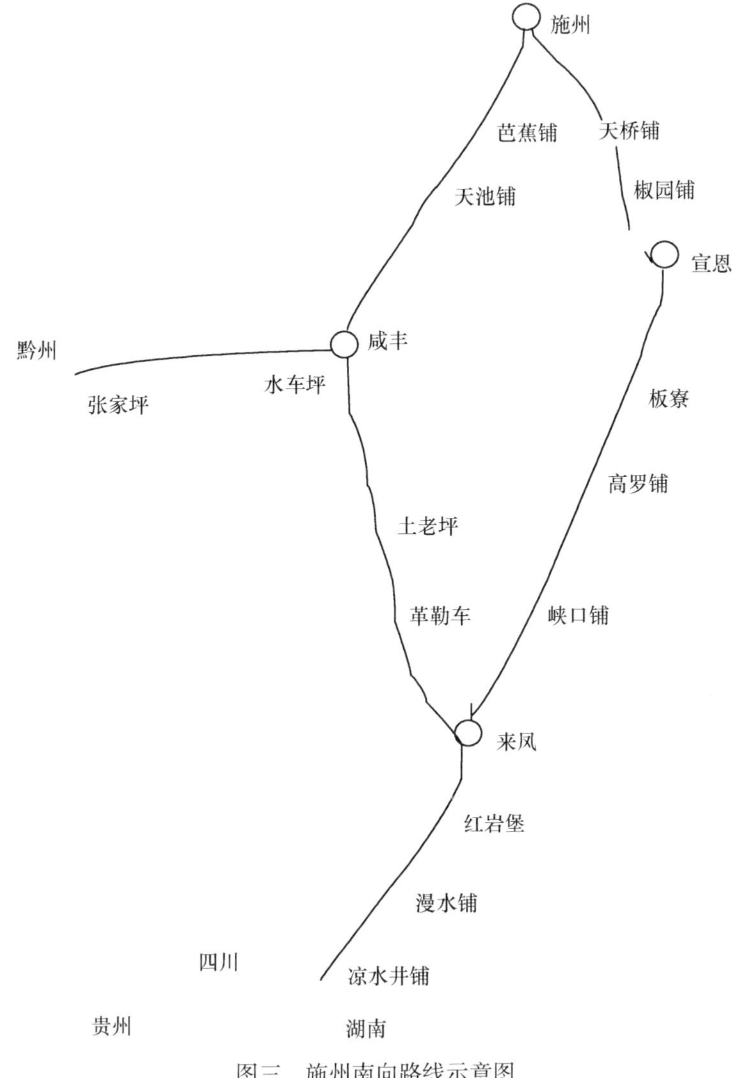

图三　施州南向路线示意图

最为著名的例子是清朝前文人顾彩应容美土司首领之邀前往游览就是经宜都、石门、长阳等地道路通行的。他撰写的《容美纪游》对进出的道路、地名及商旅往来都有记载，对研究施南土司交通路线留下珍贵的资料。

注　释

[1] 逯钦立：《先秦汉魏南北朝诗》，中华书局，1988年，第1919、1920页。

[2] 李林甫：《唐六典》卷五“尚书兵部”，中华书局，1992年，第162、163页。

[3] 周询：《蜀海丛谈》，文海出版社，1966年。

[4] 同治《施南府志》卷六建置志“铺递”，台湾成文出版社有限公司，1976年，第495页。

[5] 《范成大笔记六种》，中华书局，2002年，第216页。

[6] 《明史》卷三百十“湖广土司”、“施州”，中华书局，1974年，第7984～7990页。
[7] 同治《施南府志》卷十二艺文志，第1802～1808页。
[8] 同治《施南府志》卷三地理志山川。
[9] 同治《施南府志》卷二十八艺文志。
[10] 同治《施南府志》卷三地理志山川。
[11] 同治《施南府志》卷二十八艺文志。
[12] 蒋宏毅：《修路碑记》，见同治《施南府志》卷二十九艺文，第2092页。
[13] 光绪《施南府志续编》卷一续舆地志“疆域”，台湾成文出版社有限公司，1976年，第50页。
[14] 光绪《施南府志续编》卷一续舆地志“疆域”，台湾成文出版社有限公司，1976年，第50页。
[15] 同治《施南府志》卷六建置志“铺递”，台湾成文出版社有限公司，1976年，第495～499页。
[16] 嘉靖《湖广图经志书》卷二十施南宣抚司“铺舍”，书目文献出版社，1991年，第1610页。
[17] 任渊：《黄庭坚诗集注》，中华书局，2003年，第420页。
[18] 陆游：《入蜀记》卷六，蒋方校注，湖北人民出版社，2004年，第231页。
[19] 任渊：《黄庭坚诗集注》，中华书局，2003年，第420页。
[20] 《续资治通鉴长编》卷五十二宋真宗咸平五年（1002），中华书局，1995年，第1130页。
[21] 嘉靖《湖广图经志书》卷二十施南宣抚司“铺舍”，书目文献出版社，1991年，第1610页。
[22] 正德《夔州府志》卷二邮驿，上海古籍书店，1961年。
[23] 道光《建始县志》卷一方舆志，台湾成文出版社有限公司，1975年，第 79页。
[24] 同治《施南府志》卷三地理志山川。
[25] 同治《施南府志》卷二十八艺文志，第2335页。
[26] 光绪《施南府志续编》卷二续建置志，台湾成文出版社有限公司，1976年，第 185页。
[27] 同治《施南府志》卷六建置志“铺递”，台湾成文出版社有限公司，1976年，第495～499页。
[28] 同治《施南府志》卷三地理志山川。
[29] 同治《咸丰县志》卷一疆域“山川”，江苏古籍出版社，2001年，第26页。
[30] 同治《施南府志》卷二十九艺文志，第2262页。
[31] 同治《施南府志》卷六建置志“铺递”，台湾成文出版社有限公司，1976年，第495～499页。
[32] 同治《施南府志》卷四古迹、卷二十九艺文志。
[33] 同治《施南府志》卷二十九艺文志。
[34] 同治《施南府志》卷二十九艺文志。
[35] 同治《施南府志》卷六建置志“铺递”，台湾成文出版社有限公司，1976年，第495～499页。
[36] 道光《鹤峰州志》卷二疆域志“铺递”，江苏古籍出版社，2001年，第230页。

鄂西土司社会身份变迁研究

——兼论土司的“地方化”与“国家化”

岳小国

（三峡大学民族学院）

摘要：鄂西地区的方志、土司族谱，及其他历史记忆材料显示，当地土司先祖多为中原流官，早期受中央王朝派遣参与当地军事镇抚、平乱驻防等任务。他们有着模糊、乃至想象中的祖先记忆与国家认同。后因局势动荡、政权更迭，这些流官先祖与王朝国家失去联系，继而入土为“酋”，融入地方社会，开启了其“本地化”的历史。元明时期，以土官治土民的土司制兴起，这些先祖获封土司之职表明其“土酋”身份得到王朝体认，土司区被正式纳入“王化”之域。土司制衔接着地方与国家两个实体，它既是对土司“地方化”的承认，同时也宣示其“国家化”的开启。清代实行改土归流，变土司区为流官经营，王朝国家由间接统治转为直接治理。王朝试图将土司之地完全纳入“国家化”范围，具体措施包括：打破区域界隔，大规模移民开发，移风易俗，甚至采取迁徙土司、破坏其宗族支系的办法，达到去除其“地方化”的目的。改流导致鄂西土司体系被摧毁，流官与大量移民进入该区域，土司区文化受到冲击，得以革新，但其“土著”特性在与外来文化的接触、碰撞中却得到最大程度彰显。因此，改土归流既是土司区“国家化”的深化，同时也激发了区域内民众新的地方认同与族群认同。

关键词：鄂西土司；社会身份；地方化；国家化；身份认同

历史上的鄂西土司区（主要包括今天的恩施土家族苗族自治州、长阳土家族自治县，以及五峰土家族自治县等）地处中原大地与西南边疆结合部，地理位置特殊、战略地位重要，与国内其他土司区存在着重要差异：和王朝国家沟通便利且通畅，受内地汉文化影响较深，土司后裔的历史记忆中，普遍存在较强的“汉人情结”与国家认同。众所周知，土司制是元、明、清王朝在边疆少数民族地区推行的一种治理模式，其主要目的是以土官治土民。土司制度沟通着地方社会和王朝国家两个实体，“地方化”、“国家化”亦构成了我国历史上土司制发展演变中相互交织、渗透的一体两面。本研究拟通过系统梳理现有的文献资料和民间记忆材料，解读那些建立、维持、改变土司制度的社会进程，并将鄂西“国家化”与“地方化”置于土司制的形成、发展及演变的大背景下进行探讨。

一、鄂西土司的流官先祖：记忆与想象中的“历史存在”

鄂西地区位于湖北省西部，湘、鄂、渝、黔四省（区）交界地。该区域在清代以前，长期属于土司统治，生活着土家、苗、瑶、侗等十多个少数民族。从自然地理条件看，鄂西多为丘陵地带，面积不足3万平方千米，然而，在不大的区域内历史上受封土司达数十个。仅在明宣宗时期，就存在30余个明朝正式认可的土司衙门，如果加上元代、明玉珍政权，以及明太祖所封“为藉而来求立土司衙门的就更多”，超出了50个[1]。在这些土司姓氏中，主要有覃、田、向几大姓，在土司谱书记载和当地口传故事中，土司后裔尤其是大土司后裔普遍保留有中原先祖的历史记忆，而且鄂西土司的历史源流大多可“追溯”至中原地区的一些流官或军事将领。在施南土司的族谱中记有：

二世祖覃伯坚生绍兴二年（1132）壬子，娶唐氏，生子普诸。庆元三年丁巳（1197），公已从征平蜀吴曦乱有功，封行军总管，诣任施州，此则我覃氏施州之族所由昉也。公受职时年六十余，后遂家施州。享年七十有五，卒嘉定（应是开禧）二年丙寅。妣唐氏享寿九十，夫妇皆葬施州柳城[2]。

施南土司为恩施十八土司之一，位于宣恩县水田坝，在元代曾一度升至宣慰司。族谱记载的伯坚公于庆元三年丁巳（1197）“从征平蜀吴曦乱有功”，这一内容不够准确，因为吴曦之变发生在开禧三年（1207），而非1197年，并且开禧三年伯坚已去世。这段文字主要介绍了覃氏迁往施州的背景。施南《覃氏族谱》修撰于乾隆四十五年（1780），据谱中内容，先祖覃汝先为陕西汉中南郑县人，南宋淳熙年间移居恩施柳州城。历唐至元覃氏多以武功显而抒诚效力屡袭封赐，“汝先长子覃伯坚之后分掌施州”，且伯坚夫妇死后“皆葬施州柳城”。

与宣恩施南土司相邻的鹤峰、五峰等地，为容美土司的属地。容美在清初为楚地最大土司，雍正曾朱批谕旨曰，“楚蜀各土司，惟容美最为富强”[3]。关于容美田氏远祖，《清史稿·列传·土司》有记载：“唐元和元年（806），田行皋从高崇文讨平刘辟，授施、溱、溶、万招讨把截使，仍知四川事。宋有田思政，元有田乾亨。”此文献大有将容美始祖“追溯”至唐代田行皋之意，只是从唐到元支系状况记载甚略。而清代容美宣慰田舜年的祖父田玄造黄册宗图则奉田思政为始祖，并言田思政“于元夏（明玉珍的国号）时，袭容美等处军民五路都总管”[4]。田思政之后族谱资料同样没有准确交代，与田思政处于同一时期的田光宝在正史中却有记载。在《明太祖实录》中，丙午（1366）丁卯，“容美洞宣抚使田光宝遣弟光受等以元所授宣抚敕印来，上命光宝为四川行省参政，行容美洞等处军民宣抚事。仍为置安抚元帅以治之。”至田光宝以后，容美土司支系才渐渐清晰、完整起来。可见，各类资料关于容美土司祖上的记载，时间久远，文献材料薄弱，其世系之传承，难以确知，但所有记载存在一个共性：均言其先祖来自内地流官。

值得一提的是，在鄂西唐崖土司族谱记载中，其流官先祖不是中原汉人而是蒙古族属，后来融入到鄂西土家地区。唐崖土司《覃氏族谱》记载，“启祖元朝宗籍，始祖铁木乃耳，是授平肩将军，生颜伯占儿，生文殊海牙，生脱音帖儿，特授宣慰使司之职，……脱音帖儿生福寿不花，生覃启处送，后因边夷南蛮累叛，奉旨征剿，安蛮民，阵守斯地，分茅设土，安营于宣抚山，因斩寇有功于朝，世受皇恩，承职以来，隶属施州卫……”该谱书修撰于民国时期，这里暂不考证家谱中资料的真伪程度及附会内容，很明显谱书所要强调的乃是，其先祖的蒙古宗籍及其显赫的流官背景。

综上所述，在鄂西土司或其后人的历史记忆或想象中，大多包含一些共性特征：土司先祖多为中原户籍，且为朝廷倚重的官员，由于奉命征讨或平息叛乱，进驻鄂西地区，把守要塞，进而在当地扎根并繁衍生息。正史资料显示，谱书中的记载或土司后人口传记忆的内容一部分不合史实或无从考证，且牵强附会之处随处可见。比如，正史中并无关于铁木乃耳的记载，只是提到一位叫塔海贴木儿的，“答答里带人，宣武将军。管军总管。五溪蛮散毛、大盘蛮向木得什用等叛。从行省曲里吉帅师往讨，皆擒之，杀其酋长头狗等”[5]。不过，史料中并未表明塔海贴木儿与鄂西唐崖有任何实际关联。此外，像“平肩将军”、“平肩王”之类“殊荣”或册封多出现在文学作品中，因此，谱书中的记载不排除存在创作或想象的成分。需要指出的是，笔者这里并非是否认鄂西土司与中原流官之间可能存在的历史渊源，而是强调了一种现象：类似这些中原将领临危授命、深入荒蛮之区，平乱抚靖，因功获封，并留守当地，已成为历史上鄂西土司谱书修撰的一种“时尚”。

二、入土为“酋”：特殊时空背景下的“地方化”

在鄂西，覃、田、向等几大土司历史影响深远，基本奠定了今天的土家人聚族而居的局面。追述当地土司发展历程，会发现一种有趣的现象：许多土司家族的谱书中都夹杂有疑似土家语的人名。这类“别样”的名字显示，当地土司很可能经历了一个族际变更或文化融合的过程。

（一）“别样”的土司姓名

据《来凤县志》记载，“来境原七司，散毛为长。墨来送，其始官之祖。土人谓天曰墨，谓天来送也。为唐贞观安抚使，递传至宋”[6]。墨来送据传为散毛覃氏土司之始祖，唐贞观人士，谱书资料对其世系无清晰交代。直至宋代覃野毛、覃文猛、覃汝先等先祖时，散毛土司世系才有了详细的记载。始祖“墨来送”是一个土语名字[7]，而覃野毛、覃文猛、覃汝先及其后人的姓名基本和内地汉人无异。

另据元顺帝纪载，至正十一年，师壁峒土官田驴什用，盘顺府土官墨奴什用，降立长官司。师壁峒，即神壁司，其旧地，今为散毛关，前时或属散毛，或并入散毛，官职世系均无可考。“田驴什用”一名似汉语“田”姓与土家语“驴”[8]、“什用”

的组合。类似的姓名结构还有“覃启处送”、“覃值什用”等。这些别样的土司名字融合了汉文化与当地土家文化的重要元素：“覃启处送”、“田驴什用”中“处送”、“什用”系土语词汇，作用是表示身份、地位，有“官长”、“首领”之意[9]。这些人名或称谓中的“覃”、“田”为汉族重要姓氏，而从“来”、“启”等词语的用法判断，这些头人很可能系初来乍到，“怪异”的名字正是当地土人对早期到来者——中原流官——的最初称谓，一些称谓同时也掩盖了来者的真实姓名，并被沿用、留传下来。

方志及谱书资料还显示，历史上鄂西土司谱系中，汉族的名字和土语名字常常并列一起，或“始祖”有一个土语名字，或世系中一连串汉族名字间夹杂着少量的土家语名字。地处来凤的百户土司向氏，正史中记载很少，整理、汇总方志资料，大致可复原其早期代际沿袭情况。如果从向麦算起，其承袭者分别为：向麦（“麦”为土语，意思是天[10]）—向铁（“铁”为土语，意思是大[11]）—坐海乐禅—向剌送（“剌”为土语，指人[12]）—向夕—向成……[13]来凤的另一个土司漫水向氏早期的承袭关系则为：向宗烈—墨铁送—向金—向洪花—向琼……[14]可以看出，百户向氏与漫水向氏在支系传承上有一个共同特征：土语名字的先祖不多，而且穿插在一大串类似汉族名字的先祖之中。在土司世系中，以“汉族名字”为主体，间或有少量土家语名字，其原因或是不同族群间通婚的结果，或是个体融入到一个不同的群体中。而始祖为土家语名，其后世均为汉族名字的情况，譬如，来凤田氏大旺土司支系：驴蹄什用—田应龙—田敬—田友富……则表明：或是土司仰慕汉文化，学习并仿效其姓名文化，或是土司名字出现了更改、变动。

咸丰唐崖土司支系的名字更显复杂与特殊，在当地的历史记忆中，不仅存在早期的土语（先祖）名，而且还有蒙古语的名字。根据唐崖《覃氏族谱》记载，启祖元朝宗籍、始祖铁木乃耳，其后颜伯占儿、文殊海牙、脱音帖儿、福寿不花等一系列先祖的名字应当和蒙古文化相关，与之相对应，族谱中还记载了一些迁徙地点，从山东青州、南京猪市巷，一直到唐崖土司所在的鄂西地区。如果再从族谱记载的覃启处送、覃值什用等土语名字分析，早期迁徙至鄂西的蒙古族先祖显然经历了一个本地化过程。

（二）入土为“酋”

在鄂西方志、土司谱书，或当地口传记忆中，常常提到一种特定的经历：土司先祖家世显赫，作为内地流官融入鄂西后，曾普遍有一段“占山为王”、“入峒为寇”的历史。这类故事可分为两种情形：一是土司先祖因战乱与朝廷失去联系，被迫融入地方社会；二是土司先祖因故主动隐姓埋名潜入鄂西地区。

1. 与朝廷失去联络

根据施南土司《覃氏家谱》记载：

> 祥兴年间，峒夷叛乱，魁遣其子安抚使覃友仁领兵追寇至麻寮红土屯驻。适宋亡，友仁遂迎魁公移彼，辟土以居。友仁子绪祖，绪祖子添顺因元末民乱无主，禁凶安良，为众所附，推为台宜寨主。至明祖兴，添顺率义兵归之。

作为施南土司先祖的另一脉系安抚使覃友仁因追寇屯驻麻寮红土，“适宋亡”，乃“辟土以居”。同样的情况再次发生在友仁孙添顺身上，不过时间是在“元末民乱无主”之际，添顺被“推为台宜寨主”。族谱记载的“王朝流官”覃友仁、覃添顺祖孙，因朝廷更迭，身份遂转变为一“土酋”。类似的故事或经历还包括施南土司四世祖覃耳毛。耳毛于淳祐四年（1244），“受总管职代父任，后峒夷叛服不常，公不时平讨，遣兵驻要害守之，未几而宋亡”。后来耳毛在元初因宋职改镇南五路都督军民府总管[15]。覃耳毛驻守要害、防守峒夷之际，遭遇朝廷变更。从耳毛在元初因宋职改“镇南五路都督军民府总管”一职分析，他在宋亡，元势力进入鄂西之前，在峒夷区也曾有一段“寨主”或土酋的经历。值得一提的是，在同一期间，施南土司《覃氏家谱》中记载了多件土司（或其先祖）入土为酋的情节。覃耳毛弟、叔祖散毛祥兴年间任施州元帅，“遣令领兵追寇至大水田屯兵驻镇守，适宋亡众附公推为寨主，号散毛峒”。散毛曾是施州元帅身份，因宋亡而被推举为峒主。

可见，这类“落土生根”的叙述方式在历史上形成了土司流官先祖融入鄂西地区的一种普遍模式。由于王朝灭亡或在乱世中与朝廷失去联系，这些土司先祖为图生存，大多选择占山为王、入峒为主，并经营着自己的一片“天地”。由于拥有一定的军事实力，他们很快成为地方“酋长”，并开启了其本地化的一步，也是至为重要的一步。

2. 隐姓埋名“入籍”地方

在内地流官“入籍”鄂西的故事或叙事中，也有一部分隐姓埋名，扎根于鄂西地区。这类故事往往情节简略，或语焉不详，有些甚至掩盖了历史的“真委”。这些流官在入驻鄂西后，不仅改换了姓名，甚至族籍认同也发生了变化。

一个典型的例子来自唐崖土司，在其民国版的族谱中，先祖并非中原地区的汉人流官，而属元朝宗籍，并且有着显赫的家世。族谱显示，这些蒙古先祖在元末明初时逐渐融入鄂西土家社会。其蒙古名字逐渐被融有汉族、土家族文化元素的新名字所取代。“覃启处送”这位先祖的名字即融入了汉姓“覃”，及土家语称谓“处送”。蒙、汉、土家文化变迁、融合后的先祖名字折射出早期三种文化相互接触、吸收与影响的进程。唐崖土司家谱隐含着，土司先祖从蒙元流官到土家地区土酋（“处送”）的转变历程，而从族属上分析，它经历了由蒙古官员到土家酋长的变更。然而，对于唐崖土司族属、宗籍的改变无论是正史材料，还是方志、谱书资料均未给出相应解释。笔者实地调查发现，咸丰县唐崖土司后裔覃氏子孙至今还保留着较强的蒙古族认同——虽然他们在20世纪80年代被认定为土家族。从蒙古族到土家族，为何会经历如此大的变更，各种资料并未道明原委。田野访谈获悉，早期，唐崖蒙古先祖初到鄂西咸丰实为“避难”，因为他们当时军事上“犯了事”，被迫流落到此，更名改姓，并在后期融入到当地覃氏宗族中。这一解释大体可信，因为更改族籍事关重大，理应不会无中生有。但是类似这些“不光彩”的情节，通常不大可能载入族谱之中，但会以家族集体记忆的方式在内部口传下来[16]。

其实，在西南少数民族地区，外来流官、土司在历史上隐去身份，以图生存的事例多有存在。在贵州黔东南苗族自治州明代顾氏移民家族的族谱现有汉、苗两种版本，据《炉山顾氏族谱》载，顾氏移民宗族后来发生分衍，有一支进入黔东南苗疆地区，即袭爵指挥千户的顾兴宗支系[17]。关于这段经历，贵州凯里开怀乡贵州明代指挥千户、广威将军顾良相墓碑记有：明孝宗七八年间，因军事失误，恐上究罪，因埋名隐姓潜逃开怀，取用苗名“邦迪”，并娶苗女文氏生雄邦、松邦等四支顾氏苗族……[18]但谱书上则是另一番记载：在明孝宗派大军进剿苗疆时，（顾兴宗四世孙）良相作明军向导，不忍屠戮无辜，隐入苗区，数万苗民赖他而免遭烧杀[19]。这个例子和唐崖土司先祖的经历相似，前者在族谱中很婉转地把“入苗”的原因解释为“护苗”，实际乃是军事失误，隐姓埋名以逃避惩罚，而后者在谱书中对族籍转换一事选择了回避。这类“入籍”蛮夷之地的本土化策略，不仅保全了自己，而且势力未受影响，他们靠着自身的实力，在异乡僻壤重新开辟出一番新天地，成为当地有影响的“土酋”。

三、土司制：再入“王化”的“土”官

来自中原的流官以应诏征讨、平定叛乱的方式进入鄂西地区，随着王朝更迭，与外界信息隔绝，尤其是宋元之际，天下大乱，这些流官身处异乡，孤立无援，为图生存，他们大多经历了一个占山为王，入峒为酋的阶段，乃至与当地民众通婚，逐渐融入到鄂西社会生活中。随着新王朝的建立，王朝国家与鄂西地区的接触、联系渐次恢复，这些担任部落首领、“蛮酋”、“峒主”者在身份上又有了新的变化——他们被纳入“王化”，成为帝国的土司。

土司制的典型特征在于其政权组织与乡土社会的紧密结合，王朝国家对地方社会的治理，借用了地方宗族及宗教等文化手段[20]。因此，土司制的实质在于以土官治土民。而要成为王朝的土司必须具备两大条件：一要为地方首领，熟悉地方情况；二要有足够的实力，能驾驭一方。在鄂西，那些曾经的流官，在入土为“酋”后，理所当然成为地方社会的一股凝聚力量。元朝在鄂西推行土司制，大大小小“土酋”均获得册封，但职位高低有所不同。鄂西土司职官体系主要包括宣慰司、宣抚司、安抚司、长官司、千户、百户，以及峒主等，而土司受封依据主要有：辖区规模、土地与人口数量等。元代的土司制基本参照、沿袭了唐宋，授予世职，“析其种落，大者为州，小者为县，又小者为峒，其酋皆世袭”[21]。

此外，历史上土司先辈的官职、受封情况也系议定土司职务的一个重要依据。忠路、忠孝、金峒三司，皆因洪武间蛮乱民散，废其治。后来，“忠路等以故官子侄来朝，奏请复设，并从之。各赐印章冠带”[22]。另有木册长官田谷佐、唐崖长官覃忠孝，并言父祖世为安抚，洪武时大军平蜀，民惊溃，治所废。后谷佐等招集三百余户，“请袭，许之”。永乐五年（1407），“镇南长官覃兴等来朝，称系世职，洪武中废，今招徕蛮民三百户，乞仍旧”。既五峰石宝长官张再武亦以袭职请，“从之”[23]在鄂西土司的废立中，历史上因变乱而中断的土司也得到恢复。“洪武中蛮苗吴面儿之难，诸土司地多荒废，各官罢承袭。永乐二年天富公及散毛宣慰野望之孙，覃友谅以招复蛮民，请仍设治所，乃复设施南、散毛二长官司，命公与友谅各袭先职为长官。”[24]这表明，那些入籍鄂西的中原流官在经过一段时期的本地化后，客观上已被王朝国家视为“土酋”，土司制度再次将这些中原流官后裔纳入“王化”之内。

四、改土归流：客、土身份的彰显与强化

在历史发展中，鄂西土司区与中原大地形成了一种边疆与内地，边缘与中心的区隔关系。

这种差异有自然地理条件上的原因，比如，土司区往往位于深山峡谷、林壑纵深之地，与外界交往、沟通困难，但人为的隔离更是土司区与内地难以逾越的鸿沟。中央王朝制定了“汉不入峒，蛮不出峒”的政策，且立下“汉土疆界碑”，将土司区的民众严格囿于其生活之地。

如果说土司制是以制度的形式严格区隔着土人与汉人、“夷”区与中原的话，那么，某种程度上讲，经过改土归流，土与客之间的差异在彼此接触交往、相互审视下愈加彰显。王朝国家委任的流官替代了土司、土官统治，而且，伴随着流官的进入，内地移民及其生活习俗也随之进入，并由政府力量强制推行。容美土司区改土归流后设立长乐县，其首任知县毛峻德甫一上任，即颁布诸多文书，昭告土民，批斥过去陋习，并指明新的、文明的礼俗风尚[25]。另一方面，改流后，汉土疆界被打破，内地大批移民与流民进入土司区，由此，造成了土、客之间的接触、交往与相互学习。而文化、习俗间的差异在交往中亦凸显出来，“我者”、“我类”与“他者”、“他类”间的区别、界限应运而生。因此，政府倡导的改流虽为消除与弥合土司区与内地的差异，然而，这一进程本身又导致了土家或本土身份与认同的高涨。由于社会变革造成了文化流变及社会群体身份的变迁，使得原有的不甚明显的土、客之分变得明确起来。在地域认同与身份认同双重作用下，更易引发土司区民众对自身“土著”身份的坚守与强调。

为应对改流中地方势力、地方文化的阻力与破坏，王朝帝国对土司社会组织亦进行了改造。对土司家族轻者迁徙、异地安置，重者杀戮、株连。鄂西众多土司因系主

动呈请、和平改流，所以被从轻发落，迁徙省内他处，“畀之田房，妥为安置，予以千总、把总，世袭其职”[26]。政府此番目的，意在防止土司复辟，因为土司形成的盘根错节的宗族、地缘关系已根深蒂固，且在土司区影响深远。因此，可以说，政府在改土归流中的初衷是推行“国家化”，甚至不惜采取暴力、迁徙等手段，然而，土司区在“国家化”的同时，“地方化”因素也在滋生。

五、结语：土司区的历史记忆与身份认同

（一）土司制：“地方化”与“国家化”的张力

“地方化”、“国家化”二元对立框架是一种极具张力性的关系范畴，它构成了我国历史上土司制发展演变中相互交织、渗透的一体两面。“地方化”（亦作“本土化”）可在某一“新势力”的地方化或本土化的过程中理解，或者在“新势力”蜕变为“旧势力”的过程中理解。具体说来，鄂西土司的地方化有两层含义：一是土司从外地迁入，融入鄂西社会，即本地化体现为一种文化涵化过程；二是地方族群经历特别的事件或变故，其记忆、认同等发生了改变或是得到强化。而“国家化”则是土司社会进入国家体制，被纳入“王化”的过程或结果，比如土司制的实行及废除（改土归流）即是土司社会国家化的重要体现。

鄂西地区土司社会身份变迁的历程表明，土司制自身蕴涵着一种动态、复杂的“地方化”与“国家化”进程。土司制度是土司对国家的认同，同时它也是王朝国家对地方的认可与接纳。鄂西土司后裔的族谱记载或口传故事中，先祖多系内地流官。很显然，这类材料附着的信息在于，受封土司并非普通的地方首领，而是与王朝帝国有着历史渊源关系。从时间上判断，土司“汉人先祖”的历史记忆大多产生于改土归流后，其所体现的流官（也即“国家化”）经历不论是历史事实还是记忆、想象，都与土司制度、改土归流，以及土司区民众的国家意识与国家认同相关。土司先祖入土为“酋”，与地方通婚，改用土语名字的“本土化”经历是其主动适应地方社会的一种策略，意在融入鄂西社会。土司先祖扎根地方，发展壮大势力，为土司制的确立奠定了条件。土司制的实施既是土司社会国家化的重要标志，同时也表明其地方化策略的成功——其“土酋”身份得到中央王朝承认。因为王朝设立土司意在安抚、治理地方，因而尤为看重土司的实力，比如管辖区的大小、人口户数的多少，及其历史承袭关系等。故而，土司制旨在平衡地方与国家之关系，它是国家化的重要产物，并融入了较多的“国家元素”，比如，由王朝册封土司并规制其承袭，土司负有纳赋、朝贡觐见及应调出征等义务。但因王朝担心土司坐大，“地方化”对“国家化”造成僭越，于是推行改土归流，以破除或削弱地方势力，由王朝直接治理土司辖区。改土归流也是“国家化”取代“地方化”的措施。但是，王朝国家去除“地方化”的改流虽然达到了“国家化”的目的，另一方面却激发了“本地人”的新的认同观，即客观上又强化了“地方化”。

（二）土司区的土家化与“汉人情结”

本研究要解决的问题并非鄂西土司的“真实”族源及其客观演进，而在于解读那些建立、维持、改变土司制度的社会进程，并将鄂西“国家化”与“地方化”置于土司制的形成、发展及演变的大背景下进行探讨。

土司区的地方化其实也是“土家化”。鄂西作为国内土家族重要的聚居区之一，生活着210万[27]土家族人口。历史上的土司制对今天土家民族身份的形成影响甚深——新中国成立后土家族识别的标准之一即和土司统治区有关。然而，奇怪的是，学界对鄂西及其周边地区的土司是否本地族源存在两种截然不同的看法：一种观点认为，鄂西、湘西、渝东等地土司大多不是土生土长的“苗蛮”族，而是“汉人”，特别是高一层的土司，基本上都是外来的汉族大姓，族属亦非现今之土家族，实为南迁汉人。比如永顺、保靖二宣慰使司彭氏族[28]，以及重庆酉阳冉氏土司[29]等；另一种观点则认为，鄂西及周边地区至明以前，基本上属于比较单一的土家民族活动地区。在改土归流以前直接凌驾在土家族民众头上的仍是土家本民族的酋长和头人[30]。两种观点孰是孰非，恐难以作出简单判定。现有的方志、谱书，及其他历史记忆材料显示，鄂西土家族土司普遍存在浓厚的“汉族记忆”或“汉族情结”，而正史资料却揭示，方志、谱书中的材料多存在不实、乃至错误之处。因此，土家族土司自然稳定的身份是如何被话语建立、维持和改变的问题或许是当前学界应解决的重点议题。

土司时期的鄂西曾是一块闭塞之地，王朝国家制定了“汉不入峒，蛮不出峒”的政策，还划定“汉土疆界碑”[31]，将土司区民众严格限制在这块土地上。此举有助于地方“土著”文化的保留，并不受外界影响。同时，相对封闭的自然及社会环境也可使少量迁入者迅速融入当地，实现“土家化”。因此，鄂西土司的形成，不外乎上述两条进路。

土司制其实也是高度国家化下的“土家化”结果。土司的册立及废除正是王朝国家意志和影响的重要体现，是国家化的产物。另一方面，作为获封土司，它必须有一定的地方社会及文化基础，充分融入地方社会。而在改流进程中，内地汉文化大量进入，与土司区原来的文化相互交流、碰撞，当地民众的身份与认同进一步彰显。“土”、“客”接触、交流在相互吸收、趋于融合的同时，彼此间也产生了认同上的疏离。鄂西残留的土语[32]、保留下来的土语地名[33]等即是最好的例证。

土司区是一个高度“土家化”之区，同时该区域保留着较多的汉人记忆或汉人情结，土司后裔的族谱资料、口传故事，以及当地其他族姓的族谱中也多保留着内地先祖的历史记忆或想象。作为历史上的土司制度对今天族群分布格局、记忆与认同均产生着重要影响。

注　释

［1］ 杨小华：《鄂西土司知多少》，《中南民族学院学报》1996年第3期。

［2］ 施南土司《覃氏家谱》。

［3］ 鹤峰县民族事务委员会：《容美土司史料续编·（清）朱批谕旨》（内部资料），1993年。

［4］ 严守升：《田氏世家》第二，载《咸丰长乐县志》。

［5］ 《元史·塔海贴木儿传》。

［6］ 《来凤县志·土司志》卷二十六。

［7］ 也有研究指出，“墨来送”有“太阳首领”、“阳光首领”之意。参见叶德书：《古代土家人名训释》，《湖北民族学院学报》2007年第3期。

［8］ 有研究指出，土语“驴”指老虎。参见叶德书：《古代土家人名训释》，《湖北民族学院学报》2007年第3期。

［9］ 叶德书：《古代土家人名训释》，《湖北民族学院学报》2007年第3期。

［10］ 叶德书：《古代土家人名训释》，《湖北民族学院学报》2007年第3期。

［11］ 叶德书：《古代土家人名训释》，《湖北民族学院学报》2007年第3期。

［12］ 叶德书：《古代土家人名训释》，《湖北民族学院学报》2007年第3期。

［13］ 参见《施州卫方舆书》、乾隆《来凤县志》。

［14］ 参见乾隆《来凤县志》。

［15］ 施南土司《覃氏家谱》。

［16］ 岳小国：《对唐崖土司族源研究的一点看法》，《三峡论坛》2013年第6期。

［17］ 韩蕾蕾：《顾氏移民宗族与明代贵州开发和民族融合》，《贵州教育学院学报》2006年第6期。

［18］ 燕宝：《一块今立的古碑：民族融合的见证》，《苗族研究》，贵州民族出版社，1989年。

［19］ 《炉山顾氏族谱》卷二《良相公事迹传》。

［20］ 岳小国、陈红：《王朝国家的模仿与隐喻——人类学视阈下的土司社会与国家关系研究》，《云南民族大学学报》2012年第4期。

［21］ 同治《来凤县志》卷二十七《土司志》。

［22］ 《明史·湖广土司传》。

［23］ 《明史·湖广土司传》。

［24］ 施南土司《覃氏家谱》。

［25］ 鹤峰县史志办公室编印：《容美土司史料汇编》，1984年，第68～82页。

［26］ 同治《来凤县志》卷二十七《土司志》。

［27］ 2010年全国第六次人口普查统计数据。

［28］ 伍新福：《湘西地区土司族属初探》，《贵州民族研究》1984年第2期。

［29］ 李伟：《冉氏土官土司移民与酉阳民族关系》，《中南民族大学学报》2009年第2期。

［30］ 杨小华：《鄂西土司知多少》，《中南民族学院学报》1996年第3期。

[31] 比如，在容美土司辖区即保留有两块清康熙时期的“汉土疆界碑”。

[32] 在今天的鄂西宣恩等地，仍有少量民众可讲土语——尽管土家语在整个西南地区已日趋濒危。

[33] 在咸丰县地名中，“把界垭”、“把界”等均系土家语。其中，把界是“巴疙”的意思。巴，指土家族；界，即疙佬，指苗人。资料出处：《湖北省咸丰县地名志》（内部资料），咸丰县地名办公室编，1984年，第93、106页。

试论土司时期土家族的原始婚姻形态

朱世学

（恩施州博物馆）

摘要： 土司统治时期，土家族地区保留着若干原始婚姻形态残余，主要表现在以同辈亲属相同称谓为特征的血缘婚制残余；以自由婚配为特征的原始母权制残余；以同姓为婚为特征的氏族内婚制残余；以姑舅表婚为特征的氏族外婚制残余；以抢婚、哭嫁为特征的古代掠夺婚制残余。

关键词： 土司；土家族；原始婚姻形态

土司统治时期的土家族地区，虽较早地受到汉文化的影响和冲击，但因“重峒复岭”、“地僻山深”，加之“蛮不出峒，汉不入境”的民族隔离政策，生产力发展依然十分缓慢，刀耕火种是当时赖以生存的主要耕作方式，“临渊捕鱼”、“入山射猎”在土家族生活中仍居重要地位。正如沈从文先生在谈到湘西土苗文化时所说的：“在中国大部分地区经历了两千多年的发展以后，湘西仍停留在原始或半原始的社会状态。”因而在婚姻形态中，还保留着若干原始婚姻形态的残余，主要表现在以下五个方面。

一、以同辈亲属相同称谓为特征的血缘婚制残余

亲属称谓制度是一定婚姻和家庭状态下的产物。恩格斯指出：“可以根据历史上所留下来的亲属制度，同样确实地断定，曾经存在过一种与这个制度相适应的业已绝迹的家庭形式。”[1]土家族的亲属称谓中，称姑父、舅父、岳父、公公皆为“卡开”；姑母、舅母、岳母、婆婆皆称“麻玛”；兄、堂兄、妻兄、姨表兄皆称“阿达”；妹、堂妹、妻妹、姨表妹皆用汉语或称“阿海”；儿子、侄儿、内侄儿、外甥儿、姨表侄儿皆称“卵必”；女、侄女、内侄女、外甥女、姨表侄女皆称“必郁”；孙子、侄孙子、姑表孙子、姨表孙子、舅表孙子皆称“惹必”；孙女、侄孙女、姑表孙女、姨表孙女、舅表孙女皆称“惹必郁”[2]。

上述土家族亲属称谓中，除父母有“阿巴”、“阿涅”的姓氏专称外，在同一辈分的男女群中只有按性别、按年龄大小的通称。这种同辈亲属相同称谓的现象，在土司时期乃至改土归流以后的土家族社会中依然长存，是土家族经历了漫长的封建社会发展阶段仍保留下来的形态，并不反映土家族现行的婚姻关系，而是反映血缘家庭时

期的亲属关系，表明土家族曾经历过兄弟姐妹互为婚姻的血缘群婚制度。根据近代启蒙思想家严复翻译的英国学者甄克斯的《社会通铨》一书的描述，在这种亲属称谓的婚姻家庭里，“同辈行之男皆其女之夫，同辈行之女皆其男之妻，其所生子女则兄弟姊妹也。”我国古代很早就有“犹子”、“犹女”、“诸父”、“诸母”之称，《诗·小雅》云“言旋言归，复我诸父”；《礼记》云“诸母不漱裳”；《尔雅·释亲》云“妇之党为婚兄弟”。这些都是关于兄弟姐妹同辈婚配的文献记载，体现出血缘辈分婚配的特点。正如恩格斯在谈到婚姻家庭的几种形式时所指出的：“血缘家庭——这是家庭的第一个阶段，在这里，婚姻集团是按辈分来划分的。”[3]土家族的这种同辈亲属相同称谓的现象直到今天依然残存，如在现实生活中，男方家的兄弟均称女方父母为“亲爷”、“亲娘”，如果仅从称谓上看，似乎这一群兄弟都是他们女儿的丈夫。这些土家族亲属称谓隐含着“普那路亚”婚姻的内容。所谓“普那路亚”，是美国民族学家摩尔根命名的远古家庭婚姻组织，“普那路”意为“亲爱的伙伴”。这种“伙伴婚姻”依然是以同一辈份的人组成一个婚姻集团，但排除了同胞兄妹之间的血亲婚配关系，是人类文明史上的一大进步，故摩尔根在《古代社会》中称它为“第二种伟大的亲属制度”。

二、以自由婚配为特征的原始母权制残余

土司时期，土家族的婚姻以自由婚配为主，妇女在婚配中有一定自主权，从日常生活、社会生产及婚姻关系中可见。

日常生活中，尚未形成严格的男女区分的观念，这表现在服饰和男女交往等方面。

土司时期，土家族服饰不分男女。据嘉庆《龙山县志》卷十六记载：“土司时，服饰不分男女，一式头裹刺花巾帕，衣裙尽绣花边。”[4]乾隆《永顺府志》卷十一载：“查土司地处万山之中，界连诸苗，男女服饰均皆一式，头裹刺花巾帕，衣裙尽刺花边，与红苗无异。”[5]“男女短衣跣足，以布裹头，服斑斓之衣。”[6]同治《保靖县志》卷十一亦载：“保邑代隶土司，是以居民多有不知礼节，惟服色一项，更属鄙陋，不拘男女，概系短衣赤足，恬不为羞。今蒙皇恩改土归流，凡一切有关民俗事，宜相应兴举，从前陋习，合行严禁。”[7]

在男女交往方面也比较自由，乾隆《永顺府志》卷十一载：土民“凡耕作出入，男女同行，无拘亲疏，道途相遇，不分男女，以歌为奸淫之媒，虽亲夫当前无所畏避”。“查土司尽属篰屋穷檐，四围以竹，中若悬罄，并不供奉祖先。半室高搭木床，翁姑子媳联为一榻，不分内外，甚至外来贸易客民寓居于此，挨肩擦背，以致伦理俱废，风化难堪。”[8]乾隆《永顺县志》卷四亦载：“永顺土民之家不设桌凳，亦无床榻，每家惟设有火床一架，安炉灶于火床之中以为炊爨之所。阖宅男女，无论长幼尊卑，日则环坐其上，夜则杂卧其间，惟各夫妇共被以示区别，即有外客留宿，亦令同卧火床，寡廉鲜耻，莫此为甚。”[9]乾隆《鹤峰州志》则载：鹤峰“向来土俗，

无论亲疏，即外来行客，一至其家，辄入内室，甚而坐近卧榻，男女交谈，毫不避忌。”同治《保靖县志》卷十一亦载：“今访闻尔民，不拘亲疏男女，客有到家者，同在火床蹲踞，环坐不避嫌疑，大乖礼体，合行出示严禁。”[10]由此可见，即便是到了清代改土归流以后，土家族地区这种男女自由交往不避嫌疑的母权制遗风依然十分浓厚，以至被汉族统治者视为“伦理俱废，风化难堪”。

在社会生产中，土家妇女不仅与男子一同从事农耕生产，而且肩负着繁重的家务劳动。这在方志中多有记载，如乾隆《永顺县志》卷四记载：“永邑民俗短裙椎髻，常喜渔猎，铜鼓祀神，刻木为契。土司旧志曰：重岗复岭，陡壁悬崖，接壤诸峒，又连汉地，苗土杂居，男女垂髻，短衣跣足，以布勒额，喜斑斓色服。重耕农，男女合作。”[11]光绪《古丈坪厅志》卷十亦载：“昔人云，土人之地，重峒复岭，陡壁悬崖，接壤诸峒，重耕农，男女合作，喜渔猎，食膻信巫。虽轻生好斗，而朴拙淳直，稼穑之外，不事商贾。本寨数十里之外，辄为足迹所不至。男耕女织，不事奢华，颇有古风。”[12]类似这样的记载还有很多，如同治《保靖县志》卷二载：“民多朴直，无一点繁华之习；俗虽野陋，有一段天性之良。男勤于耕，野无旷土；女勤于织，户多机声。”[13]同治《桑植县志》载：“妇女勤俭，耐劳苦。”道光《施南府志·杂志》载：“水耕火种，妇女任之。”同治《来凤县志·风俗》则记载得更为详细，“农家妇女，纺绩室中，馌饷野外，负篓于背，上山斧薪，下田薅草，有襁褓儿，即置篓中，挂树间，啼则乳之，手犹缝纫不缀，归操井臼，勤劳特甚。”正如清代《竹枝词》中所描绘的：“土家妇女善持家，日上东山夜积麻；莫笑姑娘年纪小，机床学织牡丹花。”

在婚姻关系上，土司时期，承“中古遗俗，父姬兄妇，配合自由”（《天下郡国利病书》湖广五·二）。这种自由婚配的婚姻关系并不十分牢固，已婚妇女悔婚、离婚者并不鲜见，且退婚、离婚并不十分困难，也不受歧视。据乾隆《鹤峰州志》记载：“旧日土民妇女，以夫家贫寒，或以口角细故，背夫逃回，而女家父兄不加训诫，以女为是，收留经年累月，纵其所为，甚至背义毁盟，妄称改嫁。”

据上可见，土司时期，虽然母系社会在历史长河中已渐渐远去，封建的个体家庭在土家族地区出现或存在较长时间，但是，以儒家文化为核心的封建礼教在这一地区尚未侵染社会的古朴遗风，“男女授受不亲”、“父母之命，媒妁之言”的礼教律条尚未成为束缚土家人婚姻的枷锁。原始时代的母权制遗风在这一地区还影响很大，土家妇女不但在生产生活中居重要地位，且在婚配中有一定自主权。青年男女多以歌相识，以歌传情，正如土家情歌中唱道的：“豆腐开浆靠石膏，纸糊灯笼靠篾条，新打木桶靠竹箍，土家成媒靠歌谣。”如彼此爱慕，只须得到梯玛（即土老师）许可，即可订婚，择日而娶，婚姻自由而简朴，新娘袖系红绿丝线，由其兄或弟背引至男家。这种以歌为媒的爱情婚姻，改土归流以后依然残存，在恩施土家族部分地方，至今还保留着过“女儿节”或赶“女儿会”的习俗，如建始、恩施交界的石灰窑，每年农历七月十二日，赶“女儿会”；恩施、利川毗邻的大山顶，每年农历五月初三和七月初九两天为“女儿节”。每到这一天，妇女不分老少，都穿戴打扮一新，相邀集会，或对歌舞蹈，或贸易想通，青年男女，结伴觅友，寻找意中情人，已婚男女，还可以同旧情人畅述恋情。这种“女儿会”实际上是一种原始母权制遗风的残留，用闻一多先生的话说，就是“人们对母权制时代的记忆还没随着悠久的时间渐渐消失，以致今天在人们头脑中仍难以抹去那时留下的印痕”。

三、以“同姓为婚”为特征的氏族外婚制残余

在汉族地区，人们早在春秋战国以前就已经认识到“同姓为婚”的生物学恶果，如《左传·僖公二十年》云：“男女同姓，其生不蕃。”并逐步形成了相应的禁忌观念和婚姻规则。

然而在元明清土司时期的土家族社会，却依然盛行“同姓为婚”的习俗。如“永顺土司彭世麒娶保靖土司彭祖胜之女为妻”（《明史·湖广土司》）。据忠洞土司《田氏族谱》和容美土司《田氏族谱》记载，忠洞土司田氏与容美土司田氏，在明末清初时，世代通婚，忠洞土司十三世田大丰、十四世田楚祯、十五世田桂方、十六世田雨公、十七世田光祖，他们的妻子均是容美田氏。容美土司田玄及长子田霈霖、次子田既霖的妻子又是忠洞土司田氏。长阳土家族《田氏族谱》亦载：“在三个支系的七代男性子嗣中，配偶为同姓的分别达百分之六十、百分之三十、百分之六十六。”另据酉阳《氏族谱》（民国乙丑年修）记载：重庆酉阳土司所属的大江里、小江里一带，地处八面山西麓，交通闭塞，改土归流前，不仅居于特权地位的土司享有“初夜权”，且直到清末民初，这里的土家族还有族内婚习俗。

此外，在一些史籍和地方志中还有许多关于土家族“同姓为婚”的记载，如乾隆《永顺县志》卷四载：“永顺隶楚极边，土人、汉人、苗民杂处。土人十分之四，汉人三分，苗民亦仅三分。汉人居此，俗与内地同。苗性悍野，贪而多疑，畜发垂髻，耳贯大环，出入佩刀携枪，祀青草鬼，忌带青草入室，刻竹为契，少不合即行劫杀，血誓为信，此苗俗也。土民柔儒，朴拙，淳直，惧官，怕讼。……稼穑之外，不事商贾。他若疾病不事医药，歌丧哭嫁，崇巫尚鬼，同姓为婚，嫁娶背负，男女溷杂，乃其俗之陋者。”[14]雍正《保靖县志》载：“同姓为婚，婚嫁不用轿，背负新人。”光绪《古丈坪厅志》卷十载：“土籍婚娶不禁同姓，以牛布五谷为聘娶……”[15]乾隆《鹤峰州志》亦载：“土司娶亲，不论同姓，或不凭婚约……”

上述是土司时期土家族同姓为婚的历史情况，由于地区间社会发展的程度不同，使得土家族的同姓为婚主要经历了以下几种形态：最初是五服以内的堂兄姊妹之间通婚，这是一种同姓血缘关系的近亲婚配，带有原始的同氏族成员为婚的性质。后来逐步发展成五服以外的同支为婚以及同宗或不同宗的同姓为婚，后两种同姓为婚的内涵与前者不同，它排除不同姓血缘关系的近亲婚配，是土家族进入封建社会以后，由于许多因素结合在一起而出现的氏族外婚制的残余。直到20世纪80年代，在巴东、长阳

等地的个别土家村落，还隐约可见这种同姓为婚的遗痕。据恩施自治州计划生育委员会1987年对15110名土家族已婚育龄近亲结婚的妇女的调查统计，堂兄姊妹通婚的约占0.53%[16]。

此外，土司时期土家族还实行“转房”、“填房”等收继婚制习俗。“转房”即兄死后，弟可娶其嫂；“填房”即妻死后，又续娶其妹。乾隆《永顺县志》卷四载：“永顺土民向来陋俗：每有兄纳弟妻，弟配兄嫂及婚娶同族兄弟伯叔妻之事，名曰转房，总因旧隶土司，不闻礼教所致。”[17]民国《永顺县志》亦载：土家“兄亡收嫂，弟亡收弟媳，谓之‘坐床’，或曰‘填房’。”长阳土家族也把“兄亡而弟就，或姊亡而妹填”视为族德。若夫死不满三年寡妇外嫁，男家将索取“棺材钱”、“供堂钱”、“包袱钱”等高额银两。土家族民间还有“姨姐姨妹半边妻，舅母子是各人（自己）的”的说法。这种“兄死弟娶寡嫂，弟丧兄纳弟妇”[18]之风，反映了普那路亚家庭姐妹共夫、兄弟共妻的一种婚姻关系，是原始社会晚期氏族内婚制的残余。它是把妇女作为家庭的一宗财产来看待，一旦丈夫死去，作为夫家的财产，寡妇不能任意改嫁，而必须留在夫家转嫁给夫之兄弟叔侄。

四、以“姑舅表婚”为特征的氏族外婚制残余

“姑舅表婚”又称族外婚，即“在婚姻上实行不同集团之间的婚配”[19]，是古代氏族外群婚向对偶婚过渡时保留下来的一种遗俗。土家族姑舅表婚的特点是舅家单方面的优先，在不禁止姑子娶舅女的同时，姑家女儿被认为生来就是舅家的媳妇。正如《客斋旧笔》卷十六所载：“姑舅之婚，他人娶之必贿男家，否则争甚则仇杀。”土家历来就有“姑家女，伸手取，舅舅要，隔河叫”之说。这在方志中多有记载，如乾隆《永顺府志》卷十一载：“查土司旧制，凡姑家之女必嫁舅氏之子，名曰：骨种，无论年之大小，竟有姑家之女年长十余岁，必待舅氏之子成立婚配……”[20]乾隆《永顺县志》卷四亦载：“永顺土人陋习，凡姊妹出嫁于人，所生外甥女长成，其母舅人等必索取骨种，或银钱布匹，或牲畜米谷，以餍其欲，然后许嫁。如或力不能备，必准算一女与母舅之子为婚，且不论男女年貌是否相当，以致多是男小女大，男大女小，不相正配者。”[21]嘉庆《龙山县志》卷七载：“嫁后生女将字人，舅氏必索取财物，然后许嫁。或力有不能，以一女嫁于舅子，诸女乃嫁，谓之‘还骨种’。”[22]光绪《古丈坪厅志》卷十载：“又古俗，生女先尽舅家定亲，有“舅家要，隔山叫”之语。女若别嫁，未归舅家，舅家要扛谷种钱云。”[23]长阳土家族把“姑舅表而联姻，是为族德也”。

另据利川忠孝土司《田氏族谱》记载，一世祖田耳毛，夫人覃氏；二世祖田敬，夫人覃氏；三世祖田子春，夫人谭氏；四世祖田英，夫人覃氏；五世祖田兴虎，夫人覃氏；六世祖田国，夫人覃氏；七世祖田自辅，夫人覃氏；八世祖田录，夫人覃氏；九世祖田永丰，夫人覃氏；十世祖田京，夫人牟氏；十一世祖田冒祚，夫人覃氏。由

此可见，忠孝土司田氏，共十一代，其中九代与施南土司覃氏通婚，这些都是姑舅表婚的典型。这种婚姻形式不但在土司时期十分盛行，在改土归流以后直至解放初期，土家族个别地方仍然时有发生。“据来凤卯洞社区1976年至1988年完婚夫妇的不完全统计，75对夫妇中，姑舅表婚占9.33%。”[24]

这种残存的“姑舅表婚”形式，是原始母权制下氏族外婚制的残余。因为在母权制下，人们认为姑姑和舅是同一氏族的成员，有着比自己丈夫更为亲近的血缘关系，表兄弟姐妹缔亲，有利于维持原有的亲属关系，故民间有所谓“出了青杠无好材，除了郎舅无好亲”的俗语。所谓“骨种”，亦即人种。舅家的姐妹出嫁，被认为是输出“骨种”，是血缘出借，因此，待姑家女儿长大成人后回嫁舅家，被理所当然地称为“还骨种”。对于舅舅所在的氏族来说，虽然在姑母出嫁时失去了一个女劳动力，但这个女劳动力却可以从下一代换回来。可见，土家族的姑舅表婚实质上是母权制向父权制过渡时，两个互为通婚的氏族互相斗争妥协的产物。它说明土家族社会历史的发展也和其他民族一样，经历了由母系氏族制阶段向父系氏族制社会的过渡。

五、以“抢婚”、“哭嫁”为特征的古代掠夺婚制残余

掠夺婚制，是“古代氏族部落外婚时期用武力手段俘获妇女的一种野蛮的强制婚姻形式”[25]。恩格斯指出：“群婚制是与蒙昧时代相适应的，对偶婚是与野蛮时代相适应的。”“随着对偶婚的产生，便开始出现抢劫和购买妇女的现象；这是发生了一个深刻得多的变化的普遍规律。”[26]我国著名民族学家陶立璠先生在《民族学概论》一书中也曾经指出：“抢婚在古代社会曾是一种普遍现象，这是一种很古老的婚姻形式。”[27]据考证，我国汉、苗、瑶、彝、傣、蒙古、土家、布依、纳西、景颇、鄂伦春、鄂温克等民族，历史上都曾先后流行过抢婚习俗[28]。

土司时期的土家族婚俗中，存在着一种象征性的“抢婚”遗俗。据宋代陆游《老学菴笔记》载：“辰、沅、靖州蛮……嫁娶先密约，乃伺女于路，劫缚以归，（女）亦争号求救，其实皆伪也。”另据杨昌鑫的《湘西土家风情》介绍，在湘西的凤凰、吉首等地的土家族中，曾较长时期地盛行一种象征性的“抢婚”遗俗。当某一土家寨子青年男子爱上另一土家寨子青年女子以后，事先约定婚期，新郎邀约本寨青年男子按期去女方寨子抢亲，沿途敲锣打鼓，举着灯笼火把奔向女方寨子，到了女家，抢得新娘后塞进花轿抬起就走，女家兄弟和族内亲戚则故意追赶阻拦，直到双方相持不下时，男方便给些钱财向女方求情。这种象征性的抢婚，虽然追者并非真心实意，而是有意识地将抢亲者和新娘一起放走，但寻根求源，显然是古代掠夺婚制的残余。

不仅如此，这种古代掠夺婚制残余我们还可以从土家婚礼中找到佐证。20世纪80年代，在湖北来凤、重庆秀山以及贵州沿河等地的土家婚俗中，盛行一种“拦门”仪式，即当男方迎亲队伍抬着花轿到了女方门前，女方拦门官用桌拦门，并先唱到：“手执鸳鸯一把凭，主东请我来拦门”。男方礼官也须用歌回答，若对答不上或反应

迟缓，男方须行“三茶六礼”方可进门，否者被拒之门外，露宿达旦。这种“拦门”仪式，实质上是对古代土家抢婚习俗的曲折反映。正如著名民族学家陶立璠先生所说：“闭门迎婿，或叫‘拒亲’，这是一种古代抢婚习俗的遗留，大多数情况下，表现为当男方家的娶亲队伍到达女方家时，女方家便将大门关起来，拒绝迎亲队伍进入家门。”[29]

掠夺婚姻必然引起女性的不满和反抗，于是，一种被认为最早起源于古代掠夺婚姻的哭嫁习俗也在土家婚俗中表现出来。土家婚俗中盛行一种女方出嫁“陪十姊妹”，男方娶亲“陪十弟兄”的婚仪。清乾隆时期的长阳土家族诗人彭秋潭在其《竹枝词》中写道：“十姊妹歌歌太悲，别娘顿足泪沾衣。宁山地近巫山峡，犹似巴娘唱竹枝。”并在其自注中写道：“长阳分散、德、宁三乡，资丘天池口皆宁乡，地去县城二百里，毗连容美土司，近归州巴东之界。居民与蛮家风俗略同。乾隆丙子（即乾隆二十一年，1756），余侍大人至其地。其嫁女上头日，择女儿九人，与女共十人为一席，谓之‘陪十姊妹’。是日，父母兄嫂，诸姑伯姊及九女，各抚女，执手牵衣以次而歌，女亦次酬之，曰‘十姊妹歌’。恋亲恩，伤离别，歌为曼声，甚哀，泪随声下，是‘竹枝’遗意也。其词有曰：‘长大成人要离别，别娘一去几时归。别离总有归来日，能得归来住几时。四川下来十八滩，滩滩望见峨眉山。峨眉山上般般有，只少芍药对牡丹。妹妹去，哥也伤心嫂伤心，门前一道清江水，妹来看娘莫怕深’，余不能记也。”[30]

由此可见，土家族十姊妹歌情感真切，悲凄动人，是对封建包办婚姻制度下妇女不幸遭遇的强烈控诉和揭露，如恩施土家族《哭爹娘》中直接把迎亲说为“抢”，“阿捏阿爸啊，再过像个时辰，我就要离开你们。人家就要把我抢走，女儿不再是爹娘的女儿，女儿成了人家的人了”。贵州印江土家族《哭上轿》中也这样唱道：“灯笼火把两边排，人家的轿子闯进来，灯笼火把两边分，人家的轿子闯进门。爹啊，娘啊，人家的轿子我不坐，坐在上面像刀割，人家的轿子我不上，人家的奴才我不当。”[31]这撕心裂肺、催人泪下的哭嫁歌词，是土家妇女血泪和怒火相交织的抗议之歌，亦是土家妇女日益淤积的抑郁悲痛情绪的总爆发。若追根溯源，它应该是母权向父权这一转折时期极为普遍的现象，也是女性对男权婚姻的一种最自然、最起码的反抗。由于母权制传统观念和习惯势力的作用，妇女的抵制反抗最初可能是激烈的，但随着时间的推移和父权的巩固，这种反抗被逐渐淡化，进而慢慢凝固为一种象征性的婚姻礼仪，即所谓“哭嫁习俗”。

六、结　语

综上所述，从土司时期土家族整个婚姻家庭制度所表现出来的现象和特点看，土家族的婚姻还在较大程度上受到血缘关系的支配，原始婚姻的残余还保留较多，尽管一夫一妻制的个体家庭已经建立，但旧的婚姻习惯仍然影响着人们的婚姻家庭和社会生活。这种现象产生和长期存在的根本原因，是由于当时土家族地区落后的生产力发展状况决定的，因为经济基础决定上层建筑，任何一种婚姻家庭形态都与一定的经济基础相适应，在当时生产工具简陋、生产方式原始、生产水平低下的社会状态下，尽管土家族这时已进入父权制家庭，但生产的客观需要使得这种家庭形式得不到进一步的发展和巩固，土家族妇女还必须同男子一样上山斧薪、下田薅草，不仅是家庭主妇，而且是男子生产劳动中的得力帮手。因此，妇女在社会生活中还保持着一定的权力和地位，这就客观上使母权制时代盛行的诸多遗俗顽强地保留并传承下来。同时，多山的自然环境以及汉族统治者长期推行的"蛮不出峒，汉不入境"的民族隔离政策，进一步加深了土家族地区的封闭性，从而禁锢制约了土家族社会正常的发展进程。这种封闭生活方式的长期延绵，使土家人形成一种安土重迁的民族心理。正如清代竹枝词描绘的："风无淫靡政无苛，鸡犬桑麻尽太和，问是桃源君信否，出山人少进山多。"这种恋故土、重别离的民族心态反映在婚姻形态上，一是使土家女性不愿意远嫁他乡，多在本乡及家族中寻找配偶；二是使整个土家族血缘观念牢固，对姓氏的延续格外重视，认为它不仅仅意味着整个家族的繁衍，而且意味着整个民族的生存和发展，因而他们视"同姓为婚""姑舅表婚"等为天经地义、亲上加亲，可以使夫妻关系更加和睦，婆媳关系更加融洽。可见，这一封闭的民族心态对土家族社会由母权制向父权制转变过程中起到了一定的延缓作用。

当然，从总体来看，土司时期，由于男子的统治地位在土家族婚姻和家庭生活的一切方面都已打上了烙印，并整个地决定着婚姻和家庭的性质，所以，土家族地婚姻制度正沿着巩固的一夫一妻制方向缓慢地发展。改土归流以后，随着封建化程度的不断加深，土家族地区才逐步实行与汉族相似的封建婚姻家庭制度。

注　释

[1] 恩格斯：《家庭、私有制和国家的起源》，人民出版社，2003年。

[2] 严汝娴：《中国少数民族婚姻家庭》，中国妇女出版社，1986年，第516页。

[3] 恩格斯：《家庭、私有制和国家的起源》，人民出版社，2003年。

[4] （清）洪际青等纂、嘉庆二十三年刻本：《龙山县志》卷十六《艺文下》；见湖南省少数民族古籍办公室主编：《湖南地方志少数民族史料》，岳麓书社，1991年，第236页。

[5] （清）陈天如等编、顾奎光纂、乾隆二十八年抄刻本：《永顺府志》卷十一《檄示》；见湖南省少数民族古籍办公室主编：《湖南地方志少数民族史料》，岳麓书社，1991年，第170、168页。

[6] （清）陈天如等编、顾奎光纂、乾隆二十八年抄刻本：《永顺府志》卷十《风俗》；见湖南省少数民族古籍办公室主编：《湖南地方志少数民族史料》，岳麓书社，1991年，第153页。

[7] （清）林继钦等编、袁祖绶纂、同治十年本：《保靖县志》卷十一《祥异志》；见湖南省少

数民族古籍办公室主编：《湖南地方志少数民族史料》，岳麓书社，1991年，第265、267页。

[8]　（清）陈天如等编、顾奎光纂、乾隆二十八年抄刻本：《永顺府志》卷十一《檄示》；见湖南省少数民族古籍办公室主编：《湖南地方志少数民族史料》，岳麓书社，1991年，第170、168页。

[9]　（清）黄得基等编、关天申纂、乾隆五十八年抄本：《永顺县志》卷四《风土志》；见湖南省少数民族古籍办公室主编：《湖南地方志少数民族史料》，岳麓书社，1991年，第212、209、210、212、211页。

[10]　（清）林继钦等编、袁祖绶纂、同治十年本：《保靖县志》卷十一《祥异志》；见湖南省少数民族古籍办公室主编：《湖南地方志少数民族史料》，岳麓书社，1991年，第265、267页。

[11]　（清）黄得基等编、关天申纂、乾隆五十八年抄本：《永顺县志》卷四《风土志》；见湖南省少数民族古籍办公室主编：《湖南地方志少数民族史料》，岳麓书社，1991年，第212、209、210、212、211页。

[12]　（清）董鸿勋撰、光绪三十三年铅印本：《古丈坪厅志》卷十《民族下》；见湖南省少数民族古籍办公室主编：《湖南地方志少数民族史料》，岳麓书社，1991年，第321、325、325页。

[13]　（清）林继钦等编、袁祖绶纂、同治十年本：《保靖县志》卷二《舆地志、建制沿革》；见湖南省少数民族古籍办公室主编：《湖南地方志少数民族史料》，岳麓书社，1991年，第251页。

[14]　（清）黄得基等编、关天申纂、乾隆五十八年抄本：《永顺县志》卷四《风土志》；见湖南省少数民族古籍办公室主编：《湖南地方志少数民族史料》，岳麓书社，1991年，第212、209、210、212、211页。

[15]　（清）董鸿勋撰、光绪三十三年铅印本：《古丈坪厅志》卷十《民族下》；见湖南省少数民族古籍办公室主编：《湖南地方志少数民族史料》，岳麓书社，1991年，第321、325、325页。

[16]　鄂西自治州计划生育委员会：《鄂西土家族婚育状况调查报告书》，1987年。

[17]　（清）黄得基等编、关天申纂、乾隆五十八年抄本：《永顺县志》卷四《风土志》；见湖南省少数民族古籍办公室主编：《湖南地方志少数民族史料》，岳麓书社，1991年，第212、209、210、212、211页。

[18]　据《后汉书》载：“父没则妻后母，兄亡则纳厘嫂。”

[19]　林耀华：《原始社会史》，中华书局，1981年。

[20]　（清）陈天如等编、顾奎光纂、乾隆二十八年抄刻本：《永顺府志》卷十一《檄示》；见湖南省少数民族古籍办公室主编：《湖南地方志少数民族史料》，岳麓书社，1991年，第170、168页。

[21]　（清）黄得基等编、关天申纂、乾隆五十八年抄本：《永顺县志》卷四《风土志》；见湖南

省少数民族古籍办公室主编：《湖南地方志少数民族史料》，岳麓书社，1991年，第212、209、210、212、211页。

[22] （清）洪际青等纂、嘉庆二十三年刻本：《龙山县志》卷七《风俗》；见湖南省少数民族古籍办公室主编：《湖南地方志少数民族史料》，岳麓书社，1991年，第232页。

[23] （清）董鸿勋撰、光绪三十三年铅印本：《古丈坪厅志》卷十《民族下》；见湖南省少数民族古籍办公室主编：《湖南地方志少数民族史料》，岳麓书社，1991年，第321、325、325页。

[24] 柏贵喜：《土家族传统文化的当代变迁》，《中南民族学院学报》1992年第6期，第65页。

[25] 乌丙安：《中国民俗学》，辽宁大学出版社，1992年，第220页。

[26] 《马克思恩格斯选集》第四卷，人民出版社，1972年，第71、43页。

[27] 陶立璠：《民族学概论》，中央民族学院出版社，1987年，第219、220页

[28] 黄运海：《土家族哭嫁习俗起源探讨》，《贵州民族研究》1992年第1期，第69、70页。

[29] 陶立璠：《民族学概论》，中央民族学院出版社，1987年，第219、220页。

[30] 沈阳：《土家族地区竹枝词三百首》，民族出版社，2003年，第73页。

[31] 黄运海：《土家族哭嫁习俗起源探讨》，《贵州民族研究》1992年第1期，第69、70页。

“金头和尚起义”考

——兼论黔渝边区土司的起源

莫代山

（长江师范学院）

摘要：“金头和尚起义”发生于南宋建炎年间，是荆楚王辟、郭守忠起义影响下发生在以南宋思州为中心的一次少数民族起义活动。“金头和尚起义”对渝东南和黔东北地区土司的形成具有深远影响，同时又是中央王朝在此地区“赶苗拓业”的开始。

关键词：“金头和尚”起义；考辨；影响

“金头和尚起义”在正史中没有记载，却广泛流传于黔东北思南、沿河、德江和重庆酉阳、秀山、黔江、彭水诸县田、何、冉、杨、安、李、张等姓氏的谱牒资料和传说故事中。明《思南府志》，清《续修酉阳州志稿》、《酉阳直隶州总志》，民国《沿河县志》、《贵州通志》以及新中国成立后各县县志中均有记载。但相关记载十分模糊和混乱，在起义发生时间、原因、地域和主角等方面存在着明显相悖的地方，由于资料缺乏，学界对此问题尚无讨论。

一、各种文献对起义的不同记载

1. 起义时间

“金头和尚起义”时间记载有四种：其一是隋大业年间（605～618）。出自沿河县《田氏宗谱》和民国《沿河县志·建置志》，内容为“隋末（617）陕西天鹅山白莲教金头和尚倡乱，调黔中刺史田宗显往征，兵至天鹅山与战，贼溃奔成都，追及复败走渝城，潜往小河，踵至漆地，建牙，访贼至石马，问住民何所，答以石马故庸州也。宗显以山水秀丽，土地肥沃，兼之城郭依然，迨贼受首，遂家焉”[1]；其二是北宋政和年间（1111～1118）。持此种说法的主要是贵州沿河、思南两县安氏和杜氏，在现已收集的多种《安氏族谱》和《杜氏族谱》中，均有相关记载。其中以贵州德江县安氏《昌后图书》记载最为详细；其三是南宋建炎年间（1127～1130）。在笔者收集的诸多资料中，黔东北张氏和渝东南冉氏、何氏、杨氏的各类谱牒均持这种说法，清《酉阳直隶州总志》、《续修酉阳州志稿》和嘉靖《思南府志》也分别引述民间传说将起义时间记为此，另外民国《贵州通志》也有类似记载；其四是元顺帝至正年间（1341～1368）。渝东南彭水县《张氏源流史》载其先祖张应隆事略曰：“元顺帝至正初年（1341）征剿古州苗夷金头和尚。又与思州宣抚田仁厚捕获主谋逆贼杨大忠，屡建功绩，升授奉训大夫，绍庆府同知。”[2]另《酉阳直隶州总志》引邑梅《杨氏谱》有“元至正间，杨浚、杨润弟兄以征金头和尚功，皆封卷帘大使”之语。

2. 起义的首领

“金头和尚”是谁，文献记载也各不相同。一种载为黔南妖僧任则天，《昌后图书》载曰：“金头妖僧，考姓仁，名则天。相传全身如金铁硬，失石难入，唯喉下有三寸肉耳，习有邪术，两腋能挟簸箕而飞。”并指明其身份“金头则天乃黔中之苗蛮草王也，其体坚硬，非箭矢所能入，因集黔中酋长作叛，自号任则天黄帝焉”[3]；第二种载为古州少数民族首领金魁，彭水县清光绪《何氏族谱》载曰：“宋端宗绍兴元年因南渡江时，有古夷名金魁，号金头和尚，于绍兴二年作叛为害，图王霸业，攻破思州一十大洞，古州一十八处。四海摇动，八方皆震。”[4]据廖耀南先生考证，宋代古州领域，为今贵州黎平西南和从江县北部[5]。因此金魁应是今黔东南苗族、侗族、瑶族等少数民族的首领；第三种载为古州少数民族首领杨大忠。彭水县《张氏源流史》记载：“张应隆，字瑞斋，龙泉坪长官司正长官，元顺帝至正初年，征剿古州苗彝金头和尚，又与思州宣抚田仁厚捕获主谋逆贼杨大忠，屡建功绩，升奉授训大夫绍庆路同知”。而嘉靖《思南府志》则记为“龙泉坪水特姜长官司张应隆，于顺帝至正间征古州彝金头和尚，与思州宣抚田仁厚捕获主谋逆贼，升授奉训大夫、绍庆路同知。”[6]第四种为陕西蓝田白莲教徒谢善育，这种观点主要来自民间传说，主要流传在酉阳县龚滩一带，目前尚有“铁围城”、“四方井”等地方风物传说。传说谢善育为反抗宋王朝的统治，先后转战川、陕及鄂、湘、黔等省。入川后，经过成都、泸州、重庆、涪州等地，再沿乌江而上，屯兵彭水、酉阳。

3. 起义涉及的范围

相对于起义时间和首领，各文献在起义所涉及的范围上却大致相同，即宋代的思州和古州（古州曾属思州）。如持“建炎年间说”的彭水县龙溪乡《何氏族谱》载金魁“攻破思州一十大洞，古州一十八处”，所指范围大致为今黔东北务川县、沿河县、印江县一带和重庆酉阳、秀山等县地以及黔东南黎平县、榕江县一带；持“隋大业说”的《田氏宗谱》载田宗显平定白莲教金头和尚后“浩封为国公节度使”，并镇管其平叛战争主战场“黔中思州一十八堡、沿河四十八渡”，并“世居石马，子孙世袭宣慰职，军民两管”[7]。依《田氏宗谱》所言，“石马”即故雍州，而雍州所辖范围大致为今渝东南酉阳县、黔江区和贵州省沿河县、德江县和务川县一带；持“北宋政和说”的《昌后图书》中，有“蛮兵大败，奔于思州三十六洞中”、“驱兵大进，袭取蛮王三十六洞”，剿灭任则天后“论功赏爵……又将黔中思唐设立宣慰府，命公次子安武抚镇蛮民。思州设立宣慰司，命怀远以抚边疆。蛮苗归服，黔中靖也”[8]的记载，所指的地域范围均为思州；持“元至正说”的《张氏源流史》所述先祖张应隆征剿古州“金头和尚”，捕获主谋杨大忠，随后升授绍庆路同知。元代绍庆路即为宋代黔州，管辖范围为今渝东南彭水县和黔江区，并领包括黔东北、黔东南在内的羁縻州49个，宋代思州和古州所辖范围也在其中。

4. 起义原因

起义原因方面有以下几种：一是宋代建炎年间，荆楚大旱，王辟等领导爆发农民起义，并沿重庆、四川一带流动，在此影响下，渝东南、黔东北一带的少数民族爆发起义。对此《酉阳直隶州总志》载曰：“建炎三年，叛贼金头和尚流劫思南及涪渝等州县，阎门宣赞舍人冉守忠，率酉阳诸寨獠夷助剿有功，授御前兵马使，仍命镇守酉阳，改寨为州，子孙世袭。《续州志》案：是时王辟乱，酉阳蛮群起应之，守忠与知思州田祐恭同征讨。”[9]；二是受白莲教影响爆发的少数民族起义。源自沿河《田氏宗谱》，其载曰：“陕西天鹅山白莲教金头和尚为乱，调宗显往征，兵至天鹅山与贼战，贼败奔四川、成都”[10]；三是少数民族不堪忍受统治者压迫而起义。此种说法来自民间传说，如酉阳县龚滩镇一带有“印堂岩”的传说，传说中酉阳知州仗势欺人，压迫老百姓，老百姓忍无可忍组织起义。另贵州省印江、思南县一带民间也有“金头和尚和簸箕云”的故事，也将起义原因归结为反抗压迫。

二、相关考辨

对“金头和尚起义”这一历史事件的具体细节，各种记载和传说矛盾之处十分明显。对于这些矛盾，同治《酉阳直隶州总志》曾有《元至正间金头和尚叛乱之误》予以考证，并认为酉阳《冉氏族谱》所载起义发生在南宋建炎年间是冉氏“子孙自述其先人之事，且系得官于酉之由，必有相传确据”。而《思南府志》所载元至正年间“不惟年代悬殊，事亦羌无故实矣”，且《思南府志》所载杨大忠既为贼首，又授奉训大夫“尤为自相矛盾”。从而认为此次起义应发生在宋绍兴年间[11]。但就本文来说，这一考证并不完善，因为其并没有考辨“隋大业说”、“北宋政和说”和“南宋建炎说”，且考证的内容仅限于起义年代，对起义发生的地理范围及主要原因都没有涉及，留下了巨大的历史疑团。那么“金头和尚”起义历史事实究竟如何？笔者认为：此次起义是南宋建炎年间开始至绍兴年间在湖北王辟、郭守忠起义影响下，以思州（辖今渝黔交界地区务川、沿河、印江、酉阳、秀山等县）为中心，苗族、侗族、土家族等众多少数民族先民联合爆发的一次反抗南宋政府统治的起义运动，“金头和尚”是少数民族首领，具体是谁，则不可考。

对于南宋建炎年间的王辟之乱，史书有许多记载，《宋史·高宗纪三》载为：“丁未，后军将王辟叛，陷归州，钤辖田祐恭击败之”，《建炎以来系年要录》卷三十五载为“后军将王辟复叛去，至是陷兴山县，遂破归州。辟不知地利，帅臣直龙图阁张上行檄本路兵马钤辖、中亮大夫、贵州防御使田祐恭率义兵以木弩射之，辟败去。祐恭，思州人也”。另《舆地纪胜》、《贵州通志》、《宋史·勾涛传》也有类似记载，可知是一史实。此次起义是在宋室南渡，长江以南持续动荡，“荆楚赤地数千里，至是以人为食”[12]的时代大背景下发生的。王辟起义军攻破归州后（今秭归、巴东县一带）对与之相连的渝东南地区产生了巨大影响，对此《田祐恭墓志》有载：“王辟寇归州，图入蜀，哨聚者众”[13]。

王辟起义与“金头和尚起义”之间关系，《续修酉阳州志稿》有明确记载：“是时王辟乱，酉阳蛮群起应之，守忠与知思州田祐恭同征讨。守忠独入酉，擒其贼首，境内以平。”[14]酉阳县《冉氏族谱》记载更为详细：“高宗建炎三年，王辟乱，劫思、务、涪、渝，下破归州，酉阳蛮起而相应，声势震动。田祐恭者，思南人，为蕃部长，微宗大观元年纳地为王民者也。朝命调其兵讨贼，而以公副之。时贼甚猖獗，又田祐恭军无纪律，部将苏选等淫掠不用命，故历建炎四年、绍兴元年，屡战未能克。”[15]嘉靖《思南府志》则载为：“建炎二年，剧贼王辟等破归州，将拔瞿塘，蜀将调思州田氏兵讨之，大败贼众，保安蜀境，玺书嘉劳，自此田氏为思州守。”[16]

对于此次以田祐恭和冉守忠为首进行的征剿活动，不仅持“南宋建炎说”的《冉氏族谱》有载，持“隋大业说”、“北宋政和说”和“元至正说”的田氏、安氏、何氏、张氏等姓氏的族谱中也有详细记载。虽然有些姓氏未将征剿对象直接载为“金头和尚”，但在细节上却与《冉氏族谱》和《思南府志》、《增修酉阳直隶州总志》等一致，如彭水龙溪乡《何氏族谱》载为：“南渡时，有古夷名金魁，号金头和尚，于绍兴二年作叛为害……我祖何理讫及九男招募壮士勇卒，于四川驷马桥训练。朝廷大动天下之兵，何理讫同叔何德坤及九男将所集人马三千八，会同张、杨、安、邵、李、何、冉、谢、朱、覃等十大姓，统领杂姓能将四十八员，雄兵一万八千七百人马，奉命入黔。惟有田氏官职居尊，我祖受领换（总）兵之职。”[17]《张氏源流史》载为：“宋高宗南渡，中原鼎沸，黔中思州彝把苗崇范纠合冉万花等作乱，骚动川东，恢祖乃三秦望族……奉祐恭命统领土汉军兵、大行征剿思州三十六洞蛮苗，龙泉等处地方，克服班师，行次彭水，恢祖偶疾，思州苗蛮闻之，纠众复判……恢祖整师，深捣巢穴擒其魁首”[18]等。可见，这些姓氏的先祖都曾同田祐恭一起征讨过少数民族起义，差别在于征讨对象、在征讨大军中的地位各自记载不一致。那么要追寻事实的真相，就可以从征讨主帅田祐恭的历史经历来得出答案。现有记载田祐恭事迹最详细资料来自《田氏宗谱·少师公家谱原序》（黔南）和《田祐恭墓志铭》。前者是田祐恭晚年为族谱所作之序，后者是田祐恭同时代官员，夔州路提刑、提举事、黔州别驾于观所书之墓志铭，均具有较大的可信度。在田祐恭所书之《少师公家谱原序》中有“想予生平一十七征，讨贼平凶，活万姓将焚之骨，开疆拓土，控东南半壁之天”之言，而《田祐恭墓志铭》则详细记述了田祐恭的征剿功绩（表一）。

表一　田祐恭征剿功绩表

年代、年号	军功	年代、年号	军功
不详	救靖州	政和七年	遏杨维聪之暴
元符二年	善斡蛊	政和八年	救石泉军
政和二年	收冉万花	政和八年	退戎兵
政和五年	解梅岭堡之围	建炎二年	收王辟
政和五年	讨晏州贼	建炎二年	破桑仲、郭希叛
政和六年	安播州	绍兴三年	御金朝兵

这些军事活动中，在征剿对象上并没有安氏《昌后图书》所载“北宋政和说”中的任则天，也没有《何氏族谱》所载的古州金魁，说明这两者的记载有误差。而《宋史》、《建炎以来系年要录》、《舆地纪胜》等史料均有田祐恭统兵破王辟的记载，则可以佐证“南宋建炎说”。

那么“隋大业说”为什么不能成立呢？首先，此说将起义记为“白莲教金头和尚倡乱”，而学术界普遍观点认为，虽然白莲教与源自汉代的佛教净土信仰及摩尼教有密切联系，但白莲教作为一种宗教组织是在元代以后才有的，因此隋大业年间不可能有白莲教倡乱。另将起义载为白莲教倡乱的《田氏宗谱》中分别有“我祖宗显见谕启奏，即封为帅出征，祖令杨通表、冉奇高，随征统领张、杨、安、邵、李、何、冉、谢、朱、覃十大姓军民，克日兴师，辞王征讨”、“至四世克昌祖．因十大姓同祖征剿金头和尚，开辟黔中，末得同受封赏，况昔铜钟记云，十大姓同开辟，至伏波接南图，若有一人不服，尽行刮灭”[19]的记载。田宗显是《田氏宗谱》所载入黔一世祖，生于梁文帝天嘉三年（562），卒于唐贞观七年（633），其第四世孙田克昌生于唐高宗显庆五年（660），卒于唐玄宗开元二十年（733），二人并没有生活在同一时代过，不可能同时征讨金头和尚。另外，《田氏宗谱》所载的田宗显于隋大业二年统领十大姓征讨金头和尚这一细节，与《何氏族谱》所记载的北宋南渡时“会同张、杨、安、邵、李、何、冉、谢、朱、覃等十大姓”征剿金头和尚完全一致。此次征剿是张氏入黔并落籍的开始，此后子孙绵延记载有序，何氏族人绝不可能将自己家族的历史和功绩推后将近500年来进行记述。因此，“隋大业说”必定有误。

至于“元至正说”，该说主要出自《张氏源流史》，依族谱所言，张应隆“征剿古州苗彝金头和尚，又与思州宣抚田仁厚捕获主谋逆贼杨大忠”，但《田氏宗谱》中虽有“古州八万苗夷叛逆”，田仁厚“命部僚张应隆、应铭弟兄领兵功之，有功，保任应铭授武功承接郎，应隆任沿边溪洞军”的记载，但并没有指出此次征剿对象是“金头和尚”。另外《张氏族谱》载“捕获主谋逆贼杨大忠，屡建功绩，升授奉训大夫，绍庆府同知”，但《思南府志》却载有杨大忠为水德江副长官杨昌沮之子，于元至正四年录父功（剿金头和尚）授武毅将军思南道宣慰司都元帅副使，二者具有明显矛盾。此说也不可信。

既然征剿“金头和尚”发生在南宋建炎年间，为什么各中谱牒记载会出现如此大的差异，即使征剿主帅田氏在族谱中的记载也存在明显错误呢？笔者认为，可有两种解释：一是各姓氏后裔将少数民族起义首领概称为“金头和尚”。但此解释较勉强，因为不能解释为何宋元时期本地区其他少数民族起义首领没有这种称呼；二是在长期的土司统治中，各土司为了强调自身统治的合法性和正统性而刻意为之。征剿“金头和尚”后，唯有田氏、冉氏等少数姓氏被南宋王朝封授，在随后不断清剿少数民族过程中，“十大姓”中的其他姓氏纷纷立功，被授予各种名号的官职，到土司时期，渝东南和黔东北地区分别被“十大姓”中的张氏、安氏、冉氏、何氏、杨氏和田氏土司统治，这些土司在取得统治地位后，在长期历史发展中曾发生过大量错综复杂的争斗，其中许多为领土的争夺。如本文所列之何氏，据《黔江县志》记载在镇压金头和尚起义后被敕封为京洞知州，领地在今黔江区和酉阳县交接马喇、金洞一带，与酉阳土司毗邻，世代承袭。但到明代永乐十七年（1419），京洞土司何应乾在与酉阳冉兴邦土司在恶狗潭之战中大败被灭[20]。元至正八年（1349），思南安抚使田慎南自持强大，以卒万余压境酉阳，以图“夺州治小河五堆之地”；酉阳龚滩，原本是思南府水德江长官司张氏管辖，明代弘治年间，被酉阳司抢占，“将龚滩设立抽分，有过往花盐船只，抽取税银，每年获利数万”[21]，等等。在此“彼此杀掠，习以为常”[22]的情况下，各姓氏需要强调自身统治的合法性，而思州设置于田祐恭镇压“金头和尚”起义后，因此各姓氏将自己统治肇始说成是征剿“金头和尚”也就是可以理解的事了。至于田氏，《田氏宗谱·少师公家谱原序》载在隋代“陟巴峡，绝志宦游，从事商贾，遂卜筑思州”从而成为地方蛮酋，至建炎年间田祐恭才“始置思州”、“世有其土”，田氏子孙将镇压起义时间记为隋大业年间，可以夸其祖宗，使其正统性和合法性向前推进500年。

三、起义产生的深远影响

1. 对渝黔边区土司的产生影响深远

在镇压南宋建炎年间发生的此次少数民族起义中，大量原籍夔州、泸州、城都等地兵士随田祐恭一同征剿。在此后宋、元、明几代不断清剿少数民族过程中，为实现羁縻统治，一些姓氏先后被封授为“知州”、“知寨”、“同知”，并赐给“元帅”、“武功大夫”、“亚中大夫”、“将军”等虚衔。这些姓氏留在思州地域内“永守此土”、“镇抚蛮民”，成为这一地区实际上的统治者，到土司制度时期逐渐发展成为各大小土司。以《田氏族谱》、《冉氏族谱》、《何氏族谱》中都曾有记载的“十大姓”

为例，据笔者统计，明代时期张氏领有沿河祐溪长官司、水德江正长官司、印江长官司，杨氏领有古州长官司、水德江副长官、安化土百户，安氏领有蛮夷长官司，李氏领有蛮夷副长官，冉氏领有酉阳宣慰司、沿河祐溪副长官司，田氏领有思州宣慰司、思南宣慰司、婺川县土知县、郎溪长官司，何氏领有京洞知州等。因此，此次起义对后世渝东南和黔东北土司的产生具有重要影响。

2. 渝黔边区“赶苗拓业”之肇始

“赶苗拓业”在湘鄂渝黔交界地区的各种方志、族谱和碑刻中又叫“赶苗夺业”或“赶苗图业”，东人达教授将其解释为“剿杀、驱赶原住民，由屯住的官兵、土司、移民重新开拓家业”，其“首倡于开国皇帝朱元璋，贯穿于整个明王朝统治时期，并延续到清朝”[23]。但笔者认为，自南宋“金头和尚”起义开始，渝黔边区就已经开始进行“赶苗拓业”了。在镇压“金头和尚”起义中，随田祐恭进入思州的人员数量极为庞大，《何氏族谱》载为“所集人马三千八，会同张、杨、安、邵、李、何、冉、谢、朱、覃等十大姓，统领杂姓能将四十八员，雄兵一万八千七百人马。”《冉氏族谱》载为“聚姓九十余族”。这些族姓之所以如此踊跃征剿原因在于“朝廷前有金人作乱，后有夷氛之患。大诏晓谕天下，有能除患者，即与以地土之赐”[24]。《明史·贵州土司传》也载有元明思州、思南田氏土司是在宋田祐恭之后才“世有其土”。镇压起义后，这些从夔州等地迁来族姓不断以“平蛮夷”、“平苗乱”、“戡乱”为由抢占土地，在宋元年间持续发动了对少数民族的清剿，著名的事件如清剿“思州三十六洞”、“九溪十八洞”、“郎水四十七寨”、“三十洞九十九寨”、“古州八万苗夷”等，并最终成为此地区主导社会力量。

注 释

［1］（民国）杨化育修、覃梦松纂：《沿河县志·建置》，民国二十二年（1933）版。

［2］《张氏源流史·张应隆将军事略转抄》，现藏彭水县档案馆，2002年。

［3］《昌后图书》，转摘自《川东南少数民族史料辑》，四川民族出版社，1995年，第435页。

［4］《何氏族谱》，转摘自《川东南少数民族史料辑》，四川民族出版社，1995年，第335页。

［5］廖耀南：《古州考略》，《贵州民族研究》1980年第3期。

［6］嘉靖《思南府志》，思南县志编纂委员会点校本，2002年，第220页。

［7］《田氏宗谱》，转摘自《川东南少数民族史料辑》，四川民族出版社，1995年，第378页。

［8］《昌后图书》，转摘自《川东南少数民族史料辑》，四川民族出版社，1995年，第473页。

［9］（同治）冯世瀛、冉崇文等编纂：《增修酉阳真隶州总志》，酉阳县档案局整理、巴蜀书社，2009年，第351页。

［10］《田氏宗谱》，转摘自《川东南少数民族史料辑》，四川民族出版社，1995年，第378页。

［11］（同治）冯世瀛、冉崇文等编纂：《增修酉阳直隶州总志》，酉阳县档案局整理、巴蜀书社，2009年，第617、618页。

［12］民国《贵州通志·卷一·本纪》，1998年点校本，贵州人民出版社，2001年，第367页。

[13] 嘉靖《思南府志》，思南县志编纂委员会点校本，2002本，第207页。
[14] （同治）章秋涛纂：《续修酉阳州总志·附记》，现藏酉阳县档案局。
[15] （同治）冉崇文总纂：《冉氏家谱》，现藏酉阳县图书馆。
[16] 嘉靖《思南府志》，思南县志编纂委员会点校本，2002本，第214页。
[17] 《何氏族谱》，转摘自《川东南少数民族史料辑》，四川民族出版社，1995年，第335页。
[18] 《张氏源流史·张应隆将军事略转抄》，现藏彭水县档案馆，2002年。
[19] 《田氏宗谱》，转摘自《川东南少数民族史料辑》，四川民族出版社，1995年，第377、378页。
[20] 黔江县志编纂委员会：《黔江县志》，中国社会出版社，1994年，第55页。
[21] 嘉靖《思南府志》，思南县志编纂委员会点校本，2002年，第220页。
[22] 鹤峰县史志办编：《湖广总督迈柱奏·朱批谕旨》，《容美土司史料汇编》，1984年。
[23] 东人达：《明清赶苗拓业探究》，《贵州民族研究》2006年第6期。
[24] （同治）冉崇文总纂：《冉氏崇谱》，现藏酉阳县图书馆。

明清时期武陵地区容美土司与朝廷交往策略研究

赵秀丽

（三峡大学民族学院）

摘要：明清时期土家族与中央朝廷保持良好关系，离不开土司对中央地方关系的悉心经营。以容美土司为例，武陵地区土司利用朝贡、特产投上所好，利用军功表达忠心、体现重要性，利用金钱开道、辅之以文学交友，成功结交皇帝和各级官员，创造良好的发展环境，从而实现本民族的大发展。一旦土司丧失与皇帝、高级官员的私人情谊这种纽带关系，生存环境势必恶化，危及自身统治。

关键词：容美土司；交往策略；中央地方；官际关系

目前学术界关于明清时期容美土司与朝廷的成果相对较少，主要集中在土司与朝廷的经济交往（朝贡贸易）、军事征调（参与朝廷军事调度）、改土归流事件三大领域，却较少注意到武陵地区土司与朝廷各级官员的交往互动。

改土归流前，明清统治者对少数民族聚居区实行土司制度，任命地方首领为中央王朝的地方官，"假我爵禄，宠之名号"，"各君其君，各子其子"[1]，实行世袭统治。土司制度实际上是一种羁縻制度，土司只有与中央朝廷保持良好的关系，其统治合法性才能得到确立和巩固。土司的承袭制度虽为封建世袭制，"所设宣慰、知州、长官，不问贤愚，总属世职"[2]，但朝廷对土司的承袭办法、手续作了严格的规定："土官承袭，务要验封司委官体勘，别无争袭之人，明白取具宗支图本，并官吏人等结状，呈部具奏，照例承袭。移付选司附选，司勋贴黄，考功附写行止。类行到任，见到者，关给札付，颁结诰敕。"[3]土司"承袭须奉朝命，虽在万里外，皆赴阙受职"[4]，只有亲自到京城接受朝廷册封后，方取得对土民统治的合法权。

明清统治者采取的土司制度使得散布于全国各地的少数民族聚居地首领的身份和权力具有双重属性。一方面他们是朝廷正式任命的官员，世代定居此地代表中央政权统治辖区内的少数民族，具有政治、经济、军事、文化等绝对统治权，是至高无上的土皇帝，地位尊崇，权力无边；另一方面，他们在中央朝廷眼中是尚未开化的野蛮人，以夷制夷的工具，中原地区官僚体制内各级官员拥有强烈的优越感，对之产生蔑视、轻视心理，不愿意正眼相看。土司在朝廷命官那边不得不委曲求全，阿谀奉承，竭力营造良好的官场氛围与人际关系，借助朝廷势力打压、影响、控制更多的少数民族集聚地，扩大自己统治的疆域版图。

武陵地区的土司具有其他地区土司不同之处，土家族不像苗族那样经常反叛滋事，也不像蒙古族、藏族和满族那样对中原地区虎视眈眈，时时做出侵边之举。土家族是中国众多少数民族中汉化程度最高、与中原地区关系最好的少数民族之一，其对朝廷忠贞、顺从是这一民族的鲜明特色。笔者认为这一局面的形成，除了与武林山区土家族的地理环境、文化环境、中央朝廷的民族政策息息相关外，还与土家族诸位土司制定、执行的中央地方政策密切相关。

容美田氏土司是武陵地区土家族诸土司中最积极热心学习汉文化，也是汉文化水平最高的土司之一，容美土司除了增强对容美地区的社会控制力[5]，文武并重来维护统治[6]外，他们在人际交往中用心经营，特别是与朝廷官员的交往充满智慧与策略，从而为自己创造了一个良好的外在发展环境。笔者拟以容美田氏土司为个案，从官际交往的视角来探讨武陵地区土司与中央朝廷的互动交往。

一、容美土司与中央朝廷的交往情况

容美土司与朝廷的关系属于典型的下级对上级的关系，朝廷选择土司作为自己在民族地区统治的代理人，最希望土司能忠诚地拥护中央集权，拥戴皇帝统治，听从朝廷调令，满足朝廷各项需求。土司作为下属只有表现出尊崇、忠贞、诚信、孝义、顺从，绝无反心，方能赢得皇帝和朝廷的信任。容美土司非常注重使用隐蔽、灵活的政治权术来达到自己的政治目的。他们在与中央朝廷的交往过程中，率领骁勇善战的土司军队始终效忠朝廷，随时听候调遣，南征北战毫无怨言，深得皇帝欢心与赏识。容美土司巧妙地借势，通过自上而下的权威来实现了自己扩张版图、称雄鄂西诸位土司的目的，实现自己利益的最大化，一跃成为明清时期武陵地区实力最强的土司。

容美土司主要从三个层面加强、改善与中央朝廷的关系。

第一，利用朝贡保持与中央朝廷持久的交流，密切关注上位者的喜好，投其所好。

明清时期中央朝廷与少数民族地区的经济往来主要通过朝贡和回赐进行，有明一代武陵地区土家族宣抚司及下属诸长官司与朝廷的进贡及回赐一直没有间断，这种持久交流使得身处穷乡僻壤的土司对朝廷的喜好需求有所了解。容美土司为了拉拢与中央朝廷的关系，上贡贡品特别用心，投上所好，投其所需。例如明宪宗生母周太后信佛，“湖广容美宣抚司、龙潭安抚司、木册长官司并水尽源通塔坪长官司，各遣峒长、把事、舍人等进香”[7]。湖广诸土司立即将传统的贡马备边改为贡香，以博太后欢心。

嘉靖年间世宗迷信道教，日日斋醮，整个皇宫云雾缭绕，香料和蜡烛作为道教仪式最主要的用品，耗费无数，礼部入不敷出现象严重。容美土司田世爵在本地区不产香料的情况下，主动向皇帝“遣使进香”[8]，实在是讨好皇帝的明智之举。他还敏锐抓住明世宗对生父兴王朱佑杬的陵墓——显陵和兴王府的重视，当钟祥县升为承天府，建筑都以帝王规格加以重新营建和维修，急需大量珍贵木材时，主动向朝廷“献大木五十根，备承天工所应用”。世宗大喜，“诏赐银二十两，彩缎二表里奖之”[9]。容美土司为了赢得皇帝的欢心和宠信，竭力奉承巴结，吹捧讨好，将谄媚之术发挥到极致。而皇帝与朝廷也心领神会，对之另眼相待。

容美土司妥善处理与皇帝的关系，十分注重表达对朝廷的忠心。田既霖在大清定鼎七八年后，率领部将臣服清朝，清政府对此举动大加赞赏，先后晋授容美等处军民宣慰使司，宣慰使加少傅兼太子太傅，赐蟒玉带正一品服色。不料吴三桂反叛时容美亦叛清，康熙十八年司主田舜年又反戈投清。容美朝降暮叛的行为引起清廷的质疑，皇帝、官员都怀疑其投诚真伪。田舜年为了容美的中兴，努力构建良好的外部环境，把获取清帝信任作为首要任务，一方面，他率领容美精兵“多次奉檄从征，著有劳绩”，用果断的军事实践表明忠心；另一方面，他又向皇帝奉上《披陈忠赤疏》，用声情并茂的文字表明忠心，并阐明容美地理位置的重要性，提出加官晋爵的请求。康熙对他印象深刻，颁给了宣慰印信，“晋太傅左都督”。康熙二十八年田舜年再次呈上《奏请陛见》一摺，请求进京面见圣主。清朝建立后，改变了明朝进贡办法，没有土司面见皇帝的先例，但田舜年的积极主动打动了康熙，皇帝不顾兵部的反对，钦准“田舜年来京朝见”[10]。田舜年在第二年腊月百顺桥落成之机，将进京朝见康熙皇帝的详细经过撰刻在《百顺桥》碑文中，以志不朽。

第二，主动参加朝廷的军事征调活动，充分发挥容美精兵对朝廷的军事辅佐功能。

朝廷允许土司全权管辖司内各项事务，对土兵人数未加限制，但要求朝廷有事时，土司需率领土兵自备武器和粮草进行增援，听从朝廷的军事调令。容美土司在这一关键问题上非常主动积极，随时听候差遣，曾多次追随朝廷参加多种战役，毫无怨言。嘉靖三十五年春容美土司田世爵奉调率兵随总督胡宗宪至福建前线抗倭，继又往浙江黄家山抗倭，“官军追及之于三江民舍，连战，斩首二百级。复追至黄家山，尽歼之”[11]。八月又追随官军“进剿海寇徐海等于梁庄，大破平之”，从而使得“浙直倭寇悉平”[12]。八十多岁还辅佐其子率兵抗倭，八十三岁卒于芜湖军营之中，真可谓鞠躬尽瘁，死而后已。其子田九霄“学问渊赡”，“兼有文武之资”，随父出征抗倭，战功卓著，其所领之土兵被誉为“容美精兵，悍甲诸部”，因抗倭立功诏赐红纻衣一袭[13]。

精兵强将是土司最重要的军事、政治资本，在战乱频发的明代中后期，随着中央朝廷对地方控制力的削弱，不少土司都心存私心，欲保留实力，不乐意听从朝廷的调令。但容美土司始终对出征作战保持高度热情，对朝廷的诏令不折不扣坚决执行，积极建立军功，利用军功展示自己的势力，强调突出自己的重要性和忠心所在，进而谋求朝廷的重用，加官晋爵。例如嘉靖年间抗倭，出兵千余；隆庆年间平金峒之乱，出精兵三千。

容美土司并不局限于被动等候朝廷的调令，他们还主动请缨平叛。天启年间川黔蛮之乱，尽管容美归湖广总督管辖，司主田楚产却主动向四川巡抚朱燮元提出“自任荆庐之间，括饷以给”，率兵赴川黔“平乱”[14]。崇祯十二年李自成、张献忠农民军起义，朝廷对土司的影响力式微，“即土司征调不至，亦不能问矣！”[15]在这种诸土司不愿为朝廷效力、排忧解难的特殊时期，田玄再次主动请缨，“捐行粮战马，立遣土兵七千，令副长官陈一圣等将之前行”[16]。容美土司在为主解忧、为国尽忠的军事征调活动中态度良好，深受皇帝赏识，嘉奖不断。

第三，容美土司主动接交各级官员，营造良好的官场氛围，确保信息渠道畅通无阻。

武陵地区的土司作为朝廷官员的一分子，因身处穷乡僻壤不受重视，加上其少数民族身份容易被汉族官员打上野蛮人、非我族类的标签，若不善于使用权术谋略，很容易招致汉族官员的排斥、敌视与打压，难以融入汉族官员群体。容美土司却非常注重官际关系的经营，田世爵“天性轻财，重结交，与荆州藩、道、府，无不密契，无岁不出，出必经年累月始回”[17]。容美土司除联络藩、道、府衙官员外，还把重点放在朝廷上面，采取各种方式，通过各种渠道，与汉族各级官员、士绅阶层往来，交情匪浅。

容美土司经营官际关系讲究方法和效果，对不同的人采用不同的策略。例如嘉靖年间倭寇大举入侵，严重危害沿海地区居民的生命财产安全，由于朝廷官军战斗力较弱，总督胡宗宪最需要英勇善战的士兵冲锋陷阵，奋勇杀敌。容美土司田世爵与田九霄率容美精兵追随胡宗宪领兵杀贼，战功显赫，深得胡喜爱。当田世爵病逝芜湖后，胡宗宪立即为田九霄请命“袭容美宣抚使职”。皇帝“嘉其忠贞，特封其父秀为宣武将军，母覃氏为恭人；并公已身为宣武将军，妻覃氏为恭人，诰命各一道”[18]。田九霄“均辞不受”。第二次抗倭结束后，胡宗宪以田九霄功高，给予赏厚，“张筵饯送”，并赐犒军银一万七千两，田九霄坚辞不受，他说：“土人效力疆场，犬马微劳，分所宜也，不敢受赏，但朝廷能念累世边臣，赐复洪武初年军民宣慰旧职，俾祖宗蒙德，子孙荷荣，于愿足矣。”[19]他将银封贮于嘉兴府库。容美土司只求荣誉官职不贪经济利益的做法非常高明，充分体现了其实用性、功利性目的。朱明王朝对于土司的职衔，以宣慰最高，宣抚次之。容美土司自洪武初年从没有被授过“宣慰”之职，嘉靖三十五年世宗虽明确表示“仍复祖职”，却只是应付之词。田九霄再次重提此事，并将朝廷赏赐的巨额财物奉还朝廷，朝廷官员交口称赞，纷纷加入其阵营，总督胡宗宪“交疏题荐，奉旨行勘”，“督抚军门，交疏题奏，兵部、湖广两院三司查勘，奉旨铸给宣慰印信”。可惜天不假年，印信还未送到，田九霄就英年早逝，宣慰一职再次泡汤。但透过此事从侧面反映了容美土司活动能量之巨大，站在其阵营人数之多。

容美土司与上级官员相处一般遵循急长官之所急、想长官之所想的原则，成效显著。例如田楚产当政期间，特意施铜一千斤，在四川保宁府南部县观音矶文昌祠铸造观音大士佛像和韦驮佛像各一尊，派遣和尚宫元赠送给施州卫军民指挥使司。

此前容美土司通过与中央朝廷建立紧密而良好的关系，为自己振军强兵，向外扩张创造了良好的条件。根据《长阳县志·关隘》的记载，“明设巡检三员，奏拨额数弓兵以守关隘。土蛮不许出境，汉人不许入峒。天启元年，（容美）土司侵边，菩提隘巡检兵寡难御，遂退扎渔洋关。至七年，裁渔洋关巡检，而土蛮出没抄掳，愈不可制矣”[20]。容美土司卓越的军功使其受到朝廷的优待，他们又不惜重金买通周边的汉族镇守官员，疏通关节，建立友善关系，地方政府和上级官员对他们蚕食鲸吞周边地带，扩大影响力的行为睁只眼闭只眼，不加干涉。直隶归州长阳县下原有长毛关、百年关、渔洋关及菩提隘四处关口，但随着容美土司的不断扩边、侵边，朝廷最终放弃了菩提隘和渔洋关两处巡检，长阳菩提寨和长茅司管辖的约一千平方千米左右的土地与人口全部纳入容美土司管辖范围之内。

容美土司派出心腹活跃于各级政府部门，定点办公，打探消息。例如田旻如安排在省城“结交衙门胥役，为伊主打点公事”的舍把唐遇世被总督衙门查获，并交按察司严拿究审，据唐遇世交代，有布政司兵房周士元、方思义为之通信，督院稿房换班书办黄堂做稿申辩。为此，署理湖北巡抚印务布政使徐鼎、湖广总督迈柱分别于雍正七年七月二十二日、七月二十七日上奏皇帝，弹劾田旻如派土吏携空白印纸到省城活动，买通衙门下吏打探消息，一有不利土司之事，随时填写公文呈辩，严重违法舞弊[21]。雍正连作两次朱批：“此事发摘奸伏，得情理之当办理，甚属可嘉，朕欣悦览焉。”各土司在总督府和各级衙门安插耳目，打探消息，为己办事，已是人所共知的事实，雍正曾面谕过迈柱：“楚省土司各衙门皆有人与伊传递信息，凡事务须留心办理，钦此。”[22]雍正九年二月当湖广总督迈柱将矛头直接对准容美土司田旻如时，雍正专门下圣旨叮嘱：“凡事慎重要紧……土司闻及，有伊等耳目在督抚左右，当防。而一切事缜密料理。”[23]通过雍正嘱咐迈柱慎重从事，特别要注意土司“耳目”，可知容美土司在官员身边置放的耳目何等活跃。雍正六年六月雍正派官员前往容美宣布谕令时，湖广总督迈柱向皇帝推荐荆南道高起，原因有二，一是“遴员前往，又恐微员贤愚不等，或有贪利濡染之弊”，二是高起“居官廉谨，自惜颜回”[24]。此则材料透露了一个重要信息，一般官员或与容美土司交好，或容易为利打动，“贪利濡染”，走漏朝廷消息，或者为其收买，替其说话，不能反映容美的真实情况，皇帝专门选派洁身自好的新官员去容美，从侧面反映了原来与容美土司打交道的官员都与其交好的现实。

二、容美田氏土司与朝廷官员的交往策略

在君主专制和官僚政治的条件下，土司只有通过君主和上司的赏识和恩赐，才能获得更多的权力和权位。容美田氏土司深谙为官之道，在与朝廷和汉族官员的相处中，关系处理相对较好，成为武陵地区土司中的佼佼者。

综览容美土司与中央地方各级官员的关系，可以发现，他们并不单纯靠阿谀奉承来实现自己的政治追求与目的。容美土司是少数民族，土家族的豪爽、淳朴与真挚之风在他们身上得到鲜明体现。同一般土司注重结交军旅友人、依靠金钱贿赂打点关系

相比，容美土司较高的汉文化水平和文学素养使得他们在与中原地区朝廷各级官员的交往中充满独特的交往艺术，通过各种公关，与官员建立深厚的私人情谊，营建良好的外在发展氛围。

第一，主动拜会、结交路过容美地区的官员，扩大交友面。例如陈元勋曾以军功授广东高州府游击，升广东参将，又升贵州都督同知管定远营副将事，容美田氏土司以军功见长，应该与之有一定交集，因而在陈元勋路过崇阳召见时，立即送上诗歌《陈明府元勋召自崇阳却寄》联络感情，也让对方印象非常深刻。当刘秉三前往云南主持考试，途经旧治所松滋时，容美土司立即献上《刘秉三民部典试云南过其旧治松滋赋赠十韵》"甘棠日以茂，旧泽日以芳，清时重文教，持衡择循良。治行兼词赋，班范而龚黄，全才天下少，朱芾应煌煌。兰弩驱属吏，边衣缀讲堂，行看大铁网，珊瑚十尺长。"[25]不遗余力赞誉其文章与治理教化之功。容美田氏土司对于途经此地及邻近地区的官员，无论官职大小，一一盛情款待，并通过文学诗歌作品传情达意，从物质和精神两个层面给予优待，容易为对方留下美好的深刻印象。

第二，官员进京朝觐时及时通气。通过《华容周明府入觐》"湖边暂解宓公琴，车马翩翩入上林。云绕凤城佳气回，日临雉尾瑞烟深。催科自昔忧民瘼，抚字于今识吏心。圣主从容频问俗，定知花县有棠阴"[26]。这首诗歌可以知道，容美土司事无巨细，对邻近地区的汉族官员行踪、动态了如指掌。"明府"特指县令，当周姓地方官要上朝觐见皇帝，接受吏部考核时，田氏土司不失时机与之联系，夸奖其政绩，为之唱赞歌，勉励对方，使之信心满满迎接皇帝的考核，这种临行前的赠别诗无疑能强化地方官员与田氏土司的私人情谊，在适当的时候，对方欣然乐意帮田氏说话。再比如嘉定人殷都，曾在夷陵当官，工散曲，官兵部侍郎，常持御史中丞节出抚郧口，与文坛领军人物王世贞专门写下《送殷无美赴夷陵》一诗，屠隆写《送殷无美出守夷陵序》，足见三人关系匪浅。当殷都奉旨进京入觐时，容美土司专门写下《奉送殷夷陵无美入觐》："五马翩翩恋阙遥，云旭日满征轺。风高客路夷门道，传拥奚囊豫让桥。柳色晴牵南国兴，莺声春答汉宫韶。共知荐最明堂日，独有循良早见招。"[27]对其治理给予高度褒奖，同时也表达了少数民族地方社会对循良官员的期盼。容美土司以诗歌与殷都交流，既是对他政治、文学成就的欣赏认同，也是寻觅知音加深交流的绝佳途径。容美土司能够形成田氏诗人群体，并与文坛领军人物交往密切，离不开在容美附近做官的汉族官员文人的穿针引线，推荐引介。

第三，得知官员升迁或平转调任，立即送上祝福，锦上添花。比如《送陈长阳调武昌之崇阳》"君能百里荐贤才，俗变歌谣藉甚传。弦诵武城译化日，阳春郢里和歌年。牛刀再试无余地，凫鸟高飞暂楚天。在昔汉庭崇异绩，行看召对未央前"[28]。虽然现有资料无法确认陈长阳究竟是何人，但通过内容可知，这是专门用来祝贺长阳的陈姓官员调到武昌府崇阳的诗作，说明容美田氏土司在周边官员升迁、调离、转岗的时候，都主动与对方保持密切联系，重大事情绝不缺席。类似作品很多。因为容美土司周边官员多是基层地方官员，官阶较低，名气较小，在正史上留下记载的资料很少，因而单纯依靠诗歌作品很难对其身份进行明确确认，但通过现存容美田氏诗人群体保留下来的与人唱和往来的诗歌标题及内容，可以明确对方基本身份，其中有相当一部分属于庆祝对方升迁或调任的诗作。再如《伍荆州迁南仪部》“荆楚棠阴蔽芾成，偶传除目下承明。即看度越诸儒礼，谁并风流六代名。斗下寝园深紫气，云端仙掌抗金茎。到来漫草三都赋，南北今夸两汉京”。再如《送新任安吴山人君翰之铜仁》“西来巴峡风烟异，南去盘江瘴疠多。开府好文能镇静，可能新曲入绕歌”，这是田氏得知新任地方官安吴山人君翰要到铜仁时，立即写诗相送，相贺。安吴是安徽一座小城，高维岳，字君翰，年二十领乡荐，明神宗万历元年举进士。仕雷州推官，署琼州；会倭寇入侵，高维岳督师奋战，大破之。后转巩昌郡丞，督饷临兆，兴国知州；赠文林郎。曾招番人置近甸，边赖以安。高维岳熟兵法，勤政事，以廉洁著，家无余财，所居不蔽风雨，却仍泰然自若。优于文学，善古文，工诗词，娴书法；回乡后与邑人梅鼎祚、沈懋学等结敬亭诗社，吟诗作文为乐。《光绪宣城县志·文苑》对高维岳有所记载，尽管君翰是土生土长的安徽人，其任职雷州、琼州（湛江海南）、巩昌郡、临兆（甘肃）等基本在都是偏远地区，与容美土司似乎没有什么交集，但是他曾经在“倭寇入侵”时“督师奋战，大破之”。容美土司的一大战绩就是听从朝廷征调，数次出兵抗击倭寇，田氏与君翰很有可能在抗倭战争中结识，日后一直保持联系，因而当田氏听说他要到铜仁（贵州湖南）赴任时，立即送上诗作表示祝贺。类似作品很多，不一一赘述。第四，听说官员被贬，立即前往慰问。容美土司并不单纯重视结交、巴结升迁官员，他们对仕途失意、贬官、闲居在家的官员也给予真诚的关心，时时牵挂，保持联系。例如艾穆，字和甫，号熙亭，嘉靖戊午举人，先后任国子监助教、刑部主事员外郎、户部员外郎、迁四川佥事、晋光禄寺卿，授鸿胪太仆卿。万历初擢刑部主事，进员外郎，对张居正居丧不奔的行为表示反对，上疏弹劾，遭到打击报复，被贬凉州卫（今甘肃武威）。田宗文得知这一消息，立即写下《西宁曲八首——为艾和甫赋》，其中一首为《艾和甫谪西宁有赠》“逐客飘零万里游，西风黄叶陇山秋。白云不尽思亲泪，落日长悬去国愁。汗血马牵胡大宛，葡萄人醉汉凉州。知君更有刘琨兴，啸月悲笳满戍楼”[29]。田宗文将真淳的友情熔铸于丰富的想象之中，既饱含同情，又虔诚祝福，读来令人心旌摇动，顿生怜悯。当张居正去世后，艾穆复起户部员外郎，迁右佥都御史，巡抚四川。容美田氏土司在闲暇时主动写诗问候，对落魄、落难的官员寄予深深同情，俗话说危难见真情，对方定会铭记这份真情，建立更为深厚的友谊。等对方东山再起之时，定不会忘记患难之情。

第五，通过文学作品与文官联络感情。容美土司田氏是武陵地区汉文化水平较高的家族，他们大多精通文学，喜欢与汉族官员文人唱和往来。而此类诗作，一个核心议题就是通过诗作传达情意，无论对方官居何职何地，这边永远是最亲密的朋友、同事，会默默守候、关怀对方。

明朝建立前，朱元璋曾给战死的功臣追赠封爵，封爵包括郡公、郡侯、郡伯、县子、县男五等，尽管现有资料无法一一确认容美田氏家族具体交往的人员有哪些，但

《奉呈王郡侯》“汉家岳牧藉才贤，五马翩翩治郡年。惠化总如周召伯，风流不减谢临川。荒效共羡棠阴满，泽国争传麦秀篇。击壤向来同父老，还因歌诵奏车前”[30]，明显可以判断，王郡侯是地位尊贤的官员，原因有三，一是标题中的“郡侯”属于朝廷封赠的五等爵位中的第二等；二是诗歌描绘官员治理地方卓有成效，赢得百姓拥护好评，交口称赞；三是作者采用“奉呈”方式，文中表现的也是谦卑子民虔诚恭迎上级官员莅临治理，瞻仰对方神采的口吻与心境。综上所述，可以确定王郡侯是朝廷一位级别不低的官员。田氏用岳牧藉之才能，周召伯之慧政，谢临川之风流来形容王郡侯，令对方心悦诚服，喜笑颜开，两人的交往自然比较轻松欢快，私人情谊也容易建立起来。再如《赠三尹毛仲选》一诗，“黄陵古庙接江城，野客翩翩吏隐名。斗色双虹埋处见，乡心五老梦来惊。薄游未效投簪计，小试聊为捧檄行。父老感恩频向说，江流应识此君心”[31]。“三尹”是古代官名的一种称谓，明清时期太仆、鸿胪二寺及钦天监称主簿，太常、光禄二寺及国子监称典簿，县署则仍称主簿，这些低级事务官都被尊称为三尹。现有资料已无法考证对方具体是何种身份，但毫无疑问，三尹毛仲选也是汉族地方官员中的一员代表，与容美田氏土司关系甚好，双方经常保持书信往来，这首诗歌就是他们交往的明证。

通过检索《田氏一家言》残留的容美土司创作的文学作品资料，可以看到，容美土司与汉族官员的交往，形式多种多样。他们除了打文学友人牌、金钱牌外，还充分利用容美的地理位置、自然环境优势来拉拢、建立关系。容美景色怡人，地形险峻，在明清易代之际更是不受战乱打扰的世外桃源。田氏土司盛情邀请邻近、过境官员、朋友携带家人、同事和友人到容美旅游，馈赠地方特产和礼物，保持良好关系。此外，他们还主动将族中优秀子弟送到中原地区拜师求学，访学交友，加入军籍，从而利用血缘关系、师生关系、同年关系、业缘关系等等与汉族官员形成盘根错节交织在一起的复杂人际交往圈。汉族官员欣然前往容美旅游，或接受容美土司的经济馈赠与物质帮助，或与之文学交流，唱和往来，并为田氏土司诗人群体引荐文化名人，为其文学成果作序，扩大推广知名度。正是这样一种官际交往圈，使得容美土司与汉族官员建立了深厚的私人情谊，大小事情保持联系，成为真正的朋友。俗话说，朋友多了好办事，有的官员及时提供各种信息作为交换；有的官员在处理纠纷与重大事情时，明显偏向容美土司；有的官员在皇帝和上级官员面前为之美言，化解矛盾纷争。

三、容美土司兴亡命运与朝廷官际互动

容美土司结交官府，构建良好的外部环境，他们主动与朝廷官员搞好关系，或投其所好，或主动退让化解矛盾，或主动帮助处理难题，稳定境内安定，赢得官员的好感。容美土司竭力巴结投靠朝廷各级官员，想方设法与他们建立各种亲近关系，或通过地缘关系，或通过血缘关系，或通过师生关系，或通过同年情谊，或通过朋友关系，或通过文学艺术等等途径和渠道，缩短与汉族官员的距离，建立亲密关系。容美

土司把优秀子孙送出去当官，进入官场与行伍，扩大自己家族在朝廷中的势力。送子孙到邻近周边汉族地区、省城与京城学习汉族先进文化，派遣子弟到皇帝身边担任侍卫，加入禁军，不仅表明忠心，更显示其重要性。对这些出去的人给予经济特权，利用他们发展壮大人脉基础。

容美土司以军功媚上，凸显自己的实力与重要性，为抗倭胜利、安定边疆做出了杰出贡献，朝廷也不吝赏赐、奖励，加官晋爵，满足田氏对荣誉、名望的追求。嘉靖三十五年在总督杨宜和胡宗宪的轮流推荐下，皇帝“命九霄袭宣抚职，以红纻衣一袭赐之；九璋给冠带，伦复原官，仍将兵杀贼”[32]，后以平海寇徐海“赏宣抚田九霄仍复祖职”[33]；田霈霖“晋授容美等处军民宣慰使，加太子太保荣禄大夫，后军左都督，赐蟒玉正一品服色”；崇祯年间朝廷嘉奖田玄忠勤，“赐复国初旧职，晋升为军民宣慰”，后又“晋授宣慰使，加太子太保后军都督府”[34]。

除了加官晋爵，朝廷还注意在物质上给予容美土司褒奖。金峒覃壁“作乱”，容美土司田九龙奉本省军门刘悫之命，亲率3500名土兵随监军参政冯成能赴金峒征讨，攻克黑洞、狗爬岩、女儿寨，缚获覃壁，受到嘉奖，得赏银3500两[35]。容美土司通过与朝廷的友善交往，谋求了一定的政治权力，顺利获得相应的物质利益以及其他方面的特权地位。而朝廷这种嘉奖进一步强化了田氏土司的报恩意识，“世受国恩，衔结图报”，他们在通过军事效力国家的道路上走得更积极主动。田玄在崇祯初年中原农民起义军大盛之时，主动“遣子霈霖、既霖、甘霖及弟圭、瞻等率兵自裹糇粮，援剿襄、邓、房、竹间，所至有战功，又解饷以助军需”。崇祯十二年又主动上书欲遣土兵七千出征平叛。正因为朝廷对容美土司委以重任，田氏对之感激涕零，忠贞不二，当燕京失守后，田玄留下甲申除夕诗，中有“矢志终身晋，难忘五世韩”等诗句[36]。

容美土司的智慧还表现在他们灵活巧妙运用“韬晦之术”。虽然明末清初容美土司实力雄霸一方，但在中央政府那边，保持绝对的谦恭与低调，从不持恩邀宠，从不以军功自居，竭力营造恭顺的态势，减少中央政府的戒心。不追求自己对边界、民众的贪婪心。在改土归流以前，中央朝廷对容美土司的满意度极高，多次在公开场合表扬容美田氏，从不吝惜对其进行荣誉、精神嘉奖，加官晋爵，赏赐物质。他们普遍对名利权位有十分强烈的欲望，为此不惜遏制各种其他欲望，建功立业，文治武功都有所创建，整个田氏土司家族都表现出较强的综合素质与能力，因而成就了明清时期容美土司雄霸一方的格局。

容美土司与中央朝廷的关系打点好坏直接影响整个土司家族的命运。容美最后一位土司田旻如将更多重心用于自身的享受，未及时顺从迎合湖广总督迈柱、夷陵镇总兵官冶大雄等朝廷新任官员，双方关系较为疏远，容美与朝廷的关系就处于恶化状态，结果中央朝廷在改土归流杀鸡儆猴的决策中选中容美土司，对之磨刀霍霍。

《长乐县志》专门介绍冶大雄，称其“早年曾受辱于田氏”，“曾贩马于容美。土司令女优演《桃花扇》曲本。伊往看，为土司所辱。后投充军营，迁官至彝陵镇，报复之”[37]。雍正十一年十月十八日，冶大雄《奏陈容美土司田旻如狂悖不法摺》，十月二十五日湖广提督张正兴《奏报容美土司田旻如移居险寨似觉叵测摺》，雍正在张氏奏折之末批示：“一一听督臣指挥而行预防。不可无备。然不可小争生事，激成事端，则责归于汝也。”[38]冶大雄却没有雍正帝的耐心，十月十八日在皇帝奏折发出之时，即调动五营兵丁，向容美进发，形成“大军压境之势”，并亲率大军向容美纵深挺进到菩提隘之御甲坪，与红沙堡之兵形成合围之势[39]。

由此可见，此时容美土司与周边汉族地区官员关系十分紧张，地方大员不容田旻如悔改，立意架词，诬以悖逆之罪，必欲灭容美而后已，愿意为之说话者极少。容美土司田旻如有冤情无处诉，在十一月初七日写下《屈抑难伸吁天请命》，自缢而亡[40]。这些逼迫容美土司走向绝境的官员受到雍正帝的嘉奖，成为改土归流的功臣。

反观其父田舜年遭遇，康熙四十五年容美土司内讧，田舜年以田炳如“暴虐无道，恣意蹂躏百姓，受害之人舍命告理”为由，摘去其宣慰使印，将其拘禁，随题参革职。湖广总督石文晟见容美内讧，认为解决容美土司问题的时机已到，遂于康熙四十五年四月参劾田舜年。田舜年在“看守”中死于武昌狱中。康熙派大学士席哈纳、吏部侍郎张廷枢、兵部侍郎萧永藻等为钦差大臣，前往武昌察审，石文晟及赵申乔、俞益谟“诸大臣受失职处分而告终”[41]。父子二人际遇、相关官员命运形成鲜明对比，由此可见，容美土司的兴衰荣辱与皇帝、朝廷官员的私人交情有密切关系。

政治权术实际上是政治智慧的体现，容美土司是武陵地区汉文化水平较高的土家族土司。田氏注重对文学和历史的学习，田舜年专门著有《二十一史纂要》，姚淳焘给予高度评价，称其“见古者山陬海澨，有奉职勤王，铭劝天室者；有夜郎自大，抗天拒命，冥冥焉不戢自焚者；有世笃忠贞，分茅锡土，传之无穷者；有叛服不常，初终异辙，尝试天威，陨其世，堕其绪者。其间是非祸福，一一澄观而静验之”[42]。并在家族内部一直传承、教育，这种植根于汉文化的儒家文化学习与浸染使之受益匪浅。加大汉化进程的容美田氏深谙官场之道与文人心态，从历史兴亡更替中汲取经验、教训，发展总结出一套独特的官际交往策略，才会在明清时期迎来容美土司的辉煌与全盛。可惜清朝改土归流时整个武陵地区唯有容美稍用兵，清政府对容美田氏讳莫如深，其创作的大量文学作品都被禁毁，后人只能通过残留的只言片语管中窥豹，粗略了解他们与中央朝廷和各级官员的官际关系、人际交往情况。

注　释

[1] 《清史稿》卷五百十二《土司一·湖广传》，中华书局，1974年。

[2] 《永顺县志》卷三《秩官制·土司世职》，《中国地方志集成·湖南府县志辑》第69册，江苏古籍出版社，2002年。

[3] 杨成立：《从土司档案看羌族地区的土司制度》，《四川档案》2011年第3期。

[4] 《明史》卷三百十《土司一·湖广传》，中华书局，1974年。

[5] 赵秀丽：《容美土司田氏家族社会控制力分析》，《中南民族大学学报》2014年第1期。

[6] 赵秀丽：《论文学世家容美田氏家族成因》，《民族文学研究》2012年第6期。
[7] 《明孝宗实录》卷二十《弘治元年十一月壬甲》，中研院历史语言研究所，1963年。
[8] 《明世宗实录》卷十《嘉靖元年春正月丁丑》，中研院历史语言研究所，1963年。
[9] 《明世宗实录》卷四百二十一《嘉靖三十四年夏四月辛巳》，中研院历史语言研究所，1963年。
[10] 中共鹤峰县委统战部、县史志编纂办公室、中共五峰县委统战部、县民族工作办公室编印：《容美土司资料汇编》，1983年，第28、29页。
[11] 《明世宗实录》卷四百三十一《嘉靖三十五年正月癸亥》，中研院历史语言研究所，1963年。
[12] 《明世宗实录》卷四百三十八《嘉靖三十五年八月》，中央研究院历史语言研究所，1963年。
[13] 中共鹤峰县委统战部、县史志编纂办公室、中共五峰县委统战部、县民族工作办公室编印：《容美土司资料汇编》，1983年，第86～88页。
[14] 李长春：《明熹宗都察院实录》卷九《天启三年五月二日》，中研院历史语言研究所，1962年。
[15] 《明史》卷三百十《土司一·湖广传》，中华书局，1974年。
[16] 《明史》卷三百十《土司一·湖广传》，中华书局，1974年。
[17] 中共鹤峰县委统战部、县史志编纂办公室、中共五峰县委统战部、县民族工作办公室编印：《容美土司资料汇编》，1983年，第88页。
[18] 中共鹤峰县委统战部、县史志编纂办公室、中共五峰县委统战部、县民族工作办公室编印：《容美土司资料汇编》，1983年，第87页。
[19] 中共鹤峰县委统战部、县史志编纂办公室、中共五峰县委统战部、县民族工作办公室编印：《容美土司资料汇编》，1983年，第89、90页。
[20] 迈柱：《雍正湖广通志》卷十三《关隘志》，商务印书馆，1986年。
[21] 中共鹤峰县委统战部，县史志编纂办公室、中共五峰县委统战部、县民族工作办公室编印：《容美土司史料续编》，1984年，第29～32页。
[22] 中共鹤峰县委统战部、县史志编纂办公室、中共五峰县委统战部、县民族工作办公室编印：《容美土司史料续编》，1984年，第29页。
[23] 中共鹤峰县委统战部、县史志编纂办公室、中共五峰县委统战部、县民族工作办公室编印：《容美土司资料汇编》，1983年，第37页。
[24] 中共鹤峰县委统战部、县史志编纂办公室、中共五峰县委统战部、县民族工作办公室编印：《容美土司资料汇编》，1983年，第30页。
[25] 中共鹤峰县委统战部、县史志编纂办公室、中共五峰县委统战部、县民族工作办公室编印：《容美土司资料汇编》，1983年，第280页。
[26] 中共鹤峰县委统战部、县史志编纂办公室、中共五峰县委统战部、县民族工作办公室编印：《容美土司资料汇编》，1983年，第260页。
[27] 中共鹤峰县委统战部、县史志编纂办公室、中共五峰县委统战部、县民族工作办公室编印：《容美土司资料汇编》，1983年，第247页。
[28] 中共鹤峰县委统战部、县史志编纂办公室、中共五峰县委统战部、县民族工作办公室编印：《容美土司资料汇编》，1983年，第231页。

[29] 中共鹤峰县委统战部、县史志编纂办公室、中共五峰县委统战部、县民族工作办公室编印：《容美土司资料汇编》，1983年，第245页。

[30] 中共鹤峰县委统战部、县史志编纂办公室、中共五峰县委统战部、县民族工作办公室编印：《容美土司资料汇编》，1983年，第255页。

[31] 中共鹤峰县委统战部、县史志编纂办公室、中共五峰县委统战部、县民族工作办公室编印：《容美土司资料汇编》，1983年，第214页。

[32] 《明世宗实录》卷四百三十三《嘉靖三十五年三月》，中研院历史语言研究所，1963年。

[33] 《明世宗实录》卷四百四十一《嘉靖三十五年十一月》，中研院历史语言研究所，1963年。

[34] 中共鹤峰县委统战部、县史志编纂办公室、中共五峰县委统战部、县民族工作办公室编印：《容美土司资料汇编》，1983年，第95页。

[35] 中共鹤峰县委统战部、县史志编纂办公室、中共五峰县委统战部、县民族工作办公室编印《容美土司资料汇编》，1983年，第93页。

[36] 中共鹤峰县委统战部、县史志编纂办公室、中共五峰县委统战部、县民族工作办公室编印《容美土司资料汇编》，1983年，第95页。

[37] 《光绪长乐县志》卷四《沿革志・土司门》，《中国地方志集成・湖北府县志辑》第54册，江苏古籍出版社，2001年。

[38] 《宫中档雍正朝奏摺》第22辑，台北故宫博物院，1980年。

[39] 《明世宗实录》，中研院历史语言研究所，1963年，第39、40页。

[40] 《明世宗实录》，中研院历史语言研究所，1963年，第41页。

[41] 中共鹤峰县委统战部，县史志编纂办公室和中共五峰县委统战部，县民族工作办公室编印：《容美土司史料续编》，1984年，第7、8页。

[42] 中共鹤峰县委统战部、县史志编纂办公室、中共五峰县委统战部、县民族工作办公室编印：《容美土司资料汇编》，1983年，第290页。

元明清时期鄂西的土司制度及其对社会发展的影响研究

——以咸丰县为例

田光辉

（中南民族大学）

摘要：土司制度既是集历代王朝治理经验之大成，也是在宋代羁縻政策的基础上直接发展而来的。咸丰土司制度随着清雍正十三年实行改土归流而消亡。土司制度是一项专门针对少数民族的体现出较为明显的区域自治性的统治政策，体现出中央王朝对少数民族的管理和控制的中央集权化日趋加强。土司制度对鄂西社会的发展产生了重要的影响。

关键词：鄂西；土司制度；社会发展；影响

一、土司制度概述

（一）土司制度的定义及时空界限

1. 定义

土司制度是元明清统治者在西南地区推行的一种特殊的统治方式，即由中央政府任命少数民族首领为世袭地方官，并且通过他们对各民族的管理达到对边疆地区和少数民族地区的管理。

2. 时空界限

土司制度从元朝开始，主要推行在云南、贵州、广西、湖北、湖南、四川等地区。

3. 土司制度和羁縻制度的联系和区别

土司制度和羁縻制度均体现了中央政府对少数民族地区和边疆地区实行统治管理的思想，即治边思想，包括“因地制宜”和“因俗而治”。区别主要体现在经营思想、基本政策、实施范围和成效等方面，羁縻政策是一种治边的思想和策略，将边疆治理纳入中央建制体系，中央政府给少数民族首领名号、封官，在西北、东北等地区都存在。土司制度则是中央政府严格加强对少数民族地区和边疆地区的控制和管理，其有承袭制度、贡赋制度、征调制度、考核制度等，并已经纳入政府职官体系，是一种少投入、多回报、高效益的中央政府统治少数民族地区和边疆地区的制度。

（二）土司制度的形成

外因是土司制度是历代中央政府长期经营边疆治理的结果，是在羁縻制度上的发展。内因是建立土司制度的地区都是比较成熟的地区，其内部结构、统一的宗教信仰、文化的发展已经成形，具备了建立土司制度的条件，可以"因地制宜"、"因俗而治"，中央政府给予确认。土司制度是中央政府和边远地区的少数民族共同发展的结果，是边缘和中央互动的结果。

（三）土司制度和其他边疆地区管理制度的区别

从边疆地区的情况特别是从内部结构、文化发展来看，土司地区比其他边疆地区更先进，推行土司制度的地区都设了行省，土司制度下的文化要比没有实行土司制度的边疆地区要先进和进步；而其他边疆地区根本没有一个成熟的制度，管理松散。

（四）土司制度的实际效果

土司制度是历史发展的一个重要阶段。设立土司制度是中央政府统治和管理少数民族地区和边疆地区的权宜之计，促进了少数民族地区及边疆地区和中央政府的经济、文化往来，政治上越来越近，体现国家认同。土司制度延续和传承了民族文化，体现了中国多元文化，促进了地区的团结和稳定。

（五）土司制度的研究价值

学术价值体现在为研究中国古代史、中国边疆史、中国民族史等提供了历史经验和历史教训，是一个重要的研究课题。社会价值体现在土司制度对少数民族地区和边疆地区的政治、经济、文化、习俗、观念、宗教信仰等产生了非常深刻的影响，并影响至今，特别是土司制度"因地制宜、因俗而制"的指导思想，对于社会主义建设、构建和谐社会特别是民族自治地区建设有着非常重要的借鉴价值和指导意义。

二、鄂西土司制度的源流

宋朝的羁縻制度，是一种松散的统治制度。各羁縻州与宋王朝实际存在着一种若即若离的关系。到宋王朝衰微、统治力量削弱时，各羁縻州酋长开始不服从宋王朝的控制。"宋室既微，诸司擅治其土，遍设官吏……威福自恣"。加之宋代在鄂西土家族设置的六个羁縻州所统辖的地区不大，相当一部分地方仍为各强宗大姓所占据，他们同羁縻州的豪强趁宋朝衰弱而纷纷崛起，各据一方。如“施州卫所属覃田二姓，在宋元未分之前，其势甚盛，颇为边患”。在元朝统治施州之后，又叛服无常。元王朝为笼络这些豪强，遂广置土司，进行绥抚。到了明代，鄂西设置三十一个土司。明王朝为加强对土司的控制，于洪武二十三年（1390）改施州为施州卫军民指挥使司，以管辖控制诸土司。同时又实行大土司管辖小土司，形成层层控制管辖的隶属关系。

三、元明清时期鄂西土司制度概述

土司制度与羁縻政策的区别在于由松散的统治变为严格的控制；在承袭、纳贡、征调等政策方面，土司制度均有严格的规定，从而加强了对鄂西民族地区的控制。鄂西土司制度的特点表现为：

（一）全面实行土司统治

在汉族与少数民族杂居之地，明王朝往往采用流、土分治之法；而在施州这类民族聚居之地，则是一概“统以土司”。

（二）采用“卫所、土司”相结合的军事建制

明代土司职衔，分武职与文职两种。武职为宣慰司、宣抚司、招讨司、安抚司、长官司、蛮夷司诸种，隶兵部武选，省都指挥领之；文职为土府、土州、土县诸种，隶属吏部验封，省布政司领之。鄂西地区土司建制只设武职。除土司之外，朝廷还在边缘地带，设置卫所，驻扎重兵。明王朝在鄂西地区采用“卫所、土司”相结合的军事建制，其目的在于强化对这一民族地区的控制与统治。

（三）用高职官衔实行笼络

鄂西地区设有四个宣抚司、九个安抚司。据明朝官制，宣抚使为从四品，安抚使为五品，均高于或相当于知州（从五品）的品秩。这是由于鄂西地区土司，地介川、黔、湘之间，又处“溪峒深阻”之地，明王朝才不惜以高爵予以笼络。除对土官授以实职外，还对有影响的土司或在战争中有功的土司，授以虚衔，以示其宠。无论实职之高、虚职之宠，都是为了“易为统摄”，“奔走唯命”。“假重爵，命威制，服属其势”。

（四）大多土司的隶属关系属宗族关系

划定隶属关系时，“令覃、田、黄、向诸大姓各有所属”。施州所属田、覃二姓，自“永乐以来，二氏子弟分为十四司，传之后世”，此即“部领蛮落”之制，其目的，在于维护土司对土民的世袭统治。

始行长官司与蛮夷司分设之制。宣德二年（1427），设剑南长官司，隶忠路安抚

司；摇把峒、上爱茶、下爱茶三长官司及镇远、隆奉二蛮夷长官司，皆隶东乡安抚司；东流、腊壁峒二蛮夷长官司，隶散毛宣抚司；西关峒长官司、西坪蛮夷长官司，隶金峒安抚司。土司武职，“皆以其酋长为之。先是，忠路安抚司等各奏，前元故土官子孙牟酋蛮，各拥蛮民，久据溪峒，今就招抚，设长官司，授以职事。兵部以闻，帝以驭蛮当顺其情，宜有等杀。兵部议以四百户以上者设长官司，四百户以下者设蛮夷官司。元土官子孙量授以职，从所招官司管属。皆从之”。这种以四百户作为区分长官司与蛮夷政司之法，从此作为一代定制推行全国，并为清朝所承袭。

（五）官职与承袭

元、明、清三朝代的土官官职，可分为文官属与武官属两类。鄂西地区土司的职官，属于武官属。按其职位尊卑，入流的大致有宣慰使、宣抚使、招讨使、长官等。其秩位品级与各司官位多少，则因朝代不同而略有差别。到了清代，宣慰使司为从三品，宣抚使司为从四品，安抚使司为从五品，长官司、蛮夷长官司为正六品。土官之属，有同知、经历、都事、吏目、儒学、教授、训导，皆以流官为之。清朝还设有土游击（从三品）、土都司（正四品）、土守备（正五品）、土千总（正六品）、土把总（正七品）等。以上均为朝廷命官。在土司统辖境内，还可自行任命官职，其职务有总理、家政、舍把、旗长、亲将、总爷、峒长、寨长等职。这些职务一般都由土司家族成员担任。

土司承袭同封建帝王一样，子子孙孙世代相传，以保持独家统治特权。鄂西土司的承袭制度为封建世袭制，“所设宣慰、知州、长官，不问贤愚，总属世职”，这种承袭制度是从古代发展而形成的，“自相君长”成为后世授世职的基础。到“唐初，溪峒蛮归顺者，世授刺史，置羁縻州县，隶于都督府，为授世职之始。宋参唐制……其酋皆世袭”。唐宋王朝，通过控制少数民族首领来达到控制少数民族人民的目的，沿用“以夷治夷”的羁縻之法，一律实行世袭，并用政令把世袭固定下来。后来，元王朝总结前代控制西南少数民族首领的经验，以宣慰使、宣抚使、安抚使、招讨使、千户、百户等官职封予各少数民族首领，并在各少数民族聚居的府、州、县设立土官，逐渐形成土司制度。明参元制，对湖广等地土司的承袭办法、手续作了严格的规定：“土官承袭，务要验封司委官体勘，别无争袭之人，明白取具宗支图本，并官吏人等结状，呈部具奏，照例承袭。移付选司附选，司勋贴黄，考功附写行止。类行到任，见到者，关给札付，颁结诰敕。”作为湖广都司所辖的鄂西地区土司，也一循其例。

“承袭须奉朝命，虽在万里外，皆赴阙受职”，这种承袭制度具有密切特殊君臣关系的作用。封建王朝由上而下进行控制，使土司臣服于王朝，土司接受册封后为朝廷命官，取得了对土民统治的合法权。封建王朝坚持“一朝天子一朝臣”，改朝换代之时，需要土司向新王朝贡表“投诚 ”、“归顺”，换取新王朝册封与颁发新的印信，才能成为新王朝命官。新王朝刚刚建立时，这样做对稳定边疆社会秩序、笼络少数民族首领都有好处。袭职者应持有袭职依据，这种依据元代为金、银、铜牌，明代为铜印，清代除土司印外，还需持有号纸。尤以清代的号纸最为完善和严密。

朝廷对袭位者是谁，一般没明确限制，原则上是“其子弟族属、妻女，若婿及甥之替袭，胥从其俗”。多数是父死子袭，子死孙袭，代代相传。土司有子则长子袭，无子则弟或婿、妻以及侄辈都可袭。

土司承袭的年龄朝廷也有所规定。明代规定为十八岁，清代改为十五岁。年幼不能承袭，必须由本族土舍或母能抚孤治事者护理。明弘治十四年（1501），明孝宗规定土司职官子弟，凡要承袭土职者，必须入学。不入学者，不准承袭。自此，鄂西各土司均办学设馆，请汉学儒师任教，并派子弟去外地学习。

（六）土司职官的升降

职级升降是封建王朝对土司控制的措施之一。新王朝建立后对来归附的前朝土司，首先是定职定位，实际上多数是复职复位。在土司定职定位后，定期（或不定期）进行政绩考核，一般的奖励与参劾有之。随着职级升降，官司级别名称也随之变动。土司与流官待遇不同，流官可以按时升迁，有罪治罪，子孙不能承袭；土司不能按时升迁，有较大功过的一般就地升降，子孙可以承袭为世官。即使新旧朝代交替，也基本按此原则不变。

升降要有大功大过，结合战事胜败进行。明末曾被调到川东、荆州、房、竹一带镇压农民军的容美土司有“功”，得到“天子嘉其忠勤”的殊荣，由宣抚使晋升为宣慰使，容美属下的椒山、五峰、石梁、水浕四长官，都同时晋升为安抚使；唐崖长官元时有军功于朝，以武略将军授唐崖宣慰使世职，传给儿子，直到洪武四年（1371）随廖永忠征蜀失败，降为安抚使，后又因“多叛”，洪武七年（1374）降为长官。由此可以看出：有大功于封建王朝则升，有大过于封建王朝则降。

四、元明清时期土司制度对鄂西社会发展的影响

（一）朝贡

为了加强对土司地区的控制，中央王朝规定，土司应定期朝贡。土司向中央王朝进贡，是保持中央王朝与土司的联系，维持君臣关系的一种特定方式。因此，元明清封建王朝对土司的朝贡极为重视。王朝有专门部门负责管理朝贡。在宋时由鸿胪寺负责，对朝贡土司以宾礼相待，引见皇上等，后改由礼部管理。

鄂西诸土司朝贡，有文字记载的始于宋时，到元明清时更为频繁。随着农业生产与商业贸易的逐步发展，各土司上层人物为密切与中央王朝的关系，取得更多的“回赐”，巩固自己的统治地位，也十分重视向朝廷“朝贡”。从宋到清的鄂西诸土司主要贡物是土特产品：如黄连、犀角、麝香、蜂蜜、茶叶、骡马等。鄂西诸土司的贡物历来质优，施南土司的贡茶因形色俱佳，深得乾隆皇帝的喜爱，赐之以“皇恩宠赐”

匾牌。朝廷为了施惠于土司，回赐之礼往往高于贡物价值，给予金银、珠宝、绸缎、食盐等。朝廷对朝贡与回赐都作详细记载。

朝贡的弊端自宋至明越来越突出：开始单一朝贡，继而以朝贡为主结合经商，进而以朝贡为次经商为主。清王朝建立后，改变了明代进贡的办法，把少数民族首领贡物折银两入库，就地交纳，表报入朝，且不给回赐。这一改革使鄂西诸土司进京的少了，只有容美土司田舜年及其儿子田旻如进京觐见过康熙帝。

朝贡制度无论对土司或中央王朝，无论在政治上或经济上都具有积极意义，客观上起到经济文化交流的纽带作用。朝贡作为土家族与中央王朝统治者，尤其是与汉族经济文化交流的一种方式，有利于中央王朝与土家族地区的相互了解，进行物资与技术的交流，这在一定程度上促进了鄂西社会经济的发展。

（二）赋税

在土家族土司管辖地区，开始并不承担向封建中央王朝纳税的义务。宋咸平元年（998），富州刺史向通汉曾“请定赋税”，宋贞宗以荒服不征，没有准许。嘉祐五年（1060），土家族土司所辖区域开始缴纳赋税，“出租赋如汉民”。交纳的方式为不丈量土地，不编丁口，其纳赋税定额，主要是土司归附时，自报认纳之数。明代更加重视对民族地区赋税的征收，把它作为王朝增加经济收入的手段，作为土司接受中央工朝统治的一个重要标志。清王朝参照明代赋税额度定数，并有所增加，遇到闰年，还需加征。鄂西地区土司不仅要向朝廷缴纳赋税，还要负担大田千户所一部分粮饷，并规定了各土司的负担数额。

土家族土司在政治上接受中央王朝的印信，在经济上有时也享受减免赋税的优待。减负优待或因天灾，或因战事，或为示恩宠。

在土司制度下，土司属下的百姓就是农奴，他们没有土地，除为土司提供繁重的无偿劳役和当土兵外，还要向土司缴纳或进贡各种实物，这种封建农奴制，就是土司制度的经济基础。尤其是有的土司强征滥取，如火坑钱、锄头钱、烟火钱等。土家族人民深受封建统治和土司盘剥的双重压迫，生活于水火之中。土司制度是我国历代封建王朝在少数民族地区，通过分封地方首领世袭官职，以统治当地人民的一种特殊政治制度。

土司的疆城，五代时置二十州，包括沅、酉流域的南、北两江。宋初无变化，至淳化以后，南江诸地各自向朝廷入贡，只北江（今永顺、保靖、龙山、古文、花垣等地）保其原地。元代对西南各部族的大姓，因其请而以土司之职。明袭元制，凡结族来附者，均以原官，并加以重用，土司便成为统治王朝倚重的疆吏，甚至同于藩国。明代，土司与朝廷的关系甚为密切，土司制度更为完备。土司与中央王朝的关系，在经济上表现为“纳贡”与“回赐”。向中央王朝纳贡，唐代有贡“溪布”、“水银”的记载。宋、元、明以后日益扩大，计有虎皮、府脐、犀角、竹鸡、锦鸡、土绸、溪布、水银、黄蜡、丹砂、珍贵药材、名马、大捕竹等。每次纳贡均得到皇帝相应的一些“回赐”。

土司必须服从封建王朝的征调。土司所领之兵，原来只有守土之责，“无事则荷耒而耕，有事则修矛以战，军无远戍之劳，官无养兵之费”。随着土司制度的完备及与中央王朝关系的密切，在明代，土兵成为朝廷的主要兵源之一，朝廷每次征战，土兵几乎无役不从。

土司在其辖区内具有无上权威，为名副其实的“土皇帝”，自设总理、家政、舍巴、土知州、土中军等。自宋代开始，所辖最小行政单位为洞。洞与洞之间有固定地段，一般以山坡河流为界，颇与今日的区、社相似。洞下为旗，旗是土司政权兵民合一的组织，有事则调集为军，以备战斗，无事则散处为民，以习耕凿。永顺司所屏的三州六长官司，其下有五十八旗。

土司统治等级森严，用等级确定权力和地位，主仆之分十分严格。土地按等级分配，土司占有肥田沃土，舍巳头人可分平地。土民只能在山坡上开一块“份地”。在住房上，土司“纺柱雕梁，砖瓦鳞砌”，舍巳头人“许竖梁柱，周以板壁”，土民则“叉木架屋，编竹为墙”，皆不准盖瓦，如有盖瓦者，即“治以潜越”之罪，俗云：“只准家政骑马，不许百姓盖瓦。”土司出巡时，仪卫颇盛，土民见之皆夹道拜伏，否则以谴责诛杀勿论也。土司自称“本爵”，土民称其为“爵爷”、“都爷”，土司居住的衙署自称为“化金銮宝殿”，其宿舍称“媝宫”，其妻要有“三宫六院”，其墓葬地称“紫金山”，其花园称“御花园”，其宗祠称“太庙”。各级土司过着奢侈豪华的糜烂生活。每逢岁时会节及舍巳下乡，“具令民间妇女摆项歌舞佰筋”。土司修有热洞，凉洞，为保暖避暑之所。其中设有林泉、花园、钓鱼台等，专供游玩。

残酷的刑法，是土司对土民实行野蛮残酷统治的重要手段。土司操有杀伐之权，其刑法有断首、宫刑、断指、割耳、挖眼、杖责等。土人有罪，小则知州长官治之，大则土司自理。土司的残酷统治，给土民带来了深重的灾难，土民生活的困苦，连封建王朝也不得不承认。康巴地区涵盖了四川省甘孜州、阿坝州的一部分、凉山州木里藏族自治县、西藏昌都地区、青海玉树藏族自治州和云南迪庆藏族自治州等康巴是合称，历史上处在汉藏过渡地带，历史上“西康省”辖制四川省甘孜州、阿坝州的一部分、凉山州木里藏族自治县，因此为“康”；西藏东境昌都地区、青海玉树藏族自治州和云南迪庆藏族自治州则是藏人称呼的“巴”。

（三）土家族与汉族的文化交流

随着元明王朝的先后建立，鄂西各溪峒州郡首领相继归服，元明朝廷就利用他们继续统辖该地。元朝在鄂西正式建立土司制度，明朝又在元朝土司制度的基础上，建立起完善土司制度，设置卫所，使“以土治土”的制度更加完备。朱元璋在战胜陈友谅之后拥有鄂西，并于洪武年间设立施州卫、大田军民千户所等五个卫所，还建立了三十一个土司。卫所与土司并存，“土官”与“流官”参用，均受湖广都指挥使司统领。明代朝廷对土官的承袭、贡赋徭役、土兵调遣等都有更为严密的规定，大大加强了中央对鄂西地区的统治。明代的中央朝廷大量调遣湘鄂西的土兵，成为当时治国治军的一个大特点。元明之际，土家和汉族的政治联系，较唐宋羁縻时期，有了进一步加强，同时，也导致经济联系进一步发展，尤其是变相进行官方贸易的“贡赐”方式较前代更加多样化地发展起来。这种变相的官方贸易，客观上成为汉区先进技术经验和产品进入溪峒的一种渠道，给土家人民以一定影响。各族人民杂居山区，辛勤劳动，互相学习，互通有无，促进了土家山区经济发展。这时土家族地区不仅出产大米、大麦、苦荞、大豆以及瓜果蔬菜，而且“稻米甚香，粒少，与江淮无异”。汉族手工业者入峒做工，提高了土家族地区手工业水平。溪峒与汉区的商贸也逐渐发展。鄂西盛产药材、茶叶，在汉区市场上已获盛誉。土产药材有百余种，销往附近汉区。容美土司（鹤峰五峰境内）出产的“湘潭茶”，远销湖广各地，茶运之忙，达到“茶客来往无虚日”的地步。容美“当明盛时，百货俱集，绸肆典铺，无不有之”，大小土司署治地方，“居民栉比，尽石林山脚，皆阛阓也”。土家族、汉族间的经济文化交流日益兴旺。元明朝廷为了巩固在当地的统治，采取措施使土官土员及其子弟接受汉文化，用发展当地封建文化的办法来维系朝廷对鄂西地方的统治。土家族里涌现出一批封建士人，客观上促进了汉区的封建文化深入土家上层并影响到当地的土民。由于土家、苗、汉杂居较前代更加插花交错，在共同劳动和斗争中，少数民族吸收了大量汉族先进文化，因而在社会面貌方面也起了很大变化。城镇和交通方便的地方，变化的速度较快，变化的程度较深。“……官师所群集，环城内外，仍是汉官威仪”，“士绅文学子弟彬彬”。离城镇稍远的地方，就处于“不华不夷之列”。只是极其偏僻的深险溪峒，土民的风俗习惯很少改变。据记载：施州卫“地狭而腴，民勤耕垦，好音乐，少愁苦，尚奢靡，性轻扬，喜虚称，男不裹头，女衣花布，亲丧就日而殡，不行祥除”。而巴东县“夷夏相半，性多顽悍，刀耕火种，信鬼尚神”。大田千户所（今咸丰境内）“其风朴野，俗尚耕稼，土旷民稀，獠蛮杂处”。鄂西的社会风貌，较之唐宋时期“是为风俗之再变”。

清初，中央朝廷对鄂西溪峒仍沿用元明之制，仍以卫所和各级土司统率该地。直到清代中叶，土家、苗家和汉民共同在山区开拓树艺，使当地的生产力发展接近荆湖的丘陵农耕水平，土家地区的地主所有制、小农经济迅速发展起来，动摇了原来的封建领主经济。土司之间争夺土地和人口的斗争愈演愈烈，土司压迫、剥削土民和汉民更加残酷，阻碍和束缚着溪峒生产的发展，引起土民的日益不满。清廷为了控制溪峒的局势，批准迈柱申请在鄂西改土归流的奏折。雍正五至十三年（1727 ~ 1735），先后完成了鄂西的改土归流。鄂西的改土归流，是该地社会经济发展的必然结果。清廷采取了实施封建地主经济和政治的一些措施，如废除土司的继承权，调离部分土司往汉区任职；承认各族人民开垦荒地的土地所有权，对新垦田地，实行三年不税之法，对原种土司地的农民，在一定时间内，只课低税；鼓励汉民入峒垦荒；废除土司原来的沉重课派；革禁土司陋俗，等等。这些措施在客观上都为当地人民发展山区生产，提供了有利条件，使鄂西山区更宜为清廷控辖，保持较长时间内的社会稳定局面，便于各族人民各安生业。此后，地主土地所有制居于该地经济的主导地位，小农经济也有较大的发展。改土归流打破了土司据地自封的闭塞状态，使鄂西与湖广各州县连成一片，与全国其他邻近行省、州、县紧密相连。来凤、鹤峰、利川、咸丰、宣恩、恩施、长乐等地犬牙交错，相倚为邻。改土归流，施南设府之后，清朝在这里相继设立府学，在城垣乡里，分别设立县学、乡学等，并在土家族地区推行封建科举制度。虽然，在施南入学的多为地主、官吏、巨商子弟，但随着封建教育面的扩大，入学人数日增，它也逐渐浸及土家庶民子弟。如施南“文教事兴，人皆向学。不独世家巨室，礼士宾贤，各有家塾，即寒素子弟，亦以诵读为重而洁清自重”。汉族文化对土家的影响日益加深。汉民、土家在文化上的互相交流，相互吸收，使鄂西的社会风尚、习俗、节日、仪节等都有改变和逐渐相互接近。据记载：“邑之风俗……略而计之，盖三变焉。汉魏以前无稽矣；隋唐始设州县，地广人稀，民风率安质实，故杜少陵赠郑典自施州归诗有俗则醇朴，不知有主客，乃闻风土质，又重田畴辟之句，其为实录可知矣。五代迄宋，生聚日繁，纷华亦遂日盛，旧志载宋儒之言，有施州风土大类长沙，论文学则骎骎大国风，论人情则多浇漓，少醇厚，其与少陵所咏已不侔矣！由朴而华，固亦势所必至欤。是为风俗之一变。元时省州入县，已启豪姓强梁之渐，前明设卫控制，而以其地予土司子姓遂承佑等附庸，沿袭既久，遂去生杀……乃獠民杂处，终莫胜其犷悍之习……犹幸恩施为控制地，官师之所群集，环城内外仍是汉官威仪……其士绅文学，子弟彬彬。又去廓数里，即在不华不夷之间也，是为风俗之再变焉……国朝版图初登，仍沿前明旧制，迨土司革心向化，举族外迁，改县为府……维时地远山荒，种植无人，辟土烧畬，唯视力所能任，嗣是而四外流人闻风渐集，荆楚吴越之商相次招来，始而贸迁，继而置产，迄今皆成巨室，而土著之家亦复为望族焉，其视宋时文学人情殆不相远，是则风俗之三变焉。”风俗是文化的重要内容，风俗的变化可以反映文化的变化，上述对鄂西土家地区风俗变化阶段性的描述，体现了土家文化和汉文化交流变化的轨迹。

五、结　　语

元、明、清三代封建王朝对南方各民族的统治都是实行土司制度。土司制度的建立从中央王朝来说是因南方民族地区民族情况复杂，各地各民族政治、经济、文化发展水平又很不平衡，并且大多处于边远的边疆地区和交通不发达的偏僻地区，中央王朝只好采取顺民性、省民力的统治原则，即对社会发展水平极不一致的，又保有特殊风俗文化的民族地区，不以内地的统治方式、礼教去对待、去治理，而采用对这些民族归附的首领授予一官一爵，让他们去统治原有地方和原有民族，是中央王朝对各民族地区的间接统治。从南方各民族自身来讲，土司制度的建立则是由于经过宋及以前各代的羁縻统治，各民族社会经济有了较大的发展，到元代时各民族社会大多进入了奴隶制、封建农奴制的发展阶段。这种经济结构正是分散割据统治的土司制度赖以存在的经济基础。元、明、清三代的土司制度正是在适应了这种经济基础的前提下建立起来的。

参考书目

[1] 黄家信：《改土归流对壮族社会的影响》，《广西民族学院学报》（哲学社会科学版）2010年第4期。

[2] 李良玉：《当代壮族的优秀壮学学者——黄家信教授〈壮族地区土司制度与改土归流研究〉阅读点滴》，《广西师范大学学报》（哲学社会科学版）2008年第3期。

[3] 张晓松：《论元明清时期的西南少数民族土司土官制度与改土归流》，《中国边疆史地研究》2010年第2期。

“土司十大碗”的待客礼仪

李春国

（咸丰县民族文化研究会）

摘要：“土司十大碗”，是土司时期，土司王府在节日、婚娶丧葬、得胜庆功等重大活动时，在“八仙桌”上摆上丰盛的髈、扣等十大碗美味佳肴，用以犒劳将士、招待嘉宾的筵席。

“改土归流”后，武陵山地区土家人，在节庆、红白喜会整酒时，比照土司时期“髈扣席”的规格招待客人，宴请嘉宾。其特点是餐桌上装菜器皿全用蓝边大碗，菜肴原料以猪肉为主，烹调方法以蒸为主。由于土家人居住在大山深处，自然环境恶劣，生产方式落后，生活条件较差，无力安排像土司王府招待嘉宾的丰盛菜肴，但是又尽可能使餐桌上菜品多样且显档次，彰显待客之心真诚，因此招待宾客的筵席上每桌照样安排十碗菜，只不过是半荤半素、荤菜下面用素菜垫底罢了。这种菜品从外观看与土司王府的“土司十大碗”无异，但其内在实质有别，每一道菜都荤素搭配，一菜两味，油而不腻，别具风味，更加贴近百姓生活，久而久之就形成了款待宾客的固定菜式。土家人通常将八仙桌上的十碗八扣“髈扣席”称为“土司十大碗”。

土家人在请客人就餐“土司十大碗”的过程中，用十分隆重的本土待客礼仪盛情款待嘉宾，增进相互沟通交流，活跃喜庆热闹气氛。其礼仪形式主要有安席、品席、上花、上菜、调席扯盘、吹奏菜调子、说福事、致祝酒词等。

关键词：土司；十大碗；待客；礼仪

一、安　　席

知客司按客人身份的长幼尊卑，依八仙桌席位上下左右，各分大小安排座位入席，称之为安席。土家族地区筵席的座位安排一直都很古风，上席的座位必须安排尊者、长者，即或是同辈、同僚也得谦让。上座为神龛面朝大门的上方左位坐主宾，右位坐东家主陪；下方右位坐主宾随从要员，左位坐东家陪客之人；两边席位坐辈分、地位低于主宾的宾客。如有多桌，亦分别按上述长幼、尊卑安排席位。

相传，有一户山寨人家办喜事，没有桌子，吃饭时用方木头、石板摆在外面地上吃，中午太阳变得火热起来，蹲在地上吃饭的亲戚朋友个个被晒得大汗淋漓，但刚摆了两轮，天上乌云翻滚，下起瓢泼大雨，地上的饭菜被雨淋得不能吃了。这时，来了一骑驴、一拄拐共八人，自称是远房“亲戚”，便问主人家，这么大的雨为何不摆在屋里吃。主人说石板太重，搬动不便，大木头在屋里放不下又顺不转，只能在外面招待客人。“亲戚”问明缘由后，叫主人把地上的饭菜收进灶房，暂时不要到堂屋来。等亲戚们再来到堂屋时，只见堂屋摆上了一满屋整齐的木方桌，四周还放上木条凳，吩咐客人们按每桌八人坐下吃饭。主人见状后，激动得只是一个劲地请八位“亲戚”到神龛前的上座位吃饭，嘴里不停地念叨：“我的天哪，你们从哪里弄来这么多桌凳，真是神仙哪!”，手在不停地摆碗筷，等摆好酒菜，八位“亲戚”却不见了。这时大家都感到奇怪，说这八个人可能就是天上的八仙，有心来帮我们。后来土家人就称这种方桌叫“八仙桌”。为了纪念八仙的功德，土家人逢年过节都要把好酒、好菜摆在神龛前“八仙桌”上，以示对八仙的敬奉。

“八仙桌”，桌面四边长度相等、桌面较宽，四边每边可坐二人，在吃饭饮酒时，围坐八人犹如八仙，故雅称“八仙桌”。在土家族地区，无论是达官显贵还是平民百姓，家家都有八仙桌。八仙桌形态方正，桌面边抹做得较宽，攒框打槽，以木板做面心板，一般为三块，桌面心后面装托带，以增大桌面的牢固度及承重度。牙板加拐子龙、浮雕吉祥图案等装饰性部件，做工精巧，美观实用。

二、品　　席

品席，是在开席之前，先摆好主宾一桌酒菜，每上一道菜，总管先生和赞礼生一唱一和将这道菜称赞一番，主人请客人品尝“十大碗”的美味，增加宴会的热闹气氛。

“十大碗”依次端上桌，主人殷勤劝酒、奉菜，陪客人大碗喝酒、大块吃肉，不把客人陪醉，主人觉得未尽到地主之谊。先敬上座客人，欢迎词、恭维话要说得恰如其分，说得太过有吹牛拍马之嫌，说不到位又有礼数不周之疑。然后，席间在座宾、主分别按身份高低互敬，不能乱了次序，身份低的跑到身份高的前面先敬酒，将视为不懂规矩。酒斟“八分”，互相敬酒，身份低者敬身份高者；碰碗不能碗口平齐，敬酒者、身份低者比被敬者、身份高者的酒碗低半截，以示尊敬。

“土司十大碗”主料讲究，配料恰当，加工精细，搭配合理，营养丰富，口味纯正。它不仅在色、香、味上有独特之处，且每碗素菜垫底，荤菜盖面，一菜两味、油而不腻。“土司十大碗”在土家族地区属于最高规格的筵席，能吃一顿正宗的“土司十大碗”，就是享受土家人最高规格的礼遇。如今，土家人生活水平普遍提高了，土家人凡遇岁时节令、春播秋收、婚娶丧葬、生日祝寿、起屋迁居、亲朋聚会，都必备“髈扣席”盛情招待客人。筵席一般不用山珍海味，而是用农家自产的猪肉、鸡、鱼、豆制品、果蔬等为菜品原料。除“十大碗”菜外，桌上还要配腌酸菜四个为客人醒酒解腻。

三、上　　花

土家人办喜筵时有“上花”的习俗，即在主宾席上头子碗时，用一只碗反扣在菜上，碗顶放一朵用胡萝卜雕成的花（也有用鲜花的），做菜大师傅亲自上这道菜，一名厨师随后捧一只碗。上菜后，大师傅便对宾客“说福事”，也有的只说：“各位贵客，菜弄得不好，得罪众位客边，请多海涵。”主宾须给红包（钱不论多少）放于碗中，以示对厨师们的慰劳和谢意。

四、上　　菜

正式开席前，喝油茶汤是开席前奏；席间上土家咂酒或包谷烧酒，添金银饭（大米拌和少量包谷粉后上甑蒸熟，也称蓑衣饭）；最后上“土家团圆粑粑”（香蒿粑、糯糍粑、粽粑、粉粑、马打滚等其中一种即可）。

客人落座后，首先上土家油茶汤一人一小碗。总管先生大声吆喝：东家吉日大喜，喜迎嘉宾贵客，客来东家朝贺，东家蓬荜生辉，快上喜茶！

土家油茶汤，是一种茶饮汤质类的点心小吃，香、脆、滑、鲜，味美适口，提神解渴，既是土家人传统的风味食品，又是招待客人的一种传统礼仪，凡是贵客临门，土家人都要奉上一碗香喷喷的油茶汤款待。土家油茶汤的制作方法，是先用茶籽油炸适量茶叶至蜡黄后，加水于锅中，水一沸便用文火煮“荷包蛋”，待鸡蛋刚好煮熟，并放上姜末、葱末、蒜末，连汤带蛋舀入碗中，加上事先炸制好的阴米子、阴包谷子、油渣、豆腐果、洋芋块、核桃仁、花生米、黄豆等“泡货”即可食用。

上菜的顺序与方式也有讲究，上头菜时，总管先生高喊“吉日良辰，宾朋满座，出菜！”，鞭炮、鼓乐齐鸣，执盘人大声吆喝“送福送喜”，漫步托上“头菜”摆在餐桌中央。接着，每上一碗菜，托大盘子的人都要高喊一声拖腔的号子，第一句为“恭贺词”，第二句才是报菜的雅名，恭贺词稍停顿，紧接着报菜名，长长的拖腔直到席前，随之鸣炮，鼓乐师吹奏起欢快的迎宾贺喜“菜调子”，主人前来敬酒。客人边吃，边上菜。接着出第二碗菜……直到上第十碗菜，执盘人一声“菜圆”，表示菜上齐了，鼓乐师便吹“下席调”。

以“髈扣席”为例，上菜次序一般为：

第一碗：喜沙肉。恭贺词：一品当朝！报菜名：恭喜贺喜！

第二碗：酥肉。恭贺词：二龙戏珠！报菜名：金元宝！

第三碗：炖土鸡。恭贺词：三元及第！报菜名：金鸡报晓！

第四碗：酸鲊肉。恭贺词：五子登科！报菜名：金玉满堂！

第五碗：蹄髈。恭贺词：四季发财！报菜名：根基永固！

第六碗：白豆腐。恭贺词：八仙过海！报菜名：虎虎生威！

第七碗：火炕鱼；恭贺词：七星高照！报菜名：年年有余！

第八碗：豆芽菜。恭贺词：久长久远！报菜名：银柱金顶！

第九碗：扣肉。恭贺词：六合同春！报菜名：满堂红！

第十碗：粉丝豆腐果。恭贺词：十全大吉！报菜名：金果银丝！菜圆！

婚宴，在第十碗上完后，为送亲客的桌上多加一个蒸蹄膀，名曰"吃双膀"。而且这道菜得由大厨亲自端上，在大厨端上桌前放一挂鞭炮，说四言八句的"福事"（吉利话），再由新娘家送亲代表回吉利话，并给大厨一个红包，才将此菜送上桌。自此，总管先生再说福事"圆席"。

"十大碗"一般为十碗菜，其席面菜品除髈、扣外，其他菜品没有特别规定，大都根据各地风俗、当地物产以及各自家庭情况确定。"十大碗"有时不止十碗。随着土家人生活水平的不断提高，十大碗演变成了十几碗（备选菜：粉蒸肉、坨坨肉，蕨粑炒肉、豆豉炒肉、油豆腐丝、米豆腐、粉条、魔芋豆腐、神豆腐等）。无论"十大碗"或"十几碗"，上菜要摆放有序，从第一道到最后一道，不能出错。

五、上　饭

在上菜过程中，有客人不喝酒要吃饭的，由手托饭簸的人添上金银饭，即是白大米裹着一层黄包谷粉子的饭，黄白相间，俗称"蓑衣饭"。制作方法：蒸饭之前，先将大米倒进装有清水的木盆里浸泡，淘洗去尘滤干，然后倒入簸箕拌和三分之一的包谷粉子，在上面洒少许水，用木撮瓢翻动拌匀，倒进放在锅中的木甑内，用柴火烧水蒸。饭上气以后，这时饭基本蒸熟了，但这时的饭还未翻甑，可食用，但不松软，还需翻甑，就是把甑子里所蒸的饭，倒进簸箕内，又洒少许热水，用木撮瓢翻动拌匀，倒进木甑内，再蒸一次，待上气蒸10分钟即可。

最后上"土家团圆粑粑"（香蒿粑、糯糍粑、粽粑、粉粑、马打滚等其中一种即可）。

香蒿粑的制作方法，是采摘野生香蒿（青蒿、春碧蒿），经切碎、搓揉去苦水、再用清水浸泡挤干成社菜，社菜与"吊颈粑"（用浸泡过的七成糯米、三成黏米磨成米浆吊干，能手捏成团）米面团和匀，然后团成鸡蛋大小的圆团，按扁包上馅心（花生米、黄豆粉、芝麻、冰糖拌和而成）后捏成饼状，上蒸笼大火蒸熟即可食用。若放凉后再用木炭火烤得两面焦黄，则纹路清晰、色泽金黄，外酥里软，香甜可口，色、香、味、形俱佳。由于香蒿具有很好的药理作用，能治疗和预防"伤、肿、痛、痨、疟、痢、痔"等多种疾病。吃香蒿粑带有很强的保健色彩，因春天万物萌生，又容易使人气躁伤肝，所以春天眼病发作几率高，多吃香蒿可以爽神顺气，且能免于"春困"，所以社蒿粑是土家人的传统药膳。

客人饭毕上茶。土家人待客要上"三道茶"，在客人进屋时上第一道恭喜茶（原料：红糖，炒米，开水），恭喜茶有补血养阳之功效；与客人拉家常闲聊时上第二道提神茶（原料：高山云雾茶、绿茶），绿茶有清心提神之功效；在客人饭后上第三道开胃糊米茶（原料：糊米，开水），此汤料有降血糖、减肥、治腹胀之功效。

六、调　　席

“调席”，即每上一道菜都要先摆在桌中央，上后一道菜时，将桌中央菜肴按规矩调到应占位置上，桌上菜肴调前放后摆放有序，亦称“牵龙”、“扯盘”。调席一般为三人，一人托盘、一人扯盘、一人摆放菜肴。十碗菜在桌面按摆放形状，一般划分为“四角扳爪”、“三元及第”、“二龙抢宝”、“一元复始”四种。

第一、二道菜是恭喜菜，取“恭贺”之意，先放在正中，上第二道菜时，把头菜略往大边挪一挪，桌上两个菜平放（第一道菜在右、第二道菜在左，且以摆菜人面朝神龛方向），两个菜之间留出摆下一道菜的位置；第三道菜上鸡，摆后调在头两个菜的上方中间；第四道菜出蒸肉（酸醡肉），摆后调在头两个菜的下方中间；五道菜上蹄膀也叫蔸子，寓意主人根基永固，而客人吃这碗菜也不能吃完，留一点主人好“发”，是上席大边菜，这时托盘人要高喊“五福临门”，总管先生要“说福事”，紧接着鼓乐师奏乐，主人也开始四处给客人敬酒；六道菜是白豆腐，下席菜摆后调到左边；七道菜上鱼，上席菜摆后调到左边，这叫“鸡肉鱼，坐上席”；八道菜上豆芽菜，下席菜摆后调到右边；九道菜上扣肉，“五膀九扣”占大边，摆后调到大边中间；十道菜上左边中间。依次顺序为（上摆7、3、5道菜，中摆10、2、1、9道菜，下摆6、4、8道菜）。十碗菜上齐后，桌上若有人先吃完放碗者，须双手平握筷子说声“各位请慢用”，尚在吃者则答“你斯文”，先吃完放碗者，不能立即离桌，要等八个人都吃完，才能下席散坐；后吃完放碗者，同样双手平握筷子说声“得罪各位”，在座者则答“你吃饱”。等这一轮席全部散后，支客先生才能喊：“拆空”，打杂的人才能收拾桌子准备下一轮。

七、吹奏“菜调子”、致祝酒词（说福事）

上菜仪式开始，总管先生高喊“吉日良辰，宾朋满座，上席的鞭炮，有请应菜老师升号！”，鞭炮、鼓乐、长号齐鸣，紧接着鼓乐师吹奏起欢快的迎宾贺喜“菜调子”，执盘人大声吆喝 “送福送喜，一品当朝！”，漫步托上“头菜”摆在餐桌中央。接着，每上一碗菜，鼓乐师稍事停顿，托大盘子的人都要高喊一声拖腔的号子，第一句为“恭贺词”，第二句才是报菜的雅名，长长的拖腔直到席前，主人前来敬酒。客人边吃，边上菜。接着出第二碗菜……直到上第十碗菜，执盘人一声“菜圆”，表示菜上齐了，鼓乐师便吹“下席调”。

吹奏的乐曲调式很多，要根据节庆、婚嫁、丧葬、立屋、乔迁、寿诞、升学、荣升等红喜、白会的不同场景，吹奏约定俗成的“菜调子”。“菜调子”主要有“八仙过海"、"仙女下凡"、"喜鹊闹梅"、"年年有余"、"岁岁平安"、"迎宾调"、"送客调"、"哭嫁调"、"辞娘调"、"离娘调"、"喊船调"、"阳光照"、"反阳光照" 等数十个曲目。

"说福事"要"见事说事"、"见人说人"，按婚、丧、节日、寿诞、建造、乔迁、开业、升学等分类致祝酒词，不得错乱。

例如恭喜祝酒词曰："一杯酒来把客敬，一帆风顺事业兴；二杯酒来把客敬，二龙抢宝降吉星；三杯酒来把客敬，三阳开泰喜来临；四杯酒来把客敬，四季发财梦成真；五杯酒来把客敬，五福临门好前程；六杯酒来把客敬，六合安然万事成；七杯酒来把客敬，七星高照耀门庭；八杯酒来把客敬，八洞神仙下凡尘；九杯酒来把客敬，久长久远万年春；十杯酒来把客敬，十全十美福满门。"

"土司十大碗"还体现了土家人精致的生活方式。土家人合理利用猪肉的不同部位，烹制出丰富多彩的"十大碗"髈扣席，赋予土家饮食文化的丰厚内涵。"土司十大碗"所用材料十分普通，没有满汉全席上的熊掌、鲍翅、燕窝等名贵材料，只不过是用精细手法将平常生活中常用的肉食、豆制品、蔬菜加以烹制，这正是"土司十大碗"得以保持本色口味的真正原因。体现了"土司十大碗"的经济基础是平民的，是得以传承的根本。"土司十大碗"最大的特点是它的本色味道。它除了用纯天然的植物调味料（辣椒、花椒、胡椒、八角、茴香、葱、姜、蒜、蔗糖、酸菜等）和食盐调味外，绝不用任何化学调味料和复合调味料调味。不像"怪味火锅"之类，突出"怪味"，所有的菜品都被遮盖了本色。而吃"土司十大碗"，才是吃本色，吃本味。能吃出一菜一味，一汤一味的美味。"土司十大碗"的制作技艺考究，各种食物必须做成半熟制品。宴席开始，厨师只需加热调味。膳食结构十分合理，不唯大鱼大肉，讲究粗粮细做，细食精做。菜肴形色搭配合理，盛菜器皿古朴独特。

如今，土家人在宴请客人时，仍然沿袭十分隆重的"土司十大碗"的待客礼仪，盛情款待嘉宾，充分体现了土家族群众豪爽率直、热情好客的淳朴民风，展示了土家族民族文化的厚重底蕴，传承着悠久的土司文化。

咸丰非物质文化遗产非常丰富。单从饮食方面来讲，咸丰"土司十大碗"是现存最古老、传承最完整的地方特色菜肴，咸丰县委、县政府，已经将咸丰"土司十大碗"作为非物质文化遗产进行重点保护和开发利用，并以咸丰唐崖土司城遗址申遗为契机，打造咸丰民族特色饮食品牌，助推咸丰社会经济全面发展。

参考书目

［1］ 刘文政、吴畏：《唐崖土司概观》，国际文化出版公司，2001年。

［2］ 田发刚、谭笑：《鄂西土家族传统文化概观》，长江文艺出版社，1998年。

［3］ 彭继宽：《土家族传统文化小百科》岳麓书社，2007年。

［4］ http: blog.sina.com.cn / dayingdeboke:《土家十大碗简介》。

［5］ http://www.enshi.cn/20130808:《土家十大碗》。

土司时期以来的山区娱乐方式：土戏的现状

——以石柱土戏为例

刘建平

（石柱土家族自治县民族文化研究所）

摘要：曾经在渝东石柱土司和鄂西唐崖土司境内流传的土戏，是土司时期到20世纪90年代，山区重要的娱乐方式之一，有其特殊的源流、分布及传承、特色、剧目、行当和表演程式、演出音乐、演出习惯等，但该戏种现在却濒危，不再有活态的传承，而成为人们永远的记忆。

关键词：土司时期；山区娱乐；石柱土戏

曾经在渝东石柱土司和鄂西唐崖土司境内流传的土戏，是土司时期到20世纪90年代，山区重要的娱乐方式之一。今年5月中旬，省市级非物质文化遗产石柱土戏的最后传承人向大学安静地走了。6月初，喜迎唐崖土司学术研讨会之机，特撰文《土司时期以来的山区娱乐方式：土戏的现状——以石柱土戏为例》，以抛砖引玉，希望引起鄂西一带关注土戏、深入挖掘，以期从非遗的角度对唐崖土司申遗有一点借鉴意义。

长期在石柱土司、唐崖土司境内民间流传，富有土家特色的地方戏曲剧——土戏有其特殊的源流、分布及传承、特色、剧目、行当和表演程式、演出音乐、演出习俗等。

一、源　　流

当地人讲，古时候，石柱赶蛮夺业，把“土巴族”（石柱山里人自称）从邻近的湖广赶进龙河流域上游的沙子、中益一带，从盐大路上的咸丰、来凤一带带来的土戏，在当地流传，成为土司时期以来，到改土归流，甚至到新中国成立后的一段时期，渝鄂边境一带，山区人民比较流行的娱乐方式。

“土戏”一词的来历有两种说法。一种是从乾隆至今已延续了十余代师承的谭姓人讲：“石柱姓谭的，我们这一支不是湖广填四川来的，是本地土著人，那阵叫土巴族，我们就喊土戏。”另一种是从乾隆至今已延续了十余代师承的付姓人讲：“外头（指沙子地区以外）的阳戏是洋的，我们这个戏是土生土长的，我们叫土戏。”

可见，石柱土戏是自明清以来，甚至更早的时间，长期在石柱较小范围的民间流传，富有地方特色的一种自娱性戏曲剧种。但时至今日尚未找到土戏的确切历史记载，但根据口传心授，现在当地的谭氏、向氏和付氏等极少数农民艺人，已经有土戏的第十五代传人。从已经上溯到的十四代师承看，土戏在清朝康熙后期（1719年左右）就开始流传了，所以石柱土戏在当地活动了大约300年。

二、分布及传承

石柱土戏分布于县境内七曜山区长五十余千米、宽二十余千米的范围内，包括整个沙子镇、中益乡、冷水镇，以及桥头镇、三益乡部分地方的高山河谷地带，即“上到七曜山，下到大寨坎，左到白羊塘（石柱与利川边界），右到沙子关”的狭长地带。

新中国成立前后，沙子地区还活跃着6口土戏箱子（当地对戏班的称呼），每口箱子12人以上，领班叫掌坛。他们分别是沙子龙泛溪谭文广的箱子、沙子湖镇木公坪谭佐才的箱子、中益乡盐井杉树坝向大勋的箱子、中益乡官庄坪付贞寿的箱子、中益乡官田座坟坝谭文才的箱子、中益乡高坪向大山的箱子等。

传承代表：从现在的石柱土戏艺人谭弟金、付贞山等这一代往上追溯，已经明确他们前面的十五代师承，而他们的下一两代子孙虽然演艺不精，但耳濡目染，还可以勉强凑合表演。

根据先关民间老谱系记载，十五代师承中，开始由龚姓传邬姓，传了两代又传入闫姓，闫姓传了两代又传入付姓和谭姓，至今，付姓延续了十一代，谭姓延续了十代，列代师承谭姓的掌坛师傅和掌坛时间是：

龚姓　时间不详
邬法正　1719（康熙年间）~1736年
邬灵安　1737~1755年
闫正明　1755~1773年
闫声旺　1773~1791年
谭家木　1791~1806年
谭世礼　1807~1825年
谭国帮　1825~1843年
谭天开　1843~1863年
谭心华　1863~1883年
谭一畔　1883~1904年
谭相财　1904~1924年
谭文才　1924~1944年
谭弟金　1944~1965年
谭弟金儿孙代　1965~1988~（继续家传但无掌坛）

土戏活动情况方面，新中国成立以后，因土戏演出有“神”等原因一度停止了活动。“大跃进”年代谭文广的箱子在沙子唱过，到党的十一届三中全会以后，土戏又才开始有了一些活动。

1983年，当时石柱县桥头区团支部书记会在中益的盐井（原为盐井乡）召开，谭文才、向大勋、付增山、谭弟全四口箱子的艺人为会议演出了《拨路先锋》等剧目。

1984年春节，上述箱子人员参加中益乡群众文艺演出比赛并获奖。

1984年，当时盐井乡成立文化站，上述人员在成立大会上演出，被县文化部门发现。

1985年，县文化局、文工团组织郭小雪、秦泽斌、江书辉、马权兹、陈万林、马世超、谭奇云、陈时群、江小平、陶庐山等人开展调查，并组织座唱录音。

1986年，县文化局、文工团土戏调查组在当时县广播局刘昌渝同志和中益乡政府全体干部配合下组织谭弟全、付贞山、谭弟银、谭仁同、谭仁科、向大学、向大荣、向世华、陈如善、黄玉林等十多位农民艺人在盐井进行录像演出，摄像机第一次走进龙河边的盐井山沟沟，当时观看的群众多达两千余人。

1988年4月，艺人谭弟全、付贞山应邀进城参加土戏考察鉴定座谈会。该会由县文化局主持，有中国戏曲志四川卷编辑部、四川省戏剧研究院、重庆市戏研所等有关单位的负责同志参加。

1988年5月，土戏调查组到盐井等地补拍剧照，有伴奏乐器、乐队队列，剧照：《红灯记》、阴戏《张保李保放牛》、《四值功朝》、《拨路先锋》等十多幅。

之后的20多年来，时代在快速发展，土戏的生存环境渐渐恶化，老艺人差不多相继过世，年轻人大量走出大山极少传承，出现传承的断代，土戏的生存空间逐步消失，导致土戏自生自灭，基本没有传承传播。只是近年来掀起的民族民间文化保护和非物质文化遗产保护等工作，又有人开始关注石柱土戏。这其中包括文化部非遗司、市文广局非保中心和有关高校的专家到过中益实地采风，但是为时已晚。

三、特　　色

从石柱土戏的分布看，封闭在龙河流域的一个狭小地带，足不出户，基本保持着原始状况，充分体现了它的本土性。

土家人喜爱唱歌跳舞，逢年过节、红白喜事更甚。有很强的交融性，石柱土戏就是在当地土家人唱歌跳舞的基础上，借鉴流入本地较早的做道场、还傩愿中的某些形式，加上本地流行的敬神仪式、民间传说等文学内容和本地耍锣鼓等加以变化作为伴奏进行表演的形式。它虽然具有强烈的本土封闭性，但还是有相当与外界的交融成分。

石柱土戏具有鲜明的民族性，从而区别于其他戏种，表现在声腔、伴奏、舞蹈、习俗等方面。

声腔，是戏种区别的主要标志，土戏声腔的曲式、旋法，是在流行于土家的薅草歌、连八句等基础上发展形成的，特别是薅草歌中的“长锤”、“闷锣”、“七字连八句”等打法和唱法在土戏中时有所见。

从伴奏乐器和锣鼓牌子看，土戏以浓郁的地方民族特色而有别于其他戏种。土戏的伴奏乐器，有本地脚盆鼓、大锣、大钵和大甩锣。锣鼓牌子是在当地耍锣鼓的基础上形成的。

土戏常用舞蹈中的大穿花、小穿花、耍绣球、拜罗汉、鲤鱼跑滩等动作，与本地其他土家舞蹈相互借鉴。

土家人信奉多神，特别是“三圣”（土地神、川主和药王），土戏中神戏有相当比重，也以信奉“三圣”为主。表演程式中的搓犁扣、编篾芭折、舞簾盖等，是从当地民间生产生活中提炼而来的。

土戏自娱性很强，除了白会，其余场合都可以演出。箱子艺人是不脱产的农民，没有专业箱子，演出只装神不弄鬼，区别于迷信职业者。农民艺人向大学曾说：“我们演土戏是喜欢娱乐，想把这个山沟沟搞热闹点。”

土戏演出不大受舞台艺术规律的约束，以能逗人笑和热闹场合为成败标准。特别是脸上涂抹着锅灰的三花脸，或借题发挥，或随口现编，演出形式甚至可以打破演员与观众的区别、台上与台下的界限。比如《八仙庆寿》就是在大门外开唱而进屋，然后把寿星拥到中堂坐着围着唱。土戏娱神也娱人，在娱神的同时，实际上娱乐了围观的观众。

四、剧　目

石柱土戏剧目有神事（还愿戏）和民事（喜庆戏）两类。

还愿戏剧目固定。有《引生》、《请神》、《发贴》、《拨路》、《蹚生》、《回熟》、《放牛》、《陈公》、《急事催愿》、《土地报台》、《镇宅》、《发二奏》、《清宅》、《通圣》、《勾愿（大、小勾愿）》、《龙船》、《狮子》、《送神》十八折。主要内容是打打杀杀、诸请神受、明愿了愿、请神送神。这套剧目的手抄本已被销毁，据说还有手抄本的复印件四卷散落在民间。

民事戏剧目。仅沙子附近的官庄坪、座坟坝、杉树坝三口箱子曾经演出过的剧目就有《红灯记》、《四值功会（四值功朝）》、《拨路先锋》、《八仙庆寿》、《二郎降孽》、《金童玉女》、《二王伐纣》、《打菜姣》、《安安送米》、《二王下山》、《谢财神》、《苏秦背剑》、《山王捉蛇》、《太公钓鱼》、《背鞭过关》大小剧目十五个。

简述前两个剧目的主要内容。《红灯记》的题材来源于当地民间传说：“玩花灯的来历”，是描写宋仁宗为母后的眼疾许下红灯愿，武宣王在红灯会上强抢民妻罗桂英，罗的一双女儿告到包公衙门，包公和包夫人智惩武宣王。《四值功会》是发贴仙官派遣四值（年、月、日、时）分赴各地请宰受祭，题材来源当地焚烧文书酬神的敬神仪式。

农民艺人谭弟全等说，这些戏是一代代传下来的，只有《背鞭过关》是一个有钱人的子弟在外读书，从川剧里学来的。

这些戏的手抄本很难找到，其中《四值功会》、《红灯记》、《拨路先锋》三戏在十多年前，根据录像资料并对照艺人口述笔录形成的残缺剧本。

五、行当和表演程式

石柱土戏没有明显的行当区分，除了有大花脸、二花脸、三花脸、文生几个泛称，其余都谈具体角色名称。大花脸指《拨路先锋》中方弼一类角色，二花脸指该剧中方相一类角色，三花脸类比其他戏种丑角一类角色，文生指法师一类角色。

石柱土戏中常用的表演程式有：

（1）带阵，也叫引阵，由旗手二至多人前导。

（2）走阵，指队形和变化，以大穿花的步法为基本步法。常用的画面有：①穿猪蹄，又叫穿九宫节。类似其他戏种的走线耙子，来源于土家舞《打绕棺》。②穿篾笆折。几人横排，另几人顺次穿过去再穿回来。从土家生活中土家人编篾笆折劳动提炼而成。③搓犁扣。两路人相互穿插，像土家人搓犁扣，源于土家舞《打绕棺》。④鲤鱼跑滩。几个人波浪似地进退摇摆，源自土家舞《打绕棺》。⑤拜罗汉。两人以上对礼，两手相互半握，左手在内，右手在外，由左下角到右上角斜线上舞，来源于土家舞《打绕棺》。

（3）开山子。男女角色理发、整冠、撩衣、扯袖、拍灰、扯鞋等动作。

（4）靠山子。摆画面或造型。

（5）空山子。徒步开打。

（6）对马。马上开打。

（7）溜马。牵马、洗马、刷毛、喂水、上料、溜马。

（8）魁星点斗。左腿独立，左手掐灵官，右手横鞭头顶。

（9）舞簾盖。一人横臂，另一人抓臂前滚翻，像土家人打麦子时舞簾盖。从土家人生产中提炼而成。

（10）丁字步。肢靠丁字行进，多用于大花脸、二花脸。

（11）小碎步。来源于土家人玩车灯和彩龙船幺妹的基本步法。

（12）踩跷子。女角，用丈二长的绑腿捆着跷子走小碎步。艺人说：“跷子要好看，屁股夹个蛋！”

（13）要绣球。上三下三，挽一大圈，左右绣球交替上舞三次，两臂伸直挽一个大圆圈。

（14）摇花扇。轻摇轻扇，完了花开，开始轻摇，结束时往上向外翻舞。

（15）阴戏、阳戏。还愿戏中有阴戏、阳戏，而喜庆戏中没有。台上有演员演唱的叫阳戏；台上无演员，内台合唱，方孔走木偶等表演的称阴戏。台上无演员，方孔无木偶，只有内台合唱的也称阴戏。阴戏、阳戏有阴戏二十四和阳戏二十四。

六、演出音乐

土戏唱腔是在本地民歌基础上形成的单句连接体的山歌腔。没有曲牌名称，只有喜、怒、哀、乐等情绪分类。

土戏的伴奏乐器是直径两尺左右的脚盆鼓、带内凹肚脐眼重七斤多的大锣、大钵、大甩锣（比川剧马锣大两倍的低音马锣），四个人演奏，由鼓指挥，演奏员又兼合唱队员。

乐队队列分摆台中和摆台左侧两种。

锣鼓牌子是在当地耍锣鼓的基础上发展形成的，根据时间段和作用分为：开场锣鼓、上场锣鼓、过场锣鼓、下场锣鼓、接唱锣鼓和变腔锣鼓等。

下面是20世纪80年代记录的土戏《红灯记》唱腔选

（1）内台

1=B2/4中速　　谭弟权
（帮腔）谭弟艮 演唱
向大学
向大荣

（领）风飘飘来，雨淅淅，（合）艾和林内打（呀）
打竹鸡，（领）两个竹鸡飞两路，（合）你向东来我向西。

（2）金童唱腔

1=B2/4 3/4中速偏慢　　黄玉林 演唱

家住东就城一座，冤家小巷我家门，姐姐，有名；
仁宗皇帝造红灯，娘母打扮去看灯，就被，宣王；
姐姐有名迎仙客（呀），祖父有名田百万，外公有名；
就被宣王行霸道（呀），强恶母亲去成亲（呀），爹到包公去告状，一去三年；
外公有名罗翰林（啦）。
一去三年未回城（啦）。

（3）玉女唱腔

1=B2/4中速，稍快　　付贞山 演唱

你也回，我也回，日落深（啦）山，要回（啊）城，
八副罗（啦）裙，抽（啊）两线，各自抽（啊）身（啦）
两分（啦）高。

（4）金童玉妇女齐唱

1=B2/4中速　　黄玉林、付贞山 演唱

（玉）弟儿啦（金）：姐吼：（哎），望（那）山又高，豺狼虎跑（喂）：望（那）水又深（那个），波浪（哟）滔天（啦哎）。

（5）时值功曹唱腔之一

1=^{b}B2/4稍快　　　　　　　　　　　　向世华 演唱

来到堂前叩请（那个）神，叩请蒋坛香内（那个）人。

弟子请你无别（那个）事，时值功曹出坛（那个）门。

时值功曹唱腔之一

1=^{b}B2/4中速

日值（那个）功曹邓家子，乘骑马上听（那）原因，听原因，某宅（那个）家下（呀）领（那）法告，领取公文（啦）要（呀）小心，要小（那）心（啦）。

七、演出习俗

在场地设施、唱还愿戏、道具、禁忌和戏目方面都有固定的习俗、习惯。

场地设施：在院坝、宽街沿、大堂屋、庙台都能演，舞台用木板或堂席围成，用天幕不用门幕，侧幕、天幕正中的上方要横开一条长方形大口子，以供阴戏中的木偶、狮子、船或其他模型道具表演。

唱还愿戏：台中要设供桌，天幕要挂三圣（土王、川主、药王）像。唱喜庆戏就简单些，一般不设供桌，不挂三圣像。关于土戏台子挂三圣的来历有两种传说：一说是放牛娃冯张保、冯李保唱歌祈神三圣显灵；一说是石柱土司白杆兵万里勤王征战辽东时三圣沙场保驾，为了纪念，于是挂三圣像。

道具：土戏不用面具，是用木炭开脸，台子中间不垫席子，兵器和生活器具多为木仿制品。

禁忌：土戏忌死，除死人以外，任何场合都可以唱。

戏目习俗：凡唱还愿戏，都是唱从《引牲》到《送神》固定的一套十八折剧目，无变动。

凡是唱喜庆戏，就要根据不同的具体场合。确定演出的主戏，再配以其他的折戏，比如娶媳妇、生崽崽儿以《金童玉女》为主戏；修房以《灵官镇宅》为主戏；贺寿以《八仙庆寿》为主戏；生意人赚钱以《谢财神》为主戏；垮岩、崩坎等灾害则以《二郎降孽》为主戏。

2007年以来，有福建师大、西南大学和三峡学院等几所高校的研究生先后到石柱中益、沙子一带比较系统地调查过石柱土戏。调查结果显示，该戏濒危，仅仅剩下向大学、向大华两位八旬老艺人。灾荒年，家人饿的饿、死的死，谈何演戏；打工潮流以来，他们没有收徒弟，他们的土戏手艺传承出现空当。向大学的女儿也因为土戏受到传儿不传女的禁忌而没有授艺。所以，土戏的传承断代已经成为事实。

土戏传人最后的表演

（石柱土家族自治县文化馆提供）

向大学在世的时候，最近的一次采风，他虽然年事已高，但是谈到土戏他就眉飞色舞、情绪激动。在田野调查中，他始终积极配合采风，十多人的舞台，他一个人用语言、动作、音乐、实物再现了当年土戏表演。而采风人员也虚心采集，并使用现代技术对其进行了记录。之后，土戏的道具进入了重庆市非物质文化遗产保护中心的博物馆。随着向大学的离世，土司时期以来的土戏不再有活态的传承，而成为人们永远的记忆。

试谈古苗疆走廊上的土司文化

郭　俊

（三峡大学民族学院）

摘要：“古苗疆走廊”是人类学专家新提出的一个人类学概念，它是一个独具特色的民族走廊。多样性的民族文化在同一个空间地域内互动与整合，从而建构了以多元一体为主要特色的古苗疆走廊地域文化。本文对古苗疆走廊的形成和古苗疆走廊多样性文化的成因进行了简单分析，笔者认为，古苗疆走廊的土司就是古苗疆走廊形成和古苗疆走廊文化呈现出多样性的一个重要因素。据此，本文进行了初步的探讨和分析，如有不当，敬请批评指正。

关键词：古苗疆走廊；土司；“多元一体”文化格局

一、古苗疆走廊的定义

“民族走廊”是20世纪80年代社会学家费孝通先生提出的概念，一般来说，在地理学上，“走廊”是指连接两个区域的中间狭长地带，“民族走廊”一般是指某个或某些民族或族群沿着一定的河流、山脉等自然环境不断地迁徙流动的过程中在迁徙路线上积淀下来的历史文化。

对于古苗疆走廊，我们首先要知道一个基本的历史常识，那就是古苗疆走廊中的“苗”不是特指现在的苗族，而是和“夷”一样都是对南方非汉族少数民族的一种统称。比如，侗族那时候就叫做“侗苗”，布依族就叫做“仲家苗”，即使是支系繁多的苗族也是被称作“百苗”。也就是说，这里的“苗疆”相当于今天我们所说的少数民族地区，据史料记载，古代的“苗疆”在清代以后是涵盖了贵州及周边地区的一个地缘概念。换句话说，古苗疆走廊是整个南方少数民族地区各少数民族经济政治文化生活各方面等不断交融而形成的一条文化走廊，而并不是仅仅属于哪一个民族的，更不是只属于苗族的文化走廊。

20世纪，费孝通先生曾经提出了“藏夷走廊”、“南岭走廊”、“西北走廊”的概念，继之，学术界又提出“河西走廊”、武陵民族走廊”等概念，这些民族走廊有一个共同的特点：就是大都依自然地理条件而自然形成的。然而“古苗疆走廊”并非如此，“古苗疆走廊”是从以汉文化为中心的两湖平原地区跨越到以非汉族群体为主的少数民族聚居区的湘黔滇高原地区的跨地形带的走廊，兼有平原、丘陵、高原、山地等多种地貌，特别是发展到当代，在修筑320国道和开通湘黔铁路时，更是逢山打洞，逢水架桥。所以说“古苗疆走廊”更多侧重于受到政治、经济等社会因素影响，而不是依据山川地势等地理条件自然形成，是兼具汉族和非汉族群体的多民族多样性地域文化特征的民族走廊。简单地说，“古苗疆走廊”相比其他民族走廊来说，更多是在国家意识的操纵下形成的，和以往以贸易为中心的“茶马古道”、“南方丝绸之路”等自然形成的“商道”或是与依托地理山川走势形成的“民族走廊”等线路相比，“古苗疆走廊”有着很大的不同，“古苗疆走廊”具有地貌的多样性，民族的多样性，文化的多样性，而这些多样性对周边区域的政治、经济、文化的影响是极为重大的，因其多样性文化的碰撞和交融形成的历史文化遗存是厚重的。

明代《广志绎》记载：“其在黔中者，自沅陵到普安两千里，总称曰‘苗’”。据此，贵州大学人类学教授杨志强将沅陵作为“古苗疆走廊”起点。杨志强团队根据多年的研究还将古苗疆走廊的大致区域绘成了一幅地图（图一）[1]。杨志强提出，所谓的“古苗疆走廊”，就是指在元明时期之后开辟的，在地理位置上连接了西南边陲云南和湖广两地的一条驿道，当然也包括其周边呈带状分布的地域。该驿道以湖南省常德为起点，东西穿越贵州中部的镇远、凯里、贵阳、安顺、盘县等地，然后进入云南富源县，再经曲靖等地最终抵达昆明，他的走向与今天的湘黔滇铁路路线大致相同。该驿道全长大约1400千米（湖南常德至云南昆明），其中经过贵州省境内的路段大约有600千米。在行政区划地图上，古苗疆走廊大约穿越了三省30多个市县，涉及面积近80000平方千米，有20多个民族沿线分布，人口约2000万人。可以说，这是元明时代以来直到晚清的数百年间，维系着西南与中原政治、经济及文化密切往来的大动脉。是一条连接湘黔滇三省的极为重要的军事要道，同时也是一条囊括许多汉移民文化区和少数民族文化圈的文化走廊要道。

二、土司与古苗疆走廊

土司是中国西南、中南、西北和其他一些民族地区从元代开始实行的一种社会制度，直到民国时期才结束，甚至个别地区直到1950年代才真正结束。它代表的是中央王朝的管理权，同时又充分体现了民族地区的行政职能。另外，土司代表了民族地区的特殊经济关系，即：“世有其地，世管其民，世统其兵，世袭其职，世入其流，世受其封”，其中“世有其地，世管其民”体现了封建领主土地所有制下复杂的经济关系，包括土司与中央王朝的贡赋关系、与被统治人民的赋役关系，这也是土司得以施行的经济基础。

简言之，土司就是治理土民的土官，它是为解决少数民族地区统一问题而实施的“以夷制夷”的政策，它在两汉的羁縻郡县制和唐宋州府县制的基础上发展而来。元朝在总结唐宋羁縻统治利弊得失的基础上，实行土司制度；明朝又沿袭这一制度并加

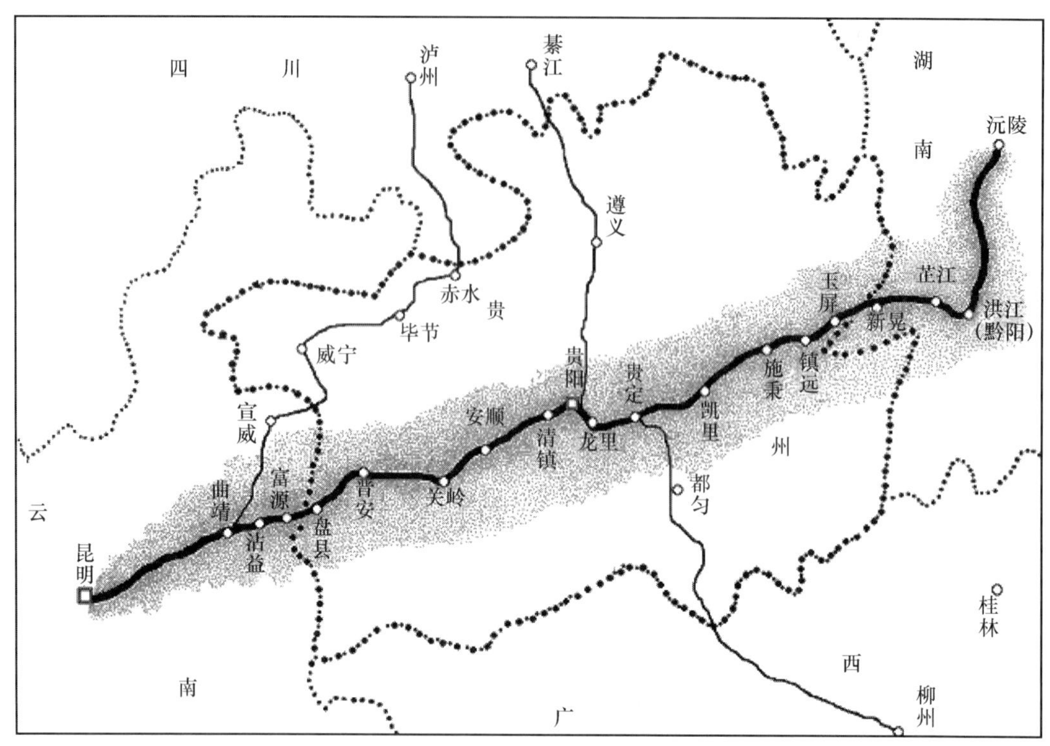

图一　古苗疆走廊地图

以完善。据《贵州土司史》载：明洪武五年，即1372年，田儒铭第五子茂能，被敕授“朗溪司正长官”，后其子仁泰又奉命招抚叛苗28寨有功，授其《朗溪司舆图公据》，上有“照得朗溪司正长官田仁泰……招抚治古、答意（属乌罗）长官司……与国出力，公据为凭，永远子孙世袭掌管……”等文字，这是贵州内迄今为止唯一发现的一份关于土司的公据。

古苗疆走廊既是中国中央政权控制西南边疆的一条交通大动脉，同时也是连接中国与东南亚一条重要国际通道。自明清以来，汉族移民沿着这条“苗疆走廊”大规模的进入西南地区，他们通过这条驿道把汉文化带到周边的少数民族地区，少数民族居民同时把少数民族文化带入汉族族群中，二者的文化因此得以相互交融相互影响，于是形成了遗留在汉族地区的历史文化古城和如今少数民族地区以及在汉族与少数民族杂居地区的各种文化现象，如社戏、巫傩及傩文化面具、屯堡文化、土司文化等，这些文化现象都与这条“苗疆走廊”有密不可分的关系。古苗疆走廊上的土司更是数不胜数，具体的土司有东线的永顺土司、思州（思南）土司、平伐长官司、金筑土司、水西土司；北线的播州土司；南线的烂土长官司、陈蒙土司等，这些土司都具有浓厚的历史文化价值、艺术价值和科学研究价值。宋俊华曾指出历史文化价值是指历史古迹的类型、年代、规模、保存状态及其在历史上的地位[2]。古苗疆走廊上的土司如播州土司，从唐宋到明清经历了四个朝代，具有深厚的历史文化；如建于南宋的海龙囤，是目前为止西南土司建筑群中规模最大、保存最完好且传承时间最长的军事遗址，他能充分反映出杨氏土司在播州统治的全过程；不仅如此，海龙囤还集优美的自然风光和高雅的人文景观于一体，尽管历经几百年的风雨洗礼，但我们仍能感受到它的雄伟壮观，真所谓是“海龙囤迴插青天，飞虎关高入紫烟”[3]。另外，作为土司墓葬的代表的杨粲墓，被誉为是西南石刻艺术的宝库，布局十分巧妙，石刻极为精美，技法显得独到，是著名的石刻艺术宝库，对于今天播州的历史文化研究和艺术研究都具有十分重要的意义。这些墓葬及其出土的碑文、墓志、石刻、雕刻等，在某种程度上弥补了文献的不足，为我们研究该地区的土司制度、土司家族历史和土司的社会生产生活状况提供了另一种史料，同时也为建筑艺术研究、石刻艺术研究等艺术研究提供了科学的研究资料，具有极高的科学研究价值。

三、土司与多古苗疆走廊上的多元一体文化格局

“古苗疆走廊”作为中国南方的一条东西横向的民族走廊，是历史上的中国从内地进入西南民族地区的重要通道，也是中国各民族长期互动、中国经济和政治结构变革的结果。具体来说，古苗疆走廊形成的直接原因是当时国家要对西南地区进行“国家化”，急需开辟一条通往西南的捷径，贵州是这条通往西南地区的要道的必经之地，最初贵州设省就是为保护这条通往云南的“走廊”通畅和安全，所以“无滇，便无黔”。为保证这条通道的畅通，朝廷就采取了“以夷制夷”的办法。历史上记载，自明代到清代雍正年间，朝廷曾多次对“苗疆”内的土司及少数民族用兵，但是绝大多数都是因为官道受阻。因此，官府逐渐认识确保一条畅通的通往西南地区要道的重要性。然而，西南地区地形复杂，族群分布比较多样，司马迁曾经这样描述过当时西南状况，“西南夷君长以什数，夜郎最大；其西靡莫之属以什数，滇最大；自滇以北君长以什数，邛都最大：此皆魋结，耕田，有邑聚”[4]。所以，要加强对西南特别是对云南的统治，朝廷就采取“以夷制夷”的政策，对当地的土族大姓或首领封以官职，让其世袭其原有土民，在政治上可以巩固朝廷统治，经济上可以维持原有的生产方式，朝廷只是想通过这些土官对其土民进行管治；同时规定土官必须承认自己是中央王朝统治下的一部分，绝对听从朝廷征调，还要按期交纳贡赋，承担政治、经济、军事等方面义务，并派封疆大吏驻地镇守，这样就保证了“古苗疆走廊”这条“官道”的畅通无阻。另外，由于政治、经济、军事等的原因，就吸引大批的汉族及非汉族移民迁移过去，长期的交流和融合就构造出了多元的民族文化，为“古苗疆走廊”这条文化长廊的多元一体文化格局的形成奠定了重要的基础。

“古苗疆走廊”开通了之后，明政府在“古苗疆走廊”沿线上设屯开卫，为内地汉族移民迁徙到西南地区奠定了基础。明初西南汉移民主要以军事移民为主，洪武时期在国家的组织下，进行了大规模的卫所军事移民。洪武年间贵州都司及在贵州境内的千户所共有134个，除去四川境内的6所和云南境内的1所，还有127所。以标

准兵力计，则应有14.2万士卒，与家属合计有42万人口[5]。除此之外，移入贵州的内地移民也有商业贸易迁徙者、从事农业、手工业等方面的移民，如“古苗疆走廊”东线的镇远府，“居民皆江、楚流寓”；中线贵阳，“五方杂处，江右、楚南之人为多”；西线的普安尽管“邑居万山之中，绝少平旷之地”，等等。清代前期，云南贵州开发矿业，再次吸引了内地移民的大量涌入，宁州“州境颇宽，且滇省昭、东各厂运铜，陆道解至泸州，必由州境，人夫背负，牛马装驼，终岁络绎于途。兼之州属所产黑白铅子厂林立，砂丁炉户悉系客民，虽其地尽属夷疆，而客民之落业其间因而置产者不少”[6]。

我国著名的社会学家、人类学家费孝通先生于1988年在香港中文大学 “泰纳演讲”上作了“中华民族的多元一体格局”的重要演说。1996年10月，费孝通先生在日本国立民族学博物馆举办的“中华民族多元一体论”国际学术讨论会的报告——《简述我的民族研究经历和思考》中对“中华民族多元一体格局”作了进一步的阐述。这里的“多元一体”既可以理解为民族实体的多元一体，即中华民族成为一体是先有各地区的初级统一体，之后形成北牧南耕两大统一体，然后通过各民族间的流动、分合、杂居、通婚、通商等，以汉族为核心，将各个民族串联在一起，形成大一统格局下的中华民族的民族实体，近代在共同抵抗西方列强压迫的情形下形成一个休戚与共的民族实体。总之，在中华民族统一体中存在着多层次的多元结构，各层次的多元关系又存在着分分合合的动态和分而未裂、融而未合的多种情状[7]。另外，“多元一体”也可以理解为民族文化的多元一体，多元也就是多元的民族文化，即：多种不同形态的文化在文化的接触和文化的传播过程中，会自发地形成新的、与其他多种文化不同的文化形态，在某一空间地域内这些多元文化以“你中有我，我中有你”的方式共处从而形成一种新的文化体系。著名的民族社会学家马戎认为在多种民族文化交互作用的多元文化场景中，通过文化碰撞、交叉与磨合作用，各个不同文化集团由最初的差异、冲突到适应，这种多种文化在互动碰撞中相互整合的模式是民族杂居地区多元民族文化变迁的普遍模式[8]。古苗疆走廊是一个跨区域的多民族杂居的走廊，许多民族在进入古苗疆走廊的同时也将自己民族独特的文化嵌入古苗疆走廊的文化版图中。古苗疆走廊的民族文化互动与其他民族地区文化互动的最大不同在于它的民族多样性和文化多元性，其民族走廊文化这一地域文化体系的形成过程本质上就是多元民族文化的相互交错、碰撞、多种文化圈结构不断重新分化和重组的过程。如今的“古苗疆走廊”，像一根红线一样把点状散列的“屯堡文化”、“傩文化”、“安顺地戏”等“移民文化”一线串起，更是体现了“古苗疆走廊”的多元一体文化格局的特色。

四、结　　语

综上所述，基于打通“古苗疆走廊”的东线、南线接通云南的通道、北线接通四川的通道，在这样的背景下建立了古苗疆通道。在打通这些通道的过程中，当时的官府建立了很多卫所，并派驻了大量的汉族和其他民族的移民驻守那里的卫所，导致这些官府派驻人员成为当地的土司或者与当地的土司相结合形成了新的势力团体。在这种新的势力团体的统治下，各民族经济、政治、文化、生活等相互交融导致了汉族与少数民族交融合并，于是形成新的文化体系即多元的文化体系，最终形成一条独具特色呈现出多方面多样性的文化走廊，即今天我们看到的“古苗疆走廊”。这是一条具有厚重而多样文化的民族走廊，它不仅是过去而且是今天连接中原与西南地区的一条重要通道，同时也是一条穿越众多“异文化”（即非汉族群分布区域的“汉文化走廊”地带）的文化走廊，对于今天的民族关系研究、土司研究、艺术研究等各方面研究都具有极高的价值。

注　释

[1] 杨志强、赵旭东、曹端波：《重构“古苗疆走廊”——西南地域、民族研究及文化产业发展新视域》，《中国边疆史地研究》2012年第2期。本图为杨志强教授根据《中国历史地图集》明清时期贵州省地图绘制，图中粗线附阴影的条状地带为“古苗疆走廊”交通线及周边文化遗存丰富、民族/族群关系频繁交叉影响的地带。

[2] 宋俊华：《文化生产与非物质文化遗产生产性保护》，《文化遗产》2012年第1期。

[3] 吴效群：《对近年我国非物质文化遗产研究几个重要问题的看法》，《文化遗产》2011年第1期。

[4] 《西南夷列传》（卷一白十六）。

[5] 这些屯军多分布于“古苗疆走廊”沿线。明政府之所以开辟“古苗疆走廊”就在于保障内地进入云南路线的畅通，如王辑《移云南协议书》记载：“据贵州按察司驿传道呈称，查得贵州驿站，万历七年自正月起至十二月终，应付过云南马二千八百匹，夫二千七百三十一名，本省止用马一千三百三十八匹，夫一千三百九十一名，以十为率，在云南用过七分，在贵州止及三分，至于上六卫、西四卫各驿站不下数千，尽皆云南过客，而本省之用则十无一、二。”

[6] 卷三《大定府》：非汉族群因战乱也沿“古苗疆走廊”迁移，如咸同时期，黔东南苗族沿“古苗疆走廊”进入西部的紫云、镇宁、贞丰等地，形成族群飞地。

[7] 费孝通等：《中华民族多元一体格局》，中央民族学院出版社，1989年，第29～33页。

[8] 马戎：《民族与社会发展》，民族出版社，2001年。

关于贵州岑巩县木召古城的再认识

——兼论思州治所之变迁

叶成勇

（贵州民族大学民族学与社会学学院）

摘要：本文在调查研究的基础上，分别讨论了木召古城遗址的布局特点、时代和文化性质。结合文献中关于元明时期田氏思州政治变迁的记载，提出该古城约从1275年沿江安抚司设置时起，至1281年成为思州田氏土司政治中心后进一步完善，并一直使用至永乐十三年左右（1415），经历约140余年的政治变迁。真正废弃的时间可能晚至正统末年（1449）。特别是在1281年至1413年间，古城曾是元明思州田氏土司的政治中心，可称为“元至明早期田氏思州司城”，而永乐十三年以后创建的思旸古城可称为“明清思州府城”。思州被改流后，该古城并未完全废止，曾短暂地作过两年左右的思州府临时驻地。“田氏思州司城”的确立对深入认识黔东、黔东北地区的历史演变、民族关系和文化交流具有十分重要的意义，也将会有力地推动贵州古城址的研究和保护工作。

关键词：木召古城；田氏土司；思州司城

贵州岑巩县木召古城是一座十分独特的古城，关于其时代和文化性质，争论很大，主要有三种观点：一种认为它是明清时期的土司庄园，一种认为是明代军屯性质的遗址；还有一种认为是古夜郎时期的夜郎国都。2009年10月24日至26日，笔者与郭国庆博士受岑巩县王文云副县长的邀请，在县文管所杨涛和文史馆黄透松先生的陪同下，专门考察了位于大有乡木召村的木召古遗址群。后又于2010年1月17日至24日再次前往考察。以下将就古城的布局特点、时代和文化性质展开讨论。

一、木召古城的布局及特点

现在的木召村，包括上木召、中木召和下木召三个自然村寨，分布在约10千米的南北向狭长地带，地势平缓，土壤肥沃，汤江溪迤逦其间，向东南流入㵲阳河。木召古遗址群就分布在这个狭长地带5～6平方千米的范围内，遗存的文化内涵丰富，独具特色，其中位于中木召刘氏村寨的古城遗址已于1985年11月2日公布为贵州省重点文物保护单位。

整个古城遗址位于山前台地上，坐南朝北，被现在的刘氏居民房屋占据。地上建筑基本不存在，但石构的墙基、路基、地基保存比较完整，地面上残存有砖墙、门栏、石水缸及零星的柱础石、门砧等。青砖和瓦片随处可见。古城后面坡地是翠竹修茂，前面则有长500多米，宽2.5米的石板路，路旁有数十株苍劲古柏，还有银杏树两株，母树早年死亡，子树高约30米，树干围长6米。从显露的遗迹看，整个古城布局比较规整，平面大致呈长方形，长约500米，宽约100米，四周有石墙。城内以7条纵向巷道间隔6列房屋，巷道和房屋地面皆以石板铺筑。每列由3～5排庭院式房屋，每排由3座独立的房屋构成，至少共有50座房屋。每座房屋大小不一，基本结构为三合院，即正房和两厢，正房正对面有照壁。前后房屋紧邻而高低错落，从山前向半山坡延伸，房屋之间以石墙相隔，有石板路、石台阶和八字大门连接。城内地面基本用凿制规整的青石板铺砌，排列有序，石板上有的刻有花纹和图案。特别是石门栏、石柱础、石门砧纹饰多阴刻和浅浮雕，风格粗犷古朴。整个城址结构完整而连贯，风格一致，当是事先规划，短时间内建成，可见工程量浩大。据初步推算，需要100万至200万个工日，如以4000个劳动力建造，需要10～15年。

我们对保存较完整的第一、二、三条纵向巷道和第一、二列房屋作了初步测量。第一条巷道宽3米，长113米，第二条巷道宽2.8米，长94米，第一列房屋在一二条巷道之间。这列房屋地基总长66米，共4排，

每排3座房屋。第一排进深30米，第二排进深24.8米，第三排进深28米，第四排进深12米。每排房屋有石墙相隔。在第二条巷道长65米处的左边（紧邻第四排房屋后墙），有一条通往该排房屋后面长方形水池的石板路，水池也是石砌而成，东西长20、南北宽16、深约2米。现已填平建有房屋。在第二条巷道长90米处的右边，有一座八字大门。门宽2.8米，门前有台阶。进门后，有一条长约21、宽3米的石板路。路外有石墙，相当于影壁，路里边有一座三合院。正房房屋面阔16.4、进深7米，左厢宽5.7、长10米，天井宽5.5、长10米，右厢宽5.1、长10米。在水池与这座房屋之间，还有三至四座房屋，但结构很不清楚。

第二列房屋地基总长77米，有3排房屋。第一二排各3座，第三排2座，这2座房屋左右并列，在这个古城中结构完整，面积最大，被当地人称为中厅堂。“中厅堂”的结构也为三合院式，左右房屋之间有过厅。整个中厅堂的入口为一座八字大门，位于第三条巷道长约50米处的右边，门口宽2.6米。右边房屋正房面阔约28米，进深约12米，屋内地面用棱形厚砖铺垫。天井南北长18.4、东西宽12.8米，用120块刻有不同花纹图案的青石板铺砌。厢房长宽不明。天井前部有一口大石水缸，高1米、长2.4米、宽0.8米，缸一外壁上刻有一对蝙蝠，蝙蝠中间有“双喜”字（或以为“寿”字）形花纹。雕刻精细，技法娴熟。过厅长18.4、宽6米。左边房屋与右边房屋结构一致，面积稍小，正房内用方砖铺砌。天井前部也有一口水缸，纹饰相对简略。在左右房屋正房之间有火塘和水缸底石一块。整个中厅堂外有一堵石墙，墙宽约50厘米，后面也有一堵石墙。

另外，我们还测量了第二列第一排的一座三合院房屋。其正房面阔23米，进深9.5米，天井东西长11.4、南北宽9米，左厢长9、宽5米，右厢长9、宽6.8米。其他几条巷道和房屋由于保存较差，未作测量。

古城内及附近一带，经常出土各种器物。当地群众在城址上修建房屋时，不时地从基石2米以下挖出一些瓷片、陶片、瓦砾、青石料等。在城外南边坡地上，群众建房时发现有窑址、铁锅；在城前石板路外的大田坝中，犁田时发现有青石料、铜杈、清代钱币以及大量陶瓷片。大田坝外有一条叫汤江溪的小河，小河冲刷出大田坝2～3米深的土壁岸上，清晰可见大量残砖、瓷片、瓦片、陶片等。

根据这些线索，我们在与小河相距3米处的大田坝中，随机选择试掘1平方米的探方，以进一步了解这个大田坝下的堆积情况。发掘至3米以下，仍未见生土。就已发掘的堆积看，耕土层下大致可分为两层，上层厚约1.5米。土质比较坚硬，呈灰褐色，中间夹一层很薄的黄土，黄土比较纯净。灰褐色土中包含有较多的陶瓷片、炭屑，也有少量烧土块和兽骨，出土一枚“乾隆通宝”。陶片主要是泥质灰陶，有个别釉陶，瓷器都是白瓷和青花瓷，胎壁薄，釉色纯正柔和。下层堆积至少有1米厚，土质较疏松，呈黄褐色，但质地很纯净，包含物很少，偶有陶瓷片、炭屑、烧土、兽骨、腐木、青铜丝等出土。陶片中除泥质灰陶和釉陶外，以夹砂粗陶较多，还有黑陶。器类以罐、盆、碗为常见。瓷片除青花瓷片外，还有少量青白瓷，胎壁和釉层都很厚，釉色乳浊，光泽度较差。尤其是青白瓷外底部和圈足部位露胎，圈足短而厚，有砂眼和粘砂现象。这些都是元代景德镇青白瓷和青花瓷仰烧工艺所具有的特征[1]。

整个堆积从田坝向小溪河边倾斜，上层堆积倾斜度很大，下层堆积则相对平缓。从堆积方式和出土物看，这上下不同的两层堆积有时代早晚差异，由不同时期的人群活动形成。下层土质土色都较纯净，包含物稀少，是短时期内堆积而成，很可能是修建前述的古城时，平整地基起土填起来的。上层堆积土质土色比较复杂，夹杂物较多，当是古城建成后，人们生产生活中的废弃物缓慢堆积而成。值得注意的是，下层堆积已经接近甚至低于外边的河床，也就是说，现在的河床还在部分下层文化堆积的上面，这似乎说明现在的小河曾经有过改道。由此可见，凡与小河有关的古代文化遗存都要晚于下层文化的时代。

在上述古城址周边5～6千米范围内还有一系列遗址，包括墓葬、房屋建筑和道路三大类。墓葬保存比较完整，有明清时期刘氏祖坟及墓碑、9座古人墓及墓碑（碑为清嘉庆十三年刘氏所立）、苗坟（只有土堆，无碑，当地人还能识别出来）；房屋建筑类有盐库、店铺、药院、古花园（类似于古城的石基础建筑，规模稍小一些，与古城遗址属于同一性质）、庙宇（回龙寺、平西庵），这些遗址仅存基址，地面结构尚能辨析；道路主要是青石板铺砌的6条古驿道，现在已成荒道，蔓草丛生，根据基石走向可知：东可达湖南新晃，东南到玉屏，南至镇远羊坪，西至明清时期的思州府城，西北往石阡，东北至铜仁。在汤江溪上，完整地保留有3座石拱桥（重修桥碑表明其中的两座在同治年间重建）、3个码头，而河的两岸多保存有石砌的堤岸。除以上遗迹外，当地还保留有一些古地名名称，如铸钱坊、蜡库、成佛岭、跑马场、军田（指前面提及大田坝）、军土（现在村庄西南的一片大土）等。1977年在古城南约4公里处的山林坡地上出土有麻江型铜鼓一面。在古城东南5～6千米处，有侯家屯、贺家屯、鲁溪屯等地名。总体上看，这些遗存具有明显的明清时期的文化特征，反映了明清时期封建政治、军屯、农耕与商业的有机结合，具有浓厚的政治、军事和经济气息。这些当是古城遗址建成后，尤其是明永乐十一年改土归流后，当地人们生产生活和与外界长期经济文化往来的产物。

二、木召古城址建造、使用与废弃的时代

据上述文化面貌和地层堆积情况，可以古城的建成为限，把木召古遗址群大致分为明清时期和明清以前这两个大的时期。现在问题的关键是木召古城址的时代如何把握。

首先，这次试掘的下层文化中包含有少量青白瓷，厚胎壁，釉层也较厚，釉色不纯，陶器以夹砂粗陶较多，还有黑陶。由此可以初步判定其时代约在元代。前面初步认为这层堆积很可能就是在修建古城过程中，平整地基时起土填起来的。这样，古城存在的时代可以框定在元至明朝前期。

其次，根据当地刘氏族谱、刘贵墓碑文和有关历史文献记载，可以推定木召古城的使用下限在明前期的正统末年至景泰初年，即1449～1450年。以下对此详细分析。

木召刘氏为明初思州宣慰司副宣慰使刘贵的后裔。刘贵本江西吉水人，元末从征来黔，元以功授思州宣抚司同知，后“因胡元习陋，隐而不仕”[2]。明洪武初，赞襄思州田仁厚称臣入贡，洪武五年（1372）以忠顺升思州宣慰司同知，八年（1375）升思州宣慰司副使，同年病卒。刘贵有两个儿子，即刘道忠和刘道传。长子刘道忠于洪武元年擒贼有功，保举赴京，洪武五年颁发印信，开设施溪长官司衙门（今铜仁漾头乡），授世袭正五品，传23世，清末停袭，达530余年[3]。次子刘道传，因擒剿蛮首黄顺隆有功，洪武五年授平岳溪长官司。刘道传无嗣，入继刘道忠次子刘弼为嗣[4]。刘弼“屡征有功”，洪武二十五年（1392）授黄道溪正长官司，并将治所从今玉屏茅坡移至今铜仁万山黄道乡[5]。

现在木召刘氏前七代的世系为“刘贵—刘道传—刘弼（本刘道忠次子，刘道传入继为嗣）—刘洪（号源）—刘荣（子荣）—刘玉—刘天禄”[6]。刘洪（号源）乃刘弼次子，做过茅坡里里长，这时已进驻到木召一带。刘洪乃木召刘氏一世祖[7]。今《岑巩县志》据木召刘氏顺治年间手抄家谱记述：第一个进入木召古城居住的刘天禄，死时葬于古城的中厅堂旁。后至迟于乾隆时迁至古城对面的山坡上，其墓前竖有乾隆五十九年立的碑，当地人至今仍称此山为天禄公。今刘氏还传其祖先刘天禄进驻该城时，夷民都已跑光，剩下的已杀绝，城池不属于刘家建造。刘氏在此地已传21代，历500余年[8]。根据以上刘氏家传世系和迁徙历史，可以进一步推定木召古城的建造时代。刘洪进入木召一带估计在明朝永乐时期，这时木召一带尚有不少包括夷民在内的

土著居民，也有汉移民，故有里长一职之设。刘洪、刘荣、刘玉三代都做过茅坡里里长。至刘洪第三代孙刘天禄时，这里发生一次事故，夷民跑光杀绝，刘氏遂直接进入古城内活动。这时大致在明朝天顺、成化年间（1457～1487）。由此可见，木召古城在此前仍在使用。

上面提到木召一带在刘天禄时发生的一次事故，很可能就是一场战争。《明实录·英宗正统实录》卷一百七十六：正统十四年三月十一日（1449年4月3日），湖广参将都指挥佥事张善奏："清浪、镇远等处，近为五开苗贼及广西僮蛮劫掠。" 卷一百七十九：六月，兵部尚书王骥言："湖广西、贵州东接广西，生熟苗蛮乘时蜂起，攻围清浪等处城池。"卷一百八十一：八月，征南总兵官都督宫聚言："茂（疑为苗）贼滋蔓，西至贵州龙里卫，东至湖广沅州卫，北至湖广武冈州，南至四川播州地界，夷众不下二十余万，具已叛逆，围困贵州湖广所属地方。"万历《贵州通志》卷十六《思州府·纪兵》："正统十四年（1449），镇远邛水苗贼寇思州，时府城未筑，贼卒至，不能为备，死者殆半，府遂陷。"民国《贵州通志》卷九也载：正统十四年（1449）二月，邛水十四寨九股苗攻陷思州府。可见这次战事影响之广大。据当时尚宝司司丞夏宣分析，其祸始于频繁征伐云南麓川，民众供米、供役不胜其苦，而根本原因在于有司处理生熟苗田土争端受贿不公；边将及有司剥削侵凌，激其为变[9]。战争直到1450年10月方才平息，其波及之广，破坏之严重，为当地历史所罕见。木召一带距离思州府城（岑巩思旸镇）、清浪卫（镇远青溪镇）、平溪卫（玉屏县城）非常近，都是夷众进攻劫掠的重点地区。木召古城大概与思州府城同在这次战争中遭到攻陷和劫掠。如果这个推论不误，木召古城存在的下限自然不会晚于正统末年，即1449年。

三、木召古城址与思州田氏土司政治中心的移动

根据宋元至明早期的思州政治形势，这座古城很可能与思州田氏土司的政治活动密切相关。

思州田氏的历史可追溯至唐朝。据《旧唐书·地理志》，武德四年（621），以隋巴东郡的务川置务州，贞观四年（630）改务州为思州，以思邛水得名，领务川、思王、宁夷、思印三县。务川为思州治所，在今贵州沿河、务川北部，思王县在今德江，宁夷在今镇远、岑巩，思印县在今印江。自唐高宗时，入黔田氏第四代祖先田克昌"安土占籍，卜筑思州，民于南鄙。能以恩威结服夷民，朝廷嘉之，就掌一方事，为大首领。"[10]从此田氏势力不断壮大，并与思州历史发展息息相关。这时思州之地在今黔东北一带，辖地范围并不大。至北宋徽宗大观元年（1107），据王象之《舆地纪胜》和《宋史·地理志》等记载，田氏第十四世祖田祐恭请求内附，始建筑思州，始有印信。政和八年（1118）建置思州，领务川（今务川）、邛水（今三穗）、安夷（今镇远、岑巩）。宣和四年（1122）废思州，以务川城为名，邛水、安夷二县降为

堡，皆隶属黔州。南宋高宗绍兴元年（1131）复置思州。三年（1133）田祐恭始知思州军民事[11]。可见，这时思州田氏的政治活动中心还是在务川一带，不过统辖范围由北向南明显扩张，远及今镇远、三穗、岑巩一带。这与田祐恭及其后裔的开拓直接相关，也与南宋统治向南扩展有关，两者是互相利用，同时进行，合二为一的过程。《宋史·孝宗本纪三》淳熙十三年（1186）十二月丙子的一条记载折射了这种关系，“思州田氏献纳所买黔州民省地，诏偿其直。”

元至元十二年（1275），思州土酋田景贤归附元朝[12]，置思州安抚司，授田景贤为安抚使，后改称宣抚司、宣慰司、军民安抚司等，十五年（1278）迁治所于龙泉坪（今凤冈县），十八年（1281）因司署毁于火而移治清江，于是称清江为思州，故思州为思南[13]。这时思州领有镇远府、务川县及十四州、五十二长官司[14]，辖地甚广，包括今铜仁地区和黔东南的大部分，其势力还向西延伸到黔中的都匀、贵定、福泉一带。

元末明初，思州分为思南和思州两地管辖。镇远州知州田茂安据其侄子田仁德、田仁寿之领地和职务，并镇远也割入思南，不屑思州田氏长房田仁厚管理，于元至正二十二年（1362），以其地献明玉珍，创立思南宣慰司（或称思南道都元帅府），徙治思南。同时以田仁厚之孙田琛（一作深）为思州宣抚使，田琛徙治都坪，元思州遂因此一分为二[15]。二十五年（1365），元授之思州宣抚使兼湖广右丞田仁厚心甚不服，统兵攻破龙泉坪，挖掘祖坟。田茂安之子田仁政、田仁美也遇害至死，田茂安抱痛而亡。以后两家相攻杀，月无宁期[16]。同年朱元璋定鼎金陵，六月，思南宣慰使田仁智又遣其都事杨琛归附朱元璋，仍置思南宣慰使司。同年七月，田仁厚在元思州宣抚使同知刘贵的赞襄下，厚遣其都事林宪、万户张思泉（一作滥），将镇远、古州军民二府，并务川、邛水、信宁（一作常宁，嘉靖《思南府志》拾遗志作信宁，地在乌江下游，与彭水接近）等十县及龙泉、祐溪、沿河等司图册献纳朱元璋，改为思州镇西等处宣慰使司，以仁厚为宣慰使。以后，思南思州二司频繁朝贡。至永乐十一年（1413），思州宣慰使田琛与思南宣慰使田宗鼎构兵数相攻杀，朝廷终将二宣慰使司废除，以思州二十二长官司分设思州、新化、黎平、石阡四府，以思南十七长官司分设思南、镇远、铜仁、乌罗四府。其镇远州、务川县各随地分隶，于贵州（今贵阳）设贵州等处承宣布政司以总八府，仍与贵州都司同管贵州宣慰使司，其布政司官员俱用流官，府以下参用土官[17]。

从元至明永乐时期，田氏政治重心南移，元时之清江、明初之都坪为其政治活动之大本营。而作为长达130余年（1281～1413）田氏最强盛时的政治中心，不可能没有固定的城池。据《元史·地理志六》、弘治《贵州图经新志》卷四《思州府》、嘉靖《思南府志》、康熙《思州府志》记载，至元十二年（1275）思州旧治龙泉坪，因置龙泉坪长官司，附郭。不久龙泉坪治所毁于火，遂自龙泉坪徙于清江为思州，改称故思州为思南。思州徙治清江的具体时间，据《新元史·地理志六》，为至元十八年（1281）。此后，思州治所是否再有迁徙，从弘治《贵州图经新志》卷四《思州府》

建置沿革和康熙《思州府志》看，没有再迁徙。但不少文献都有“还旧治”之说，如《元史》世祖本纪八和地理志六谓：至元十七年（1280）秋七月辛丑，敕思州安抚司还旧治；弘治《贵州图经新志》卷四《思南府》建置沿革说“至元十七年，敕思州宣抚司还旧治”；嘉靖《思南府志》则有“至元末年敕宣抚司还旧治”的记述。比较这三条材料会产生两个疑问，一是时间上或为至元十七年或为至元十八年或为至元末，而且未能明确分别徙治与还旧治的时间。至元十八与至元末，都晚出，且“末”字与竖行“十八”形近，必有一误。结合《元史》、弘治《贵州图经新志》和《新元史》，可以理解为至元十七年秋发出徙治清江敕文，十八年徙治完毕，一记其始，一记其终，此种情况于古文献也不乏其例。二是徙治前的建置或为安抚司或为宣抚司。据《元史·世祖本纪八》：“至元十八年闰八月丁巳，改思州宣抚司为宣慰司，兼管内安抚使。”说明此前思州确为宣抚司，但存在的时间仅一年。弘治《贵州图经新志》卷四《思南府》讲得很明确：“元置思州军民安抚司，寻改宣抚司。”但《新元史·地理志六》则云十八年径由改安抚司为宣慰司，可能是因为宣抚司存在的时间太短，而被忽略。关于还旧治《新元史·地理志六》前后记载也似有矛盾，先说“至元十八年，改安抚司为宣慰司，兼管内安抚司，自龙泉坪徙司治于清江。”又说：“思州旧治龙泉平，及火其城，移治清江。至元十七年，敕安抚司还旧治。”竟然成了还旧治在前，徙治在后，前后颠倒。故今《贵州省志·地理志上》直言还旧治未果。通过对上述文献的梳理，可以得出元初思州治所的变更大致如下：至元十二年到至元十七年，思州为安抚司，寻改宣抚司，治所皆在龙泉坪；至元十八年八月徙治于清江，改宣抚司为宣慰司。徙治后又屡改为军民安抚司（至元二十一年，1284）、宣慰司（不晚于延祐五年，1318）、宣抚司（时间不明），治所皆在清江。

诸多历史事实表明思州治所并未迁还旧治，而是一直留在清江。第一，如果元代此后的思州治所在龙泉坪，那么元末时，思州军民宣抚使田仁厚则应亲辖有龙泉坪，自然不会出现《黔南田氏族谱》所载田茂安以其地献明玉珍，并以其长子田仁政为龙泉坪宣慰使司之事，因此也不会有田仁厚自统兵攻破龙泉坪之事。另外，据今《德江县志》记载：1952年，田茂安之父田惟城的墓志铭在德江县城关出土，这也反证思州宣慰司治所不在龙泉坪（详见下文关于田惟城的论述）。第二，元末明初，思州宣抚司同知刘贵的活动一直在今岑巩境内，死后也葬在思旸，与龙泉坪一带毫无关系。刘贵赞襄田仁厚入贡称臣，正说明田氏此时的政治活动也在岑巩境内。第三，《黔南田氏宗谱》载：至永乐时田氏“子孙居思州都坪、白坪、峨异、都素、施溪等处，世远年久”。世远年久，自然不会只有一两代人。而清江、都坪、峨异、都素在今岑巩县思旸、龙田、大有一带。第四，当时的政治形势也表明田氏的政治中心不在龙泉坪。思州的领地主要在今黔东和黔东南，尤其是黔东南地区是少数民族聚居，易出事端，从文献记载看，当时田氏统治经营的重点正是在黔东南[18]。而龙泉坪偏处其领地之东北一隅，又与播州杨氏土司领地距离很近，不具有兼治黔东和黔东南的政治优势。第五，思州清江正处于当时湖广至云贵的交通干道线旁，从保障交通通畅的角度，思州治所也应设于此地。据元《经世大典·站赤》，自至元二十七年（1290）起，开通了由湖广通往云南的驿站，这是沟通内地与云南边疆的大动脉，同时也是元代在今贵州境内的一条重要交通干线[19]。第六，《明史·地理志七》已明确说明，“思州府，元思州宣慰司”，“龙泉（即石阡府之龙泉坪），本龙泉长官司，元为思州安抚司治。”一为宣慰司治地，一为安抚司之地，判然有别。据《新元史·地理志六》，“至元十八年，改安抚司为宣慰司，兼管内安抚使，自龙泉坪徙司治于清江。二十一年（1284）省宣慰司，以思、播二州隶顺元路宣慰司，后复置。”复置的时间，据《新元史·杨汉英传》，元仁宗延祐五年（1318）庐崩蛮内侵，（杨）汉英与思州宣慰使田茂忠讨之。（《元史》本传有载，唯不记时间。）又《元史·泰定帝二》，泰定帝四年（1327）十一月庚午，以思州土官田仁（“田仁”当“田仁厚”之误）为思州宣慰使。那么宣慰司复置的时间，不会晚于1318年。

那么到底如何理解文献中关于至元十七年思州安抚司还旧治的说法。我的看法是思州安抚司实际上是田氏二房的职务，还旧治是指徙治镇远中河山（据《明史·地理志七》，中河山在镇远东面，因两水夹流而名），而不是龙泉坪，时间是至元十七年，与前述的至元十八年思州宣慰司徙治清江为两件事。思州在徙治龙泉坪之前，真正的旧治当在镇远。前面已经说过随着思州地域的扩张，曾经作为田氏中心和祖茔所在地的龙泉坪没有实在的政治区位优势。弘治《贵州图经新志》卷四《思南府》讲得很明确：“元置思州军民安抚司，寻改宣抚司，隶湖广行省，领镇远府、务川县，并楠木洞等长官司六十六。徙置龙泉坪，被焚，移置清江。”嘉靖《思南府志》地理志也有类似记载：“元置新军万户府，寻改置思州军民安抚司，后改宣抚司，隶湖广行省，领镇远州、务川县，并楠木洞等长官司六十六。徙治龙泉坪，地有龙泉，因置龙泉坪长官司，附廓（郭）焉。后毁于火，移置清江郡。”可见元代思州先治镇远后徙治龙泉坪，最后徙治至清江。这里镇远府，即下文所说的镇远军民总管府，按照古代地理志的惯例，辖地之首即是治所所在地。弘治《贵州图经新志》卷四《思南府·古迹》直说“元思州治今镇远府，则此城（思州故城）当在镇远府境内”。同书卷四《镇远府·建置沿革》也说“至正二十年（1360）改镇远府，俱隶思州宣抚司，而宣抚司亦治于此。”万历《贵州通志》卷十五《镇远府·沿革》说得更清楚，南宋德祐元年（即元至元十二年，1275），“元取江陵，田氏降，置镇远沿边溪洞招讨使司，寻改为军民总管府，以田氏为总管，治镇远中河山。”通志特为此句作注云“思州分治始此”。镇远的建置始于北宋，一开始就是田氏的政治中心区域之一。据《宋史·地理志》载：政和八年（1118），镇远一带属于思州安夷县，归田氏直辖。宋宝祐年间至元初思州田氏为协同播州，助宋抗蒙、元，镇远这一带的军事地位突出起来。据《宋史·理宗本纪四》，宝祐六年（1258）四月诏思州田应己（己，疑为乙）思州驻扎，御前忠胜军副都统制，往播州共筑关隘防御。七月，吕文德入播州，诏京湖给银万两。十一月筑黄平，赐名镇远州（镇远之名始于此）。开庆元年（1259）正月癸丑，诏：吕文德城黄平，深入蛮地，抚辑有方，与官三转。1972年遵义高坪出土的《南宋播州安抚使杨文神道碑》也有所述："岁甲寅（1254），谍者又报：鞑虏已破大理，将□道□攻南播，以捣我沅、靖……宝祐丁巳（1257），虏酋（根）浪解出大理，由卜卤、乌琐（即为乌撒）以攻罗鬼。杨君（即杨文）具已实闻，上忧之，乃□命今节度两府吕公文德驻黄坪。"[6]筑黄平城旨在阻挡蒙军进犯沅州、靖州一带。当时，朝廷主要依赖思播分据黄平和镇远，以拒蒙军。又据《宋史·理宗本纪四》，宝祐二年（1254），诏："思、播两州，连年捍御，其守臣田应庚、杨文各官一转。"田应庚，《续资治通鉴》卷一七四作田应寅。田应已、田应庚、田应寅，还有田应丙，皆为田氏二十世。其中田应丙之墓，据贵州岑巩县田氏后裔云，葬于岐山之南，墓在今镇远县蕉溪龙八溪[19]。这也反映镇远至迟在南宋末年已经成为田氏政治军事活动的中心。宋亡后，据《元史·世祖本纪七》载："至元十五年十二月庚辰，思州安抚使田景贤，播州安抚使杨邦宪请归宋旧借镇远、黄平二城，仍撤戍卒，不允。景贤等请降，诏禁戍卒勿扰思、播之民，从之。"后来黄平与镇远一直是思播田杨的重要领地，也成为两大土司的交界地。据《元史·世祖本纪八》载，二土司曾在这交界地带有过军事争斗。"至元十七年三月（1280），思播军侵镇远、黄平界，命李德辉等往视之。"（《元史·李德辉传》也有记述）总之，镇远从南宋后期起，政治、军事和交通地位越来越突出，至元初早已是田氏思州的政治中心。

至于龙泉坪，一说在今德江龙泉乡，一说在凤冈县城。两地距离很近，或都属龙泉坪长官司地。思州二房后来之所以从镇远又徙治龙泉坪，一个重要的原因当是龙泉坪一带本是思州的老巢，距离播州很近，有利于与播州杨氏斗争。徙治龙泉坪后，因地有龙泉，置龙泉坪长官司。由此可看出龙泉坪长官司乃临时性的建置。故在元代，相对于龙泉坪和清江，镇远才是真正的旧治。

前引万历《贵州通志》卷十五《镇远府·沿革》所说的思州分治，指的正是"至元十七年（1280）秋七月辛丑，敕思州安抚司还旧治"这件事。即田氏二房田惟城（1273～1295）以总管之职从龙泉坪还旧治镇远军民总管府[20]。接着第二年（1281）才是《新元史·地理志六》的记载，"改安抚司为宣慰司，兼管内安抚使，自龙泉坪徙司治于清江。"这里所改的安抚司在龙泉坪，徙治于清江后即改为宣慰司，职位前后一直为长房世袭；而管内安抚司则在镇远，安抚使为二房世袭之职。管内安抚使，当即镇远总管府，元代的安抚司与军民府总管级别相同。这里不称"镇远总管府"，而称"管内安抚使"也表明镇远特殊的政治地位。"管内"二字让人费解，或许是此时田惟城尚年幼，仅8岁，不能理事，故以长房宣慰使兼理之。以上说明思州境内之事仍由长房管理决定，但已开始走向分裂，这正是后来思州内讧，思南、思州并列格局形成的根源，也即文献所谓"思州分治始此"的真实内涵。据《黔南田氏宗谱》，田景贤长子田惟庸，承袭父职，授思州军民宣抚使，这长房后来发展为明朝时期的思州田氏土司。次子田惟城早在至元十二年（1275）3岁时即被封为古州八万军民总管，后又任镇远军民总管，这一支一直以镇远为政治中心，势力发展很快，一度超过长房。田惟城之子田茂安不仅拥有镇远之地，还把包括龙泉坪在内的故思州（思南）纳入自己的领地。元末，时任镇远军民府同知的田茂安终于不屑长房田仁厚统辖，并割镇远入思南（故思州），在元末明玉珍的帮助下，建立了思南宣慰司。因此，万历《贵州通志》卷十五《镇远府·沿革》以至元十二年镇远改为“军民总管府，以田氏为总管，治镇远中河山”这件事作为大思州分治的开端，是很有道理的。至元十七年田惟城还治镇远正式拉开了这个分治，并建立中心的序幕。镇远自至元十二年起，直至元末投奔明玉珍之前，一直是田氏二房的政治中心。嘉靖《思南府志》拾遗志云：“入国朝始自龙泉坪徙治今治所。”说明田氏二房的政治中心在元末又从镇远徙治龙泉坪了，明洪武二十二年思南宣慰司徙治水德江（今思南县城）。田氏二房徙治龙泉坪的原因与投奔明玉珍直接相关，一是回避长房的侵扰，二是靠近时在重庆的明玉珍。

综上论述，至元十八年（1281）田氏思州徙治清江以后，一直没有再迁徙。至元十七年的还旧治，指的是田氏二房田惟城还旧治镇远中河山。那么，清江的具体地点又在今岑巩的什么地方？木召古城与清江有什么关系？下面就讨论这两个问题。

四、木召古城为田氏思州宣慰司司城

1281年思州宣慰司徙治清江，当地应有一定政治基础和建置规模。据康熙《思州府志》记载，元至元十二年，思州田氏降，在今岑巩境内置沿江安抚司，隶思州军民宣抚司。其首任安抚叫黄原铭，其为“思州人，才智出人，民夷亲附，以荐任沿江安抚司安抚。”[21]思州徙治后，沿江安抚司不存在了，取而代之的是台蓬若洞注溪等处蛮夷长官司。据康熙三十六年《贵州通志》卷二十八《古迹》，“废台蓬若洞注溪等处蛮夷长官司，在都平（坪）峨异溪司南”。又据《明史·地理志七》：明洪武元年，改台蓬若洞注溪等处蛮夷长官司为都坪峨异溪蛮夷长官司，司置于都坪寨（今岑巩思旸境内），附郭思州宣慰司。二十五年省，永乐十二年三月复置。其“南有峨山，西北有江山头，东有异溪，东北有平溪。”清朝因袭明制。由此可知，元初的沿江安抚司一变为台蓬若洞注溪等处蛮夷长官司，再变为明代的都坪峨异溪蛮夷长官司，其地在今岑巩思旸南面。但是，思州徙治之地既非沿江，也非台蓬若洞注溪等处蛮夷长官司地，而是清江。那清江又在哪里？与沿江是什么关系？据弘治《贵州图经新志》卷四《思州府·郡名》：“清江，隋名；宁夷，唐名；沿江，元名。”也就是说，清江、宁夷、沿江都指一个地方。具体说，清江指的就是思旸南面的洒溪。弘治《贵州图经新志》卷四《思州府·山川》：“异溪在城东八里，以小水各派入平西（溪）大河，故名异溪。洒溪，在府城南，即清江也。” 乾隆《贵州通志》卷五《山川·思州府》：“异溪在城东八里，西通洒溪。洒溪在城南一里，汇注溪绕城而东合架溪出两河口，入潕溪。注溪，在城西南（实际上应为西北）三十里，宣慰田氏子孙世居于此。”乾隆四年谢圣纶《贵州志略》卷三引《玉屏县志》：“平江在玉屏县城北，上流为镇阳江，至府境（思州府）汇洒溪异溪诸水，下流入沅江。”从地图上看，就是现在的龙江河流域诸支流，包括今岑巩和玉屏两县的交邻地带。从西往东分别是洒溪、注溪、架溪、异溪和平江，都会合流入㵲水（沅江上游），古人可能是把这几条融汇后的那条河称为清江。后来，清江变成行政命名，则指这几条河流所在的区域了。这里我们还应该看到，先有清江，后有沿江，元代称的沿江，实际上应为清江，很可能是明朝修史时的笔误，把“清江”写成“沿江”（顾祖禹在《读史方舆纪要·思州府》疑元代沿江安抚司或为沿河长官司，不可信）。

我们把清江定在岑巩和玉屏的交邻地带，大致在思旸镇和大有乡范围内。下面进一步讨论元明时期的思州司城与改土归流后思州府城的关系。弘治《贵州图经新志》卷四《思州府·公署》：“府治：即前思州宣慰司也。永乐十一年改建，正统末（1449）毁于兵。成化七年（1471）知府王常重建经历司、照磨所、司狱司，附焉。常又以府无城垒，时有苗贼劫掠之患，乃筑城，延袤千三百步，覆以楼橹周疏四门。”万历《贵州通志》卷十六《思州府·公署》：“府治：永乐十一年（1413），知府崔彦俊以宣慰司改建。正统己巳（1449）毁于寇。成化七年（1471）知府王常重建。隆庆四年（1570）迁于平溪。万历六年（1578）复回，知府杨云鹍修建，十年（1581）知府蔡懋昭议允筑高基址丈许。”同书《思州府·纪兵》：“正统十四年（1449），镇远邛水苗贼寇思州，时府城未筑，贼卒至，不能为备，死者殆半，府遂陷。”同书《思州府·城池》：“永乐十三年（1415），知府崔彦俊创筑土城。隆庆三年（1570）知府张子中议迁平溪卫城。万历五年（1577）因民情不便，奏请复回，重筑，外包以石，周围三百二十丈，高一丈五尺，为门三，城楼三座。十年（1581），知府蔡懋昭以后山高峻，俯瞰城中，敌至难守，乃议包筑后山石城一百二十丈，增筑敌台十二座。”同书《思州府·名宦》记载，王常为成化间思州知府，修葺废坠，创建城池。

根据以上几条记载，可以得出：第一，明永乐十一年改土设流以后思州府的治所最初两年在宣慰司城，即万历《贵州通志》中说的首任知府崔彦俊“以宣慰司改建”。第二，永乐十三年第一任思州知府崔彦俊创筑土城，地在今岑巩思旸镇，与思州宣慰司城不在一地，正因当时没有现成的城池可供利用，崔彦俊只创筑了一座土城。此后，思州府城才从原宣慰司城搬至思旸新的府城。第三，正统十四年（1449）原思州司城和新建的思州府土城不能为备，皆毁于兵乱。第四，成化七年知府王常创建思州府城池，规划思州城门和楼。第五，思州府曾因避战乱于1570～1577年迁平溪卫城。石城则是明万历五年（1577）回迁思旸以后由前后两任知府杨云鹍和蔡懋昭所建。以上五点足以说明思旸出现古城是永乐十三年以后的事情，元至明早期的田氏政治中心不在思旸，只能到这之外的地方去寻找。前面把清江定在岑巩和玉屏的交邻地带，而在这一地区目前只有木召古城时代可以早至元明时期。这样，距离思旸约40里的木召古城就非常可能是1281年以后田氏的政治活动中心。不过，其位置并不是文献记载所指示的在思旸南面，而当在思旸的东北面。其建筑时间乃是从1275年沿江安抚司设置时起，至1281年移治后进一步完善，并一直使用至永乐十三年左右（1415），前后经历136年。真正废弃的时间则晚至正统末年（1449）。这里作为田氏的司城所在地，自然条件不亚于思旸，土壤肥沃，有水利之便，西边更有一道长长的天然悬壁作屏障。此后，明所建思州府城不再在木召而在思旸，大概是改土设流后革新政治风貌之需要，也可能与木召古城的规制不符府城要求有关。总之，我们姑且把木召古城称为“元至明早期田氏思州司城”，而把永乐十三年以后的思旸古城称为“明清思州府城”。

注　释

[1] 陈雨前：《元代景德镇青白瓷特征研究》，《陶瓷学报》2006年第3期；吕成龙：《元代青花瓷识鉴》，《故宫博物院院刊》2004年第2期。

[2] 木召刘德榜家藏《刘氏族谱》贰。

[3] 参见万历《贵州通志》卷十六《思州府》之施溪长官司和乡贤两条；《刘氏族谱》叁，第72页之《施溪长官司历代世袭衣冠图》和《刘贵墓碑文》。但2002年出版的《贵州通史》卷二第66页“施溪长官司”一条认为刘道忠非刘贵之子，已于吴元年（1367）率兵归附。本文认为刘氏族谱和刘贵墓碑文可信。

[4] 木召刘德榜家藏《刘氏族谱》贰。

[5] 万历《贵州通志》卷十六《思州府·黄道长官司》。

[6] 《刘氏族谱》叁，第90页。又据今木召村刘德榜先生家藏咸丰七年（1857）抄录的《刘氏宗枝图》，刘洪写作刘源，葬于今玉屏路良。刘荣为刘子荣，与刘源合葬于路良。

[7] 《刘氏族谱》叁，第83页，今木召村刘德榜先生家藏咸丰七年（1857）抄录的《刘氏宗枝图》以刘源为一世祖。

[8] 《岑巩县志》，贵州人民出版社，1993年。

[9] 《明实录·英宗正统实录》卷一百八十五。

[10] 嘉靖《思南府志》卷一《丘墓》。

[11] 详见《宋史·地理志》之夔州路之思州条；王象之《舆地纪胜》卷一百七十六；嘉靖《思南府志》卷一《丘墓》。

[12] 田氏归降时间有两说：一为至元十二年，参见《元史·廉希宪传》：“至元十二年，西南溪洞及思播田、杨二氏，重庆制置赵定应，俱越境请降。”《元史·世祖本纪五》：至元十二年冬十二月己亥，“佥书四川行枢密事昝顺言：‘……播州安抚杨邦宪、思州安抚田景贤未知逆顺，乞降诏，使之自新，并许世绍封爵。’从之。”康熙《思州府志》：“元至元十二年，思州田氏降，置沿江安抚司，隶思州军民宣抚司。寻自龙泉坪徙宣抚司于清江为思州，改称故思州为思南。”另一说为至元十五年。参见《元史·世祖本纪》七：“至元十五年十二月庚辰，思州安抚使田景贤，播州安抚使杨邦宪请归宋旧借镇远、黄平二城，仍撤戍卒，不允。景贤等请降，诏禁戍卒勿扰思、播之民，从之。”嘉靖《思南府志》卷一《沿革》。“至元十五年，知思州军州事田谨贤以地归附，置新军万户府。”田景贤，《黔南田氏宗谱》作“田谨贤”，与嘉靖《思南府志》卷一《沿革》所记同。

[13] 参见弘治《贵州图经新志》卷四《思州府》之建置沿革；嘉靖《思南府志》卷一《沿革》；《新元史·地理志六》；康熙《思州府志》。

[14] 此为《元史·地理志》所记。嘉靖《思南府志》则记为“领镇远州、务川县，并楠木洞长官司六十六。”关于镇远，《明实录·太祖洪武实录》卷十五记为镇远军民府，而《太宗永乐

实录》卷八十七则记为镇远州。《黔南田氏宗谱》也只有镇远军民州之记述。《明史·贵州土司·镇远》："元初，置镇远沿边溪洞招讨使，后改为镇远府。洪武五年改为州，隶湖广。永乐十一年仍改府，属贵州。"

[15] 参见嘉靖《思南府志》卷一《沿革》，康熙三十六年《贵州通志》卷五《大事记》；《黔南田氏宗谱》世系。

[16] 以上关于元末明初的思州田氏的历史，见于《黔南田氏宗谱》与嘉靖《思南府志》卷一《沿革》所记同。

[17] 以上明初至永乐时期田氏的历史见《明实录·太祖洪武实录》卷十五、《太宗永乐实录》卷八十七等。

[18] 《元史·仁宗本纪一》："至大四年（1311）二月，思州军民宣抚司招谕官唐铨以洞蛮杨正思等五人来朝，赐金帛有差。"《黔南田氏宗谱》载思州宣抚使田茂烈平定古州八万苗夷叛乱。元末，思州宣慰使田仁厚以武功靖边，加朝烈大夫，管古州八万军民事。

[19] 此条路线，起于湖北江陵，南行经临江、公安、澧州、常德、桃源、辰州、晃州，再沿㵲阳河进入今贵州之玉屏、岑巩、镇远、施秉等地。参见侯绍庄、史继忠主编：《贵州通史》（第一卷），当代中国出版社，2002年，第471页。

[20] 贵州省博物馆编：《贵州省墓志选集》（内部资料）；参见拙作《播州安抚使杨文神道碑考释》，未发表。

[21] 参见黄透松：《思州田氏世系初考》注释五，《贵州文史丛刊》1991年第1期。

[22] 参见黄透松：《思州田氏世系初考》注释五，《贵州文史丛刊》1991年第1期。

[23] 嘉靖《贵州通志》。

其他研究

土家族“土兵”在明代抗倭战争中的军事贡献

向　轼[1]　莫代山[2]

（1. 重庆文理学院　2. 长江师范学院）

摘要：土兵是土司统领的军事力量，土家族土兵在明代抗倭战争中贡献了大量兵员，在重点战役攻坚克难上作用巨大，对抗倭明军武器发展、战阵战法、士气和军队纪律方面都产生过重要影响。

关键词：抗倭；土家族土兵；军事贡献

土兵在各种史籍中所指的对象不尽相同，据王文光先生考证，土兵一词最早出现在《宋史·蛮夷传》中，所指对象是土家族先民“土民”中充当兵丁者[1]。而学术界大多将元、明、清时期中央封建政府在少数民族地区大规模推行土司制度后，由土司训练和掌握的地方武装力量称为土兵，意为“土司之兵”。文献记载，土司时期我国西南少数民族地区土兵分布广泛，在明代“西南边服有各土司兵。湖南永顺、保靖二宣慰所部，广西东兰、那地、南丹、归顺诸狼兵，四川酉阳、石砫秦氏、冉氏诸司。宣力最多。”[2]西番、僰人、摆夷、么些、傛鹿、啯哩、倮罴、俍、瑶等目。苗蛮种类尤多，如花苗、红苗、花仡佬、红仡佬、白倮罗、黑倮罗皆是，“土兵多出其中，故骁强可用”[3]，等等。由于土司制度是羁縻制度在历史进程中的一种表现形式，而羁縻制度的核心内容是“略微管束、加以笼络、使之不生异心而已”[4]，故土司对中央封建王朝义务仅限于守境、贡赋、征调三方面。而在这其中，征调一项表现得最为突出，各土司为维护祖国边疆安定、稳定社会治安和巩固国家政权起到了十分重要的作用。

一、土家族土兵的基本情况

由于地理位置、人口、文化等的特殊性，明朝在土家族地区设置有永顺、保靖两宣慰司，容美、酉阳、石柱等六宣抚司，桑植、龙潭、大旺等十安抚司，南渭等三土知州，竿子坪、茅冈等三十三长官司以及镇远、腊壁等五蛮夷长官司。这些土司麾下各有土兵，资料显示，土家族土兵是土司领导下寓兵于农，没有固定建制的军队。对此民国《永顺县志》有载：“旗各有长官辖，有事则调集为军，以备战斗，无事则散处为民，以司耕凿”[5]。为了便于对辖区进行管理，各土司将管辖区域划分为旗，各旗兼具地方管理机构和基层军事组织单位两种功能。“土司各分部落曰旗，旗各有长，管辖户口，分隶于各州司而统辖于总司。”[6]由于辖区范围大小、人口数量的差异，各土司旗的数量不尽相同。据相关文献记载，明代土家族地区势力最强大的六个土司中，永顺土司58旗；保靖土司16旗；桑植土司14旗；散毛土司48旗；容美土司176旗；石砫土司则不可考。至于每旗的人口数，谈迁《北游录·纪闻上》中有载：“各旗或千人，或三、五百人，自耕而食，听征发，十抽其一。”据石亚洲先生考证，土家族地区土兵的出现最早可追溯到宋代，宋王朝的军事政策、民族政策直接导致了土兵的出现，土兵与宋代土家族地区出现过的“乡兵”、“土丁”、“弓弩手”、“义军”等有直接关系[7]。进入元明时期，土家族地区的土司制度逐步确立，社会发展较为平稳，生产力水平不断提高，土兵也得到很快发展。主要表现在土兵数量不断增多、战斗力不断增强和形成了整套的军事制度[8]。在此情况下，土家族土兵逐步成为中央王朝军事征调的对象。

笔者据《明史》不完全统计，有明一代，土家族地区各土司被征调超过80次。如万历二十七年（1599）平定播州土司叛乱时主将李化龙调用“施州卫各土司兵施南宣抚司土兵三千名，容美宣抚司土兵二千名，龙潭安抚司土兵五百名，散毛宣抚司土兵一千名，大旺安抚司土兵五百名，忠峒安抚司土兵五百名，忠孝安抚司土兵五百名”[9]。其中一些势力较大的土司被反复多次征调，如石砫土司，明代先后被征调20余次；永顺土司从永乐十八年（1420）到万历四十八年（1620）先后被征调30余次，平均每六年就被征调一次。这些征调按征剿对象可分为三类：一是镇压少数民族反抗。此类征调对象有贵州都掌蛮、清平苗、东苗、五开铜鼓苗、米鲁、杨应龙、安邦彦，四川奢崇明、蓝廷瑞、方四，广西大藤峡瑶民、岑猛，湖南镇筸苗等；二是镇压农民起义军。此类征调对象有河北刘六起义、湖北荆襄流民起义、李自成农民起义等；三是抗击外敌入侵。如从万历四十八年（1620）到崇祯三年（1630），石砫土兵在秦良玉的带领下曾三次从四川奔赴北方参加抗击清军南下的战斗[10]。在这些征调中土家族土兵都发挥了重要的作用，但其中影响最深、贡献最大的当属明嘉靖年间的抗倭战争。

二、土家族土兵在抗倭战争中的军事贡献

（一）兵员上的贡献

由于历史记载的缺乏，历次抗倭战争中具体征调的土家族土兵数额已难详尽，但从各类史籍中透露的信息可推知这一数字十分庞大。如《明史》载：“（嘉靖）三十三年（1554）冬，调永顺土兵协剿倭贼于苏、松。明年，永顺宣慰彭翼南统兵三千，致仕宣慰彭明辅统兵二千，俱会于松江”[11]。此次征调仅永顺土司的兵员数额就达五千人，被征调的土家族土司还有保靖、容美：“调兵可考者，京营神枪兵三千，……容美等司兵一万，永顺宣慰司兵三千，保靖宣慰司兵二千。”[12]采九德所著《倭变事略》则将数字载为“定保二司兵三万，容美等兵一万，由陆路进发。合

各地主客兵共二十万。”以上两则记载虽有差异，但考虑到保靖、容美二土司在明代是土家族地区军事势力最强大的土司，被征调人数应不低于永顺土司。据保靖《彭氏宗谱》载，嘉靖三十四年（1555），土司彭荩臣，率领土兵三千，另添报报效土兵一千，其子守忠选精勇家丁一千，共五千人，赴苏州府抗倭。次年再调赴浙江抗倭时，荩臣率兵八千，子守忠亦选杀手三千名随同报效，总人数在一万三千[13]。另据《归震川先生文选》载：“东南用兵御日本，军服檄至，调保靖、容美、桑植、麻寮、镇溪、大喇土兵三万二千，所过牢廪无缺。”[14]

为了激励土司积极出兵参与朝廷各种征调，明廷在土司级别提升、贡赋、朝见、承袭等方面出台了一系列措施给予鼓励。如：“（成化）十三年（1477）以征苗功，命（永顺）宣慰彭显英进散官一阶，仍赐敕奖劳。十五年（1579）免永顺赋”。抗倭战场王江泾之战后对永顺土司的激励措施是“翼南遂授昭毅将军。已，升右参政管事宣慰事，与明辅俱受银币之赐。”又如土司承袭，明洪武年间曾规定“袭替必奉朝命，虽在万里外，皆赴阙受职”，土家族地区距离北京数千公里，“赴阙受职”着实不便，明廷便规定立有战功的土司可免除这一义务，如“（嘉靖三十五年）三月，容美土兵获黄家山之捷，上从部拟，命容美宣抚应袭田九箫袭容美宣抚职，以红贮衣一袭赐之”。在这些政策的鼓励下，土家族土司在出兵时往往还会超出征调数，如据胡宗宪《筹海图编》载：“湖广土兵，近尝调三千人，后调六千人，此在官之数也，实私加一倍，一万二千人”[15]。魏源《圣武记》卷十四亦称，土司踊跃赴调，“往往私倍于在官之数，如调三千辄以六千至，调兵五千辄万人至”，则土家族土司实际出兵数量更为可观。

土家族土兵征调，还需要自备粮草，对此保靖《彭氏宗谱》载：“嘉靖三十四年（明史为三十三年）二月，奉调领兵三千赴苏松征倭。荩臣以程途窎远，兵寡难以接应，添调报效土兵一千名，其子守忠亦选精勇家丁一千名，自备衣粮鞍马，共五千名。于四月十四日到苏州府”。永顺《田氏世家》则曰：“自裹糗粮，随大司马援剿，……前后凡六七次，所向有功，又有饷以助军需。”另外，明末史学家谈迁在其《北游录·纪闻上》也有记载：永顺土司“各旗或千人，或三、五百人，自耕而食。听征发，十抽其一，各裹饷，限日践更，无逾期者，五十旗舍把分领之。”[16]这样，土家族土司不仅为征倭提供了大量兵员，还解决了部队所需的给养问题。

（二）兵器发展上的贡献

史料记载，倭寇的陆战武器主要包括倭刀、长枪和重剑，使用起来具有长短武器、远近武器配合的特点，因此作战能力极强。以倭刀为例，明代人称之“长刀”，该刀刃长5尺（约1.67米），后有铜护刃1尺（约0.33米），柄长1尺5寸（约0.5米），全6尺5寸（约2.17米），重2斤8两。而同期明军腰刀长3尺2寸（约1.06米），重1斤10两[17]。因兵器长度不如倭寇，明军早期与倭寇作战中劣势尽显，对此抗倭名将戚继光有曰：“彼（倭寇）以此跳舞，光闪而前，我兵已多气矣。倭善跃，一迸足则丈余，刀长五尺，则丈五尺矣。我兵短器难接长器，不捷，遭之者身多两断，缘器利而双手使，用力重故也。”倭寇的弓弩也很有特点，“大端倭、虏矢皆重，弓皆劲，发皆不远，不轻发，发必中人，中者必毙，故人畏之”而对比起来，明军的弓弩却因制造规格、天气等因素影响，效果很差，“南方天炎，胶解、弓软、矢轻，中者多生。倭夷被射中，常拍其臀，以为我辱”[18]。土家族土兵使用的钩镰枪[19]、强弩、藤牌等武器则正好可以克制倭寇武器。从现保存在湖南省湘西土家族苗族自治州永顺县田家湾的实物来看，土家族土兵使用的钩镰枪是枪头锋刃上装有倒钩的长枪，全枪长2.75米，其中枪头长0.215米，枪头下部突出的倒钩长约0.22米。藤牌则是选用武陵山区常见的青红藤经桐油长期浸泡晒干后编织并涂以生漆而成，使用时配合砍柴刀（刀长0.6米左右，一面开刃，尖如柳叶，有护柄），现湖南省湘西一带“蛮刀藤牌”体育项目保留着“开壮手”、“藤牌手”、“砍杀手”、“牵牛过河”、“砍马脚”等内容，即是土兵藤牌战术的真实演练。对于土兵武器的优势，《筹海图编》中有载：“湖广九溪等卫，容美宣抚等司，桑植安抚、长官等司，麻寮等所，上峒等峒，各有骁勇土兵，惯熟战阵，宜选各卫谋勇素著指挥统领。予按短兵相接，倭寇甚精，近能志之者，惟湖广兵钩镰枪弩之技，必须动永保二宣抚司精兵，使北兵彼此夹持队伍，均配器械，长短相济”[20]。这种“钩镰枪弩之技”和“长短相济”的武器配备与战术对后来抗倭明军的武器发展和战术形成产生了重要影响。如抗倭名将戚继光曾曰：“彼用长器，我必求长于彼，使彼器技未到我身，我举器先杀到他身上，便有神技，只短我一寸，亦无用矣”。1559年，戚继光到义乌招募旷工和农民编练戚家军，“教以击刺法，长短兵迭用，由是继光一军特精。……戚家军名闻天下。”据考证，戚家军每小队在编制上专配有藤牌兵1 人、狼筅兵2人、长枪兵4人、短兵2人，真正做到了“长短相杂，刺卫兼合”[21]。

（三）在战法战阵上的贡献

土家族土兵在长期发展中形成了比较独特的战阵，《明史 · 湖广土司传》有载：“湖广土兵，永顺为上，保靖次之，其兵甚强，其阵法：每司二十四旗，头，每旗一人居前，次三人横列为第二重，次五人横列为第三重，次七人横列为第四重，又其七人横列为第五重。其余皆置后，欢呼助阵，若在前者败，则二重居中者进补，两翼亦然。每旗十六人，二十四旗合三百八十人，皆精兵也”[22]《永顺县志》则记曰：“若在前者败，则二重居中者进补，两翼亦然。胜负以五重为限，若皆败，则无望矣”[23]。这种战阵在人员的武器配备上，以藤牌兵为首，后列钩镰枪，再后为强弩兵，阵形若三角，再由若干个小三角组成大三角，阵形不密集但是稳定性强，武器长短配合，阵形前后左右互为配合。在具体作战过程中，纪律十分严明，“其节制甚严，只许击刺，不许割首。违者与退缩者斩首。故凡战必捷，人莫敢撄。”[24]从而能够保证战争队形的稳定，突击能力非常强。

土兵的阵法和技术在抗倭官兵中影响很大。官军民兵纷纷效法模仿，选拔土兵中技术佼佼者充当教官，教授“骑射长枪甲盾弓弩”等技术，“以一教十，以十教百”。他们还招募民兵，挑选出最骁勇者，照“土兵法编为队伍，结为阵营，象其衣甲，演其技艺，习其劲捷，随其动止饮食”[25]。由于土家族土兵阵法的实用效果很好，戚继光还加以改造从而创造出了鸳鸯阵法，魏源在《圣武记》中指出：“谭伦、戚继光之鸳鸯阵法，即土兵阵法”，“傥一营全退斩参将，一总全退斩把总，一队一哨全退斩哨长队长”，“如此士卒无敢不奋死矣”，“其法必行。故斗乱而阵不乱，可死而不可败，是土兵之法，即古者节制之法也”[26]。土兵的阵法和技术在抗倭官兵中的传播和运用，大大提高了各部队的战斗力，为彻底击败倭寇起到了巨大的作用。

（四）主要战役中克坚上的贡献

土家族土兵不仅为抗倭提供了大量兵员、优良的武器和富有特色的战阵，在一些重要战役的关键时期更是发挥了攻坚克难的作用。如嘉靖三十四年（1555）发生在现浙江嘉兴县境的王江泾战役，土家族保靖、永顺土兵将倭寇主力包围，“保靖犄之，永顺角之，斩获一千九百余级，倭为夺气，盖东南战功第一”[27]打击了倭寇不可一世的嚣张气焰，也是嘉靖年间抗倭最大的一次胜利；嘉靖三十五年（1556）的沈家庄战役中，战败的倭寇屯住于沈家庄，依靠有利地理位置并用鸟铳和拂郎机等火器拼死抵抗，明军屡攻不下，保靖土司彭荩臣便下令编竹笆抵挡火器，并会同永顺土司彭翼南、容美土司田九霄分别从东、西、南三面围攻沈家庄，“永保兵左右列，大呼而入，瞰垒下击”，永顺长官汪相、向鉴从北，与三路官兵“四面放火烧巢。自寅至酉，连战数十合，各贼大败，斩首一千二百余颗，焚死倭贼不计”[28]。在这次战役中，大倭寇徐海的首级也为土兵所取；嘉靖三十七年（1558）二月的舟山战役，“宁波舟山倭负险，官兵环守不能克”，土家族土官彭志显等率桑植、麻寮、镇溪、大喇6000土兵，容美土司田世爵率容美土兵，在抗倭将领俞大猷指挥下围攻舟山倭寇，取得舟山之捷。至此，浙江倭寇全被肃清（表一）。

表一 《明史》土家族土兵抗倭战役情况一览表

征调批次	土司	战役	时间	地点	战果	影响
第一次（嘉靖三十三年）	永顺、保靖	胜墩战役	四月	松江	斩首300余	初胜
		三丈浦战役	四月	常熟	斩倭280余	挫败倭寇气焰
		新场战役	四月	新场	遭围困，将领彭翅等捐躯	
		石塘湾战役	五月	嘉兴	斩首300余	倭寇败逃
		王江泾战役	五月	嘉兴	斩首1900余	使倭寇转攻为防
第二次（嘉靖三十四年）	容美	陆泾坝战役	十一月	苏州	斩杀500余，溺死者不计	肃清苏北倭寇
		后梅战役	十二月	绍兴	大败倭寇	
		清风岭战役		嵊县	斩首170余	

续表

征调批次	土司	战役	时间	地点	战果	影响
第三次（嘉靖三十五年）	容美、保靖、永顺	乍浦战役	七月	平湖	取胜	
		沈家庄战役	八月	宁波	斩首1200，焚死倭贼不计，杀倭首徐海等	平息浙西倭患
第四次（嘉靖三十七年）	容美、麻寮、大喇、镇溪、桑植	舟山战役	二月	舟山	舟山大捷	肃清浙江倭患

在取得这些抗倭胜利的同时，土家族土兵也付出了很大的代价。如在嘉靖三十三年（1554）的新场战役中，“永顺兵剿新场倭，倭故不出，保靖兵为所诱遽先入，永顺土官田菑、田丰等亦争入，为贼所围，皆死之”。具体情况是“都司李经率保靖兵追倭至新场，倭二千人伏不出，保靖土舍彭翅引军探之，中伏，所部皆死”[29]。

（五）在士气与军事纪律上的贡献

土家族土兵之所以能在抗倭战争中取胜，与土家族历史以来形成的尚武精神以及严明的战争纪律有着密切关系。土家族地处西南山区，历史以来即有尚武的传统，在夏、周、秦、汉、隋、唐等王朝的建立过程中，土家族先民巴人均有过重要贡献，潘光旦先生曾高度评价巴人说：“唐代以前，历史上为了统一祖国而进行的若干次成功的战争中，几乎都有巴人参加。”[30]到土司时期，这种精神仍有重要影响，史料记载，“土司世崇武功”[31]土家族土兵俱为剽悍骁勇者“其调法：初檄所属照丁拣选，宣慰签天祭以白牛，牛首置几上，银付之。下令曰有敢死冲锋者，收此银，吃此牛首。勇者报名，汇而收之，更盟誓而食之”[32]。而且训练极为严格，“其兵素皆练习，闻角声则聚，无事则各保关寨，盔重十六斤，衬以厚絮，如斗大，甲重者数十斤，利箭不能入，火枪打百步，一人搏虎，二十人助之，以必毙为度。纵虎者重罚。猎他兽亦如之。得擒则倍赏当先者。”[33]“永顺司治西二里许，有校场坪。土人常于此练武。又西北五里，有搏射坪。又北五里，曰射圃，地势宽敞，土人常于此处博射。”[34]并且在战争中纪律十分严明，“调以箸，则饭者至；调以帚，则扫数全出”[35]。“土官家调兵，调兵急则川箸曰能，饭毕至矣，再急则以帚曰扫，境出也。”在行军过程中纪律严明“士卒用命，而所过不扰……居常则统纪有规，行师则部伍不紊”[36]在战争中，土兵必须绝对服从土司指挥，“其节制甚严，只许击刺，不许割首。违者与退缩者斩首。故凡战必捷，人莫敢撄。”[37]另外，土司在土兵中还实行连坐法，“其连坐之法极严，故土争用命”[38]。

这种尚武、剽悍和严明的军事纪律对后来明军抗倭战争产生了重要影响。在土家族土兵入浙抗倭之前，倭寇气势十分嚣张，官兵在凶悍的倭寇面前不堪一击，“往往倭寇三四人，而至官军数百相顾披靡”，“以致群盗鼓点而行，功毁县治若蹈无人之境”[39]嘉靖三十四年（1555）八月，倭寇百余从浙江上虞爵溪所上岸，至十二月，共流窜劫掠于会稽、昌化、淳安、歙县、南陵、江宁、南京、溧水等近十个县府，行经数千里，杀伤四五千人，共八十余日，给江浙一带造成了极大恐慌。土家族土兵的到来提振了明军的士气，并给后来明军的编练提供了各方面参考。如在戚家军的编练过程中，十分重视兵士的胆气，在其《纪效新书》中有《胆气篇》对如何选练兵士胆气进行过论述。对军队纪律更是极为重视，《纪效新书》分别有《束伍篇》、《临阵军法连坐篇》、《论兵紧要禁令篇》、《教官兵法令禁约篇》、《行营野营军令禁约篇》等分别从行军住宿、休息就餐、调兵、窥探、练武、阵法、擒敌、杀敌到日常生活中禁止砍人树木、作践田产、毁人房屋、奸盗、妄杀等方面作了极为严格的规定，凡有犯者，依法重处。从而形成了极高的战斗力，戚继光也带领戚家军纵横驰骋抗倭战场，不断取得胜利。其后抗倭将领谭纶、俞大猷在编练兵士和领军过程中的诸种方法，或多或少也都受到土家族土兵的影响。

三、结　　语

我国自古以来是一个多民族国家，在历史时期，各少数民族与汉族一起为维护国家统一、领土完整、民族团结都做出过巨大贡献。十家族有史以来都具有高度的爱国热情，在明代抗倭战争中，土兵以无畏的勇气、高度的责任感为抗倭战争的胜利奉献了自己的力量，从军事角度看，在兵员、粮草、武器、战阵、攻坚克难、战争纪律、士气等方面对抗倭战争都产生过重要影响。抗倭战争也与晚清时期土家族地区的反洋教斗争、新中国成立以前的抗日战争一起，谱就了土家族爱国明理、抵御外辱、崇尚节义的民族精神。

注　　释

[1] 王文光、施芳：《中国西南边疆的土兵》，《思想战线》2010年第2期。
[2] 张廷玉等：《明史》，上海古籍出版社，1986年，第8647页。
[3] 赵尔巽、柯劭忞等：《清史稿》，中华书局，1977年，第3963页。
[4] 龚荫：《中国土司制度》，云南民族出版社，1992年，第1页。
[5] 胡履新：《永顺县志》卷二十四，民国十九年。
[6] 《慈利县志》卷十七，万历元年（1573）版。
[7] 石亚洲：《宋王朝的政策与土家族土兵的形成》，《西南民族学院学报》2003年第2期。
[8] 石亚洲：《元明时期土家族土兵的发展》，《西南民族学院学报》2005年第5期。
[9] 李化龙：《平播全书》卷八，光绪二十七年（1909）刻本。
[10] 彭福荣、李良品：《石砫土司文化研究》，重庆出版社，2009年，第141～143页。
[11] 张廷玉等：《明史》，上海古籍出版社，1986年，第648页。
[12] 陈懋恒：《明代倭寇考略》，人民出版社，1957年，第648页。

［13］ 《彭氏族谱》，现存保靖县档案局。

［14］ 归有光著，周本淳校点：《震川先生集》，上海古籍出版社，2007年。

［15］ 郑若曾撰，李致忠校点：《筹海图编》，中华书局，2007年。

［16］ 谈迁：《北游录》，中华书局，1997年。

［17］ 范中义、仝晰纲：《明代抗倭史略》，中华书局，2004年。

［18］ 戚继光：《纪效新书》，人民体育出版社，1988年。

［19］ 对于土家族土兵的钩镰枪弩之技，学者彭继宽等在《土家族传统文化小百科》中有不同看法，认为钩为钩刀，即长把砂刀；镰为镰刀，即土家族农事所用割草刀；枪为长矛梭镖，弩为弓弩。从明代抗倭文献记载以及后来戚家军吸取土兵武器特点改设的武器装备来看，笔者有不同看法。

［20］ 郑若曾撰，李致忠校点：《筹海图编》，中华书局，2007年。

［21］ 戚继光：《纪效新书》，人民体育出版社，1988年。

［22］ 张廷玉等：《明史》，上海古籍出版社，1986年，第648页。

［23］ 胡履新：《永顺县志》卷二十四，民国十九年。

［24］ 胡履新：《永顺县志》卷二十四，民国十九年。

［25］ 郑若曾撰，李致忠校点：《筹海图编》，中华书局，2007年。

［26］ 魏源著，韩锡铎等点校：《圣武记》，清道光二十二年（1842）刻本。

［27］ 张廷玉等：《明史》，上海古籍出版社，1986年，第8648页。

［28］ 采九德：《倭变事略》卷三，上海书店影印本，1982年。

［29］ 郑若曾撰，李致忠校点：《筹海图编》，中华书局，2007年。

［30］ 潘光旦：《湘西北的“土家”与古代的巴人》，《土家族社会历史调查》，民族出版社，2009年。

［31］ 毛俊德：《鹤峰州志》卷十四，乾隆六年（1741）刻本。

［32］ 顾彩著，吴伯森校注：《容美纪游》，湖北人民出版社，1999年，第315页。

［33］ 《慈利县志》卷十七，万历元年（1573）。

［34］ 胡履新：《永顺县志》卷二十四，民国十九年。

［35］ 毛俊德：《鹤峰州志》卷十四，乾隆六年（1741）刻本。

［36］ 毛奇龄：《蛮司合志》卷六，上海古籍出版社，1995年影印本。

［37］ 徐阶：《皇明诰封昭毅将军授云南右布政使湖广永顺宣慰彭侯墓志铭》，转引自周方高的《研究土家抗倭将领彭翼南的一篇重要文献》，见《船山学刊》2006年第3期。

［38］ 胡履新：《永顺县志》卷二十四，民国十九年版。

［39］ 张廷玉等：《明史》，上海古籍出版社，1986年，第8690页。

土家族饮食文化解析

——以咸丰“十大碗”为例

彭家红

（咸丰县民族宗教事务局）

摘要：武陵山土家族饮食文化源远流长，历史积淀深厚。本文以土家族传统饮食“十大碗”为例，介绍了其食物结构及文化意涵，从中可看出土家族的饮食礼俗，并对开发“十大碗”美食旅游提出了自己的见解。

关键词：土家族；饮食；“十大碗”

饮食文化是人们在饮食活动中的方式、过程和功能等结构组成的全部食事的总和。它是一个民族以饮食为基础的习俗、思想和哲学。武陵山土家族饮食文化源远流长，历史积淀深厚。《华阳国志》、《汉书・地理志》、《蜀中广记》等早期文献即涉及区域内土家先民的饮食种类与结构。在鄂西地区，近代方志文献亦显示当地物产的丰富及其特色[1]。许多传统饮食不仅在历史上，而且在今天仍具有很强的生命力，被誉为土家族“满汉全席”的“十大碗”即为一例。沿袭数百上千年的“土家十大碗”作为土家族人迎宾、宴客的美食大餐，是土家民族的一种文化，一种乡俗。

“土家十大碗”是由十道菜组成的传统菜系，是一种正规席面。因土家族地处闭塞，物质匮乏，从前盛菜的不是盘，而是碗，所以称为“十大碗”；制作主料只有肉制品和豆制品。“十大碗”不是能经常吃到的，只有在土家人婚嫁、生育、乔迁、寿辰、及第、重要节日或老者仙逝等红、白喜会上大户人家才办这种席面。一般时候、普通人家是办不起也舍不得办“十大碗”的。因此，土家人常以能吃到“十大碗”为荣耀。

一、“十大碗”的食物结构及文化意涵

虽然土家族各地的菜谱及每道菜的做法不尽相同，但总体差别不大。在恩施州咸丰县，民间广泛传承的“土家十大碗”共六荤四素。“六”代表六畜兴旺、六六大顺；“四”代表一年四季、四季发财，每碗菜也有各自的寓意。

——蹄，寓意“行走四方”。用猪脚爪作主料，烹制时于火坑内将顶罐置于三角或悬吊于坑架，辅以少量姜、葱、蒜和海椒，加适当盐，微火持续煨炖。至骨与肉基

本分离，或用筷子插试肉皮，若能洞穿，则表明可以食用。

——髈，土家地方话曰“肘子”，寓意“香火旺盛”。取4～6寸长猪腿的上半部，油炸酥皮（用老鹰茶水兑牛屎粑糖浸湿，反复3～4次），直至猪皮炸酥为止。尔后加适当姜、葱、盐，上笼，大火蒸熟，用竹筷插试肉皮以检验生熟度。

——扣，寓意“互帮互助”。用猪的肚囊皮肉（俗称“五花肉”）第二刀，打成两寸长的墩子肉，用土红糖兑老鹰茶水，浸湿，反复3～4次，直至皮子炸酥为止，然后将墩子肉切成驳刀型，皮宽肉薄，皮上肉下，装入土碗，上覆盐菜或榨广椒，盖满，上笼，蒸至流油为止。

——坨坨肉，寓意“纯朴忠厚”。选肥中有瘦五花肉，放入开水，煮成型，从锅中取出，用刀切成小坨。切的时候，大小一定要均匀。再将切好的坨子肉放入锅中炒，火不能太大，将小坨肉炒出油，直至肉中间的油去掉四五成，否则做出来的肉就太油腻。然后将事先准备好的白糖、生姜、大蒜、食盐、干辣椒等放入锅中，再加入少量清水，用大火炖15分钟左右即可。坨坨肉看起来块头大，但色鲜味美，油而不腻。

——片片肉，寓意“玉洁冰清”。用猪前夹肉，去骨，切成两寸长片状，加上酸海椒、生姜、大蒜、萝卜或白菜，混合反复炒，炒熟为止。

——酸醡肉，寓意“粒粒辛苦”。将新鲜五花肉切成片状，苞谷（米）面炒至七分熟，冷却，与五花肉片均匀搅拌，加适量盐、辣椒粉、花椒、酒曲等，装入土坛，用芭蕉叶堵住坛口，然后将土坛倒置浸入盛满水的钵内，使之密封发酵。出坛后，先将切好的洋芋用油在锅里爆炒至三分熟，撒少量盐，捞出酸醡肉均匀搁于洋芋丁表面，洒少许清水，盖上锅盖，柴火加热焖煮，使醡肉油脂浸入洋芋丁十分钟后，用锅铲小心把洋芋和肉整个铲起，翻转扣于盘中，制作工序即告完成。此菜色彩金黄、粉白，酸香酥软，油而不腻，健脾开胃。

——豆芽菜，寓意“人要有根”。将黄豆子用冷水浸泡，装入萝都，放在屋后檐沟，以防打荤（防盐和油），每天3～5次浇水，至豆子芽长到2～3寸，有根为止。烹制时加少量海椒、姜、葱、蒜、盐，大火爆炒。传统豆芽菜与现代市场使用催生素发芽有本职区别，属纯绿色食品。

——白豆腐，寓意“一清二白”。分红、白喜会两种，主要区别不在其味，而在其形。红会时，把白豆腐的墩子逢中对破，打成长方形薄片。把海椒、姜、葱、蒜切成末后，用油爆香、参水、做成红汤；汤开，放入白豆腐，又开，放入白菜即可。白会时，把白豆腐的墩子打成三角形薄片，其他做法与红会相同。土家人万事图吉利，若做反了，主家定十分不高兴。

——豆腐果，寓意“笑口常开”。把白豆腐切成一寸半左右的小方托，先高温油炸，后放入油汤加少量海椒、姜、葱、蒜，煮熟即可。豆腐果皮黄肉嫩，外蓬内空，口感酥软，油水多多。吃之前必须将豆腐果开口，放出空气，避免咬破后油汤溅到别人身上。

——酥粑粑，寓意“圆圆满满”。又名酥肉、酥肌粑粑，是“十大碗”的最后一道菜。制作时，取面粉2～3斤，鸡蛋（鸭蛋也可）8～10个，清水适量、白酒少许，于菜盆持续反复搅拌，而后盛于圆形铜调羹放进油锅高温烹炸。条件富足家庭每个酥粑粑里包一小颗腊肉精瘦肉，贫穷人家以洋芋颗或豆腐果代替。待粑粑浮上油面，表皮金黄时捞出，乘热端上餐桌，即是一道特色菜，口感香脆，油而不腻；也可将酥粑粑和海椒、姜、葱、蒜等配料放入油汤慢煮，口感酥软，别具风味。土家族个别地区也有用大米加黄豆磨成浆油炸，做法与食用方法相同。

二、从“十大碗”看土家族的饮食礼俗

土家人待客热情，讲究排场和规矩。一般以堂屋作主餐厅，以八仙桌当餐桌。每桌八人，主家老者于神龛下端面对大门坐定，谓之上席；左为尊，贵客落座；右侧座陪客，其余人等下首入席。客人坐定，依照蹄、髈、扣、坨坨肉、片片肉、酸醡肉、豆芽菜、白豆腐、豆腐果、酥粑粑固定顺序开始上菜，从第一道到最后一道，不能出错。十碗菜要荤素搭配，粗细搭配，摆成龙形，因此，土家族农村摆席又称“牵龙”。

十碗菜上齐，主人发话，请客人动筷。殷勤劝酒、奉菜，陪客人大碗喝酒，大块吃肉，不把客人劝醉绝不罢休。古时，土家族地区女人在来客时不能上桌，只能双手交叉抱在胸前（左手在上，右手在下）站在桌旁斟酒、添菜。为客人添饭时，不能问“要不要饭”，只能说“给您添饭？”添饭时，女人伸出右手，左手托肘，谨防衣袖下垂，接过客人饭碗，添至大半碗即可。如添得太满，别人会认为是在骂他“饭桶”。席上陪客必须衣冠整洁，说话不能带“把子”（脏话、粗话），不能跷二郎腿，吃东西时嘴巴不能发出响声。饭毕，主人招呼家人为客人装烟、奉茶（不能讲“倒茶”），以表示对客人的尊敬。

“土家十大碗”宴席托托肉要大，片片肉要肥而宽，菜要装满，客人一定要劝醉。这种特有的饮食习惯反映了土家族人纯朴、热情、豪爽的性格特征；这种饮食习惯经过长期传承和演变，既形成了定式，也日趋多样化。如今，随着生活水平的不断提高和城市化进程的加快，咸丰县民间宴席大体与城镇接轨，以前8人一桌变为现在10人一桌，每桌十大碗增加到12～15盘不等，但“土家十大碗”仍是主菜，只是增加了一些鸡、鸭、鱼、蔬菜、海鲜之类的菜肴。

三、“十大碗”的旅游开发与展望

随着土家族地区社会生产力的提高，其食物结构在不断变化，饮食文化也发生了变迁[2]。尤其是在经济全球化的今天，旅游开发与美食文化的结合呈现日趋紧密之势。到异地寻求审美和愉悦经历，以享受和体验美食为主体的具有社会和休闲等属性的旅游活动是为美食旅游。丰富而浓厚的饮食文化内容是开展美食旅游的必备条件，

美食旅游则是饮食文化旅游发展的必然趋势和结果。

在鄂西的咸丰县，民族地区生态旅游事业快速发展，八方宾客倾慕土家族地区秀丽的山水，更钟情土家人传统的饮食。该县在继承的基础上加以创新，把“土家十大碗”作为特殊的旅游资源进行挖掘开发，创办“土家十大碗”餐馆，举办“全县美食大赛”“民间能工巧匠擂台赛”，让“土家十大碗”进景区、入宾馆、上餐桌，使“土家十大碗”成为民族文化、民族旅游闪亮的金字招牌。

注 释

[1] 比如，同治版《咸丰县志》记载，“芋有水旱二种，旱芋山地可种，水芋水田种之。土人以之作蔬……”同治版《来凤县志》“物产”中亦记有，粳稻、糯稻、粱、粟、麦、荞、黍、稷 、菽、芝麻、玉蜀黍”，“乡人居高者，持苞谷以接济正粮；居下者，持甘薯以接济正粮”。

[2] 彭林绪：《土家族居住及饮食文化变迁》，《湖北民族学院学报》2000年第1期。

鄂西土家族的咂酒习俗研究

谢国先　欧阳美平

（三峡大学民族学院）

摘要：咂酒即用竹管、芦管、藤管等管状物从瓮、缸、罐、壶等盛酒器皿中吸饮低度酒的习俗。咂酒习俗至迟在唐代已见于当时四川东部一带。史籍中可以看到元、明、清时期中国南方许多少数民族地区的咂酒习俗。清代尤以对鄂西土家族地区的咂酒习俗记录最详。咂酒是土家族、彝族、白族、纳西族、苗族、羌族等少数民族的群体欢聚的饮酒习俗，而不是他们平时的饮酒方式。唐代中国文人雅士饮荷叶杯的习俗与咂酒习俗有类似之处。

关键词：土家族；咂酒；古代中国；少数民族

咂酒是一种饮酒方式。咂义为尝试着吸饮。所咂之酒是一种酒精度不高的淡酒。就目前所知，咂酒习俗有如下几个要素：一是酒本身的酒精含量不高；二是冷饮或加热饮用均可；三是以竹竿或其他管子插入较大的容器吸饮；四是多人聚集轮流饮用。鄂西土家族地区的咂酒习俗较为有名，但这种习俗的分布范围其实非常广大，而不仅限于土家地区。

一、清代所见鄂西土家族的咂酒习俗

明清时期，鄂西土家族地区流行咂酒习俗。同治《咸丰县志》之《典礼志》记载：

> 咂酒。俗以曲蘖和杂粮于坛中，久之成酒，饮时开坛，沃以沸汤，置竹管于其中，曰“咂篁”，先以一人吸咂篁，曰“开坛”。然后彼此轮吸。初吸时味甚浓厚，频添沸汤，则味亦渐淡。盖蜀中酿法也。土司酷好之。[1]

“咂篁”即“咂竿”，也就是用来吸酒的中空的竹竿。“开坛”者，率先吸饮也。“土司酷好之”一句表明，咂酒习俗应该是土司阶层而非普通群众的日常行为。

同治《建始县志》之《食货志·物产》照录上段引文，而略去“土司酷好之”一句并引用了一首诗：

铅山蒋心余太史《忠雅堂集》有《咂酒》诗，可谓曲尽其妙，附载于此：

地炉暖深瓮，酒香生座隅；
暖火蒸融融，嚌发看浮蛆；
截竹为留犁，露颈没其趺；
主客次第尝，吸之咽徐徐；
中通风过萧，暗引乐出虚；
注泉便作醴，仙酿逡巡如；
瓮面白水添，瓮底醇醪储；
贯糟出沈齐，气体成须臾；
枳橘性则一，泾渭源岂殊；
神丹变兼金，黄芽转河车；
物理可旁悟，速化然非欤；
再拜求酿法，酒经愿笺疏；
秔稻谷粱稷，皆可麦蘖俱；
和以众露香，欲点塞上酥；
百花归蜂衙，五金同一炉；
至味咂乃出，浅尝得其粗；
蜀有云安春，复有郫筒酤；
可惜少陵翁，取醉徒咨且；
东坡不解饮，真一堪胡卢；
胡啖道士蜜，宁发调水符；
浙人尚越酿，六载糟丘居；
今夕换别肠，沈湎不愿余；
只疑虹首垂，又疑斗柄斛；
底须吸西江，欲续无功书；
久出醉翁门，才识涪溪醹；
彭宣醻侯芭，是皆圣人徒。[2]

“浮蛆”、“醇醪”、“贯糟”、“沈齐”都表明这种酒是淡酒，为滗去酒糟，所以表面还漂浮酒糟的颗粒。

《建始县志》注明说，该条记录转引自《府志·杂记》。查前之《施南府志》，先有乾隆二十一年（1756）宋敖“始辑”，后有乾隆四十二年（1777）李宗汾“续修”[3]。可见，关于咂酒习俗的这条记录，至迟应该出现在乾隆年间（1736～1795）。它不仅是咸丰县和建始县的习俗，也是整个施南府的习俗。因为它是从原来的《施南府志》中转录下来的。同理，比同治《建始县志》晚5年刊印的同治增修《施南府志》也从旧志中转录了这条习俗[4]。

咂酒所用的竹管，也可以是芦管。清人柯煜《宿建始县农家》一诗中有这样的句子："异哉荆南行，忽涉西蜀界。酒用芦管吸，屋取木皮盖。"[5]

明清时期不在施南府管辖范围但却同属鄂西地区的长阳一带，也流行咂酒习俗。同治《长阳县志》卷一《地理志·风俗》引彭淦所作《竹枝词》这样描述：

蛮酒酿成扑鼻香，竹竿一吸胜壶觞。
过桥猪肉莲花碗，大妇开坛劝客尝。[6]

同书同卷并说：

县西宁乡界连容美、巴东，宴会以吃咂抹坛酒为敬。"咂抹"云者，谓前客以竿吸酒，以巾拭竿让后饮者。酒以糯米酿成，封贮坛中。饮客则取置堂荣正中，沃以沸汤令满。以细竹通节为竿，插透坛底。堂中置案，杂列鸡肉蔬菜。碗用最粗三级，名曰莲花碗。肉以两头盖过碗口为度，谓之过桥。每一坛设桌一，上下两旁各置箸一而不设坐。客至，以次列坐左右毕，主人呼长妇开坛肃客。妇出，正容端肃，随取沸汤一碗于坛侧，就竿一吸毕，注碗水于坛，不欠不溢，谓之"恰恰好"。每客一吸，主人一注水。前客吸过，赴桌甫举箸而后客来，彼此不以为嫌也。凡吸欠溢者皆罚再吸，故酒虽薄亦多醉者。主宾喧哗，唱蛮歌俚曲，欢然而散。[7]

这段话对咂酒习俗的介绍可算详尽，与前引蒋心余的诗歌可以互相补充。

今五峰土家族自治县，清雍正十三年（1735）置长乐县。光绪《长乐县志》说：

又土户张、唐、田、向四姓家酿咂酒。其酿法于腊月取稻谷、包谷并各种谷配合均匀，照寻常酿酒法酿之。酿成掺烧酒数斤，置大瓮内封紧。俟来年暑月开瓮。取糟置壶中，冲以白沸汤，用细杆吸之。味甚醇厚，可以解暑。[8]

同治《来凤县志》说到竹管、次第传吸等咂酒关键词：

九十月间，煑高粱酿甕中至次年五六月，灌以水甕，口插竹管，次第传吸，谓之咂酒。[9]

综合以上记载，我们获得关于清代鄂西土家族地区咂酒习俗的诸多信息。

第一，咂酒是以麦蘖做酒曲和杂粮酿成的。杂粮则包括秔（糯米）、稻、谷、粱、稷、玉米等。

第二，饮酒时有所谓“开坛”。开坛者是否一定为主人，不得而知，但开坛显然有示范的功能，要吸得不多不少。

第三，吸多或吸少均要受罚。

第四，咂酒不仅有下酒菜，还有民歌助兴。

可以想见，咂酒现场该有多么热闹。

二、中国其他少数民族地区的咂酒习俗

上引同治《咸丰县志》和《建始县志》在记述了咂酒习俗后推测说：“盖蜀中酿法也。”这个推测未必正确，但我们在道光《补辑石柱厅志》中可以见到对咂酒习俗的记录：

其尤可怪者，邀集男女会饮咂酒。罐贮糟，糟注水成酒，插竹筒糟中，轮吸之。[10]

厅人酿酒，制秔米或黍、稷、粱、粟，贮磁瓶中，月余始熟，将燕客以热水注满，截细竹通其窍，入瓶底吸而饮之。浅则添水，至味淡乃止，谓之咂酒。[11]

更早一些，明末李时珍《本草纲目》已经提到四川等地的咂酒：

秦、蜀有咂麻酒，用稻、麦、黍、秫、药曲，小罂封酿而成，以筒吸饮。谷气既杂，酒不清美，并不可入药。[12]

“咂麻酒”也就是前引《长阳县志》中所谓“咂抹坛酒”。按照李时珍的说法，它是陕西、四川一带的饮酒习俗，但这种酒质量并不高。综合李时珍《本草纲目》中对其他酒的介绍，他的评价应该是有道理的。

不过就其产生而言，咂酒习俗其实早在唐代就已经出现在四川东部一带。白居易曾在忠州任刺史，并在其诗中提到当地流行的咂酒习俗。

……薰草席铺坐，藤枝注酒樽。中庭无平地，高下随所陈。蛮鼓声坎坎，巴女舞蹲蹲……[13]

……闲拈蕉叶题诗咏，闷取藤枝引酒尝……[14]

“蛮鼓”、“巴女”都在表明，咂酒是少数民族的习俗。不过，吸酒的饮管不是用竹管而是用藤管做成的。石柱、忠州一带正是今天土家族先民生活的地方。

前引《长阳县志》称咂酒为咂抹坛酒。这个称呼也在明代作家的著作中留有踪迹。明末顾起元谈到他那个时代的中国名酒，特别提醒人们说“若四川之咂麻酒，勿饮可也”[15]。我们不知道顾起元为什么对咂麻酒不感兴趣，但我们相信他说的咂麻酒应该就是清代长阳地区的咂抹坛酒。

四川省凉山彝族自治州甘洛县彝族直到现在仍有喝“杆杆酒”的习俗，也就是用竹竿从酒缸里吸饮自酿的低度酒。

与四川相邻的云南，元代即有咂酒习俗的记录。元梁王长史王庭《咂酒》诗有云：“枯筒未试香先透，熟水频添味转饶”[16]。饮酒的吸管是“枯筒”，一边饮，一边加烧开的水。在明代云南方志中多处可见对咂酒习俗的记载。景泰《云南图经志书》说，澄江一带“俗尚咂酒”：

> 俗以米麦酿酒既熟，凡燕待宾亲之贵重者，具果馔，设架于庭，置酒樽其上，泡之以水，务令樽满为度。少顷置中，通之竹筒于内，必探其底乃与客为揖让礼而请咂之。别以杯酌水，候客既咂而注于樽，视水之盈缩以验所咂之多寡。若水溢而樽不能容，则复劝咂之。以此为爱敬之重者。遇寒月，则置火于樽下，欲其热也。虽富贵之家亦用之。盖亦有所亲效欤！[17]

从这段叙述可知，开篇所说咂酒的要素，此处全都具备。最后两句话暗示我们，咂酒之俗在普通百姓中最流行，并已推广至富贵之家。当时澄江的居民以白族为多，因为上文在咂酒之俗后接着说：“郡多僰人而汉人杂处其间。”僰人正是当时对白族的称呼。正德《云南志》卷六《澄江府》照录以上“俗尚咂酒”的记载，而补充了一句：“此俗各府多同。”同书卷十一《丽江府 · 风俗》说：“此外若咂酒、星回节等俗，大抵与各府相同。”说明丽江纳西族中亦有咂酒之俗。可以认为，咂酒之俗普遍存在于明代云南白族、汉族、彝族、纳西族等诸多民族中，但这一习俗最初可能出现于云南少数民族中。《滇略》卷四《俗略》记此习俗为“咂鲁麻”：

> 饮酒之法，杂荞、秫、曲稗于巨瓮，渍令微热，客至，则燃火其下，以小竹或藤插瓮中，主客环坐吸而饮之，曰：“咂鲁麻”。[18]

同书同卷随即引程本立诗云：

> 金杯哈喇吉，银筒速鲁麻。
> 江楼日日醉，忘却在天涯。[19]

“鲁麻”、“速鲁麻”和“哈拉吉”三词的含义需略作说明。“咂”为汉语，含义清楚。“鲁麻”、“速鲁麻”、“哈拉吉”是少数民族语的记音。多年前本文作者之一谢国先承蒙民族史专家方龄贵先生指教，知“速鲁麻”是突厥语，指味道较淡的酒；今天甘肃的撒拉族仍称之为“索鲁麻”，云南的普米族则称之为“苏理玛”；“鲁麻”是“速鲁麻”的简称。“哈拉吉”原为阿拉伯语，也记为“阿拉汁”，是烈性烧酒。元明时期蒙古族和回族人口分布面增大，“速鲁麻”和“哈拉吉”等词语也逐渐进入汉族和撒拉族、普米族、满族、藏族等民族的语言中。我们甚至怀疑，“咂抹酒”、“咂麻坛酒”中的“抹”、“麻”这两个字，也跟突厥语中的“鲁麻”、“速鲁麻”的读音有关。换句话说，李时珍也好，土家族也好，都跟普米族等南方民族一样，借用了突厥语中对淡酒的称呼，只不过读音有些省略和变化而已。直到今天，云南普米族和摩梭人仍称这种酒为苏里玛。程本立这首诗说明，少数民族的饮酒习俗为汉族官员所接受，并为他们缓解远谪之愁苦。

明末徐霞客曾在大理体验了这一饮酒习俗：

> 还饭于铁甲场居民家。置二樽于架上，下煨以火，插藤于中而递吸之，屡添而味不减。[20]

在一些地方，咂酒之竹筒换成了藤。藤或即钓藤，《滇略》卷三《产略》载：

> 钓藤，藤也，可以酿酒。土人积米麦于罂，熟而著藤其中，内注沸汤，下燃微火，主客执藤以吸。按，钓藤即千金藤，主治霍乱及天行瘴气，善解诸毒，其功似与槟榔同也。[21]

彝族长诗《阿诗玛》中有这样的句子：

> 酒坛像石林，竹管像猪牙交错。[22]

2002年，赵德光主编《阿诗玛原始资料汇编》，收录该文本，并照录原编者的注释[23]。实际上，吟唱阿诗玛故事的诗歌有6个文本都提到用竹管或藤管在酒缸中饮酒的习俗[24]。而由编者所加注释可知，以竹管喝酒的咂酒习俗在石林地区的彝族中早就不存在了。

然而在贵州西部大方县，咂酒习俗至今仍存。清嘉庆年间李宗昉《黔记》卷一载：

> 咂酒，一名重阳酒，以九月贮米于瓮而成，他日味劣。以草塞瓶颈，临饮注水平口，以通节小竹插草内吸之，视水容若干征饮量。苗人富者以多酿此为胜。[25]

湖南西部和西南部，南宋时期有钩藤酒。陆游《老学庵笔记》说：

> 辰、沅、靖州蛮有犵狑，有犵獠，有犵偻，……有山猺，……饮酒以鼻，一饮至数升，名钩藤酒，不知何物。醉则男女聚而踏歌。农隙时至一二百人为曹，手相握而歌，数人吹笙在前导之。贮缸酒于树阴，饥不复食，惟就缸取酒恣饮，已而复歌。……其歌有曰："小娘子，叶底花，无事出来吃盏茶。"盖竹枝之类也。[26]

这段话中有些内容显然出自道听途说，如说"饮酒以鼻"；而且，说这段话的陆游不知钩藤酒为何物，也可证明他对自己所讲的情况一知半解。如果与其他民族的类似习俗联系，我们可以推测钩藤酒的得名正是以钩藤做吸管饮酒。陆游所说饮酒时唱歌跳舞的情形，与清代长阳一带土家族风俗类似。

南宋广西、海南一些地区则称咂酒为"打甏"：

> 溪峒即邕、钦、琼、廉村落间，不饮清酒，以小瓮乾酝为浓糟而贮留之。每觞客，先布席于地，以糟瓮置宾主间，别设水一盂，副之以杓。开瓮，酌水入糟。插一竹管，管长二尺，中有关捩，状如小鱼，以银为之。宾主共管吸饮，管中鱼闭，则酒不升。故吸之太缓与太急，皆足以闭鱼，酒不得而饮矣。主饮鱼闭，取管埋之，以授客。客复吸饮，再埋管以授主。饮将竭，再酌水搅糟，更饮至甚醨而止。其为寿也，不别设酒，主人妻子同寿客，其妻先酌水入瓮，致词，以管授客。饮已，男若女迭酌水为寿。客之多饮寿酒也，实多饮水耳。名曰打瓮，南人谓瓮为甏。[27]

前引《长阳县志》说要饮得"恰恰好"，此处则说管中有机关，须吸得不急不缓方可饮酒入口。为了增加饮酒乐趣，古人没有少费心思。女主人先酌水，并致辞，与长阳"大妇开坛"也颇类似。

南宋末朱辅《溪蛮丛笑》仍说湘西一带有咂酒习俗：

> 酒以火成，不醡不蒭。两缶东西以藤吸取，名钓藤酒。[28]

"以藤吸取"是咂酒的关键。不过，"钓藤酒"一名，在陆游《老学庵笔记》里写作钩藤酒，但明代谢肇淛在《滇略》中也记为"钓藤"，未知孰是。"钩藤"与"钓藤"的差异应是字形相似导致的传抄之误。这也说明有些记录者其实并没有亲自见到这种习俗。

朱辅对钓藤酒言之甚略，但不一定说明他道听途说，因为他的整本《溪蛮丛笑》都是呈现这种简略风格。更可贵的是，他为我们提供了一条关于咂酒的宝贵信息，这条信息迄今为他书所未见：

犵狫之富者多以白金象鸟兽形，为酒藤，或为牛角、鹈鸠之状尤多。每聚饮，盛列以夸客。[29]

这里的“犵狫”与前引《老学庵笔记》中的“犵狑”、“犵獠”、“犵㺜”，是今天湘西一带壮侗语族各民族的祖先。他们中的贵族分子用白金做成“酒藤”。从上下文看，“酒藤”就是咂酒用的藤状饮管。酒藤上的鸟兽形、牛角、鹈鸠，实际上是饮管的构成部分。与前引广西的“打甏”相联系，我们推测这些鸟兽形、牛角、鹈鸠内部也应该有控制吸入量的内置机关。倘如此，则说明早在宋代咂酒习俗在广西、海南、湖南等地已经发展得很精巧了，与鄂西一带直到清时仍颇为简朴的咂酒方式形成鲜明对比。

明代陕西有咂酒，前引李时珍《本草纲目》可证。

杜甫《送从弟亚赴安西判官》有云：

黄羊饫不羶，芦酒多还醉。

明代杨慎注曰：

芦酒以芦为筒，吸而饮之，今之咂酒也。又名钩藤酒。[30]

如果杜甫所说不是他自己的想象而是实情，那么远在今新疆维吾尔自治区库车（唐代安西都护府驻地），也有咂酒习俗。

宋代庄绰用杜甫的这句诗解释西北地区的养羊和造酒两种民俗，证明咂酒习俗宋时在这片地区为人所知：

关右塞上有黄羊无角，色类獐鹿，人取其皮以为衾褥。又彼中造窨酒，以获管吸于瓶中。老杜《送从弟亚赴安西判官》诗云：“黄羊饫不羶，芦酒多还醉。”盖此谓也。[31]

荻管吸酒当然也是咂酒，可惜记载不详。

明末清初方以智《通雅》卷三十九说：

芦酒，咂麻酒也。谓置芦植管于中而群饮也。今陕西家家以此款客。洞蛮名此为钓藤酒。[32]

明代陕西流行咂酒习俗，似也表明唐宋时期西北一带可能确有此俗。不过，咂酒习俗在北方似乎较少见于记录。它在北方的流行情况尚待进一步研究。

总之，可以说咂酒是古代中国南方少数民族地区的一种比较普遍的饮酒习俗。除了鄂西地区之外，南至海南岛、西至云南、北至陕西，古代都流行咂酒习俗。这种习俗在新疆也可能存在过。在羌族、彝族、土家族、苗族等民族中，咂酒习俗则流传至今。

三、中国古代的低度酒

低度酒与高度酒的区分，不在于酿酒原料的不同，而在于是否经过蒸馏提纯。蒸馏技术在中国出现的时间，或说唐代，或说元代。但是，近代以前，中国人都以饮用低度酒为主。中国南方少数民族地区直到20世纪50年代以前，多半都是低度酒的天下。

低度酒是以酒曲酿造后直接饮用的淡酒，古代称薄酒，也称黄酒、浑酒。既可以先将酒水与酒糟分离后再饮用，也可以连酒糟一起饮用。《周礼·天官·酒正》已将酒分为五种："辨五齐之名，一曰泛齐，二曰醴齐，三曰盎齐，四曰缇齐，五曰沈齐。"[33]既为低度酒，固多可豪饮。巨觥大碗是常用酒器。湖北省荆州博物馆展示西汉时期楚地之耳杯，呈椭圆形，大者长约10厘米，宽约5厘米，估计可盛酒一斤。贮酒之具则为坛为瓮，竟有以池贮酒者，于是有酒池肉林的典故。先秦直到元明，低度酒广受欢迎。明代刘若愚谈到皇宫的饮食习俗，说十一月"天已寒，每日清晨吃辣汤，吃生爜肉、浑酒，以御寒"[34]。御寒之酒，也称为头脑酒。"凡冬月客到，以肉及杂味置大碗中，注热酒递客，名曰头脑酒，盖以避风寒也。……景泰初年，以大官不充，罢之，而百官及民间用之不改。"[35]低度酒的原料是谷类作物。历代封建统治者因饥荒屡申酒禁。"唐初无酒禁。乾元元年（758），京师酒贵，肃宗以廪食方屈，乃禁京城酤酒，期以麦熟如初。二年，饥，复禁酤，非光禄祭祀、燕蕃客，不御酒。"[36]明太祖不仅曾禁酒，"并禁种糯以绝其源。……今承平日久，酒日多日佳，糯米之值贵于粳米，而世家子弟，向号醇谨有法度者，多事豪饮，以昼为夜。种秫亦倍往时"[37]。可见，酒禁总是时行时废，因为只要条件许可，人们就难以抗拒酒的诱惑。

古代汉族地区的豪饮屡屡见于记录。晋时裴启记阮籍等人的饮酒方式说：

> 诸阮以大盆盛酒，木杓数枚也。[38]

南朝刘义庆言之稍详：

> 诸阮皆能饮酒，仲容至宗人间共集，不复用常杯斟酌，以大瓮盛酒，围坐，相向大酌。[39]

围盆而坐，以长杓舀酒喝，虽非咂酒，但与咂酒豪气相通。

不过，值得注意的是，对普通群众来说，因为经济条件的限制，豪饮并非常态。甚至就连官员们也有无酒可喝的时候，所谓“家酿饮已尽，村中无酒沽”[40]。“无酒沽”是指有钱买不到酒。但他们其实还可能陷入根本就无钱买酒的窘境。白居易《初除户曹喜而言志》有云：

诏授户曹椽，捧诏感君恩。
感恩非为己，禄养及吾亲。……
笑云今日后，不复忧空尊。……[41]

也就是说，白居易在当上户曹参军之前，是会“忧空尊”的。仕至简州刺史的雍陶也曾径直说：“岁尽贫生事事须，就中深恨酒钱无”[42]。

与咂酒类似的饮法，在北魏时期已经出现。段成式记述说：

历城北有使君林。魏正始中，郑公悫三伏之际，每率宾僚避暑于此。取大莲叶置砚格上，盛酒二升，以簪刺叶，令与柄通，屈茎上轮菌如象鼻，传吸之，名为碧筒杯。[43]

“二升”酒以低度酒而言，不算多，但考虑到是盛在荷叶做成的杯子里的，也就不算少了。“传吸之”正说明并非由一个人一口喝完，而是多人轮流对着荷叶的茎管吸饮。如果喝完之后不断添加，那么跟咂酒的方式就很相似了。当然，饮碧筒杯是为解暑，且荷叶做成的杯子也不可能加热。

大致与段成式同时代的赵璘，也谈到以荷叶为杯、荷茎为管的饮酒方法：

靖安李少师，虽居贵位，不以威重隔物。与宾僚饮宴谭笑，曲尽布衣之欢，不计过失。善饮酒。暑月临水，以荷为杯，满酌密系，持近人口，以箸刺之，不尽则重饮。[44]

这里是一杯一饮，饮完再斟。荷叶杯已有量器的功用。

唐代诗人戴叔伦《南野》一诗中有“茶烹松火红，酒吸荷杯绿”之句，也说到用荷叶做酒杯饮酒的做法[45]。白居易诗中也有“艳听竹枝曲，香传莲子杯”之句[46]。

早在唐代，人们就在荷叶杯的基础上用金属材料做成了吸杯。

陕西西安何家村窖藏出土唐代文物中，有一件造型非常独特的器皿，被定名为“鎏金莲花形银灯头”，实际上，这应该是一件珍贵的“荷叶吸杯”，或称“荷杯”、“碧筒杯”、“碧筒劝”。[47]

关于吸杯的形制，清人徐珂说：

吸杯，作莲蓬、莲叶交互相连状，别有莲茎，茎之中有孔，可吸饮。[48]

同样出现于唐代的朱提瓶，则是一件同时具备贮酒和分酒功能的酒器。贞观四年（630），为了招待回纥朝贡者，专门用了朱提瓶：

帝坐秘殿，陈十部乐，殿前设高坫，置朱提瓶其上，潜泉浮酒，自左阁通坫趾注之瓶，转受百斛镣盎，回纥数千人饮毕，尚不能半。[49]

说的是用暗管将酒从底部注入瓶中，又以银盆把酒从瓶里接出来给人喝。乡间百姓咂酒时添进去的是水，皇家巨瓶中流入的是酒。

中国古代的高度酒出现较晚。谈高度酒的起源，一般都会引用明代后期李时珍在《本草纲目》中的这段记述：

烧酒非古法也。自元时始创其法，用浓酒和糟入甑，蒸令气上，用器承取露滴。凡酸坏之酒，皆可蒸烧。近时惟以糯米或粳米或黍或秫或大麦蒸熟，和曲酿瓮中七日，以甑蒸取。其清如水，味极浓烈，盖酒露也。[50]

实际上，早在元末明初，著名学者叶子奇就已经明确指出烈性烧酒是元代的创造：

法酒，用器烧酒之精液取之，名曰哈剌基，酒极醲烈，其清如水，盖酒露也。……此皆元朝之法酒，古无有也。[51]

“哈剌基”也就是 “哈拉吉”。前文说过，“哈拉吉”源自阿拉伯语，指烈性烧酒。

四、结论和问题

1. 结论

从以上资料，我们可以得到一些初步结论。

（1）咂酒是一种比较简单的饮酒方式。

除了贮酒的瓮、缸、罐之外，咂酒仅需一根竹管、芦管或藤管，还有一个添加热水的碗、瓢。

（2）咂酒至迟在唐代就已经出现。

咂酒习俗早在唐代就已见于记录，当时它流行在今重庆东部土家族先民巴人生活的地区，甚至也出现我国今西北地区。宋代，有对湖南、广西一带咂酒习俗的记录。元、明时期，这种饮酒习俗被记录在云南的地方志中；同期的笔记小说和《本草纲目》中对之也有记录，且说陕西流行此俗。到了清代，贵州、湖北的地方志中都有咂酒习俗的记载。

（3）咂酒习俗流行的范围很广。

咂酒是土家族、苗族、白族、彝族、羌族等许多少数民族中曾经流行的一种饮酒习俗。即使到了现代，这种习俗的分布范围仍然较广，并不限于土家族地区。

（4）咂酒是聚会饮酒习俗而非日常饮酒习俗。

古代中国少数民族地区物质生产一直不算发达。谷类作物往往不能满足普通百姓的粮食需求，当然也就不可能将大量粮食用于酿酒。随意饮酒，是文人兼官员的日常享受，普通百姓只能偶尔为之。咂酒是少数民族群众欢聚时的饮酒习俗。

（5）中国古代文人有时也参加咂酒。

古代文人到少数民族地方，虽然也可能喜欢咂酒，但他们主要的饮酒方式还是杯酌勺舀。唐人诗歌无数次说到饮酒，各种各样的酒杯是必要的工具，只是极为罕见地提到用吸管就瓮咂酒。古代文献中提及咂酒，多半把它当少数民族习俗来记录。

咂酒是物质条件较差的情况下的一种饮酒方式。多人共用同一吸管，显然不利于预防传染病。但当时村醪难得，人们为饱口福，未遑它顾。随着物质条件的改善，咂酒习俗流行的地区也就越来越小了。即便如此，多人轮吸一杆的方式也必将发生改变。

当然，作为一种饮酒习俗，咂酒也有其存在的合理性。

首先，咂酒是喜庆场合下一个群体不论尊卑而共用吸管轮流饮酒的活动。这种饮酒活动与大家各自用樽、杯、碗等酒具饮酒相比，更能表现群体成员的一体感和凝聚力。今天在汉族和少数民族的一些偏远乡村还能见到“转转酒”习俗，即以一个大碗盛酒供参与者轮流饮用的做法，在体现群体成员的团结和睦方面，与咂酒颇为相似。

其次，咂酒能够延长享用过程。一缸酒十杆共吸，可能顷刻见底；一杆轮吸，则可维持略久。于是，人们欢聚的时间可以延长，与饮酒相伴的歌和舞等其他娱乐活动也可以充分展开。

最后，咂酒时需掌握一次所吸酒量，多吸少吸都要受罚。因为不像从杯子喝酒可以一饮而尽，所以，咂酒时准确控制吸入量就不是一件轻而易举的事情。对于是否吸得恰到好处，就会争论不休。因此而频繁出现的热烈吵嚷，正是乡民欢聚活动的必要成分。

2. 问题

还有一些跟咂酒有关的问题值得进一步探讨。

（1）咂酒习俗起源地、时间。

从我们现在所见资料推测，咂酒最早出现于唐代。然而，从情理上推断，咂酒习俗应该跟酿酒的历史一样古老。不过，因为竹管、芦管和藤管都易于朽坏，所以现代人很难找到这方面的考古证据。更为仔细地浏览古籍，也许会发现唐代以前咂酒习俗的文字线索。

（2）咂酒习俗流行的范围。

现有证据表明，唐代咂酒已流行于四川乃至安西都护府一带。元、明、清时期咂酒习俗在中国南方少数民族地区普遍流行。陕西一带在明朝仍有咂酒习俗的记录。中国北方其余少数民族中是否存在此一习俗，也是一个有趣的话题。

（3）与国外低度酒的饮用方式的比较。

近现代欧洲人餐桌礼仪很发达，但他们的祖先未必就这么讲究。而中国之外的世界，除了欧洲人之外，还有非洲、美洲和澳洲的古老居民。他们的祖先如何分享低度酒，也是我们研究土家族咂酒习俗时应该关心的问题。

注 释

［1］（清）张梓修，张光杰纂：同治《咸丰县志》卷七《食货志》，《中国地方志集成》之《湖北府县志辑》（57），巴蜀书社、江苏古籍出版社、上海书店，2010年，第67页。

［2］（清）熊启詠纂修：同治《建始县志》卷四《食货志》，《中国地方志集成》之《湖北府县志辑》（56），巴蜀书社、江苏古籍出版社、上海书店，2010年，第71、72页。

［3］（清）松林、周庆榕修，何远鉴、廖彭龄纂：同治增修《施南府志》之《重修施南府志序》，《中国地方志集成》之《湖北府县志辑》（55），巴蜀书社、江苏古籍出版社、上海书店，2010年，第3页。

［4］（清）松林、周庆榕修，何远鉴、廖彭龄纂：同治增修《施南府志》卷三十《杂志》，《中国地方志集成》之《湖北府县志辑》（55），巴蜀书社、江苏古籍出版社、上海书店，2010年，第591、592页。

［5］（清）松林、周庆榕修，何远鉴、廖彭龄纂：同治增修《施南府志》卷三十《杂志》，《中国地方志集成》之《湖北府县志辑》（55），巴蜀书社、江苏古籍出版社、上海书店，2010年，第4522页。

［6］（清）陈惟模修，谭大勋纂：同治《长阳县志》卷之一《地理志•风俗》，《中国地方志集成》之《湖北府县志辑》（54），巴蜀书社、江苏古籍出版社、上海书店，2010年，第474页。

［7］（清）陈惟模修，谭大勋纂：同治《长阳县志》卷之一《地理志•风俗》，《中国地方志集成》之《湖北府县志辑》（54），巴蜀书社、江苏古籍出版社、上海书店，2010年，第474页。

［8］（清）李焕春原本，龙兆霖续纂，郭敦祐再续纂：光绪《长乐县志》卷之十二《风俗志》，《中国地方志集成》之《湖北府县志辑》（54），巴蜀书社、江苏古籍出版社、上海书店，2010年，第267、268页。

［9］（清）李勗修，何远鉴、张钧纂：同治《来凤县志》卷之二十八《风俗志•饮食》，《中国地方志集成》之《湖北府县志辑》（57），巴蜀书社、江苏古籍出版社、上海书店，2010年，第464页。

［10］（清）王槐龄纂修：道光《补辑石柱厅志》卷六《风俗志》，转引自四川黔江地区民族事务委员会编：《川东南少数民族史料集》，四川民族出版社，1995年，第157页。

[11] （清）王槐龄纂修：道光《补辑石柱厅志》卷六《风俗志》，转引自四川黔江地区民族事务委员会编：《川东南少数民族史料集》，四川民族出版社，1995年，第158页。“截细竹通其窍”，原作“截细竹通其窃”，以意改。——转引者

[12] （明）李时珍著，王育杰整理：《本草纲目》谷部第二十四卷，人民卫生出版社，2013年，第1269页。

[13] （唐）白居易：《郡中春宴因赠诸客》，《全唐诗》第七册，中华书局，1999年，第4813页。

[14] （唐）白居易：《春至》，《全唐诗》第七册，中华书局，1999年，第4941页。

[15] （明）顾起元撰，孔一校点：《客座赘语》，《明代笔记小说大观》，上海古籍出版社，2005年，第1432页。

[16] （明）景泰：《云南图经志》卷七《元诗》。

[17] （明）景泰：《云南图经志》卷二《澄江府·风俗》。“俗以米麦酿酒既熟”之“熟”，原文作“热”，依正德《云南志》卷六《澄江府》改。——引者

[18] （明） 谢肇淛：《滇略》卷四《俗略》，见《中国西南文献丛书》之《西南史地文献》第十一卷，兰州大学出版社，2003年，第89页。

[19] （明）谢肇淛：《滇略》卷四《俗略》，见《中国西南文献丛书》之《西南史地文献》第十一卷，兰州大学出版社，2003年，第89页。

[20] （明）徐宏祖著，朱惠荣校注：《徐霞客游记游记校注》之《滇游日记》卷八，云南人民出版社，1985年，第974页。

[21] （明）谢肇淛：《滇略》卷三《产略》，见戴文年等主编：《中国西南文献丛书》之《西南史地文献》第十一卷，第71页。

[22] 李缵绪编：《阿诗玛原始资料集》，中国民间文艺出版社，1986年，第225页。编者在此句下注释说：“指用竹管喝酒，此习早已不存在”。

[23] 赵德光主编：《阿诗玛原始资料汇编》，云南民族出版社，2002年，第90页。

[24] 谢国先：《阿诗玛新论》，《云南艺术学院学报》2001年第3期，第17页。

[25] （清）李宗昉：《黔记》卷一，见戴文年等主编：《中国西南文献丛书》之《西南稀见丛书文献》第六卷，兰州大学出版社，2004年，第407页。

[26] （宋）陆游撰，高克勤校点：《老学庵笔记》卷四，《宋元笔记小说大观》（四），上海古籍出版社，2005年，第3483页。

[27] （宋）周去非著，杨武泉校注：《岭外代答校注》，中华书局，1999年，第427页。

[28] （宋）朱辅《溪蛮丛笑》之“钓藤酒”条，见《中国西南文献丛书》之《西南民俗文献》第二卷，兰州大学出版社，2003年，第8页。

[29] （宋）朱辅《溪蛮丛笑》之“钓藤酒”条，见《中国西南文献丛书》之《西南民俗文献》第二卷，兰州大学出版社，2003年，第21页。

[30] （唐）杜甫著，（清）杨伦笺注：《杜诗镜铨》（上），1980年，第146、147页。

[31] （宋）庄绰撰，李保民校点：《鸡肋编》卷中，《宋元笔记小说大观》（四），上海古籍出版社，2005年，第4014页。

[32] 转引自（宋）周去非著，杨武泉校注：《岭外代答校注》，中华书局，1999年，第428页。

[33] （汉）郑玄注，（唐）贾公彦疏：《周礼注疏》（上），上海古籍出版社，2010年，第162页。

[34] （明）刘若愚撰，阳羡生校点：《酌中志》卷二十，《明代笔记小说大观》（四），上海古

籍出版社，2005年，第3066页。

[35] （明）朱国桢撰，王根林校点：《涌幢小品》卷十七，《明代笔记小说大观》（四），上海古籍出版社，2005年，第3513页。

[36] （宋）欧阳修、宋祁撰：《新唐书》卷五十四《食货志》，中华书局，2000年，第907页。

[37] （明）朱国桢撰，王根林校点：《涌幢小品》卷十七，《明代笔记小说大观》（四），上海古籍出版社，2005年，第3513页。

[38] （晋）裴启撰，王根林校点：《裴子语林》，《汉魏六朝笔记小说大观》，上海古籍出版社，2005年，第386页。

[39] （南朝宋）刘义庆撰，（梁）刘孝标注，王根林校点：《世说新语》，《汉魏六朝笔记小说大观》，上海古籍出版社，2005年，第946页。

[40] （唐）白居易：《效陶潜体诗十六首》，《全唐诗》第七册，中华书局，1999年，第4733页。

[41] （唐）白居易：《初除户曹喜而言志》，《全唐诗》第七册，中华书局，1999年，第4728页。

[42] （唐）雍陶：《酬李绀岁除送酒》，《全唐诗》第八册，中华书局，1999年，第5957页。

[43] （唐）段成式撰，曹中孚校点：《酉阳杂俎》（前集卷七），《唐五代笔记小说大观》，上海古籍出版社，2005年，第608页。

[44] （唐）赵璘撰，曹中孚校点：《因话录》卷第二，《唐五代笔记小说大观》，上海古籍出版社，2005年，第843页。

[45] （唐）戴叔伦：《南野》，《全唐诗》第五册，中华书局，1999年，第3061页。

[46] （唐）白居易：《郡楼夜宴留客》，《全唐诗》第七册，中华书局，1999年，第4973页。

[47] 孟晖：《唐代荷叶吸杯：酒器儿品之一的“慢卷荷”》，载于《东方早报》（http://arts.cul.sohu.com/20130718/n381954575.shtml）。

[48] （清）徐珂编撰：《清稗类抄》（第十二册，《物品类》），中华书局，1986年，第6048页。

[49] （宋）欧阳修、宋祁撰：《新唐书》卷一百四十二上《回鹘列传》，中华书局，2000年，第4650页。

[50] （明）李时珍著，王育杰整理：《本草纲目》谷部第二十五卷，人民卫生出版社，2013年，第1277页。

[51] （明）叶子奇撰，吴东昆校点：《草木子》卷三，《明代笔记小说大观》，上海古籍出版社，2005年，第61页。

土家咂酒的历史演变与传承保护

姚金阶[1]　钱国岗[2]

（1. 咸丰县新闻中心　2. 恩施州施南春酒业有限公司）

摘要：土家族人在漫长的历史长河中，发展传承的咂酒及其文化，具有悠久的历史渊源，深厚的文化内涵，丰富的表现形态，是土家族文化遗产的一个瑰宝。当前，正值唐崖土司城遗址申报世界文化遗产，如何更好地传承保护咂酒文化，让其借助申遗的良机，发挥更大的作用，进而将土家咂酒的文化优势转化为经济优势，造福世界人民，是摆在我们面前的一个时代课题。

关键词：土家咂酒；历史演变；传承保护

在漫长的历史长河中，土家族人民用自己的勤劳和智慧，创造了丰富灿烂的物质文化。饮酒、酿酒作为一种独特的饮食文化，伴随着土家人的演进而流传至今，已有数千年的辉煌历史。咂酒，更是土家文化中的一个瑰宝。

一、土家咂酒的悠久历史

中国古代酒有清浊之分。汉邹阳《酒赋》载：“清者为酒，浊者为醴；清者为圣，浊者顽”。《酒谱》载：“凡酒以色清味重为圣，色如金而醇苦者为贤”。

土家族人饮酒、酿酒的悠久历史，可追溯到春秋战国时期。《后汉书》（卷八十六）记载，巴郡夷人与秦国订立互不侵犯盟约：“秦犯夷，输黄龙一双；夷犯秦，输清酒一钟。”巴郡夷人指土家人，清酒即美酒。

由此可见，当时土家人的一钟清酒价值与秦国的一双“黄龙”（在大旱求雨所用的刻有龙纹的玉）对等，说明清酒是如此之贵重。按有关容器史料推算，一钟清酒相当于而今的三百一十多千克，这也说明土家人当时的酿酒技术和酒的产量有了相当高的水平。

土家族的酿酒始于先民巴人。《太平御览》载：“南山峡峡西八十里有巴乡村，善酿酒，故俗称巴乡村酒也。”

《水经注·江水》载：“江之左岸有巴村，村人善酿，故俗称巴乡清郡出名酒”。

为什么土家人酿的酒有如此之高的品质?

这一地带生产的糯米，吸取四季清泉和山中云雾之气，根植水土特异，营养丰富，颗粒大，体细长，颗形如梭，米色似玉。用其做饭，质软不腻，味道浓香；以糯米为原料酿酒，浓而不烈。其米、其酒都品质优良，别具风味。誉盖五谷之首。

土家先民酿造的咂酒，正是以五粮相配，精心制作而成。在具体制作中，酿酒人在每个环节都做到精益求精，并根据季节气候的不同，适时调整配方，确保了酒的品质。

《华阳国志·巴志》记载："川崖惟平，其稼多黍，旨酒嘉肴，可以养父；野惟阜丘，彼稷多有，嘉肴旨酒。"从这诗中得知，当时土家先民居住的地区盛产黍（即黍子）和稷（高粱），用这些野生的或种植的谷物为原料酿出的清酒，加以嘉肴（非谷物的肉、菜、果等），成为养老的最佳食品。

二、土家咂酒的制作工艺

关于咂酒的生产，土家族地区的许多地方文献上多有记载，但显得不很详尽。而土家人精湛的酿酒技术得以代代相传，并不断得到发扬光大，也得益于土家人的口口相传。

清同治四年（1865）版《咸丰县志》记载："咂酒。俗以曲糵和杂粮于坛中，久之成酒。饮时，开坛沃以沸汤，置竹管于其中，曰咂篁。先以一人吸咂篁，曰开坛。然后彼此轮吸，初吸时味甚浓厚，频添沸汤，则味亦渐淡。盖蜀中酿法也。土司酷好之。"

民国三年（1914）版《咸丰县志》卷二十《杂志》载：秦蜀有咂嘛酒，用稻、麦、黍、秫、糵曲，小罂封酿而成，以管吸饮。今咂酒，盖其酿法也。

《补辑石砫厅志·风俗志》记载："厅人酿酒，置杭米或黍、稷、梁、粟磁瓶中，月余始熟。"

清光绪二十六年（1990）版《咸丰县志》载：土家时兴"咂酒"。头年九十月间，将高粱、玉米蒸熟，拌上曲子置于酿瓮，密封口，至次年五六月启封。用时灌进开水，在瓮口插一竹管，次第传吸，名曰"开坛"。咂酒清香醇正，是土家待客佳品。

清同治五年（1866）版《来凤县志·生活民俗》载："九十月间，煮高粱酿瓮中，至次年五六月灌以水，瓮口插竹管，次第传吸，谓之'咂酒'。"

清同治八年（1869）版《长乐县志·习俗》载："其酿法于腊月取稻谷，苞谷并各种谷配合均匀，照寻常酿酒法酿之。酿成携烧酒数斤置大瓮内封紧，于来年暑月开瓮取糟，置壶中冲以白沸汤，用细杆吸之，味甚醇厚，可以解暑。"

清光绪六年（1880）版《巴东县志·生活民俗》载："盖以酒连糟贮坛，饮时泡以沸汤，插筒其中，主宾递吸之也。"

清代李宗昉《黔记》云："咂酒一名重阳酒，以九日贮米于瓮而成，他日味劣，以草塞瓶头，临饮注水平口，以通节小竹插草内吸之，视水容若干征饮量，多以酿此为胜。"

在田野调查中，我们有幸多次与恩施州民间艺术大师、目前恩施州唯一的咂酒传人李正福进行了深入交谈。他认为，酿制咂酒，很是讲究，且有四大要点。一是原料必须是带糯性的杂粮，即当地生产的高粱、小麦、大米、玉米、粟米等优质原料，发酵的酒曲要加入当地深山中生长的天麻、党参、当归、川芎等名贵中药材；二是酿制后要密封半个月以上；三是酿制过程必须保持干净卫生，不沾荤腥；四是必须在地里窖藏三年以上。

通过这种方法酿制出来的咂酒，酒香纯正而不郁浊，酒味绵甜而不酸涩，酒性平和而不浓烈，男女老少皆可饮用，具有强筋壮骨、健体的作用。

如何学会酿制咂酒的？李正福的父亲李秭堂，新中国成立前在大路坝大户刘家帮工。刘家开有一家鸦片烟馆和一个咂酒作坊。刘家酿制咂酒，一般人是不能到作坊去看的，因李父在刘家帮工的时间长，又是近邻，所以能够到作坊里去打下手，便逐渐掌握了酿制咂酒的技术。后来，李父悄悄在自家酿制咂酒，李正福每次都给父亲当帮手，慢慢地学会了酿制。

李正福还认为：咂酒具有戒毒的奇特功效。他说，新中国成立后，凡染上毒瘾的人都要强制戒毒，李父在刘家给客人点烟泡，一来二去也染上了毒瘾，啥子法儿都使尽了，就是戒不掉毒瘾。后来，李父就想到喝咂酒，喝后倒头便睡，醒后又喝。一连喝了七天，睡了七天，说来也怪，毒瘾一下子戒掉了。

这也许与酿制咂酒时加进的中药材有关，尚无考证。

三、土家咂酒的文化内涵

神奇的饮咂酒风俗，还在于一个神奇的传说。

咂酒之习俗，据传始于明代。当时，土家父老为送众多土家兵士出征江浙沿海抗倭，又不能耽误他们的行程，就把大坛大坛酒抬到兵士们出征的道路两旁，在坛内插上一根根竹管，让兵士们路过时每人咂一口。

这一传说，与土司时期土司酷爱、推崇咂酒，土家族人民保家卫国的爱国主义情怀密切相关。因此，土司时期整个土家族地区都十分盛行咂酒，尤其在土司阶层更是如此。

《容美记游》载：“宴客，客西向坐，主人东向坐，皆正席， 肴十二簋，樽用纯金。……酒饭初至，主宾拱手，众皆垂手起立，候客举箸乃坐，亦适有从田间来，满胫黄泥而与席间手持金杯者……行酒以三爵为度，先敬客，后敬主人……”土家人好客很大程度以酒为媒，酒成了土家人传递情感、加深友谊的桥梁。

酒助诗兴，诗随酒扬，当年的龙潭土司田氏咂酒吟诗，留下千古绝句：“万颗明珠共一瓯，王侯到此也低头。五龙捧起擎天柱，吸尽长江水倒流。”

历代文人墨客更是为咂酒写下了许多脍炙人口的诗词。蒋仕槐有诗：“依山面水一家家，风土人情大不差。惟有客来沿旧俗，常须咂酒与油茶。”

杨金玉则用诗这样描写："銮酒酿成扑鼻香，竹竿一枝胜壶觞。过桥猪肉莲花碗，大妇开坛劝客尝。"

古诗人王驾在《社日》诗中描写了一幅美丽动人的丰收景象和山野汉子们的醉酒图：鹅湖山下稻粱肥，豚栅鸡埘半掩扉，桑柘影斜春社散，家家扶得醉人归。

五峰长乐知县田泰斗的《长乐竹枝词》绘出了土家人"无处不饮酒"、"无时不喝酒"的逍遥图：红杏开残种植过，家家烧荐上田坡。高宜晴暖低宜雨，古社坛边拜祝多。

白居易在唐宪宗元和年间赴忠州任刺史时，路过三峡，夜宿土家。主人热情款待，他有感而发，写下《巴氏春宴》：巫峡中心群，巴域四面风。薰草铺坐席，藤枝注酒鐏。蛮歌声坎坎，巴女舞蹲蹲。

鹤峰第一任知州毛峻德在参加土家咂酒宴后吟诗：板屋团团坐，欢呼挈一瓶。白波卷细管，红友吸仙灵。户小陴筒醉，魂招楚泽醒。底须杯在手，曲部未图形。

清代长乐（今五峰）县令李焕春有一首《竹枝词》，就是在土家山寨做客吃咂酒酒后，带着几分醉意写下的：糯谷新熬酒一壶，吸来可胜碧筒无？诗肠借此频浇洗，醉咏山林月不孤。

……

透过一首首诗歌，土家人咂酒之趣，令人神思遐往。

从众多咂酒的饮用方式记载分析不难发现，土家咂酒充分体现了中国古代哲学"和"的思想；大家共同聚在一起，围着酒坛咂酒，没有高低贵贱之分，和谐相处；民族内部的凝聚力、向心力得以加强，民族之间的关系得以融洽……

光绪《长乐县志》卷十六详细记载了土司以咂酒款待宾客的情形："土司有亲宾宴会，以吃咂酒抹坛为敬。咂酒抹坛者，谓前客以竿吸酒，以巾拭竿，请他客也。酒以糯米酿成，封于坛中。款客则取置堂荣正中，沃以沸令满，以细竹通节为竿，插透坛底……每一坛设桌一，桌上位及两旁，则各置箸一，而不设坐。客至以次列坐。左右毕，主人呼长妇开坛肃客。妇出，正容端肃，随取沸汤一碗，于坛侧就竿一吸毕，注水于坛，不歉不溢谓之恰好。每客一吸，主人一注水。前客吸过赴桌，再举箸，而后客来，彼此不以为歉也。凡吸歉溢皆罚再吸，故酒虽薄亦多醉……"

同治《恩施县志》则记述了民间咂酒的情形："俗以曲孽和杂粮于坛中，久之成酒，饮时开坛以沸汤，置竹管其中，曰'咂篁'；先以一人吸'咂篁'，曰'开坛'；然后彼此轮吸。初吸时味甚浓厚，频添沸汤，则味亦渐淡……"

四、土家咂酒的演变

从现代咂酒的酿造工艺来看，咂酒属于古老的粮食发酵酒（又称米酒）酿造系统。粮食发酵酒的酿造在中国已有数千年的历史。唐代时，蒸馏白酒（烧酒）开始兴起，在全国大部分地区粮食发酵酒逐渐被蒸馏白酒所取代。

元明清三朝，中央王朝对今土家族居住地区普遍实行土司制度，规定“蛮不出境，汉不入峒”。这一政策虽有益于土家族人民的稳定，但也相对限制了土家族人民与外界的交往。正因如此，古老的粮食发酵酒并没有退出历史舞台，而是以咂酒的形式流传下来，形成了精湛的酿酒工艺。

民间大师李正福认为：一直能延绵传承下来的咂酒，应该算作现代白酒的母酒，只是限于当时的工艺条件，酒的度数达不到白酒的度数而已。

清雍正年间“改土归流”时，清政府派流官到咸丰任职，真正打开了尘封千年的山门，形成了多民族共居的局面。改土归流后，民族间、地区间交往增多，先进的生产技术有力地促进了土家族地区的发展。而酿酒的技术也在继承中得到发展，一边是咂酒在民间继续传承，一边通过技术更新，把传统的咂酒酿造成度数更高的堆花酒。

《长乐县志·习俗》载：“邑惟包谷酒，上者谓堆花酒”。

据传说，清雍正十三年（1735），清政府为表施南府设置之庆贺，特令唐崖土司酒坊酿酒千坛，并大摆宴席三天三夜。

至此，土家咂酒开始在土家族地区以多种形式流传下来，并逐渐成为人们生活中一种重要的文化符号。

为什么要用唐崖土司酿制的咂酒作庆贺之用呢？据说，在当时各地土司中，数唐崖土司酿制的咂酒为最好，这与唐崖土司管辖的地理范围有关。唐崖土司所辖范围跨东经108°37′～109°20.1′，北纬29°19.5′～30°2.9′，真正地处神秘的北纬30°，是世界上公认的酿酒的最佳地方。流经这里的唐崖河，还有每一块土地，更是到处淌流着富硒的成分。当然，这都是如今通过现代科技手段测试出来的，只是当时的土家先人无从知晓罢了。

到了民国年间，私人开槽煮酒的很多，所产玉米多耗于此。鉴于玉米为民之主食，产量又低，国民政府多次发布禁令，不准用玉米酿酒熬糖。20世纪80年代，随着改革开放政策的推行，粮食市场开放，咸丰酿酒业得到很大发展。除30户国营酒厂、集体酒厂外，还有15户个体和私人联营小酒厂。据统计，1985年全县共生产饮料酒1615吨，工业总产值130万元。生产规模最大的为县国营酒厂。1985年开始生产中高档酒，产品主要有绿豆液、皇城、咸丰贡酒、咸丰大曲、咸丰特曲等17种，年产白酒452吨，产品畅销省内及湘西、川东一带。到20世纪90年代，咸丰生产的白酒因传承咂酒的精华，而享誉全国。1990年产量持续增长，年生产白酒2481吨。同年开发新产品，普通白酒改进为富硒营养酒。1991年9月，该厂生产的“瀑泉牌”富硒营养系列酒获北京首届中国国际诗酒节及诗酒博览会金爵杯奖。中央顾问委员会杨成武、张爱萍、李德生为该酒题词：“庆功酒香飘五洲”。全国品酒专家龚文昌题词：“富硒酒给人类带来福音：硒水酿酒，延年益寿，常饮此酒，百岁不休。”全国人大常委会副委员长费孝通为县国营酒厂题写厂名。

令人遗憾的是，因经营不景气，1996年县国营酒厂正式宣布破产，一个具有重大民族价值和商业价值的品牌在市场经济的大潮中被无情地退出了舞台。

五、土家咂酒的传承与保护

咂酒作为土家族文化的重要载体，具有悠久的历史渊源，深厚的文化内涵，丰富的表现形态，是土家族文化遗产的重要组成部分。

最近几年来，咸丰民间的刘德山、李方庆等一大批民族文化研究人士，先后对土家咂酒及其文化进行了抢救性发掘，并取得了重大成果，历时三年收集、整理出版了《土家族祝酒辞》一书，推出了《土家敬酒歌》，让其得到了更广泛的认同。

当前，正逢唐崖土司城遗址申报世界文化遗产的千载良机，我们理应把握机遇，进一步加大力度对咂酒的酿造工艺进行挖掘、整理、恢复、保护和传承，让咂酒这个民族文化瑰宝发挥更大的作用，进而让其文化优势转化为经济优势，造福全国乃至世界人民。

保护的方案有四：尽快将咂酒向国家申报非物质文化遗产保护；让唯一健在的咂酒传人李正福教授一批学徒，让其真正学会酿制技术，并代代相传。在此基础上，支持和鼓励农民种植产量不高、品质优良、酿制咂酒的原料作物；在继承中发展，为适应现代卫生的要求，改进咂酒的饮用方式；当地政府要鼓励和支持酿酒企业进一步加大研发力度，开发出既具土家咂酒配方精华又有土司文化内涵的“唐崖”系列品牌，让其随着唐崖土司城成功申报世界文化遗产而一同走向世界。

参考书目

［1］ 黄柏权：《土家族酒文化泛论》，《湖北民族学院学报》1995年第1期。

［2］ http://www.hb.xinhuanet.com/zhuanti/2009-04/08:《土家酒文化》。

［3］ 高润身：《容美纪游注释》，天津古籍出版社，1991年。

［4］ 国家民委《中国少数民族》编写组：《中国少数民族》，人民出版社，1981年。

［5］ 罗安源、田心桃、田荆贵、廖乔婧：《土家人和土家语》，民族出版社，2001年。

［6］ 《土家族百年实录》，中国文联出版社，2001年。

［7］ 《咸丰县志》，清同治四年（1865）版、民国三年（1914）版。

［8］ 周伟民、安志国：《咸丰县民族志》，湖北人民出版社，2006年。

［9］ 刘德山：《土家族祝酒辞》，湖北人民出版社，2009年。

咸丰土司茶文化初探

赵　亮

（咸丰县茶叶局）

摘要：咸丰土司茶既是土司生活物资，又是民间馈赠交际的上等礼品；也是辖区历史文化的载体之一。土司茶历史悠久，见证了土司制度的发展史，是当地少数民族勤劳、智慧的结晶。本文从土司茶形成背景、加工技术、先民对茶的应用、文化内涵等方面对以唐崖土司为代表的咸丰土司茶进行了初步研究，有助于了解咸丰土司茶的发展史，结合民间留传的土司茶的应用方式，进一步挖掘土司茶的文化底蕴，为传承和保护珍贵的历史非物质文化遗产提供依据。

关键词：咸丰；土司；茶文化

一、引　　言

今湖北省咸丰县旧时为散毛、金峒、龙潭、唐崖土司所辖地区[1]，属于鄂西南茶区。生态环境优良，风光优美，茶叶历史悠久，加工制作精细，在始于元末明初的土司制度下技术日臻成熟，土司茶因此得名，清雍正十三年（1735）“改土归流”[2]，废除土司制度，土司茶的名称逐渐简化成茶、茶叶，但加工制作工艺仍然沿用至今。

茶是历史文化的重要载体。咸丰土司茶悠久的历史沉淀和绚烂的土家文明，见证了土司制度的兴衰。对它的考证有助于了解其发展史、加工工艺及特征，进一步挖掘当时的社会经济文化背景，为保护珍贵的历史文化遗产提供依据。当前对咸丰土司茶的来由尚缺乏系统研究，本文根据民间传说记载、百姓保留下来的饮茶、用茶习惯和前人研究成果的基础上对咸丰土司茶来源、特征进行初步归纳。

二、土司茶的形成背景

1. 自然背景

咸丰县地处武陵山东部、鄂西南边陲；扼楚蜀之腹心，为荆南之要地，古有“荆南雄镇”、“楚蜀屏翰”之誉，东经108° 37′ 8″ ~ 109° 20′ 8″ ，北纬29° 19′ 28″ ~ 30° 2′ 54″ ，位于鄂、湘、黔、渝四省（市）边区结合部，距州府所在地恩施98千米，距重庆市黔江区53千米[3]。县境内山峦起伏，沟壑纵横，有较大洞穴333个，主要高山有星斗山、人头山、二仙岩、坪坝营等，共7900多个山头。地形地貌复杂，呈南部高、中部低、东部向西部倾斜。沿龙潭河河床东北高、西南低，形成河水倒流，境内海拔最高点1911.5米，最低点445米，相对高差为1466.5米，以海拔800～1200米的二高山地区为主，占总面积的62.8%。唐崖河流经中部。全县国土总面积2550平方千米，其中耕地面积4.4万公顷。平均海拔800米左右[4]。山水相隔，交通不便，封存了大量的历史信息，保存了独特的风土文化。

2. 人文背景

咸丰县，古属廪君国，春秋为巴子国地；战国属楚国巫郡地；秦朝属黔中郡；汉属武陵郡；三国到晋朝属建平郡管辖；北周时期属资田郡乌飞县；隋属清化郡开夷县；唐属清化郡清江县，五代属羁縻感化州。宋为羁縻怀远州。元至元三十年（1293）以后，在今县境内先后设置散毛、唐崖、金峒、龙潭诸土司[5]。

封建王朝统治阶级为了解决西南少数民族地区的民族政策，遂实行“土司制度”[6]，即中央政府在少数民族地区设立“土王”代管政策。土司制度历史悠久，分布广泛，是一个巨大的“存在”，唐崖土司便是这巨大存在最为鲜活的例证之一。元末覃启处送成为唐崖第一代土司，授宣慰使司。至二世即降为长官司。明天启年间，农民大起义爆发，第十二代土王覃鼎，多次奉调征剿，功勋卓著。受到朝廷的封赏，势力得到进一步巩固。史载明时唐崖土司还辖有菖蒲蛮夷长官司（司署位于今活龙坪区八家台板桥河村）、西坪蛮夷长官司（司署位于今活龙坪区镇）两个副司。其辖域范围包括了今天咸丰县的尖山乡、活龙坪乡的全部和邻近的部分地方，达到鼎盛。其中，唐崖土司辖域面积约为600平方千米。

清初（18世纪），由于先后参与了吴三桂和谭宏叛乱，在清廷和叛乱势力之间摇摆求存，咸丰土司势力遭到极大削弱。康熙后期，清廷逐渐加强了对鄂西土司的渗透与控制，咸丰土司逐步走向衰落。雍正四年（1726），清廷开始进行改土归流。迫于形势，唐崖土司于雍正十三年（1735）自请改流。延续了近四百年的唐崖土司遂告结束[7]。

同年，并大田所、金峒、龙潭、唐崖土司诸地共设一县，经湖广总督迈柱奏请清世宗皇帝钦定为咸丰县，盖取“咸庆丰年”之意[8]。从雍正十三年（1735）设置咸丰县，到咸丰元年（1851）咸丰帝登基，咸丰县比咸丰帝早116年。因此，咸丰帝与设置咸丰县无关。

三、咸丰土司茶来源

1. 咸丰土司茶起源

咸丰所在鄂西地区，茶业栽培始于三国时期。张揖所著《广雅》记述：“荆巴间采茶作饼，成米膏而出之”。西晋《荆州土地记》载：“武陵七县通出茶，最好。”[9]巴人居住的鄂西，不但在唐朝以前就形成我国的主要茶区，而且如陆羽《茶经》所载：“巴山、峡山有两人合抱者，伐而掇之”，至唐朝中期，这一带野生大茶树还是可见[10]。咸丰地处武陵山余脉与大巴山之间，是古施州种茶县之一，种茶历史悠久[11]。施州茶就在明代黄一正著《事物绀珠》所记96种名茶之中。

2. 咸丰土司茶的形成

咸丰地处北纬30° 左右武陵山区，冬无严寒，夏无酷暑，四季分明，雾多寡照，雨水充足，低山无霜期>220天，适合茶叶生长。在周朝以前属蛮夷国，崇山峻岭，沟河交错，交通极为不便，是生活条件艰苦异常的地方，当古人发现茶能解渴、提神、清热、解暑后，茶叶就成了饮食文化中必不可少的部分。经过千百年来的发展，加工工艺得到提升。到元末明初实行“土司制度”，即中央政府在少数民族地区设立“土王”代管政策时期，咸丰先后分设散毛、金峒、龙潭、唐崖土司四大土司，土司对这种每日必享用的茶叶的重视，使其加工制作技术日臻成熟，咸丰土司茶由此产生。

3. 制作工艺

（1）绿茶制作工艺

制法：高温杀青、揉捻、复炒、烘焙至干。谷雨前采收，其味鲜美[12]。将采回的新鲜茶叶放入洗干净的大锅中用大火炕，等到茶叶变软时捞起，开始用手揉捻，然后将搓揉好的茶叶再放入锅中用小火炕，直到将茶叶炕干，即成。制绿茶的是头道茶，是好茶，泡出的颜色是绿豆青色。炕干的茶叶是不需再暴晒的，因为暴晒会影响茶叶的颜色、品质和口感。早期的土家人就是靠着自己的一双巧手，制作出甘醇清香的土司茶。《咸丰县志》记载：茶树有两种，其种自园圃者，采其叶，可作茗，有雨前茶、火前茶之名，皆称佳品[13]。

（2）红茶制作工艺

红茶的制作与绿茶不同，将茶叶采摘后在太阳下晒蔫，用木桶装上再用脚和手进行揉捻，然后把揉捻好的茶进行发酵，待茶叶变红时拿到太阳下晒干就成了红茶。

4. 咸丰土司茶的特点

（1）独特的泡制方法与饮用——熬茶

茶用大瓦罐置火坑间熬煮，常年不离，是土家火坑中的不倒翁[14]。先架上旺旺的大火，一边烧开炊壶的水，一边将茶罐放于火上烤干，等茶罐发烫了再放进茶叶，边摇边烤，直到满屋子溢出茶香，才将炊壶的开水倒入茶罐少许“发窝子”。“窝子”发好，然后再将茶罐里注满水，温火缓烤，煮出茶汁。这样泡出的茶特别香，喝上一口可以让唇齿间的茶香保留一整天。喝茶也有特别的喝法。“头道水，二道茶”。“头杯渣，二杯茶”。茶一般要喝第二口，第二杯，而喝茶也要喝出响动，深吸气，不仅要让茶香在嘴里多回味，而且得把茶香深深地吸进肺中，让五脏六腑都得到享受之后，再吞下去，这样才认为是享受[15]。有时还加入姜片，成为姜茶。喝时清香鲜美，提神养气，醒脑御寒，是饮茶历史的活化石。

（2）色香味俱佳的油茶汤

相传汉将军马援伏波当年驻扎西阳，因当地多瘴气，使士兵的健康受到威胁，将军便用合茗叶、茱萸、芝麻等研成末，再加盐制成汤，供士兵饮用以防瘴气。后来当地百姓纷纷仿效，渐成习俗，遂演变成今天的“油茶汤”[16]。同治四年版《咸丰县志》记载：油茶。腐乾截颗，细茗阴米，各用膏煎水煮，燥湿得宜，人或以之享客，或以自奉，间有日不再食者昏愦者[17]。

顾名思义，做油茶汤，一是要用油。菜油、猪油、茶油都可，但茶油最好。茶油是多年生木本油料，色香味别具一格，炸出来的食品呈棕黄色，特别香脆。二是要用绿茶。一般中等炒青最好，粗茶叶片太大不易炸焦，而细茶叶片太小容易炸糊。春夏季用新茶做油茶汤，味道更鲜美。三是要用伴料。一般用苞谷花。讲究点，也有用油炸糯米花、花生米、豆腐丁、瘦肉丁和油炸鸡蛋等，故它又被称为“八宝油茶汤”。其做法并不复杂，先将适量的油放入锅中烧开，把茶叶炸焦捞起，再加冷水和盐。待油汤烧开而不沸时，将先炸好的茶叶撒入锅中，然后就把油汤冲入盛有苞谷花等伴料的碗中即成。既解渴、提神又充饥。龙潭安抚司田某诗曰：“万颗明珠共一瓯，王侯到此也低头，五龙捧着擎天柱，尽吸长江水倒流。”[18]

喝茶叶汤也有学问。土家人有一句俗语：“油茶汤不冒气，烫死傻女婿。”因为油茶汤做好了之后油会浮在表面上，温度极高，但它不像开水会冒白气，看不出来烫。傻女婿们受丈母娘油茶汤款待，为表示捧场，一大口灌下去，轻者舌头烫掉一层皮，重者烫得满嘴水泡。虽然人人都知道这句话，但每每上当的人还是不少，其原因都是因为其制作的油茶汤太香了。油茶汤可以单独喝，也可以配上各式辅料喝。据说最讲究的油茶汤辅料有好几十种。不过，一般人家常吃的也就几种：炒米、锅巴、花生米、核桃仁、葵花籽等等。传统的喝法是不用勺或筷子，端着碗转着圈喝，讲究把汤和辅料同时喝完，或是拿一根筷子插在碗里慢慢划圈，同时喝汤。要想同时把汤和辅汤都喝干净也需要一点技术，用土家人的话说就是“舌头上要长钩钩”。在土家山寨有些老人喝油茶汤时嘴还不用接触到碗，只在碗边上空用巧劲一吸，碗中之物便进入口中，其中趣味，妙不可言。

四、咸丰土司茶文化内涵

茶文化是咸丰土司饮食文化的主要组成部分，茶是土司辖区的家常饮料，又有独特的饮用法、使用方法。

1. 敬茶

禁忌将茶泼在地上，否则即玷污茶神。抓茶叶要“净手”，即先洗手然后才能抓茶叶。这既是对茶神的敬重，也可防止污染茶叶。“茶不欺客”，倒茶的时候，得依照一定的顺序，一杯一杯端给客人，不掉一人，哪怕是抱在怀中的婴儿，也得问大人一声“喝点茶不？”。“茶棍儿立，客未齐”，即在倒的茶杯中，若出现倒立的茶梗，预示着客人还没到齐，若出现的茶梗悬浮，表示客人到齐了。在对茶园的管理上，无论是种茶，摘茶，他们都有自己的讲究。“头道香，二道涩，三道好喝无人摘”。最神秘神圣的，则是用茶水敬神灵。比如除夕敬亡灵、敬财神、灶神等等，都得用茶水。茶水乃是打通阴与阳之间、天与地之间、虚与实之间的中介物。通过茶水，今天活着的人在精神上与先祖进行了沟通，与神灵进行了沟通，实现了天人合一，获得了至高境界[19]。

2. 奇妙的茶礼

咸丰土司茶的茶礼繁多，就家庭的茶礼来讲，饭前喝的叫“茶叶汤”，生了小娃摆酒席叫“讨茶”，给人送礼叫“茶礼”，新媳妇进门给长辈奉茶，长辈则回礼以“茶钱”若干。土家人认为“家中来客不筛茶，做人没礼节”，透过土司茶文化，让我们看到的是土家人的精神世界，看到的是土家人的博爱精神。博爱乃人间大爱，爱亲人，爱朋友，爱人类。这种博爱便叫天地精神，即为孕育万物不为已有，永远只有给予而没有获取。

3. 土司茶文化艺术

土司茶能清心提神激发灵感，喝的人多了，自然又出现了茶联、茶诗、茶谜、茶令、茶谚语、茶灯舞、茶歌、茶戏、茶道等各种妙趣横生而内涵博大的土司茶文化艺术现象。

清道光年间，文人蒋士魏曾即兴吟诗：“依山面水一家家，风土人情不大差，唯有客来沿旧习，常须咂酒油汤茶。”[20]

“正月采茶是新年，手拿金簪点茶园，一点茶园十二卯，采茶姑娘笑开颜。”“腊月采茶是一年，背起包袱收茶钱，你把茶钱付给我，双方过个热闹年。”[21]

还有《六口茶》、《冷水泡茶慢慢浓》、《茶山四季歌》等，走进茶山就走进了茶歌的海洋。

4. 咸丰土司茶的妙用

长期以来，咸丰土司辖区百姓就用土司茶熬茶洗脸，可以治眼疾，去火、美容；用熬茶漱口，给口腔消炎；用土司茶叶做成枕头，治疗颈椎病等。

5. 咸丰土司茶的包容性

土司地区从周朝的蛮夷之地，原始森林，人迹罕至，发展到属郡属州管辖，以及颇具特色的“土司制度”下的土司出现，都经历了外来移民的不断融合。如唐崖土司为唐崖覃氏建立并世袭，唐崖覃氏是铁木真后裔率领的一支蒙古族与当地土著大姓融合演变而来，是鄂西历史上民族融合的典型例证[22]。巴人后裔及贵州、江西等地的移民，汇同有着北方蒙古血统的“土司”家族，谱写了近四百年的土司历史，作为交流常用礼仪媒介的土司茶，在不同民族的交际合作中得到广泛认同。

五、结　束　语

咸丰土司茶很早就被土司辖区各阶层作为传递友情、体现恭敬之礼的媒介。把自己独创的熬茶、油茶汤奉献给客人，既表现了自己对客人的恭敬好客之情意，又展现了土家人特有的饮食习俗。其茶俗古老浓烈，体现了土家人敬祖、敬茶、敬人的传统，也表现了土家人善于用山里仅有的物产制成美味佳肴的创造性，做到了礼与俗，物与我的交融。

注　　释

[1] 咸丰县志编纂委员会：《咸丰县志》，武汉大学出版社，1990年，第1页。

[2] 周伟民、安治国：《咸丰县民族志》，湖北人民出版社，2006年，第5页。

[3] 咸丰县情http://www.xfxww.com/news/xfxq/index.html。

[4] http://baike.baidu.com/view/261128.htm。

[5] 咸丰县志编纂委员会：《咸丰县志》，武汉大学出版社，1990年，第41页。

[6] http://www.zwbk.org/MyLemmaShow.aspx?lid=101820。

[7] 咸丰唐崖土司城申遗办：《唐崖土司概况》。

[8] 咸丰县志编纂委员会：《咸丰县志》，武汉大学出版社，1990年，第1页。

[9] 《湖北省志·农业》（上），湖北人民出版社，1994年，第277页。

[10] 朱自振：《茶史初探》，中国农业出版社，1996年，第20页。

[11] 咸丰县志编纂委员会：《咸丰县志》，武汉大学出版社，1990年，第119页。

[12] 咸丰县史志办公室：清同治、民国《咸丰县志校注》，2012年，第106页。

[13] 咸丰县史志办公室：清同治、民国《咸丰县志校注》，2012年，第289页。

[14] http://baike.baidu.com/link?url=h7FEo7AUrezO1LL8A3eSx13QK8a1hnu379cK3RJquhZ02iyhC-pLyYLw2qmnvSdr。

[15] http://www.chinaqw.com/news/2006/0429/68/26491.shtml。

[16] http://baike.baidu.com/view/250139.htm?fr=aladdin。

[17] 咸丰县史志办公室：清同治、民国《咸丰县志校注》，2012年，第104页。

[18] 咸丰县史志办公室：清同治、民国《咸丰县志校注》，2012年，第282页。

[19] http://www.chinaqw.com/news/2006/0429/68/26491.shtml。

[20] 孙邦固：《茶叶茶歌茶饮》，恩施新闻网，2005-4-27。
[21] 邓源楣：《恩施：山民歌的海洋》，恩施新闻网，2007-11-06。
[22] 陈学军：《唐崖土司城遗址》，湖北方志网，2011-4-30。

咸丰土家族吊脚楼保护研究

谢一琼

（咸丰县文化馆）

摘要：本文在田野调查的基础上，以咸丰各乡镇保存完好的吊脚楼为例，尤其以黄金洞乡麻柳溪村吊脚楼群、小村乡小腊壁吊脚楼群、坪坝营镇王母洞吊脚楼群为重点实例，选取麻柳溪的谢师傅、姜师傅和小村的姚师傅为代表的无数匠师为采访对象，运用实地调查、实地演示为手段对其录音录像，对吊脚楼实体、技艺流程和传承方式进行探索，试图解读咸丰土家族吊脚楼及其历史渊源、营造技艺流程、相关习俗、风格流派等相关问题。

关键词：土家族吊脚楼；营造技艺；保护研究

一、土家族吊脚楼

土家族吊脚楼是西南地区土家族人民居住的主要建筑样式之一，其风格独特，实用性强，是最具特色的一种民居。它不仅体现出浓郁的地域民族风情和独特个性，更对土家族人民的生活产生了深远影响。而在当今这个大兴土木推倒老式建筑重建的火热时代，来自西方的建筑理念及美学思想毋庸置疑地占据着绝对优势，加之城乡格局更新等一系列观念与物质层面的多重推进，土家人的生活方式发生了改变，从而使土家族对吊脚楼这一居住形式的观念意识发生变迁。传统建筑的拆毁带来传统建筑工艺的流失、民众意识淡化、新建筑元素的冲击、匠师转行等，总之，土家族吊脚楼这一传统建筑及其所承载的技艺传承出现了“断层”危机，对这些传统建筑及其技艺进行发掘、整理和研究保护具有重要的历史意义和价值，并迫在眉睫。因此，如何传承与保护这一物质实体，加大对土家族吊脚楼营造技艺的研究力度，培养和扶持吊脚楼营造技艺传承人就显得格外的任重而道远。

1. 咸丰政区地理和自然山水与人文环境

咸丰，这里不是指清朝皇帝“咸丰”，而是指位于湖北省的一个与皇帝年号同名的县。一个国家行政地理区域，版图犹如一片枫叶，缔结在荆楚之西南，所处特殊地理位置，自古便有“荆南雄镇”、“楚蜀屏翰”的美誉。

咸丰上古时期属廪君地，春秋为巴子国地，周为夔子国地，五代为羁縻感化州，宋为羁縻怀远州。元时土司分治，先后设散毛司、金峒司、龙潭司、唐崖司诸土司。明洪武二十三年（1390）割散毛司地之半设大田军民千户所，实行土流兼治。清雍正十三年（1735）改土归流，并大田所金峒、龙潭、唐崖诸地土司置咸丰县，盖取“咸庆丰年”之意。

咸丰山峦起伏，溪流纵横，滩多水急，小气候特征十分明显，四季分明，景色宜人，山多地少，生态优良，孕育了富饶的物产，国土绿化率达82%，是鄂西林海的主干，以此便获“天然氧吧”之美称。这一独特的林源优势为土家族人民修建吊脚楼提供了先天丰富的木材资源。木材资源的绝对优势为咸丰赢得“中国干栏第一乡”的美称。

咸丰县是一个以土家族为主的贫困山区县。土家族史称“土民”、“土蛮”，自称“毕兹卡”。它的起源说法不一：一是“巴人说”，二是“土著说”，三是“乌蛮说”，四是“彭氏说”。在1956年的全国性的少数民族大调查中，属土家族的不过寥寥几万人。繁衍生息之因加上教育制度和一些少数民族的优惠扶贫政策因素，到2000年全国第五次人口普查时统计已超过800万以上，仅次于壮、满、回、苗、维吾尔族，在全国少数民族人口排名第六位。咸丰县现辖11个乡镇区288个村中，总人口36.48万人，以土家族苗族为主的16个少数民族就占总人口的67.6%。县域内忠、孝、礼、义、信民风尚存，尤其以文学艺术、宗教信仰、岁时节令、婚丧嫁娶和衣食住行为主的民族风俗构成了土家文化的主旋律。因而清《桃花扇》的作者、大戏剧家孔尚任及同代诗人、旅行家顾彩皆认定这一带乃“古桃源”。

勇敢智慧的土家先民，用他们厚实的双脚踏响千古足音，这是土家先民铺展开的一条绵延不绝的文化脉络。古遗址、古墓葬、庙宇祠堂的古遗存文化；古盐道、古桥梁、古渡口、古石板路的古交通文化；古村镇、院落、吊脚楼群的古建筑文化；这些文化犹如一张渔网铺撒在咸丰大地上。庄重朴雅、保存完好的宗祠严家祠堂，是省内为数不多的保存完好的家族宗祠；湘鄂黔保存最为完好、规模最大的一处土司城遗址——唐崖土司城遗址，三街十八巷清晰可见，鳞次栉比依山而建的吊脚楼分布其内，如今正如火如荼地进行着世界文化遗产的申报；最具南方少数民族聚居建筑特征的蒋家花园、王母洞吊脚楼民居令无数古建筑专家踏访。正是有这样的建筑或遗址存在，证明着这里有丰厚的历史文化底蕴。

2. 土家族吊脚楼特征

吊脚楼，俗称“吊楼”，又称“干栏”，是土家族、苗族、壮族、布依族、侗族等少数民族所居住的一种传统民居，多分布于鄂西、湘西、黔东南等地区。吊脚楼的正屋建在实地上，厢房除一边靠在实地和正房相连，其余三边皆悬空，靠柱子支撑，“占天不占地，天平地不平”是它的总体特征。

3. 土家族吊脚楼起源

江南一带，早在原始社会时期，为了适应自然环境，这里的先民已经懂得模仿飞鸟在树上搭窝筑巢，以遮风避雨，防水防潮。以河姆渡出土的大量木质干栏式建筑构件足以能够说明（1999年费孝通主编的《中华民族多元一体格局》一书上说：到新石器时代，中国的建筑已分为南北两大系。南方从巢居发展为干栏式建筑，已发现最早遗存有7000多年的历史）。而在北方，特别是在黄河流域以北一带，人类多以地穴式居住，半坡遗址就是这一居住形式的明显证明。居住形式的显著区别，显示了南北方不同的文化差异，“南人巢居，北溯穴居”之说便由此而得。这里的“巢居”也就是指干栏式吊脚楼样式的建筑，是一种最具江南特色的建筑样式，在江南流域广为采用并流传至今。三峡地区的考古资料证明，以“巢居”形式出现的吊脚楼演变至今，至少有5000多年历史。

春秋战国时期，楚国诗人屈原在《九歌・东君》中写道：“暾将出兮东方，照吾栏兮扶桑”，这里的栏就是指“干栏式建筑”。

1996年湖南省考古学家在洞庭湖地区的临澧县官亭竹马村发现一处旧石器时代末期（距今约18000年）的网纹红土层用夯土法筑成的“高台式土木建筑”。这一建筑坐南朝北，土台高出地面约70厘米，面积约24平方米，其用途为“祭天”。在土台上还建有一座“干栏式”木楼，可能为祭祀人员的住处（《中国民族》2002年第9期，第37页）。

《魏书・獠传》也有记载：“依树积木，以居其上，名曰栏杆”，“以大木一，埋地作独脚楼。高百尺，五色瓦覆之，烂若锦鳞，歌饮夜归，缘宿其上。”经过漫长的历史演变，以家庭、家族为单位的居住形式得到极大发展，民居形态开始形成。随着农耕经济的发展，土家人最终走出洞穴，继而形成村落，自清代开始大兴土木，修造地面式建筑，再发展为坪坝瓦屋和干栏式建筑。受山区复杂地形地貌的限制，土家族民居建筑依山而建、傍水而栖也就成了历史的必然，也是历史的选择。

吊脚楼在早期尤其土司统治时期一般以茅草或杉树皮盖顶，原因为土司王严禁土民盖瓦，所以杉皮、茅草是土民盖房最佳选择，“只许买马，不准差瓦”、“只准点灯，不准放火”都是有来头的。一直到清代雍正十三年“改土归流”后才兴盖瓦。到清末民国初，咸丰民居吊脚楼开始大量出现，形成由单一的五柱二四列三间、七柱四四列三间正房向钥匙头、撮箕口、四合院等吊脚楼发展，开始以“挑”、“梁”、“柱”的变化改变吊脚楼的形式，以楼层的增多扩大吊脚楼的规模，以磉磴、窗花、栏杆的修饰美化吊脚楼的外观。关于吊脚楼形成的年代，咸丰县民族、文化部门于20世纪80年代曾组织人员对该县高乐山镇刘家大院吊脚楼民居进行过调查，当时80岁的胡雪梅老人居住在一栋最古老的吊脚楼里，据她说“从老辈子算来，这栋屋已经住了17代人了”。按一辈人20年计算，这栋吊脚楼至少有300多年历史。在高乐山镇的头庄坝，一骆姓人家的吊脚楼檐角高翘，楼台高悬，从屋柱、门窗及整体建筑看，已历经风霜，大约已修建200余年。

4. 土家族吊脚楼结构样式与分类

按照室内结构布局分为：“三柱四骑”、“三柱二骑”、“三柱六骑”、“五柱四骑”、“五柱二骑”、“七柱八骑”等。

按照平面空间分类有：“一字形”、“曲尺形”、“凹字形”、“四合院”。从空间立体角度划分大致有：厅井式、院落式、厅井院落组合式等。

按照承重荷载分类分为：抬梁式吊脚楼、穿斗式吊脚楼、插梁式吊脚楼、混合式吊脚楼等。

二、土家族吊脚楼营造技艺

1. 工具与材料

按照修建吊脚楼的木工工种来分，所需要的工具分为粗家什和细家什。在土木建筑修建过程中需要结构性构件加工的称作粗木加工，反之，非主体构架的装饰性加工称作细木加工，进行结构性构件加工的工具就叫粗家什，反之则称作细家什。

咸丰县域内修建吊脚楼主体构架的粗家什，按照其使用功能分为度量工具、画线工具、加工工具、支架辅助工具。度量工具主要是用于度量建筑主体构件规格的，如大小、长短、高低、方圆等等；画线工具主要用于构件标记符号；加工工具主要是对原材料进行加工的工具；支架辅助工具主要是对构架主体原材料加工时就地取材临时搭建或制作的作辅助支撑的工具。

度量工具有：托篙、角尺、弯尺。

画线及加工工具主要有：画扦、墨斗。

支架等其他辅助工具有：木马、马架、马板、金栓、筋带、响锤、罗盘。

细家什加工工具有：砍、锉、钻、锯、刨、凿、锤、马口、抓猪等。其中除响锤之外，其余均由钢铁打制而成。

吊脚楼结构多样，品类繁复。中国有56个少数民族，西南地区的云南、贵州、广西、四川、重庆、湖南、湖北等省的少数民族就达30多个，而湘、鄂、渝、黔边区主要分布着土家族，同时也分布着苗族、傣族、爱尼族、壮族，恰恰在这些地区的建筑样式主要是吊脚楼，也就证明吊脚楼不光是土家族的吊脚楼，同样也是傣族、爱尼族、壮族等少数民族的主要居住形式，只是一般吊脚楼是用木头建成的，而傣族所居住的吊脚楼通常称为“竹楼”，其建筑材料是竹子。由此可见，吊脚楼建筑用材上不仅仅是我们眼中的木头，还有竹子。不过中国的古建筑史毕竟主要是以木材为主旋律的，单单看那一系列基本以“木”为偏旁的建筑专用词就该明白，诸如梁、架、柱、檐、椽、枋等等。当然，本文所讨论的吊脚楼材料主要是木料。

吊脚楼主体虽然由木料构成，但其他如基础部分的屋基需要石头；一旦主体完工，装饰装修部分还需要其他材料，如屋顶需要的是青瓦、杉木皮、石灰、三合土等。

2. 流程与技巧

一栋普通吊脚楼不使用任何机械化全凭手工修建，几十个青壮年劳力集中在一起往往也需要花上一年半载，稍微庞大复杂的吊脚楼少则花上一到两年，多则三五年。从选屋场到备料破土动工，其中的讲究复杂，工序繁多。

咸丰土家族吊脚楼修建流程大致步骤如下：

选屋基→架罗盘定朝向→平地基与备料→敬山神压码子→砍料→解料→开篙画墨、荒料加工→角斗→排扇→敬鲁班→立屋→砍梁木→加工梁木→开梁口→包梁→上梁及抛梁→“撩檐断水”→ 装饰装修、完成附属工程。装饰装修、完成附属工程主要是盖瓦、镇楼板、装板壁、上栏杆，以及砌阶沿、平整院坝等其他附属工程，完成所有这些工序，整栋吊脚楼房屋建造即宣告正式完工。

在整个吊脚楼修建过程中，必须掌握一些关键性的技巧：

一是“收山”：在准备木料时，柱头（立柱、骑筒）必须首先备齐，然后上滚马，清枋片。枋片分穿枋、斗枋。穿枋有一穿、二穿、花穿、顶穿、落檐枋、挑枋、楼振枋、排散枋、地脚枋。斗枋有上斗枋、下斗枋。所有枋片必须与吊脚楼的大小相吻合，枋的尺寸要熟记于心。

二是“篙杆”：就是用竹竿做标杆、标尺，以测定房屋的部位、高矮、大小，篙杆就是一栋吊脚楼的图纸。用篙杆可掌握房屋的水面，水面有五分水、四分半水。如三尺点中，取其1/2就是5分水。再是用篙杆定起扇，根据房屋的大小和主家的意愿，确定楼层的高度。因为所有的眼子都在篙杆上，会篙杆就会画墨，就会定角度，就会开田打眼。篙杆还要用作斗杆，以掌握斗枋长度。总叫两杆，即“篙杆、斗杆”。

三是“讨退”：上退是掌握柱头大小，测定枋片部位，弄清柱头眼子的重要手段。退方尺一般是“八方能”，它要记眼子的长度和宽度，大进小出。上退之后还要砍退，将枋片上多余的部分砍掉，以校正角度和平面，这样枋片才好契合。

四是“四脚八爹”：吊脚楼房屋四周的檐柱到四角柱头往外爹多少，工匠各有不同。在地排扇和山头的地斗枋上各爹四分，爹多了爹少了都不好看。什么时候升山（也叫升三），就要把楼枕眼的墨画好，再把山头的两列比中间的排扇提高三寸，谓之升山。还要彩檐，就是把挑方的位子升高，把翘角挑的长度用一个平方米大小的正方形图驾对角线。一般是三尺点中，此挑就有八尺多长，比一般的挑长二尺四寸。

五是“冲天炮”：在正屋与吊脚楼之间转角连接立柱（中轴柱），这根中轴柱叫“冲天炮”，是修建吊脚楼十分关键的部位，也是区别于其他民居的特殊构件。正屋与吊脚楼之间是一间转角屋，连接正屋与吊脚楼的所有枋片都要在这根“冲天炮”上完成。它应该处在这间转角屋两条对角线的交叉点上。吊脚楼房屋转角处有二层、三层的，每一层都有5～7块枋片斗在这根“冲天炮”立柱上。每一块斗枋眼子的位置、大小必须百分百地计算准确，大一分或者小一分、偏一厘或两厘、高一寸或者矮一寸都会衔接不好，甚至斗不上去。

六是“翘角挑”：修吊脚楼最能体现技巧的就是做“翘角挑”。“翘角挑”又叫“搬爪”，“爪”分“板爪”、“平爪”。“搬爪”美观，但难度大，“搬爪”技法在咸丰县黄金洞乡、小村乡、清坪镇一带常用；“平爪”利于排水、遮风雨，活龙坪乡、大路坝区一带多用。“搬爪”要先找到木料，最好是略为弯曲的杉树兜或杉树桩，然后印尺码，看翘多高（一般可高出平挑的30度左右），怎么翘，翘多远。“爪”不能低于边柱的檐口，挑上可根据主家的意愿雕刻龙、凤、花、鸟等不同图案。瓦匠在盖瓦时，继续用瓦升高搬翘，则更为美观。如果说木匠的制作是“勾勒”，那么瓦匠的制作则是“渲染”。“翘角挑”做好了，无论你是远观还是近看，它都是最引人注目的地方。

七是“司檐”：“司檐”是在屋顶前后两个斜面交叉的下端紧邻其屋顶而设置的一道为下面的围廊及板壁遮风避雨的屋檐，通常叫做“司檐”。可以这么说，“司檐”是吊脚楼“窐子”的“同胞姐妹”，如果将“窐子”比着妹，那么“司檐”就是姐。吊脚楼上的窐子有一面廊、两面廊、三面廊的，司檐主要是用于吊脚楼上最外排列一面廊之上，其他前后两面廊都有整体屋顶前后斜面充当了“司檐”角色，而唯有最外端一面廊虽然有屋顶遮挡风雨，但由于空间高度太大，必须另再加以屋檐，这样设置，除了防风雨，主人往往在其下晾晒衣被，再则使整个吊脚楼更加美观。

八是“看山取材”：“看山取材”就是指灵活运用。吊脚楼营造是一项复杂的工程，是一种建筑技巧的艺术体现。只有头脑灵活，善动脑筋，看山取材，因地制宜，才能建好吊脚楼。

3. 吊脚楼装饰

吊脚楼主体构架落成后，就要进行装饰装修了。装饰装修涉及门窗隔扇、天花吊顶、室内断隔、家具陈设等等。其实，房顶部分椽皮的安置、瓦的铺设、屋脊的设置严格来说都属于装饰装修部分，本文的装修只针对吊脚楼房屋的门、窗、栏（窐子）做一些简单介绍。

土家人装修板壁的材料需枋、板，其装法大致有三种：一是一板一焊法，二是落堂法，三是平缝法。

“一板一焊法”是指一块公子板，一块母子板，一块连一块地拼装，公母二板两面都不齐整；“落堂法”是指板两面平，而枋不平，多用于做门的板壁；“平缝法”是指板与枋一样平，但板两面不平。现在土家人多采用第三种装法——平缝法。第一种虽然省时，装起来快，但没有第三种装法美观精致。无论落堂法、平缝法还是一板一焊法，其所装用的板子没有固定尺寸，都是依据主人所备材料量体裁定的。

咸丰吊脚楼房门多以棋盘门与镜面门相结合，即做门时首先按照做棋盘门的方法做门框，做门框时先不将门框固定，而是用榫头相连，可松可紧，再在门框内装上刨好的木板，直至用门框将板面包合打紧榫头固定。土家族民俗风气浓厚，也就有很多讲究，根据吊脚楼房间位置的不同，房门的名称也不同，做法也随之变化。如从堂屋进火铺房的门称为财门，此门在尺寸上要大于其他位置的任何一个门（除堂屋大门外），这个门一般高8尺，宽2尺2寸8，上下一样大；火铺房后若设置有房间，那么这间房的房门称为主门，此门下宽上窄，下比上略宽1寸左右。另外，对于门与门之间位置的设置还有很多讲究，如除了堂屋里两边可以设置对开对称门外，其他位置均避免设对开门；尤其财门对面如有门，它们之间设置时就要相对错开而要回避对应；正屋里面的门都要靠近堂屋开；香火也不能对堂屋大门；堂屋设置退堂屋开的门叫生门；旧时，堂屋都兴装大门，而且大门上都置门锤，现今都取消。

窗的形式多样，花样繁杂，主要有直棂窗、槛窗、花窗、支摘窗、横批窗等形式。直棂窗又分为直棂窗、破子棂窗、一马三箭窗。土家吊脚楼以一马三箭窗居多。花窗和槛窗是所有窗子中规制最高的两种，其雕刻精美，做工考究，一般不是缀以花鸟虫鱼、花卉植物、龙凤虎豹，就是缀以万寿福字、吉祥如意，这类窗常见于古建筑。土家族吊脚楼现多采用一马三箭窗，条件优越的采用一马三箭兼支摘窗合二为一，使用便捷，灵活多变。

龛子是土家族吊脚楼装饰结构中最主要的部分，也是装饰最主要的手段，可龛子似有自知之明，绝不喧宾夺主，只是静默般侧位于厢房，恭恭敬敬地驻扎在一旁。吊脚楼的龛子实际构造是由吊脚楼挑枋和挑柱支撑，挑柱下端不落地，挑柱与挑枋组成悬空结构，整个负载由挑柱与挑枋共同承担，上覆盖翼角飞檐的“歇山顶”后形成的一个空间走廊。这样，龛子不仅给整个吊脚楼赋予美感，而且还承担着土家人生活的部分内涵，诸如乘凉观景、纳鞋织布、晾晒衣服被褥、陈列农产品等，都由它参与完成。

对于不同结构的吊脚楼，其龛子的处理也就不一样。如果吊脚楼为三层，需要分别在二三层的各面设廊出挑，挑廊与挑枋的宽窄长短就需要合理布局，一般需要留廊步宽约2.8尺，出檐深度为两挑两步或三挑两步为标准设置龛子。龛子的造型也千变万化，有“回”字格、“千”字格、“万”字格、“中”字格、“喜”字格、“亚”字格、“d”字格等花样栏杆，最简单朴素的数椽皮板。挑柱的上下还雕刻各种造型，将挑柱头或者柱尾雕成“瓜”状，柱身雕刻各种纹案，使其生动有趣。对于各类型结构的吊脚楼，如左右对称吊脚楼（两头吊）、左右不对称吊脚楼（一头吊），其做法基本相同。龛子一旦做成，整个吊脚楼腾空而起，空透轻灵，亭亭玉立，婀娜多姿、文静雅致；高高的翘角、精细的装饰、轻巧的造型，或居于坡地，或临于陡坎，或架于溪沟，美轮美奂。

4. 相关习俗

“选宅地定朝向”习俗：选择屋基以“左青龙，右白虎，前朱雀，后玄武”标准。除此而外，还要注意房屋的朝向和坐落的龙脉，这方面风水先生会根据主人的生辰八字来考量与地势是否吻合。在测算主人八字和房屋朝向时，采取架罗盘的方法，一旦定好方向与位置，便以打木桩为记，方位如有缺失，风水先生会吩咐主人利用修围屋、补墙体、栽树等办法加以弥补。栽树也特别有讲究，一般东种桃柳，南种梅枣，西种杷榆，北种柰杏。

“犁地破土”习俗：在咸丰县的活龙坪乡、坪坝营镇、丁寨乡一带有“犁地破土”的习俗。土家人打屋基时，主人总要牵一头大水牛“犁地破土”。“犁地破土”

时将牛角上缠一根红绸布，开犁时主人要燃放鞭炮并祭拜天地，犁地者边犁边唱。

“敬山神”习俗：土家人叫做“压码子”或“打青山码子”。掌墨师备三炷香、一占版纸钱，点燃蜡烛香纸以求师傅保佑，另取二至三张板纸钱在其上画“紫微徽”及二十八宿并写“井”字连带顺笔三圈折好后压在将要去伐木的山林边岩孔下别人不易觉察的地方。在烧纸烧香前先默念师祖师爷师傅，然后在点燃香纸时口中念福事。“敬山神”的活动完毕，才能进入伐木的山林砍伐所需要的木料。

“起水”习俗：掌墨师在对采集归一的木料进行精细加工前第一天，安排主人准备三炷香、一占版纸钱替掌墨师傅敬奉祖师或安抚主家周围邻里孕妇，以及猪、牛、羊而烧香求得保佑平安的一种仪式。

“敬鲁班”习俗：是排扇完后，掌墨师在立屋的当天凌晨4～5点钟左右举行的一个仪式：掌墨师准备36树或54树长钱，将36树或54树长钱分别分配在解马、木马、滚马和东、南、西、北、中各个方位上烧；主人备红布4～5尺、公鸡一只、刀头一块、酒碗三个及酒、斋粑、豆腐、净茶摆放在五个方位；在另一方位备三炷香、一占版纸钱、掌墨师的“五尺”；在新修房屋的堂屋位置正中摆一小桌，其上放刀头一块、酒碗三个、斋粑、豆腐，取五谷杂粮（玉米、茶叶、大米、黄豆等）放在桌下；接下来掌墨师傅拿上自己事先备在一旁的五尺插在桌子前正中央的地上，用主人备好的红布盖五尺头，这时将师傅们的工具如墨斗、锉子、钉锤、凿子之类摆放在桌上，之后，掌墨师傅突然取出藏在腰间的7匹丝毛草搭在桌上，完毕，其他师傅匠人有的拿斗杠，有的放筋带，并将大锤、楗杆一起摆在桌前方，所有备齐物品一并通过公鸡“挂号”（大概意思是验明身份，意如今天的通行证），这时掌墨师便进行祭拜仪式，先烧板纸钱“请师傅”，接着安抚五方乡邻，之后口中念福事。

“吃鲁班饭”习俗：在立屋前一天，也就是立屋当天的凌晨，主人会备“鲁班饭”款待石木二匠及前来帮忙的亲朋好友。

“发锤”习俗： 在“发扇”立屋前举行的一趟法式，主人仍然备红布、公鸡、刀头、酒、斋粑、豆腐、净茶等物摆放堂屋位置前方的一张方桌上，在另一方位备三炷香、一占版纸钱、掌墨师的“五尺”等物，之后掌墨师便喊福事。

“偷梁木”习俗：土家族人建房前，主家要在亲友的山林选择一根修长、高大、品相极佳的杉树作梁木，即“偷梁木”。

“解梁木”习俗：解梁木时有很多人在旁观看。主人家先在梁木的两头分别挂上一串鞭炮，在起锯的一头放上两个红包，点燃鞭炮。鞭炮声过后，就大声说福事。解梁木须一气呵成。

“造梁”习俗：先将抬回的梁木放在二只木马架上，不能落地，更不能让男女从上跨过；接着便劈开梁木树皮，将削下的木渣用红布包着，再在梁木两断各挂一本历书，历书要年头年尾都是月大的，并在梁木上插上筷子两双；然后掌墨师在梁木的中央凿开一个洞，这叫开梁口，凿下的木渣需要主人用衣兜接好之后并珍藏于房梁最高处；最后便用主人早已准备好的红布包上铜钱、茶叶、大米等五谷杂粮，这叫包梁；

之后掌墨师还要写上“富贵”、“乾坤”等字，完成整个造梁仪式。

“树蔸儿朝内着地”习俗：无论是在吊脚楼的主体大架修建还是后期的装饰装修过程中，都必须遵守树兜儿落地或者朝内的规矩，这里的这个“内”是指堂屋，也就是说如果是在用柱头时，柱子的树兜一头必须落地；树料解成板子后，在用做装板壁时，树兜也必须朝向下方；如果树料用着地脚枋或者檩子时，除排扇枋（一穿、二穿、子穿）树兜朝外梢朝里以外，其他位置的枋树兜必须朝着靠堂屋的方向。

“背背夹篮”习俗：土家族修吊脚楼总要择良辰吉日开工架马，开工前主人须派自家得力的男青年请掌墨师上门，接师傅进屋动工。在掌墨师离开家时，男青年主动将师傅提前收拾好的修建吊脚楼的一套基本工具背起，请师傅动身，随即拿出家长事先准备的红包递给师傅，然后背起背夹篮在前面走，师傅随行前往，这一习俗叫背背夹篮。

“五尺”习俗：这个“五尺”，不是字面意义上的度量工具，而是师傅授予他满意弟子的一根可以独立带领人马修建吊脚楼的一根方棍，这根方棍必须是取材于听不到鸡叫狗鸣处的桃子树而做成的。“五尺”长180厘米，宽厚均2厘米，用当地土产霸漆油漆数次后呈棕红色。在“五尺”的四分之一长处钉有一铜环，供平常挂放，有了它才能证实自己已经出师。

三、土家族吊脚楼遗珍实例

1. 黄金洞麻柳溪吊脚楼群

麻柳溪村吊脚楼群落是2008年的文物普查中作为古村落古建筑类的重大发现。麻柳溪村位于咸丰北部，与利川交界处不远的小河谷，保留了羌、土、苗族风格建筑数百栋。羌族木楼从外观来看，比较像苗家的楼栏，不过往往多修半层，弄成一个亚三楼，上楼的木梯，也和苗家的阔梯十分相似，然而进到大厅，就会一目了然地发现不同点：在神案的前边，二楼和三楼都用栏杆圈出一个内井似的通道，中心点直通屋顶，因为整个屋子是对称建筑，所以这个通道，也就像整个房子的中心支柱，不过是空心的罢了。神案用于祭奠天地鬼神，这个内井，实则是一个完美的“鬼神通道”，具有神秘而充满尊严的氛围。仅以这个局部，就可以认定羌族对天地的敬畏与自然的和谐程度，要超过土家和苗族。从另一方面考量，羌族是否以此作为探索和改造居室空间氛围呢？正如罗马建筑自穹顶式建筑开始，已经开始转变为强调内部空间的装饰一样。也许正应验了“最高明的建筑理念其实和手中无剑心中有剑的境界隐隐相通”的哲理。

羌族木楼的完美程度，要明显超过苗楼，因为苗楼最漂亮的是栏杆和宽梯，这些优点，羌楼都具备，而且毫不逊色，但是羌楼所拥有的鬼神通道和内护栏，则为苗楼所无，两种建筑的弱点倒是一模一样，秀雅有余，气魄不足。相比之下，土家吊脚楼倒是大气磅礴，但其他部位又过于粗糙，也许土家人恪守中庸、简单朴实、趣味寡淡、无事浮夸的性格原因，修建的吊脚楼也就不会过于刻意装饰，但优劣之分，也是难做选择。

除了羌楼，就是土家吊脚楼群落了，如夏家溪王氏吊脚楼群、邓家坝吊脚楼群、金华村吊脚楼群、罗家坝黎家湾吊脚楼、场坝子吊脚楼群、桑木坝吊脚楼群、老神溪吊脚楼群、湾口上映家湾吊脚楼群等数处，这些群落保存相当完好，散布在青山环抱、绿树成荫、清澈见底、九曲回环的麻柳溪河谷两岸。在这些群落中不时有苗楼、羌楼混杂，苗楼似乎比吊脚楼更多，有趣的是，几乎每个院子都是以一种风格为主、其他两种间插其中，也就是说你看到任何一个院子，都能清楚地分清三个少数民族建筑的不同之处。这条以前默默无闻的麻柳溪，或许是多年被一条大河阻隔，或许是没有一条通往其村落的大道，有种藏在深山人未识的味道，还是那“一丘一壑，一树一石，一溪一谷”构成了道道屏障，使这些宝贵的建筑得以留存。

2. 小腊壁吊脚楼和小村苗家院子

小腊壁吊脚楼位于小村乡大村村，该栋气派非凡的三层吊脚楼大约建于清末民国初，因坐落在呈阶梯状的地势便更加抢眼，主体渗入了优雅轻盈的苗楼建筑样式，苗楼错落交替精致完美地间插其中。“栏杆”是苗楼的招牌语言，当然也并非专利，估计是农家为了适用和安全需要，弄出二楼栏杆样式不一，有条块格，有喜字格，有万字格，有的还专门为栏杆漆上颜色，应该是集土家、苗族两家之长，可惜看上去，略显重复，也许每个民族的建筑风格各有其不可轻易改变的内涵，并非简单互取所长就能达到完美的。小村乡大村村，就是苗族在咸丰集聚生活的地方，苗家木楼不用吊脚，只建于大片平地，二楼都用栏杆，或分两段，或横整个正面，也有四围全栏杆包住的，远远看去，十分清秀美丽。如今的大村沟里，还保留有六个苗家院子，虽然残旧，却少有现代建筑掺杂其中，这六个院子顺河而建，可称“苗家六寨沟”。

3. 杨洞龚家大院和王母洞民居

杨洞龚家大院和王母洞民居分别位于甲马池镇墨池寺村和马家沟村，前者是前后双天井院落，属典型的纵深递进式豪宅；而后者则呈南北方向横向延伸，是咸丰横向展开式建筑的典型代表。

龚家大院是前后双天井院落，留存至今实属不易，从它的身影，仿佛能觉察过去繁荣昌盛的景象，似乎再现着过去的显赫。有别于现代吊脚楼的典型特征是建有朝门，还有步步攀高的青石阶梯以及南北方的高大围墙。依山而建坐西朝东，背后是茂盛的山林，前面是良田数亩，南北山峦环抱，典型的前朱雀、后玄武、左青龙、右白虎的坐势。杨洞、甲马池一带的木建筑汉化比较严重，大门样式和天井布置更接近北方，此地原先有著名的蒋家大院，大小天井五个，花园两个，房屋129间，都是土家、苗、汉风格结合的产物，因经不住时间的冲刷和世事的变化，现在仅存天井三个，花园一个。龚家大院的规模相比蒋家花园要小很多，风格类似，然而保存十分完整，窗上雕花、刻字均为初建作品，除了院内堂屋那块寿匾，还有各种乡土耕作工具，几乎就是一个小型民间生活器物博物馆。

王母洞民居也为当地望族蒋姓所建，距今约200余年，占地3000平方米。该民居所处地形中间为一槽形谷地，两边青山对峙，林木葱茏，现居住25户人家，大多数仍姓蒋。王母洞民居横向排列从东南到西北一字排开共6个天井，俨然有序，规整统一。东南边第一个天井略小，第二至第五个天井规模相当，结构相同，均为撮箕口形状三合水。院落正前方下口临小溪到每个天井的院坝各修有一条石级通道，长6米，宽1.5米，石梯40余级。第六个天井即位于西北侧最后一个，是六个天井中唯一一个四合水天井，也是保存最好、最有特色的一个天井。这个四合水天井，似乎最能体现土家人“小资情调”的一面，犹如现代都市里的歌厅、酒吧、夜总会。居于院子里的土家人，一有空闲便一起聚拢在天井处谈天说地，井内井外的消息从这里沟通传播。该天井院坝中央栽有一棵紫荆树，树干弯曲粗壮，枝繁叶茂。每当紫荆花盛开，鲜艳夺目，惹人喜爱。据说曾有人愿出1万元购买此树，被院内住户拒绝。天井四周各建一栋四列三间木屋，相互连接，形成一个正方形整体。靠外面的房屋顺着山势悬空延伸，三方均为吊脚楼，形成一个回廊式的“半岛”。楼高约14米，立柱18根，为吊脚楼之罕见。更为称奇的是楼下一条小溪清澈透凉、缓缓流淌，构成“茂林、修竹、昏鸦，飞楼、流水、人家”的绝妙画面。该民居建筑简练、质朴，所有房屋的窗棂上均有雕花，图案精美；柱础石质良好，图案各异；石阶整齐宽敞，使用方便；院坝青石铺地，经久耐磨。整体建筑保护良好，极具保护和利用价值。

四、风格流派

吊脚楼这一独特的建筑样式，有它自身的固定风格。统一的材质与结构——木料、青瓦、花格窗、司檐悬空、笼子栏杆，都是由木匠师傅手工制作建造；讲究坐场，选址考究，所处地理位置一般依山傍水，与周围自然环境巧妙映衬，以“左青龙右白虎，前朱雀后玄武”为最佳坐场，构建方式为“干栏式”与“半干栏式”；功能区分明显，一般吊脚楼为二至三层，底层用作猪牛栏圈饲养家禽；正屋（相对于吊脚部分正屋为二层）设卧室、灶屋（厨房）、堂屋、火塘等；三层主要用以储藏干粮或者堆放杂物。通过这些结构和材质构成了吊脚楼朴素、淡雅、简洁、大方、坚固的独特风格。

各地区少数民族吊脚楼主要以傣族、爱尼族、侗族、壮族、羌族、苗族、土家族为代表，尤其以土家族、苗族的吊脚楼分布居多。这些少数民族吊脚楼均有各自的风格，突显自己的个性。傣族的吊脚楼是最原始、最纯粹、最奇妙的，其结构单一、构造简单、形态淳朴、功能明确，它以“竹楼”为其本色，用竹子架起的楼房形似一架“高床”，其平台优势沿袭了古时的“筵席”生活制式；爱尼族吊脚楼近似于傣族，其建筑样式与傣族无大异；侗族吊脚楼以“火铺”为其自身之长将自己的民族融为“一堂”紧紧拉拢在自己筑造的建筑样式里；壮族吊脚楼初看与侗族近似，但其主要区别在于发明了“楼梯”，而且这道“楼梯”安置在正屋的明间，通过添加楼梯而登上高层，还明显出现香案、供桌之类祭祀设施；土家族吊脚楼往往以体量磅礴、尺度空间庞大、进深厚重深远为其特点，除了具备前面各民族吊脚楼的特色外，它总以气宇轩昂之势傲然屹立。从外观上看上去，吊脚部分少则两层多达四层，常常以险绝的地势突显自身的稳固高大，从而更加渲染出豪迈与粗犷之美。加之在吊脚楼的周围装上花式各异的“栏杆”（龛子）衬托，又显出土家吊脚楼秀气恬淡的一面，就像一位着装朴素而面颊红晕的土家姑娘；而苗楼则恰恰弥补了土家吊脚楼整体的秀雅风度；羌族与苗族居民所住房屋同样采用土家吊脚楼营造技艺方法修造自己的住房，只是支撑房屋主体的柱架都处在同一个水平地面，没有悬空部分，也就是我们常常看到的正四列三间或八列七间房屋，羌族与苗族房屋的统一风格在于秀雅有余而大气不足，区别在于苗楼多见于在正屋设立了“栏杆”，即在正屋二楼的正前方装修出一排“栏杆”。

总之，前面提到的傣、爱尼、侗、壮、羌、苗等各少数民族的吊脚楼都各具形态，都有其引人注目的部分，但土家吊脚楼尽显其高大、单纯、简洁、坚固的阳刚大气风格，集以上各族吊脚楼之优势，集华夏建筑文明之大成，开出了一朵土家族建筑的奇葩。土家吊脚楼具有中原一带的正屋一明两暗三开间的四平八稳，又适应山环水绕的崎岖山地，形成有座子屋、钥匙头、三合水、四合院，以至两进一抱厅、四合五天井（咸丰县坪坝营镇蒋家花园）等建筑样式。尤其是土家吊脚楼厢房周围装上的“龛子”，如黄金洞乡麻柳溪夏家溪王家大院、小村乡大村村小蜡笔朱家院子，简直是土家吊脚楼建筑之绝唱。更有一绝的是土家匠师们发明复杂的“将军柱”（又名冲天炮、伞把柱），将正屋与厢房巧妙自然连接成完整一体，这不得不让人惊叹土家匠师们技艺的精湛。当然，由于民族的大团结大融合，我们现在看到的吊脚楼总以各族建筑特色综合性地呈现，不严格加以区分是很难直接辨别出土家、苗、羌等民族特色建筑的原始风骨了。咸丰县黄金洞乡的麻柳溪村的吊脚楼群落，就是活生生的多种建筑风格融合的样板。

在咸丰这块大地上，确切有吊脚楼建造历史的记载尚不明确，更无史料查找远古时代的建筑样式。我只能依靠整个中国建筑史的发展推断咸丰建筑文化的状况。依照《孟子·滕文公》“下者为巢，上者为营窟”的观点，中国人最早的居住方式是穴居和巢居，显然，位于西南方的咸丰多水潮湿，当然居住方式为巢居，像鸟儿在树上搭巢筑窝避水一样，在商代就有类似建筑的证实是成都十二桥。咸丰与重庆接壤，仅山水相隔，从地域上可推断沿武陵山脉一带大片区域的建筑在同时期的发展水平相当，只是经济水平差异而存在简繁之分。咸丰土民生活在枝繁叶茂的大山之间，自然会伐树搭架，用茅草树叶遮风挡雨。到了西周时期，瓦的发明和诞生，让人们一改茅草屋顶树叶为壁的简陋居住方式，居住条件得到大大改善。到了春秋战国时期，鲁班等众多能工巧匠将建筑技艺得以推广和传播，在建筑上取得跨越性的成就，于是在建筑的装饰装修上开始有更深的研究，这样建筑结构上的发展得到质的飞跃。

咸丰吊脚楼的发展在元明清时期处于鼎盛时期。这个时期，天高皇帝远而鞭长莫及，咸丰土司自治，便按照自己区域的优劣发展，当然也会仿效大明宫、清故宫的建筑，开始大兴土木，土司掌管区域都按照统一样式建造，久而久之，就形成了规模较大又稳重的风格，或成院，或成排，唐崖土司遗址内的三街十八巷似乎还可以依稀见得当时的建筑模样。这段时期，房屋修建高大，结构较为复杂，装饰也较繁复，房屋屋顶也有意无意仿效宫廷样式，出现了重檐歇山顶的房屋色彩，开间数目、台基高度、大门门钉等都相应仿效宫廷，更不用说窗棂、隔断、栏杆等的设计。如今尚存的蒋家花园、严家祠堂、十字路风雨凉桥就是那时代留下的影子。新中国成立后，尤其土地改革后期，一大批地主阶级的大房子大院落要分给贫下中农，但分到现房的咸丰贫农好像并不珍惜轻易获得的房舍，受一贫如洗的家境影响，久而久之房屋破损，年久失修，毁的毁塌的塌，一大批精美吊脚楼院落就这样逐渐消失，唯有少数勤劳的百姓善于保养自己的住宅，时时注意修葺维新，故咸丰县内还有部分吊脚楼至今保存完好。

在新中国成立初期，中苏关系非常友好，受苏联建筑风格的影响，掀起了一股“兴苏风”的浪潮，中国的很多建筑一并接受并采纳，咸丰如今保存较好的尖山民族中学校舍（原为地主“冉万担”房屋改建，因储存粮食满仓上万担得名“冉万担”）就是当年这一时期的范例。其特点是墙体按功能向外开启双门窗，窗体留窗框，窗框进深与墙体同一向内留窗台，房屋分上下两层靠板梯上下，亮廊柱加磉墩。

改革开放后，咸丰土家族人的居住条件受政府“五改三建”和新农村改造政策的影响，吊脚楼民居保存较好的村落纳入了整体性的保护，于是政府下拨大量的资金予以改造：从改厨、改厕入手，接着改灶，进而改造整个民居建筑外观，使用统一的木板材料进行包装。如今，咸丰县内的吊脚楼面目一新，统一垛上白色屋脊，木板包装更新，即使钢筋混泥砖平房也以木板贴面加斜坡房顶，整村整院地成“木板墙、小青瓦、坡屋面、花格窗”的千屋一面的统一风格。这样一来，不免建筑文化本身的传承出现了偏差，人为牵强附会地为了达到统一与和谐，把新材料附着在旧的形式中，失去了表里如一、空间内在与外部环境神韵协调的核心本质。

“百里不同风，十里不同俗。”不同民族、不同历史时期具有不同的风格，不同地区也具备各自不同的特点，不同的建筑风格都是工匠所为，因而也就形成了不同的流派。在咸丰，以唐崖河为界，形成了典型的“黄清小风格”（黄金洞、清坪、小村三个乡镇简称“黄清小”）与“尖大活风格”（尖山、大路坝、活龙坪三个乡简称“尖大活”）。在唐崖河上游一带的黄金洞、清坪、小村，吊脚楼建筑风格基本一致，这个区域因地理相邻，工匠团结协作相互融合，形成了一般修建两层楼房，一楼高度大于二楼，只注重一楼的精细装修而将二楼忽略，只进行简装。相反，沿唐崖河下游的尖山、大路坝、活龙坪一带，往往将所修房屋的上下两层空间高度设计一样，而且上下两层装修一致，在二楼正前面还装修窗子，靠堂屋一侧开一小门；由于房屋上下两层高度的不同，导致伸出的挑梁位置不同，黄金洞、清坪、小村一带的一楼高度略高，则伸出的挑梁位置便偏低，那么出挑必须上仰到一定弧度才能托起檐檩，这样挑梁就高高翘起，使房顶屋面下端末梢形成略微向上弯曲的弧度，而且挑梁大大伸出山墙外（房屋两端的立墙），即我们通常讲的悬山屋顶。相反，尖山、大路坝、活龙坪一带，由于房屋上下两层空间高度关系，伸出的挑梁只能平展，如果在此基础上挑梁上翘，房顶屋面太平就不利于排水等功能，而且挑梁刚好与房屋山墙齐平，故只能形成典型的硬山屋顶。在箢子（栏杆）的做法上，“黄清小”与“尖大活”也有明显区别：“黄清小”的箢子只具备安全和观景的作用，栏杆围合成的是一道走廊，如需停歇纳凉便要另备板凳或坐椅；而“尖大活”则不同，装饰的箢子除具以上功能外，还自带坐靠的功能，制作的栏杆像一排长椅围在吊脚楼上，可以在其上观光赏景，可以侧卧仰躺，是姑娘刺绣纳鞋的好处所，是女孩修身养性的好地方，所有当地人亲切地称之为“美人靠”。

在房子的采光处理上，在我所走访的咸丰境内各乡镇现存的吊脚楼中，“黄清小”一带有安装“亮眼”的做法，即除了通常设置的窗户用以采光外，在堂屋上方靠前位置的屋顶用塑料布或者玻璃瓦替代青瓦，以增加房间的明亮度。在其他乡镇并未发现如此做法。

“衣兜水”是“尖大活”一带房顶部分的一大亮点，如“黄清小”的“亮眼”做法一样，总有其自身的功用。所谓“衣兜水”就是指在吊脚楼厢房山墙头箢子上方用于因吊脚楼空间高度太大防止雨水淋湿箢子而设置的一道屋檐，这道屋檐与屋顶前后斜瓦面构成的形状如土家妇女两手牵起的衣兜，故名“衣兜水”。

此外，唐崖河两岸的吊脚楼都以散居为特点，大的院落也都是三五个姓氏，并没有大家族几代人群居在一起的。偏偏在甲马池镇（今改为坪坝营镇）杨洞、新场一带以同宗族的院落群居见多，如蒋家花园、王母洞民居等。

在运用其他民俗元素细节上，“尖大活”一带喜好在堂屋的大门上装饰“门锤”，即“打门锤”。“打门锤”不仅仅只起美观好看的作用，更多地展示出土家族人善于利用这些元素驱邪纳福，或者利用这一形式，修建房屋的掌墨师将主家住宅朝向不太圆满、冲煞不能回避、恐招不吉利之因装上这“打门锤”，以避煞星。可这样一来，百姓知其然不知其所以然，家家仿效，便形成这一区域的特色。这点在“黄清小”一带并不多见，但在排水系统和瓜柱的处理上，“黄清小”似乎比“尖大活”更胜一筹：他们几乎家家户户在自家的房前屋后修有排水沟，或明或暗，暗沟通常做“龙眼”便以排水。“龙眼”形式以铜钱状居多，外圆内方，除了有利于防止大的固体垃圾掉进排水沟，更多的是表达土家人信奉“四水归堂”、“肥水不落外人田”、“财富有去有回”的理念；在瓜柱处理上，“黄清小”非常考究，无论是外廊（土家人称为跑马阶檐）还是后檐、厢房各处的瓜骑柱都相当注重造型，有南瓜瓣状、灯笼状、鼓状、鬼脸状等，样式繁多，形状各异，总之根据主家的要求，花样出自木工师傅手中。

无论是从各民族的不同形态建筑也好，还是从各个时期不同风格的建筑也罢，影响吊脚楼营造风格的不外乎人为政策、社会经济、自然条件等因素。然而，先天的自然条件即占绝对优势的森林资源决定了咸丰必须以土木结构为主的建筑灵魂，即使木质结构存在易腐、易烂、易燃的缺陷，毕竟吊脚楼的立柱、横梁、椽皮、檩子等可以用取之不尽用之不绝的木料替换而不影响使用，所以如今咸丰县内尚有几百年的古老吊脚楼得以保存，吊脚楼营造技艺也得以世代延续。

五、传承与发展

咸丰土家族吊脚楼不单是建筑，它也是土家族文化的历史积淀，是土家族文化的历史丰碑；土家族吊脚楼营造技艺也不单是一种技术，它集技能与艺术为一体，凝聚着千百年来土家族人民地方文化与生活倾向，具有很高的历史、艺术、科学、文学价值，因而加强对咸丰土家族吊脚楼的保护和研究刻不容缓。

多年来，对古建筑的保护，政府主要是依靠相关保护部门，也就是文物保护部门进行保护，但这种保护只是表面的、静态的、物质的保护，而很少有针对其技艺这个核心本质的保护；而且对土家族吊脚楼的保护也仅仅是只针对一些公布为文物保护单位级别的“典型性”建筑进行保护，很少有从文物与非遗、静态与动态、物质与技艺传承人等多层面多手段相结合进行保护。为了让这一古老建筑样式永远留存于这一地区，为使这一古老技艺留存于世，我们必须寻求合理的方式方法，加强该建筑及其技艺的保护与发展，建议从如下方面进行保护：

一是采取文物与非物质文化遗产保护部门相结合进行咸丰土家族吊脚楼及其技艺的保护，尤其是对技艺部分做重点核心保护。

二是加强保护部门与技艺传承人、建筑研究专家与民间艺人的沟通与交流，除了注重表面的展示厅、典型建筑、陈列馆的建设，还要实实在在地采取记录、录音、录像、摄影继而数字化保管保护。

三是可以采取选择吊脚楼保存完好、传承队伍状况良好的区域划定为文化生态保护区的方式进行区域性保护。

四是积极鼓励与加强民间技艺大师的认定与保护，继而让其带徒传艺，培养新的传人。

参考书目

［1］ 张良皋：《武陵土家》，生活·读书·新知三联书店，2001年。
［2］ 张良皋：《匠学七说》，中国建筑工业出版社，2002年。
［3］ 隈研吾：《新建筑入门》，中信出版集团股份有限公司，2001年。
［4］ 湖南省文物考古研究所、三湘都市报主编：《寻找民间灵性之光》，湖南科技技术出版社，2012年。
［5］ 王淼：《把根留住》，浙江大学出版社，2006年。

[6] 庄裕光：《风格与流派》，百花文艺出版社，2005年。
[7] 仲富兰：《水清土润》，上海人民出版社，2010年。
[8] 田发刚、谭笑：《鄂西土家族传统文化概观》，长江文艺出版社，1998年。
[9] 宇文鸿吟、何崴：《西方古建筑之旅》，当代世界出版社，2009年。
[10] （英）特瑞·伊格尔顿：《文化的观念》，南京大学出版社，2006年。
[11] 严敬群：《中国传统节日》，金盾出版社，2010年。
[12] 安治国：《咸丰的中国第一》，中国文化出版社，2003年。
[13] （清）魏鉴著，孙志强、闵兆才主编：《象吉通书》，华龄出版社，2008年。
[14] 王建辉、易学金：《中国文化知识精华》，湖北人民出版社，1989年。

鄂西土家族地区民间道士在农村社会的功能变迁及影响

李学敏

（三峡大学民族学院）

摘要：鄂西土家族地区的民间道士无论是过去，还是现在，他们都在社会生活的各个方面起到了一定的作用。文章主要分析了该地区民间道士在古、现代农村社会中的功能及其变迁，以及道士活动对经济、社会、文化、思想等方面所产生的积极和消极影响。

关键词：鄂西土家族地区；民间道士；农村社会；功能变迁；影响

鄂西地区位于渝、鄂、湘、黔四省的交界处，这不仅是土家族聚居的地区，更是一个少数民族文化汇集交融的地区。楚学家张正明先生曾指出，北起大巴山，中经巫山，南过武陵山，止于南岭，包括鄂西在内的长江上游与中游的交接地带，是一条文化沉积带[1]。由于地理环境、历史等方面的原因，该地区长期处于一种相对封闭的状态，因此依然保留着许多承载着丰富古代文化讯息的文化事项。

道教很早就开始传入鄂西地区，尤其是土家族聚居地区，清“改土归流”的实行，废除了土司时期的“汉不入境，蛮不出峒”的禁令，汉人大量流徙到这一地区，道士也从汉地趁势而入，并在各地大兴土木，大建宫观。道士活动自道教发展以来，虽然在个别的历史时期有所停滞，但总体来看还是不断发展和前进的。任何一种事物，如果能够在长期内不断发展，那必定有适合其生长的土壤，或者它对某历史时期的社会发展一定有着重要的作用和影响。现就鄂西土家族地区民间道士在农村社会的功能及影响作一简要阐述。

一、传统功能

在古代农村社会中，对于道士来说，符咒禁忌、祛病禳灾、祈晴止雨、养生送死以及观风望气、相卜将乱都是其热门职业，这也是为了满足人们的各种需求，以下简单介绍鄂西地区民间道士在古代农村社会中的几种主要功能。

1. 符水治病

符水治病是道士在古代农村社会最主要的功能之一。过去，由于人们知识水平的欠缺以及医疗卫生条件的不发达，人们一旦生病尤其是得了一些疑难杂症后就邀请道士在家里做法事、念咒语，以驱除一些不好的东西，最终使病痊愈。例如，张角的太平道与张修的五斗米道都用符水治病，要病人叩头思过。据《后汉书·皇甫嵩传》，张角自称“大贤良师”，奉事黄老，用跪拜首过，符水咒语治病争取群众，而十余年间，其众徒竟达数十万，遍布荆、扬、豫等八州[2]。

2. 斋醮祈禳

斋醮祈禳是一种祭祷鬼神以消弭灾祸的方术，是道教特殊的宗教仪式，它参与到人们的生产、社会生活、家庭生活的各个方面，成为古代农村社会生活的重要组成部分。它既是道士自身传经授戒、日常修行的功课，也用来为帝王国主或世俗民众祈福禳灾，治病救度，超拔亡灵。古代社会中，凡遇灾祸或者节庆日必请道士斋醮祈禳。《中国道教史》中就有许多相关记载，“至大三年（1310），张守清应诏入朝建金箓斋，皇庆元年（1312）因祈雨有功赐号‘体玄妙应太和真人’”[3]。还有，“张宇初洪元十八年奉召祈雨。崇祯十四年（1641），因天下多事，诏张应京入朝祈禳，欲图乞神力消除内忧外患”[4]。

同样，生活在远古时期的鄂西地区的土家先民们，因知识和经验的严重不足，对许多自然现象和社会现象都无法作出合理解释。于是，当他们遇到天灾人祸时，就将希望寄托于“道士”这一被神化了的角色。

3. 驱邪除鬼

由于鄂西土家族自古以来就有崇巫、崇鬼神的信仰习俗，所以驱魔降妖、驱邪除鬼自然也就成为该地区民间道士在古代农村社会中的主要功能。其主要是依靠念咒语来驱除鬼怪，以求身体健康、生活环境安宁。

4. 超拔亡灵

道教从创教之始，便以其浓郁的礼仪文化、深邃的经义和理论学说，有力地吸引着中国古代各族人民[5]。鄂西土家族地区，在丧葬中开路做斋、超拔亡灵是农村中道士常做的法事，其法大抵有清心沐浴、设坛上供、焚香画符、诵经念咒、请神降临或向天神上章启告，忏悔罪过，盟誓发愿，礼拜赞颂，最后复炉解坛等程序。对于斋堂神坛的设置、神职人员的选派、服饰、奏乐、禹步等都有琐细的规定。丧葬请僧道做道场长期以来相沿成习，至今依然如此。即当老人死后，白天要请道士开路，晚上打丧鼓唱孝歌，绕棺穿花，通宵达旦；在送葬发丧前，道士要用火柴棍赶“鬼”；此外，如果非正常死亡者，要请道士上刀梯超度[6]。这正如朱元璋《玄教斋醮仪文序》

所说，“军民之家，无有僧道难以送葬”[7]。

除了上述几种功能外，还有星相占卜、择吉、看阴阳宅地等，这些功能对人们的生产、生活也有重要影响。

二、功能变迁

随着社会经济的发展以及人们思想观念的进步，鄂西土家族地区的民间道士在农村社会中的功能不断变化、发展，有些传统功能甚至逐渐消亡，融入到历史的长河之中，例如，上文所述的斋醮祈禳功能在现代农村社会中已经很少见到。现在该地区的道士及其活动更多的是代表一种具有地域特色和民族特色的地方性民俗艺术，带有表演娱乐的功能。从古至今，道士在农村社会的丧葬活动中开路做斋、超拔亡灵的功能一直相传已久，在此将不再赘述。

1. 文化保存与传播的载体

随着社会的不断进步与发展，作为一种民族及地域文化的道教及道士活动逐渐引起人们的关注，人们开始对其各个方面进行大量的研究，尤其是道士活动中的舞蹈、音乐、科仪戒律、绘画、建筑等。所以，道士活动不仅有利于这些民俗民风的传承，更是一种民族艺术的瑰宝，是民族文化的重要组成部分。

2014年两会上，冯骥才先生提出：我们的口头文学是我们文化的核心，是我们民族自律的一个工具，也是我们审美的载体。它是中华民族的文化身份和文化精神的一个表现、一个象征，而在所有的非物质文化遗产中最容易消失的就是口头文学[8]。鄂西民间道士在丧葬、度职仪式中的歌舞活动很多内容都是口头的，没有详细的记载，很多内容也无法用文字记录下来，包括唱腔、诵经等。因此，他们在口耳相授、世代相传的过程中，保存和传播了该地区的各类社会生活事象，对于这些只能通过口头传承的民间文学来说，这些道士无疑具有不可替代的作用和意义。

2. 娱乐功能

由于鄂西地区的土家族人们长期生活在崇山峻岭之中，居住分散，所以常常会看见他们把为老人去世办丧事当做喜事，办得热闹红火。这不仅是该地区人民礼赞生命、祝福新生的一种特殊仪式和超度来世的宗教仪式，他们更希望借此机会交流感情、娱乐身心，将其办成一个别样的歌舞盛会。

此外，道士也开始参加一些表演性的活动，例如参加全国性的民族艺术表演或者地方中的一些表演活动。跟以前相比较，现在农村社会的道士活动更加体现出一种休闲性、娱乐性。而且，现在农村社会的民间道士都呈现出年轻化特点，他们不以道士为主业，只是因为个人兴趣而把它作为一种副业、一种信仰、一种精神上的愉悦。

3. 教化功能

十八大报告中提出，要建设优秀传统文化传承体系，弘扬中华优秀传统文化；繁荣发展少数民族文化事业；开展群众性文化活动，引导群众在文化建设中自我表现、自我教育、自我服务。在各种仪式中，道士所用科书、所念经文中包含着许多真善美的东西，包括对正确伦理道德、人生观及价值观的宣扬，这也是构建社会主义和谐社会的重要内容。所以，道士可以通过各种仪式将这些观念传达给人们，在这样长期耳濡目染的影响下，会对人民群众起到一定的教化作用。

三、影　　响

道教在鄂西地区自东汉传入， 经唐、宋两朝， 至清代民族化成型， 民国时期达到高潮， 并成为鄂西地区，尤其是土家族地区的主流宗教， 至今仍然对鄂西地区民间习俗和社会生活产生广泛的影响。

1. 积极影响

（1）文化方面

道教文化是中华文化的重要组成部分。道教修炼长生以体魄健康为初步功夫，故重养生健身之道，它特别注意吸收古代医药学和养生学的营养，反过来也能够充实现代医学的内容，现在人们所说的偏方中有大部分是源于其中，这有利于现代医学的发展。

道士活动也促进了道教音乐、舞蹈、绘画、雕塑、文学、建筑等的全面发展。例如，唐代作为道教发展的繁荣时期，这一时期的唐玄宗的《霓裳羽衣曲》、《降真名仙之曲》、《紫薇送仙之曲》，以及《紫薇八卦舞》等，是在唐玄宗授意下创作、在太清宫祭献老子时所演奏，具有皇家宫廷的艺术水平。唐代一些帝王命画家绘画道教神像，如吴道子所画老子像的刻石，一直流传至今，从而促进了道教雕刻艺术，建筑艺术等的飞速发展[9]。明清以来的小说、戏曲、鼓词等俗文学中，无神佛僧道鬼怪尚不多见，还出现了一批专以道教故事为题材的作品，如《东游记》、《韩湘子传》、《七真天仙宝传》、《绿野仙踪》等，以宣扬修炼内丹为主题。此外还有《西游记》，也具有道教神仙妖鬼特性。宗教观念通过这些作品渗透到人们生活的各个方面[10]。

就鄂西土家族地区来看，首先是体现在道教舞蹈方面，即“穿花”。它是一种古老的土家族舞蹈，是民间丧祭活动“打绕棺”的继续和发展，有独特古朴的艺术风格。“穿花”动作有“犀牛望月”、“雪花盖顶”、“鹤鹰展翅”等三十多种，雄健古雅，变化多端。其次是道教传输的神仙观念渗透到一些民间文艺之中。如咸丰大悔寨有《仙人洞》、《仙女洞》、《仙女池》的传说，还有一些相关的神仙故事。

（2）社会生活方面

很多人都认为宗教是一种封建迷信活动，其实不然，宗教中依然有许多值得提倡和鼓励的思想观念。

一是利用宗教神灵及其福祸报应思想来劝人为善。道教以得道成仙理想的引导，使人们在生活中形成避恶趋善的价值取向，从而达到人人弃恶、图善的目的。由于道士在农村社会的活动越来越频繁，越来越广泛，他们用“善”与“恶”的准则来权衡人生，他们更能将这些善的、美的东西进行传播。例如，相关的民谚有“生不入牢狱，死不入地狱”的说法，还有“起心害人终害己，翻天屙尿淋自己”，“害人之心不可有，防人之心不可无”等。

二是利用其通俗易懂，便于在广大群众中流传，目的是维护三纲五常的伦理道德。例如，真德秀在《太上感应篇》代序中明确指出：“此篇指陈善恶之报，明白痛切，可以扶助正道，启发良心，……庶几家传此方，人挟此剂，足以起迷俗之膏药，非小补也。”[11]又如，全真教虽力倡离俗出世，但对封建纲常十分重视，置忠孝于修行的首位。王喆《金冠玉锁诀》以“忠君王，孝顺父母师资”为炼内丹的前提，王喆对在家道徒说教，首教敦伦尽分。陈致虚《金丹大要》卷九说：“夫金丹之道，先明三纲五常，次则因定生慧。纲常既明，则道自纲常而出，非纲常之外别有道也。”乃至神化三纲五常为“万古不易”的大道[12]。

三是提倡乐生淡死、重义轻利的人生价值观。道教以“恶死乐生”作为自己的人生观，同佛教以生为苦，以一死作为解脱恰恰相反。道士们不企求来世的虚幻幸福，着力追求着今生的现实享受。而且渴望长生不死，法术通神，进入惟意所适的自由极乐境地。葛洪《抱朴子》满怀信心地写道：“若夫仙人，以药物养身，以术数延命，使内疾不生，外患不入，虽久视不死，而旧身不改，苟有其道，无以为难也。”使人们重视生命的价值，对待生命有一种神圣感，从而珍惜生命，维护和炼养生命。同时，我们会发现当代的农村社会，很多时候都会把丧事当做喜事来办，道士们会以独特的歌舞来展现，使其变成了悲哀与欢乐，肃穆与热闹的奇妙结合。例如，鄂西正一派火居道士做法事时所唱的道曲中，有这样的歌词：“人死如灯灭，三魂七魄绝，要得还阳转，水内捞明月。”由于道教主张以积极的态度创造美好的人生，享受人生快乐，从而使许多过着男耕女织、娶妻生子世俗生活的民间道士对人生情趣有着更丰富的体验，飘逸脱俗。

除此之外，道教强调“出世”，鄙视人间的荣华富贵，强调清心寡欲、自然恬静的人生情趣，虚无为本的哲理观念，返璞归真的社会理想。“金钱不为贵，仁义值千金”，“财宝总有价，情义无秤称”，这些流行的说法正体现了人们重情义而轻物利的价值观，道士的活动更能将这些价值观世代传承和发扬。

以上就是道士活动所带来的一些积极的影响，不仅仅是在过去的农村社会有用，到现在，它们依然值得我们去保护、继承并弘扬。当然，任何事物都有两面性，我们也必须清楚地知道它们所带来的不利影响。

2. 消极影响

（1）经济方面

为了满足道教发展及道士活动的需要，大量的钱财耗费是不容忽视的。在过去的贫苦年代，这种活动会大大增加老百姓的负担。有史料记载，宋徽宗曾经在全国大建宫观，耗费了大量的财力物力。道教宫观拥有众多田产，不向国家纳税，减少了国家财政的收入，而且当时很多道士授有道官道职，均有俸禄，徽宗还给道士大量赏赐。此外，《明通鉴》卷三十六记“武当山道士先止四百，至是倍之，所度道童又倍之，咸衣食于官，月给油腊、洒扫夫役以千计”。

在道士活动的诸多消费中，消耗最大的就是建寺观、度僧道、行斋醮、求仙药等几个方面。《明史》卷十八中也有营建之费的相关记载：“世宗营建最繁，十五年（1536）以前名为汰省，而经费已六、七万，其后增十数倍。斋宫秘殿并时而兴，工场二三十处，役匠数万人，军称之岁费二三百万。其时宗庙，万寿宫灾，帝不之省，营缮益急。经费不敷，乃令臣民献助，献助不已，复行开纳，劳民伤财，视武宗过之。”而关于斋醮之费，《万历野获编》中记载“时每一举醮，无论他费，即赤金亦至数千两，盖门坛扇对皆以金书，屑金为泥凡数十盌。其操笔中书官预备大管，泚笔令满，故为不偃波画状，则袖之，又出一管，凡讫一对或易数十管，则袖中金亦不下数十铢矣。”此外，过去的许多道士都用药物和术数养生延命，使内疾不生，外患不入，从而达到肉体不朽，长生不死，因此花费大量钱财大炼丹药。

对于此类消费，我也有亲身经历过。2013年12月我跟随几位老师到咸丰县尖山乡参加了一个道士度职仪式。度职者家里只有他和一位年近八十的老母亲，整个家庭的收入也主要是来自这位度职者平时所参与的一些道士活动，主要是丧葬仪式。那次度职仪式持续了五天，那种仪式对于那些从道多年的人来说确实是一件大喜事，所以当时几乎整个村子的人每天都在度职者家里吃、喝、玩、乐，并且在度职仪式的最后一天度职者还大摆酒席迎接所有赶来祝贺的亲戚。当然，除了饮食方面的花销外，笔墨纸砚、掌坛师的衣服、鞋子等仪式中所需的各种杂七杂八的东西也需要大量的费用。据我们当时的估计，那次度职仪式的花费少则七八千，多则上万，对于那样一个家境并不富裕的农村家庭来说，这无疑是一笔不小的花销。

（2）思想方面

①迷信鬼神

道教最初起源于原始宗教巫术，后来又出现了自然崇拜、图腾崇拜、鬼魂崇拜、祖先崇拜等等，从而在人们的观念里产生很多鬼神，并开始迷信它们，例如太阳神、土地神、瘟神、端公等。这些道教信仰以及道士活动就会潜移默化地影响着一代又一代人，人们把自己无法解决的现实问题，寄希望于神灵的保佑，从祈雨求晴、治病除瘟、消灾免祸到生男育女、发财致富、功名寿考等，无不祈祷于神灵，这种多神崇拜的迷信泛滥于民间。例如，一到逢年过节人们就去寺庙烧香跪拜，或者发生了一些出乎意料的事情时，都会请来道士举行一些法事，以祈求平安顺利。在马林诺夫斯基所著的经典人类学著作《西太平洋上的航海者》中，描述了许多当地土著人在建造waga（独木舟）的各个环节中所举行的巫术仪典。长期的迷信鬼神就会使人们的思想变得愚钝、禁锢，我们可以发现，往往那些贫穷落后的地方，封建迷信思想就会更严重。

②逃避现实

在道教文化里，更多的是提倡得道成仙，所以古代很多人不惜花费巨大的人力、物力、财力去采集仙药，炼长生丹，来超然现实，使自己“无所往而不乐”。《太平经》记载：“故人生各有命也，命贵不能为贱，命贱不能为贵也。”这种“人生各有命”就是人们逃避现实的理论基础[13]。现实生活中，很多人一遇到不好的事情或者人生不顺利就开始怨命不好，这只不过是宿命论已经在他们的思想中根深蒂固，使他们总是逃避现实。

总之，道教的发展及道士活动有利也有弊，而且越来越受到法律的保护，但在当前的社会形势下，我们还是要保持一种主流的社会意识，应该以“适度原则”为前提对其加以引导，使其发展能够控制在一定的限度内。因此，我们应提倡道教文化关于个人行为规范中合理的成分而发挥其在农村道德建设中的积极作用[14]。同时，克服道士活动在经济、思想方面的负面影响，使其为鄂西土家族地区的繁荣与稳定服务。

注　释

[1] 张正明：《土家族研究丛书·总序》，中央民族大学出版社，1999年，第4页。

[2] 任继愈：《中国道教史》，上海人民出版社，1990年，第47页。

[3] 任继愈：《中国道教史》，上海人民出版社，1990年，第566页。

[4] 任继愈：《中国道教史》，上海人民出版社，1990年，第630页。

[5] 潘勇：《论道教在鄂西土家族地区的传播与民族化》，《咸宁学报》2010年第6期。

[6] 咸丰县志编纂委员会：《咸丰县志》，武汉大学出版社，1990年，第94页。

[7] 任继愈：《中国道教史》，上海人民出版社，1990年，第674页。

[8] 任继愈：《中国道教史》，上海人民出版社，1990年，第247页。

[9] 任继愈：《中国道教史》，上海人民出版社，1990年，第247页。

[10] 任继愈：《中国道教史》，上海人民出版社，1990年，第675页。

[11] 任继愈：《中国道教史》，上海人民出版社，1990年，第486页。

[12] 任继愈：《中国道教史》，上海人民出版社，1990年，第543、544页。

[13] 邓红雷：《道教与土家族文化》，民族出版社，2000年，第211页。

[14] 李西林：《鄂西清太坪镇道教文化研究》，中南民族大学2012年硕士论文。

关于加强土司文化保护、研究和利用的倡议书

我们应湖北省文物局、三峡大学的邀请，于2014年5月31日至6月1日在湖北省恩施土家族苗族自治州咸丰县召开“唐崖土司学术研讨会”。与会代表通过学术研讨和参观考察，取得了丰硕成果，达成了广泛共识。为传承弘扬中华民族优秀传统文化，增强土司文化影响力，促进土司遗产保护的科学、可持续发展，营造中国土司遗址申报世界文化遗产的良好社会氛围，我们谨就土司文化的保护、研究和利用，郑重提出倡议：

（1）组织专门力量发掘、整合、研究土司文化。

土司制度是我国传统哲学世界观在处理中央政权与民族地区、边疆地区关系方面的重要体现，土司文化的核心是治国理政的德政思想，它既是中华传统文化的重要组成部分，也是建设社会主义先进文化的重要资源。深入阐释和解读土司文化，充分研究土司文化精神，对建设中华民族的共同精神家园有着深刻的理论意义和巨大的现实意义，社会各界应共同努力，做好土司文化的发掘研究工作。

（2）全社会都来关心支持“中国土司遗产”申遗工作。

中国土司遗址清晰地展现了土司制度“齐政修教、因俗而治”的管理智慧和中央政权、地方族群在民族文化传承和国家认同方面的人类价值观交流。唐崖土司城遗址、永顺老司城遗址和播州海龙屯遗址均是土司制度鼎盛时期典型的综合性城址类遗存，已被联合确定为2015年我国世界文化遗产申报项目“土司遗址”。目前，申遗工作已进入全面冲刺的关键阶段，即将接受联合国教科文组织的现场评估考察。成功实施申遗，需要得到广泛的重视、支持和参与，希望社会各界都能做土司遗产的忠实保护者，做土司申遗的热情宣传者，做土司申遗的文明传播者。

（3）大力传承弘扬和开发利用土司文化资源。

在有效保护的基础上，实施好土司文化遗产系列保护展示工程；积极创建“土司学”，将土司文化研讨、交流作为一项常态性工作，每年举办土司文化学术研讨会；大力开发土司文化产品，创作、拍摄土司文化的影视片和舞台剧，编辑出版土司文化系列丛书和学术著作。

唐崖土司学术研讨会全体代表

2014年6月1日于咸丰

后　　记

唐崖土司城址是土司制度鼎盛时期土司遗存的典型代表，其与湖南老司城遗址、贵州海龙屯遗址共同组成的“中国土司遗址”被国家文物局确定为中国2015年申报世界文化遗产唯一项目。为进一步提升唐崖土司的相关研究水平，给申遗和有效保护与合理利用提供充分的理论和学术支撑，2014年5月31日至6月1日，湖北省文物局、三峡大学主办，咸丰县人民政府、湖北省文物考古研究所和三峡大学民族学院联合承办了“唐崖土司学术研讨会”。中国社会科学院、中国人民大学、中国文化遗产研究院等科研单位和高等院校的70余位考古、历史、文化、建筑、民族学及遗产保护等方面的专家学者与会。特别是著名考古学家张忠培先生、联合国教科文组织驻华代表处文化遗产保护专员杜晓帆博士的出席，更进一步提升了会议的学术“含金量”。

本次会议共收到唐崖土司城址和唐崖土司、土司文化研究等方面的学术论文50余篇，其中唐崖土司主题研究成果的20篇论文在《三峡论坛》2014年第4期进行了公布。会上还通过了《关于加强土司文化保护、研究和利用的倡议书》，突出反映了学术界推进土司遗产保护、土司文化研究的良好愿望。通过交流、讨论、赴唐崖上司遗址实地考察，与会代表一致认为此次会议开得很成功，是一次高水平的学术会议，达到了预期效果，对中国土司遗址申遗和遗产保护工作将产生深远的影响和积极的推动作用。

为全面、系统展示本次会议成果，本论文集对会议提交的文章进行公开出版。由于我们专业水平有限，书中可能多有错漏，敬请批评指正。

编　者

2014年7月